ACCESO GRATIS *a la Lectura en la Nube*

Para visualizar el libro electrónico en la nube de lectura envíe junto a su nombre y apellidos una fotografía del código de barras situado en la contraportada del libro y otra del ticket de compra a la dirección:

ebooktirant@tirant.com

En un máximo de 72 horas laborales le enviaremos el código de acceso con sus instrucciones.

DERECHO DE LA SEGURIDAD SOCIAL I

13ª Edición

Procedimiento de selección de originales, ver página web:
www.tirant.net/index.php/editorial/procedimiento-de-seleccion-de-originales

DERECHO DE LA SEGURIDAD SOCIAL I

13ª Edición

Directores

Remedios Roqueta Buj
Catedrática de Derecho del Trabajo y de la Seguridad Social
Universitat de València

Jesús García Ortega
Catedrático de Derecho del Trabajo y de la Seguridad Social
Universitat de València

Autores

Agís Dasilva, Montserrat
Aradilla Marqués, María José
Cardona Rubert, María Belén
Fernández Prats, Celia
García Ortega, Jesús
García Testal, Elena
Goerlich Peset, José María
López Balaguer, Mercedes
López Terrada, Eva
Núñez González, Cayetano
Ramos Moragues, Francisco
Roqueta Buj, Remedios
Tatay Puchades, Carmen
Todolí Signes, Adrián

Profesores del Departamento de Derecho del Trabajo y de la Seguridad Social de la Universitat de València

tirant lo blanch
Valencia, 2024

En caso de erratas y actualizaciones, la Editorial Tirant lo Blanch publicará la pertinente corrección en la página web www.tirant.com.

EDITA: TIRANT LO BLANCH
C/ Artes Gráficas, 14 - 46010 - Valencia
TELFS.: 96/361 00 48 - 50
FAX: 96/369 41 51
Email: tlb@tirant.com
www.tirant.com
Librería virtual: www.tirant.es
DEPÓSITO LEGAL: V-2270-2024
ISBN: 978-84-1130-277-7
MAQUETA: Tink Factoría de Color

Si tiene alguna queja o sugerencia, envíenos un mail a: *atencioncliente@tirant.com*. En caso de no ser atendida su sugerencia, por favor, lea en *www.tirant.net/index.php/empresa/politicas-de-empresa* nuestro procedimiento de quejas.

Responsabilidad Social Corporativa: http://www.tirant.net/Docs/RSCTirant.pdf

Índice

Lección 4
La gestión del sistema de Seguridad Social
FRANCISCO RAMOS MORAGUES

Lección 5

La relación jurídica con la Seguridad Social y los actos de encuadramiento

Cayetano Núñez González

Lección 6
Financiación, cotización y recaudación
CELIA FERNÁNDEZ PRATS

Lección 7

Acción protectora: las contingencias protegidas

Jesús García Ortega

Lección 8
Acción protectora: las prestaciones y su régimen jurídico
JESÚS GARCÍA ORTEGA

Lección 10

Prestaciones por nacimiento y conciliación de la vida laboral y familiar

Elena García Testal

Lección 11

Riesgo durante el embarazo y riesgo durante la lactancia natural

María Belén Cardona Rubert

Lección 12
La protección por desempleo
CARMEN TATAY PUCHADES

Lección 13
Incapacidad permanente
Remedios Roqueta Buj

Lección 14
La jubilación
Mercedes López Balaguer

Lección 15

Muerte y supervivencia

EVA LÓPEZ TERRADA

Lección 16

La protección social complementaria

María José Aradilla Marqués

Abreviaturas

AA. VV.: Autores Varios.
AGE: Administración General del Estado.
AL: Actualidad Laboral.
AT: Accidente de Trabajo.
Apdo (s): apartado (s).
BOE: Boletín Oficial del Estado.
BR: Base Reguladora.
CACS: Comisión Administrativa de Coordinación de los Sistemas de Seguridad Social.
Cc: Código Civil.
CCAA: Comunidades Autónomas.
CDFUE: Carta de los Derechos Fundamentales de la Unión Europea.
CDSFT: Carta Comunitaria de los Derechos Sociales Fundamentales de los Trabajadores, de 1989.
CE: Constitución Española.
CGPJ: Consejo General del Poder Judicial.
CSE (1961): Carta Social Europea firmada en Turín el 18 de octubre de 1961.
CTSAAD: Consejo Territorial del SAAD.
D.: Decreto.
DA: Disposición Adicional.
DD: Disposición Derogatoria.
DF: Disposición Final.
DGOSS: Dirección General de Ordenación de la Seguridad Social.
DO: Diario Oficial de la Unión Europea.
DREMC: Decreto 298/1973, de 8 de febrero, sobre actualización del Régimen Especial de la Seguridad Social para la Minería del Carbón.
DT: Disposición Transitoria.
EC: Entidad Colaboradora.
EEE: Espacio económico europeo.
EG: Entidad Gestora.
EM/EEMM: Estado Miembro/Estados Miembros.
EP: Enfermedad Profesional.
ERTE: Expediente de Regulación Temporal de Empleo
ET: RDLeg. 2/2015, de 23 octubre, por el que se aprueba el TR de la Ley del Estatuto de los Trabajadores.

EP: Enfermedad Profesional.

FOGASA: Fondo de Garantía Salarial.

IMSERSO: Instituto de Mayores y Servicios Sociales.

INGESA: Instituto Nacional de Gestión Sanitaria.

INSS: Instituto Nacional de la Seguridad Social.

IP: Invalidez Permanente.

IPC: Índice de precios al consumo.

IPREM: Indicador público de renta de efectos múltiples.

ISFAS: Instituto Social de las Fuerzas Armadas.

ISM: Instituto Social de la Marina.

IT: Incapacidad Temporal.

ITSS: Inspección de Trabajo y Seguridad Social.

LAAD: Ley 39/2006, de 14 de diciembre, de Promoción de la Autonomía y Atención a las personas en situación de dependencia.

LAAM: Ley 27/2011, de 1 de agosto, sobre actualización, adecuación y modernización del sistema de Seguridad Social.

LBSS: Ley 193/1963, de 28 diciembre, de Bases de la Seguridad Social.

LE: Ley 3/2023, de 28 de febrero, de Empleo

LEBEP: TR de la Ley del Estatuto Básico del Empleado Público, aprobado por RDLeg. 5/2015, de 30 octubre.

LEC: Ley 1/2000, de 7 de enero, de Enjuiciamiento Civil.

LETA: Ley 20/2007, de 11 de julio, del Estatuto del trabajo autónomo.

LC: Ley 22/2003, de 9 de julio, Concursal.

LCS: Ley 50/1980, de 8 de octubre, del Contrato de seguro.

LCSP: Ley 9/2017, de 8 de noviembre, de Contratos del Sector Público.

LGC: Ley 3/1987, de 2 de abril, General de Cooperativas.

LGP: Ley 47/2003, de, 26 de noviembre, General Presupuestaria.

LGSP: Ley 33/2011, de 4 de octubre, General de Salud Pública.

LGSS: RDLeg. 8/2015, de 30 de octubre, por el que se aprueba el TR de la Ley General de la Seguridad Social.

LSS/1966: Texto articulado primero de la Ley 193/1963, de 28 de diciembre, sobre Bases de la Seguridad Social, aprobado por Decreto 907/1966, de 21 de abril.

LGSS/1974: TR de la Ley General de la Seguridad Social, aprobado por Decreto 2065/1974, de 30 de mayo.

LGSS/1994: RDLeg. 1/1994, de 20 de junio, por el que se aprueba el TR de la Ley General de la Seguridad Social.

LIMV: Ley 19/2021, de 20 diciembre, por la que se establece el ingreso mínimo vital.

LIRPF:	Ley 35/2006, de 28 de noviembre, del Impuesto sobre la Renta de las Personas Físicas.
LISOS:	Ley Sobre Infracciones y Sanciones de Orden Social (TR aprobado por RDLeg. 5/2000, de 4 de agosto).
LIT:	Ley 23/2015, de 21 de julio, Ordenadora del Sistema de Inspección de Trabajo y Seguridad Social.
LJCA:	Ley 29/1998, de 13 de julio, Reguladora de la Jurisdicción Contencioso-Administrativa.
LJS:	Ley 36/2011, de 10 de octubre, Reguladora de la Jurisdicción social.
LOE:	Ley Orgánica 4/2000, de 11 enero, de derechos y libertades de los extranjeros en España y su integración social.
LOI:	Ley Orgánica 3/2007, de 22 de marzo, para la igualdad efectiva de mujeres y hombres.
LOMPICVG:	Ley Orgánica 1/2004, 28 diciembre, de medidas de protección integral contra la violencia de género.
LOPJ:	Ley Orgánica 6/1985, de 1 de julio, del Poder Judicial.
LOSSP:	RDLeg. 6/2004, de 29 de octubre, por el que se aprueba el TR de la Ley de Ordenación y Supervisión de los Seguros Privados.
LOTC:	Ley Orgánica 2/1979, de 2 de octubre, del Tribunal Constitucional.
LPAC:	Ley 39/2015, de 1 octubre, del Procedimiento Administrativo Común de las Administraciones Públicas.
LPFP:	RDLeg. 1/2002, de 29 de noviembre, por el que se aprueba el Texto Refundido de la Ley de Regulación de los Planes y Fondos de Pensiones.
LPGE:	Ley de Presupuestos Generales del Estado.
LPRL:	Ley 31/1995, de 8 de noviembre, de Prevención de Riesgos Laborales.
LRJSP:	Ley 40/2015, de 1 de octubre, de Régimen Jurídico del Sector Público.
LSE:	Ley de 17 de julio de 1953, por la que se establece el Seguro Escolar Obligatorio.
MCSS:	Mutua Colaboradora con la Seguridad Social.
MEI:	Mecanismo de Equidad Intergeneracional
MESS:	Ministerio de Empleo y Seguridad Social.
MISSM:	Ministerio Inclusión, Seguridad Social y Migraciones.
MTMSS:	Ministerio de Trabajo, Migraciones y Seguridad Social.
MUFACE:	Mutualidad General de Funcionarios Civiles del Estado.
MUGEJU:	Mutualidad General Judicial.
OCE:	Orden de 25 de noviembre de 1966, por la que se regula la colaboración de las empresas en la gestión del Régimen General de la Seguridad Social.
OM:	Orden Ministerial.
OREMC:	Orden de 3 de abril de 1973, que desarrolla el DREMC.

O.TAS: Orden del Ministerio de Trabajo y Asuntos Sociales.
O.TIN: Orden del Ministerio de Trabajo e Inmigración.
PGE: Presupuestos Generales del Estado.
PIA: Programa Individual de Atención.
RAI: Renta activa de inserción.
RCP: Régimen de Clases Pasivas.
RD: Real Decreto.
RDA: RD 84/1996, de 26 de enero, por el que se aprueba el Reglamento General sobre inscripción de empresas y afiliación, altas, bajas y variaciones de datos de trabajadores en la Seguridad Social.
Rec.: Recurso número.
RESSFP: Regímenes Especiales de Seguridad Social de los funcionarios públicos.
RDL: Real Decreto-Ley.
RDGOSS: Resolución de la Dirección General de Ordenación de la Seguridad Social.
Res.: Resolución.
RDLeg.: Real Decreto Legislativo.
RDS: Revista de Derecho Social.
REA: Régimen Especial Agrario.
Rec: Recurso.
Recud: Recurso para la unificación de doctrina.
REEH: Régimen Especial de Empleados de Hogar.
REFA: Régimen Especial de las Fuerza Armadas.
REFCE: Régimen Especial de Funcionarios Civiles del Estado.
REMC: Régimen Especial de la Seguridad Social para la minería y el carbón.
REPAJ: Régimen Especial del Personal al Servicio de la Administración de Justicia.
RETA: Régimen Especial de Trabajadores por Cuenta Propia o Autónomos.
RG: Régimen General.
RGCL: RD 2064/1995, de 22 de diciembre, por el que se aprueba el Reglamento General sobre Cotización y Liquidación de otros derechos de la Seguridad Social.
RGMA: Reglamento General del Mutualismo Administrativo (RD 375/2003, de 28 de marzo).
RGR: RD1415/2004, de 11 de junio, por el que se aprueba el Reglamento General de Recaudación.
RGSSFA: RD 1726/2007, de 21 de diciembre por el que se aprueba el Reglamento General de la Seguridad Social de las Fuerzas Armadas.

RICP: RD 1588/1999, de 15 de octubre, por el que se aprueba el Reglamento sobre la instrumentación de los compromisos por pensiones de las empresas con los trabajadores y beneficiarios.

RMATEPSS: RD 1993/1995, de 7 de diciembre, de colaboración de las Mutuas de Accidentes de Trabajo y Enfermedades Profesionales de la Seguridad Social.

RMJ: RD 1026/2011, de 15 de julio, que aprueba el Reglamento del Mutualismo Judicial.

RPD: RD 625/1985, de 2 de abril, por el que se desarrolla la Ley 31/1984, de 2 de agosto, de Protección por Desempleo.

RPFP: RD 304/2004, de 20 de febrero, por el que se aprueba el Reglamento de planes y fondos de pensiones.

RPIS: RD 928/1998, de 14 de mayo, por el que se aprueba el Reglamento General sobre procedimientos para la imposición de sanciones por infracciones de orden social y para los expedientes liquidatorios de cuotas a la Seguridad Social.

RSGSS: Resolución de la Secretaría General de la Seguridad Social.

RTGSS: Resolución de la Tesorería General de la Seguridad Social.

RTM: Régimen Especial de Trabajadores del Mar.

RTSS: Revista de Trabajo y Seguridad Social.

SAAD: Sistema para la Autonomía y Atención a la Dependencia.

S(SS): Sentencia(s).

SE: Seguro Escolar.

SEARG: Sistema especial agrario para trabajadores por cuenta ajena, del Régimen General.

SEPE: Servicio Público de Empleo Estatal (Antes INEM).

SESS: Secretaría de Estado de la Seguridad Social.

SESSP: Secretaría de Estado de Seguridad Social y Pensiones.

SETA: Sistema Especial de Trabajadores por Cuenta Propia Agrarios.

SMI: Salario Mínimo Interprofesional.

SNS: Sistema Nacional de Salud.

STC: Sentencia del Tribunal Constitucional.

STJUE: Sentencia del Tribunal de Justicia de la Unión Europea.

STS: Sentencia del Tribunal Supremo.

STSJ: Sentencia del Tribunal Superior de Justicia.

TFUE: Tratado de Funcionamiento de la Unión Europea.

TGSS: Tesorería General de la Seguridad Social.

TJUE: Tribunal de Justicia de la Unión Europea.

TL: Temas Laborales.

Tol: Tirant on line.

TRADE: Trabajador autónomo económicamente dependiente.

TRLCPE: RDLeg. 670/1987, de 30 de abril, por el que se aprueba el TR de la Ley de Clases Pasivas del Estado.

TRLE: TR de la Ley de Empleo, aprobado por RDLeg. 3/2015, de 2 octubre.

TRLMS: TR de la Ley de Garantías y Uso Racional de los Medicamentos y Productos Sanitarios, aprobado por RDLeg. 1/2015, de 24 de julio.

TRLSSFA: RDLeg. 1/2000, de 9 de junio, por el que se aprueba el TR de la LGSS de las Fuerzas Armadas.

TRSSFCE: RDLeg. 4/2000, de 23 de junio, que aprueba el TR de la Ley sobre Seguridad Social de los Funcionarios Civiles del Estado.

TRLSSAJ: RDLeg. 3/2000, de 23 de junio, por el que se aprueba el TR sobre disposiciones legales vigentes sobre el Régimen Especial de la Seguridad Social del personal al servicio de la Administración de Justicia.

TS: Tribuna Social.

TUE: Tratado de la Unión Europea.

Nota a la decimotercera edición

Desde la cuarta y hasta la decimosegunda edición el Derecho de la Seguridad Social solo los temas más comunes en la docencia se publicaron en papel. En la presente edición todas las lecciones se publican en papel, pero en dos volúmenes diferentes para facilitar su manejo. El primer volumen mantiene un contenido similar al de las anteriores ediciones en papel, aunque se transfieren al volumen segundo las lecciones de asistencia sanitaria e IMV, que conforman su contenido junto a los temas que antes solo se recogían en la versión digital: RETA, Sistemas especiales y otros RR.EE., Regímenes E. de Funcionarios, Dependencia, infracciones y sanciones y reclamaciones judiciales en materia de Seguridad Social.

Lección 1

El derecho de la Seguridad Social

JOSÉ MARÍA GOERLICH PESET
Catedrático de Derecho del Trabajo y de la Seguridad Social
Universitat de València

1. LOS RIESGOS Y NECESIDADES SOCIALES Y SUS TÉCNICAS DE PROTECCIÓN: LA SEGURIDAD SOCIAL

La Seguridad Social ocupa un papel esencial dentro del conjunto de la política social que se ha venido desarrollando por los Estados contemporáneos cuando se ajustan a las nociones de Estado del bienestar o Estado social —según contemplemos este modelo de Estado desde la perspectiva socioeconómica o en términos estrictamente jurídicos—. Dentro del conjunto de acciones que la componen, la Seguridad Social aparece como una específica técnica de protección frente a los riesgos y necesidades sociales.

La comprensión de este concepto requiere reflexiones adicionales sobre los diversos componentes de la definición. Se trata de examinar, de un lado, qué se entiende por riesgos y necesidades sociales y, de otro, cuáles son las diferentes técnicas de protección que cabe concebir frente a ellos. Al hilo de este examen es posible asimismo reconstruir en sus grandes rasgos la evolución histórica que ha conducido al surgimiento de lo que hoy conocemos como Seguridad Social así como los principales problemas que actualmente le aquejan.

1.1. Riesgos o necesidades sociales

De acuerdo con la terminología propia del contrato de seguro se entiende por "riesgo" un evento futuro e incierto cuya actualización produce un daño a alguien. Al ocuparse de riesgos, la Seguridad Social se ocupa de situaciones individuales. Otras actuaciones de la política social contemplan actuaciones de naturaleza colectiva que, por supuesto, benefician a los ciudadanos. Pero lo hacen de forma indirecta, como componentes del cuerpo social.

Por otro lado, el contrato de seguro puede ocuparse de muchas formas de riesgos y de daños, sobre las cosas o sobre las personas. Por el contrario, desde la perspectiva de la Seguridad Social, sólo se protegen riesgos de carácter personal, esto es, que afectan a la esfera personal de los sujetos protegidos y no a la de sus patrimonios. Lo que ocurre es que estos riesgos personales producen efectos patrimoniales o, si se prefiere, situaciones de necesidad: su actualización supone un daño patrimonial para el sujeto protegido porque ve incrementados los gastos que debe afrontar o como disminuyen o desaparecen los ingresos que necesita en su vida diaria.

Los riesgos adquieren la dimensión de sociales en la medida en que se trata de situaciones típicas, que potencialmente pueden afectar a cada uno de los miembros del *corpus* social, y, sobre todo, en la medida en que éste decide aprontar medidas específicas para contribuir a su solución. Esta última idea es sumamente relevante por cuanto que, aun cuando sean concebibles múltiples necesidades sociales, la cobertura del sistema de protección social dependerá de las decisiones políticas adoptadas en el correspondiente Ordenamiento jurídico. De hecho, esta idea está presente desde el principio en nuestras normas de Seguridad Social: el art. 2.2 LGSS afirma, en efecto, que "el Estado, por medio de la Seguridad Social, garantiza a las personas... la protección adecuada" pero sólo "frente a las contingencias y en las situaciones que se contemplan en esta Ley".

1.2. *Las técnicas de protección y su evolución*

Hemos dicho que la Seguridad Social es una técnica de protección frente a las necesidades sociales. Interesa ahora profundizar sobre la primera parte del concepto. Por técnicas de protección entendemos los instrumentos existentes para combatir las necesidades sociales. Puesto que los riesgos se concretan en la desaparición de la renta de la que disponen los sujetos para hacer frente a la existencia, las técnicas de protección implican mecanismos de asignación de otras de carácter sustitutivo.

En la medida en que riesgos y necesidades sociales aparecen en toda sociedad, estas técnicas de protección han existido desde siempre. Sin embargo, no todas las que ha habido y aún continúan existiendo pueden ser encuadradas en el concepto de Seguridad Social. Hasta el siglo XIX, las técnicas de protección han presentado un marcado carácter inespecífico puesto que se han utilizado instituciones jurídicas genéricas para solucionar los problemas derivados de aquellos.

De un lado, los propios interesados podían acudir a soluciones estrictamente individuales: el ahorro individual y, en un momento posterior, el contrato de seguro. Nacido éste último en la Edad Media como mecanismo de protección frente a los daños, fundamentalmente los relacionados con la navegación, con posterioridad extendería su ámbito de aplicación a los riesgos de carácter personal como los que nos interesan. Algunas de estas técnicas, han existido desde muy antiguo, desarrollándose de forma colectiva, dentro de determinadas instituciones tradicionales. Existen mecanismos antiquísimos de ahorro colectivo en las sociedades agrarias — depósitos comunes de grano en previsión de malas cosechas—. Del mismo modo, desde la Edad Antigua han existido sistemas de solidaridad de base mutualística dentro de las organizaciones profesionales tradicionales: los precedentes de la época romana desembocarán, en el medievo, en los gremios que, aparte otras misiones, desarrollaban actuaciones protectoras frente a las contingencias que afectaban a sus miembros.

De otro lado, igualmente desde muy antiguo, los riesgos sociales se han intentado conjurar mediante la caridad. Ahorro y aseguramiento eran mecanismos necesariamente restringidos, al alcance únicamente de determinados estamentos o sujetos. En el marco de las sociedades preindustriales, la satisfacción de las necesidades sociales de la mayoría de la población dependía de las acciones de beneficencia. Ésta ha constituido una forma muy extendida de provisión de las necesidades sociales. Han existido formas individuales, alentadas por las principales religiones; pero también se ha ejercido mediante la generación de estructuras especializadas en su dispensación, de origen colectivo o incluso público.

1.3. Los seguros sociales

Las técnicas tradicionales de cobertura de las necesidades sociales presentan obvias insuficiencias. Ahorro y aseguramiento presuponen una capacidad económica que no era predicable de la mayor parte de los componentes de las sociedades históricas. En cuanto a la beneficencia, dependiendo de los recursos libremente dedicados a ella, malamente podía garantizar la indicada cobertura.

Todo ello se hizo particularmente evidente a lo largo del siglo XIX. Si con anterioridad la población había ido creciendo lentamente, a partir del siglo XVIII comenzó a aumentar de forma espectacular. La transformación del sistema de producción condujo, por otro lado, a la aparición de un proletariado depauperado en las grandes ciudades industriales. Las instituciones tradicionales, algunas de las cuales, como los gremios, habían sido además desmanteladas como consecuencia de los cambios políticos, resultaron claramente insuficientes para atender las nuevas necesidades. De ahí que, en un cierto momento, entrado ya el siglo XIX, la generalización de la llamada "cuestión social" derivada de las Revoluciones Industrial y Burguesa haya requerido una respuesta por parte del Ordenamiento. En concreto, durante la segunda mitad del siglo surgieron los llamados seguros sociales.

El nacimiento de esta técnica suele fijarse convencionalmente en el famoso mensaje de Bismarck al *Reichstag* (1881). En este mensaje, el Canciller constataba que "la superación de los males sociales no puede encontrarse exclusivamente por el camino de reprimir los excesos socialdemócratas" sino que requería también "la búsqueda de fórmulas moderadas que permitan una mejora del bienestar de los trabajadores". A este fin el mensaje planteaba la introducción de un "seguro de los trabajadores en caso de accidentes de trabajo" así como "una organización paritaria del sistema de las 'Cajas de Enfermedad' en la industria" y la contemplación de la situación de "quienes por edad o invalidez resulten incapacitados para trabajar". Este programa social había de desarrollarse, según el propio mensaje, "en forma cooperativa bajo la protección y promoción estatal". Las medidas contempladas fueron puestas en marcha en los años sucesivos (1883: seguro de enfermedad; 1884: seguro de accidentes de trabajo; 1889: seguro de invalidez-vejez). Por otro lado, los nuevos planteamientos se extendieron rápidamente por el mundo occidental, poniéndose en marcha medidas similares, de alcance general o sectorial, a lo largo de la última década del siglo XIX y la primera del siguiente.

La técnica de los seguros sociales "adapta" el seguro privado a la protección de las necesidades sociales a través de la introducción de significativas modificaciones en su régimen jurídico. En concreto, cabe reseñar tres ideas clave de esta adaptación:

- La primera es la obligatoriedad de la constitución del seguro en el sentido de que no deriva de contrato sino de decisión legislativa. Es verdad que esta obligatoriedad no siempre se impuso inicialmente. Muchas de las primeras experiencias respondían al esquema de la libertad subsidiada —en el que la constitución del seguro era opcional si bien venía fomentada por las normas estatales—. En una evolución relativamente rápida, sin embargo, fue imponiéndose el carácter obligatorio del aseguramiento.

- En segundo lugar, se responsabiliza a personas diferentes del trabajador beneficiario —en concreto, empresarios y el propio Estado— de la constitución y financiación del seguro. Además, la financiación no se adecua exactamente a los principios propios de éste: ni las primas a satisfacer son estrictamente proporcionales a los riesgos cubiertos ni las prestaciones indemnizan completamente los daños que derivan de aquellos.
- Finalmente, tienden a establecerse formas especiales de gestión —de carácter público o parapúblico—, diferentes a las compañías aseguradoras ordinarias.

Al estar modelados sobre el seguro privado y, por tanto, sobre la idea de riesgo, presentaban algunas insuficiencias. De entrada, desde la perspectiva subjetiva, el sistema se proyectó inicialmente sobre los trabajadores asalariados; y, aunque con posterioridad se amplió a otros colectivos —protección de los trabajadores autónomos—, siempre se cerró en torno al desarrollo de actividades profesionales. De otro lado, si el riesgo condicionaba el alcance de la protección, los criterios vinculados a la naturaleza asegurativa de la protección —efectiva constitución de la relación, carencias y ocupaciones cotizadas— mediatizaban su efectiva percepción. Los riesgos, en fin, eran tratados separadamente lo que implicaba una dispersión normativa y gestora.

1.4. La Seguridad Social: nacimiento, modelos y crisis

Con posterioridad, el sistema de los seguros sociales pasará a transformarse en el de Seguridad Social, de pretensiones mucho más ambiciosas. El inicio convencional de esta segunda fase suele situarse en la publicación de los famosos informes de la comisión presidida por lord Beveridge durante la II Guerra Mundial (1942-1944), sobre todo el primero de ellos, *Seguro social y servicios afines*. El hecho de que, previamente a las realizaciones de postguerra en Gran Bretaña de las propuestas contenidas en él, se aprobaran en otros países del entorno anglosajón normas que descansaban en la nueva noción (USA —1935— y, sobre todo, Nueva Zelanda —1938—), permitió hablar de un modelo "atlántico" de Seguridad Social, en contraposición al "continental", mucho más anclado en la tradición de los seguros sociales.

La idea de Seguridad Social presenta diferentes singularidades respecto de los precedentes seguros sociales. De entrada, presupone la generalización de la protección en términos tanto subjetivos como objetivos. Si los seguros sociales habían protegido fundamentalmente a los trabajadores frente a los riesgos sociales específicamente considerados, la Seguridad Social se pone como meta la protección de todos los ciudadanos frente a las situaciones de necesidad, con independencia de los riesgos o contingencias que las generen. Se caracteriza, pues, desde el punto de vista subjetivo por la universalidad. Desde la perspectiva objetiva, se supera el esquema del seguro, dispensándose la protección en atención a la necesidad, sin requerirse por tanto el cumplimiento de las exigencias formales propias de aquél —constitución, carrera asegurativa—. Como lógica consecuencia, la financiación no descansa en cotizaciones, aportaciones específicas realizadas por los interesados, sino que se mueve en el plano fiscal, mediante asignaciones presupuestarias derivadas de la recaudación tributaria general. En fin, la Seguridad Social presupone también una tendencia a la racionalización de la organización respecto a la que presentaban los seguros sociales. Éstos, anclados sobre la idea de riesgo, habían funcionado de una forma sustancialmente dispersa en términos de gestión y de financiación. Frente a ello, la Seguridad Social se propone la unificación gestora y presupuestaria.

Desde la aparición del concepto de Seguridad Social en los años 30-40, todos los Ordenamientos desarrollados han experimentado una clara evolución, transformando los sistemas de seguros sociales anteriores hacia sistemas universales de Seguridad Social. Este proceso se ha desarrollado durante el período subsiguiente a la II Guerra Mundial, en el que se ha extendido y elevado notablemente la protección dispensada por la Seguridad Social. Esta ha incorporado, de un lado, la acción protectora de los absorbidos seguros sociales, dando lugar a la protección contributiva, esto es, la que, como en los viejos seguros sociales, depende de la carrera asegurativa del beneficiario y, por tanto, queda supeditada a la previa constitución de la relación de seguro y, normalmente, a la existencia de un período de cotización anterior a la actualización de la contingencia. Pero, de otro lado, por influencia del concepto teórico de Seguridad Social, el sistema se ha ido enriqueciendo con la protección asistencial o no contributiva. Es decir, aquella que presenta una clara vocación universal, asegurando a todos los ciudadanos un nivel mínimo de rentas, con independencia de su trayectoria asegurativa anterior.

Con todo, este proceso no ha llegado a cerrarse del todo. Aún hoy, la mayor parte de los sistemas no protegen a la totalidad de sus ciudadanos ni tampoco todas las situaciones de necesidad en las que pueden encontrarse. No es fácil, por otro lado, que este proceso se cierre en el corto plazo. Antes al contrario, tras esta fase de expansión de los años 50-60, la Seguridad

Social actual muestra claramente tendencias recesivas. Ello es así porque, desde mediados de la década de los setenta, se viene enfrentando a una situación de crisis. No es posible entrar con detalle en sus causas ni en su alcance. Pero es evidente que se relacionan con la nueva intensidad de la demanda de protección de la Seguridad Social: cada día son más los que aspiran a ella como consecuencia de determinados fenómenos (nueva estructura demográfica con envejecimiento paulatino de la población; nuevas realidades en el mercado de trabajo con mantenimiento de una estable y elevada tasa de desempleo). Esta nueva demanda, sin embargo, no puede ser fácilmente atendible por el sistema toda vez que este no puede disponer de financiación ilimitada (dificultades para incrementar los costes del trabajo aumentando las cotizaciones; políticas de reducción del déficit público).

2. EL DERECHO ESPAÑOL DE LA SEGURIDAD SOCIAL: FORMACIÓN HISTÓRICA

2.1. Los seguros sociales en España

El Derecho español de la Seguridad Social ha seguido una evolución similar a la que acaba de ser sucintamente descrita. Al margen los precedentes más remotos, conviene retener que, a partir de 1900, el legislador empieza a promocionar los seguros sociales. La primera manifestación de ello es la Ley de Accidentes de Trabajo de 1900 que, aun no estableciendo un seguro social en sentido estricto por no ser la cobertura obligatoria, pone las bases para la posterior evolución. Esta Ley objetiva la responsabilidad empresarial por accidente de trabajo, independizándola de la noción de culpa y estableciendo legalmente su *quantum*. Esta circunstancia suponía obviamente un incentivo para su aseguramiento. Tal es el origen de las actuales Mutuas Colaboradoras de la Seguridad Social. En esta misma época, se incentiva la constitución de seguros sociales a través del sistema de libertad subsidiada —el seguro es voluntario pero, si se constituye, recibe apoyo de los poderes públicos—. A tal fin se constituye en 1908, el Instituto Nacional de Previsión, que sería una institución central del posterior sistema asegurativo durante muchos años. Y con posterioridad, durante la primera mitad del siglo, van apareciendo y desarrollándose los seguros sociales.

El Seguro de Accidentes de Trabajo se va ampliando y convirtiendo en obligatorio, evolución que culmina en 1932. Y asimismo aparece el primer seguro social obligatorio por riesgos comunes: el Retiro Obrero (1919) al que seguirá algún otro. La Constitución republicana de 1931, al reconocer los derechos de los trabajadores a los seguros sociales y en especial al seguro de enfermedad, preveía la generalización de esta técnica de protección. Sin embargo, los problemas económicos y políticos de aquella época impidieron un efectivo desarrollo. Habrá, pues, que esperar al franquismo para ver un real desarrollo del sistema de los seguros sociales. Ya en una de sus primeras leyes fundamentales, el Fuero del Trabajo (1938), hará declaraciones respecto al desarrollo del sistema de seguros sociales. Y de hecho en los años 40 y 50 procede a su establecimiento. En el terreno de los riesgos profesionales, se regulan de nuevo los accidentes de trabajo (1956) y se establece una regulación específica de las enfermedades profesionales (1947). En el de los riesgos comunes, aparecen nuevos seguros sociales como el de enfermedad (1942), el de vejez e invalidez, llamado abreviadamente SOVI (entre 1939 y 1955), los subsidios familiares (1938), etc. La protección de los seguros sociales se complementaba, en fin, por la otorgada por un sistema de Mutualidades laborales constituido por ramas de actividad. Se dispensaban prestaciones complementarias a las derivadas de aquellos pero con carácter obligatorio.

2.2. El sistema de seguridad social: constitución y evolución

El sistema resultante de la generalización de los seguros sociales a lo largo de las dos primeras décadas del franquismo se caracterizaba por su excesiva fragmentación y diversificación. Por ello, y también por la influencia del concepto de Seguridad Social, en los años 60 y 70 se va a asistir al tránsito de los seguros sociales a la Seguridad Social. Este empeño comienza con la Ley de Bases de Seguridad Social (1963) que sentaba los principios generales del nuevo sistema. La Ley de Bases fue desarrollada por la Ley de Seguridad Social (1966), cuya promulgación fue acompañada de un buen número de reglamentos para su desarrollo (1966-1967). El derecho de la Seguridad Social quedaba así armónicamente constituido. Sin embargo, de inmediato se acometieron ciertas reformas (1972) lo que motivó la refundición normativa en la Ley General de Seguridad Social (1974).

La LGSS-1974 fue sustituida por texto un refundido en 1994 que, a su vez, lo fue por el aprobado por RDLeg 8/2015, de 30 de octubre. La existencia de estas sucesivas refundiciones se relaciona con la inestabilidad normativa que ha caracterizado en las últimas décadas el ordenamiento de la Seguridad Social. Sin entrar a detallar por orden cronológico todas las reformas que se han producido, parece interesante, al menos, hacer una referencia a las principales líneas de tendencia de este largo período.

- De entrada, la normativa de Seguridad Social ha tenido que hacer frente a las nuevas necesidades derivadas del sistema social económico. El funcionamiento del mercado de trabajo, caracterizado por la elevada tasa de desempleo y por una fuerte segmentación, explica las sucesivas intervenciones normativas sobre las prestaciones por desempleo (1980, 1984... hasta la más reciente de 2024) o sobre el tratamiento previdencial del trabajo atípico (1994, 1999, 2002, 2013).

  Asimismo, en línea con estas nuevas realidades que dificultan la consolidación de largas carreras asegurativas pero también para dar cumplimiento a los mandatos constitucionales en relación con el ámbito subjetivo de la protección, ocupa un importante papel la universalización de la asistencia sanitaria (1986, 1989) así como la introducción de las prestaciones no contributivas (1990). El establecimiento del ingreso mínimo vital (2020) se mueve asimismo en esta línea.

  Por último, el legislador ha enfrentado las exigencias derivadas de la nueva demografía: el incremento de la esperanza de vida ha dado lugar a diversas reformas en relación con la flexibilización de la jubilación (2001/2002). Cabe igualmente traer a colación la implantación del sistema de dependencia (2006).

- No todo puede verse en clave de ampliación de la acción protectora. El sistema de Seguridad Social ha tenido que afrontar también en las últimas décadas los graves problemas derivados de la nueva estructura demográfica y de la evolución del mercado de trabajo.

  De un lado, estas cuestiones han sido afrontadas con sucesivos intentos de racionalizar la estructura y mejorar la gestión del sistema. De entrada, frente a la tradicional fragmentación del sistema, se ha avanzado en su paulatina simplificación mediante sucesivas actuaciones sobre los regímenes especiales (1985, 2007, 2011). En cuanto a la gestión, la estructura data de 1978, ha sido objeto de posteriores ajustes y podría estar pendiente una nueva transformación: las previsiones de la Ley 27/2011 para la creación de una Agencia Estatal de la Seguridad Social se han intentado reactivar por la más reciente Ley 21/2021 —aunque no han llevado a mejoras resultados—. Asimismo, el sistema se ha unido a la ola de la digitalización, incorporando en sus diferentes facetas nuevas formas de gestión. Finalmente, se han ido alterando las fronteras entre la gestión pública y la gestión privada: las Mutuas han ido transformándose y extendiendo su ámbito de actuación (1990, 1994, 1995, 2010, 2014) y hemos asistido a cierta privatización "dura" de la atención sanitaria (1986, 1998...), que presenta, sin embargo, intensidad variable en el tiempo y en el espacio: no todas las CCAA han seguido el mismo cambio y se detectan en algunas cambios de rumbo en función del equilibrio político.

De otro lado, la necesidad de reencontrar el equilibrio financiero del sistema ha hecho que se introduzcan igualmente medidas en relación con los ingresos. Por supuesto, la financiación fiscal ha ido aumentando a lo largo del período que se considera, en persecución de una idea, formulada en el Pacto de Toledo, de separación de las funciones: las universales y de carácter asistencial, con cargo al presupuesto; las prestaciones contributivas con cargo a cotizaciones. Estas, por su parte, han ido aumentando. Inicialmente lo han hecho de forma limitada por los posibles efectos adversos sobre el empleo: los tipos se han mantenido —incluso reducido—, aunque las bases han crecido. Sin embargo, con posterioridad, se han emprendido reformas más intensas como la modificación de las reglas de determinación de las bases de cotización en el RETA (2022) y la vinculación de las cotizaciones a la sostenibilidad del sistema a través del llamado Mecanismo de Equidad Intergeneracional (2021/2023). Por otro lado, las operaciones de recaudación han sido objeto de permanente atención normativa (la más reciente, Ley 34/2014). Por último, aunque nunca había desaparecido completamente, el copago de determinadas prestaciones ha experimentado en algunos momentos un impulso importante.

En todo caso, las mayores actuaciones normativas con la finalidad de hallar el reequilibrio financiero del sistema se han centrado en los gastos. Prestaciones que pueden no haber experimentado sustanciales alteraciones en el *quantum* de la protección han sido objeto de reiteradas intervenciones normativas dirigidas a controlar su concesión. Desempleo (… 2002, 2010, 2012) o incapacidad temporal (1980, 1992, 1994, 1996/1997…) son dos magníficos ejemplos, si bien cabría traer también a colación la regulación de asistencia sanitaria (2012) o incapacidad permanente (1994, 1997). Pero, sobre todo, cabe recordar el llamado de forma eufemística reforzamiento del principio contributivo que, en rigor, constituye un endurecimiento de los requisitos de cotización previa necesarios para causar prestaciones así como de los sistemas para calcularlas (1985, 1997, 2007, 2011, 2021). En este mismo terreno se mueve el retraso de la edad de jubilación que, inicialmente, se ha buscado mediante incentivos normativos a la permanencia en el mercado de trabajo (1997,

2001/2002, 2021) y, de forma más reciente (2011), se ha concretado en medidas de carácter obligatorio.

- Por último, conviene tener en cuenta que muchos de los temas que han sido objeto de consideración plantean delicadas cuestiones desde el punto de vista político. Los temas de seguridad social son difíciles de plantear sin suscitar los recelos de un número creciente de pensionistas —y de los que aspiran a serlo algún día—. No es por ello de extrañar que, a la hora de afrontar las grandes reformas en la materia, los sucesivos Gobiernos hayan intentado alcanzar el consenso con los interlocutores sociales. Y si bien es cierto que ello no siempre ha sido posible (1985), en varios casos las correspondientes reformas han venido precedidas por acuerdos sociales (1996, 2006, 2011, 2021).

  Por esa misma razón, en un cierto momento se procedió a sacar del propio debate político la reflexión sobre las reformas de la Seguridad Social. A estos efectos a mediados de los 90 se optó por constituir, en el seno de una comisión del Congreso de los Diputados, una "Ponencia para el análisis de los problemas estructurales del sistema de la Seguridad Social y de las principales reformas que deberán acometerse". Su informe, conocido como "pacto de Toledo" (1995), se utilizó con posterioridad para diferentes modificaciones del régimen de Seguridad Social. La experiencia se ha repetido con posterioridad con cierta periodicidad (2003, 2010), si bien los problemas suscitados por la fuerte crisis actual hacen cada día más complejo alcanzar consenso al respecto, como demuestra la reforma de 2013. De hecho, el intento de renovarlo alrededor de una nueva edición fracasó en las legislaturas anteriores y solo ha podido ser alcanzado un nuevo consenso diez años después del último: el 19 de noviembre de 2020 el Pleno del Congreso ha aprobado una nueva versión.

3. LAS FUENTES DEL DERECHO DE LA SEGURIDAD SOCIAL

3.1. Las normas constitucionales

Aunque son varios los preceptos de la Constitución española de 1978 en los que se alude a la Seguridad Social (arts. 25.2, 41 o 129.1 CE) o a las necesidades sociales que tradicionalmente ésta ha protegido (arts. 43, 49 y 50 CE), el central es, sin duda, el contenido en el art. 41 CE que configura el llamado modelo constitucional de Seguridad Social. Este modelo presenta varios rasgos notables, algunos de los cuales son profundamente innovadores con respecto a la anterior situación de la Seguridad Social puesto que en el momento de la aprobación de la Constitución, el sistema implantado presentaba una fortísima incidencia de los criterios de carácter contributivo. Por el contrario, los criterios derivados del texto constitucional se alinean en un modelo fuertemente asistencial.

En primer término, se prevé la extensión de sus beneficios a "todos los ciudadanos". En consecuencia, el modelo constitucional de Seguridad Social propende a la universalidad de la protección, sin agotar su ámbito de aplicación en el tradicional criterio de la profesionalidad. En segundo lugar, se garantiza la suficiencia de las prestaciones que se conectan con las "situaciones de necesidad". De este modo, se desborda el tradicional marco del seguro y el riesgo, centrando la Seguridad Social en el terreno de lo asistencial, con prestaciones no condicionadas ni en su derecho ni en su cuantía a las carreras aseguratívas previas. En tercer lugar, se asigna a los poderes públicos un papel esencial en el terreno de la Seguridad Social. Les compete "mantenerla", lo que parece suponer un papel activo en su financiación y en su gestión de modo que el papel de la iniciativa privada queda confinado, como resulta del último inciso, al terreno de las "prestaciones complementarias".

Sin embargo, no es posible sobrevalorar su importancia. Por su ubicación sistemática, en el Capítulo III del Título I, el art. 41 CE resulta ser únicamente un "principio rector", que, conforme al art. 53.3 CE, se limitaría a informar la legislación positiva. Estructuralmente, el art. 41 CE no sanciona un derecho a la Seguridad Social sino que ofrece criterios al legislador. De este modo, es posible afirmar que el precepto es marcadamente elástico, reconociendo amplios márgenes al Legislador ordinario en la configuración y desarrollo del sistema de Seguridad Social. El art. 41 CE contiene, en este sentido, una garantía institucional. Por ello, el juicio de constitucionalidad de las leyes que concretan los derechos de seguridad social debe hacerse teniendo en cuenta que el margen de actuación del legislador es amplio, sin que sea posible revisar las decisiones legales si, a la postre, el sistema continúa conservando los elementos esenciales que lo hacen recognoscible (véase STC 213/2005, de 21 de julio, y jurisprudencia citada por ella).

Buena prueba de todo ello es la jurisprudencia constitucional que se ha ocupado de cuestiones vinculadas a la configuración del modelo. Por ejemplo, el Tribunal Constitucional ha entendido que las decisiones legislativas que afectan a las prestaciones, sacrificando expectativas de los ciudadanos, no afectan a la suficiencia constitucionalmente garantizada, que debe valorarse de acuerdo con las posibilidades reales del sistema y el conjunto de los principios que lo inspiran (SSTC 65/1987, de 21 de mayo, y 134/1987, de 21 de julio). Tampoco afecta al carácter público del sistema las decisiones que dan entrada a sistemas privados de gestión de las prestaciones públicas (cfr. STC 37/1994, de 10 de febrero, sobre la constitucionalidad de la responsabilidad empresarial directa en materia de IT).

3.2. Las normas internacionales y comunitarias

Los tratados internacionales en materia de Seguridad Social cumplen dos finalidades diferentes. La primera se relaciona con la extensión de las políticas de Seguridad Social. Cabe destacar el art. 22 DUDH (1948) en cuya virtud "toda persona, como miembro de la sociedad, tiene derecho a la seguridad social, y a obtener, mediante el esfuerzo nacional y la cooperación internacional, habida cuenta de la organización y los recursos de cada Estado, la satisfacción de los derechos económicos, sociales y culturales, indispensables a su dignidad y al libre desarrollo de su personalidad". Pero el derecho a la seguridad social se encuentra igualmente reconocido en otros convenios multilaterales, de ámbito global (por ejemplo, art. 9 Pacto Internacional de Derechos Económicos, Sociales y Culturales —1966—) o regional (así, en el ámbito europeo, art. 12 CSE —1961— y en el comunitario, art. 34 de la Carta de los derechos fundamentales de la Unión Europea).

Por supuesto, en el ámbito de la OIT se ha concretado el alcance de los genéricos reconocimientos del derecho a la seguridad social por los textos citados. Destaca en este terreno el convenio 102 de la OIT (1952), que establece una norma mínima en materia de Seguridad Social. A su alrededor giran otros convenios que se refieren a materias específicas: accidentes de trabajo y enfermedades profesionales: núm. 121 (1964); invalidez, vejez y supervivencia: núm. 128 (1967); asistencia médica y prestaciones por enfermedad: núm. 130 (1969); fomento del empleo y la protección contra el desempleo, núm. 168 (1988) —todos ellos con sus respectivas recomendaciones—.

Conforme a las reglas generales (art. 96 CE), las normas internacionales tienen una eficacia privilegiada en el sistema interno de fuentes, prevaleciendo sobre las internas. Por ejemplo, STS 530/2024, de 4 de abril, hace prevalecer el art. 1 CEDH sobre las normas legales que permiten a las entidades gestoras exigir directamente el reintegro de prestaciones indebidas (art. 295 LGSS), de acuerdo con la doctrina del TEDH. Eso sí, para su aplicación directa por los tribunales se requiere una formulación autosuficiente. Cuando se limitan a enunciar principios, hay que entender que sus mandatos "están dirigidos al legislador que es quien tiene la capacidad y la responsabilidad de organizar el sistema de protección social con el alcance y la concreción de medidas que elija en atención a la delimitación de las necesidades que en cada momento considere más acuciantes y relevantes" (STS 169/2023, de 2 de marzo).

Del mismo modo, las normas comunitarias, tanto el derecho originario contenido en los tratados, como el derivado, constituido por reglamentos y directivas emanados de las instituciones comunitarias, prevalecen sobre las normas internas. Nuestros tribunales, en efecto, están obligados a aplicar directamente uno y otro, conforme a la interpretación que le haya dado el TJUE.

Las normas internacionales se han ocupado, en segundo lugar, de resolver los problemas de Seguridad Social que plantean los trabajadores migrantes. Este es el caso de los convenios 48 de la OIT, sobre conservación de los derechos a pensión de los migrantes, aprobado en 1935, y, más recientemente, 157, sobre conservación de derechos en materia de Seguridad Social. Esta última finalidad está además presente en los múltiples tratados bilaterales suscritos entre España y otros países así como en las normas comunitarias europeas. A la cuestión del funcionamiento de las normas de Seguridad Social en el caso de los trabajadores y beneficiarios que han desarrollado su trayectoria profesional en varios estados, se dedica más adelante un epígrafe específico.

3.3. Las normas legales y reglamentarias

El núcleo de la normativa sobre Seguridad Social se encuentra, por supuesto, en las normas infraconstitucionales, leyes y reglamentos.

a) Lo primero que conviene señalar, al respecto, es que la normativa legal en materia de Seguridad Social es fuertemente inestable. Esta inestabilidad normativa tiene dos vertientes diferentes.

- De un lado, la normativa de carácter coyuntural ha venido desarrollando un importante papel este sector del ordenamiento. Inicialmente, la legislación de presupuestos anuales se ha venido utilizando para introducir novedades normativas —en ocasiones, para corregir interpretaciones jurisprudenciales no deseadas—. A medida que el TC ha puesto coto a estas prácticas (cfr. STC

76/1992, seguida por otras muchas recogidas, por ejemplo, en STC 67/2002), este papel ha sido asumido por las llamadas leyes de "acompañamiento", que han introducido a veces extensas modificaciones en el articulado de la LGSS (cfr. leyes 42/1994, 13/1996, 66/1997, 55/1999, 14/2000, 24/2001, 53/2002, 62/2003). A raíz del cambio de mayoría parlamentaria de 2004 se ha abandonado esta práctica, que había sido objetada desde muchos puntos de vista. Se advierte, en todo caso, cómo vuelve a ser utilizada la ley de presupuestos para introducir ajustes, aunque sean menores, en la normativa sustantiva de Seguridad Social (cfr. Leyes 26/2009, que aprueba los PGE para 2010, 39/2010, que aprueba los de 2011, 17/2012, respecto de 2013, 36/2014, para 2015, 3/2017 en relación con 2017 y 6/2018, en este ejercicio).

En todo caso, dada la conexión entre la Seguridad Social y las grandes decisiones financieras del Estado, la legislación coyuntural continúa desarrollando un papel relevante. De hecho, algunas materias de Seguridad Social deben ser objeto de regulación anual precisamente a través de la Ley que aprueba los Presupuestos Generales del Estado —cfr. arts. 57 ss. y 145 ss. LGSS y 2.2 RDL 3/2004—.

- Conviene, de otro lado, no perder de vista que, como consecuencia del contexto social y económico, el sistema de Seguridad Social se encuentra siempre pendiente de alguna reforma. Aunque en 1994 se intentó codificar el conjunto de las producidas hasta la fecha mediante la aprobación de un nuevo texto refundido, desde entonces se han producido varias grandes reformas, normalmente precedidas por negociaciones con los interlocutores sociales. Cabe citar en este terreno las introducidas por Leyes 24/1997, de 15 de julio, 35/2002, de 12 de julio, 52/2003, de 10 de diciembre, 40/2007, de 4 de diciembre, 27/2011, de 1 de agosto, 13/2012, de 26 de diciembre, 23/2013, de 23 de diciembre, y 21/2021, de 28 de diciembre —que, entre otras cosas, revisa los principales contenidos de la reforma de 2013—.

En los últimos años, se han incorporado a esta situación de permanente movilidad normativa las normas legales de emergencia. El Decreto-Ley había sido utilizado en el pasado para introducir modificaciones rápidas en las normas legales en materia de Seguridad Social, en coyunturas económicas delicadas (por ejemplo, RRDDLL 3/1992 y 5/1992). El uso del Decreto-Ley se ha normalizado como consecuencia de la intensa crisis financiera de finales de la década pasada (entre otros, RRDL 8/2010, 16/2012, 20/2012, 28/2012, 29/2012, 5/2013, 11/2013 ó 16/2013) y la derivada de la emergencia sanitaria provocada por la COVID-19 (RRDDLL 5/2020, 8/2020, 11/2020, 15/2020, 18/2020 y, sobre todo, en atención a su proyección futura, 20/2020, por el que se establece el ingreso mínimo vital). Asimismo, las recientes dificultades de articulación de mayorías parlamentarias estables han contribuido a incrementar esta tendencia: el Decreto-Ley se ha utilizado para solventar las dificultades de aprobación de la ley anual de presupuestos (por ejemplo, RDL 28/2018) o para introducir otras modificaciones normativas (por ejemplo, RRDL 6/2019 o 2/2024) —algunas de ellas de suma importancia (como el RDL 2/2023, que aborda la segunda fase de la última reforma para la de las pensiones)—. No es infrecuente, por lo demás, que las nuevas normas se incorporen a Decretos-Leyes que regulan aspectos diferentes, generando auténticas normas ómnibus (por ejemplo, RDL 1/2023). Esta utilización del Decreto-Ley es discutible a la vista de los límites establecidos en el art. 86 CE; sin embargo, el TC los ha interpretado con cierta flexibilidad (STC 17 y 18/2023) de modo que solo ocasionalmente se producen episodios de anulación de este tipo de normas por defecto de los mismos (cfr. STC 111/2021).

La permanente reforma del marco legal tiene efectos devastadores sobre la sistemática de las normas de Seguridad Social. Por eso, tras un intento fallido (cfr. DA 25ª Ley 27/2011), la Ley 20/2014 concedió al Gobierno plazo para refundir un importante número de normas. Tal es el origen de la vigente LGSS que, sin embargo, se resiente ya del intenso flujo normativo: han vuelto a aparecer los artículos duplicados (bis), triplicados (ter) o cuadruplicados (quater).

b) De esta manera, la norma central del sistema es la Ley General de Seguridad Social de 2015, texto refundido aprobado por el Real Decreto-Legislativo 8/2015, de 30 de octubre. A pesar de que la LGSS actúa como una suerte de "código" de este sector del ordenamiento, no pueden dejar de señalarse varios fenómenos que relativizan este papel.

- En primer lugar, existen una serie de normas legales que, por su carácter instrumental y transversal al conjunto del Ordenamiento laboral y de Seguridad Social, permanecen fuera de la LGSS. Tal ocurre con los aspectos procesales y con la tutela administrativa de las normas de Seguridad Social. Respecto a las primeras, se contienen en la LRJS; la segundas, en el TRLISOS de 2000.

- En segundo lugar, algunas partes que tradicionalmente han formado parte de la Seguridad Social se han segregado del *corpus* central, dando vida a una legislación que se encuentra extramuros de la LGSS. El caso más claro viene dado por la protección de la salud. Como consecuencia de la autonomía que ha ido adquiriendo (cfr. art. 43 CE), las prestaciones han salido de la LGSS que sólo se refiere marginalmente a ellas, dejando en vigor las normas anteriores contenidas en la LGSS-1974. Por supuesto, este fenómeno ha ido acompañado de la aprobación de leyes especiales (LGS-1986, Ley 16/2003) de las que se dará cuenta en el apartado correspondiente. En este mismo terreno, conviene incluir la nueva normativa legal sobre la situación de dependencia (Ley 39/2006, de 14 de diciembre).

c) En fin, las Leyes citadas no son, ni mucho menos, autosuficientes para conformar el sistema de Seguridad Social. Por el contrario, la completa efectividad de las normas legales requiere necesariamente un amplísimo desarrollo reglamentario. Resulta imposible enumerar las diversas normas que lo integran no sólo por su elevado número sino también, y sobre todo, porque se ha venido produciendo de manera caótica. En efecto, el grueso del desarrollo reglamentario se produjo en el momento de la aprobación de la primera Ley de Seguridad Social en 1966. Ello explica que un número elevado de normas reglamentarias aún vigentes hayan sido promulgadas a finales de la década de los sesenta (por ejemplo, las normas reglamentarias reguladoras de cada prestación o de los Regímenes Especiales). En este primer momento, la proximidad entre la aprobación de la Ley y la de las piezas del mosaico reglamentario permitía que el conjunto tuviera bastante coherencia.

Sin embargo, ésta se fue perdiendo con posterioridad ya que las sucesivas modificaciones de la legislación de Seguridad Social no siempre han tenido un impacto armónico en el correlativo desarrollo reglamentario. Antes al contrario, la introducción de novedades legislativas no siempre ha llevado a una sustitución plena de la normativa reglamentaria concordante con las normas legales sustituidas. Lo normal ha sido dictar nuevos reglamentos que se han yuxtapuesto a los anteriormente existentes, planteándose los correspondientes problemas de seguridad jurídica (conocimiento de las disposiciones, determinación de las vigentes, etc.).

Este fenómeno afecta fundamentalmente a la regulación de las prestaciones puesto que, en los últimos años, se ha producido un proceso de "codificación" de la normativa reglamentaria en relación con los aspectos organizativos de gestión. Cabe destacar, por ejemplo, los RRDD 84/1996, de 26 de enero (actos de encuadramiento), 1993/1995, de 7 de diciembre (colaboración de las Mutuas), 1221/1992, de 9 de octubre, sobre el patrimonio de la Seguridad Social, 2064/1995, de 22 de diciembre (cotización), 148/1996 (reintegro de prestaciones indebidas) y 1415/2004 (recaudación). Por supuesto, como en el caso de las normas legales, los intentos codificadores han de hacer las cuentas con la inestabilidad normativa que, en el caso de las normas reglamentarias, es, si cabe, más intensa.

3.4. Las competencias de las Comunidades Autónomas

Una cuestión adicional que cabe plantearse en materia de fuentes hace referencia a las posibles competencias normativas de las CCAA en las materias incluidas en la Seguridad Social. Lo primero que conviene reseñar es la existencia de diversos títulos que pueden ser traídos a colación. De un lado, la sanidad tiene reglas específicas, diferentes a las establecidas para la Seguridad Social. En efecto, de acuerdo con el art. 149.1.16 CE, se reserva al Estado, aparte otras cosas, las "bases y coordinación general de la Sanidad"; y ello implica posibles competencias normativas de desarrollo y ejecutivas a favor de las CCAA. De hecho, la legislación (cfr. Ley 16/2003) y la jurisprudencia constitucional (arg. *ex* STC 98/2004 ó 136/2012, entre otras) parten de que la misión normativa del Estado se relaciona con la determinación del mínimo de prestaciones sanitarias exigibles por los ciudadanos en el conjunto del territorio. De este modo, cabe afirmar que no resultan constitucionalmente admisibles decisiones de las CCAA que hagan más gravoso para sus ciudadanos el acceso a las prestaciones sanitarias (SSTC 71/2014, de 6 de mayo, y 85/2015, de 29 de mayo, sobre el llamado euro por receta). En paralelo, tampoco la son las decisiones de mejora de las prestaciones, por la ruptura que producen en la igualdad del acceso a las prestaciones (en este sentido, SSTC 140/2017, de 30 de noviembre, en relación con decisiones autonómicas que complementan las prestaciones farmacéuticas, reduciendo la aportación de los beneficiarios, o 2/2018, 17/2018 y 18/2018, en relación con la extensión de las prestaciones a grupos no contemplados en la legislación estatal). Sin embargo, sí pueden entrar en la competencia autonómica los aspectos relacionados con su concreta efectividad (cfr. SSTC 210/2016, 33/2017 y 52/2017, sobre determinación de los genéricos a dispensar).

Por lo que se refiere a la Seguridad Social entendida en sentido estricto, la norma aplicable es el art. 149.1.17 CE que reserva al Estado la "legislación básica y régimen económico de la Seguridad Social, sin perjuicio de la ejecución de sus servicios por las Comunidades Autónomas". Aparentemente, las CCAA pueden tener competencias normativas de desarrollo y, por supuesto, de ejecución. A la vista de la jurisprudencia del TC, la realidad de las cosas es más complicada puesto que las competencias autonómicas no alcanzan la totalidad de la ejecución de los servicios y, por su parte, las competencias normativas pueden quedar sumamente reducidas.

En el primer sentido, es claro que de los preceptos constitucionales citados se desprende *a contrario* la existencia de competencias ejecutivas autonómicas. Tales competencias se encuentran, por lo demás, incorporadas a los EEAA y han sido reconocidas por la jurisprudencia constitucional (véanse últimamente STC 211/2012, de 14 de noviembre, o 36/2022, de 8 de abril). Sin embargo, las competencias autonómicas, a pesar de la dicción literal de las normas constitucionales y de algunos estatutos de autonomía, no alcanzan al régimen económico pues, para preservar la unidad de caja, la ejecución de esta materia corresponde al Estado. Y esto último incluye tanto el desarrollo de los actos administrativos correspondientes (cfr. STC 124/1989) como el control del correcto cumplimiento de las obligaciones en este terreno y eventual sanción de las conductas infractoras (SSTC 195/1996 ó 51/2006, de 16 de febrero). Otra cosa es que la situación pueda ser variada mediante la suscripción de los correspondientes convenios entre el Estado y las CCAA (SSTC 19 y 32/2024, en relación con la gestión autonómica del ingreso mínimo vital).

Se ha discutido, en el segundo sentido, la posibilidad de las CCAA de establecer prestaciones complementarias a las de la Seguridad Social, al amparo de sus genéricas competencias en materia de asistencia social (cfr. art. 148.1.20 CE). El TC, en su sentencia 239/2002, lo ha aceptado a propósito de las normas reglamentarias andaluzas que establecieron prestaciones complementarias a las no contributivas dispensadas por la seguridad social. Sin embargo, las cautelas con las que se ha producido esta aceptación, confiando al Estado la posibilidad de establecer los mecanismos para evitar que estas prestaciones complementarias interfieran en las dinámicas de la Seguridad Social, parecen dejar en manos del legislador estatal su admisibilidad. Así al menos lo ha entendido éste que procedió de inmediato a prohibir expresamente este tipo de decisiones autonómicas, sin perjuicio de que posteriormente haya revisado este criterio (cfr. actual art. 42.4 LGSS que tuvo en sus redacciones sucesivas introducidas por Leyes 52/2003 y 4/2005). Por otro lado, no se admite que el ejercicio de competencias ajenas autonómicas a la seguridad social pueda interferir en la configuración de ésta. Así deriva de los diversos pronunciamientos recaídos en relación con el tratamiento de las uniones de hecho (STC 39/2014, de 11 de marzo y 40/2014); y más recientemente, en relación con el ingreso mínimo vital (STC 158/2021). Por supuesto, más allá de los límites de la seguridad social, es claro que las CCAA tienen libertad para el establecimiento de prestaciones a favor de sus residentes —si bien ello no necesariamente excluye las decisiones de alcance general del Estado: cfr. STC 36/2012, de 15 de marzo—.

Por último, son también complejos los límites de las competencias autonómicas en materia de protección social complementaria. En principio, parece fuera de cuestión una competencia autonómica de carácter ejecutivo sobre las entidades que la desarrollan, sin perjuicio del necesario respeto la posibilidad del establecimiento de la legislación básica por el Estado, en atención a diferentes títulos competenciales (véase STC 215/2012, 14 de noviembre, y las en ella citadas) así como su competencia exclusiva en relación con la ordenación del derecho mercantil. Esto último resulta prevalente, sin embargo, en relación con fondos y planes de pensiones (cfr. STC 206/1997, de 27 de noviembre).

3.5. Autonomía colectiva, autonomía individual y derecho de la Seguridad Social

A diferencia de otras áreas del ordenamiento laboral y de seguridad social, el Derecho de la Seguridad Social se incardina, sin lugar a dudas, en el terreno del derecho público. Es por ello por lo que la autonomía privada, tanto en su vertiente colectiva como en la individual, no adquiere la relevancia que presenta en aquellas.

En este sentido, el criterio general se encuentra en el art. 3 LGSS en cuya virtud "será nulo todo pacto, individual o colectivo, por el cual el trabajador renuncie a los derechos que le confiere la presente Ley". Existen, después, concretas manifestaciones del principio general en relación con aspectos concretos como es la obligación de cotizar para la que está prevista la nulidad de todo pacto que altere las reglas de distribución así como la alteración de las bases (cfr. art. 143 LGSS), incluso cuando tales pactos actúen en beneficio del trabajador (cfr. art. 26.4 ET).

Cabe notar, con todo, que la autonomía privada, especialmente la colectiva, tiene un papel trascendente en la disposición de sistemas de protección social complementaria. En el tema correspondiente se obtiene información sobre este particular.

4. LA APLICACIÓN DE LAS NORMAS DE SEGURIDAD SOCIAL

Para terminar el análisis de las fuentes del Derecho de la Seguridad Social es preciso hacer una breve referencia a dos problemas generales que plantea su aplicación, vinculados a los aspectos espacio-temporales de su eficacia.

4.1. Sucesión normativa y derecho transitorio; el problema de los derechos adquiridos

Desde el punto de vista de la eficacia en el tiempo, el problema se plantea por algunas características específicas de las normas de Seguridad Social y los problemas que las mismas plantean en el terreno de la sucesión normativa. De entrada, en muchas ocasiones los derechos de seguridad social dependen del transcurso de períodos más o menos largos de maduración a lo largo de los cuales se generan expectativas en los eventuales beneficiarios respecto a su consolidación. Sin embargo, es probable que, a lo largo de ese período de maduración, se produzcan reformas normativas que establezcan requisitos adicionales o reduzcan la protección dispensada y, con ello, defrauden las expectativas de consolidación a las que se ha hecho referencia. En otro orden de cosas, el hecho de que la protección dispensada no sea normalmente instantánea sino que perdure en períodos largos de percepción de las prestaciones puede generar un segundo problema. En efecto, en este contexto, la evolución normativa puede hacer que situaciones de necesidad aparentemente iguales tengan protecciones diferentes en función de cuál fuera la norma vigente en el momento de generarse el correspondiente derecho.

a) En relación con el primer problema, debe recordarse ante todo que, de acuerdo con la teoría general del derecho, las normas posteriores derogan a las anteriores sin que, como regla general, las situaciones generadas por éstas hayan de ser necesariamente respetadas por aquella ni tampoco deban serlo las expectativas no consolidadas. Otra cosa es que las normas de derecho intertemporal o transitorio acuerden medidas especiales que las perpetúen en el tiempo o permitan excepcionalmente su consolidación.

Pues bien, no existe ninguna razón que permita alcanzar una solución diferente en relación con las normas de Seguridad Social. Es cierto que se ha intentado alcanzar una conclusión diferente por diferentes vías. Se han utilizado a estos efectos desde razonamientos basado en la idea de que la cotización necesaria durante largos períodos genera expectativas consolidadas que convertidas en derechos adquiridos no pueden ser desconocidas por las normas posteriores hasta otros relacionados con presuntos principios de irreversibilidad del grado de protección alcanzado por el sistema de Seguridad Social —que podrían encontrar amparo a su vez en diferentes pasajes del texto constitucional (principio de igualdad sustancial del art. 9.2 CE, referencia al "mantendrán" del art. 41 CE…)—. Lo bien cierto es que el TC, al enfrentarse a este problema, ha excluido radicalmente que esto pueda aceptarse. De acuerdo con la doctrina sentada a partir de las SSTC 65/1987, de 21 de mayo, y 134/1987, de 21 de julio, no existe razón que obligue al legislador a respetar las expectativas que los particulares puedan haberse creado al amparo de una cierta legislación (STC 49/2015, de 5 de marzo, seguida por otras muchas).

En rigor, sólo respecto de las situaciones que se hayan perfeccionado plenamente y agotado sus efectos durante la vigencia de una determinada ley, cabría pensar en la existencia de retroactividad prohibida constitucionalmente por restrictiva de los derechos individuales (art. 9.3 CE) si una norma posterior intentara variarlas. Pero, incluso en estos casos, la jurisprudencia constitucional ha admitido la posibilidad de que se produzca esta retroactividad llamada máxima en atención a la finalidad de la norma y a las circunstancias específicas concurrentes en cada caso (por todas, STC 89/2009, de 20 de abril, que, sin embargo, la declara inconstitucional en el supuesto enjuiciado).

Otra cosa es, por supuesto, que, como se ha indicado más arriba, estas expectativas puedan ser objeto de protección específica a través de las normas transitorias. De hecho, es absolutamente frecuente que las normas de Seguridad Social contengan este tipo de disposiciones cuya vigencia se prolonga de forma muy duradera. La visita a las disposiciones transitorias de la LGSS lo confirmará y nos dará una idea aproximada de la importancia que las mismas tienen en este particular sector del Ordenamiento.

b) En cuanto al segundo problema, la eventual coexistencia de tratamientos diferentes para situaciones de necesidad idénticas como consecuencia de los cambios normativos plantea desde luego un problema de posible aplicación del art. 14 CE. Se trata, en definitiva, de resolver una cuestión: la de si genera una desigualdad constitucionalmente relevante que dos situaciones de necesidad iguales se encuentren protegidas de distinta manera por haber cambiado la norma aplicable. Inicialmente la jurisprudencia constitucional ha tendido a dar una respuesta positiva a esta afirmación, con la consiguiente extensión de ventajas introducidas con posterioridad a supuestos protegidos con arreglo a normas anteriores (cfr. SSTC 19/1982). Sin embargo, esta doctrina ha sido rápidamente sustituida por otra de sentido contrario que es la que ha acabado por consolidarse: desde la STC 70/1983, se viene entendiendo que "el principio de igualdad ante la Ley no exige que todas las situaciones, con independencia del tiempo en que se originaron o en que se produjeron sus efectos, deban recibir un tratamiento igual por parte de la Ley, puesto que con ello se incidiría en el círculo de competencias atribuido constitucionalmente al legislador y, en definitiva, en la natural y necesaria evolución del ordenamiento jurídico". Por ello, "la desigualdad de trato entre diversas situaciones derivada únicamente de un cambio normativo y producida tan sólo por la diferencia de las fechas en que cada una de ellas tuvo lugar, no encierra discriminación alguna, y no es contraria al principio de igualdad ante la Ley" (STC 119/1987).

4.2. Las normas de Seguridad Social en el espacio: el principio de territorialidad y sus excepciones; Seguridad Social y migraciones

Desde el punto de vista de su aplicación en el espacio, la ubicación de las normas de Seguridad Social en el terreno del Derecho Público implica, de entrada, su estricta sujeción al principio de territorialidad. Ello supone que los sujetos protegidos por la seguridad social española son los españoles y, en condiciones de igualdad —o eventualmente de reciprocidad—, los extranjeros, siempre que unos u otros se encuentren en nuestro país.

Esta solución no deja de plantear problemas. Algunos, vinculados a la posible desprotección de nuestros nacionales durante sus estancias en el extranjero, que serán objeto de análisis al estudiar el campo de aplicación del sistema. Otros, de alcance más general, se relacionan con la actuación de la Seguridad Social en los supuestos de migraciones y de movilidad internacional de los trabajadores. En estos casos, en efecto, el principio de territorialidad puede dificultar el acceso a las prestaciones de la Seguridad Social o disminuir su cuantía puesto que, como sabemos, las mismas maduran a lo largo de períodos relativamente amplios y en función de períodos cotizados caracterizados también por su amplitud. La solución a este último tipo de problemas viene dada, como se ha indicado más arriba, a través de las normas internacionales y comunitarias sobre seguridad social.

Por lo que se refiere a las primeras, cabe apuntar la existencia de algunos tratados multilaterales que se ocupan de este problema. Cabe destacar, en el ámbito de la OIT, el convenio 157 (1982), que sustituye, a medida que va siendo objeto de suscripción por los Estados miembros, el anterior convenio 48 (1935). Conviene, no obstante, advertir que, con alguna salvedad, las normas internacionales contenidas en aquél no son autosuficientes sino que requieren la existencia de específicos acuerdos bilaterales entre los estados miembros que concreten su alcance (art. 4). De hecho, existe un elevado número de convenios bilaterales que se sitúan en esta órbita.

Los principios que inspiran la situación resultante son los siguientes:

- Igualdad de trato de nacionales y extranjeros, con aplicación de las normas internacionales de tutela en función del lugar de trabajo o residencia y no de la nacionalidad (art. 5).
- Principio de conservación de los derechos en curso de adquisición, con independencia del lugar en que ésta se haya producido. En la práctica, este principio se articula mediante la totalización de todos los períodos trabajados a efectos de acceder a la seguridad social o de lucrar las prestaciones dispensadas por ella o de proceder a su cálculo (art. 7).
- Principio de proporcionalidad (o *pro rata temporis*), que se relaciona con la asignación de la prestación entre los diversos estados que queden implicados en su devengo. De este modo, a cada uno de los Estados le corresponde abonar la parte de prestación de que se trate en función del período en que la actividad del trabajador se ha desplegado en su territorio, siendo lo restante incumbencia de los otros. Este principio, en su fase menos perfecta, supone la existencia de pagos parciales al beneficiario por cuenta de los diferentes implicados; en su fase más evolucionada estos pagos parciales pueden ser sustituidos por abono completo, sin perjuicio de su reembolso interestatal.

En función de la configuración de este principio en los distintos instrumentos internacionales puede funcionar de diferentes maneras cómo se advierte en STS de 22 de octubre de 2008 (rec. 567/2008).

- Principio de libre exportación de las prestaciones devengadas, cuando el beneficiario cambie su residencia.

Conviene en fin indicar que las normas comunitarias han desarrollado extraordinariamente estos principios por el carácter fundamental que la libre circulación de los trabajadores tiene en el ámbito normativo europeo y, sobre todo, el carácter instrumental que a su reconocimiento tienen las medidas de Seguridad Social. Ello hace conveniente dedicar una lección específica, la próxima, al análisis del papel del Derecho comunitario en esta área del ordenamiento.

Lección 2
El derecho europeo de coordinación en materia de Seguridad Social. Principios generales

MONTSERRAT AGÍS DASILVA
Profesora Titular de Derecho del Trabajo y de la Seguridad Social
Universitat de València

1. INTRODUCCIÓN

El derecho de seguridad social de la UE suele subdividirse en dos ramas. Una, denominada tradicionalmente como "derecho de armonización", y otra conocida como "derecho de coordinación".

El derecho armonizador, del que son destinatarios directos los EEMM, se integra por un variado conjunto de disposiciones orientadas a la aproximación de las diversas legislaciones nacionales por medio de la trasposición de sus mandatos.

El artículo 153.1.c) TFUE posibilita la aprobación de tal clase de disposiciones en la específica temática de seguridad social y protección social; sin embargo, esta vía no ha sido transitada por el momento debido a razones de variada índole, por lo que el derecho armonizador europeo de seguridad social se compone de diversas Directivas, cuya base jurídica no se halla en el mencionado 153.1.c) TFUE sino en otros preceptos del derecho originario. Se trata, en general, de disposiciones que estando dirigidas a la regulación de materias distintas a la seguridad social poseen, no obstante, implicaciones en ese ámbito.

Así, por ejemplo, las Directivas 2006/54/CE[1], 79/7/CEE[2] ó 2010/41/UE3, dirigidas a potenciar en distintos ámbitos el principio de igualdad de trato en-

---

1 Del Parlamento Europeo y del Consejo, de 5 de julio de 2006, *relativa a la aplicación del principio de igualdad de oportunidades e igualdad de trato entre hombres y mujeres en asuntos de empleo y ocupación (refundición).* (DO nº L 204, 26.7.06). Se toma en consideración esta Directiva respecto a cuestiones de seguridad social, por ejemplo, en STJUE 24 septiembre 2020, *YS y NK AG,* C-223/19.

2 Del Consejo, de 19 de diciembre de 1978, *relativa a la aplicación progresiva del principio de igualdad de trato entre hombres y mujeres en materia de seguridad social.* (DO nº L 6, 10.1.79). Se toma en consideración esta Directiva respecto a cuestiones de

tre hombres y mujeres; 2000/78 [3], adoptada para luchar contra la discriminación en el empleo y la ocupación por razón de diversas circunstancias; 92/85/CEE[4] y 2019/1158[5], en torno a la conciliación de la vida laboral de progenitores y cuidadores; 2011/24/UE[6] que arbitra los términos y condiciones en que los beneficiarios del sistema de salud de un EM pueden acceder a los servicios del sistema de salud de otro EM; 2008/94/CE[7] que protege a los trabajadores en caso de insolvencia de su empresario; ó 2001/23/CE[8] dirigida a proteger a

---

seguridad social, por ejemplo, en SsTJUE 21 enero 2021, *INSS* y *BT*, C-843/19; 12 mayo 2021, *IJ e INSS*, C-130/20; 24 febrero 2022, *CJ* y *TGSS*, C-389/20; 30 junio 2022, *KM*, C-625/20 ó 14 septiembre 2023, *DX, INSS y TGSS*, C-113/22.

3 Del Consejo, de 27 de noviembre de 2000, *relativa al establecimiento de un marco general para la igualdad de trato en el empleo y la ocupación.* (DO nº L 303, 2.12.00). Se toma en consideración esta Directiva respecto a cuestiones de seguridad social, por ejemplo, en SsTJUE 27 abril 2023, *BVAEB, C-681/21;* ó 18 enero 2024, *Ca Na Negreta, C-631/22.*

4 Del Consejo, de 19 de octubre de 1992, *relativa a la aplicación de medidas para promover la mejora de la seguridad y de la salud en el trabajo de la trabajadora embarazada, que haya dado a luz o en período de lactancia (décima Directiva específica con arreglo al apartado 1 del artículo 16 de la Directiva 89/391/CEE).* (DO nº L 348, 28.11.92). Última versión consolidada tras Reglamento (UE) 2019/1243 (DO nº L 198, 25.7.19).

5 Directiva (UE) del Parlamento Europeo y del Consejo, de 20 de junio de 2019, *relativa a la conciliación de la vida familiar y la vida profesional de los progenitores y los cuidadores, y por la que se deroga la Directiva 2010/18/UE del Consejo* (DO nº L 188, 12.7.19).

6 Del Parlamento Europeo y del Consejo de 9 de marzo de 2011 *relativa a la aplicación de los derechos de los pacientes en la asistencia sanitaria transfronteriza.* (DO nº L 88, 4.4.11). Última versión consolidada tras Directiva 2013/64/UE (DO nº L 353, 28.12.13). Se toma en consideración esta Directiva respecto a cuestiones de seguridad social, por ejemplo, en SsTJUE 23 septiembre 2020, *WO y Vas Megyei Kormányhivatal*, C-777/18; ó 6 octubre 2021, *TS y otros*, C-538/19.

7 Del Parlamento Europeo y del Consejo, de 22 de octubre de 2008, *relativa a la protección de los trabajadores asalariados en caso de insolvencia del empresario.* (DO nº L 283, 28.10.08). Última versión consolidada tras Directiva (UE) 2015/1794 (DO nº L 263, 8.10.15). Se toma en consideración esta Directiva respecto a cuestiones de seguridad social —en este caso, complementaria—, por ejemplo, en STJUE 9 septiembre 2020, *EM y TDM Friction GmbH y otros*, C-674/18 y 675/18.

8 Del Consejo, de 12 de marzo de 2001, *sobre la aproximación de las legislaciones de los Estados miembros relativas al mantenimiento de los derechos de los trabajadores en caso de traspasos de empresas, de centros de actividad o de partes de empresas o de centros de actividad.* (DO nº L 82, 22.3.01). Última versión consolidada tras Directiva (UE) 2015/1794 (DO nº L 263, 8.10.15). Se toma en consideración esta Directiva respecto a cuestiones de seguridad social —en este caso, complementaria—, por ejemplo, en STJUE 9 septiembre 2020, *EM y TDM Friction GmbH y otros*, C-674/18 y 675/18.

los trabajadores en supuestos de transmisión de empresas, centros de actividad o partes de empresas.

Por su parte, el denominado derecho de coordinación engloba las disposiciones destinadas a resolver los conflictos de leyes, —positivos o negativos—, relativos al acceso y/o disfrute de prestaciones de seguridad social en el marco de movimientos trasnacionales de ciudadanos, —sean trabajadores, pensionistas, estudiantes…etc.—, así como las que fijan los principios dirigidos a no desincentivar el ejercicio de la libre circulación. La presente lección versará sobre esta segunda rama, y a ella se alude, salvo indicación en contrario, al mencionar al derecho europeo de seguridad social.

2. LOS PERFILES DEL DERECHO EUROPEO DE SEGURIDAD SOCIAL

El derecho europeo de seguridad social, en su faceta de derecho de coordinación, ha resultado esencial en la implementación del hoy conocido como "mercado único". De hecho, ya el artículo 51 del Tratado de Roma (1957) contenía especificaciones al respecto, en la inteligencia de que cualquier esfuerzo dirigido a establecer la libre circulación de trabajadores resultaría vano si, en el concreto ámbito de la seguridad social, no se asociaba al reconocimiento en favor de quienes ejercitaran esa libertad un principio de conservación de derechos adquiridos y otro de mantenimiento de los que se hallaran en curso de adquisición.

Así pues, las disposiciones europeas de seguridad social se han concebido tradicionalmente como prolongación necesaria del principio de libre circulación de trabajadores, en una lógica que perdura hasta hoy, tal y como dispone el artículo 48 TFUE y manifiesta sistemáticamente el TJUE[9]. En la misma línea, el derecho europeo de seguridad social también se ha erigido en instrumento cardinal para la implementación del principio de libre circulación de los ciudadanos, —trabajadores o no—, consecuencia, a su vez, del reconocimiento de la ciudadanía europea (arts. 20 y ss. TFUE)[10].

Suele afirmarse que el derecho europeo de seguridad social es una rama del derecho internacional privado cuya filosofía respeta fielmente

---

9 Vid. por todas SsTJUE 12 junio 2012, *Hudzinsky y Wawrzyniak*, C-611/10 y C-612/10, apdo. 53; 27 septiembre 2012, *Partena ASBL*, C-137/11, apdo. 46; 3 junio 2021, *Team Power Europe*, C-784/19, apdos. 58, 59 y 64.

10 STJUE 12 mayo 1998, *Martínez Sala*, C-85/96, apdos. 60 y ss.

el principio de territorialidad. En efecto, tanto los Estados como los propios ciudadanos son, y han sido siempre, muy celosos en la defensa y mantenimiento de su propio modelo de protección social y muy reticentes a aceptar la aplicación de reglas que provengan de otros países; si a esto se añaden las notorias diferencias en tradición jurídica o condiciones económicas y sociales existentes entre Estados, no es difícil comprender por qué se viene descartando en la UE la elaboración de un cuerpo normativo singular y específicamente supranacional que, en materia de seguridad social, afectara a todos los EEMM; o la más modesta tarea de crear un singular régimen asegurativo para quienes se desplazaran entre éstos, y se opta, en su lugar, por componer un sistema de reglas dirigidas, en primer término a determinar la legislación aplicable a cada situación[11].

El derecho europeo de seguridad social no organiza, pues, ni una armonización ni una uniformización de los regímenes estatales de seguridad social[12]. Muy al contrario, como se trata de no causar impacto ni condicionar las líneas de avance de los diferentes modelos nacionales de protección social, cada uno de los EEMM mantiene en esta materia su identidad, sigue obedeciendo a sus propias concepciones y tradiciones, y evoluciona según los requerimientos de su política nacional. Según el TJUE[13], es cada EM quien organiza su sistema de seguridad social determinando, por ejemplo, las condiciones que impondrán o excluirán la afiliación al mismo, las fórmulas de su financiación, los requisitos para acceder a prestaciones o los procedimientos aplicables a cada uno de los regímenes que contemple.

---

11 SsTJUE 15 enero 1986, *Pinna I*, 41/84, apdo. 20; 5 julio 1988, *Felix Borowitz*, 21/87, apdo. 23; 7 febrero 1991, *Rönfeldt*, C-227/89, apdo. 12; 3 abril 2008, *Chuck*, C-331/06, apdos. 26 y 27; 29 septiembre 2022, *FS*, C-3/21, apdo. 39.

12 SsTJUE 12 junio 2012, *Hudzinsky y Wawrzyniak*, C-611/10 y C-612/10, apdo. 42; 14 junio 2016, *Comisión/Reino Unido*, C-308/14, apdo. 67; 23 enero 2020, *ZP y Bundesagentur für Arbeit*, C-29/19, apdo. 39; 3 junio 2021, *Team Power Europe*, C-784/19, apdos. 58 y 62; 1 agosto 2022, *S*, C-411/20. apdo. 58; 11 abril 2024, *XXXX*, C-116/23, apdos. 67 y 68.

13 SsTJUE 15 enero 1986, *Pinna*, 41/84, apdo. 20; 12 julio 1989, *Jordan*, 141/88, apdo. 13; 19 marzo 2002, *Hervein y otros*, C-393/99 y C-394/99, apdo. 50; 9 marzo 2006, *Piatkowski*, C-493/04, apdo. 32; 3 abril 2008, *Derouin*, C-103/06, apdo. 23; 17 enero 2012, *Salemink*, C-347/10, apdo. 38; 11 abril 2013, *Jeltes y otros*, C-443/11, apdos. 43 a 45; 19 marzo 2015, *Kik*, C-266/13, apdos. 51 y 52; 28 junio 2018, *Crespo Rey*, C-2/17, apdo. 46; 14 marzo 2019, *Vester*, C-134/18, apdo. 29; 25 noviembre 2021, *QY*, C-372/20, apdo. 71.

No obstante, el TJUE también señala[14] que, en uso de dicha atribución, los EEMM han de respetar el ordenamiento de la Unión, en particular las disposiciones relativas a la libre circulación de ciudadanos[15], de trabajadores o a la libertad de establecimiento[16], estimando, por ejemplo, como inadmisible la disposición nacional que, al definir el ámbito de aplicación de su sistema de seguridad social, excluye del mismo a quien no resida en su territorio, si con ello expulsa del sistema a personas que, en virtud del derecho europeo de seguridad social, habrían de hallarse incluidas en él[17]. De este modo, el TJUE ha sostenido que el carácter completo del sistema de coordinación *"tiene el efecto de privar al legislador de cada Estado miembro de la competencia para determinar a su arbitrio el ámbito y los requisitos de aplicación de su legislación nacional en lo que respecta a las personas sujetas a ella y al territorio en que las disposiciones nacionales producen sus efectos"*[18].

No existe, pues, un derecho europeo de seguridad social entendido como un conjunto legislativo único aplicable a todos los ciudadanos o residentes de los distintos EEMM[19]. Por el momento, sólo puede hablarse de un sistema normativo, llamado de coordinación, cuyo fin es dirimir los conflictos resultantes de aplicar a una misma situación diversos ordenamientos nacionales, sometiéndolos al imperio de unos principios considerados esenciales para el desarrollo y aplicación de las libertades fundamentales de la UE. Subsisten, pues, distintos regímenes estatales

---

14 SsTJUE 9 marzo 2006, *Piatkowski*, C-493/04, apdos. 32 y 33; 27 septiembre 2012, *Partena ASBL*, C-137/11, apdo. 59; 7 marzo 2013, *van den Booren*, C-127/11, apdo. 42; 14 abril 2015, *Cachaldora Fernández*, C-527/13, apdo. 25; 10 septiembre 2015, *Wojciechowski*, C-408/14, apdo. 35; 9 noviembre 2017, *Espadas Recio*, C-98/15, apdo. 37; 25 noviembre 2020, *INPS y VR*, C-303/19, apdo. 20; 25 noviembre 2021, *QY*, C-372/20, apdos. 70 y 72; 18 enero 2024, *Ca Na Negreta*, C-631/22, apdo. 51.

15 STJUE 22 febrero 2024, *VA*, C-283/21, *apdos. 54 y 55*.

16 SsTJUE 23 noviembre 2000, *Elsen*, C-135/99, apdo. 33; 1 abril 2008, *Gouvernement de la Communauté française, Gouvernement wallon*, C-212/06, apdo. 43; 19 julio 2012, *Reichel-Albert*, C-522/10, apdo. 38; 13 julio 2016, *Pöpperl*, C-187/15, apdos. 22 y 23; 28 junio 2018, *Crespo Rey*, C-2/17, apdo. 47; 14 marzo 2019, *Vester*, C-134/18, apdo. 31; 23 enero 2020, *ZP y Bundesagentur für Arbeit*, C-29/19, apdo. 39; 15 septiembre 2022, *FK*, C-58/21, apdos. 61 y ss.

17 SsTJUE 3 mayo 1990, *Kits van Heijningen*, C-2/89, apdo. 20; 17 enero 2012, *Salemink*, C-347/10, apdos. 39 y 40; 29 septiembre 2022, *FS*, C-3/21, apdo. 39.

18 SsTJUE 26 febrero 2015, *de Ruyter*, C-623/13, apdo. 35; 23 enero 2019, *Zyla*, C-272/17, apdo. 38.

19 SsTJUE 19 septiembre 2013, *Brey*, C-140/12, apdo. 43; 28 junio 2018, *Crespo Rey*, C-2/17, apdo. 45.

que generan créditos distintos contra instituciones diversas, con respecto a las cuales el interesado gozará de derechos directos en virtud, ya sea sólo del derecho interno, ya sea de éste completado, de ser preciso, por el Derecho UE[20].

El derecho de coordinación se ocupa en primer lugar, de establecer reglas de asignación entre instituciones nacionales definiendo en cada caso cuál es el Estado competente. No obstante, como la enunciación de esas reglas no basta para dar cobertura y sostén a las exigencias de la libre circulación, también organiza un dispositivo de "puentes" jurídicos que permiten el paso de un sistema nacional a otro sin detrimento para los derechos de quienes la ejercitan, haciendo posible, incluso, que cada ley nacional resulte aplicable fuera de su respectivo territorio[21]. Se produce, así, una suerte de "desterritorialización" de los sistemas nacionales de seguridad social que hacen del territorio UE un espacio para la aplicación de cada uno de los derechos nacionales. Podría decirse de forma gráfica que, mediante mecanismos como los de totalización, exportabilidad o asimilación de derechos (vid. *infra* apdo. 6), cada uno de los 27 derechos de seguridad social se aplica en los 27 Estados de la Unión. Según la Comisión[22] *"The essence of social security coordination is about 'linking' a person to a social security system, determining where he or she needs to pay social security contributions and where to claim for social security benefits, if required. It also ensures that previous periods of insurance, work or residence in other countries are taken into account when a person claims benefits"*.

3. LAS FUENTES DEL DERECHO EUROPEO DE SEGURIDAD SOCIAL

Tanto en el derecho europeo originario como derivado, pueden hallarse indicaciones relativas a seguridad social y protección social.

---

20 STJUE 1 febrero de 2017, *Tolley*, C-430/15, apdo. 57.

21 STJUE 21 marzo 2018, *Klein Schiphorst*, C-551/16, apdo. 44.

22 *"IMPACT ASSESSMENT Initiative to partially revise Regulation (EC) Nº 883/2004 of the European Parliament and of the Council on the coordination of social security systems and its implementing Regulation (EC) Nº 987/2009"*. Part. 1/6. SWD (2015) 460 final. Strasbourg, 13.12.16. p. 4.

3.1. Derecho originario

El derecho originario ofrece un amplio abanico de disposiciones, directa o indirectamente vinculadas con la seguridad social. Las principales referencias en los Tratados se engarzan al derecho a la libre circulación de ciudadanos (art. 21 TFUE), de trabajadores (art. 48 TFUE), o se enuncian como uno de los aspectos de la política social (art. 153.1.c) TFUE).

Asimismo, y puesto que el artículo 6.1 TUE confiere a la CDFUE[23] valor jurídico de Tratado, son también derecho originario previsiones como las de su artículo 34 sobre derechos de acceso y disfrute a ciertas prestaciones de seguridad social o de asistencia social, tanto en el ámbito doméstico de cada EM como en el marco de desplazamientos en el territorio UE; o las que enuncian, respecto a servicios como los de colocación o protección de la salud, sus artículos 29 ó 35.

Mencionar, por último, el artículo 151 TFUE que pone en valor los derechos enunciados en la Carta Social Europea de 1961 y la Carta Comunitaria de los Derechos Sociales Fundamentales de los Trabajadores de 9 de diciembre de 1989 (CDSFT), ya que ambas contienen especificaciones en materia de seguridad social[24].

---

23 Carta de los Derechos Fundamentales de la Unión Europea de 7 de diciembre de 2000, tal como fue adaptada el 12 de diciembre de 2007 en Estrasburgo. Vid. a estos efectos, las versiones consolidadas de TUE, TFUE y CDFUE en DO n° C 202, 07.06.16.

24 El articulado de la CSE (1961) enuncia un variado conjunto de derechos relacionados con la seguridad social y la protección social. Así, los artículos 8.1 (periodo de descanso tras el parto a retribuir, entre otras modalidades, mediante prestaciones adecuadas de seguridad social o subsidios sufragados con fondos públicos); 9 (instauración de un servicio de orientación profesional gratuito); 10 (derechos de formación profesional especial en casos de reconversión profesional), 12 (derecho a la seguridad social a concretar en el establecimiento y mantenimiento de un régimen de cobertura de nivel satisfactorio, basado en principios como el de igualdad entre nacionales de las partes contratantes, de conservación de derechos adquiridos y de mantenimiento de los derechos en curso de adquisición); 13 (asistencia social y médica mediante el establecimiento de prestaciones médicas y paliativas adecuadas); 14 (derecho a obtener servicios sociales); 15 (readaptación profesional y social de las personas discapacitadas por medio, entre otros, de servicios especiales de colocación); 16 (protección, entre otras, económica de la familia); 17 (derecho de madres e hijos a una protección social y económica efectiva), y 19 (derechos de protección y asistencia en favor de trabajadores migrantes y sus familias).

Debe precisarse, no obstante, que la eficacia de tales disposiciones es desigual.

Así, y salvo en lo que concierne a los derechos de quienes se desplazan legalmente dentro de la UE, se juzga unánimemente al artículo 34 CDFUE como una disposición programática sin eficacia jurídica directa, por varias razones. En primer lugar, porque los derechos que enuncia, de acceso tanto a prestaciones de seguridad social como a servicios o ayudas sociales, se perfilan por remisión a "*...las modalidades establecidas por el derecho de la Unión y las legislaciones y prácticas nacionales*"; y, en segundo lugar, porque según el artículo 6.1.3º TUE, los derechos, libertades y principios enunciados en la CDFUE han de regirse en su interpretación por las disposiciones enunciadas en el título VII de la propia Carta así como por las explicaciones elaboradas sobre la misma[25].

Por su parte, las indicaciones de la CSE (1961) y de la CDSFT, además de que en ocasiones se configuran como inspiradoras de los derechos enunciados en la CDFUE, no pasan de ser principios generales de la UE.

Mayor virtualidad normativa poseen, sin embargo, las disposiciones sobre seguridad social enunciadas en el TFUE y vinculadas a la libre circulación, —de trabajadores o ciudadanos—, por cuanto, indica el TJUE, tales libertades deben garantizarse de forma "*tan completa como sea posible*"[26].

Dejando para más adelante el estudio de los principios que perfilan el derecho europeo de seguridad social (vid. *infra* apdos. 4 a 6), conviene detenerse ahora en las reglas de derecho originario sobre los **procedimientos de adopción de derecho derivado en esa materia**, pues su elaboración se rige por normas especialísimas sea cual sea el ámbito con el que enlacen, esto es, con la libre circulación de ciudadanos, de trabajadores o con la política social.

Así, si la norma europea de seguridad social se vinculara con el derecho a la libre circulación de ciudadanos, frente a la regla general de adopción mediante procedimiento legislativo ordinario (art. 21.2 TFUE), el artículo 21.3 TFUE prescribe su aprobación por un procedimiento legislativo especial en el que el Consejo habrá de pronunciarse por unanimidad, previa consulta al Parlamento Europeo.

Por su parte, en el articulado de la CDSFT enlazan con la temática de seguridad social y protección social, sus apartados 6 (acceso gratuito a servicios públicos de colocación), 10 (protección social), 24 y 25 (jubilación).

25 Vid. DO nº C 303, 14.12.07, pp. 17 y ss.

26 STJUE 3 abril 2008, *Chuck*, C-331/06, apdo. 28.

Si la iniciativa prevista enlazara con la libre circulación de trabajadores, la adopción de Reglamentos o Directivas (art. 46.1 TFUE) se hallaría sometida al procedimiento legislativo ordinario, aunque con una posible salvedad procedimental de tal calado que, dadas las tradicionales fórmulas de toma de decisiones en el Consejo Europeo[27], aboca "*de facto*" a una adopción por unanimidad[28].

Por último, si la acción normativa prevista se enmarcara en la materia de política social sólo sería factible su adopción como Directiva y mediante un procedimiento legislativo especial, donde el Consejo habría de pronunciarse por unanimidad y sin posibilidad de acogerse a fórmulas de aprobación menos exigentes (art. 153.2 TFUE), como sí se dispone respecto a otras temáticas (vid. art. 153.b. 4º TFUE). Tan estricto requerimiento operaría sin excepción, incluso en la hipótesis de que, haciendo uso de las habilitaciones previstas en los artículos 154 y 155 TFUE, el texto a aprobar por el Consejo hubiera sido fruto del acuerdo de los interlocutores sociales. Y a ello ha de añadirse que las disposiciones adoptadas por las instituciones competentes en materia de política social, "*no afectarán a la facultad reconocida a los Estados miembros de definir los principios fundamentales de su sistema de seguridad social, ni deberán afectar de modo sensible al equilibrio financieros de éste*" (art. 153.4 TFUE).

La adopción de derecho derivado en materia de seguridad social es objeto, pues, de singulares y muy exigentes requerimientos que obedecen, según la doctrina[29], al interés y preocupación de los EEMM por salvaguardar

---

27 Vid. artículo 15.4 TUE.

28 El artículo 48.4º TFUE dispone que, ante un proyecto de acto legislativo en materia de seguridad social, cualquier miembro del Consejo declare que "*...perjudica a aspectos importantes de su sistema de seguridad social, tales como su ámbito de aplicación, su coste o estructura financiera, o afecta al equilibrio financiero de dicho sistema*", y solicite que el asunto se remita al Consejo Europeo, en cuyo caso el procedimiento legislativo ordinario queda suspendido, dándose a aquél un margen de 4 meses para, o bien devolver al Consejo la propuesta inicialmente objetada, poniendo fin en tal caso a la suspensión del procedimiento; o bien no pronunciarse o remitir a la Comisión la propuesta cuestionada con la petición de que presente una nueva, lo que supone entender desechada la propuesta inicial.
Esta regla, unida al tradicional uso de toma de decisiones por consenso que opera en el Consejo Europeo, hace que las acciones normativas en materia de seguridad social relacionadas con la libre circulación de trabajadores sólo acaben adoptándose por unanimidad.

29 GARCÍA MURCIA, J., "Los Reglamentos 883/2004 y 987/2009 y el Tratado de Lisboa" en el colectivo "*El futuro europeo de la protección social*". Edit. Laborum. Murcia, 2010. pp. 25 a 41. p. 31.

los intereses nacionales frente a la intervención de la UE. Se ha dispuesto, pues, un potente blindaje frente a cualquier iniciativa de regulación que, más allá de la coordinación, ensayara vías armonizadoras.

3.2. Derecho derivado normativo

En el derecho derivado de coordinación, las principales disposiciones normativas son los Reglamentos 883/2004[30] (Reglamento de base) y 987/2009[31] (Reglamento de aplicación). Aunque técnicamente el primero entró en vigor el 20 de mayo de 2004, en virtud su artículo 91, su real aplicación sólo se produjo a partir de la entrada en vigor del segundo, por lo que, puede decirse que ambos han resultado aplicables desde 1 de mayo de 2010. Dichos Reglamentos sustituyen a los adoptados sobre la misma temática en los años setenta[32]. Con todo, el TJUE sigue emitiendo pronunciamientos[33] que, por razones de distinta índole, giran en torno a esos Reglamentos reemplazados.

Los Reglamentos en vigor introdujeron cambios de interés respecto a los que reemplazaron, si bien de sus Preámbulos se infiere que su finalidad no era transformar el modo de actuar de la UE en materia de seguridad social, sino mantener sus objetivos[34]. Se trató, pues, de modernizar el modelo, de perfeccionar los mecanismos de relación y colaboración entre

---

30 (CE) del Parlamento Europeo y del Consejo, de 29 de abril de 2004, *sobre la coordinación de los sistemas de seguridad social.* DO nº L 166, 30.4.04. Última versión consolidada tras Reglamento (UE) 2019/1149 (DO nº L 186, 11.7.19).

31 (CE) del Parlamento Europeo y del Consejo, de 16 de septiembre de 2009, *por el que se adoptan las normas de aplicación del Reglamento (CE) nº 883/2004, sobre la coordinación de los sistemas de seguridad social.* DO nº L 284, 30.10.09. Última versión consolidada tras Reglamento (UE) 2017/492 (DO nº L 76, 22.3.17).

32 Reglamento (CEE) nº 1408/71 del Consejo, de 14 de junio de 1971, *relativo a la aplicación de los regímenes de seguridad social a los trabajadores por cuenta ajena y a sus familias que se desplazan dentro de la Comunidad*; y Reglamento (CEE) nº 574/72 del Consejo, de 21 de marzo de 1972, *por el que se establecen las modalidades de aplicación del Reglamento (CEE) nº 1408/71 relativo a la aplicación de los regímenes de seguridad social a los trabajadores por cuenta ajena y a sus familiares que se desplacen dentro de la Comunidad.*

33 Entre las recientes, SsTJUE 2 abril 2020, *CRPNPAC y Vueling Airlines*, C-370/17 y C-37/18; 16 julio 2020, *AFMB Ltd y otros*, C-610/18; 20 mayo 2021, *Format*, C-879/19; 19 mayo 2022, *INAIL/INPS*, C-33/21.

34 GARCÍA MURCIA, J., "Los Reglamentos...." op. *cit.* p. 26; y SsTJUE 21 marzo 2018, *Klein Schiphorst*, C-551/16, apdo. 31; 6 junio 2019, *V e INASTI*, C-33/18, apdo. 41; 30 septiembre 2021, *UWV*, C-285/20, apdo. 42 ó 12 octubre 2023, *HK*, C-45/22, apdo. 56.

las distintas administraciones nacionales, de simplificar normas y procedimientos[35] y, sobre todo, de dar cumplida "recepción" de la profusa y cardinal jurisprudencia del TJUE en la materia.

El Reglamento 883/2004 se organiza en varios títulos, de los que el primero enuncia disposiciones generales, el segundo afronta la central cuestión de definir la legislación aplicable a sus efectos, el tercero aborda la regulación de cada una de las prestaciones contempladas, el cuarto arbitra los principios de actuación de la Comisión Administrativa y el Comité Consultivo de Coordinación de los Sistemas de Seguridad Social; y los quinto y sexto reúnen disposiciones de diversa índole, así como transitorias[36] y finales. Su tenor se completa con varios anexos, destinados en su mayoría a enunciar las excepciones nacionales comunicadas y admitidas respecto a distintos aspectos del articulado general. Por su parte, la estructura del Reglamento 987/2009 es tributaria de la del Reglamento de base y en su mayor parte se dirige a explicar y concretar los términos en que éste opera.

3.3. Otros instrumentos de relevancia aplicativa

Junto al cuerpo normativo mencionado, el sistema jurídico de la Unión dispone mecanismos dirigidos a favorecer la comprensión y a establecer el alcance y operatividad de aquél. Se trata de productos de corte exegético, emitidos por instituciones u órganos con las correspondientes atribuciones, a los que deben unirse las eventuales indicaciones formuladas por los órganos de interpretación competentes de cada EM. En concreto, el derecho europeo de coordinación en materia de seguridad social admite interpretación a través de dos vías.

Una, prevista en el propio Reglamento 883/2004, es la que efectúa la Comisión Administrativa de Coordinación de los Sistemas de Seguridad Social (CACSS), competente para resolver cuestiones administrativas o de interpretación que susciten lo dispuesto en los Reglamentos de base o de aplicación, así como cualquier otro convenio o acuerdo celebrado en el marco de los mismos (art. 72 Reg. 883/2004). En cumplimiento de ese cometido la CACSS emite recomendaciones o decisiones, periódicamente publicadas en el DOUE, para cuya elaboración puede solicitar un dictamen al Comité Consultivo de Coordinación de los Sistemas de Seguridad Social (CCCSS).

---

[35] STJUE 21 marzo 2018, *Klein Schiphorst,* C-551/16, apdo. 31.

[36] Sobre el alcance de las disposiciones transitorias, vid. STJUE 6 junio 2019, *V e INASTI,* C-33/18, apdos. 45 y ss.

Según el TJUE, las resoluciones de la CACSS no poseen carácter normativo pues aunque pueden proporcionar ayuda a las instituciones europeas de Seguridad Social, éstas no están obligadas a seguir determinados métodos o a adoptar sus interpretaciones cuando aplican las normas UE[37]. No obstante, los documentos de cuya confección la CACSS se ocupa (art. 4 Reg. 987/2009), y que se dirigen a favorecer la correcta gestión de los movimientos derivados del ejercicio de los derechos de libre circulación, sí poseen valor normativo para los EEMM[38].

La otra vía interpretativa del derecho UE en materia de seguridad social es la que practica el Tribunal de Justicia, cuya jurisprudencia ha abierto caminos y ha reforzado los principios inspiradores de las normas europeas de coordinación hasta el punto de que, entre las razones esgrimidas en el Preámbulo del Reglamento 883/2004 para justificar su elaboración, se menciona la necesidad de ajustar el cuerpo normativo de referencia a la jurisprudencia del TJUE. El influjo de ésta es, pues, muy significativo.

4. LOS ÁMBITOS DE APLICACIÓN DEL DERECHO DERIVADO EUROPEO

Los Reglamentos europeos de coordinación se erigen sobre unos términos competenciales que definen los sujetos sometidos a sus dictados, las ramas de seguro a que se refieren, la índole de las disposiciones que contemplan, el periodo de tiempo y el territorio en que se aplican… etc.

4.1. Ámbito geográfico

El derecho europeo de coordinación de seguridad social opera en el territorio de los 27 EEMM. Asimismo, implica a otros Estados[39], y concre-

---

37 SsTJUE 14 mayo 1981, *Romano,* 98/80, apdo. 20; 8 julio 1992, *Knoch,* C-102/91, apdo. 52; 10 febrero 2000, 10 febrero 2000, *FTS,* C-202/97, apdo. 32.

38 SsTJUE 10 febrero 2000, *FTS,* C-202/97, apdos. 46 y ss.; 12 abril 2005, *Keller,* C-145/03, apdos. 43 y ss.; 26 enero 2006, *Herbosch Kiere,* C-2/05, apdos. 24 y ss. donde, además se describe el procedimiento a utilizar caso de que se desee recurrir a la CACSS.

39 Téngase en cuenta que la UE ha celebrado con terceros Estados (ejem. Marruecos, Argelia, Turquía...etc) diversos Acuerdos de Asociación que, entre otros extremos, afectan a la materia de seguridad social. Vid. STJUE 29 febrero 2024, *X,* C-549/22.

tamente en Europa, a los que integran el EEE[40] y Suiza[41] tras la validación por el TJUE[42] de sendas Decisiones[43] según las cuales la alusión, tanto en el Acuerdo EEE como en el de asociación con Suiza, a los Reglamentos 1408/71 y 574/72 debía entenderse realizada a los Reglamentos 883/2004 y 987/2009[44]. Por su parte, tras el Brexit, las relaciones entre UE y Gran Bretaña se rigen, en cuanto a coordinación de seguridad social, por dos Tratados[45].

---

40 Espacio Económico Europeo, establecido mediante Acuerdo de 2 de mayo de 1992, en vigor desde 1 junio 1993. Afecta a Islandia, Liechtenstein y Noruega. DO nº L 1, 3.1.94.

41 *Acuerdo sobre la libre circulación de personas entre la Comunidad Europea y sus Estados miembros, por una parte, y la Confederación Suiza, por otra* de 21 de junio de 1999, en vigor desde 1 junio 2002. DO nº L 114, 30.4.02. Vid. STJUE 15 septiembre 2022, *FK*, C-58/21, apdos. 37 y 38.

42 SsTJUE 26 septiembre 2013, *Reino Unido/Consejo*, C-431/11; 27 febrero 2014, *Reino Unido/Consejo*, C-656/11.

43 **2011/407/EU del Consejo**, de 6 de junio de 2011, *relativa a la posición que deberá adoptar la Unión Europea en el Comité Mixto del EEE respecto a una modificación del anexo VI (seguridad social) y del Protocolo 37 del Acuerdo EEE* (DO nº L 182, 12.7.11) que dio lugar a la posterior Decisión 76/2011 del Comité Mixto EEE, de 1 de julio de 2011, *por la que se modifica el anexo VI (seguridad social) y el protocolo 37 del Acuerdo EEE* (DO nº C 262, 6.10.11); y **2011/863/UE del Consejo**, de 16 de diciembre de 2011, *relativa a la posición que ha de adoptar la Unión Europea en el Comité mixto establecido en virtud del Acuerdo sobre la libre circulación de personas entre la Comunidad Europea y sus Estados miembros, por una parte, y la Confederación Suiza, por otra, en relación con la sustitución de su anexo II, relativo a la coordinación de los regímenes de seguridad social* (DO nº L 341, 22.12.11) que dio lugar a la posterior Decisión 1/2012 del Comité mixto Acuerdo CE-Suiza sobre la libre circulación de personas, de 31 de marzo de 2012, *por la que se sustituye el anexo II de dicho Acuerdo relativo a la coordinación de los regímenes de seguridad social.* (DO nº L 103, 13.4.12). Siguiendo lo dispuesto en dicho anexo II, el TJUE (SsTJUE 19 marzo 2015, *Kik*, C-266/13, apdo. 18; 27 abril 2017, *A-Rosa Flussschiff*, C-620/15, apdo. 21) ha señalado que *"los hechos anteriores a la fecha de entrada en vigor de la Decisión nº 1/2012 siguen estando sometidos al Reglamento nº 1408/71, en virtud (…) del artículo 90, apartado 1, del Reglamento nº 883/2004"*.

44 Respecto a Suiza, SsTJUE 21 marzo 2018, *Klein Schiphorst*, C-551/16, apdo. 28; 14 marzo 2019, *Dreyer*, C-372/18, apdos. 29 y 30.

45 Sobre los efectos del Brexit en el modelo de coordinación europeo, vid. GARCÍA DE CORTÁZAR y NEBREDA, C., "El Brexit en el ámbito de la Coordinación de Regímenes de Seguridad Social" en *RGDTSS* nº 49, 2018, pp. 1 a 31; ó CARRASCOSA BERMEJO, D., «Key Ideas on Mobility and Social Security after Brexit» *ERA Forum* (2021) Vol 22. pp. 387 a 406. Descargable en https://doi.org/10.1007/s12027-021-00685-3.

También desde un enfoque espacial, es de subrayar que, en tanto el derecho europeo de seguridad social se vincula al ejercicio de la libre circulación, los Reglamentos de coordinación sólo se aplican si tienen lugar movimientos trasnacionales de personas entre dos o más EEMM[46]. La movilidad entre éstos es, pues, indispensable para hacer operativas aquellas disposiciones. No obstante, esta afirmación requiere algunos matices.

Así, en primer lugar, el movimiento trasnacional no ha de producirse, necesariamente, mientras la persona interesada se halla en activo. Es decir, el derecho derivado de coordinación será operativo, incluso, respecto a quien como trabajador nunca fue emigrante y siempre permaneció en su Estado de origen si, por ejemplo, durante un periodo vacacional en el extranjero precisara asistencia sanitaria o, también si una vez obtenida una pensión de jubilación decidiera fijar su residencia en un EM distinto a aquél que se la abona[47]. Por tanto, ese obligatorio carácter transnacional hará ajenas al derecho de coordinación sólo las situaciones que no presenten ningún elemento de tal índole, debido a que todos los factores a considerar se sitúan en el territorio de un único EM[48].

Por otro lado, y a pesar de que esa movilidad trasnacional ha de producirse entre dos o más EEMM, en ocasiones el derecho de coordinación será operativo aunque la migración se produzca a un tercer Estado, a condición de que exista un vínculo suficientemente estrecho con alguno o varios de aquellos. Así, por ejemplo, se ha afirmado la aplicabilidad de las normas de coordinación respecto a un trabajador holandés residente en Holanda que fue contratado por una empresa alemana para prestar servicios exclusivamente en Tailandia, a donde llegó directamente desde los Países Bajos, considerando, así, expresión del requisito transnacional la residencia del trabajador y la nacionalidad de la empresa; también se valora del mismo modo un supuesto en que la asistencia sanitaria a costear por un EM se obtuvo por la persona interesada en un Estado que no era miembro de la UE[49].

---

46 SsTJUE 29 septiembre 2022 *FS*, C-3/21, apdos. 27 a 29; ó 13 octubre 2022, *DN*, C-199/21, apdo. 27.

47 STJUE 12 noviembre 1969, *Compagnie belge d'assurances générales sur la vie et contre les accidents*, 27/69.

48 STJUE 11 octubre 2001, *Khalil y otros*, C-95/99 a C-98/99 y C-180/99, apdo. 69.

49 Respectivamente, SsTJUE 29 junio 1994, *Aldewereld*, C-60/93 y 12 abril 2005, *Keller*, C-145/03. Más recientemente, SsTJUE 28 febrero 2013, *Helga Petersen*, C-544/11; 19 marzo 2015, *Kik*, C-266/13; 8 mayo 2019, *SF e Inspecteur van de Belastingdienst*, C-631/17; 25 noviembre 2021, *QY*, C-372/20.

4.2. Ámbito objetivo

El artículo 1.l) Reg. 883/2004 dispone que, a sus efectos, la noción de legislación incluye, junto a las leyes propiamente dichas, a reglamentos, disposiciones estatutarias o cualesquiera otras fuentes que, en sentido amplio[50], afectaran a las ramas de seguridad social enumeradas en el artículo 3 (vid. *infra* apdo. 4.4.1). Se excluye, pues, lo dispuesto en convenio colectivo, incluso si los poderes públicos lo hubieran declarado obligatorio o hubieran ampliado su ámbito de aplicación[51]. Por el contrario, sí se ve afectada por el derecho de coordinación, la interpretación jurisdiccional nacional calificable como jurisprudencia, —es decir, emitida por un órgano jurisdiccional supremo, reiterada y no circunstancial—, formulada respecto a disposiciones calificables como legislación según el artículo 1.l) Reg. 883/2004[52].

El artículo 1.l) del Reglamento de base omite cualquier indicación temática, por lo que los principios de coordinación se impondrán no sólo frente a disposiciones que el derecho nacional clasifique como de seguridad social, sino también frente a las que catalogue como de otros ámbitos (fiscal...etc.) a condición de que tengan una relación directa y suficientemente relevante con las ramas de seguro[53] detalladas en el artículo 3 (vid. *infra* 4.4.1).

4.3. Ámbito subjetivo

El ámbito subjetivo de aplicación del Reglamento 883/2004 abarca un conjunto extenso de personas, identificables por diversos criterios (art. 2).

4.3.1. Nacionalidad

El artículo 2 Reglamento 883/2004 determina quiénes se hallan sometidos a sus disposiciones por razón de nacionalidad. De su tenor se infiere que incumbe a nacionales de los EEMM, ya sea por estar o haber estado

---

50 SsTJUE 26 febrero 2015, *de Ruyter*, C-623/13, apdo. 32; 26 octubre 2016, *Hoogstad*, C-269/15, apdo. 27.

51 SsTJUE 10 octubre 2013, *van der Helder*, C-321/12, apdo. 40; 26 octubre 2016, *Hoogstad*, C-269/15, apdo. 25; 23 septiembre 2020, *WO y Vas Megyei Kormányhivatal*, C-777/18, apdo. 36.

52 STJUE 15 marzo 2018, *Blanco Marqués*, C-431/16, apdos. 46 y 47.

53 SsTJUE 26 febrero 2015, *de Ruyter*, C-623/13, apdos. 23 y ss.; 23 enero 2019, *Zyla*, C-272/17, apdos. 27 a 30.

sujetos a la legislación de uno o varios de ellos o por ser familiares de personas que, sea cual sea su nacionalidad, lo están o han estado; a apátridas o refugiados[54], bien por hallarse o haberse hallado sujetos a la legislación de uno o varios EEMM o por ser familiares de una persona que lo esté; y a familiares de cualquier nacionalidad de nacionales de la UE que estén o hayan estado sujetos a la legislación de uno o varios de ellos. Así pues, a *sensu contrario,* no quedan afectados por el Reglamento de base ni los nacionales de terceros Estados, aunque estuvieran o hubieran estado sujetos a la legislación de uno o varios EEMM, ni tampoco, aunque residieran en un EM, sus familiares si fueran, a su vez, nacionales de un Estado no perteneciente a la UE.

La entrada en vigor del Reglamento 1231/2010[55] alteró tal premisa al disponer (art. 1) que los Reglamentos 883/2004 y 987/2009 serán aplicables a los nacionales de terceros Estados que, debido únicamente a su nacionalidad, no se hallaran cubiertos por los mismos, así como a los miembros de sus familias y supervivientes, siempre que estén residiendo legalmente en el territorio de un EM y siempre que su situación no se circunscriba, en todos sus aspectos, a un solo EM. Ha de precisarse que la noción de residencia legal a efectos del Reglamento 1231/2010 es específica, ajena a las ofrecidas sobre el mismo concepto por los Reglamentos de base y aplicación[56].

Mediante aquél Reglamento queda, pues, neutralizado el requisito de nacionalidad, si bien sobre una base jurídica completamente distinta a la que sustenta los Reglamentos de base y aplicación.

En efecto, mientras la base jurídica de éstos se identifica con los actuales artículos 48 y 352 TFUE, la de aquél se halla en el 79.2.b) TFUE, lo que tiene implicaciones de peso. La primera es que, acogiéndose a los protocolos nº 21 y 22 TFUE, no participaron en la adopción y aplicación

---

54 El fundamento de la inclusión de refugiados o apátridas en el campo de aplicación del derecho derivado se describe con concisión en STJUE 11 octubre 2001, *Khalil y otros,* C-95/99 a C-98/99 y C-180/99, apdos. 43 a 58.

55 Del Parlamento Europeo y del Consejo, de 24 de noviembre de 2010, *por el que se amplía la aplicación del Reglamento (CE) nº 883/2004 y el Reglamento (CE) nº 987/2009 a los nacionales de terceros países que, debido únicamente a su nacionalidad, no estén cubiertos por los mismos.* DO nº L 344, 29.12.10.

56 STJUE 24 enero 2019, *Baladin y otros,* C-477/17, apdos. 34 y ss.

del Reglamento 1231/2010 ni Reino Unido[57] ni Dinamarca que, por tanto, no se hallan vinculados por él, si bien a día hoy y a estos efectos, dicha circunstancia sólo es relevante respecto al segundo Estado citado. La segunda es que las distintas bases jurídicas pueden tener una vida distinta y/o sufrir alteraciones de diversa entidad y efectos que, a su vez, podrían afectar a la situación actual de práctica equiparación, modificándola o destruyéndola.

Es reseñable que el efecto inclusivo del Reglamento 1231/2010 opera sólo si concurren dos condiciones enunciadas en su artículo 1. Una, previa e indefectible, es que para que resulten amparados por los Reglamentos 883/2004 y 987/2009, los nacionales de Estados extra-UE han de residir legalmente en el territorio de un EM; otra, es que estos Reglamentos no cubren situaciones que, en todos sus aspectos, se circunscriban a un solo EM, lo que, en concreto, sucedería si el nacional de un Estado tercero simplemente hubiera emigrado al EM desde aquél, pues, a estos efectos, carecen de relevancia los desplazamientos entre Estados extra-UE[58] o entre uno de estos —sea el de origen o no— y el de la Unión[59]. Idéntica exigencia se impone a los refugiados o apátridas[60], a pesar de que se trata de colectivos que, de inicio, se incluyen en el ámbito de aplicación subjetivo de los Reglamentos de base y de aplicación.

---

[57] No así Irlanda que aunque concernida por el Protocolo nº 21, notificó su deseo de participar en la adopción y aplicación del Reglamento 1231/2010.

[58] Salvo EEE o Suiza que, a estos efectos, son asimilados a un EM. Vid. por ejemplo, STJUE 15 marzo 2018, *Blanco Marqués*, C-431/16, apdo. 37.

[59] Respecto a la situación de nacionales de terceros Estados que, residiendo legalmente, no acreditan el requisito de trasnacionalidad, vid. Directiva 2003/109/CE del Consejo, de 25 de noviembre de 2003, *relativa al estatuto de los nacionales de terceros países residentes de larga duración.* (DO nº L 16, 23-1-04), en particular su artículo 11.1.d) y 2, y Directiva 2011/98/UE del Parlamento Europeo y del Consejo, de 13 de diciembre de 2011, *por la que se establece un procedimiento único de solicitud de un permiso único que autoriza a los nacionales de terceros países a residir y trabajar en el territorio de un Estado miembro y por la que se establece un conjunto común de derechos para los trabajadores de terceros países que residen legalmente en un Estado miembro.* (DO nº L 343, 23-12-11), en particular su artículo 12.1.e). Vid., a título ilustrativo, SsTJUE 25 noviembre 2020, *INPS y WS*, C-302/19, *INPS y VR*, C-303/19; 10 junio 2021, *KV*, C-94/20; 2 septiembre 2021, *O.D. y otros*, C-350/20; ó 28 octubre 2021, *ASGI y otros*, C-462/20, apdo. 28 y ss.

[60] SsTJUE 11 octubre 2001, *Khalil y otros*, C-95/99 a C-98/99 y C-180/99, apdo. 72; 7 julio 2022, *CC*, C-576/20. apdos. 48 y ss.

4.3.2. Actividad

Realizar una actividad laboral o profesional no es determinante para que se aplique el derecho europeo de seguridad social[61]. En coherencia con la declaración de una ciudadanía europea (art. 20 TFUE), el derecho a la libre circulación y sus derivaciones se atribuyen a todos los ciudadanos UE, sean o no trabajadores en activo. Según lo expresado por el Reg. 883/2004 (cdo. 1), las normas de coordinación forman parte del marco de la libre circulación de personas, superando, así, el modelo profesional. En consecuencia, el derecho de coordinación (art. 2 Reg. 883/2004) afecta a trabajadores en activo, a funcionarios de EM, a parados o a pensionistas, así como a cualquier otro ciudadano europeo aunque no trabaje, no haya trabajado y/o no tenga intención de trabajar. No obstante, con arreglo a la jurisprudencia TJUE, los funcionarios de la UE no pueden ser calificados de trabajadores en el sentido del Reglamento 883/2004, al no hallarse sujetos a una legislación nacional en materia de seguridad social[62] por ser la UE con exclusión de los EEMM, la única competente para determinar las normas aplicables a ese colectivo.

4.3.3. Parentesco

El derecho de coordinación incumbe no sólo a quien esté o haya estado sujeto a la legislación de uno o varios EEMM, sino también a sus familiares y a sus supérstites en la inteligencia de que la opción contraria desincentivaría el ejercicio de la libre circulación.

Según el artículo 1.i) Reg. 883/2004, es "miembro de la familia" el así definido por la legislación del EM que sirve las prestaciones, salvo si lo son en especie, —identificables con las de atención sanitaria según el artículo 1.v*bis* Reg. 883/2004—, pues, en tal caso, se atenderá a la legislación del EM de residencia. La definición de aquella noción es, pues, competencia estatal. No obstante, según el TJUE[63] al conceptuarla los EEMM habrán de

---

[61] SsTJUE 26 febrero 2015, *de Ruyter*, C-623/13, apdos. 30 y 31; 7 febrero 2019, *Bogatu*, C-322/17, apdos. 26 a 29.

[62] SsTJUE 12 mayo 2021, *PF y QG*, C-27/20, apdo. 23; 16 noviembre 2023, *JD*, C-415/22, apdo. 31; 18 abril 2024, *GI*, C-195/23, apdos. 27 y 28.

[63] Vid. a modo de ilustración STJUE 2 abril 2020 (*Caisse pour l'avenir des enfants*, C 802/18, apdos. 69 y 70), respecto al acceso a una prestación familiar de seguridad social que es, al tiempo, una ventaja social. En ella el TJUE indica que habrán de considerarse miembros de la familia no sólo los hijos con quien el

respetar el Derecho de la Unión y, en particular, las disposiciones relativas a la libre circulación de trabajadores, por lo que, por ejemplo, si se tratara de enunciarla para definir el alcance personal de una prestación de seguridad social que pudiera considerarse al tiempo como una ventaja social, la noción manejada por el EM se hallará necesariamente sometida a las consideraciones establecidas al respecto por la jurisprudencia en aplicación del Reglamento 492/2011.

El Reglamento de base también ofrece pautas para identificar indirectamente a los familiares, al señalar que si la legislación aplicable careciera de indicaciones al respecto, —por referirse, por ejemplo, sólo a personas con las que se conviva—, se considerará miembros de la familia al cónyuge, a los hijos menores y a los mayores si están a cargo del asegurado. Dispone, asimismo, que si para tener la consideración de miembro de la familia la legislación aplicable exigiera convivencia en el hogar del asegurado o del titular de pensión, se supondrá cumplida tal condición cuando la persona de que se trate esté principalmente a cargo de éste.

4.4. Ámbito material

4.4.1. Las ramas de seguro cubiertas

Las reglas de coordinación en materia de seguridad social alcanzan a las siguientes prestaciones (art. 3.1 Reg. 883/2004): enfermedad, maternidad o paternidad asimiladas, invalidez, vejez, supervivencia, las derivadas de contingencias profesionales (AT/EP), subsidios por defunción, desempleo, prejubilación, familiares y, enunciadas asistemáticamente (art. 3.3), las especiales en metálico no contributivas.

Se trata de una relación más nutrida que la del precedente Reglamento 1408/71, al incluir mención a las prestaciones por paternidad asimiladas a las de maternidad (art. 3.1.b), que se conceden durante los primeros meses de vida del recién nacido; o a las de prejubilación (art. 3.1.i) definidas en el artículo 1.x) Reg. 883/2004, como prestaciones en metálico distintas de

---

trabajador mantiene vínculos de filiación, sino también, y aunque el derecho nacional en liza los descartara, los hijos que lo sean sólo del cónyuge o pareja de hecho del trabajador porque respecto al acceso a las ventajas sociales del artículo 7 Reglamento 492/2011 la noción "miembro de la familia" los incluye si el trabajador es quien provee su manutención. (STJUE 15 diciembre 2016, *Depesme y otros*, C401/15 a C403/15, apdo. 64).

las de desempleo y de las anticipadas de vejez, concedidas a partir de una edad al trabajador que haya reducido, cesado o suspendido sus actividades profesionales, sin imponerle a cambio estar a disposición de los servicios de empleo del EM competente, y que se prolongan hasta la edad en que aquél pueda acogerse a la pensión de vejez o de jubilación anticipada[64]. También, aunque su mención como prestación no era inédita, fue novedad que el Reglamento 883/2004 habilitara un capítulo específico —el 9 del Título III, art. 70— para las prestaciones especiales en metálico no contributivas.

Desde el enfoque inverso, el Reglamento de base excluye de su ámbito material (art. 3.5) la asistencia social o sanitaria, las prestaciones asumidas por un EM en relación con daños sufridos por víctimas de guerras, acciones militares, terrorismo o delitos de distinta índole o causalidad, incluido el asesinato, así como las obligaciones del armador en punto a prestaciones (art. 3.4).

Sobre tal conjunto material el TJUE ha señalado que la lista de ramas de seguro del artículo 3 Reg. 883/2004 es exhaustiva[65], y que, si bien las exclusiones que enuncia son jurídicamente válidas, deben ser interpretadas restrictivamente[66]. Es, pues, esencial clasificar de forma inequívoca cada seguro o prestación nacional para establecer su inclusión o no en el conjunto de las concernidas por la coordinación europea.

Para ello, y en virtud del principio de cooperación leal (art. 4.3 TUE), los EEMM deben declarar las legislaciones y los regímenes relativos a prestaciones de seguridad social comprendidos en el ámbito de aplicación material del Reglamento (art. 9.1 Reg. 883/2004). Tales declaraciones, sostiene el TJUE[67], crean una presunción de que las legislaciones y regímenes nacionales en ellas mencionados están comprendidos en el ámbito de aplicación material de los Reglamentos vinculando, en principio, a los demás EEMM. Sin embargo, si un EM no hubiera declarado una legislación o régimen nacional como sometido a aquéllos, de la sola falta de tal declaración no cabe inferir que una normativa no está comprendida en el ámbito de aplicación de los Reglamentos[68].

---

64 Sobre la diferencia conceptual entre prestación de vejez y de prejubilación, STJUE 30 mayo 2018, *Czerwiński*, C-517/16, apdos. 45 y 46.

65 STJUE 27 marzo 1985, *Hoeckx*, 249/83, apdo. 20.

66 STJUE 18 diciembre 2007, *Habelt y otros*, C-396/05, C-419/05 y 450/05, apdo. 65.

67 SsTJUE 3 marzo 2016, *Comisión/Malta*, C-12/14, apdos. 36 y ss.; 30 mayo 2018, *Czerwiński*, C-517/16, apdo. 31.

68 SsTJUE 25 julio 2018, *A (Aide pour une personne handicapée)*, C-679/16, apdo. 30; 12 marzo 2020, *Caisse d'assurance retraite et de la santé au travail d'Alsace-Moselle*, C

En la misma línea, el TJUE sostiene[69] que puesto que la lista de ramas citada es exhaustiva, la sistematización de cada prestación nacional en una de ellas obliga a examinar sus elementos constitutivos, en particular su finalidad y los requisitos que permiten lucrarla, sin atender a la denominación o calificación que de ella haga una determinada legislación nacional. Se reitera, así, la idea de que los anexos y declaraciones estatales periódicamente revisables[70] que acompañan al Reglamento 883/2004, son instrumentos no absolutamente vinculantes, ni respecto a lo que contienen ni respecto a lo que no incluyen[71]. Por tanto, en la definición del ámbito de aplicación material de las reglas de coordinación, el TJUE se reserva la facultad de recalificar o, incluso, integrar los regímenes y las prestaciones nacionales sometidas a su análisis, con independencia de las declaraciones, denominaciones o ubicación formal que cada EM les haya atribuido[72].

Similar criterio rige el deslinde de las nociones de asistencia social y seguridad social, de forma que no será asistencia social lo que como tal defina cada EM, sino sólo las prestaciones que no puedan calificarse como seguridad social. En franca coherencia con su doctrina sobre la interpretación restrictiva de las exclusiones, el TJUE maneja un concepto extenso de seguridad social según el cual será prestación de tal índole la que, acumulativamente [73] reúna dos condiciones. Por un lado la de concederse en función

---

769/18, apdo. 25.

69 SsTJUE 27 marzo 1985, *Hoeckx,* 249/83, apdo. 11; 10 de marzo de 1993, *Comisión/ Luxemburgo,* C-111/91, apdo. 28; 11 septiembre 1998, *Jörn Petersen,* C-228/07; 18 enero 2007, *Celozzi,* C-332/05, apdo. 16; 30 junio 2011, *da Silva Martins,* C-388/09, apdos. 37 a 54; 21 junio 2017, *Martínez Silva,* C-449/16, apdo. 20; 30 mayo 2018, *Czerwiński,* C-517/16, apdo. 33; 14 marzo 2019, *Dreyer,* C-372/18, apdo. 31; 5 marzo 2020, *Pensionsversicherungsanstalt y CW,* C-135/19, apdo. 30; 15 julio 2021, *A,* C-535/19, apdo. 28; 15 junio 2023, *Thermalhotel Fontana,* C-411/22, apdo. 22; 11 abril 2024, *XXXX,* C-116/23, apdo. 32.

70 Así, por ejemplo, el I enumera las pensiones o subsidios nacionales que se excluyen de la noción de prestaciones familiares a efectos de coordinación; el VI identifica las legislaciones tipo A en cuanto a pensiones de invalidez (vid. art. 44.1 Reg. 883/2004); el X enuncia las que a efectos de coordinación serán consideradas prestaciones especiales en metálico no contributivas.

71 SsTJUE 8 marzo 2001, *Jauch,* C-215/99; 26 febrero 1997, *Martínez Losada y otros,* C-88/95, C-102/95 y C-103/95.

72 SsTJUE 10 octubre 1996, *Hoever y Zachow,* C-245/94 y 312/94, apdo. 17; 2 abril 2020, *Caisse pour l'avenir des enfants,* C-802/18, apdo. 35.

73 SsTJUE 15 junio 2023, *Thermalhotel Fontana,* C-411/22, apdo. 23; 11 abril 2024, *XXXX,* C-116/23, apdo. 33.

de una situación legalmente definida, al margen de cualquier apreciación individual y discrecional de las necesidades personales[74]; y, por otro, la de que cubra alguno de los riesgos expresamente enumerados en el artículo 3 del Reglamento 883/2004[75], todo ello, sin tener en cuenta sus fuentes de financiación[76]; y define a las prestaciones de asistencia social como todos los regímenes de ayudas establecidos por las autoridades públicas, sea a escala nacional, regional o local, a los que puede recurrir un individuo que no disponga de recursos suficientes para cubrir sus necesidades básicas y las de los miembros de su familia[77], cuando su concesión depende de una apreciación individual de las necesidades personales del solicitante[78].

El TJUE impulsa y ampara, pues, una lectura expansiva del derecho europeo de coordinación y restringe severamente los umbrales de las exclusiones, en particular, la relativa a asistencia social. Tal criterio, en primer lugar, se ve fortalecido en el propio Reglamento de base que incluye entre las ramas de seguro que regula un tipo de prestaciones, —las especiales en metálico no contributivas—, que él mismo (art. 70 Reg. 883/2004) define como híbridas por presentar características tanto de legislación de seguridad social como de asistencia social[79]; y, en segundo lugar, se abona tam-

---

74 Sobre el sentido de tal condición, SsTJUE 25 julio 2018, *A (Aide pour une personne handicapée)*, C-679/16, apdo. 38; 18 diciembre 2019, *UB y Generálny riaditel' Sociálnej poist'ovne Bratislava*, C-447/18, apdo. 23; 12 marzo 2020, *Caisse d'assurance retraite et de la santé au travail d'Alsace-Moselle*, C-769/18, apdos. 28 y 29; 2 septiembre 2021, *O.D. y otros*, C-350/20, apdo. 56; 11 abril 2024, *XXXX*, C-116/23, apdo. 34.

75 SsTJUE 8 marzo 2001, *Jauch*, C-215/99; 18 enero 2007, *Celozzi*, C-332/05, apdo. 17; 18 diciembre 2007, *Habelt y otros*, C-396/05, C-419/05 y C-450/05, apdo. 65; 21 junio 2017, *Martínez Silva*, C-449/16, apdo. 20; 25 julio 2018, *A (Aide pour une personne handicapée)*, C-679/16, apdo. 32; 14 marzo 2019, *Dreyer*, C-372/18, apdo. 32; 12 marzo 2020, *Caisse d'assurance retraite et de la santé au travail d'Alsace-Moselle*, C-769/18, apdo. 27; 11 abril 2024, *XXXX*, C-116/23, apdos 36 y ss.

76 SsTJUE 16 julio 1992, *Hughes*, C-78/91, apdo. 21; 14 junio 2016, *Comisión/Reino Unido*, C-308/14, apdos. 60 y 61; 21 junio 2017, *Martínez Silva*, C449/16, apdo. 21; 15 julio 2021, *A*, C-535/19, apdo. 37.

77 STJUE 28 octubre 2021, *ASGI y otros*, C-462/20, apdo. 34.

78 STJUE 15 julio 2021, *A*, C-535/19, apdo. 33.

79 Con todo, aunque se calificara una prestación como de pura asistencia social, fuera, por tanto, del ámbito de aplicación de los Reglamentos, ello no excluiría su sometimiento a los imperativos y garantías del derecho UE, toda vez que, por ejemplo, el artículo 7.2 del Reglamento 492/2011 [(UE) del Parlamento Europeo y del Consejo, de 5 de abril de 2011, *relativo a la libre circulación de los trabajadores dentro de la Unión*] reconoce en favor de los trabajadores que ejercitan la libre circulación, el derecho a disfrutar, en condiciones de igualdad, de cualquier ventaja social de la

bién por una reiterada jurisprudencia[80] según la cual una prestación puede ser seguridad social, comprendida, pues, en el ámbito de aplicación del Reglamento 883/2204, y al tiempo una ventaja social[81] o asistencia social.

4.4.2. Los regímenes profesionales y la seguridad social complementaria

El derecho de coordinación alcanza a todos los regímenes de seguridad social, generales y especiales, contributivos o no, con particular mención a los relativos a las obligaciones del empleador o del armador (art. 3.2 Reg. 883/2204). Caben, no obstante, salvedades, a enunciar por declaración expresa del EM interesado mediante las formalidades previstas en el artículo 9 Reg. 883/2004, y que se especifican en el anexo XI del mismo.

Tal y como se ha indicado (vid. *supra* apdo. 4.2) el artículo 1.l) Reg. 883/2004 ofrece una noción de legislación que obvia las disposiciones convencionales al uso[82]. Ello implica que permanece al margen de los Reglamentos 883/2004 y 987/2009 la seguridad social complementaria, es decir, los derechos reconocidos en aplicación de planes de pensión o seguros colectivos, y cuya salvaguardia en supuestos de libre circulación se rige por las Directivas 98/49[83] y 2014/50[84].

---

que dispongan los nacionales del EM de acogida. Es decir, aun sin estar sometido a los Reglamentos de base y aplicación, el acceso a la asistencia social en el EM de destino sigue beneficiando a un notable número de ciudadanos UE si se desplazan dentro de ésta, por hallarse engarzada al ejercicio de alguna de las libertades fundamentales. Asimismo STJUE 21 diciembre 2023, *GV*, C-488/21, en cuanto a la aplicación del citado artículo 7.2 respecto a quien habiendo ejercido el derecho a la libre circulación de trabajadores ha obtenido la nacionalidad del EM de destino.

80 SsTJUE 12 mayo 1998, *Martínez Sala*, C-85/96, apdo. 27; 19 septiembre 2013, *Brey*, C-140/12, apdo. 58; 2 abril 2020, *Caisse pour l'avenir des enfants*, C-802/18, apdos. 34 a 37 y 45; 21 diciembre 2023, *GV*, C-488/21 apdos. 64 y 65; 11 abril 2024, *XXXX*, C-116/23, apdos. 52 y 53.

81 Puede hallarse un concepto de "ventaja social", por ejemplo, en STJUE 11 abril 2024, *XXXX*, C-116/23, apdo. 51 y jurisprudencia citada.

82 SsTJUE 10 octubre 2013, *van der Helder*, C-321/12, apdo. 40; 26 octubre 2016, *Hoogstad*, C-269/15, apdo. 25.

83 (CE) del Consejo de 29 de junio de 1998 *relativa a la protección de los derechos de pensión complementaria de los trabajadores por cuenta ajena y los trabajadores por cuenta propia que se desplazan dentro de la Comunidad*. DO nº L 209, 25.7.98.

84 (UE) del Parlamento Europeo y del Consejo de 16 de abril de 2014 *relativa a los requisitos mínimos para reforzar la movilidad de los trabajadores entre Estados miembros mediante la mejora de la adquisición y el mantenimiento de los derechos complementarios de pensión*. DO nº L 218, 30.4.14.

5. LA DETERMINACIÓN DE LA LEY APLICABLE

5.1. Los trazos generales del modelo

En tanto derecho de coordinación, el europeo de seguridad social se dirige a identificar el sistema nacional competente en cada situación, a fin de evitar la acumulación de legislaciones nacionales aplicables y las complicaciones que pueden resultar de ello[85]. Se trata de un modelo en el que las normas de conflicto que establece el Reglamento 883/2004 se imponen con carácter imperativo a los EEMM que, por tanto, no disponen de la facultad de determinar en qué medida es aplicable su legislación o la de otro EM[86] si la situación examinada se incluye en los ámbitos de aplicación ya reseñados (vid. *supra* apdo. 4). Con todo, y aun siendo un sistema de determinación de ley aplicable completo, uniforme e imperativo[87], el propio Reglamento de base (art. 16) prevé que dos o más EEMM puedan acordar excepciones a las reglas generales por él fijadas[88].

El principio general que inspira el modelo es el de **"unicidad"**. Es decir, al aplicar las pautas del Título II, quienes se desplazan dentro de la UE quedan sometidos al régimen de seguridad social de un único EM competente[89]. No obstante, el propio Reglamento de base contempla excepciones a ese principio, más en lo relativo al disfrute de prestaciones que respecto a la relación de aseguramiento (afiliación/cotización), de modo que, según la jurisprudencia[90], las disposiciones de carácter general que

---

85 SsTJUE 23 septiembre 1982, *Kuijpers*, 276/81, apdo. 10; 3 mayo 1990, *Kits Van Heijningen*, C-2/89, apdo. 12; 4 octubre 2012, *Format*, C-115/11, apdo. 29; 26 febrero 2015, *de Ruyter*, C-623/13, apdo. 37; 13 septiembre 2017, *X*, C-569/15, apdo. 15; 3 junio 2021, *Team Power Europe*, C-784/19, apdo. 32; 15 septiembre 2022, *FK*, C-58/21, apdo. 44; 18 abril 2024, *GI*, C-195/23, apdo. 26.

86 SsTJUE 8 mayo de 2019, *SF e Inspecteur van de Belastingdienst*, C-631/17, apdo. 45; 5 marzo 2020, *Pensionsversicherungsanstalt y CW*, C-135/19, apdo. 43; 15 julio 2021, *A*, C-535/19, apdo. 48; 16 noviembre 2023, *JD*, C-415/22, apdo. 29; 18 abril 2024, *GI*, C-195/23, apdo. 25.

87 STJUE 8 mayo 2019, *SF e Inspecteur van de Belastingdienst*, C-631/17, apdo. 33.

88 Vid. por ejemplo, SsTJUE 19 septiembre 2019, *F. van den Berg y otros*, C-95/18, C-96/18, apdos. 65 y ss.; 3 junio 2021, *Team Power Europe*, C-784/19, apdo. 35.

89 SsTJUE 12 junio 1986, *Ten Holder*, 302/84, apdos. 19 y 20; 20 mayo 2008, *Bosmann*, C-352/06, apdo. 16; 23 abril 2015, *Franzen y otros*, C-382/13, apdos. 41 y 42; 3 junio 2021, *Team Power Europe*, C-784/19, apdos. 32 y 33; 13 octubre 2022, *Raad van bestuur van de Sociale verzekeringsbank*, C-713/20, apdo. 39.

90 SsTJUE 27 mayo 1982, *Aubin*, 227/81, apdo. 11; 12 febrero 2015, *Bouman*, C-114/13, apdo. 35.

figuran en el título II del Reglamento sólo son aplicables en la medida en que las disposiciones singulares de las distintas categorías de prestaciones que componen su título III no contengan excepciones o especificaciones. El principio de "unicidad" tiene evidentes virtudes prácticas, si bien, al ser cada EM el competente para fijar su carta de servicios y acción protectora, no garantiza que el desplazamiento entre Estados sea siempre neutro[91]. Es decir, la identificación de una legislación aplicable según los criterios de coordinación, conllevará que la persona interesada sólo podrá estar afiliada, cotizar y/o acceder a las prestaciones previstas en un sistema nacional y en la medida en él establecida, aun si resultaran menos favorables que las de igual naturaleza reconocidas en otros sistemas de seguridad social a los que hubiera estado sujeta[92]. No obstante, a efectos de la coordinación será, únicamente, relevante que el/la trabajador/a no resulte perjudicado/a en comparación con quienes ejercen todas sus actividades en el EM de referencia y que no se produzca pura y simplemente un abono de cotizaciones sociales a fondo perdido[93]. En este sentido, el TJUE ha matizado[94] que el sistema de norma aplicable de los Reglamentos podría devenir inoperativo si su empleo privara al interesado o sus derechohabientes del beneficio de alguna prestación que le habría sido concedida en virtud únicamente de la legislación de un EM de no haber ejercido su derecho a la libre circulación. Es decir, como en otros, también en este ámbito las disposiciones de derecho derivado puede ser objeto de reserva o salvedad si contradicen el valor y relevancia de las libertades esenciales de la UE.

El sistema de coordinación sobre determinación de la ley aplicable previsto en los Reglamentos sólo operará respecto a la materia de seguridad social, de modo que aunque una persona se hallara sometida a la legislación de un EM en ese ámbito, ello no implicaría que tal conexión operase en otros, como el fiscal, el laboral, el procesal... etc. (cdo. 18*bis* Reg. 883/2004)[95]. No obstante, el que la coordinación no se limite al ámbito

---

[91] STJUE 19 septiembre 2019, *F. van den Berg y otros*, C-95/18, C-96/18, apdos. 56 a 58; 25 noviembre 2021, *QY*, C-372/20, apdos. 69 y 80.

[92] SsTJUE 16 julio 2009, *von Chamier-Glisczinski*, C-208/07, apdos. 85 a 87; 12 junio 2012, *Hudzinsky y Wawrzyniak*, C-611/10 y C-612/10, apdo. 43; 23 enero 2019, *Zyla*, C-272/17, apdo. 45.

[93] STJUE 14 marzo 2019, *Vester*, C-134/18, apdo. 32.

[94] SsTJUE 30 junio 2011, *da Silva Martins*, C-388/09, apdos. 73 y ss.; 13 julio 2016, *Pöpperl*, C-187/15, apdos. 22 y 23; 14 marzo 2019, *Vester*, C-134/18, apdos. 40 y 46 a 48.

[95] SsTJUE 20 mayo 2020, *Bouygues*, C-17/19, apdo. 46; 16 noviembre 2023, *JD*, C-415/22, apdo. 48.

de la actividad laboral o profesional (vid. *supra* apdo. 4.3.2), y el que para el TJUE deba mantenerse una interpretación amplia de la noción de seguridad social (vid. *supra* apdo. 4.2), puede implicar, en algunos casos, que las disposiciones de los Reglamentos de coordinación sean operativas en ámbitos aparentemente ajenos a ella[96].

5.2. Los criterios de determinación de la legislación aplicable

No hay un único criterio que identifique la legislación aplicable en el derecho europeo de seguridad social. Esto es, por lo demás, lógico, toda vez que el ámbito subjetivo de los Reglamentos es, como se vio, amplísimo y ya no se limita a los trabajadores por cuenta ajena. Dada, pues, la profusión de situaciones que la norma considera, sólo resaltaremos las características generales del conjunto.

El Título II enuncia los criterios de determinación de la ley aplicable en cuanto a afiliación y cotización respecto a trabajadores por cuenta ajena o propia, a tiempo completo o parcial[97], contemplando, incluso, la eventualidad de que un mismo sujeto trabaje bajo ambos estatutos simultáneamente (por ejemplo, dentista que trabaja por las mañanas para una clínica de la que no es titular y que por las tardes se ocupa de una consulta propia). La norma distingue, asimismo, en cada uno de esos órdenes contractuales de prestación de servicios, entre quienes desarrollan su actividad en un único EM o la despliegan normal o habitualmente[98] en varios y, en tal caso, si siendo por cuenta ajena, lo hace para una empresa o varias distintas (siguiendo con el ejemplo anterior, el trabajo por cuenta propia del dentista se ejerce en Francia, mientras que el que desempeña por cuenta ajena se cumple en Bélgica los lunes y martes para una empresa, y en Alemania el resto de la semana para otra distinta). También se fijan criterios para definir la ley aplicable cuando la actividad se efectúa en régimen de "destacamento", —es decir, cuando se presta en un EM al que el trabajador es enviado temporalmente desde otro de origen por su empleador que ejerce normalmente en

---

96 STJUE 26 febrero 2015, *de Ruyter*, C-623/13, apdos. 23 y ss.

97 STJUE 23 abril 2015, *Franzen y otros*, C-382/13, apdos. 44 a 53.

98 Sobre qué debe entenderse por habitual, SsTJUE 16 febrero 1993, *Calle Grenzshop Andresen*, C-425/93, apdo. 15; 13 septiembre 2017, *X*, C-570/15, apdos. 20 a 25; 16 julio 2020, *AFMB Ltd otros*, C-610/18, apdos. 44 y ss.; 20 mayo 2021, *Format*, C-879/19.

este último sus actividades[99]—, o cuando se trata de un trabajador fronterizo. En algunos casos se atiende a las circunstancias locativas de la actividad (trabajo en buques), a las características del empleador (funcionarios) o al lugar, bien en que éste se halla establecido o bien de residencia del trabajador[100]. Se ofrecen, además, indicaciones específicas respecto a pensionistas, desempleados, personas llamadas al servicio militar o al servicio civil de un EM y Agentes contractuales de la Unión Europea e, incluso, para cuando ninguna de las reglas generales o especiales anteriores resultara operativa, se dispone una regla de "cierre" (art. 11.3.e) que designa a la del EM de residencia del interesado como legislación aplicable. Esta última disposición, aunque dirigida, en principio, a establecer la norma aplicable respecto a quienes no ejercen actividades económicas[101], ha adquirido mayor alcance al considerarse operativa para identificar la ley aplicable en toda situación no contemplada en las letras a) a d) del artículo 11[102]. Con todo, y si aun a pesar de la gran diversidad de criterios barajados, existieran situaciones muy peculiares no contempladas en la norma y que precisaran de una específica solución para determinar la ley aplicable, el TJUE, tal y como ya ha sucedido en algunas ocasiones[103], puede ofrecer una solución ceñida al caso atendiendo a consideraciones de diversa índole, pero, en particular, a la de que las disposiciones del derecho de coordinación tienen como objetivo evitar que las personas que entran en el ámbito de aplicación del Reglamento se vean privadas de protección en materia de seguridad social a falta de una legislación que les sea aplicable[104].

Ha de señalarse, además, que aunque los términos contractuales de una relación de prestación de servicios sean significativos para determinar la ley aplicable, según el TJUE[105], en esa identificación habrán de considerar-

---

99 STJUE 4 octubre 2012, *Format,* C-115/11, apdo. 32; 3 junio 2021, *Team Power Europe,* C-784/19, apdos. 36 y ss.

100 Para determinar el concepto de residencia a este respecto, vid. art. 11 Reglamento 987/2009.

101 SsTJUE 14 junio 2016, *Comisión/Reino Unido,* C-308/14, apdo. 65; 1 agosto 2022, *S,* C-411/20. apdos. 56 y ss.

102 SsTJUE 8 mayo 2019, *SF e Inspecteur van de Belastingdienst,* C-631/17, apdo. 40; 25 noviembre 2021, *QY,* C-372/20, apdo. 39; 13 octubre 2022, *Raad van bestuur van de Sociale verzekeringsbank,* C-713/20, apdos. 50 a 53.

103 Vid., por ejemplo, STJUE 29 junio 1994, *Aldewereld,* C-60/93.

104 SsTJUE 19 marzo 2015, *Kik,* C-266/13, apdo. 63; 1 febrero de 2017, *Tolley,* C430/15, apdo. 58.

105 STJUE 16 julio 2020, *AFMb Ltd y otros,* C-610/18, apdos. 61 y 67.

se con preferencia las circunstancias reales en que se ejecutan las obligaciones que incumben a empresa y trabajador, toda vez que las reglas que determinan la ley aplicable no son dispositivas, al no depender de la libre elección de éste, de aquélla o de las autoridades nacionales competentes.

A título de ejemplo, y puesto que el trabajo por cuenta ajena es, junto con el turismo, uno de los grandes motores de los movimientos de personas entre EEMM, cabe señalar que el criterio general que identifica la ley aplicable en tal caso se enuncia en el artículo 11.3.a) Reg. 883/2004, según el cual *"la persona que ejerza una actividad por cuenta ajena o propia en un Estado miembro estará sujeta a la legislación de ese Estado miembro"*.

El criterio del "lugar de ejercicio" (*lex loci laboris*) se erige, pues, en pauta principal para designar la única legislación aplicable cuando se trabaja. No obstante, y amén de las nuevas problemáticas que suscita el trabajo en remoto (nomadismo digital), a fin de evitar complicaciones aplicativas y de garantizar el mantenimiento del principio de unicidad[106], en ciertas ocasiones operan otros criterios de conexión, tal y como sucede, por ejemplo, en supuestos de "destacamento", en que se sigue aplicando la legislación del EM de origen aunque no se trabaje en él[107] (art. 12); o cuando se ejerce normalmente una actividad por cuenta ajena o propia en dos o más EEMM de manera más o menos simultánea o concurrente[108] (art. 13).

Sin duda, identificar una legislación competente tiene gran trascendencia porque, a diferencia del criterio que rige en otros ámbitos del derecho de la Unión, la misma noción de actividad por cuenta ajena o por cuenta propia y, por tanto, su encuadramiento a efectos de seguridad social en un régimen u otro, con los efectos que de ello se derivan, se lleva a cabo por referencia a la legislación del EM en cuyo territorio tales actividades se cumplen (arts. 1.a) y b) Reg. 883/2004). No obstante, la determinación del *lugar de ejercicio* de la actividad prestada, —que condiciona la designación de la legislación aplicable—, es anterior a la misma calificación de aquélla como por cuenta ajena o por cuenta propia y, sobre este extremo ha señalado el TJUE que el lugar de ejercicio no se define por la legislación de cada EM sino por el derecho de la Unión, así como por la interpretación que al respecto ofrece el propio TJUE para el que "*la determinación del significado y del alcance de los términos no definidos por el Derecho de la Unión debe efectuarse conforme al sentido*

---

106 STJUE 16 julio 2020, *AFMB Ltd y otros*, C-610/18, apdos. 64 y 65.

107 STJUE 6 septiembre 2018, *Alperind y otros*, C-527/16, apdos. 81 y ss.

108 STJUE 4 octubre 2012, *Format*, C-115/11, apdo. 33 (por analogía, STJUE 16 febrero 1995, *Calle Grenzshop Andresen*, C-425/93, apdo. 15).

habitual de éstos en el lenguaje corriente, teniendo en cuenta el contexto en el que se utilizan y los objetivos perseguidos por la normativa de la que forman parte"[109]. Lo mismo sucede con la noción de "empleador", respecto a cuyo significado los Reglamentos de base y aplicación no se remiten a las legislaciones o prácticas nacionales, razón por la cual el TJUE sostiene que la determinación de su sentido y alcance ha de ser objeto de una interpretación autónoma y uniforme para toda la UE, que ha de establecerse atendiendo no sólo al tenor literal de la norma considerada, sino también al contexto de dicha disposición, así como al objetivo que esa norma pretende alcanzar[110].

Por otro lado, hay que puntualizar que en cuanto a prestaciones, la *regla "loci laboris"* se ve matizada o exceptuada en el propio Reglamento de base, cuyo Título III enuncia normas específicas vinculadas a diferentes prestaciones o ramas de seguro.

Sin detenernos más en el tema, conviene subrayar que dada la variedad de criterios que baraja y la complejidad que pueden suscitar algunas situaciones, los Reglamentos de base y aplicación enuncian diversas disposiciones dirigidas a reducir la complejidad del sistema. Así, por ejemplo, el Reglamento 987/2009 ofrece pautas para una identificación provisional de la ley aplicable que serán operativas cuando existan discrepancias entre las instituciones o autoridades de dos o más EEMM y mientras éstas no se resuelvan (art. 6). Por otro lado, la eficacia de las reglas sobre ley aplicable, —o sobre otros extremos del derecho de coordinación en materia de seguridad social—, implica el intercambio de datos y calificaciones jurídicas entre los distintos EEMM que se articula según lo dispuesto en los arts. 2 y ss. Reg. 987/09. Sobre el particular, y en aras al reforzamiento del principio de unicidad[111], poseen especial trascendencia las indicaciones de su art. 5 que ha codificado lo establecido hasta su aprobación por el TJUE en el sentido de que el contenido y especificaciones de los certificados emitidos por un EM gozan, si bien sólo en el ámbito de la seguridad social[112], de una presunción de conformidad y, por ello, vinculan, en lo pertinente, a las instituciones y tribunales de los demás EEMM[113], incluso si alguno hubiera

---

109 SsTJUE 27 septiembre 2012, *Partena ASBL*, C-137/11, apdos. 50 a 56; 19 marzo 2015, *Kik*, C-266/13, apdo. 40.

110 STJUE 16 julio 2020, *AFMB Ltd y otros*, C-610/18, apdos. 49 y ss.

111 STJUE 2 marzo 2023, *FU y otros*, C-410/21 y 661/21, apdo. 54.

112 STJUE 20 mayo 2020, *Bouygues*, C-17/19, apdo. 44.

113 Por todas, SsTJUE 26 enero 2006, *Herbosch Kiere*, C-2/05, apdo. 24; 27 abril 2017, *A-Rosa Flussschiff*, C-620/15, apdo. 41; 6 febrero 2018, *Altum y otros*, C-359/16, apdo. 39; 2 marzo 2023, *FU y otros*, C-410/21 y 661/21, apdos. 43 a 45.

comprobado que no se ajustan a la realidad de forma manifiesta[114]. Si tal fuera el caso, el EM interesado habrá de seguir necesariamente un procedimiento específico[115], con fase extrajudicial y judicial[116]; o, ya lo relativo a prestaciones, además de que se descarta, en general, que la persona interesada haya de presentar varias solicitudes o peticiones[117], es reseñable la regla cooperativa del artículo 81 Reglamento 883/2004 sobre presentación de documentación para la obtención de las mismas[118].

6. LOS PRINCIPIOS GENERALES DEL DERECHO EUROPEO DE COORDINACIÓN

El derecho coordinador de seguridad social en la UE se sustenta en los siguientes principios:

6.1. Principio de igualdad de trato por razón de nacionalidad

El de igualdad de trato es uno de los principios esenciales del derecho UE. En el ámbito de la seguridad social (art. 4 Reg. 883/2004) alcanza no sólo a los trabajadores o quienes mantengan dicho estatus[119], sino a todos a quienes resulte aplicable el Reglamento de base (vid. *supra* apdo. 4.3).

---

114 SsTJUE 27 abril 2017, *A-Rosa Flussschiff,* C-620/15, apdo. 52; 6 septiembre 2018, *Alperind y otros,* C-527/16, apdo. 64.

115 Por todas, SsTJUE 27 abril 2017, *A-Rosa Flussschiff,* C-620/15, apdos. 43 y ss.; 6 febrero 2018, *Altum y otros,* C-359/16, apdos. 40 y ss.; 2 marzo 2023, *FU y otros,* C-410/21 y 661/21, apdos. 46 y ss.

116 Sobre el papel que en ese procedimiento han de desempeñar los tribunales nacionales, el TJ ha mantenido posición dispar. Así, entendiendo que carecen de capacidad resolutoria, STJUE 27 abril 2017, *A-Rosa Flussschiff,* C-620/15, apdo. 49; en contrario, atribuyéndoles un margen decisorio, SsTJUE 6 febrero 2018, *Altum y otros,* C-359/16, apdo. 61; 2 marzo 2023, *FU y otros,* C-410/21 y 661/21, apdo. 67. Indicaciones muy precisas de las fases de esos procedimientos pueden hallarse en STJUE 2 abril 2020, *CRPNPAC y Vueling Airlines,* C-370/17 y C-37/18, apdos. 62 y ss.

117 SsTJUE 25 noviembre 2021, *QY,* C-372/20, apdos. 65 y 66 y 25 abril 2024, *L,* C-36/23, apdos. 60 y ss. Ambas se refieren a prestaciones familiares.

118 STJUE 29 septiembre 2022 *FS,* C-3/21, apdos. 26 y 27, así como 31 y ss.

119 STJUE 6 octubre 2020, *Jobcenter Krefeld,* C-181/19, apdos. 80 y ss.

Opera en favor de quienes emigran fuera del EM del que son nacionales e implica que los sujetos a quienes incumbe podrán acceder a los beneficios y deberán asumir las obligaciones fijadas en la legislación de un EM en las mismas condiciones y términos que los contemplados para los nacionales de dicho Estado. Ahora bien, a fin de hacer efectivo el principio de libre circulación de trabajadores o de ciudadanos (arts. 21 y 45 TFUE)[120], también beneficia a los nacionales de un EM que hayan ejercido su libertad de circular y/o residir en otro EM, si por esa circunstancia sufrieran por parte del EM del que son nacionales alguna desventaja o menoscabo de sus derechos, permanentes o temporales, en comparación a los que se reconoce a sus compatriotas que no hubiera ejercido su derecho a la libre circulación[121].

En su formulación tradicional, el principio de igualdad de trato proscribe tanto las discriminaciones directas como las indirectas[122], esto es, tanto la imposición de condiciones o reglas sólo aplicables a extranjeros, si afectaran a nacionales de otros EEMM[123], como las exigencias que, aun siendo generalizadas sin atender a la nacionalidad, pudieran resultar *de facto* de más difícil observancia a los no nacionales o no residentes[124].

El principio de igualdad opera, en lo subjetivo, con amplitud. Así, en la sentencia *Gottardo*[125] el TJUE obligó al organismo competente italiano a reconocer como periodos de seguro computables a efectos de una pensión de vejez, los cumplidos en Suiza, —Estado no miembro de la UE—, por una nacional francesa que resultó, así, beneficiada en su condición de ciudadana de la UE por la existencia de un Convenio bilateral entre Italia

---

120 STJUE 18 diciembre 2007, *Habelt y otros*, C-396/05, C-419/05 y C-450/05, apdo. 78.

121 SsTJUE 21 enero 2016, *Comisión/Chipre*, C-515/14; 7 marzo 2018, *DW*, C-651/16, apdo. 29; 7 julio 2022, *CC*, C-576/20, apdo. 64.

122 SsTJUE 25 junio 1997, *Mora Romero*, C-131/96, apdo. 32; 21 septiembre 2000, *Borawitz*, C-124/99, apdos. 24 y ss.; 28 abril 2004, *Özturk*, C-373/02, apdos. 54 y ss.; 18 enero 2007, *Celozzi*, C-332/05, apdos. 23 y ss.; 5 diciembre 2019, *Bocero Torrico y otros*, C-398/18 y 428/18, apdo. 40.

123 A título ilustrativo, vid. las indicaciones del TJUE en la sentencia *Martínez Sala*, 12 mayo de 1998, C-85/96, apdos. 46 y ss., en particular apdo. 54.

124 SsTJUE 1 abril 2008, *Gouvernement de la Communauté française et Gouvernement wallon*, C-212/06, apdo. 45; 17 enero 2012, *Salemink*, C-347/10, apdos. 43 y 44; 7 marzo 2013, *van den Booren*, C-127/11, apdo. 44; 8 diciembre 2022, *GV*, C-731/21; 11 abril 2024, *XXXX*, C-116/23, apdos 54 a 65.

125 STJUE 15 enero 2002, *Gottardo*, C-55/00.

y Suiza, inicialmente aplicable sólo a los nacionales de éstos dos Estados, y según el cual cada uno de ellos se obligaba a considerar como cumplidos en su propio territorio los periodos de seguro que los nacionales de cualquiera de ellos hubiera cumplido en el otro.

Con todo, tan amplia comprensión del derecho a la igualdad de trato no permite exigir la observancia en todos los EEMM de los beneficios a que los nacionales de terceros Estados pudieran tener derecho en virtud de acuerdos o convenios bilaterales concluidos entre éstos y algún EM de la Unión en particular[126]. Es decir, a título de ejemplo, resultaría que salvo existencia de otros convenios bilaterales o multilaterales, la jurisprudencia de la sentencia *Gottardo* no resultaría aplicable si el solicitante fuera un ciudadano suizo y su pretensión de cómputo se planteara ante un EM distinto a Italia.

El principio de igualdad de trato puede verse exceptuado cuando el propio Reglamento lo contemple (art. 4 *in fine*). Asimismo, según tradicional jurisprudencia, una disposición nacional indirectamente discriminatoria, podría ser aceptable desde el punto de vista del derecho UE si se hallase objetivamente justificada y resultase proporcionada para la consecución de dicho objetivo[127]. Este esquema valorativo ha estimulado la invocación por los EEMM de muy diversos argumentos, —como la evitación del fraude (*Salemink),* la existencia de cargas financieras o dificultades administrativas *(Gottardo)*...etc.— que, aunque plausibles para fundamentar excepciones al principio de igualdad de trato, son generalmente descartados ya sea por exceder el canon de proporcionalidad (vid. *Salemink* sobre presunción *iuris et de iure*), o bien por no haber quedado fehacientemente probados. Conviene reseñar, además, la absoluta inadmisibilidad en este sentido de las conocidas como cláusulas de reciprocidad, es decir, reservas o límites a favor o en contra de los nacionales de otros EEMM atendiendo al trato que los propios nacionales de un EM reciben en aquellos.

6.2. Principio de asimilación de ingresos, hechos o acontecimientos

El principio de asimilación, que constituye una expresión concreta del principio de igualdad de trato[128], abarca diversas facetas (art. 5 Reg.

---

[126] STJUE 5 junio 1988, *Félix Borowitz*, 21/87, apdo. 26.

[127] SsTJUE 15 junio 2023, *Thermalhotel Fontana,* C-411/22, apdos. 42 y ss; 11 abril 2024, *XXXX,* C-116/23, apdos. 59 y 64.

[128] STJUE 5 diciembre 2019, *Bocero Torrico y otros*, C-398/18 y 428/18, apdo. 39.

883/2004). Así, en primer lugar, si en el EM competente la obtención o disfrute de una prestación tiene determinados efectos jurídicos, éstos se causarán igualmente si la obtenida o disfrutada lo fuera en aplicación de la legislación de otro EM. El mismo principio rige cuando no se trata de prestaciones sino de ingresos, si éstos se obtienen en un EM distinto del competente. Por último, el principio también opera sobre hechos o acontecimientos, de forma que si en el EM competente se les atribuyen ciertos efectos jurídicos, el que se originen o tengan lugar en el territorio de otro EM no será óbice para disfrutar de dichos efectos[129]. No obstante, el principio de asimilación sólo está destinado a aplicarse a las prestaciones comprendidas en el ámbito de aplicación del Reglamento de base (vid. *supra* apdo. 4.4.1), de modo que si alguna no lo está, dicho principio tampoco resultará operativo[130].

Siempre que no conduzca a resultados objetivamente injustificados (cdo. 12 Reg. 883/2004)[131], el principio de asimilación operará tanto en sentido positivo como negativo, de modo que la actualización de una circunstancia relevante en un EM distinto del competente, puede conllevar tanto el acceso a prestaciones como la denegación o pérdida de las mismas.

Así, en sentido negativo, si se previera la reducción o suspensión de una pensión o prestación de producirse ciertos eventos (variación de circunstancias personales, aumento de ingresos o rentas…etc.), la institución del EM competente podrá, en virtud del principio de asimilación, imponer tal medida restrictiva o limitadora considerando los recursos obtenidos en el territorio de otro EM o los hechos acaecidos fuera del EM competente. A título de ejemplo, puede citarse el supuesto examinado en la sentencia *Kenny*[132] donde se reconoce que el EM competente (Gran Bretaña) puede dejar de abonar una prestación cuando el beneficiario se halla en prisión, aunque lo esté en un EM distinto (Irlanda), si en aquél la situación de reclusión se prevé como causa de pérdida.

A contrario, los hechos o circunstancias sucedidos en EEMM distintos al competente, y que de haberse producido en su territorio hubieran su-

---

129 SsTJUE 22 febrero 2024, *VA*, C-283/21, apdo. 53; 11 abril 2024, *XXXX*, C-116/23, apdo. 63.

130 STJUE 12 marzo 2020, *Caisse d'assurance retraite et de la santé au travail d'Alsace-Moselle*, C- 769/18, apdo. 38.

131 STJUE 12 marzo 2020, *Caisse d'assurance retraite et de la santé au travail d'Alsace-Moselle*, C- 769/18, apdo. 55.

132 STJUE 28 junio 1978, *Kenny*, 1/78.

puesto la obtención, mantenimiento o prolongación de una prestación, deberán ser considerados por la institución del EM competente aunque hubieran acaecido en otro.

Son ejemplos en este sentido, el supuesto de la sentencia *Mora Romero*[133], respecto a la consideración del periodo de servicio militar en España como prolongación de una pensión de orfandad alemana más allá de los 25 años; el del asunto *Celozzi*[134], en que el TJUE obliga al sistema alemán a reconocer a un trabajador italiano que presta servicios en Alemania mientras su cónyuge, que no trabaja, reside con sus hijos en Italia, como clasificable, a efectos de prestación económica por IT, en el grupo tributario correspondiente a trabajadores con cónyuge a cargo, en lugar de en el de trabajadores separados desde hace muchos años con hijos a cargo que da derecho a una prestación económica menor; o el del asunto *Öztürk*[135] que declara inaceptable la negativa de Austria a reconocer a un nacional turco el derecho a una pensión de vejez anticipada en caso de desempleo, por no haber recibido previamente en ese Estado una prestación del seguro de paro durante un determinado periodo de tiempo, circunstancia ésta que sí se acredita en Alemania.

Por último, el principio de asimilación se condiciona o exceptúa desde varias perspectivas (art. 5.1 Reg. 883/2004). Así, respecto a los principios esenciales del sistema europeo de coordinación, ya que no ha de afectar a las reglas que identifican el Estado competente (vid. *supra* apdo. 5); tampoco debe interferir en el juego del principio de totalización aplicable para la consideración de los periodos de seguro o trabajo... etc. cumplidos en el territorio de varios EEMM (vid. *infra* apdo. 6.3); ni puede conducir a la acumulación improcedente de prestaciones del mismo tipo en el mismo periodo (vid. *infra* apdo. 6.5).

Por lo que atañe a concretas prestaciones, el principio de asimilación se exceptúa en cuanto al cálculo de algunas en metálico (sanitarias, de maternidad, paternidad o derivadas de contingencias profesionales) (art. 21); o, —si bien como excepción parcial—, en cuanto al disfrute de derechos de seguro voluntario o facultativo continuado (art. 14.4 Reg. 883/2004).

---

133 STJUE 25 junio 1997, *Mora Romero*, C-131/96.

134 SsTJUE 18 enero 2007, *Celozzi*, C-332/05. Similares respecto a prestación por cuidado de hijos, STJUE 21 febrero 2008, *Klöppel*, C-507/06; o a prestaciones familiares, SsTJUE 18 septiembre 2019, *Moser*, C-32/18, apdos. 35 y ss; 16 junio 2022, *Comisión vs Austria*, C-328/20, apdo. 51.

135 STJUE 28 abril 2004, *Öztürk*, C-373/02. En aplicación del Acuerdo de Asociación entre la CEE y Turquía.

6.3. Principio de totalización

El principio de totalización, o de mantenimiento de los derechos en curso de adquisición, ha sido tradicionalmente enunciado en el mismo derecho originario (en la actualidad art. 48 TFUE). Constituye, según el TJUE, uno de los principios básicos de la coordinación en materia de seguridad social por cuanto garantiza que el ejercicio del derecho a la libre circulación no privará a quien hace uso de él de las ventajas de seguridad social a las que habría accedido de haber cumplimentado toda su carrera de seguro en un solo EM[136]. En el derecho derivado lo enuncian los artículos 6 Reg. 883/2204 y 12 y 13 Reg. 987/2009.

El principio de totalización implica que si la institución competente de un EM subordina la adquisición, la conservación, la duración, la recuperación o la cuantía[137] de una prestación al requisito de haber cubierto periodos de seguro, de empleo o actividad por cuenta propia o de residencia, dicho EM deberá tener en cuenta, en la medida necesaria según el caso, los periodos de seguro, empleo, actividad por cuenta propia o residencia cubiertos bajo la legislación de cualquier otro EM, como si hubieran sido cumplidos bajo la legislación que dicha institución aplica (art. 6 Reg. 883/2004). Es igualmente operativo si los periodos de seguro, empleo… etc. se precisan para ser admitido en una legislación o para acceder o hallarse exento de un seguro, ya sea obligatorio, voluntario o facultativo continuado. Además, y a diferencia de otros principios (vid. exportabilidad *infra* apdo. 6.4), el de totalización rige, incluso, si la persona interesada no residiera en el momento de la solicitud de prestación en uno de los EEMM. No obstante, no se activará si los periodos a considerar se superponen (art. 12.2. Reg. 987/2009).

Se trata, pues, de un principio de extensísima impronta, integrado por numerosos aspectos que brindan los propios Reglamentos de base y aplicación, aunque, en ocasiones, han precisado de puntualización jurisprudencial.

Así, por ejemplo, los apartados t), u) y v) del artículo 1 Reg. 883/2004 enuncian, respectivamente, los conceptos de "periodos de seguro", de "pe-

---

136 SsTJUE 26 octubre 1995, *Moscato,* C-481/93, apdo. 28; 20 enero 2005, *Salgado Alonso,* C-306/03, apdo. 29; 21 octubre 2021, *SC,* C-866/19. apdo. 29.

137 STJUE 15 diciembre 2011, *Bergstrom,* C-257/10. apdos. 39 y ss.; Vid., no obstante, las específicas limitaciones a que se ve sometido el principio de totalización cuando se trata de calcular una pensión de jubilación en STJUE 21 octubre 2021, *SC,* C-866/19, apdos. 33 y ss., en particular apdo. 41.

riodos de empleo" o "periodos de actividad por cuenta propia" y de "periodos de residencia". De ellos se infiere la competencia de cada EM para precisar los factores que los dibujan incluyendo, según indica el TJUE[138], la facultad de fijar las condiciones para tomarlos en consideración. Así, por ejemplo, se ha permitido[139] a los EEMM definir qué cotizaciones considerará su sistema como periodo de seguro o asimilado[140], o establecer los términos para generar y computar no sólo cotizaciones reales y efectivas, sino las ficticias que considere oportuno[141].

No obstante, las reglas nacionales que definan los periodos computables a efectos de totalización han de respetar el principio de libre circulación de personas[142], lo que supone, por ejemplo, que los periodos cubiertos en análogas condiciones con arreglo a la legislación de cualquier otro EM habrán de tomarse en consideración tal como lo hubieran sido de haberse cubierto de acuerdo con la legislación nacional[143].

Como ocurre con los otros principios, también el de totalización admite las excepciones expresadas en el Reglamento 883/2004. Así, los artículos 45 —relativo a prestaciones de invalidez—, 51 —dedicado a prestaciones de vejez y supervivencia—, 61 —respecto a prestaciones por desempleo—, ó 66 —sobre prestaciones de prejubilación—, disponen normas especiales relacionadas, por ejemplo, con el cómputo de cotizaciones en regímenes distintos de aquél en el que se solicita la prestación, o con la condición de que el interesado haya cumplido en último lugar, con arreglo a la legislación en virtud de la cual solicita la prestación, ciertos periodos de seguro o empleo.

---

138 SsTJUE 15 mayo 1989, *Warmerdam-Steggerda*, C-388/87, apdos. 10, 17 y 19; 26 febrero 1997, *Martínez Losada y otros*, C-88/95, C-102/95 y C-103/95; 20 enero 2005, *Salgado Alonso*, C-306/03, apdo. 30.

139 SsTJUE 7 febrero 2002, *Kauer*, C-28/00, apdo. 26; 20 enero 2005, *Salgado Alonso*, C-306/03, apdo. 27.

140 Vid. por ejemplo, artículo 280.1.2º LGSS-2015 que atribuye virtualidad a las cotizaciones correspondientes al subsidio de prejubilación únicamente respecto al cálculo de la base reguladora y del porcentaje aplicable a la pensión de jubilación, pero no para dar por cumplido el periodo necesario para acceder a una. Esta disposición fue valorada como aceptable desde el punto de vista del derecho de la Unión por el TJUE.

141 SsTJUE 20 febrero 1997, *Martínez Losada y otros*, C-88/95, C-102/95 y 103/95, apdos. 34 a 38; 3 octubre 2002, *Barreira Pérez*, C-347/00.

142 STJUE 7 febrero 2002, *Kauer*, C-28/00, apdo. 26.

143 STJUE 20 enero 2005, *Salgado Alonso*, C-306/03, apdo. 31.

Decir, por último, que el principio de totalización lleva aparejado, si bien en pensiones, el conocido como principio de prorrateo (*prorrata temporis)* mediante el cual, y una vez aplicado aquél, las instituciones afectadas ponderan y reparten el coste de las mismas[144].

6.4. Principio de exportabilidad

Se trata del otro principio clásico del derecho de coordinación de seguridad social en la UE, explícitamente formulado en el derecho originario (art. 48 TFUE), y que contribuye a garantizar la libertad de circulación de trabajadores o ciudadanos[145]. En derecho derivado se enuncia en el artículo 7 Reg. 883/2004.

El principio de exportabilidad, también conocido como de conservación de derechos adquiridos, impide al EM competente tanto negar como reducir, modificar, suspender, suprimir o confiscar una prestación debida por el hecho de que la persona beneficiaria o quienes son miembros de su familia residan en un EM distinto a aquél (art. 7 Reg. 883/2004).

Se proclama tanto si la prestación ha sido adquirida por aplicación exclusiva de un derecho nacional como por el juego del mecanismo de la totalización, y opera, incluso, cuando la persona asegurada ha trabajado exclusivamente en un único EM si, hallándose en el disfrute de una prestación, decidiera residir o trasladarse a otro. No obstante, y a salvo la existencia de eventuales convenios bilaterales o multilaterales[146], el principio de exportabilidad no es de aplicación si la persona beneficiaria reside o se traslada a un Estado extra-UE, quedando en ese caso la modalidad de abono o, incluso, el no abono de la prestación o pensión al albur de lo dispuesto en el ordenamiento jurídico del EM de la institución deudora[147].

Tal y como sucede con los otros principios de coordinación, el de exportabilidad admite excepciones que deben interpretarse restrictivamente[148]. En concreto, cabe hallarlas en los artículos 63 y 64 Reg. 883/2004, respecto

---

144 Una somera explicación sobre su funcionamiento en STJUE 7 diciembre 2017, *Zaniewicz-Dybeck*, C-189/16, apdo. 42.

145 STJUE 18 diciembre 2007, *Habelt y otros*, C-396/05, C-419/05 y C-450/05, apdo. 78.

146 STJUE 29 febrero 2024, *X*, C-549/22.

147 STJUE 3 abril 2008, *Chuck*, C-331/06, apdos. 37 y 38.

148 STJUE 29 abril 2004, *Skalka*, C-160/02, apdo. 19.

a prestaciones por desempleo[149], y en el artículo 70.3 Reg. 883/2004 respecto a las prestaciones especiales en metálico no contributivas.

6.5. *Principio de no acumulación de prestaciones*

Señala el artículo 10 Reg. 883/2004 que, salvo disposición en contrario en el Reglamento, éste no podrá conferir ni mantener el derecho a disfrutar de varias prestaciones de la misma naturaleza relativas a un mismo periodo de seguro obligatorio en favor de una misma persona beneficiaria. Se trata de un principio cuyo objetivo es garantizar al beneficiario de prestaciones abonadas por varios EEMM un importe total de las mismas que sea idéntico al de la prestación más favorable que se le adeuda en virtud de la legislación de uno solo de esos Estados [150]. Partiendo de que opera sólo respecto a prestaciones obtenidas aplicando las reglas de coordinación, es reseñable que dicho principio alcanza no sólo a las que pudiera haber reconocido un único EM, sino también a las que, siendo de la misma naturaleza, una persona beneficiaria adquiriera en virtud de la legislación de otro EM[151].

A diferencia de los demás principios, la aplicación de éste depende de que cada sistema nacional decida establecerlo, pues, cada uno de ellos es soberano para decidir si lo implanta, total, parcialmente o en absoluto. También la determinación de las reglas que definirán el efectivo alcance cuantitativo del principio de no acumulación caso de estar implantado quedan al albur de cada EM, si bien corresponde al legislador UE fijar los límites en que aquéllas habrán de inscribirse[152].

El principio de no acumulación tiene un espectro limitado pues no opera respecto a prestaciones de distinta naturaleza[153] ni sobre las que, aun siendo de la misma índole, derivan de periodos de tiempo distintos[154] o

---

149 STJUE 21 marzo 2018, *Klein Schiphorst,* C-551/16.

150 STJUE 25 abril 2024, *L,* C-36/23, apdo. 65 y jurisprudencia citada.

151 STJUE 12 octubre 2023, *HK,* C-45/22, apdo. 31.

152 Respecto a las reglas para establecer su alcance cuantitativo, STJUE 12 octubre 2023, *HK,* C-45/22, apdos. 34 y ss.

153 Sobre qué ha de entenderse por prestaciones de la misma naturaleza, SsTJUE 15 marzo 2018, *Blanco Marqués,* C-431/16, apdos. 50 y ss; STJUE 12 octubre 2023, *HK,* C-45/22, apdo. 33.

154 STJUE 20 mayo 2008, *Bossmann,* C-352/06.

derivan de carreras de seguro de dos personas diferentes [155] (por ejemplo, vejez y supervivencia). A ello se añade que, según aquél precepto, el principio puede, en ocasiones, regirse por disposiciones específicas, tal y como, por ejemplo, dispone el Reglamento de base en sus artículos 34 respecto a prestaciones de dependencia (asistencial de duración indeterminada); 53, 54 y 55 respecto a prestaciones de invalidez y vejez y supervivencia; o 68 respecto a prestaciones familiares[156].

No obstante, en sentido contrario, el principio anticúmulo se ve fortalecido por las disposiciones generales del Título II, dirigidas a identificar una sola ley aplicable a cada caso (vid. *supra* apdo. 5), así como por otras más específicas, también enunciadas en los Reglamentos, tales como la que impide que una persona sujeta a un seguro obligatorio por imponerlo así la legislación de un EM, pueda estar sujeta al tiempo a un seguro voluntario o facultativo continuado en otro EM (art. 14.2 Reg. 883/2004), si bien esta última regla se halla, a su vez, expresamente exceptuada en el artículo 14.3 Reg. 883/2004[157].

---

155 STJUE 12 octubre 2023, *HK, C-45/22, apdo. 34.*

156 Sobre el alcance del principio anti-cúmulo en las prestaciones familiares, SsTJUE 13 octubre 2022, *DN,* C-199/21, apdos. 32 a 38; 25 abril 2024, *L,* C-36/23.

157 STJUE 15 septiembre 2022, *FK,* C-58/21, apdo. 56.

Lección 3
El campo de aplicación del sistema de Seguridad Social

MARÍA JOSÉ ARADILLA MARQUÉS
Profesora Titular de Derecho del Trabajo y de la Seguridad Social
Universitat de València

1. INTRODUCCIÓN

El sistema público de Seguridad Social ha evolucionado desde sus propios orígenes con una tendencia marcadamente expansiva, dominada por la idea central de incluir en su protección al mayor número de colectivos posibles. El restringido ámbito que informó el campo de aplicación de los antiguos seguros sociales, originariamente pensados para el personal obrero de la industria, se contrapone a un sistema de Seguridad Social que, aunque con un núcleo fundamental de base profesional, no tiene prejuicios en dar cabida a un gran número y variedad de actividades en su ámbito de aplicación, superando la típica protección del estricto trabajo por cuenta ajena. El sistema mantiene una modalidad de protección de carácter contributiva en el que las cuotas de las personas trabajadoras y empresas siguen teniendo el peso fundamental en su financiación; junto a ésta, el art. 41 CE marca el nacimiento de una nueva concepción del sistema de Seguridad Social como un servicio público protector en términos de suficiencia frente a las necesidades sociales de los ciudadanos y de las ciudadanas como tales; se desarrollará así la modalidad de protección no contributiva, que se extiende a prestaciones concretas vinculadas a la superación de una situación de vulnerabilidad económica y necesidad real, que en todo caso se debe demostrar. El acceso de los sujetos a ambas modalidades de protección queda vinculado a que reúnan una serie de condiciones que, con carácter general, son reguladas en el art. 7 LGSS, en el que se recogen referencias a la nacionalidad y residencia de los sujetos, así como la necesaria realización de una actividad, criterio que, en la delimitación subjetiva de la modalidad contributiva, determinará la inclusión del sujeto en el correspondiente campo de aplicación establecido para cada uno de los regímenes de la Seguridad Social.

2. MODALIDAD NO CONTRIBUTIVA: CRITERIOS DE NACIONALIDAD Y RESIDENCIA

Están comprendidos en el campo de aplicación del sistema, a efectos de las prestaciones no contributivas, incluida el ingreso mínimo vital, los españoles y las españolas residentes en territorio nacional (art. 7.2 LGSS) así como las personas extranjeras residentes legalmente en España en los términos de la LOE (arts. 10 y 14 LOE) y en su caso, según los tratados, convenios, acuerdos o instrumentos internacionales aprobados, suscritos o ratificados al efecto.

Por tanto, el criterio de la residencia resulta determinante para ser sujeto protegido en el campo de aplicación de este nivel de protección puramente asistencial. No obstante, el Gobierno, podrá establecer medidas de protección social en favor de los españoles y las españolas no residentes en España, de acuerdo con las características de los países de residencia (art. 7.3 LGSS y DA 2ª LGSS) y en este contexto, hay una serie de normas que tratan de garantizarles esa protección social impulsada más intensamente a partir de la aprobación del Estatuto de la ciudadanía española en el exterior (Ley 40/2006, de 14 de diciembre). Así, también alcanza la Seguridad Social española, a efectos de protección asistencial, a españoles emigrantes y residentes en el extranjero, tanto en materia de asistencia sanitaria en los términos de la DA 1ª del RDL 16/2012, de 20 abril, como para acceder a pensiones asistenciales cuando cumplen 65 años de edad y se encuentran en situación de necesidad (pensiones asistenciales por ancianidad y prestaciones extraordinarias reguladas, entre otras normas, mediante el RD 8/2008, de 11 enero y por la Ley 3/2005, de 18 marzo).

Por otro lado, por lo que respecta a los extranjeros, la residencia legal en España es condición para que resulten incluidos en el campo de aplicación de la modalidad no contributiva y por tanto, equiparados a los nacionales. El acceso a las pensiones no contributivas en condiciones de igualdad con los nacionales exige por tanto que la residencia en territorio español sea legal, y ello condiciona tanto el acceso al derecho como la conservación del mismo (arts. 363 y 369 LGSS), además, para reunir los años de residencia exigidos a efectos de acceder a las pensiones no contributivas, solo serán computables los que correspondan a períodos de residencia legal (STSJ Madrid de 23 marzo de 2006, rec. 241/2006). El requisito de la residencia legal ha sido también establecido para el acceso al ingreso mínimo vital (art. 10 Ley 19/2021, de 20 dic.).

En cuanto a la protección en materia de asistencia sanitaria de las personas extranjeras que residan ilegalmente en España, si no tienen posibilidad de exportar ese derecho desde su país de origen, ni hay nadie obligado a ofrecer dicha cobertura, tienen derecho a la protección de la salud y a la atención sanitaria en las mismas condiciones que las personas con nacionalidad española (art. 3 ter Ley 16/2003, de 28 de mayo, de Cohesión y Calidad del Sistema Nacional de Salud en redacción dada por Real Decreto-Ley 7/2018, de 27 de julio).

3. MODALIDAD CONTRIBUTIVA

En esta modalidad de protección quedan incluidos, con carácter general, los españoles y las españolas residentes y las personas extranjeras que residan o se encuentren legalmente en España siempre que desempeñen una actividad, en función de la cual, quedarán obligatoriamente incluidas en alguno de los regímenes en que se estructura (art. 7.1 LGSS). Por tanto, junto a criterios de residencia y nacionalidad, añadimos el profesional para determinar el campo de aplicación.

3.1. Criterios de nacionalidad y residencia

La equiparación de las personas extranjeras con las nacionales se produce desde el momento en que residan y trabajen legalmente en España. La posibilidad de contribuir al sistema de Seguridad Social para beneficiarse en el futuro de la protección que éste dispensa, exige matizaciones que nos llevan a distinguir entre los diferentes tipos de personas extranjeras en razón de si su origen es o no comunitario. Por otro lado, se tratará también en este apartado cómo alcanza la protección del nivel contributivo a los españoles y las españolas que trabajan en el extranjero.

3.1.1. Ciudadanos y ciudadanas de la Unión Europea

Los ciudadanos y las ciudadanas de otros Estados miembros de la Unión Europea y de los restantes Estados parte en el Acuerdo sobre el Espacio Económico Europeo, gozarán de igualdad de trato respecto de los ciudadanos y las ciudadanas españolas en el ámbito de aplicación del Tratado constitutivo de la Comunidad Europea (RD 240/2007, de 16 febrero). El ámbito de aplicación del derecho de la Unión y los diferentes Estados miembros pueden consultarse en el tema sobre el derecho europeo.

A las personas trabajadoras de los Estados miembros y a sus familias, se les aplica el derecho comunitario en sus desplazamientos por los países de la Unión. La finalidad de la normativa comunitaria en materia de Seguridad Social es que la protección social no represente un obstáculo para la libre circulación de trabajadores y trabajadoras. Como regla general, quedarán sujetos a la ley del lugar de trabajo salvo que se trate de supuestos específicos en los que se permite que sigan ligadas a la Seguridad Social del país de origen, tales como personal funcionario de organismos públicos internacionales, trabajadores y trabajadoras del mar y personas trabajadoras desplazadas temporalmente por sus empresas siempre que el período de desplazamiento no exceda de dos años (arts. 11 y 12 Reglamento (CEE) núm. 883/2004, de 29 de abril, de Coordinación de los Sistemas de Seguridad Social, desarrollado por Reglamento nº 987/2009, de 16 de septiembre).

Como ocurre con las personas de la Unión Europea, aquellas que adquieren la condición de apátridas y refugiadas también están equiparadas, estando además incluidas en la normativa comunitaria (Convención sobre Estatuto de los Apátridas de 28-9-1954, ratificado por España, BOE 4-7-1997 y RD 865/2001, de 20 de julio; Convención de Ginebra sobre Estatuto del Refugiado, de 28-7-1951 y Protocolo Nueva York 31-1-1967, al que se adhiere España (BOE 21-10-1978), la Ley 12/2009, de 30 oct, que regula el derecho de asilo y la protección subsidiaria y el RD 220/2022, de 29 marzo).

3.1.2. Ciudadanos y ciudadanas de otros países no comunitarios

Aquellas personas de países extracomunitarios, residentes legalmente en España y con su correspondiente autorización para trabajar, se encuentran equiparadas a las nacionales a efectos de acceder al sistema público de Seguridad Social.

La posibilidad de que los períodos trabajados en España les sean computables a efectos de acceder a las pensiones en sus países de origen, dependerá de lo establecido en el correspondiente Convenio de Seguridad Social entre Estados, si existiera. Asimismo, estos Convenios suelen contemplar la figura del trabajador o trabajadora desplazada temporalmente por su empresa, que daría lugar a la situación de quien, estando trabajando en territorio español, no requiere de causar alta en la Seguridad Social española, manteniéndose en la de su país de origen, durante el tiempo permitido en dicho Convenio entre Estados.

El Estado español tiene concertados Convenios bilaterales de Seguridad Social con numerosos países, tales como EEUU, Australia, Japón, Marruecos, Filipinas... etc., también existe un Convenio multilateral iberoamericano de Seguridad Social.

Por lo que se refiere a la protección social de aquellas personas que se encuentran ilegalmente en nuestro país, el art. 36.5 LOE establece que *"La carencia de la autorización de residencia y trabajo, sin perjuicio de las responsabilidades del empresario a que dé lugar, incluidas las de Seguridad Social, no invalidará el contrato de trabajo respecto a los derechos del trabajador extranjero, ni será obstáculo para la obtención de las prestaciones derivadas de supuestos contemplados por los convenios internacionales de protección a los trabajadores u otras que pudieran corresponderle, siempre que sean compatibles con su situación. En todo caso, el trabajador que carezca de autorización de residencia y trabajo no podrá obtener prestaciones por desempleo"*. Esta redacción, que se introdujo en 2009, se adecúa así a la jurisprudencia anterior que mantenía que tal previsión normativa no incluía la protección por desempleo para quienes han trabajado de forma irregular (STS de 18 marzo 2008, rec. 800/2007).

Por otro lado, el art. 42 RD 84/1996, recoge la norma plasmada en el Convenio nº 19 OIT, para establecer respecto de aquellas personas de países que lo han ratificado y que desempeñan una actividad por cuenta ajena sin encontrarse legalmente en España y sin la correspondiente autorización para trabajar, la consideración de trabajadores y trabajadoras incluidas en el sistema y en alta en el correspondiente régimen de Seguridad Social a los solos efectos de la protección frente a las contingencias de AT y EP, sin perjuicio de la aplicación, a los solos efectos de protección, del principio de reciprocidad expresa o tácitamente reconocida. El citado art. 42 se muestra contundente en cuanto a que *no estarán incluidos en el sistema de la Seguridad Social, sin perjuicio de que puedan considerarse incluidos a efectos de la obtención de determinadas prestaciones de acuerdo con lo establecido en la ley*. En definitiva, de esta situación irregular, junto a la protección frente a los AT y EP que pudiera sufrir, se derivarán consecuencias sancionatorias para la empresa, tanto respecto de las cotizaciones no ingresadas como en materia de prestaciones, pero en ningún caso implicará el alta de la persona extranjera que ha trabajado irregularmente

3.1.3. Ciudadanos y ciudadanas de nacionalidad española en el extranjero

El Gobierno podrá establecer medidas de protección social en favor de los españoles y españolas no residentes en España, de acuerdo con las características de los países de residencia (art. 7.3 LGSS) y en este contexto, hay una serie de normas que tratan de garantizarles esa protección social que ya tratamos en su aspecto asistencial.

Respecto de las personas trabajadoras, véanse los apartados anteriores sobre personas de otros países en España, puesto que, si el país de destino forma parte de la zona comunitaria europea, le es aplicable la normativa comunitaria; mientras que, si se trata de personas españolas que emigran a trabajar a países que no pertenecen al seno de la Unión Europea, su situación dependerá, como se ha señalado en el apartado anterior, de si existe o no Convenio internacional, normalmente bilateral, entre España y el país de destino, que establezca normas de coordinación en materia de Seguridad Social; éstas, en la práctica, suelen asimilarse a las que se aplican entre los países de la Unión Europea y parten, con carácter general, de que la persona trabajadora quede sujeta al sistema de protección social del país en el que realiza la actividad, salvo que se trate de personas trabajadoras temporalmente desplazadas por sus empresas, que podrían permanecer vinculadas a la Seguridad Social española durante los períodos de desplazamiento, períodos que suelen pactarse en los citados Convenios entre dos y cinco años. Estas situaciones se contemplan en la Orden ISM/835/2023, de 20 de julio, por la que se regula la situación asimilada a la de alta en el sistema de la Seguridad Social de las personas trabajadoras desplazadas al extranjero al servicio de empresas que ejercen sus actividades en territorio español.

No obstante y sin perjuicio de ello, la Seguridad Social española concede la posibilidad al emigrante de celebrar un convenio especial que le permite permanecer en la misma y cotizando durante esos períodos de estancia y trabajo en otros países, a efectos de futuras pensiones (art. 15 O.TAS/2865/2003). Soluciones similares se contemplan para otros colectivos como los españoles y las españolas que, sin afiliación previa al sistema de la Seguridad Social, participen en el extranjero en programas formativos o de investigación de forma remunerada, cualquiera que sea el concepto o la forma de la remuneración que perciban, sin quedar vinculados por una relación laboral, los cuales, tendrán la consideración de emigrantes a los solos efectos de la suscripción de esta modalidad de convenio especial (art. 15.1.3 y 4 O.TAS/2865/2003).

3.2. Criterio profesional

En la modalidad de protección contributiva, el desempeño de una actividad es requisito determinante en la delimitación del campo de aplicación subjetivo. La realización de una actividad en territorio nacional de las contempladas en el art. 7.1 LGSS, delimita el campo de aplicación del sistema de la Seguridad Social en su modalidad contributiva, incluyendo con carácter general: a quienes realicen una actividad por cuenta ajena en las condiciones establecidas en el art. 1.1 del ET o asimilados a ellos, con independencia de su modalidad contractual, grupo profesional, forma y cuantía de su remuneración y de la naturaleza común o especial de su relación laboral; a las personas que trabajan por cuenta propia o autónomos mayores de 18 años; a socios trabajadores de cooperativas de trabajo asociado; estudiantes y funcionarios públicos, civiles y militares. Como podrá comprobarse a continuación, la tendencia expansiva del sistema se traduce en una gradual y constante inclusión de sujetos y actividades en el ámbito de la protección pública, que demuestran la adaptabilidad del sistema a las nuevas formas que adoptan las relaciones de trabajo en la sociedad actual.

Por otro lado, se excluyen expresamente del régimen de la Seguridad Social correspondiente, aquellas personas, cuyo trabajo por cuenta ajena, en atención a su jornada o retribución, el Gobierno pudiera calificar de marginal y no constitutivo de medio fundamental de vida (art. 7.5 LGSS): procedimiento escasamente utilizado en el pasado y actualmente en desuso.

4. MODALIDAD CONTRIBUTIVA: ESTRUCTURA Y COLECTIVOS

4.1. Estructura del sistema en Regímenes y Sistemas especiales

En la modalidad contributiva el sistema se estructura en un Régimen General, cuyo campo de aplicación abarca a los trabajadores por cuenta ajena y asimilados (*vid. infra*) (art. 136 LGSS) y en distintos Regímenes Especiales; asimismo, es posible constituir Sistemas especiales dentro de cada uno de los Regímenes existentes.

– La regulación de Regímenes especiales se justifica ante la necesaria adecuación de la protección o beneficios de la Seguridad Social a aquellas actividades que, por su naturaleza, sus peculiares condiciones de tiempo y lugar o por la índole de sus procesos productivos, la requieran, si bien, debe intentarse en su regulación mantener la máxima homogeneidad con el Régimen General (art. 10 LGSS).

Aunque existe la previsión legal que permitiría crear más Regímenes especiales (letra e), art. 10), la tendencia es justo la contraria, la tendencia a la unidad del sistema la recoge el art. 10.5 LGSS llamando a la máxima integración y simplificación dentro de las posibilidades permitidas por las propias peculiaridades de los colectivos. Un proceso en este sentido se llevó a cabo en 1986 en que determinados Regímenes especiales desaparecieron y sus colectivos se integraron en el Régimen General (ferroviarios, jugadores de fútbol, representantes de comercio, toreros y artistas) y los escritores de libros en el RETA. Esta tendencia hacia una gradual simplificación del sistema es recogida por el Pacto de Toledo, cuya Recomendación sexta llama a la reducción del número de Regímenes existentes, de manera que a medio o largo plazo todos los trabajadores queden encuadrados *o bien en el Régimen de trabajadores por cuenta ajena o bien en el de los trabajadores por cuenta propia, contemplando, no obstante, las peculiaridades específicas y objetivas de los colectivos encuadrados en los sectores marítimo-pesqueros y de la minería del carbón, así como de los trabajadores eventuales del campo* (Pacto de Toledo, aprobado el 6 de abril de 1995 por el Pleno del Congreso de los Diputados). En su desarrollo posterior se han realizado diferentes reformas en este sentido previa toma de los Acuerdos específicos; así, en primer lugar, se integraron los trabajadores agrarios por cuenta propia en el RETA a través de la regulación de un Sistema especial (Ley 18/2007, de 4 de julio); en segundo lugar, los empleados de hogar quedaron integrados en el Régimen General también a través de un Sistema especial, mediante la DA 39ª de la Ley 27/2011, de 1 de agosto, y en tercer lugar, desaparece definitivamente el Régimen Especial Agrario a partir de la Ley 28/2011, de 22 de septiembre, que procedió a integrar en el Régimen General, a través de un Sistema especial, a los trabajadores por cuenta ajena que realizan labores agrarias. Todas las normas citadas ya derogadas, han pasado al actual texto refundido de la LGSS.

Otro de los ejercicios de integración ha tenido lugar en el seno del llamado Régimen especial de funcionarios públicos, que engloba a aquellos funcionarios públicos que siguen manteniéndose bajo la protección social de sus propias Mutualidades (MUFACE, MUGEJU e ISFAS). El RDL 13/2010, de 3 de diciembre reguló, con efectos de 1 de enero de 2011 y vigencia indefinida, el encuadramiento en el Régimen General del personal funcionario que acceda a tal condición a partir de dicha fecha, a efectos de pensiones (DA 3ª LGSS).

En definitiva, desde el 1 de enero de 2012 los Regímenes especiales de la Seguridad Social han quedado reducidos a los siguientes: R.E. de trabajadores por cuenta propia o Autónomos, R.E. del Mar, R.E. de la Minería, R.E. de Estudiantes y Regímenes Especiales de Funcionarios, en los términos señalados.

– Por otro lado, el artículo 11 LGSS permite que puedan establecerse Sistemas especiales dentro de cualquier Régimen respecto de colectivos que presenten peculiaridades que afecten a las materias de actos de encuadramiento, afiliación, forma de cotización o recaudación. Tradicionalmente se han establecido dentro del Régimen General, en el que se han creado los siguientes: 1. empresas de exhibición cinematográfica, salas de baile, discotecas y salas de fiesta, respecto del personal de plantilla que no trabaje todos los días de la semana; 2. manipulado y empaquetado del tomate fresco por cosecheros exportadores que se dediquen a la producción, comercialización y exportación, respecto de sus trabajadores eventuales o temporeros; 3. empresas dedicadas a la manipulación y envasado de frutas y hortalizas y conservas vegetales, respecto de sus trabajadores de campaña; 4. industria resinera o empresas dedicadas a la explotación de pinares para la obtención de mieras y a trabajadores del monte, resineros y repasadores al servicio de las mismas; 5. servicios extraordinarios en la hostelería, fijados de acuerdo con la normativa laboral del sector; 6. encuestadores de carácter fijos discontinuos de empresas de estudios de mercado y opinión pública. Junto a éstos, el proceso de simplificación de la estructura del sistema a que hemos aludido más arriba ha traído consigo la creación de nuevos Sistema especiales, como el de trabajadores por cuenta ajena agrarios y el de empleados de hogar, dentro del Régimen General (art. 136.2.a) LGSS) y el Sistema especial de trabajadores agrarios por cuenta propia en el RETA, art. 305.2.a) LGSS *(vid. supra).*

4.2. Reglas de Encuadramiento

Las reglas de encuadramiento entre los diferentes Regímenes son las siguientes: la realización de una actividad es determinante (art. 7 LGSS) y dependiendo de cuál sea ésta y de la forma en que se ejerza (por cuenta ajena o por cuenta propia) el sujeto quedará incluido en el campo de aplicación de alguno de los Regímenes establecidos; por la realización de una única actividad, corresponde el encuadramiento en un único Régimen (art. 8 LGSS) siendo preferentes los Regímenes especiales frente al Régimen General (art. 137 LGSS). Asimismo, si se realiza simultáneamente más de una actividad, el encuadramiento será múltiple y en diferentes Regímenes a la vez, si se trata de situaciones de pluriactividad frente a las de pluriempleo (art. 7 RD 84/1996; *vid. lección 5*).

La necesidad del doble encuadramiento aunque se trate de realizar el mismo trabajo o actividad profesional, cuando se presta en diferentes condiciones, es decir, por cuenta ajena y por cuenta propia, ha sido puesta de manifiesto por la jurisprudencia (STS de 26 octubre 2000, rec. 1423/2000).

Cabe destacar el supuesto de los familiares del empresario en tanto que la propia norma establece las reglas para su correcto encuadramiento. Así, están excluidos de la condición de trabajador por cuenta ajena, salvo prueba en contrario, los familiares del empresario, concretamente: cónyuge, descendientes, ascendientes y demás parientes por consanguinidad o afinidad hasta el segundo grado inclusive y, en su caso, por adopción, ocupados en su centro o centros de trabajo cuando convivan en su hogar y estén a su cargo [art. 12.1 LGSS, art. 1.3.e) ET]; respecto a los requisitos de convivencia y estar a cargo, STS de 13 marzo 2001 (rec. 1971/2000).

Esta exclusión se completa con la referencia a los familiares de los trabajadores por cuenta propia que se realiza, por una lado, en la delimitación del campo de aplicación del RETA, (art. 305.2.k) LGSS) y por otro lado, en la delimitación del campo de aplicación del Sistema Especial para trabajadores por cuenta propia Agrarios, SETA (art. 324.3 LGSS); en ambos casos, se determina la incorporación al correspondiente Régimen o Sistema Especial, en su caso, del cónyuge o parientes por consanguinidad o afinidad hasta el segundo grado inclusive (tercero en caso del SETA), que no tengan la consideración de trabajadores por cuenta ajena, siempre que sean mayores de 18 años y colaboren de forma habitual, personal y directa en la actividad o, en su caso, explotación agraria familiar. Si bien, para ambos supuestos, se ha establecido la posibilidad de incorporar a los hijos menores de 30 años (o mayores con especiales dificultades para su inserción laboral debido a la presencia de determinada discapacidad) al RG, aunque convivan con el titular, quedando excluidos de la protección por desempleo y por tanto, sin obligación de cotizar por esta contingencia (art. 12.2 y 324.4 LGSS y DA 10ª LETA), salvo que tengan la condición de asalariados (STS de 12 de noviembre de 2019, rec.2525/2017).

4.3. Colectivos incluidos en el Régimen General

Quedan incluidos en el RG los trabajadores por cuenta ajena que presten sus servicios en las condiciones establecidas en el art. 1.1 del ET o asimilados (art. 7.1.a) LGSS), siempre que, por razón de la actividad que realizan, no les corresponda un Régimen Especial (arts. 136 y 137 LGSS).

Quedan excluidos los trabajos que se ejecuten ocasionalmente mediante los llamados servicios amistosos, benévolos o de buena vecindad (art. 137.a LGSS), igual que en similares términos estas actividades se excluyen del ámbito del ET (art. 1.3.d ET).

El art. 136.2 LGSS recoge una serie de colectivos, algunos de los cuales son expresamente reconocidos como supuestos de asimilación a trabajadores por cuenta ajena, mientras que otros aparecen en el precepto por diversos motivos tales como incluir doctrina jurisprudencial, despejar dudas en el caso de empleadores atípicos o incorporar a la LGSS lo ya establecido en otras normas. Entre ellos, cabría mencionar: conductores de vehículos al servicio de particulares; laicos o seglares que prestan servicios retribuidos en instituciones o dependencias eclesiásticas; personas que prestan sus servicios retribuidos en entidades e instituciones de carácter benéfico-social; personal contratado al servicio de Notarías, Registros de la Propiedad y oficinas o centros similares; cargos representativos de los sindicatos constituidos al amparo de la LOLS, que ejerzan funciones sindicales de dirección con dedicación exclusiva o parcial y percibiendo una retribución (Ley 37/2006, de 7 de diciembre).

Al margen de los expresamente contemplados en este artículo, merece destacar la inclusión de diferentes colectivos, por distintas razones, algunos son asimilados a trabajadores por cuenta ajena e incluidos en el RG por vía de Real Decreto (art. 136.2.q LGSS), en muchos casos con exclusiones en la protección dispensada por el RG, adecuándola así a las particulares características del colectivo específico, otros supuestos son merecedores de atención por la singularidad que rodea su encuadramiento:

Profesores y profesoras asociados/as, profesores y profesoras visitantes y profesores y profesoras distinguidos/as: en la aplicación del régimen de Seguridad Social a estas categorías de profesorado universitarios se procederá como sigue: a) los que sean funcionarios públicos sujetos al régimen de clases pasivas del Estado continuarán con su respectivo régimen, sin que proceda su alta en el RG de la Seguridad Social, por su condición de profesor; b) los que estén sujetos al RG de la Seguridad Social o a algún Régimen especial distinto al señalado en el apartado a) serán alta en el RG de la Seguridad Social; c) los que no se hallen sujetos a ningún régimen de previsión obligatoria serán alta en el RG de la Seguridad Social. Los **profesores eméritos** no serán dados de alta en el RG de la Seguridad Social (DA 12ª LO 2/2023, de 22 de marzo, de Universidades, LOSU; art. 137 c) LGSS).

Deportistas profesionales, entendiendo por tales los sujetos a la relación laboral especial de deportistas profesionales (RD 287/2003, de 7 marzo). Algunos deportes concretos ya habían sido integrados con anterioridad en el RG, tales como: futbolistas RD 2621/1986 integró, entre otros, el Régimen Especial de Jugadores de Fútbol en el Régimen General), ciclistas profesionales (RD 1820/1991, de 27 diciembre), jugadores de baloncesto (RD 766/1993, de 21 mayo), jugadores de balonmano (RD 1708/1997, de 14 noviembre).

Personal dependiente de las Administraciones públicas (funcionarios o no): han sido diversas y específicas normas las que han ido integrando colectivos concretos de la Administración pública en el RG: personal civil no funcionario dependiente de organismos, servicios o entidades del Estado de carácter civil y de Organismos y Entidades de la Administración Local; personal civil no funcionario dependiente de establecimientos militares; personal estatutario de los Servicios de Salud (Ley 55/2003, de 16 diciembre); funcionarios de la administración local y, en general, todos aquellos no sujetos al régimen de clases pasivas, entre ellos: funcionarios en prácticas, funcionarios de nuevo ingreso de las CCAA, funcionarios de empleo interinos, incluidos los que prestan servicio a la Administración de justicia (RD 960/1990, de 13 julio: a efectos de dicha integración, tendrán la consideración de personal interino al servicio de la Administración de Justicia: a) los magistrados suplentes, excluidos los magistrados eméritos; b) los jueces, fiscales y secretarios judiciales sustitutos y c) los funcionarios interinos...). Por último cabe recordar la integración en el RG con efectos de 1 de enero de 2011, y solo a efectos de pensiones, de los funcionarios de nuevo ingreso pertenecientes al llamado Régimen especial de funcionarios, contemplada en la DA 3ª LGSS *(vid. supra)*.

Personas privadas de libertad que realizan actividades laborales en talleres penitenciarios, y sentenciados a penas de trabajo en beneficio de la comunidad (RD 782/2001, de 6 junio).

Ministros del culto, el art. 1 del RD 2398/1977, de 27 agosto, regula la integración, como asimilados a trabajadores por cuenta ajena, de los Clérigos diocesanos de la Iglesia Católica (desarrollado por O. 19 de diciembre 1977). El citado RD además, hace una llamada a la regulación reglamentaria para incluir también a Ministros de otras Iglesias y Confesiones Religiosas debidamente inscritas en el correspondiente Registro del Ministerio de Justicia, y así ha ido sucediendo de una forma gradual con ministros de culto de otras Confesiones como: las Iglesias pertenecientes a la Federación de Entidades Religiosas Evangélicas de España (FEREDE); la Unión de Iglesias Cristianas Adventistas del Séptimo Día de España; clérigos de la Iglesia Ortodoxa Rusa del Patriarcado de Moscú en España; dirigentes religiosos islámicos e imanes de las comunidades pertenecientes a la Comisión Islámica de España (CIE) e inscritas en el Registro de Entidades Religiosas; Orden religiosa de los Testigos de Jehová; Federación de Comunidades Judías de España (Ley 25/1992). Con carácter general la inclusión en el RG se produce con ciertas limitaciones tales como, sin protección por desempleo y otras contingencias como accidentes de trabajo, nacimiento y cuidado de menor, etc., según los casos.

Las personas que realizan prácticas en empresas: si se trata de quienes participan en programas de formación, financiados por organismos públicos o privados que incluyan la realización de prácticas formativas en empresas y conlleven una contraprestación económica: con carácter general, abarcando estudios universitarios y de formación profesional, con efectos de 1 de noviembre de 2011, el RD 1493/2011, de 24 octubre, les asimilaba a trabajadores por cuenta ajena a los efectos de integrarlos en el RG, con la única exclusión de la protección por desempleo; cotizan conforme a las reglas del contrato de formación en alternancia, a excepción de la regla contemplada en el ordinal 2º, apdo. 1, DA 43 LGSS, y están exentos de cotizar al desempleo, fondo de garantía salarial y formación profesional. Desde 1 de enero de 2024, se entienden excluidos del RD 1493/2011 aquellos estudiantes que se encuentran en el campo de aplicación de la DA 52 LGSS, que se trata más adelante; sí incluye, en cambio, a **quienes realizan prácticas profesionales no laborales en empresas.** Respecto a éstas, su régimen jurídico se contiene en el RD 1543/2011, de 31 octubre; se trata de prácticas destinadas a mejorar la empleabilidad de jóvenes titulados con ninguna o muy escasa experiencia laboral, que requieren de un convenio con los servicios públicos de empleo y se consideran asimilados a trabajadores por cuenta ajena al serles de aplicación los mecanismos de inclusión en la Seguridad Social contemplados en el citado RD 1493/2011, respecto de personas que participan en programas de formación. Por lo que se refiere a los **estudiantes universitarios, de formación profesional o enseñanzas artísticas que realicen prácticas formativas o prácticas académicas externas incluidas en programas de formación, la DA 52 LGSS**, en vigor desde 1 de enero de 2024, les considera asimilados a trabajadores por cuenta ajena por lo que deberán ser dados de alta en el Régimen General (o en su caso Régimen Especial del Mar, si las prácticas se realizan a bordo de embarcaciones) siendo indiferente que las prácticas que se realizan sean o no remuneradas; si bien, las reglas de cotización difieren para una situación u otra, compartiendo en todo caso la exclusión de cotización al MEI, desempleo, formación profesional y Fogasa; las no remuneradas además tienen excluida la protección de la IT por contingencias comunes. En ambos casos, se establece una reducción de cuotas por contingencias comunes de un 95 por cien. El apdo. 11 de la DA 52 LGSS (incorporado por RD-Ley 8/2023) excluye de su campo de aplicación quienes figuren de alta en cualquier Régimen de la SS por realización de cualquier otra actividad; o se encuentren en situación asimilada al alta con obligación de cotizar o que compute como cotizado ficticiamente y a quienes tengan la condición de pensionistas de Jubilación o IP, contributiva o no contributiva. El apdo. 8 de la DA 52 LGSS prevé la posibilidad de regular un convenio especial para poder computar la cotización por los períodos de prácticas formativas y de prácticas académicas externas que se hubieran realizado antes de su entrada en vigor, convenio cuyas condiciones fija la Orden ISM/386/2024.

Por otro lado, como tema pendiente, la DA 2ª del RD-Ley 32/2021 prevé la próxima elaboración de un **Estatuto del Becario** que tendrá en cuenta la formación práctica tutorizada en empresas u organismos equiparados, así como la actividad formativa desarrollada en el marco de las prácticas curriculares o extracurriculares previstas en los estudios oficiales.

Extintos Regímenes Especiales integrados en el RG: mediante el RD 2621/1986, de 24 de diciembre se integran en el RG los Regímenes Especiales siguientes: **ferroviarios, jugadores de fútbol, representantes de comercio, toreros y artistas**, manteniendo algunos de ellos, determinadas especialidades contenidas en esta norma y su desarrollo (Ordenes de 20 julio y 30 de noviembre 1987); muchas de ellas han sido recogidas en los correspondientes Reglamentos que regulan los actos de encuadramiento (RGA) y las normas generales sobre Cotización (RGCL). Y en el caso de los artistas, también se han regulado especialidades en la LGSS (art. 249 *ter* y *quater*, art. 313 *bis*, entre otros).

4.4. *Supuestos singulares de inclusión*

Algunos colectivos presentan destacables singularidades en lo que respecta a su encuadramiento en el sistema de Seguridad Social:

1. Supuestos en los que los sujetos tienen reconocida capacidad de elegir: 1.1. **Socios trabajadores de Cooperativas de Trabajo Asociado:** podrán elegir colectivamente y a través de la Cooperativa, entre la condición de asimilados a trabajadores por cuenta ajena o trabajadores por cuenta propia, siendo encuadrados en el Régimen que corresponda en función de la actividad que se realice en la Cooperativa (art. 14 LGSS y art. 8 RD 84/1996). 1.2. **Profesionales colegiados:** para éstos, los términos de la opción determinarán no ya el Régimen aplicable, sino la inclusión o no en el Sistema público de Seguridad Social, si bien no afecta a todo el colectivo, sólo a determinados profesionales que para el ejercicio por cuenta propia de su profesión deben colegiarse en un Colegio profesional en el que se disponga de una Mutualidad que haya sido calificada de alternativa al RETA (fueron calificadas de alternativas, entre otras, la Mutualidad General de la Abogacía, la Mutua de Aparejadores y Arquitectos Técnicos, la Mutualidad General de Previsión de los Gestores Administrativos,

la Mutualidad General de Previsión Social de los Químicos españoles, la Mutualidad de Previsión Social de los Procuradores de los Tribunales de España, la Hermandad Nacional de Previsión Social de Arquitectos Superiores, la Mutualidad de Previsión Social de Peritos e Ingenieros Técnicos Industriales y también las de algunos Colegios de Médicos; algunas de ellas fusionadas en la actualidad). A estos sujetos, se les permite optar entre permanecer bajo los parámetros de previsión de la correspondiente Mutualidad alternativa que, a estos efectos, les resultaría obligatoria, o acceder al sistema público a través del alta en el RETA (DA 18ª y 19ª LGSS). Ahora bien, si ejercen su profesión por cuenta ajena quedarán incluidos en el Régimen general, independientemente de que, si se encuentran en situación de pluriactividad y por su ejercicio profesional por cuenta propia, queden por ello también integrados en el RETA o en la correspondiente Mutualidad alternativa, en su caso. 1.3. **Otros:** en algunos casos la elección de integración en el sistema se efectúa a través de la celebración voluntaria de un convenio especial con la TGSS, regulado por la O.TAS/2865/2003, que abarca a muy diversos colectivos, entre ellos: **deportistas de alto nivel**, mayores de 18 que, en razón de su actividad deportiva o de cualquier otra no estén ya incluidos en cualquiera de los Regímenes del sistema de la Seguridad Social, podrán solicitar su inclusión en el RETA mediante el citado convenio especial (art. 13 RD 971/2007, de 13 julio, art. 27 O.TAS/2865/2003, DA 3ª LGSS); **Diputados y Senadores** de las Cortes Generales, Diputados del parlamento europeo, y **miembros de los Parlamentos y Gobiernos de las Comunidades Autónomas** (arts. 11 y 12 O.TAS/2865/2003); quienes presten servicios en la Administración de la Unión Europea (DA 5ª LGSS); españoles que participan en **programas formativos o de investigación** sin relación laboral... etc.

2. **Trabajadores que además tienen la condición de socios de la sociedad en la que prestan servicios:** la legislación de Seguridad Social no mantiene una solución unívoca para determinar el encuadramiento de los socios trabajadores, la solución legal es distinta en función del tipo de sociedad de que se trate:

   - en los casos de sociedades regulares colectivas, comanditarias, sociedades civiles y comunidades de bienes, corresponde a los socios su integración en el RETA (art. 305.2.c) y d) LGSS);

   - en los casos de sociedades laborales, domina el carácter de trabajo por cuenta ajena ya que el socio trabajador no puede ostentar más de un tercio de participación social, de ahí que, aunque forme parte del órgano de administración de la sociedad, le corresponda el RG o Especial correspondiente en función de la actividad de la sociedad, pero siempre como trabajador por cuenta ajena; ahora bien, cuando su participación en el capital social, junto con la de su cónyuge y parientes por consanguinidad, afinidad o adopción hasta el segundo grado, con los que convivan alcance, al menos, la mitad del capital social, les corresponde el RETA salvo que acrediten que el ejercicio del control efectivo de la sociedad requiere el concurso de personas ajenas a las relaciones familiares. Por otro lado, cuando los socios de sociedades laborales, por su condición de administradores sociales, tengan atribuidas funciones de dirección y gerencia, siendo retribuidos por el desempeño de este cargo, tendrán excluida la protección por desempleo y del Fondo de Garantía Salarial salvo que el número de socios que integran la sociedad no supere los veinticinco (art. 136.2.d) y e) y art. 305.2.e) LGSS);

- en los casos de sociedades de capital (anónimas, de responsabilidad limitada): el socio trabajador quedará encuadrado en el RG, aunque forme parte del órgano de administración de la sociedad, siempre que no tenga el control de la misma conforme al art. 136.2.b) LGSS, salvo que por razón de su actividad marítimo-pesquera le corresponda el encuadramiento como trabajador por cuenta ajena en el RE del Mar (art. 137.b LGSS). En el caso de que, no teniendo el control de la sociedad, formaran parte del órgano de administración de la misma desempeñando un cargo que conlleve la realización de funciones de dirección y gerencia, retribuido específicamente o no, quedaría excluido de la protección por desempleo y del Fondo de Garantía Salarial (art. 136.2.c) LGSS). Ahora bien, en cualquier caso, si el socio trabajador ostentase el control efectivo, directo o indirecto, de la sociedad, le correspondería encuadrarse en el RETA, entendiéndose que, en todo caso, se produce tal circunstancia cuando las acciones o participaciones del trabajador supongan, al menos, la mitad del capital social; no obstante, se presumirá, salvo prueba en contrario, que se posee el control efectivo de la sociedad cuando concurran algunas de las siguientes circunstancias: a) que, al menos la mitad del capital social esté distribuido entre socios con los que conviva, y a quienes se encuentre unido por vínculo conyugal o de parentesco por consanguinidad, afinidad o adopción hasta el segundo grado (STS de 30 de abril de 2001, rec. 4525/1999), b) que su participación sea igual o superior a la tercera parte del capital social, c) en el caso de tener atribuidas funciones de dirección y gerencia de la sociedad, que su participación sea igual o superior a la cuarta parte del capital social, y d) en cualquier otro caso que la Administración pueda demostrar, por cualquier medio de prueba, que el trabajador dispone del control efectivo de la sociedad (art. 305.2.b) LGSS).

Con carácter general, quedan excluidos del sistema de la Seguridad Social, quienes desempeñen funciones de meros consejeros pasivos de la sociedad, sin funciones, por tanto, de dirección y gerencia. Asimismo, están excluidos los socios, sean o no administradores, de sociedades capitalistas cuyo objeto social no esté constituido por el ejercicio de actividades empresariales o profesionales, sino por la mera administración del patrimonio de los socios (sociedades de mera tenencia de bienes), art. 306.2 LGSS.

– Por último, si se trata de socios trabajadores en sociedades profesionales, se estará, en lo que se refiere a la Seguridad Social, a lo establecido en la DA 15ª LOSSP (DA 5ª Ley 2/2007, de 15 de marzo, de Sociedades Profesionales). Esta remisión debe entenderse hoy realizada a la DA 18ª LGSS.

– **Cuidadores no profesionales de personas en situación de dependencia:** la LAAD recoge la inclusión de los cuidadores no profesionales en el ámbito de la Seguridad Social; el RD 615/2007, de 11 mayo desarrolla esta materia incluyendo en el RG como situación asimilada al alta mediante la suscripción de un convenio especial, a los cuidadores que mantengan una relación de parentesco con el sujeto dependiente, concretamente la de cónyuge y parientes por consanguinidad y afinidad o adopción hasta el tercer grado inclusive, extensible incluso a personas de su entorno que no tengan relación de parentesco en los términos del art. 1.2 del citado RD. Mediante este convenio especial acceden a la protección por pensiones (O. TAS/2865/2003). Desde el 1 de abril de 2019 las cuotas a abonar serán a cargo de la Administración General del Estado (DA 14ª LGSS, redacción por RD-Ley 6/2019).

– **Riders:** el Tribunal Supremo unificó doctrina en relación a la cuestionada laboralidad de los conocidos como riders (STS 25-9-2020), consecuencia de ello el RD-Ley 9/2021, de 11 de marzo, modificó el ET para para garantizar los derechos laborales de las personas dedicadas al reparto en el ámbito de plataformas digitales. Se introduce la presunción de laboralidad respecto de las personas que presten servicios retribuidos consistentes en el reparto o distribución de cualquier producto de consumo o mercancía, por parte de empleadoras que ejercen las facultades empresariales de organización, dirección y control de forma directa, indirecta o implícita, mediante la gestión algorítmica del servicio o de las condiciones de trabajo, a través de una plataforma digital (disposición adicional 23ª). En esta situación quedarán, por tanto, incluidos en el Régimen General.

4.5. Consecuencias del paso por diferentes Regímenes

Consecuencia de esta configuración del sistema en diferentes Regímenes y de las posibles situaciones de pluriactividad, sucesiva o simultánea, en que pueden haberse encontrado los sujetos durante su vida laboral, existen una serie de normas que tratan de cohonestar el alcance de las normas aplicativas de los diferentes Regímenes en estas situaciones.

Por un lado, a efectos de acceder a las pensiones, no existe un principio general de incompatibilidad entre pensiones procedentes de diferentes Regímenes, de manera que es posible obtener una protección que represente el resultado de diferentes carreras de seguro del trabajador. La incompatibilidad entre pensiones está prevista cuando derivan del mismo Régimen (art. 163 LGSS respecto del RG, art. 66 de la O. 24 de septiembre 1970, respecto del RETA), y debe admitirse por tanto cuando deriven de cotizaciones independientes a diferentes Regímenes, pues cada una de ellas trata de suplir la pérdida de distintas fuentes de ingreso (STS de 22 de noviembre de 2010, rec.233/2010).

Por otro lado, se prevé la conservación de derechos en curso de adquisición de las personas que pasen de unos a otros Regímenes durante su vida laboral, mediante la totalización de los períodos cotizados en cada uno de esos Regímenes, siempre que no se superpongan (art. 9.2 LGSS).

Las reglas generales de acceso a la protección cuando se ha cotizado a diferentes Regímenes, se resumen en las siguientes (RD 691/1991, de 12 abril; RD 2597/1973, de 26 de noviembre):

1. Cuando se ha cotizado a varios Regímenes, se atenderá a reconocer la prestación en aquél en que el sujeto haya realizado las últimas cotizaciones o, en caso de pluriactividad simultánea, en el que acredite más cotizaciones, siempre que reúna en él los requisitos necesarios para acceder al derecho;

2. Si en dicho Régimen no se reuniesen las condiciones exigidas para obtener el derecho, procederá atender al Régimen inmediatamente anterior, reconociéndose el derecho por éste si el sujeto reuniera todos los requisitos necesarios; si no, se actuará sucesivamente hasta el Régimen en que el sujeto reúna los requisitos para acceder a la prestación;

3. Si, aplicada cualquiera de estas reglas anteriores, el sujeto reuniera el derecho en algún Régimen, el cómputo recíproco permitirá, a solicitud del interesado, totalizar las cotizaciones del resto de Regímenes, siempre que no se superpongan, para determinar, en su caso, el porcentaje por años de cotización o de servicios aplicable para el cálculo de la pensión. Asimismo, a efectos del cálculo de la base reguladora, las bases de cotización acreditadas en régimen de pluriactividad podrán ser acumuladas a las del Régimen en que se cause la pensión, sin que la suma de las bases pueda exceder del límite máximo de cotización vigente en cada momento (art. 49 LGSS); y a condición de que quede acreditado que en el régimen cuyas cotizaciones se acumulan "no se cause derecho a pensión" en el sentido de que no exista posibilidad real (STS de 13 de noviembre de 2019, rec. 2270/2017).

4. Si el sujeto no cumple los requisitos en ninguno de los Regímenes a los que ha cotizado, aisladamente considerados, se totalizarán los períodos cotizados a todos ellos (contando una sola vez los superpuestos) a efectos de reunir la carencia necesaria para acceder al derecho, que será reconocido conforme a las normas del Régimen en el que acredite mayor número de cotizaciones (art. 35.2.c Decreto 2530/1970, de 20 agosto, respecto del RETA en relación a cualquier otro Régimen, y artículo único del Decreto 2957/1973, entre Regímenes Especiales);

5. Una vez reconocida una pensión utilizando la totalización de períodos cotizados a otros Regímenes, bien para el acceso a la misma, bien para determinar su cuantía, o para ambas cosas, será incompatible con otra que pudiera causar la misma persona en cualquiera de los Regímenes totalizados, pudiendo optar el interesado por una de ambas pensiones (art. 5 RD 691/1991), salvo que se tratase de una pensión a la que se pueda acceder sin necesidad de acreditar período de cotización alguno, como son las derivadas de contingencias profesionales o de accidente no laboral en alta o situación asimilada al alta, ya que en estos casos no se produce una reutilización de cotizaciones que ya han sido tenidas en cuenta para generar un derecho anterior (STS 8 marzo 2012, rec. 891/2011).

Para la aplicación de las reglas señaladas sobre totalización de períodos, deben darse una serie de condiciones:

1. En cuanto a los Regímenes que permiten la totalización: pueden totalizarse tanto las cotizaciones realizadas al Régimen General como a los Regímenes especiales y Régimen de clases pasivas del Estado, así como las cotizaciones realizadas antes del 1 de enero de 1967 (DT 1ª RD 691/1991 y DT 3ª LGSS). Respecto a cotizaciones realizadas a entidades ya extintas, puede verse la STS de 5 octubre 2005 (rec. 2006/2005), sobre el valor de lo cotizado a la MUNPAL y la DA 14ª Ley 40/2007, de 4 diciembre, que permite computar los períodos cotizados a los Montepíos de las Administraciones públicas de Navarra. Por último, cabe mencionar la posibilidad de cómputo de cotizaciones prevista respecto de asegurados que prestan servicios en la Administración de la Unión Europea (DA 5ª LGSS), así como las contempladas en los Reglamentos comunitarios y Convenios de Seguridad Social celebrados por el Estado español con otros Estados.

2. Sólo opera respecto de prestaciones de igual naturaleza que estén comprendidas en la acción protectora de los Regímenes de cuyo cómputo recíproco se trate. Ahora bien, en materia de jubilación parcial, atendiendo al RD 1131/2002, de 31 octubre y DA 1ª LGSS, la interpretación de la jurisprudencia tiende a admitir que se reconozca el derecho si el sujeto se encuentra en el RG en el momento de la solicitud siempre que se den los demás requisitos previstos en el art. 215 LGSS, independientemente del Régimen por el que se haya de declarar el derecho conforme a las reglas del cómputo recíproco *(vid. supra)*, aunque se trate del RETA. Así ha sido resuelto por la STS de 20 enero 2009 (rec. 4605/2005).

3. Si en alguno de los Regímenes cuyas cotizaciones se totalizan para reconocer el derecho a la prestación, el trabajador ha sido responsable del abono de sus cotizaciones, será necesario para el reconocimiento de la misma, que el causante se encuentre al corriente en el pago de dichas cuotas, aunque la correspondiente prestación sea reconocida, como consecuencia del cómputo recíproco de cotizaciones, en un Régimen de trabajadores por cuenta ajena (art. 47 LGSS). El requisito de estar al corriente no es exigible al trabajador autónomo que causa la prestación en el RG y no precisa el cómputo de las prestaciones que realizó al RETA para generar ese derecho (entre otras, STS de 27 abril 2016, rec. 1084/2014).

Lección 4
La gestión del sistema de Seguridad Social

FRANCISCO RAMOS MORAGUES
Profesor Titular de Derecho del Trabajo y de la Seguridad Social
Universitat de València

1. INTRODUCCIÓN

La finalidad recaudatoria y tuitiva de la Seguridad Social precisa de una estructura organizativo-administrativa que permita que se cumplan sus fines: la gestión de la Seguridad Social. Sus características fueron descritas como *"una gestión publificada, descentralizada, de articulación pluralista (multiplicidad de gestoras) cuyo elevado grado de estatalización se combina con una limitada participación de los interesados en los órganos de gobierno de las gestoras y con subsistencia de formas privadas de gestión"* (DE LA VILLA y DESDENTADO). El actual modelo de gestión pública de la Seguridad Social se instauró en el lustro 1963-1967, con la LBSS de 1963. El tiempo transcurrido no ha alterado el núcleo del diseño inicial, si bien han existido profundos cambios internos entre parcelas de gestión privada y de gestión pública a través de organismos diferentes a la propia administración del Estado.

En efecto, en el devenir histórico de la gestión institucional de la Seguridad Social la centralidad de sus contenidos y límites se ha vertebrado alrededor de varios ejes. En primer lugar, el binomio gestión pública-gestión privada. El título competencial de la gestión de la Seguridad Social corresponde básicamente a la administración pública; no obstante, existen ámbitos de gestión privada complementarios, es lo que el legislador denomina "la colaboración en la gestión de la Seguridad Social". La colaboración se articula o bien directamente desde las empresas o bien mediante otras entidades colaboradoras jurídico privadas reguladas por el Estado: las mutuas. En segundo lugar, ya en el ámbito de la gestión pública, podemos diferenciar cuatro binomios: a) la gestión directa y/o la gestión especializada o institucional; b) la gestión centralizada o una pluralidad funcional de los entes gestores; c) con una menor intensidad, y sólo en parcelas periféricas, el binomio de una gestión centralizada desde la administración estatal y un proceso de descentralización territorial hacia las CCAA; d) y por último, una gestión orgánico-administrativa presidida por los principios de la actividad administrativa clásica y la emergencia de una gestión participativa. A partir del anterior esquema, para el desarrollo del tema, primero veremos la regulación jurídica española de la gestión pública de la Seguridad Social y, con posterioridad, la colaboración en la gestión de los agentes privados.

2. LA GESTIÓN DE LA SEGURIDAD SOCIAL EN EL ORDENAMIENTO JURÍDICO ESPAÑOL

Por una parte, la CE de 1978 sancionó el modelo preconstitucional organizativo de la gestión de la Seguridad Social y en la actualidad es su clave de bóveda al señalar el art. 41 CE que: ***"los poderes públicos mantendrán un régimen público de seguridad Social..."***. Por otra parte, la concreción de los diferentes poderes públicos del Estado, y sus competencias, se plasma en el art. 149.1.17 CE que mandata al **Estado** como la única instancia con **competencia exclusiva sobre la legislación básica y el régimen económico de la Seguridad Social, sin perjuicio de la ejecución de los servicios por las Comunidades Autónomas.** Sin duda la última *ratio* del precepto es preservar la unidad del sistema, para toda la ciudadanía y un régimen público como garantía de la igualdad en el ejercicio de los derechos y deberes en materia de Seguridad Social (art. 149.1.1 CE), la efectividad de los principios de solidaridad interterritorial y financiera y de unidad de caja, impidiendo la existencia de políticas diferenciadas en cada autonomía (**Cfr.** Lección 1, apartado 3.4).

Por otra, **en el ámbito de la legislación ordinaria** la LGSS declara que: "*El Estado, por medio de la Seguridad Social, garantiza a las personas comprendidas en el campo de aplicación de ésta (...) la protección adecuada frente a las contingencias y en las situaciones que contempla esta Ley*" (art. 2.2). Por tanto, el Estado asume un deber genérico de protección con potestades normativas, de tutela, control y gestión directa o indirecta. Por lo demás, el art. 4. LGSS declara que corresponde al Estado la ordenación, jurisdicción e inspección de la Seguridad Social, es decir, la regulación y la organización del sistema. El Estado español, como opción político-organizativa, no gestiona de forma directa la Seguridad Social por razones históricas, de eficiencia, de especialización, de dificultades técnicas o de imposibilidad material. La gestión pública se delega a una pluralidad de entes de la administración institucional especializada con una autonomía funcional. La estructura organizativa pública se despliega, pues, en dos niveles: (a) unos órganos de programación, tutela y control; y (b) las EEGG y los servicios comunes que poseen la competencia de la gestión ordinaria del sistema. Entidades y Servicios que, en todo caso, deberán ser coordinados por el Gobierno (art. 6 LGSS).

3. LA TUTELA DE LA GESTIÓN DE LA SEGURIDAD SOCIAL

Las funciones de control y tutela de la gestión de la Seguridad Social, en el plano organizativo y competencial, históricamente, se han atribuido al, ahora, MISSM (art. 21 del Real Decreto 829/2023, de 20 de noviembre y art. 20 del Real Decreto 1009/2023, de 5 de diciembre). Las funciones de tutela se reconocen ampliamente para este y/u otros departamentos ministeriales (art. 5 y DF 8ª LGSS):

a) las funciones no jurisdiccionales del Estado en materia de Seguridad Social que no sean propias del Gobierno;

b) proponer al Gobierno los Reglamentos generales y, genéricamente, el ejercicio de la potestad reglamentaria;

c) el desarrollo de las funciones económico-financieras de la Seguridad Social, a excepción de las encomendadas en la LGP y normas concordantes al Ministerio de Hacienda u otros órganos con competencias específicas, y de dirección y tutela de las EEGG y servicios comunes de la Seguridad Social, así como de las entidades que colaboren en su gestión, pudiendo suspender o modificar los poderes y facultades de los mismos en los casos y con las formalidades y requisitos que se determinen reglamentariamente;

d) la inspección, a través de la Inspección de Trabajo y de la Seguridad Social;

e) organizar los Servicios e Instituciones para efectuar estudios jurídicos, sociológicos, económicos y estadísticos de la Seguridad Social, o estudios de simplificación de trámites administrativos y racionalización de operaciones;

f) establecer los supuestos y condiciones en que los sujetos responsables de la Seguridad Social han de recibir las notificaciones por medios informáticos o telemáticos (art. 27.6 Ley 11/2007).

El MISSM desarrolla sus competencias de tutela y organización de la Seguridad Social a través del desarrollo de su estructura interna (Real Decreto 501/2024, de 21 de mayo), cuyas instancias básicas son:

a) **La Secretaría de Estado de la Seguridad Social y Pensiones (SESSP)** como órgano superior responsable directo de la ordenación de la Seguridad Social. Sus competencias son: a) la dirección y tutela de las EEGG y TGSS, salvo las atribuidas a otros Departamentos (Quedan adscritos a la SESSP: el INSS, el ISM, la TGSS, la GISS y el SJASS (art. 2.4 RD 501/2024); b) el impulso y dirección de la ordenación jurídica de la Seguridad Social; c) el impulso y dirección de la planificación y análisis económico y financiero de la Seguridad Social; d) la dirección y coordinación de la gestión de los recursos financieros y gastos de la Seguridad Social y las pensiones; e) la planificación y tutela de la gestión ejercida por las EC de la Seguridad Social; f) la tutela, superior dirección y coordinación de la asistencia jurídica de las EEGG: g) Proponer y respaldar en sus funciones al Delegado de Protección de Datos; y h) cuantas otras tenga atribuida legal o reglamentariamente (art. 2.1 RD 501/2024). Entre estas últimas la creación de la **sede electrónica** de la SESSP (SEDESS), con actuaciones extensivas a todas las direcciones generales, servicios comunes y EEGG (art. 3 RD 1671/2009, de 6 de noviembre y O. TIN/1459/2010, de 28 de mayo). Adscrito a la SESSP se creó un registro electrónico para la recepción y remisión de solicitudes, escritos y comunicaciones presentados electrónicamente en relación con los trámites y procedimientos relacionados en la Res. de la SESSP, de 9 de mayo de 2017, y que afecta a la TGSS, INSS, ISM y DGOSS. Actualmente, el funcionamiento del Registro electrónico de las entidades gestoras y servicios comunes de la Seguridad Social adscritos a la Secretaría de Estado de la Seguridad Social y Pensiones para la recepción y remisión de las solicitudes, escritos y comunicaciones que se presenten vía electrónica ante ella se regula en la Orden ISM/474/2023, de 4 de mayo.

b) **Adscritas y dependientes de la SESSP se integran:**

1) La **Dirección General de Ordenación de la Seguridad Social (DGOSS)** entre sus competencias, en detalle en el art. 3 RD 501/2024, cabe destacar el desarrollo de funciones económico financieras de la Seguridad Social, ejecutando su planificación y los estudios económico-financieros y demográficos necesarios; la elaboración e interpretación de las normas y disposiciones que afecten a esta materia; la elaboración y tramitación de las propuestas de resolución de sanciones por infracciones de Seguridad Social.

2) **La Intervención General de la Seguridad Social (IGSSI)**, con dependencia funcional de la Intervención General de la Administración del Estado, su objeto es el control de los actos de las EEGG de contenido económico que generen derechos y obligaciones, los ingresos y pagos que de ellos se derivan y la recaudación, inversión y aplicación de los caudales de la Seguridad Social (art. 112 LGSS y art. 4 RD 501/2024).

3) **La Inspección de Trabajo y Seguridad Social**, constituida como Organismo Autónomo por la Ley 23/2015 y el RD 192/2018, con dependencia orgánica del MTES y dependencia funcional compartida con el MISSM. Sus competencias genéricas en materia de Seguridad Social son de vigilancia y verificación del cumplimiento de las obligaciones de empresarios y trabajadores, en especial los fraudes y la morosidad en el ingreso y recaudación de las cotizaciones sociales. En materia de gestión de la Seguridad Social le corresponde la asistencia técnica, la vigilancia del funcionamiento y cumplimiento de las obligaciones que afectan a las EEGG, los servicios comunes y a las EC (art. 133 LGSS y la LIT, en cuanto a la función inspectora).

4. LA ADMINISTRACIÓN INSTITUCIONAL DE LA SEGURIDAD SOCIAL: LAS ENTIDADES GESTORAS Y LOS SERVICIOS COMUNES

4.1. Introducción

La administración de la Seguridad Social está encomendada a las EEGG descritas en la LGSS (arts. 66 a 71, art. 294 y DA 9ª), los Servicios Comunes a ellas (arts. 73 y 74) a los que resultan de aplicación un régimen jurídico de normas comunes (arts. 75 a 78). En la actualidad, su régimen jurídico se establece en la DA 13 LRJSP.

La actual ordenación de la gestión pública se produjo por el RDL 36/1978, de 16 de noviembre, de Gestión Institucional de la Seguridad Social, de la Salud y del Empleo (DLGI). La reforma simplificó las estructuras de gestión: multiplicidad de entidades con una fuerte carga burocrática y complejidad en la gestión; inexistencia de unidad de caja; enorme dificultad de control de los aspectos financieros; fuerte centralización de las competencias decisorias y una escasa o nula participación de la gestión de los interesados (ALARCÓN CARACUEL y GONZÁLEZ ORTEGA, 1989).

4.2. Las características de las entidades gestoras y de los servicios comunes

La LGSS las regula con características propias y diferenciales (arts. 66 a 78 LGSS):

A) Son entes de derecho público (art. 68 LGSS). Las EEGG y los servicios comunes son personas jurídicas singulares sin diferencias materiales ni formales con los organismos autónomos de la administración pública y les es de aplicación el mismo régimen jurídico (DA 13ª. 1 de la Ley 40/2015 de RJSP). No obstante, el art. 68.2 LGSS remite, ahora, a la DA 13ª. 2 de la LJSP para regular las EEGG y la TGSS de forma específica en las materias de personal, económico-financiero, patrimonial, presupuestaria, contable, de impugnación y revisión de sus actos y resoluciones y los relacionados con la asistencia jurídica (también el art. 2 LGP, art. 2.1.d) LO 2/2012, de 27 de abril, de Estabilidad Presupuestaria y Sostenibilidad Financiera, y supletoriamente, la Ley 33/2003, de 3 de noviembre, del Patrimonio de las Administraciones Públicas (DA 3ª).

A la naturaleza jurídica de derecho público de las EEGG y los servicios comunes se le añaden legalmente otros atributos que complementan los poderes exorbitantes propios de las administraciones públicas: a) la **reserva de nombre** (art. 75 LGSS). Ello supone la interdicción de cualquier otra entidad, pública o privada, para usar el título o los nombres de las EEGG o servicios comunes, ni los que resulten de la adición a los mismos de algunas palabras o de la mera combinación de las principales que los constituyen; tampoco pueden incluir la denominación de Seguridad Social, salvo autorización expresa del MISSM. b) Con el mismo estatuto jurídico que el Estado poseen una **exención tributaria absoluta** con las limitaciones y excepciones de la legislación fiscal. La exención incluye los derechos y honorarios notariales y registrales, por sus actos o los bienes afectados a sus fines. Ahora bien, la exención sólo opera cuando los tributos o exacciones de las EEGG y servicios comunes, lo sean en concepto de contribuyente y sin posibilidad legal de traslación de los tributos a otras personas (art. 76.1 LGSS). Además, queda afectada la gestión de las mejoras voluntarias del art. 43 LGSS (art. 76.3 LGSS). c) También les es aplicable la **franquicia postal y telegráfica** (art. 76.2 LGSS) en las mismas condiciones que el Estado. d) Finalmente, les son de aplicación **la asistencia jurídica gratuita** (art. 2.b) Ley 1/1996 y el RD 996/2003, de 25 de julio).

B) Capacidad jurídica propia para el ejercicio de sus funciones. Las EEGG y los Servicios Comunes poseen personalidad jurídica y plena capacidad de obrar, para realizar actos jurídicos válidos en el ejercicio de sus competencias. La capacidad se despliega tanto en el tráfico jurídico interno, como en las relaciones exteriores, previa conformidad del Ministerio tutelar, a través de su afiliación a asociaciones y organismos internacionales para concertar operaciones, crear reciprocidad de servicios con instituciones extranjeras análogas y participar en la ejecución de los convenios internacionales de la Seguridad Social (arts. 68 y 70 LGSS).

C) Su finalidad es la gestión y administración de la Seguridad Social, bajo la dirección y tutela de los respectivos departamentos ministeriales. Las facultades de la administración del Estado ubican a los entes gestores en una posición de rigurosa subordinación que se manifiesta en una dispersión de funciones y desposesión de tareas (SÁNCHEZ NAVARRO, 2004). En efecto, corresponde al Ministerio, al que estén adscritas las EEGG, servicios comunes y las entidades que colaboren con la gestión, la tutela, *"pudiendo suspender o modificar poderes y facultades a los mismos en los casos y con las formalidades y requisitos que se determinen reglamentariamente"* (art. 5.2 c) final LGSS). En opinión de un sector doctrinal dicha subordinación afecta directamente a la autonomía gestora con una forzada relación de sometimiento pasivo de la Administración gestora a la Administración tutelar (FERNÁNDEZ FERNÁNDEZ y GONZALO GONZÁLEZ, 2001).

D) La actividad administrativa

En el proceso evolutivo del funcionamiento de la Seguridad Social han coexistido, por una parte, actos de su actividad ordinaria presididos por fórmulas jurídico-públicas con procedimientos administrativos internos y no publificados y frecuentes situaciones de inseguridad jurídica (Instituto Nacional de Previsión). Y por otra, actuaciones y fórmulas impregnadas por la impronta de las instituciones del Derecho del Trabajo y el derecho privado (mutualismo laboral) (PALOMAR OLMEDA, 2002). Con la CE de 1978 y la instauración y consolidación de las EEGG y los servicios comunes, las actuaciones se rigen nítidamente por principios de derecho público con una tendencia aplicativa de las normas del derecho administrativo general. Una cabal expresión de la voluntad de sometimiento a las normas de un Derecho administrativo evolucionado se manifiesta en los principios de la gestión y administración de la Seguridad Social efectuados con sujeción a criterios de simplificación, racionalización, economía de costes, solidaridad financiera y unidad de caja, eficacia social y descentralización (art. 66.1 LGSS). El nuevo texto de LGSS ha sistematizado en el Capítulo VIII del Título I la actividad administrativa con los siguientes aspectos:

a) Las normas procedimentales de la Seguridad Social se ajustarán a la LPAC (art. 129.1. LGSS y la DA 1ª LPAC). Empero, en su actividad también se incluyen "especialidades" en actuaciones de gestión, inspección, liquidación, recaudación, impugnación y revisión en materia de Seguridad Social y Desempleo (art. 129.1 LGSS y DA 1ª b) LPAC), con remisión a sus normas específicas, fundamentalmente, la LJS o la LISOS.

b) Otra singularidad de la actividad de la Seguridad Social son los medios ágiles de representación ante las EEGG, acreditándose por cualquier instrumento válido en Derecho o por comparecencia personal del interesado ante el órgano competente. A estos efectos, son válidos los formularios de representación aprobados por las EEGG de la Seguridad Social para determinados procedimientos (art. 129.2 LGSS). Las nuevas normas de autentificación y firma en los procedimientos de la administración de la Seguridad Social están contenidas en el artículo 129, apartados 4,5 y 6 LGSS, en redacción dada por las DF 5ª y DT 3ª del RDL 2/2021.

c) También es particular la concreción de la regla general de desestimación, por **silencio administrativo,** de los procedimientos iniciados por los interesados. Se exceptúa, se estima y se reconoce como **silencio administrativo positivo**, la solicitud a instancia de parte en los procedimientos de inscripción de empresas, afiliación, altas, bajas y variaciones de datos de los trabajadores y los convenios especiales (art. 129.3 LGSS).

d) Otro aspecto reseñable es **la tramitación y notificación de los actos administrativos de las prestaciones por medios electrónicos, informáticos o telemáticos.** El uso de estos medios es generalizado en el funcionamiento ordinario de la administración de la Seguridad Social. Los arts. 130 a 132 de la LGSS mandatan notificar en sede electrónica los actos administrativos de los sujetos obligados que determine el MISSM, y a aquellos que, sin estar obligados, opten por este tipo de notificación (O. ISM/903/2020, de 24 de septiembre). Los preceptos impulsan una preferencia de las notificaciones por medios electrónicos y subsidiariamente por los otros medios tradicionales. Ejemplos son el "sistema RED" (actas de encuadramiento y cotización), el "sistema delt@" (declaración de accidentes de trabajo), la "aplicación informática certific@dos" (desempleo) o el Tablón de Anuncios como medio para publicar anuncios, acuerdos, resoluciones, comunicaciones y cualesquiera otras informaciones de la Administración de la Seguridad Social no afectados por supuestos en que las notificaciones se tengan que practicar en el tablón edictal único (O. ESS 1222/2015, de 22 de junio).

e) Finalmente, otros dos ámbitos relevantes en la actividad administrativa de la Seguridad Social son: (a) **el deber legal de reserva sobre los datos, informes o antecedentes obtenidos por la Administración de la Seguridad Social** (art. 77.1 LGSS), con un uso exclusivo para los fines encomendados a las EEGG y servicios comunes, sin cederse o comunicar a terceros, salvo los casos tasados por ese precepto. Además, no se requiere el consentimiento del afectado en la cesión de datos personales automatizados en cumplimiento de los deberes de información impuestos o de los deberes de colaboración para la efectiva recaudación de los recursos de la Seguridad Social (art. 40 LGSS); (b) por otra parte, las EEGG podrán **solicitar a otras administraciones públicas** los datos fiscales o civiles de los solicitantes, titulares o familiares de las prestaciones económicas de la Seguridad Social, en cualquier momento, con fin de verificar el cumplimiento de los requisitos de acceso a la prestación, su mantenimiento o cuantía, señalando expresamente los organismos competentes y sujetos obligados (Ministerios de Hacienda, de Justicia, CCAA o Diputaciones Forales y empresarios (art. 71 LGSS).

E) La estructura organizativo administrativa de las EEGG y de los Servicios Comunes de la Seguridad Social se regula por los RRDD de desarrollo de sus respectivas competencias (**Cfr.** 4.3 del tema). De forma genérica se distinguen dos niveles (art. 67 LGSS): a) los **órganos de dirección centrales** de dos clases con funciones diferenciadas. Unos de participación en el control y vigilancia de la gestión, de composición tripartita y paritaria (el Consejo General y Comisión Ejecutiva). Y otros órganos con funciones de planificación, dirección, control e inspección de las actividades, nombrados y separados libremente desde distintas instancias del Gobierno (la Dirección General, la Secretaria General y Subdirecciones Generales). b) **La organización periférica**, que reproducen la distribución de funciones de los órganos centrales, de participación y control tripartitas y paritarias (las Comisiones Ejecutivas Provinciales) y de dirección y gestión administrativa descentralizada a escala provincial (las Direcciones Provinciales) o la desconcentración administrativa en ámbitos geográficos inferiores a la provincia. No obstante, el esquema organizativo anterior de las EEGG no es uniforme. Se mantiene, con matices, en la materia en que el estado es titular de una competencia exclusiva (régimen económico y prestaciones de la Seguridad Social). Diferente es la organización, en otras EEGG por los procesos de traspasos competenciales de gestión a las autonomías en materias conexas o complementarias de la Seguridad Social, con la desaparición de la organización periférica o incluso una contracción de los órganos centrales. Finalmente, el concreto estudio de las EEGG y servicios comunes se aborda en las obligaciones instrumentales y la gestión de cada prestación.

4.3. Descripción y competencias de las Entidades Gestoras de la Seguridad Social

Las actuales EEGG y los servicios comunes fueron creadas por el RDL 36/1978, de 16 de noviembre, procede ahora describirlas con sus funciones, aunque hay que advertir que algunas de sus competencias se traspasaron a las CCAA (**Cfr.** *infra* 7).

4.3.1. Instituto Nacional de la Seguridad Social (INSS)

Las competencias del INSS son la gestión, administración y reconocimiento del derecho de las prestaciones económicas (con exclusión de las prestaciones por desempleo y las pensiones no contributivas), de asistencia sanitaria y prestaciones por hijo a cargo. También le corresponde declarar la responsabilidad empresarial por falta de alta, cotizaciones o medidas de Seguridad e higiene en el trabajo (art. 66.1.a) LGSS). El RD 2583/1996, de 13 de noviembre, concreta las funciones y la estructura orgánica del INSS. La DA 141ª. 3 de la Ley 6/2018 de PGE creó la Tarjeta Social Universal para todas las personas titulares de prestaciones sociales económicas financiadas con recursos públicos; el INSS posee la competencia de la administración, gestión, mantenimiento del registro y soporte informático. La carta de servicios (cuya última actualización viene dada por la Resolución de 3 de agosto de 2022, BOE núm. 193, de 12 de agosto de 2022) informa a los ciudadanos de las funciones y los compromisos de calidad en sus prestaciones y de los derechos de los usuarios.

El INSS ha asumido la gestión en materia de clases pasivas. El art. 22.1 del RDL 2/2020 trasfiere al MISSM "*la propuesta y ejecución (...) en materia de Seguridad Social y Clases Pasivas*". La adaptación de la gestión del régimen jurídico de clases pasivas al INSS se contiene en las DAs 5ª a 8ª del RDL 15/2020 de 21 de abril[1] (Cfr. Tema 22).

Por otra parte, el INSS ha asumido también la competencia de la gestión del Ingreso Mínimo Vital (art. 22 del RDL 20/2020, de 29 mayo), sin perjuicio de la participación de las CC.AA. y entes locales en la gestión a través de los pertinentes convenios de colaboración interadministrativa.

4.3.2. Instituto Nacional de Gestión Sanitaria (INGESA)

Adscrito al M. de Sanidad (art. 1.1 del RD 118/2023, de 21 de febrero), fue creado por el RD 840/2002, de 2 de agosto, conservando la persona-

---

1 La STC 111/2021, de 13 de mayo, ha declarado la nulidad de las DDAA 6ª y 7ª del RDL 15/2020 al no concurrir la extraordinaria y urgente necesidad del art. 86.1 CE. No obstante, ha aplicado la excepción a la nulidad inmediata, hasta el 1.1.2022 con el fin de proceder a su sustitución por la regulación legal pertinente, por los perjuicios que un vacío normativo produciría en los beneficiarios de prestaciones de Clases Pasivas (Fj 8º). La D.F. 2.2 de la Ley 22/2021, de 28 de diciembre ha establecido, en relación a la gestión del INSS, nueva redacción a varios preceptos de la Ley de Clases Pasivas del Estado.

lidad jurídica y naturaleza de la anterior EG. La organización y funcionamiento de dicho Instituto se encuentra regulado en el RD 118/2023, de 21 de febrero, y sus funciones son, esencialmente, la gestión de los derechos y obligaciones del INSALUD (muy residuales por el traspaso de la gestión sanitaria a las CC.AA.) y las prestaciones sanitarias en Ceuta y Melilla (art. 66.1.b LGSS).

4.3.3. Instituto de Mayores y de Servicios Sociales (IMSERSO)

Regulado por el art. 66.1.c. LGSS, su norma de desarrollo es el RD. 140/1997, de 31 de enero. Adscrito al Ministerio de Derechos Sociales y Agenda 2030, a través de la Secretaría de Estado de Derechos Sociales (art. 2.5 del Real Decreto 209/2024, de 27 de febrero). Su estructura orgánica y funciones se regulan en el RD 1226/2005, de 13 de octubre. Las competencias, desde el ámbito estatal, son la prestación de servicios complementarios de la Seguridad Social (personas mayores y planes, programas y servicios, así como la asistencia técnica a los programas de cooperación internacional). Además, en el sistema de protección a las personas en situación de dependencia, posee funciones en la propuesta y ejecución de la planificación y regulación básica del reconocimiento del derecho a una ayuda personalizada, garantizando un sistema de servicios universal, integrado y uniforme (art. 1.2 RD 1226/2005). Las competencias de la antigua EEGG incluyendo las prestaciones no contributivas de jubilación e invalidez fueron transferidas a las 17 CC.AA., si bien éstas, aun sin transferencia y mediante concierto, pueden gestionar dichas pensiones (art. 373.2 y 3 LGSS).

4.3.4. Servicio Público de Empleo Estatal (SEPE)

El Servicio Público de Empleo Estatal se creó con la extinta Ley 56/2003, de 16 de diciembre, de Empleo y se regula, por lo que a su estructura y participación institucional se refiere, en el RD 1383/2008, de 1 de agosto. En materia de Seguridad Social sus competencias se concretan en la gestión y control de las prestaciones por desempleo (art. 294 LGSS).

Debe advertirse que la Ley 3/2023, de 28 de febrero, de Empleo, en virtud de lo dispuesto en su art. 18, autoriza la creación de la Agencia Española de Empleo, como entidad de derecho público de la Administración General del Estado, adscrita al Ministerio de Trabajo y Economía Social, y a la que se le encomienda la ordenación, desarrollo y seguimiento de los programas y medidas de las políticas activas de empleo y de protección por desempleo, en el marco de lo establecido en la ley de empleo. Los arts. 19 a 22 de la Ley de Empleo se refieren, respectivamente, al concepto, misión, naturaleza, régimen jurídico, estructura administrativa y competencias de dicha Agencia.

En todo caso, la citada norma dispone que mediante Real Decreto se regularán las condiciones de la transformación del Servicio Público de Empleo Estatal, O.A., en la Agencia Española de Empleo, de acuerdo con lo dispuesto en la disposición adicional primera de la Ley 3/2023[2].

4.3.5. Instituto Social de la Marina (ISM)

Con funciones instrumentales y prestacionales de los trabajadores encuadrados en el REMAR. El ISM ha resistido al proceso unificador de la gestión de la Seguridad Social (su permanencia ha sido cuestionada por quebrar la racionalización de la gestión, los principios de unidad de gestión y de patrimonio único de la Seguridad Social). La regulación actual se contiene en la DA 9ª LGSS y sus funciones y estructura orgánica se regulan por el RD 504/2011, de 8 de abril[3].

4.3.6. La gestión de los regímenes especiales de los funcionarios públicos

Se encomienda a otras personas jurídicas de derecho público diferenciadas de las grandes EEGG: Mutualidad General de Funcionarios Civiles del Estado (MUFACE), Instituto Social de las Fuerzas Armadas (ISFAS) y Mutualidad General Judicial (MUGEJU).

4.3.7. Otros órganos de gestión

Para parcelas concretas de la gestión del sistema pueden crearse otros órganos más especializados como el Comité de Gestión del Fondo de Reserva de la Seguridad Social (art. 6 de la Ley 28/2003, de 29 de septiembre).

---

[2] En relación con la Cartera Común de Servicios del Sistema Nacional de Empleo véase el Real Decreto 438/2024, de 30 de abril.

[3] En cuanto a la cartera de servicios de esta entidad, téngase en cuenta la Resolución de 14 de abril de 2024, de la Subsecretaría, por la que se aprueba la actualización de la Carta de Servicios del Instituto Social de la Marina.

4.4. Los Servicios Comunes de la administración institucional de la Seguridad Social

El sistema de la Seguridad Social también se ha dotado de "Servicios Comunes" para la gestión de parcelas compartidas o de funciones comunes y compartidas, cuya creación corresponde al Gobierno (art. 73 LGSS).

4.4.1. Tesorería General de la Seguridad Social (TGSS)

Sus funciones consisten en la recaudación y la recaudación ejecutiva, pago de obligaciones y prestaciones de la Seguridad Social en un sistema de caja única. Además, también le corresponden las funciones de inscripción de empresas, afiliación, altas y bajas (art. 74 LGSS y el RD 2.318/1978, de 15 de septiembre). El RD 1314/1984 regula su estructura orgánica y sus competencias (modificado por el RD 496/2020); mientras que el RD 695/2018 de 29 de junio, regula la gestión financiera de la Seguridad Social.

4.4.2. La Gerencia de Informática de la Seguridad Social

Adscrita a la SESSP, sus funciones son la gestión y administración de las tecnologías de la información y las comunicaciones en el sistema de Seguridad Social. En concreto, propone y elabora planes directivos de sistemas de tecnologías de la información; el desarrollo, mantenimiento, actualización y modificación de bases de datos, medios telemáticos, planes de formación, inventarios de bienes y servicios telemáticos (DA 2, Real Decreto 501/2024, de 21 de mayo). También es responsable de la publicación de anuncios, actos e información en el tablón de anuncios de la Seguridad Social (O. ESS 1222/2015, de 22 de junio). El art. 74 bis LGSS, le otorga personalidad jurídica propia y capacidad de obrar para el cumplimiento de sus fines.

4.4.3. El Servicio Jurídico de la Administración de la Seguridad Social

Sin personalidad jurídica propia y con una directa dependencia de la SESSP, pero integrado en la TGSS como unidad independiente. Sus funciones son de asesoramiento jurídico, representación y defensa en juicio de las EEGG y Servicios Comunes (DA 1, Real Decreto 501/2024, de 21 de mayo).

5. LA UNIFICACIÓN DE LAS ENTIDADES GESTORAS

Desde la promulgación de la LBSS la ordenación, racionalización y simplificación de los entes gestores ha sido un "desiderátum" de los poderes públicos. El RDL 36/1978 (DLGI) fue un hito en el camino de reducción de los organismos de gestión de la Seguridad Social, con las pretensiones de simplificar al máximo las EEGG, racionalizar sus funciones con la compatibilidad del principio de caja única del sistema; descentralizar las tareas administrativas y la regulación de la participación y el control económico. A su vez, devolvía al Estado las funciones asumidas históricamente por la Seguridad Social y que no le eran propias, como el empleo, la educación y los servicios sociales.

El último intento fallido fue la DA 7ª LAAM, que autorizaba al Gobierno para crear una Agencia Estatal de la Administración de la Seguridad Social con una integración incompleta de los entes gestores —la fusión afectaba al INSS, la TGSS, el ISM, la Gerencia de Informática y el Servicio Jurídico de la Administración de Seguridad Social y de su personal—. Y expresamente excluía de la futura Agencia la protección por desempleo, los servicios sociales, la asistencia sanitaria, la gestión los regímenes de funcionarios públicos y las tareas asumidas por las autonomías. El modelo de agencia quedó varado, transitoriamente, con la DA 87ª de Ley 17/2012, de PGE para el 2013. Recientemente, volvió a ponerse en marcha esta pretensión unificadora con la previsión contenida en la D.F. tercera de la Ley 21/2021 de 28 de diciembre. Dicha disposición dispone, literalmente, que en el plazo de seis meses, desde la entrada en vigor de esta ley, el Gobierno aprobará un proyecto de ley para dar cumplimiento a la disposición adicional séptima de la Ley 27/2011, de 1 de agosto, sobre actualización, adecuación y modernización del sistema de Seguridad Social, relativa a la creación de la Agencia Estatal de la Administración de la Seguridad Social, garantizando la simplificación, racionalización, economía de costes y eficacia del sistema de Seguridad Social, y preservando los principios de solidaridad, igualdad en el trato y equidad entre generaciones que informan dicho sistema. Todo ello con el objeto de asegurar el actual nivel de prestaciones públicas del régimen de reparto en el que se fundamenta nuestra Seguridad Social medido por su tasa de reemplazo. Sin embargo, actualmente y pese haber transcurrido ya el plazo antedicho de seis meses, lo cierto es que todavía no se ha aprobado dicho proyecto de Ley.

6. LA ADMINISTRACIÓN DE SEGURIDAD SOCIAL EN LAS AUTONOMÍAS

La Seguridad Social española responde a un modelo de regulación jurídica, gestión económica y cobertura centralizada. No obstante, la competencia estatal no es nítida en la CE y su art. 149.1.17 solicita de las Autonomías la capacidad para la "ejecución de sus servicios" (Cfr. *supra,* tema 1). La labor hermenéutica del TC sentó una doctrina expansiva de la competencia exclusiva e indeclinable del Estado "del régimen económico de la Seguridad Social" (STC 46/1985, de 26 de marzo), de suerte que las ideas prevalecientes son la de solidaridad como condicionante de todo el modelo, la garantía de unidad de caja y la unidad del sistema en todo el Estado; lo que exige una gestión centralizada desde la perspectiva territorial y profesional (CRUZ VILLALÓN). Aunque, con posterioridad, el TC avanzó hacia postulados más flexibles (Véase STC 124/1989, de 7 de junio).

Las CC.AA. han tenido una incidencia escasa en la gestión de la Seguridad Social. En el desarrollo del modelo constitucional el núcleo de la gestión corresponde al Estado. Empero, se han traspasado competencias de gestión material periféricas a las autonomías. Significada es la asunción por todas las CC.AA. de la gestión de las prestaciones no contributivas de invalidez y jubilación. Algunas autonomías recibieron, además, el traspaso de la Inspección de Trabajo y Seguridad Social para el control de las competencias materiales traspasadas. Mayor importancia y trascendencia tiene la gestión de las CC.AA. en asistencia social, servicios sociales, y otros ámbitos de la protección social al ser consideradas una competencia exclusiva (*ex* art. 148.1.20 CE) de las CC.AA. o, en otros casos, competencias compartidas como la asistencia sanitaria (arts. 149.1.16 y 148.1.21 CE).

7. LA PARTICIPACIÓN EN LA GESTIÓN DE LA SEGURIDAD SOCIAL

Por mandato constitucional, el art. 129 CE ordena que *"la ley establecerá las formas de participación de los interesados en la Seguridad Social".* La CE asume una cierta tradición de participación de los interesados en los órganos de gestión (mutualidades, sociedades de socorros mutuos...). En las sociedades democráticas la participación, con funciones de vigilancia y control, se configura como un contrapeso a la gestión técnico administrativa de las EEGG de la Seguridad Social, aunque en España es residual. La LGSS, art. 69, faculta al Gobierno para regular unos órganos de vigilancia y control de la gestión por los interesados de naturaleza descentralizada (desde el ámbito estatal al local) con una participación tripartita y paritaria por representantes de los sindicatos, empresarios y administración pública. La regulación reglamentaria, inicialmente provisional, se contiene en el RD 3064/1978, de 22 de diciembre, y las OO.MM. de 17-1-1980 y 16-11-1981. Con posterioridad, los órganos de participación se han introducido en las respectivas normas de funcionamiento de las EEGG indicadas *ut supra*.

Por otra parte, en el límite, otro instrumento de participación es la aprobación anual de los PGE por el poder legislativo y, en consecuencia, las cuentas de la Seguridad Social se formarán y rendirán de acuerdo con los principios y normas de la LGP (art. 116 LGSS).

Finalmente, existen órganos de participación específicos para una función concreta como es en el ámbito de las MCSS: la Comisión de Control y Seguimiento (art. 89 LGSS), la Comisión de Prestaciones Especiales (art. 90 LGSS) o el Consejo tripartito para el seguimiento de las actividades a desarrollar en prevención de riesgos laborales, órgano colegiado formado por representantes de la SESSP, los agentes sociales y económicos y, con voz, pero sin voto, representantes de la Asociación de Mutuas.

8. LA COLABORACIÓN EN LA GESTIÓN. EL ÁMBITO DE LA GESTIÓN PRIVADA DE LA SEGURIDAD SOCIAL

La naturaleza predominantemente pública de la Seguridad Social no impide la existencia de otros sujetos externos al sistema habilitados para gestionar concretos ámbitos con una tutela pública de sus actividades. En el sistema español de Seguridad Social la colaboración en la gestión comprende (art. 79 LGSS): las Mutuas colaboradoras con la Seguridad Social, los empresarios a través de la colaboración en la gestión voluntaria u obligatoria y las asociaciones, fundaciones y otras entidades públicas o privadas. No obstante, la indubitada naturaleza pública de la Seguridad Social, por mandato constitucional, es compatible con la posibilidad de una gestión parcial encomendada a entidades con personalidad jurídico-privada, que actúan como entidades "colaboradoras" de las EEGG y Servicios comunes.

8.1. Las Mutuas Colaboradoras con la Seguridad Social (MCSS)

Las denominadas Mutuas Colaboradoras con la Seguridad Social —llamadas en sus orígenes mutuas patronales y con posterioridad mutuas de accidentes de trabajo y enfermedades profesionales—, han acompañado todas las vicisitudes de la evolución histórica de la Seguridad Social "con un extraordinario poder de arraigo y una gran dosis de dinamismo evolutivo" (MOLINA NAVARRETE). El origen de las mutuas se sitúa en paralelo a la protección de los AT por los seguros sociales. Las mutas han experimentado un inusitado crecimiento en los últimos lustros, con un incremento exponencial del volumen de negocio y una ampliación constante —y en alguna ocasión errática— de sus funciones.

La regulación básica se rige por los arts. 80 a 101 LLGSS, el RMATEP de 1995, con numerosas modificaciones de su texto originario, y diversas órdenes ministeriales sobre aspectos concretos de su régimen jurídico[4]. La regulación en aluvión de las mutuas, tal vez, ha ocasionado una deficiente técnica normativa que afecta sustancialmente a los aspectos competenciales. La Ley 35/2014, de 26 de diciembre, procedió a una amplia reforma de las mutuas con el objetivo de modernizar el funcionamiento y gestión, reforzar los niveles de transparencia y eficiencia, y contribuir a la lucha contra el absentismo laboral injustificado y a la sostenibilidad del sistema de la Seguridad Social (EE.MM. L. 35/2014)[5].

---

4 La DF 5ª de la Ley 35/2014 preveía una habilitación al Gobierno, en un plazo de seis meses desde su vigencia, para desarrollar diversos reglamentos de funcionamiento de las MCSS, aún pendientes de regulación. Por su parte, la DT 5ª de la misma Ley, a su vez, establecía un plazo de seis meses, desde la publicación de las normas reglamentarias, para adaptar y aprobar los estatutos de las mutuas.

5 La STS 517/2021, de 11 de mayo, ha matizado el alcance del régimen jurídico de las mutuas con un pronunciamiento desfavorable a la mayoría de las posiciones de la Administración pública (actas de infracción de la ITSS, del Acuerdo del Consejo de Ministros, la Abogacía del Estado y la Fiscalía). Las materias afectan a la composición y funcionamiento de los órganos de gobierno de las mutuas y sus gastos de representación, las potenciales irregularidades del destino de recursos públicos de las mutuas sin una relación directa con su acción protectora ni responder a un estado de necesidad, el régimen de retribuciones de sus trabajadores, la vulneración de la prohibición de concesión de beneficios a favor de empresas asociadas a través de cursos de formación o reconocimientos médicos y una posible duplicidad de gastos.

8.1.1. Definición

Las MCSS se definen legalmente como *"las asociaciones privadas de empresarios constituidas mediante autorización del Ministerio de Empleo y Seguridad Social (ahora MISSM) e inscripción en el Registro especial dependiente de éste, que tienen por finalidad colaborar en la gestión de la Seguridad Social, bajo la dirección y tutela del mismo, sin ánimo de lucro y asumiendo sus asociados responsabilidad mancomunada en los supuestos y con el alcance establecidos en esta ley"* (art. 80.1 LGSS). La definición legal nos da pie para ordenar las notas características de las EC.

8.1.2. Notas características de las mutuas

A) Asociaciones voluntarias de empresarios

Requisito previo necesario para constituir una mutua es la conformación de la voluntad social que precisa la concurrencia de tres elementos mínimos: a) al menos el acuerdo de 50 empresarios; b) que entre todas las empresas asociadas alcancen un mínimo de 30.000 trabajadores y c) que el conjunto de empresas asociadas posean un volumen anual de cotización por contingencias profesionales no inferior a 20 millones de euros (art. 81.1. a) LGSS). La actual redacción de la LGSS ha preservado y acentuado su naturaleza jurídico-privada tanto al definirlas como "asociaciones 'privadas' de empresarios" como por su denominación de "Mutuas Colaboradoras 'con' la Seguridad Social" (frente a la inicial propuesta de la partícula 'de', interpretada como una clara voluntad de asimilarlas a la naturaleza pública de las EEGG). A la naturaleza privada de asociación de empresarios en la protección de la salud de los trabajadores se ha objetado su posible colisión con el derecho a la salud y una ausencia de servicios públicos sanitarios como garantía de neutralidad de intereses contrapuestos entre las partes. En fin, la ley otorga a la iniciativa empresarial privada una plena capacidad para constituir, fusionar o extinguir estas entidades colaboradoras.

B) La formalización de su constitución

Para la constitución de una mutua, además de los requisitos configuradores de su voluntad social, se precisa: **a) La confección de unos estatutos** ajustados al ordenamiento jurídico (art. 81.1 d) y 2 LGSS) que contengan, entre otros puntos, la identificación de la entidad, su duración y los requisitos para su extinción; el régimen jurídico para la asociación y adhesión; los derechos y deberes de los empresarios asociados y autónomos adheridos; la declaración expresa de la responsabilidad mancomunada de los asociados; la responsabilidad de los asociados con funciones directivas y la forma de hacer efectiva dicha responsabilidad; normas de gobierno y funcionamiento interno y el régimen económico-administrativo (art. 20 RMATEP). **b) Que limiten su actividad al ejercicio exclusivo** de las funciones legalmente previstas para las mutuas (art. 81.1 b) LGSS). **c) La constitución de una fianza** inicial con una cuantía fijada por reglamento como garantía del cumplimiento de sus obligaciones (art. 81.1 c) LGSS). **d) La autorización de la constitución por el ministerio competente** una vez comprobada la concurrencia de todos los requisitos (art. 81.2 LGSS). **e) La inscripción en el Registro** de Mutuas dependiente del MISSM con un número de registro. La autorización se publicará en el "BOE" y desde ese momento se adquiere la personalidad jurídica (art. 81.1 d) y 2 LGSS) y capacidad de obrar para cumplir sus fines con un ámbito estatal de actuación territorial (art. 80.1 *in fine* LGSS). **f)** Finalmente, **la denominación de la mutua,** de uso exclusivo, incluirá la expresión "Mutua Colaboradora con la Seguridad Social", seguida del número de inscripción. Se utilizará en todos sus centros y dependencias, en las relaciones con sus asociados, adheridos, trabajadores protegidos y terceros (art. 81.3 LGSS).

C) Limitaciones al objeto social

La finalidad de la actividad de las mutuas es la colaboración en la gestión de la Seguridad Social, en colaboración con el MISSM, de las siguientes actividades (art. 80.2 LGSS): a) Las prestaciones económicas y de la asistencia sanitaria, incluida la rehabilitación, de la protección por AT o EP sufridos por el personal de los asociados, así como de las actividades de prevención de las mismas contingencias que dispensa la acción protectora. b) La prestación económica por IT derivada de contingencias comunes. c) Las prestaciones por riesgo durante el embarazo y riesgo durante la lactancia natural. d) La gestión de las prestaciones económicas por cese en la actividad de los autónomos. e) La prestación por cuidado de menores afectados por cáncer u otra enfermedad grave. f) Las demás actividades de la Seguridad Social atribuidas por ley.

No obstante, se ha ampliado con carácter subsidiario los sujetos objeto de atención por las mutuas al habilitarlas para celebrar conciertos con entidades privadas a favor de terceras personas para la realización de pruebas y tratamientos, siempre que no perjudiquen a los trabajadores protegidos (art. 82.4 e) LGSS).

D) La tutela administrativa de las mutuas

El ejercicio de dirección y tutela de las mutuas corresponde al MISSM, con un paralelismo tuitivo al de las EEGG. Las facultades de dirección y tutela se ejercerán por un órgano administrativo con funciones propias (art. 98.1 LGSS). Las competencias del MISSM van desde la autorización y la aprobación de estatutos hasta el cese de su actividad (art. 81.2 LGSS) y entre otras se señalan: la declaración de responsabilidades de las mutuas, la liquidación y la determinación de los sujetos obligados, solicitando a la TGSS la recaudación ejecutiva de los derechos de crédito derivados; reclamar el pago o ejercitar como parte las acciones legales para exigir responsabilidades (art. 91.5 LGSS); editar un informe anual de actividades de las mutuas, los recursos y medios públicos adscritos y sus aplicaciones y las quejas y peticiones ante las mutuas (art. 98.6 LGSS); acordar la reposición de las reservas obligatorias mediante derrama entre sus asociados, cuando una MCSS no alcance el porcentaje que se determine (art. 95.3 LGSS); la adopción de medidas cautelares (art. 100 LGSS) (**Cfr.** 8.1.3 A) de esta Lección). A su vez, la ITSS ejercerá la inspección de los actos de las mutuas (art. 98.4 LGSS). Además, el MISSM y la ITSS poseen todas las competencias de los arts. 53 y ss. RMATEP. Por su parte, las mutuas para el cumplimiento de las funciones de tutela poseen obligaciones como (art. 98.1 LGSS): a) una auditoría anual (art. 98.2 LGSS); b) la elaboración y remisión al MISSM del anteproyecto de presupuesto de ingresos y gastos y la rendición anual de cuentas (art. 98.3 LGSS); c) facilitar la información solicitada por el MISSM sobre sus actividades o de gestión de su patrimonio histórico y cumplir las instrucciones de funcionamiento del órgano de dirección y tutela (art. 98.5 LGSS).

E) La pertenencia de las mutuas al sector público

El estatuto jurídico de las mutuas ha estado sometido a un proceso constante de penetración de factores de orden público. A la tradicional tutela pública de sus actividades, se añade otra más novedosa: su consideración como parte del sector público estatal de carácter administrativo, derivado de la naturaleza pública de sus funciones y los recursos económicos que gestionan, sin perjuicio de la naturaleza privada de la entidad (art. 80.4 LGSS y también los arts. 2.2.h) y 3.1.a) LGP y el art. 3.1.f) LCSP). La pertenencia al sector público posee sus expresiones más relevantes en: a) **la naturaleza jurídica de las prestaciones, asistencias y servicios** de colaboración forman parte de la acción protectora de la Seguridad Social y se dispensarán con el mismo alcance que las EEGG, a salvo de las particularidades expresamente tasadas en la norma y del régimen jurídico de la LGSS y sus normas de desarrollo (art. 82.1 LGSS). **b) Las limitaciones del personal directivo** de las mutuas sometido a incompatibilidades, prohibiciones, máximos retributivos (Artículo 88.2 LGSS), límites por extinciones contractuales y responsabilidades en parecidos términos que al personal laboral del sector público de conformidad con el RD 451/2012 (arts. 88.4 y 91 LGSS). **c)** La "publificación" del **patrimonio** de las mutuas. Los ingresos de las mutuas, señalados en el art. 84.1 LGSS, de conformidad con los arts. 19.3 y 103.1 LGSS, forman parte de los activos y de los fines de la Seguridad Social (art. 92 LGSS). Por el contrario, se excluye el denominado **patrimonio histórico de las mutuas**, cuya propiedad pertenece a éstas en su calidad de asociación de empresarios[6]. **d)** En **su actividad contractual**, quedan afectadas a las normas de aplicación a los poderes adjudicadores que no sean Administración Pública, de conformidad con la LCSP y con la aprobación de los pliegos por el MISSM (art. 94 LGSS). **e)** Las mutuas gozan de **exención tributaria**, en los mismos términos que las EEGG (art. 84.5 LGSS). **f)** También se prevé, con el fin de introducir —si procede— cambios normativos, un informe del Gobierno al Congreso de los Diputados en el plazo de 3 años sobre la eficiencia de la gestión de las mutuas en comparación con la gestión de las EE.GG. (DA 5ª Ley 35/2014).

En fin, las funciones originarias de las mutuas se han desnaturalizado parcialmente, pasando de ser "entidades colaboradoras", a configurarse, de facto, como una suerte de "entidad gestora" *sui generis*, si bien manteniendo su forma de "asociación empresarial privada" (MOLINA NAVARRETE, 2011).

---

6 El patrimonio histórico comprende los bienes de las mutuas adquiridos antes del año 1967. Y, más restrictivamente, el adquirido entre el 1.1.1967 y el 31.1.1975, siempre que provengan del 20% de excedentes y recursos económicos no originados por las cuotas sociales. El patrimonio queda afectado al fin social de la MCSS, sin que puedan derivarse rendimientos o incrementos patrimoniales que, a su vez, constituyan un gravamen para el patrimonio de la Seguridad Social. Las mutuas serán compensadas si su patrimonio histórico se destina a centros y servicios sanitarios o administrativos de actividades de colaboración con la Seguridad Social o subsidiariamente a otros servicios (art. 93 LGSS).

F) El funcionamiento interno

Las mutuas han de dotarse de unos órganos de gobierno con claras similitudes con otras sociedades jurídico-privadas. Además, los factores de orden público, por ser entidades colaboradoras de la Seguridad Social, condicionan su funcionamiento que afecta a los órganos de gobierno y de participación. Así, el art. 85 LGSS señala como órganos de gobierno de las mutuas la **Junta General**, la **Junta Directiva** y el **Director gerente**. La **Junta General**, órgano de gobierno superior, la componen todos los empresarios asociados, una representación de los trabajadores autónomos y un representante de los trabajadores dependientes de la MCSS. Una mínima regulación está contenida en el art. 86 LGSS. A la **Junta Directiva**, órgano colegiado elegido por la Junta General —el MISSM confirma sus miembros MISSM a excepción del representante de los trabajadores—, le corresponde el gobierno directo de la mutua. El Presidente ostenta la representación de la mutua (art. 86.2 LGSS). El **Director Gerente** ejerce la dirección ejecutiva y ordinaria de la mutua, desarrolla sus objetivos generales y con sujeción a los criterios e instrucciones de la Junta Directiva y su Presidente. Nombrado por la Junta Directiva, estará vinculado por un contrato de alta dirección, confirmado por el MISSM. Un similar régimen jurídico es de aplicación al resto del personal directivo de la mutua que ejerza funciones ejecutivas (art. 88 LGSS). Otros órganos de las mutuas son: **la Comisión de Control y Seguimiento**, órgano de participación institucional de los agentes sociales (art. 89 LGSS) y **la Comisión de Prestaciones Especiales** cuya función básica es la concesión de los beneficios de la asistencia social potestativa (art. 90 LGSS).

G) Ausencia de ánimo de lucro

La obtención de lucro no es objetivo de las mutuas y su colaboración en la gestión de la Seguridad Social no servirá de fundamento a operaciones de lucro mercantil ni comprenderá actividades de captación de empresas asociadas o de trabajadores adheridos. Tampoco dará lugar a beneficios de ninguna clase a favor de sus asociados, ni a la sustitución de éstos en las obligaciones que les correspondan por su condición (art. 80.1 y 3 LGSS). En consecuencia, los excedentes económicos de cada mutua se destinan a reservas para hacer frente a sus obligaciones, detalladas en la LGSS, que en síntesis son: **a) Los resultados económicos anuales de la gestión se diferenciarán en tres ámbitos**: 1) La gestión de AT y EP, de la prestación económica por riesgo durante el embarazo, la lactancia natural, por cuidado de menores afectados por cáncer u otra enfermedad grave y de las actividades preventivas de la Seguridad Social.

2) La gestión de la prestación económica por IT derivada de contingencias comunes. 3) La gestión de la protección por cese de actividad de los trabajadores por cuenta propia, actuando la MCSS como órgano gestor. **b)** En cada ámbito se constituirá y dotará en cada ejercicio una **Reserva de Estabilización** para corregir las desigualdades de resultados económicos entre diferentes ejercicios y cuyas denominaciones y cuantías son: 1) **Reserva de Estabilización de Contingencias Profesionales** (entre un mínimo de un 20% y un máximo de un 30% de la media anual de las cuotas percibidas en el último trienio por dichas contingencias). Por otra parte, en la gestión de este ámbito se constituirá una **provisión para contingencias en tramitación,** que comprenderá la parte no reasegurada del importe estimado de las prestaciones periódicas por invalidez y por muerte y supervivencia derivadas de AT y EP, cuyo reconocimiento se encuentre pendiente al cierre del ejercicio. 2) **Reserva de Estabilización por contingencias comunes** (entre un mínimo del 5% y máxima del 25% de las cuotas percibidas por la mutua a partir de sus resultados positivos). **3) Reserva de Estabilización por Cese de Actividad** en idénticas cuantías que la Reserva por Contingencias Comunes y la **Reserva de Complementaria de Estabilización por Cese de Actividad,** consistente en la cantidad restante del resultado neto no provisionado que se ingresará en la TGSS (arts. 95 y 96 LGSS). **c) En caso de resultados negativos** se prevén mecanismos de uso de las reservas para afrontar las obligaciones de las mutuas (art. 95.3 LGSS). **d) Una vez dotadas las reservas de estabilización, los excedentes económicos** se aplicarán de la siguiente manera**: 1) Para las contingencias profesionales**: i) El 5 por ciento del excedente obtenido en el ámbito de la gestión señalado en el artículo 95.1.a), se ingresará con anterioridad al 31 de julio de cada ejercicio en la cuenta especial del Fondo de Contingencias Profesionales de la Seguridad Social, abierta en el Banco de España a nombre de la Tesorería General de la Seguridad Social y a disposición del Ministerio de Inclusión, Seguridad Social y Migraciones. (ver art. 96.1 LGSS y O. ESS/1250/2015, de 25 de junio). ii) El 5 por ciento del excedente señalado en el primer párrafo de este apartado se aplicará a la dotación de la Reserva Complementaria que constituirán las mutuas, cuyos recursos se podrán destinar al pago de exceso de gastos de administración, de gastos procesales derivados de pretensiones que no tengan por objeto prestaciones de Seguridad Social y de sanciones administrativas, en el caso de que no resulte necesaria su aplicación a los fines establecidos en el artículo 95.3[7]. iii) El 10 por ciento del excedente señalado en el primer párrafo de este apartado

[7] Con la Ley 35/2014 desaparece la previsión anterior de caución o garantía de las mutuas para las reclamaciones previas y los recursos contra resoluciones de la SESSP, de las EEGG o de la TGSS y los gastos de las impugnaciones, que no se financiaban a cargo a recursos que fueran parte del patrimonio de la Seguridad Social. Igual

se aplicará a la dotación de la Reserva de Asistencia Social, que se destinará al pago de prestaciones de asistencia social autorizadas, que comprenderán, entre otras, acciones de rehabilitación y de recuperación y reorientación profesional y medidas de apoyo a la adaptación de medios esenciales y puestos de trabajo, a favor de los trabajadores accidentados protegidos por las mismas y, en particular, para aquellos con discapacidad sobrevenida, así como, en su caso, ayudas a sus derechohabientes, las cuales serán ajenas y complementarias a las incluidas en la acción protectora de la Seguridad Social. Reglamentariamente se desarrollará el régimen de las aplicaciones de estas reservas (art. 96.1 c) LGSS). iv) El 80 por ciento del excedente señalado en el primer párrafo de este apartado se ingresará, con anterioridad al 31 de julio de cada ejercicio, en el Fondo de Reserva de la Seguridad Social.

En ningún caso la Reserva Complementaria y la Reserva de Asistencia Social podrán aplicarse al pago de gastos indebidos, por no corresponder a prestaciones, servicios u otros conceptos comprendidos en la colaboración, o a retribuciones o indemnizaciones del personal de las mutuas por cuantía superior a la establecida en las normas de aplicación (art. 96.2 LGSS).

2) El excedente por **Contingencias Comunes** se ingresará en el **Fondo de Reserva de la Seguridad Social** (art. 96.3 LGSS).

La ausencia de lucro también se extiende a la naturaleza jurídica de los ingresos de las mutuas que se nutren de las cuotas que abonan las empresas asociadas, en función de la cobertura de las contingencias aseguradas y que forman parte del patrimonio de la Seguridad Social. Las cuotas se ingresan directamente en la TGSS quien —después de las deducciones para sostener los servicios comunes de la Seguridad Social— abona a la mutua las cuotas correspondientes.

H) La instrumentación de las relaciones entre las mutuas y las empresas asociadas y los trabajadores autónomos

Los empresarios y los trabajadores por cuenta propia, al formalizar los actos de encuadramiento ante la TGSS optarán por la EG o por la MCSS para proteger los AT y EP, la IT por contingencias comunes y la protección por cese de actividad

limitación afectaba al importe de las sanciones impuestas a las mutuas por infracciones derivadas de su colaboración en la gestión de la Seguridad Social (art. 76. 4 LGSS/94).

La opción a favor de una mutua por los empresarios para la protección de AT y EP se materializará a través del **convenio de asociación**. La opción ante la misma MCSS se podrá producir también para la gestión de IT por contingencias comunes. El convenio tendrá una vigencia de **un año**[8] y podrá prorrogarse por periodos anuales. Por reglamento se regulará el procedimiento para formalizar el convenio, su contenido y efectos[9] (art. 83.1 a) LGSS) (**Cfr.** Lección 5). El reconocimiento de las declaraciones y sus efectos corresponde a la TGSS (art. 83.1 LGSS).

Por su parte, **los trabajadores autónomos** formalizarán la relación con la mutua a través del **documento de adhesión** (no adquieren la condición de socios de la mutua ni los derechos y obligaciones derivados de la asociación). El periodo de la adhesión es de **un año**, con prórrogas anuales. Por reglamento se regulará la formalización del documento de adhesión, su contenido y efectos (art. 83.1 b) LGSS). A día de hoy, su régimen jurídico es similar al convenio de asociación (art. 75 RMATEP y DT 1ª RD 38/2010). Además, la MCSS ha de llevar un Registro de adheridos y un Registro de contingencias (art. 77 RMATEP). El art. 83.1 LGSS regula el régimen jurídico de la vinculación obligatoria de los trabajadores autónomos a una mutua, así: a) Los autónomos cuya acción protectora incluya obligatoriamente la IT se adherirán necesariamente a una MCSS para su gestión, así como aquellos que cambien de entidad (art. 83.1). b) En cuanto al cese de actividad, los autónomos formalizarán la gestión con la mutua a la que estén adheridos mediante un Anexo al documento de adhesión (art. 83.1 c) LGSS). c) Finalmente, los trabajadores autónomos del REMAR podrán optar por proteger las contingencias profesionales con la EG o con una MCSS que deberá ser la misma para el cese de actividad. En todo caso, la protección de las contingencias comunes se formalizará con la EG (art. 83.1 b) y c) LGSS).

---

8 La DT 3ª de Ley 22/2013 de PGE prevé la resolución anticipada de la vinculación a una mutua en caso de irregularidades al dispensar las prestaciones y servicios, insuficiencia financiera o adopción de las medidas cautelares. El Ministerio tutelar regulará el procedimiento para resolución anticipada de la vinculación.

9 En la actualidad, a la espera del desarrollo reglamentario, el convenio se formaliza con el **documento de asociación**, con los datos identificativos y el momento de nacimiento y extinción de la relación (art. 62.3 RMATEP). Alternativamente, si el convenio de asociación no pudiera formalizarse inmediatamente, la empresa candidata suscribirá "el documento de proposición de asociación" e implicará que la mutua asume las obligaciones de la asociación cuando ésta pueda ser efectiva (art. 62.4 RMATEP).

Las mutuas están obligadas a la aceptación forzosa de la solicitud de asociación de una empresa, incluyendo a todos sus trabajadores, con el mismo alcance y términos que la relación con las EEGG. En todo caso la falta de pago de las cuotas por un empresario asociado no extingue el convenio de asociación (art. 83.2 LGSS). En fin, la información y datos sobre los empresarios asociados, los autónomos adheridos y los trabajadores protegidos en poder de las MCSS, y los generados en el desarrollo de su actividad colaboradora, son reservados sin que puedan ser cedidos a terceros, salvo en los supuestos del art. 77 LGSS (art. 83.3 LGSS).

I) La colaboración entre las mutuas

Las mutuas pueden establecer entre sí *"los mecanismos de colaboración y cooperación que sean necesarios para el mejor desarrollo de las competencias que tienen legalmente encomendadas"* (art. 91 RMATEP). Entre los mecanismos se admiten expresamente *"la puesta en común de los medios necesarios para el desarrollo de la gestión"* mediante la creación por dos o más mutuas de "centros mancomunados", autorizados, inscritos y registrados por el MISSM (art. 93 RMATEP). Los centros se asimilan a la naturaleza de las mutuas partícipes en su configuración legal, actividad, tutela del MISSM, presupuestos y contabilidad, sus ingresos son parte del patrimonio de la seguridad social, controladas por la Intervención General de la Seguridad Social. Reguladas por los arts. 118 a 121 RMATEP y supletoriamente por "la normativa de aplicación a las mutuas" (art. 93 RMATEP). Por su parte, el art. 3 RD 701/2013 eliminó "las entidades mancomunadas" como forma de colaboración entre mutuas sin necesidad de una persona jurídica interpuesta, con el consiguiente ahorro de costes. Y, alternativamente, se potencian los Convenios y Acuerdos.

8.1.3. Las responsabilidades en el funcionamiento de las mutuas

A) Las medidas cautelares

La previsión legal de adopción de medidas cautelares a una MCSS responde a situaciones de: a) no alcanzar la cuantía mínima del 80% de la Reserva de Estabilización de Contingencias Profesionales; b) el desequilibrio económico-financiero de una MCSS con riesgo para su solvencia o liquidez, los intereses de los asociados o beneficiarios, de la Seguridad Social, el cumplimiento de obligaciones o la insuficiencia o irregularidad de la contabilidad o de la administración que impidan conocer su situación real (art. 100.1 LGSS). Las medidas cautelares, adecuadas a cada situación (art. 100.2 LGSS), se adoptarán por el MISSM, previo procedimiento administrativo. Finalmente, las medidas cesarán por acuerdo del MESS si desaparecen las causas motivadoras. Todo ello con independencia de las sanciones que procedan y la responsabilidad mancomunada (art. 100.3 LGSS).

B) La responsabilidad mancomunada de los empresarios asociados a una mutua

Los empresarios asociados adquieren una responsabilidad mancomunada ante el incumplimiento puntual de las obligaciones de una mutua, es decir, responden subsidiariamente de las obligaciones de la EC (art. 80.1 LGSS). **Las obligaciones mancomunadas de los asociados traen como causa, en general, una deficiente gestión de la mutua** (art. 100.4 LGSS) y comprende: a) La reposición de la Reserva de Estabilización de Contingencias Profesionales hasta el nivel mínimo de cobertura del art. 95 LGSS y el MISSM decida garantizar la adecuada gestión por la mutua de las prestaciones o el cumplimento de sus obligaciones. b) Los gastos indebidos exógenos a prestaciones, servicios u otros conceptos comprendidos en la colaboración en la gestión de la Seguridad Social. c) Los excesos en los gastos de gestión y por sanciones económicas. d) Las retribuciones o indemnizaciones del personal de la mutua superiores a las normas que regulen la relación laboral o que superen las limitaciones legales. e) La cancelación del déficit de la liquidación de la mutua, por la inexistencia de recursos suficientes una vez agotados los patrimonios en liquidación, incluido el patrimonio histórico. f) El incumplimiento de obligaciones contraídas por la MCSS. g) Las obligaciones atribuidas a la mutua en virtud de la responsabilidad directa o subsidiaria de la Junta directiva y personal ejecutivo del art. 91.5 LGSS (art. 100.4 LGSS).

La responsabilidad mancomunada se extiende a la vigencia del convenio de asociación (responsabilidad ilimitada del asociado con su patrimonio de la parte alícuota de las obligaciones incumplidas por la EC) y prescribirá a los 5 años desde la fecha del cierre del ejercicio de la desvinculación del empresario del convenio de asociación (art. 100.4 LGSS).

El pago de las responsabilidades se canaliza por **derramas,** fijadas por el MISSM que reclamará su pago, forma, medios, modalidades y condiciones (art. 91.5 LGSS). La derrama será proporcional al importe de las cuotas que les corresponda a los asociados por las contingencias protegidas, salvaguardando la igualdad de derechos y obligaciones de los empresarios. Las derramas son recursos públicos de la Seguridad Social (art. 100.4 LGSS). También la EC podrá afrontar las responsabilidades con el patrimonio histórico (art. 100.5 LGSS).

C) La disolución y liquidación de una mutua

Las razones por las que la MCSS puede cesar en la colaboración en la gestión de la Seguridad Social y proceder a su disolución son: a) **Genéricas, por causas similares a otra entidad societaria** como el acuerdo de la Junta Directiva, fusión o absorción (en este caso no procede la liquidación de las mutuas integradas); ausencia de algún requisito para su constitución o funcionamiento. b) **Específicas:** una deficiente gestión del plan de viabilidad, rehabilitación o saneamiento; el cese de la colaboración por infracción muy grave por la LISOS; la insuficiencia del patrimonio histórico para afrontar la responsabilidad mancomunada. El MISSM regulará el procedimiento de disolución y liquidación. Los excedentes se ingresarán en la TGSS para los fines de la Seguridad Social, a excepción del patrimonio histórico, según lo previsto en los Estatutos de EC. La MCSS resultante de la fusión o la absorbente se subrogará en los derechos y obligaciones de las que se extingan (art. 101 LGSS).

8.1.4. Las competencias de las mutuas

Las mutuas, desde su función originaria de protección de los AT, han ampliado el objeto de sus actividades de colaboración en la gestión de la Seguridad Social (art. 81.1 LGSS). Tanto con una generalización de la acción protectora por AT y EP a todos los regímenes que integran el sistema de Seguridad Social, si bien con respecto a los trabajadores que causen alta en cualquier régimen, como la ampliación de otras contingencias antaño no permitidas. Por otra parte, subjetivamente, la tradicional acción protectora destinada a los trabajadores asalariados, en los últimos lustros, se ha extendido a la adhesión de trabajadores autónomos. En la actualidad el contenido y objeto de la colaboración en la gestión comprende las actividades enunciadas en el art. 80.2 LGSS (**Cfr.** 8.1.1. C) de esta Lección) con el mismo alcance que dispensan las EEGG, salvo algunas particularidades (art. 80.3 LGSS). Interesa ahora detallar las competencias de las mutuas.

A) La protección por contingencias profesionales

Las empresas pueden optar por la cobertura de las contingencias profesionales de sus trabajadores, con idénticos niveles de protección, por una EG de la Seguridad Social o por una mutua (art. 83 LGSS). La cobertura comprende la gestión de las prestaciones económicas y de la asistencia sanitaria, incluida la rehabilitación, así como de las actividades de prevención de las mismas contingencias (art. 80.2 a) LGSS) y corresponde a las mutuas la determinación inicial del carácter profesional de la contingencia, sin perjuicio de su posible revisión y calificación por la EG competente (art. 82.2 LGSS) que se despliega en las funciones de:

a) Los procesos de **IT por contingencias profesionales y sus recaídas** (**Cfr.** Lección 10, para la gestión y control de la IT).

b) **Las prestaciones** que no sean consideradas como pensiones **por incapacidad permanente o muerte y supervivencia** se abonarán al trabajador o sus familiares por la mutua. Diferente será la forma de abono si se causara derecho a pensión como consecuencia de la actualización de las contingencias: la EC responsable ingresará el valor actual del capital coste a la TGSS y ésta abonará la pensión al trabajador. Los criterios para el cálculo del capital coste de las pensiones u otras prestaciones de carácter periódico se regulan en la O. TAS/4054/2005, de 27 de diciembre, y la O. MTIN/2124/2010, de 28 de julio.

c) Las prestaciones por **riesgo durante el embarazo** o **riesgo durante la lactancia natural**, de naturaleza profesional (arts. 36 y 51 RD 295/2009), comprende el reconocimiento del derecho, su denegación, suspensión, anulación o extinción y, en general, cualquier actuación dirigida a comprobar los hechos, condiciones y requisitos necesarios para el acceso al derecho y su mantenimiento.

d) La gestión y pago de la prestación por **cuidado de menor afectado por cáncer** u otra enfermedad grave, según la opción utilizada por la empresa para cobertura de las contingencias profesionales (art. 8 RD 1148/2011).

e) Distinta es también la **asistencia sanitaria y rehabilitación** de las mutuas a favor de los trabajadores afectados por AT o EP (o por contingencias comunes "legalmente autorizada o que pueda realizarse y facturarse de conformidad con la normativa aplicable"), a cuyo fin se dispensarán a través de medios e instalaciones gestionados por las mutuas, convenios con otras Mutuas, con las Administraciones Públicas Sanitarias o conciertos con medios privados conforme al art. 258 LGSS (art. 82.2 LGSS y RD 1630/2011). En este sentido, las EC pueden adelantar el coste, con el posterior cobro del servicio de salud o de la EG responsable, por la realización **de pruebas diagnósticas, tratamientos y procesos de recuperación funcional** que evite la prolongación innecesaria de procesos de IT (art. 82.4.g LGSS). Complementaria a la prestación de asistencia sanitaria es la dotación, por las mutuas a las empresas con cargo a la Seguridad Social, de botiquines portátiles para prestar los primeros auxilios a los trabajadores accidentados, así como la reposición del material por utilización o caducidad (Anexo VI A) 3) del RD 486/1997, de 14 de abril y O. 2947/2007, de 8 de octubre).

B) La incapacidad temporal derivada de contingencias comunes

La colaboración de las mutuas en esta prestación se desarrolla por el RD 625/2014, de 18 de julio. Inicialmente posee el mismo régimen jurídico protector para los trabajadores por cuenta ajena y por cuenta propia[10], en las mismas condiciones e igual alcance que las otorgadas por las EEGG (Cfr. Lección 10). La cobertura de la IT por una mutua es obligatoria para los trabajadores del RETA. En todo caso, la falta de pago de las cotizaciones a la Seguridad Social no da lugar a la resolución de la relación de adhesión, sin perjuicio de las condiciones necesarias para acceder a la prestación (art. 74.2 RMATEP) (**Cfr.** infra Lección 19).

C) La prevención de riesgos laborales

La actividad preventiva de los riegos laborales por las mutuas, con un crecimiento notable en los últimos años, complementa —no sustituye— las obligaciones directas de los empresarios fijadas en la LPRL (art. 82.3 LGSS) y su desarrollo (RD 860/2018, de 13 de julio y la O. TAS/3623/2006, de 26 de noviembre), por ser de naturaleza asistencial, sin generar derechos subjetivos. Dicha actividad preventiva, tradicionalmente vinculada a las contingencias profesionales para prestar servicios a las empresas asociadas, sus trabajadores y autónomos (art. 13.1 RMATEP), se destina prioritariamente a las pequeñas empresas y las empresas con mayor siniestralidad con el fin de lograr una mejor integración en los planes y programas preventivos de las administraciones públicas, el desarrollo de I+D+i, la divulgación, educación y sensibilización en prevención de AT (art. 2.2 O. MTAS/3623/2006). A este fin se podrá aportar hasta 1% del presupuesto de ingresos por cuotas por contingencias profesionales (art. 3 O. MTAS/3623/2006). Por otra parte, las mutuas no pueden actuar como servicio de prevención ajeno ni participar por medio de una sociedad anónima o limitada de prevención ni siquiera a cargo de su patrimonio histórico (art. 32. LPRL y DT 3ª Ley

---

10 El TS ha declarado la incompetencia de las mutuas para extinguir el derecho a la prestación de IT por la actividad laboral de los autónomos [por todas, STS 18 de febrero de 2009 *(Tol 1525138)*].

35/2014). Finalmente, pueden ofrecer servicios de prevención a los trabajadores autónomos con cobertura de protección de IT por contingencias profesionales (art. 87.2 RMATEP).

D) El cese de actividad de los trabajadores autónomos

La gestión de las prestaciones económicas por cese en la actividad de los trabajadores por cuenta propia, que incluye también los trabajadores del Mar, se regula en el título V de la LGSS. Soslayando el régimen jurídico del cese de actividad (Cfr. Lección 19), interesa señalar que cuando un trabajador cumpla los requisitos de acceso del derecho a la protección, la gestión de la prestación se solicitará a la mutua aseguradora de las contingencias y comprende el reconocimiento, suspensión, extinción, reanudación y pago de la prestación, sin perjuicio de las atribuciones reconocidas a los órganos competentes de la Administración en materia de infracciones y sanciones (art. 346 LGSS). Por su parte, se deriva la gestión al ISM de los trabajadores del mar no incorporados a las mutuas por AT y EP[11].

E) Otras actividades atribuidas legalmente

Por otro lado, las MCSS, como complemento de su administración directa, pueden utilizar los servicios de terceros para realizar gestiones administrativas (art. 5 RMATEP). Los requisitos y condiciones vienen determinados en la O. TAS/3859/2007, de 27 diciembre.

8.2. La colaboración de las empresas en la gestión de la Seguridad Social

El sistema español de Seguridad Social habilita a las empresas, individualmente consideradas, a colaborar de forma directa en su gestión [art. 79 LGSS, OM de 25 de noviembre de 1966 (OCE)]. La colaboración en la gestión se instrumenta a través de dos modalidades: obligatoria y voluntaria (art. 1.2 OCE).

---

[11] Recuérdese que el RDL 8/2020 introdujo una prestación extraordinaria por cese de actividad por causa de la declaración de estado de alarma causado por el COVID 19, para acceder a dicha prestación los autónomos no incluidos en la protección por una mutua debían solicitar el documento de adhesión junto con la solicitud de la prestación (art. 17.7 RDL 8/2020).

8.2.1. La colaboración obligatoria

Con objeto de liberar de tareas burocráticas y agilizar el pago de determinadas prestaciones de la Seguridad Social a las EEGG, el art. 102.1.b) LGSS y el art. 3.1 OCE, regulan la colaboración obligatoria en la gestión a través del **pago delegado** a los trabajadores por las empresas, a cargo de la EG obligada, de las prestaciones económicas **(a) por incapacidad temporal** con independencia de su causa; y **b) por desempleo parcial**, con reintegro de las cantidades abonadas detrayéndolas de las liquidaciones de las cuotas de la Seguridad Social del mismo periodo (arts. 16 a 21 OCE OM). (Para la dinámica del pago delegado por IT, *Cfr.* tema 10).

El art. 102.2 LGSS habilita al MISSM para fijar **excepciones por reglamento** a la colaboración obligatoria (eximir del pago delegado a las empresas) y **trasladar el pago, directo, a la EG o la mutua**. A día de hoy las excepciones son **tres**: a) En el caso de **IT**, con independencia de su causa, en **empresas con menos de 10 trabajadores**, que abonen la IT más de seis meses seguidos a un trabajador. El traslado al INSS o la MCSS se efectuará al inicio del mes natural y se comunicará a la entidad competente al menos quince días antes (art. 16.2 OCE); b) también en caso de **IT**, por cualquier contingencia, de los trabajadores en situación de **jubilación parcial** (DA 2ª O ESS/1187/2015, de 15 de junio); c) Finalmente, el traslado de pago directo opera en el **desempleo parcial** si lo aconseja la situación de la empresa y previa autorización, de oficio o a instancia de parte, de la autoridad laboral (art. 16.4 OCE).

8.2.2. La colaboración voluntaria

Las empresas podrán asumir libremente la colaboración en la gestión de la Seguridad Social para prestaciones tasadas normativamente (art. 102.1.a) LGSS). Para garantizar las obligaciones de las prestaciones asumidas por el empresario la colaboración voluntaria se somete a una previa autorización y una posterior tutela y control (decisión sobre la renuncia, la suspensión y el cese en la colaboración voluntaria) por la DGOSS (art. 14. OCE). Además, la colaboración voluntaria se ha de prestar de conformidad con las siguientes reglas: a) las prestaciones se dispensarán con la extensión y cuantía a las reguladas con carácter general; b) las cantidades recibidas por las empresas se aplicarán sólo a la finalidad autorizada; c) el resultado económico de la colaboración será asumido por las empresas, con los déficits que pudieran producirse (arts. 10 al 12 y 14. 4 y 6 OCE). La colaboración voluntaria, en la actualidad[12], se circunscribe a las **contingencias profesionales** por las que **la empresa asume directamente el pago**, a su cargo, de las prestaciones de IT por AT y EP, las prestaciones de asistencia sanitaria y recuperación profesional, incluido el subsidio que corresponda durante la indicada situación (art. 102.1.a) LGSS). Las **condiciones** para autorizar la colaboración son: una plantilla de más de 250 trabajadores fijos en el RGSS (o 100 trabajadores si su objeto es la asistencia sanitaria), centro sanitario propio y suficiente (art. 4 OCE). Las obligaciones son: la cobertura de las prestaciones autorizadas (se prohíbe la cesión, aseguramiento o transmisión de la gestión a tercero), destinar parte de los excedentes de la gestión a una reserva de estabilización e informar semestralmente a los representantes de los trabajadores de la gestión de la colaboración (art. 5 OCE). En contraprestación, las empresas retendrán la parte de cuota empresarial de las prestaciones sanitarias y económicas asumidas, salvo la deducción de una cantidad destinada al sostenimiento de los servicios comunes de la Seguridad Social (art. 6 OCE y art. 25 OM PCM/244/2022)[13].

8.3. Otras formas de colaboración

La Administración competente de la Seguridad Social podrá concertar con entidades públicas o privadas la prestación de servicios administrativos, sanitarios o de recuperación profesional. Los conciertos se aprobarán por los ministerios competentes, y la compensación económica no podrá ser un porcentaje de las cuotas ni la sustitución de la función de las EEGG del RGSS (art. 258 LGSS). En parecidos términos para los seguros privados, DA 4ª LOSSP.

---

12 La DT 4ª del RDL 28/2018, regula el régimen transitorio de la extinción de la colaboración voluntaria de las empresas que gestionen la IT por contingencias comunes.

13 Peculiar es la colaboración, regulada por la O. TAS/3859/2007, de 27 de diciembre, de empresas de más de 500 trabajadores autorizadas para gestionar el pago directo de la IT, asistencia sanitaria y recuperación profesional por AT y EP, asociadas a una mutua a la que presten servicios de gestión complementaria, percibirán por esta colaboración el 3% de las cuotas retenidas, además de la contraprestación del art. 1 de la citada orden (DA 3ª).

Lección 5
La relación jurídica con la Seguridad Social y los actos de encuadramiento

CAYETANO NÚÑEZ GONZÁLEZ
Profesor Titular de Derecho del Trabajo y de la Seguridad Social
Universitat de València

1. INTRODUCCIÓN

1.1. La realización de una actividad productiva y los actos de encuadramiento: la correspondencia entre la situación material y el procedimiento formal

La relación jurídica con el nivel contributivo de la Seguridad Social nace a partir de la realización de una actividad productiva incluida en su campo de aplicación. Esta situación material es la que pone en marcha el conjunto de derechos y obligaciones que la LGSS regula, tanto para las personas que trabajan, como para los empresarios que las contratan. Del mismo modo ocurre para las personas que trabajan por cuenta propia.

De esta idea cabe deducir que los derechos y las obligaciones de Seguridad Social no nacen por la voluntad de las partes, sino que están especificadas en la Ley: es la LGSS la que dice qué actividades productivas dan lugar a la inclusión en el nivel contributivo y qué derechos y obligaciones se derivan de esta situación.

De esta forma, el art. 7.1 LGSS determina qué trabajos dan lugar a la inclusión del trabajador en el campo de aplicación del nivel contributivo de la Seguridad Social. Cuando esto ocurre, se pone en marcha la relación jurídica de empresario y trabajador con la Seguridad Social, obligando la LGSS al empresario a comunicar esta relación de trabajo mediante los actos de encuadramiento, en el tiempo y forma que la Ley especifica.

Dicho de otro modo, los actos de encuadramiento son actos administrativos que reconocen la situación laboral existente, para lo que es requisito *sine qua non* que exista un trabajo incluido en el art. 7.1 LGSS.

Por tanto, los actos de encuadramiento no son posibles sin actividad productiva, porque generan derechos (prestaciones) y obligaciones (cotización) con la Seguridad Social que están condicionados a que exista un trabajo, sea por cuenta ajena o por cuenta propia. Si no hay trabajo incluido en el campo de aplicación no se produce la formalización, ni hay relación jurídica con el nivel contributivo de la Seguridad Social, salvo en situaciones excepcionales que la propia Ley contempla (situaciones asimiladas al alta). Por tanto, no habrá obligaciones, ni derechos contributivos, como tampoco actos de encuadramiento.

1.2. Los actos de encuadramiento como actos declarativos

Lo expresado sirve de explicación a otra característica relevante de los actos de encuadramiento: tienen naturaleza declarativa. Significa esto que mediante los actos de encuadramiento la Administración registra una situación de hecho: la realización de un trabajo que da lugar a la inclusión en el campo de aplicación del nivel contributivo de la Seguridad Social.

La TGSS no crea o constituye estas relaciones jurídicas, sino que es "competente para reconocer el derecho a la afiliación, el alta o la baja en la Seguridad Social", tal y como establece el art. 33 RDA. Mediante los actos de encuadramiento el empresario deberá notificar esta situación material a la Seguridad Social, procedimiento mediante el que la TGSS se da por enterada, comprueba su veracidad y formaliza la relación jurídica[1].

Esta es una de las razones por las que los actos de encuadramiento son un tipo de actos administrativos llamados instrumentales: sirven para organizar la Seguridad Social contributiva, teniendo con ellos la posibilidad de conocer quién está incluido en la misma, en qué Régimen, durante cuánto tiempo, con qué características y, como consecuencia, qué derechos y obligaciones se derivan de su incorporación en el Sistema.

1.3. La relación entre el trabajo por cuenta ajena y la Seguridad Social: situaciones posibles

Son tres las posibles situaciones que podrían producirse en la relación entre trabajo por cuenta ajena y Seguridad Social. Cuando se analice el alta

---

1 Como actos meramente declarativos determinan una presunción cuya validez depende de la existencia de la situación material, según opinión emitida por la STSJ Galicia de 28 de mayo de 1998, Rec. nº 2545/1995.

se verá con mayor profundidad, pero conviene dejar desde aquí un conocimiento inicial de las mismas.

La pretensión ideal de la LGSS, el deber ser, es la coincidencia temporal entre trabajo y actos de encuadramiento: cuando exista un trabajo, incluido en el campo de aplicación del nivel contributivo, debe ponerse en marcha el procedimiento administrativo para su formalización, a través de los actos de encuadramiento. Esto significa que, cuando hay actividad productiva, es obligatorio notificarlo a la Seguridad Social. Esta notificación sirve para otorgar reconocimiento formal y poner en marcha las obligaciones (cotizar) y derechos (prestaciones) previstos jurídicamente. Cuando así se hace, el empresario desplaza a la Seguridad Social su responsabilidad en materia de protección social, la que se hará cargo de las posibles contingencias o riesgos en que se encuentra el trabajador, así como de las prestaciones que deriven de las situaciones de necesidad que pueda padecer. Por lo tanto, si el trabajador o trabajadora sufre un accidente o enfermedad, se jubila o se encuentra en situación de maternidad o paternidad, entre otras, será la Seguridad Social quien responda ante esta situación de necesidad y abone las prestaciones que correspondan.

Cierto es que en nuestra realidad laboral esto no siempre ocurre. Así las cosas, existe un determinado porcentaje de trabajo no declarado, conocido como economía sumergida, en el que el empresario ignora su obligación de notificar a la Seguridad Social que tiene trabajadores por cuenta ajena a su cargo. Lo mismo ocurre cuando un trabajador por cuenta propia o trabajador autónomo prescinde de la obligación de notificar a la Seguridad Social que se encuentra realizando una actividad productiva. En estos supuestos, aun cuando hay un trabajo que requiere ser declarado, la Seguridad Social lo desconoce. Cuando esto ocurre, la LGSS contempla algunas garantías, como la posibilidad de que el trabajador solicite el reconocimiento de esta situación o que la propia Seguridad Social lo haga de oficio cuando lo detecta; al mismo tiempo, garantiza al trabajador algunas prestaciones de forma automática (arts. 167 y 168 LGSS). Ello no obstante, hay que considerar que aquí no se produce el desplazamiento de responsabilidad, por lo que el empresario será responsable de las prestaciones a las que el trabajador tenga derecho (arts. 167 y 168 LGSS).

Cuestión distinta es que se formalice una relación con la Seguridad Social que no se corresponde con ninguna actividad productiva. Es decir, hay relación jurídica con la Seguridad Social sin que exista trabajo, sea de modo temporal o definitivo. Dos son aquí los escenarios posibles. El primero, cuando la LGSS lo reconoce para proteger determinadas situaciones: son las llamadas situaciones asimiladas al alta y el alta especial (art. 166 LGSS). El segundo es ilegal; aparece cuando se pretende obtener un beneficio de la Seguridad Social de un modo fraudulento: se hace creer que existe una actividad productiva cuando no es cierto, con la finalidad de obtener prestaciones contributivas a las que no se tiene derecho, como, por ejemplo, cotizar para obtener una prestación de desempleo cuando nunca se trabajó[2].

2. LOS ACTOS DE ENCUADRAMIENTO

Además de los artículos 15, 16, 99, 138, 139 y 140 de la LGSS, los actos de encuadramiento están regulados en el RDA.

Como son actos administrativos, actúa como norma supletoria la Ley 39/2015, de 1 de octubre, del Procedimiento Administrativo Común de las Administraciones Públicas. Y, por imperativo del art. 3 f) de la LJS, su impugnación es competencia de la jurisdicción contenciosa administrativa[3].

En materia sancionatoria, el art. 22 LISOS considera como infracción grave el incumplimiento empresarial de omitir los actos de encuadramiento, incluso la de no comprobar el cumplimiento por parte del contratista al que está vinculado (*vid.* art. 22.11 LISOS tras la Ley 13/2012).

El Código Penal también incorpora delitos contra la Seguridad Social y contra los derechos de los trabajadores que tiene, sin duda, conexión con la falta de notificación empresarial a la TGSS, delitos que encuentran su nueva tipicidad en la reforma operada por la Ley Orgánica 7/2012.

2.1. Actos de encuadramiento: clasificación

Los actos de encuadramiento son:

La inscripción de empresas, regulada en el art. 138 LGSS y en los artículos que se irán señalando del RDA. Tiene como finalidad registrar, con

---

2 La jurisprudencia en este sentido es vieja y variada. La STS de 23 de junio de 1988 *(Tol 2352837)* obligaba a reintegrar el coste de las prestaciones de asistencia sanitaria generados por un alta y pago de cotizaciones de quien nunca trabajó para la empresa.

3 En todo caso, pueden aparecer conflictos con la jurisdicción social, en la medida que esta última sigue siendo la competente para resolver conflictos conexos, como la calificación de la naturaleza laboral de una relación de trabajo que, por lo explicado en el texto, tendrá efectos sobre la relación jurídica con la Seguridad Social.

carácter previo e indispensable a iniciar sus actividades, tenga o no ánimo de lucro, a toda persona natural o jurídica, pública o privada, que quiera utilizar trabajo por cuenta ajena incluido en cualquier Régimen de los que integran el Sistema de la Seguridad Social; en concreto, para el Régimen General, las incluidas en el art. 97 LGSS.

La afiliación de trabajadores, regulada en los artículos 15, 16, 139 y 140 LGSS y en los que se irán señalando del RDA, tiene como finalidad formalizar la inclusión de un trabajador en el nivel contributivo de la Seguridad Social la primera vez que realiza una actividad productiva. Mediante este acto se deja constancia del inicio de su vida laboral activa, con independencia de las veces que a lo largo de la misma se encuentre trabajando, periodos de actividad o inactividad que se notifican mediante las altas y las bajas.

El alta es el acto de encuadramiento a través del cual el empresario notifica y la TGSS reconoce que un trabajador ha iniciado una actividad productiva que da lugar a su inclusión en cualquier Régimen de la Seguridad Social. Se producirán tantas altas como veces un trabajador inicia un trabajo en su vida laboral, bien sea en la misma empresa o en empresas diferentes. En ocasiones se producen altas como consecuencia de otras circunstancias, como cambio de centro de trabajo en la empresa o de modalidad contractual, tal y como se verá más abajo. El alta está regulada en los artículos 16, 139 y 140 LGSS y en los que se irán señalando del RDA.

La baja es el acto de encuadramiento a través del cual el empresario notifica y la TGSS reconoce la extinción de una relación contractual que lo unía con una persona. La baja se producirá, de este modo, cada vez que una persona finalice una actividad productiva a lo largo de su vida laboral activa. Está regulada en los artículos 16, 139 y 140 LGSS y en los que se irán señalando del RDA.

2.2. Cuestiones comunes

2.2.1. Dinámica del procedimiento: solicitud y reconocimiento

Como se advirtió, los actos de encuadramiento son actos administrativos declarativos. Los actos de encuadramiento son, en primera instancia, promovidos por el empresario, como sujeto obligado por la LGSS. Salvo en el trabajo por cuenta propia, en el que el sujeto obligado es el propio trabajador, en el trabajo por cuenta ajena es el empresario quien tiene la obligación de solicitar a la Dirección Provincial o Administración de la TGSS donde tenga su domicilio el reconocimiento de cualquiera de las situaciones descritas: su inscripción, la afiliación, el alta y la baja.

La TGSS reconocerá formalmente esas situaciones fácticas y las registrará en el Sistema. El empresario por tanto no se inscribe, no afilia ni da de alta ni de baja, sino que lo solicita mediante cualquiera de esos actos de encuadramiento.

2.2.2. Forma de los actos de encuadramiento

Los actos de encuadramiento tienen forma escrita, existiendo para cada uno un modelo oficial en el que se proporcionan los datos requeridos, junto con la presentación de los documentos necesarios en cada caso. Cuando los datos aportados originalmente sufren alguna modificación, se procederá a comunicar a la TGSS mediante la denominada variación de datos.

Cada acto de encuadramiento tiene un plazo para su presentación, como se podrá observar.

En todo caso, hay que tener en cuenta algunas cuestiones:

A) Al presentar la solicitud tiene derecho a que la TGSS le proporcione constancia escrita que servirá a modo de justificación del cumplimiento de la obligación.

B) Si falta algún documento preceptivo dispone de un plazo de subsanación de 10 días para completar la documentación o solventar dudas respecto de la certeza de la situación alegada, según los artículos 11 y 13 del RDA y en la Ley 39/2015.

C) La solicitud puede presentarse en la oficina de la TGSS, aunque también puede hacerse por vía informática, telemática o electrónica (art. 32 RDA y OM de 3 de abril de 1995). Esta previsión responde a la necesidad de articular una solución para aquellos supuestos en los no fuese posible predecir la contratación y el día de inicio fuera inhábil. Ello no obstante, la utilización de las nuevas tecnologías, en el uso de la moderna expresión de "Gobierno electrónico", está permitiendo que este proceso se agilice por la puesta en marcha del Sistema RED[4], debiendo realizarse los actos de encuadramiento mediante esta aplicación informática.

---

4 El SISTEMA RED (Remisión Electrónica de Documentos) está regulado en la Orden ESS/484/2013, de 26 de marzo, por la que se regula el Sistema de remisión electrónica de datos en el ámbito de la Seguridad Social y en las OOMM ESS/485/2013, de 26 de marzo por la que se regulan las notificaciones y comunicaciones por medios electrónicos en el ámbito de la Seguridad Social y la OOMM

D) De modo excepcional la TGSS podrá autorizar a la empresa a presentar algunos actos de encuadramiento (afiliación y alta) con posterioridad al inicio de la actividad, si tiene dificultades por el volumen de contratación o por su actividad (art. 32.3.3 RDA)[5].

2.2.3. Sujeto promotor de los actos de encuadramiento

El sujeto obligado de promover los actos de encuadramiento es, siempre, el empresario para el trabajo por cuenta ajena; en el trabajo por cuenta propia es el propio trabajador autónomo.

Ello no obstante, cuando el empresario incumple con su obligación la LGSS faculta al trabajador para que solicite su afiliación, alta o baja. Esto significa que, a instancia de la parte trabajadora, se puede solicitar a la TGSS el reconocimiento formal de cualquiera de estas situaciones. De ningún modo se puede responsabilizar al trabajador si no ejerce este derecho, porque el incumplimiento es, en todo caso, empresarial.

La TGSS puede, de oficio, promover los actos de encuadramiento, cuando descubre, por sus propios medios o por la actuación de la Inspección de Trabajo, la existencia de una relación de trabajo por cuenta ajena que no le ha sido comunicada. Esta decisión podrá ser impugnada por el empresario cuando no exista prestación de servicios o la misma no tenga naturaleza laboral[6].

Tanto la actuación a instancia del trabajador como de oficio tiene, como se verá, efectos diferentes al procedimiento iniciado por el empresario y, en cualquier caso, se mantienen las sanciones que procedan por el incumplimiento de las obligaciones legales.

3. LA INSCRIPCIÓN DE EMPRESAS

La inscripción de empresas es un acto previo, indispensable, obligatorio, único y válido para todos los Regímenes y para todo el Estado. Esto

---

ESS/486/2013, de 26 de marzo por la que se crea y regula el Registro electrónico de apoderamientos de la Seguridad Social para la realización de trámites y actuaciones por medios electrónicos.

5 *Vid.* STSJ Galicia de 18 de octubre de 2003, recurso de suplicación nº 386/2001.

6 *Vid.* STSJ Castilla La Mancha de 1 de diciembre de 2005, recurso de suplicación nº 1159/2004.

significa que la empresa sólo se inscribe una vez, aunque tenga varios centros de trabajo y desarrolle diferentes actividades productivas incluidas en distintos Regímenes de la Seguridad Social.

3.1. Plazo y especialidades formales

Como acto previo, se deberá solicitar antes de iniciar actividades, cuando para su desarrollo requieran la contratación de trabajadores (art. 5 RDA). En sentido contrario, cuando la TGSS "tuviese conocimiento de la inscripción de empresas carentes de actividad y sin reunir los requisitos para estar inscritas en el correspondiente régimen de Seguridad Social procederá de oficio a dejar sin efecto la inscripción efectuada, sin perjuicio de las actuaciones procedentes en orden al inicio de las actuaciones sancionadoras o penales si fueran procedentes" (nuevo art. 20.4 RDA incorporado por la Ley 13/2012)[7].

3.2. Efectos de la inscripción

3.2.1. Número de inscripción y código cuenta de cotización

La TGSS le proporciona un número único de inscripción en el Sistema de Seguridad Social: es el número de identidad del empresario. Este número de inscripción es, al mismo tiempo, el código de la cuenta de cotización principal (art. 13 RDA), al que se vinculan todas las cuentas adicionales que la empresa pueda tener.

Esto puede ocurrir por motivos diversos, como tener centros de trabajo en provincias diferentes o desarrollar actividades productivas distintas. También se requiere un nuevo código cuando se emplea a trabajadores que por su modalidad contractual tienen peculiaridades en su cotización, como en el contrato para la formación, si bien parece inmediata una reforma normativa para simplificar este trámite e identificarlo con el principal.

---

[7] Doctrina que se venía aplicando por los Tribunales, como puede verse en la STSJ Andalucía (Málaga) de 14 de junio de 2002, recurso de suplicación nº 305/2002, en la que se citan numerosos antecedentes jurisprudenciales.

3.2.2. La gestión de las prestaciones: los documentos de asociación y cobertura

La empresa, al solicitar la inscripción, tiene dos importantes decisiones que adoptar respecto a la gestión de las contingencias protegidas y de las prestaciones que pudieran derivarse.

La primera, mediante la opción de aseguramiento, debe dejar constancia de si prefiere que sea la Entidad Gestora (INSS para el Régimen General) o una Mutua Colaboradora con la Seguridad Social (MCSS) la que gestione las prestaciones derivadas de estas contingencias, según el régimen jurídico establecido en los artículos 83 LGSS y 14 y siguientes del RDA. La opción por la MCSS tiene un alcance provincial, por lo que en cada provincia en la que tenga centros de trabajo puede optar por una diferente.

La segunda, en el supuesto en el que haya optado porque sea la Mutua la que gestione las contingencias profesionales, podrá también decidir, mediante la opción de cobertura, si desea que sea esta misma entidad colaboradora la que gestione las prestaciones económicas de incapacidad temporal (IT) derivadas de contingencias comunes (art. 83 LGSS). Por tanto: si decide que la gestión de las contingencias profesionales la realice el INSS, solo puede ser el INSS el que gestione las prestaciones económicas de IT derivadas de contingencias comunes; cuando prefirió que las contingencias profesionales fuesen gestionadas por una Mutua, el empresario podrá escoger entre esta Mutua o el INSS para gestionar las prestaciones económicas de IT derivadas de contingencias comunes.

Estas opciones surten efectos desde el momento del inicio de actividades, si se presentó en tiempo y forma, o desde la solicitud si se hizo con posterioridad. La opción es anual, prorrogable automáticamente si el empresario no ejerce la opción contraria.

La TGSS notifica a la Entidad Gestora o a la MCSS la opción empresarial, debiendo esta última aceptar la solicitud de asociación.

Una vez recibidos los documentos que acreditan la opción de asociación y de cobertura, la TGSS procederá a tarifar los riesgos profesionales. Esto significa que establecerá cuál es el porcentaje de cotización que se deberá aplicar para las contingencias profesionales, en función de la actividad que desarrolla la empresa o de las funciones que desempeñan sus trabajadores (art. 14.3 RDA). La TGSS le atribuye a cada empresa uno o varios de los epígrafes de los que se encuentran en la DA 4ª de la Ley 42/2006, teniendo el empresario la posibilidad de impugnar esa atribución tarifaria si no está de acuerdo. Como se verá en cotización, el epígrafe designado da lugar al tipo o porcentaje de cotización de la empresa por contingencias profesionales.

3.2.3. Registro de empresarios y variación de datos

La TGSS dispone de un Registro de empresarios que tiene por finalidad conocer a aquellas personas físicas o jurídicas que emplean trabajadores por cuenta ajena. Este Registro debe estar actualizado y, según señala el art. 16 RDA, los empresarios están obligados a colaborar con la TGSS para este fin. Por tanto, cualquier modificación en su situación (nombre, domicilio, actividad económica...) deberá ser debidamente comunicada en el plazo de tres días naturales desde el momento en que se produzcan (art. 17 RDA).

Esta obligación incluye la extinción de la empresa y el cese de su actividad, notificación que deberá acompañarse con la baja de los trabajadores a su servicio (art. 18.1 RDA). Cuando la empresa, sin comunicar su extinción definitiva, decide dar de baja a todo su personal, la TGSS la considera en situación de baja temporal durante un periodo de doce meses, a partir del cual se dirime en qué situación permanece respecto a la Seguridad Social (ver art. 18.2 RDA).

De otro lado, "la sucesión en la titularidad de la empresa o en la actividad de su centro o centros de trabajo dará lugar a que, en el Registro de empresarios y en la misma inscripción figurada a nombre del titular o por la actividad anterior, se tome razón de la extinción de la empresa o del cese en la actividad del empresario, así como a una nueva inscripción y anotación a nombre del nuevo titular, si éste no estuviere ya inscrito, o solamente a una nueva anotación, si el nuevo titular figurase ya inscrito como empresario" (art. 19 RDA).

4. AFILIACIÓN

La afiliación, como acto de encuadramiento, está regulada en los artículos 15, 16, 139 y 140 de la LGSS y en los artículos 21 y siguientes del RDA.

4.1. Número de afiliado

El art. 21 RDA establece que cada persona puede solicitar a la TGSS su número de la Seguridad Social, con carácter previo a cualquier trámite que efectúe con el Sistema, sea afiliarse o solicitar una prestación del nivel contributivo o no contributivo.

Como consecuencia de lo afirmado, trabajadores, pensionistas o beneficiarios de cualquier prestación deberán disponer de su número de identificación de la Seguridad Social y del documento acreditativo (art. 22 RDA y Resolución de 30 de abril de 1996).

Este número será el que debe hacer constar el empresario cuando solicite la afiliación, el alta o la baja del trabajador (art. 21RDA).

4.2. Características

La afiliación es única, general, vitalicia y exclusiva, porque se realiza una sola vez en la vida laboral del trabajador y es válida para todo el Sistema. Procede cuando una persona desarrolla su primer trabajo incluido en el nivel contributivo de la Seguridad Social. La fecha de la afiliación constará como la fecha de inicio de la vida laboral activa del trabajador.

4.3. Sujetos y plazo para promover la afiliación

Al igual que los demás actos de encuadramiento, en el Régimen General el sujeto obligado es el empresario (arts. 23 y 24 RDA), si bien cuando este incumple podrá solicitar la afiliación el propio trabajador (arts. 23 y 25 RDA) o de oficio (arts. 23 y 26 RDA).

El empresario deberá solicitar la afiliación antes de que el trabajador comience la prestación de servicios (art. 27 RDA).

La afiliación sirve de alta inicial, lo que significa que la misma afiliación sirve, por esta primera vez, de alta del trabajador, por lo que cabe deducir que los plazos para el cumplimiento de la obligación son los mismos que para el alta.

Cuando sea imposible prever la relación laboral con anticipación podrá, como se advirtió, comunicase por medios informáticos, electrónicos y telemáticos (art. 38 RDA), aunque procede su formalización en la TGSS el primer día hábil después del inicio de la actividad (art. 32 RDA).

La razón por la que se exige que la afiliación y el alta se soliciten con carácter previo al primer día de trabajo es evitar el fraude: una vez iniciada la actividad del trabajador por cuenta ajena es fácil constatar que el trabajo existe, pero puede ser muy complicado probar en qué momento se inició.

4.4. Efectos de la afiliación

La TGSS remite al trabajador un documento de afiliación en el que consta el reconocimiento de su condición de afiliado al Sistema y en el que figuran sus datos y el número de afiliación (art. 34 RDA).

Que la afiliación sirva de alta inicial implica también que el incumplimiento de esta obligación tendrá idénticas consecuencias en ambos casos, por lo que esta materia se remite a lo que de manera inmediata se verá en el alta.

5. EL ALTA

El alta es el acto de encuadramiento por el que la TGSS reconoce que una persona está realizando una actividad productiva incluida en el nivel contributivo; está regulada en los artículos 139 LGSS y 7 y 29 y siguientes del RDA.

A diferencia de la afiliación que era única, vitalicia y general, las altas se producen cada vez que una persona trabaja y en cada uno de los Regímenes en los que deba encuadrarse la actividad o actividades desarrolladas. Desde un punto de vista legal, cuando un trabajador está trabajando está en alta y cuando deja de trabajar causa baja hasta que se produzca una nueva contratación.

5.1. Sujetos y plazo para promover el alta

El alta hay que solicitarla, en todo caso, antes del inicio de la actividad productiva. Dispone el empresario de un plazo de 60 días naturales en los que puede anticiparla, una vez conocida su intención de contratar a un trabajador. La presentación previa del alta no impide que la misma surta efectos "a partir del día en que se inicie la actividad" (art. 35.1.1º RDA), situación de hecho que le otorga validez.

Si, por cualquier circunstancia, la contratación tiene que realizarse de un modo inmediato, la empresa deberá notificarlo a la TGSS mediante cualquier medio electrónico, informático o telemático (art. 38 RDA), presentando la solicitud o, en su defecto, facilitando en su comunicación los mismos datos que en la misma se exigen, procediendo a presentarla ante la TGSS en el formato oficial el primer día hábil tras iniciar la actividad productiva.

Por el contrario, si se solicita el alta con anticipación y no se produce la incorporación a la empresa del trabajador, en el día previsto para ello, el empresario deberá comunicarlo a la TGSS para que la solicitud quede sin efectos (art. 35.1.2 RDA).

No obstante, a pesar de lo afirmado, existen ocasiones en las que el alta se produce aun cuando no se haya producido una nueva incorporación del trabajador a la empresa (art. 29.1.1 RDA). Esta situación procede cuando el trabajador es trasladado a un centro de otra provincia, en cuyo caso habrá que proceder a darle de baja en la provincia de procedencia y de alta en la de destino; lo mismo ocurre cuando hay que adscribirlo a una cuenta de cotización diferente.

Por su parte, el art. 29.3 RDA reitera lo que en la normativa laboral es conocido: el periodo de prueba es, a todos los efectos, tiempo efectivo de prestación de servicios, por lo que la solicitud de alta se presentará antes de su inicio. Al mismo tiempo, este precepto manifiesta con notoriedad que el alta se mantiene durante la incapacidad temporal y durante las situaciones asimiladas en las que perdure la cotización.

El RDA establece ciertas peculiaridades en el alta cuando se trata de determinados colectivos de trabajadores (arts. 40 a 50), de los que, entre otras, pueden destacarse algunas situaciones. Un colectivo de interés lo constituyen los trabajadores socios de cooperativas de trabajo asociado, pudiendo optar a darse de alta como asimilados a trabajadores por cuenta ajena o como trabajadores por cuenta propia (arts. 8, 10.3, 40 y 41.3 RDA). Respecto de los extranjeros, quizás lo más relevante a estos efectos es dejar constancia de su permiso de trabajo, cuando el mismo sea necesario (42 RDA). Los representantes de comercio serán, ellos mismos, los obligados a solicitar el alta (43.1.1 RDA). Los empleados de hogar tienen un nuevo régimen jurídico desde el Real Decreto Ley 29/2012, mediante el cual están obligados a comunicar su alta si trabajan menos de 60 horas mensuales para un empleador, salvo pacto en contrario con su empleador (art. 43.2 RDA).

5.2. Pluriempleo y pluriactividad

En la actividad laboral de una persona puede ocurrir que desarrolle un solo trabajo en cada uno de los momentos de su vida. Y quizás sea lo que ha ocurrido hasta hace poco con mayor frecuencia, antes con un trabajo de larga duración y después con multitud de contratos que se iban celebrando de modo sucesivo.

Sin embargo, las posibilidades de tener que realizar más de un trabajo al mismo tiempo se han multiplicado. Las razones pueden ser diversas, aunque la más común es que los contratos tienen condiciones cada vez más precarias.

Cuando esto ocurre es obligatorio notificar a la TGSS las diferentes actividades productivas que se están realizando, teniendo en cuenta que cada una de ellas puede estar encuadrada en un mismo Régimen o en Regímenes diferentes de la Seguridad Social.

El art. 7.4 RD contempla estas posibilidades, afirmando que "cuando una persona ejerciere simultáneamente distintas actividades o la misma actividad pero en condiciones o en formas diversas que dieren lugar a su inclusión en diferentes Regímenes del Sistema de la Seguridad Social o en el mismo Régimen por cuenta de más de una persona, su encuadramiento será múltiple, constituyendo las situaciones de pluriactividad y de pluriempleo respectivamente.

1º A efectos de lo previsto en este Reglamento, se considerará pluriactividad la situación del trabajador por cuenta propia y/o ajena cuyas actividades den lugar a su alta obligatoria en dos o más Regímenes distintos del Sistema de la Seguridad Social.

2º A los mismos efectos, se entenderá por pluriempleo la situación del trabajador por cuenta ajena que preste sus servicios profesionales a dos o más empresas distintas y en actividades que den lugar a su alta en un mismo Régimen de la Seguridad Social".

Conviene tener muy en cuenta estas figuras, porque tienen relevancia en el modo de proceder a darles de alta (art. 41 RDA), en el cálculo de la cotización o al tiempo de totalizar los periodos de carencia para calcular las prestaciones.

5.3. Clases de altas y efectos

Lo que la LGSS pretende es que a lo largo de la vida activa de una persona se produzcan tantas altas como veces inicie un trabajo. Sin embargo, puede ocurrir que el empresario no cumpla con sus obligaciones y que el trabajador necesite la intervención de la Seguridad Social para no quedar desprotegido. Las diferentes circunstancias que pueden acontecer en su vida laboral han estimulado la regulación jurídica de cuatro clases de alta: el alta real, el alta presunta o de pleno derecho, el alta especial y la situación asimilada al alta.

5.3.1. El alta real es aquella situación en la que coincide la realización de un trabajo contributivo con su formalización ante la Seguridad Social

Lo que exige la Ley es que el empresario cumpla con su obligación, tal como detalla el art. 29.1.1 RDA. En esta situación, deberán coincidir tres elementos: la realización de un trabajo contributivo (elemento material), el reconocimiento del mismo por la TGSS mediante el alta (elemento formal) y el pago de las cotizaciones (elemento económico). En este caso la Seguridad Social es, *a priori*, responsable de las prestaciones (art. 167 LGSS).

De cualquier modo, si el empresario incumple su obligación de dar de alta, el trabajador solicitarlo (art. 29.1.2 RDA) e, incluso, puede hacerlo de oficio la TGSS (art. 29.1.3 RDA). En este caso, los efectos varían, al no haber solicitado el alta en tiempo y forma.

En efecto, el alta se puede declarar fuera de plazo, bien sea porque el empresario la solicita con posterioridad, bien a instancia de parte cuando el trabajador detectó que el empresario incumplió con sus obligaciones, bien de oficio cuando la TGSS conoció los hechos por actuación propia o de la ITSS. En estos supuestos los efectos respecto a las prestaciones son diferentes, aunque, *a priori*, el empresario asume el coste de las mismas (art. 167 LGSS).

La regla general indica que cuando el alta se realiza después de que el trabajador comienza su actividad en la empresa, los efectos de la misma surtirán efectos desde el momento en el que se solicita; ahora bien, si el empresario, aun cuando no solicitó el alta en plazo, paga sus cotizaciones en el plazo reglamentario, los efectos del alta se retrotraen a la fecha en que "se hayan ingresado las primeras cuotas" (35.1.1 RDA). Esta expresión legal ha sido objeto de interpretación jurisprudencial, entendiendo que los efectos serán efectivos desde el primer día del periodo abonado por las mismas y no desde el día en el que se ingresaron las cuotas, cuestión de máxima relevancia en orden a la responsabilidad de las prestaciones[8].

---

8 Esta es una cuestión de máxima relevancia respecto a la responsabilidad en orden a las prestaciones, sobre todo cuando abonar las cuotas implica retrotraer el efecto del alta a un periodo previo a que acontezca el hecho causante; sobre el particular, STS de 26 de junio de 2000, Recud. 4169/1999, sobre la que es interesante observar el voto particular de la STSJ País Vasco de 15 de marzo de 2005, recurso de suplicación 2933/2004.

El art. 35.1.2 del RDA contempla el supuesto en el que el empresario abona las cuotas, si bien lo hace por requerimiento de la TGSS, una vez este organismo advirtió un descubierto o impago en la cotización. En este caso el efecto del alta se retrotrae "a la fecha de inicio del periodo de liquidación", una vez se ha efectuado el ingreso del importe y a los solos efectos de las prestaciones.

Se puede afirmar que, en estas situaciones, la normativa de Seguridad Social y la jurisprudencia permiten que el pago de las cuotas subsane el incumplimiento empresarial. Aun cuando el alcance de esta liberación habrá de abordarse en profundidad en el tema correspondiente, debe advertirse que se produce, en exclusiva, respecto a la responsabilidad en el pago de las prestaciones, no así en relación con las posibles sanciones que procedan por el incumplimiento de las obligaciones de encuadrar y de cotizar.

5.3.2. El alta presunta o de pleno derecho es aquella en la que existe un trabajo contributivo, pero no se formaliza

Es lo que en el mundo laboral se conoce como economía sumergida: su peculiaridad es que la TGSS desconoce que una persona está trabajando, situación que suele ir vinculada a la voluntad de no cotizar.

El efecto inmediato es que no se produce la transferencia de la responsabilidad a la Seguridad Social en orden a las prestaciones, si no que deberán ser asumidas por el empresario. En todo caso, son frecuentes las reticencias del empresario en el pago de las mismas y las dificultades que surgen para que el trabajador las reclame. Así ocurre, por ejemplo, cuando finaliza una relación laboral y al reclamar sus prestaciones por desempleo el trabajador descubre que nunca se cotizó por él. Cuando esto ocurre, la Seguridad Social contempla un procedimiento para que el trabajador no quede desprotegido mientras el empresario paga: se llama automaticidad de las prestaciones. Esta figura tiene efectos restringidos: otorga plena cobertura a las prestaciones derivadas de las contingencias profesionales, al desempleo y asistencia sanitaria por maternidad, accidente no laboral y enfermedad común, *vid.* arts. 166.4 LGSS y 29.2 y 35.5 RDA; los demás supuestos están condicionados a las posibilidades que el Gobierno contemple en cada momento, según afirma el art. 166.5 LGSS. En todo caso, los anticipos no son por la totalidad de la prestación, sino que están limitados a determinadas cuantías (art. 167.3 LGSS).

En el fondo, el alta presunta es la manifestación jurídica de algo que se vio más arriba: lo que determina el derecho a estar protegido es que exista un trabajo contributivo, aunque no haya sido formalizado ante la TGSS.

5.3.3. El alta especial está acotada a dos situaciones: la huelga y el paro patronal

En estos casos, el contrato de trabajo se suspende, junto con la obligación de cotizar. La peculiaridad reside en que para no desproteger al trabajador se le considera en alta a los solos efectos de acceder a las prestaciones, salvo para la prestación económica por incapacidad temporal, a la que no se puede acceder mientras persisten estos conflictos laborales. Está regulado en los artículos 166.7 LGSS, 35.6 RDA y 6 RDLRT.

5.3.4. Las situaciones asimiladas al alta

Son una ficción jurídica, una situación creada por la Ley para evitar que en determinadas ocasiones el trabajador se quede sin protección contributiva, a pesar de no estar trabajando o de no hacerlo de acuerdo a los requisitos exigidos por el art. 7 de la LGSS.

En realidad, cuando el art. 166 LGSS y 36 RDA regulan la asimilación al alta lo hace creando diferentes situaciones. Esto significa que no existe una sola situación asimilada al alta, sino varias, dejando la lista abierta al permitir al Ministerio de Empleo y Seguridad Social establecer nuevos supuestos.

Cada una de ellas responde a la necesidad de proteger circunstancias diferentes que pueden acontecer en la vida de la persona trabajadora. Se permite con ello que su protección siga operativa, aun cuando de modo temporal o definitivo no esté realizando ninguna actividad productiva. De esta forma, aun cuando no trabaje, se mantiene como si estuviese en alta, para cumplir así uno de los requisitos generales de acceso a las prestaciones (art. 165 LGSS).

En efecto, como se verá, estar de alta es un requisito necesario para acceder a las prestaciones. Ello no obstante, este requisito se ha visto relativizado a través de diferentes mecanismos.

Una fórmula para exceptuar el alta proviene de la actividad judicial, mediante la configuración de un histórico criterio jurisprudencial de humanización. Consiste en no exigirla en determinadas circunstancias, evitando que la falta de este requisito formal anule la protección del posible beneficiario si dispone de las cotizaciones suficientes[9].

Otra vía utilizada para no exigir el alta es la LGSS. De un lado, suprimiendo su necesidad en algunas prestaciones, como la jubilación. De otro, creando una fórmula sustitutiva, como son las situaciones asimiladas al alta.

A) Son situaciones asimiladas al alta las que están reguladas, básicamente, en los artículos 166 LGSS y 36.1 RDA, aunque por habilitación legal también pueden ser creadas por otras normas reglamentarias.

   a) La situación legal de desempleo total y la situación del trabajador durante el período correspondiente a vacaciones anuales retribuidas que no hayan sido disfrutadas por el mismo con anterioridad a la finalización del contrato.

   b) La excedencia forzosa.

   c) La situación de excedencia para el cuidado de hijos con reserva de puesto de trabajo, de acuerdo con la legislación aplicable, así como la excedencia por cuidado de hijo, menor acogido o familiar y por violencia de género (46.3 ET) por el periodo completo, aun cuando no compute como periodo cotizado.

   d) La suspensión del contrato de trabajo por el ya extinto servicio militar obligatorio o prestación social sustitutoria.

   e) El traslado del trabajador por la empresa fuera del territorio nacional (Orden ISM/835/2023, de 20 de julio).

   f) Los períodos de inactividad entre trabajos de temporada.

   g) Los períodos de prisión sufridos como consecuencia de los supuestos contemplados en la Ley de Amnistía.

   h) La situación de aquellos trabajadores que no se encuentren en alta ni en ninguna otra de las situaciones asimiladas después de haber prestado servicios en puestos de trabajo que ofrecieron riesgo de enfermedad profesional y a los solos efectos de que pueda declararse una invalidez permanente debida a dicha contingencia.

---

9 Las ya antiguas SSTS de 21 de mayo de 1986 *(Tol 2317273)* y de 12 de julio de 1988 *(Tol 2359166)* explican como el requisito del alta debe ser exigido en un sentido humano y no con rigor formalista. La STS de 19 de enero de 2010, Recud. 4014/2008, es un ejemplo más reciente de cómo la jurisprudencia desarrolla los fundamentos de este criterio.

i) Para los colectivos de artistas y de profesionales taurinos, los días que resulten cotizados por aplicación de las normas que regulan su cotización, los cuales tendrán la consideración de días cotizados y en situación de alta, aunque no se correspondan con los de prestación de servicios.

j) A los solos efectos de conservación del derecho a la asistencia sanitaria, la situación de baja de los trabajadores por cuenta ajena incluidos en el Régimen de la Seguridad Social que corresponda, habiendo permanecido o no en situación de alta en el mismo un mínimo de noventa días durante los trescientos sesenta y cinco días naturales inmediatamente anteriores al de la baja.

k) A los solos efectos de asistencia sanitaria, la situación de los trabajadores despedidos, incluidos en el correspondiente Régimen de la Seguridad Social, que tengan pendiente de resolución ante la jurisdicción laboral demanda por despido improcedente o nulo.

l) A los efectos de la protección por desempleo, se consideran situaciones asimiladas al alta las situaciones determinadas en el art. 2 del RD 625/1985 de 2 abril, o en las normas específicas que regulen dicha cobertura.

m) En el Sistema Especial Agrario, la situación de desplazamiento al extranjero por razón de trabajo.

n) En el RETA, el periodo de los noventa días naturales siguientes al último día del mes en que se produzca la baja en dicho Régimen.

ñ) Los períodos de percepción de las ayudas destinadas a fomentar el cese anticipado en la actividad agraria (ver RD 5/2001y RD 347/2003).

o) Durante el período de percepción de la ayuda equivalente a la jubilación anticipada prevista en la Ley 27/1984, de 26 de julio, sobre Reconversión y Reindustrialización, el beneficiario será considerado en situación asimilada a la de alta en el correspondiente Régimen de la Seguridad Social, y continuará cotizándose por él según el tipo establecido para las contingencias generales del Régimen de que se trate, según DT 5ª LGSS.

p) El periodo que corresponde a los salarios de tramitación por despido improcedente, cuando se produce la readmisión del trabajador (268.6 LGSS).

q) Es común que la doctrina considere la incapacidad temporal, por analogía, como una situación asimilada al alta. En realidad, cuando esta situación se produce durante la vigencia del contrato, tal y como ocurre en la maternidad, paternidad, riesgo durante el embarazo o riesgo durante la lactancia natural, se mantiene el alta y la obligación de cotizar, por lo que a los efectos viene a ser un alta normal. Sin embargo, cuando se prolonga la incapacidad temporal más allá de la relación laboral podría considerarse asimilación al alta[10].

5.3.5. El convenio especial

Además de las situaciones descritas, hay que añadir una situación asimilada al alta que, por su contenido, requiere una explicación algo más pormenorizada. Consiste en la suscripción de un convenio especial, en sus diferentes tipos, tal y como contemplan el art. 166 LGSS y desarrolla el art. 36.1.6 RDA y la Orden TAS/2865/2003, de 13 de octubre (en adelante OCE).

Lo que esta figura permite es proteger a quien quiera completar o mejorar sus periodos de cotización y ya no se encuentra realizando ninguna actividad productiva, reduzca su capacidad contributiva o realice alguna que no da lugar a su inclusión en el nivel contributivo según el art. 7 de la LGSS.

Lo que el trabajador consigue mediante esta figura es, de un lado, permanecer en alta a los efectos de acceder a las prestaciones y, de otro, conservar y completar los periodos de cotización que fue acumulando mientras trabajaba. Como se verá en su momento, en el nivel contributivo, salvo excepciones, para acceder a las prestaciones es necesario reunir un determinado periodo de carencia o tiempo cotizado, pero, cuando este periodo no se completa, lo cotizado se pierde. El convenio especial, en su versión más común, permite al trabajador completar este periodo faltante para acceder a la prestación.

Cierto es que esta posibilidad está condicionada a que el trabajador o trabajadora cumpla con los requisitos para poder suscribir y, además, cuente con los recursos económicos para cumplir con el convenio especial, algo que, cuando se trata de una persona desempleada, presenta serias dificultades.

---

10 Sobre el particular, puede verse la STS 22 febrero 1995 *(Tol 237205)*.

a) La regulación general del convenio especial indica que es un acuerdo suscrito de manera voluntaria por un trabajador con la Seguridad Social para la "iniciación o la continuación de la situación de alta o asimilación al alta" (art. 1.1 OCE), cuyo objeto es cotizar para la cobertura de las situaciones derivadas de contingencias comunes mediante el otorgamiento de las prestaciones a que se extienda la acción protectora, quedando excluidas la incapacidad temporal, la maternidad y el riesgo durante el embarazo, el desempleo, FOGASA y formación profesional, a salvo de las excepciones que determine el Capítulo II (art. 1.2 OCE).

La cobertura no es universal, sino que el propio art. 2 de la OCE determina qué colectivos pueden suscribirlo, entre los que se encuentran quienes causan baja en la Seguridad Social, los mayores de 65 años que continúan de alta sin obligación de cotizar, trabajadores en situación de pluriempleo y pluriactividad cuando cesen al alguna de las actividades que desarrollan, aquellos que ven disminuir su retribución, beneficiarios a los que finalice la prestación por desempleo, pensionistas de incapacidad permanente a quien se les reduzca el grado o se anule su pensión, entre otros.

Para poder suscribir el convenio especial es necesario reunir un periodo cotizado de mil ochenta días durante los doce años anteriores a la baja en la Seguridad Social (art. 3.3 OCE), siendo considerados en alta o situación asimilada al alta (art. 5 OCE) y pudiendo elegir la base de cotización entre las posibilidades que le ofrece el art. 6 de la OCE.

El convenio especial puede suspender su vigencia cuando quien lo suscribe inicia una actividad productiva que lo encuadra en el nivel contributivo y cuya base de cotización sea inferior (art. 10.1 OCE) y extinguirse por la realización de una actividad con base superior, por adquirir la condición de pensionista, por falta de abono de las cuotas, por fallecimiento o por decisión del interesado (art. 10.2 OCE).

b) El Capítulo II de la OCE incorpora, a este convenio especial genérico, diferentes modalidades. Su multiplicidad y complejidad impide relatar con detalle todos sus regímenes jurídicos, aunque sí cabe realizar una mínima referencia.

Una primera tipología va dirigida a sus señorías, los diputados y senadores de las Cortes Generales, diputados del Parlamento Europeo (art. 11 OCE) y a los miembros de los Parlamentos y Gobiernos de las CCAA (art. 12 OCE), contribución que corre a cargo del erario público.

Otro tipo de modalidades se dirige a distintos colectivos, como son los incluidos en la Seguridad Social que pasen a prestar servicios en la Administración de la Unión Europea (art. 13 OCE), a los funcionarios de organizaciones internacionales (art. 14 OCE), a los emigrantes españoles e hijos que trabajen en el extranjero (art. 15 OCE), cobertura de asistencia sanitaria para emigrantes retornados (art. 16 OCE) o para quienes realicen una actividad en el extranjero (art. 17 OCE), trabajadores durante la situación de huelga legal o cierre patronal (art. 18 OCE), a quien se encuentra en alta sin retribución por cumplimiento de deberes públicos, permisos y licencias (art. 19 OCE), supuestos de reducción de jornada o disminución del salario (art. 21 OCE), contratados a tiempo parcial (art. 22 OCE), trabajadores pluriempleados o en pluriactividad que cesen en alguna de sus actividades (art. 23 OCE), perceptores del subsidio de desempleo con derecho a cotizar para la jubilación (art. 24 OCE), trabajadores de la minería del carbón (art. 25 OCE), algunos trabajadores de temporada en periodos de inactividad (art. 26 OCE), deportistas de alto nivel (art. 27 OCE) y cuidadores no profesionales de personas en situación de dependencia (art. 28 OCE), todos ellos a cargo del trabajador o trabajadora.

6. LA BAJA

Regulada en los artículos 16, 139 y 144 LGSS y en el RDA, consiste en notificar a la TGSS que un trabajador finalizó su relación laboral con la empresa y su reconocimiento por parte de la TGSS.

La baja deberá notificarse dentro de los tres días naturales posteriores al fin de la prestación de servicios (RD 708/2015) y, constatada la efectiva finalización de la prestación de servicios, se extingue la obligación de cotizar (arts. 144.3 LGSS y 35.2 RDA). En sentido contrario, la notificación de la baja cuando el trabajador permanece en el trabajo invalida la solicitud, permaneciendo la obligación de cotizar.

Puede ocurrir que cese la prestación de servicios, pero el empresario no solicite la baja. En este caso se mantiene la obligación de cotizar (144.3 LGSS y 32.2.2ª RD), aunque cabe prueba en contrario, demostrando el empresario que se produjo el cese de un modo efectivo (32.2.4 RDA)[11].

---

[11] Criterio que refuerza la tesis realista que, no obstante, contiene límites en su aplicación, con objeto de que no pueda ser utilizado de un modo abusivo por parte de la empresa, como puede observarse en la STSJ Galicia de 30 de abril de 1996, recurso de suplicación nº 5248/1993.

Lección 6
Financiación, cotización y recaudación

CELIA FERNÁNDEZ PRATS
Profesora Permanente Laboral de Derecho del Trabajo y de la Seguridad Social
Universitat de València

1. LA FINANCIACIÓN DE LA SEGURIDAD SOCIAL: EVOLUCIÓN POLÍTICO-LEGISLATIVA

El régimen económico-financiero del Sistema de la Seguridad Social fue diseñado por la LBSS en términos que, prácticamente, han llegado hasta la fecha. Aunque, al socaire de las distintas crisis económicas, se han abierto debates en torno al modelo tradicional de financiación de la Seguridad Social, bien alegándose una insuficiencia de recursos para afrontar los previsibles mayores gastos, o bien poniéndose en tela de juicio la idoneidad del sistema financiero instaurado.

Se trata de discursos que han propiciado sucesivas reformas que, en lugar de introducir innovaciones relevantes alrededor de los recursos, se han centrado en los gastos. De forma que —salvando las mejoras introducidas para favorecer la conciliación laboral y familiar o para atender a necesidades abiertas con la muerte y la supervivencia— tales reformas han ido reduciendo las expectativas de derechos, endureciendo los requisitos de acceso a las prestaciones y las fórmulas utilizadas para determinar sus cuantías.

1.1. Los recursos del Sistema de Seguridad Social

La LBSS determinó que los recursos para la financiación de la Seguridad Social estarían constituidos por "*cotizaciones de empresas y trabajadores*", "*rentas e intereses*" y "*cualesquiera otros ingresos*", así como por "*subvenciones del Estado, que se consignarán con carácter permanente en sus Presupuestos Generales, y las que se acuerden para atenciones especiales o resulten precisas por exigencias de la coyuntura*" (Base 18ª). Y esto último porque "*no cabe Seguridad Social sin la aportación del Estado*" y porque "*la Seguridad Social puede contribuir eficazmente a una redistribución de la renta…, y (…) reducir los desequilibrios en el tenor de vida de los ciudadanos*" (apartado 8, Justificación y Directrices LBSS). Se trata de una previsión que fue asumida por el art. 51 LSS/1966 y después por el art. 51 LGSS/1974 que aludió a "*las aportaciones progresivas consignadas en los Presupuestos Generales del Estado*" por haber asumido la redacción introducida por DF 7ª Ley 24/1972.

No obstante, en la época en que la CE apostaba —al menos como uno de los "*principios rectores de la política social y económica*", supeditado al desarrollo legal (art. 53.3 CE)— por un "*régimen público de Seguridad Social..., que garantice la asistencia y prestaciones sociales suficientes..., especialmente en caso de desempleo*" (41 CE), la crisis internacional de 1973 ya había azotado al país, dejando un elevado número de desempleados. De ahí que en el Acuerdo Nacional sobre Empleo (ANE, 1981), no sólo se consideró "*preciso reducir... los costes... de las empresas*", comprometiéndose el Gobierno a rebajar los tipos de cotización y a incrementar, a cambio, la aportación estatal al Presupuesto de la Seguridad Social (punto IV. 6 ANE), sino que también se coincidió en la "*necesidad de proceder a un examen... del actual Sistema de la Seguridad Social*" (punto V. 2 ANE). Y, en ese examen, entre otros aspectos, se discutió sobre las fuentes de financiación tradicionales. Debate que volvió a suscitarse al amparo del posterior Acuerdo Económico y Social (AES, 1984), aludiendo entonces el Gobierno a "*la dificultad de contar con los recursos financieros suficientes*" para atender a los mayores gastos, dada la inviabilidad de seguir incrementando los recursos presupuestarios ("*Documento Base sobre la reforma de la Seguridad Social*", 1985). Discurso que precedió a la reforma introducida por la Ley 26/1985, de 31 de julio, que intentó contener el gasto en pensiones.

Sin embargo, la posterior LGSS siguió enumerando, en términos similares a los precedentes, los distintos "*recursos para la financiación de la Seguridad Social*" (art. 86.1 LGSS), aunque indicando que algunas de las nuevas pensiones no contributivas "*se financiarán con cargo a las aportaciones del Estado al Presupuesto de la Seguridad Social*" (art. 86.2 LGSS) y que el desempleo "*se financiará mediante la cotización de empresarios y trabajadores y la aportación del Estado*", de modo que la "*cuantía de la aportación del Estado*" sería la fijada cada año en la LPGE (art. 223 LGSS).

Ahora bien, la nueva fase cíclica recesiva que se inició a principios de los años noventa y las exigencias del Plan de Convergencia para asumir los compromisos de Maastricht, volvieron a propiciar el discurso que alarmaba sobre la futura quiebra financiera de la Seguridad Social. De ahí que en el "*Análisis de los problemas estructurales del Sistema de la Seguridad Social y de las principales reformas que deberán acometerse*", comúnmente llamado "*Pacto de Toledo*" (1995), diversas recomendaciones incidieron en los recursos financieros proponiendo: la "*separación y clarificación de las fuentes de financiación*", de modo que las cotizaciones sociales fueran suficientes para cubrir las prestaciones contributivas, mientras que las prestaciones no contributivas, la sanidad, los servicios sociales y las prestaciones familiares se garantizaran mediante aportaciones de presupuestos públicos (1ª Recomendación); y la "*evolución de las cotizaciones siguiendo las recomendaciones del Libro Blanco de Delors*", reduciendo las cotizaciones para dinamizar el empleo, siempre que ello no quebrara el equilibrio financiero del sistema contributivo (8ª Recomendación). Y en el marco de estas recomendaciones, se firmó un Acuerdo Social o "*Pacto de las Pensiones*" (1996), que fue secundado por la Ley 24/1997, de 15 de julio. Norma que intentó separar y clarificar las fuentes de financiación, según se tratara de prestaciones contributivas o no contributivas (nueva redacción del art. 86.2 LGSS), aunque de modo paulatino: antes del ejercicio económico de 2000, de forma que "*hasta que no se establezca definitivamente la naturaleza de los complementos a mínimos de las pensiones*", éstos "*serán financiados en los términos en que se determine por la correspondiente*" LPGE para cada ejercicio económico (DT 14ª LGSS). Si bien, poco después, se precisó que la "*financiación de los servicios de asistencia sanitaria de la Seguridad Social transferidos a las Comunidades Autónomas se efectuará según el Sistema de financiación autonómica vigente en cada momento*" y se incluyeron, entre las prestaciones no contributivas "*las prestaciones familiares reguladas en la sección segunda del capítulo IX del título II*" de la LGSS (86.2 LGSS, modificado por Ley 21/2001 y por posterior Ley 52/2003).

No obstante, en los siguientes Informes de evaluación del Pacto de Toledo (2003 y 2011), la correspondiente Comisión parlamentaria constató que aún *"queda por concluir la completa asunción con cargo a los Presupuestos Generales del Estado, de la financiación de los complementos de mínimos"*, insistiendo reiteradamente en que *"exclusivamente con cargo a la fiscalidad general"* deberían efectuarse las *"bonificaciones en las cuotas a la Seguridad Social"*, así como *"cualesquiera actuaciones en materia de anticipación de la edad ordinaria de jubilación o de ayuda a sectores productivos determinados"*. Además, en la última renovación de 2020 se ha apuntado que *"existen gastos hasta ahora sufragados por la Seguridad Social que deben ser asumidos por el Estado con financiación tributaria (con cargo a sus Presupuestos Generales), según un calendario que permita superar el déficit financiero de la Seguridad Social no más tarde de 2023"*. En todo caso, esos informes no han sido ajenos a las tendencias marcadas por instancias europeas. Diversamente, si ya desde el Consejo Europeo de Gotemburgo (2001) se había acordado la aplicación del *"método abierto de coordinación"* en política de pensiones, de modo que existiera una definición de orientaciones comunes en el seno de la UE y una evaluación periódica de los progresos realizados mediante las estrategias de las políticas nacionales; tras la crisis financiera, prioritaria y decepcionantemente se afrontó el reto de cómo aumentar la eficiencia y la seguridad de los fondos y planes de pensiones, proponiéndose el retraso de las edades de jubilación (Libro Verde "*En pos de unos sistemas europeos de pensiones adecuados, sostenibles y seguros*", 2010). De ahí que también por ese retraso se decantó el informe de evaluación del Pacto de Toledo, el "*Acuerdo para la Reforma y Fortalecimiento del Sistema Público de Pensiones*" (2011) y la Ley 27/2011, de 1 de agosto. Norma que propone "*la conveniencia de establecer posibles escenarios de financiación complementaria… en el medio y largo plazo*" (DA 11ª Ley 27/2011) o que se busquen "*fórmulas que hagan compatibles los objetivos de consolidación y estabilidad presupuestaria con los de plena financiación de las prestaciones no contributivas… a cargo de los presupuestos de las Administraciones Públicas, con especial interés en el cumplimiento de los compromisos de financiación mediante impuestos de los complementos a mínimos*" (DA 12ª Ley 27/2011).

De la exigencia de la última renovación del Pacto de Toledo que encomienda al Estado asumir más gastos con financiación presupuestaria, deriva la reforma de la DA 32ª LGSS mediante la Ley 21/2021 según la cual el Estado contemplará anualmente una transferencia al Presupuesto de la Seguridad Social para la financiación de una serie de conceptos entre los que aparecen como novedad el coste de la pensión de jubilación anticipada involuntaria en edades inferiores a la edad ordinaria de jubilación, así como el incremento de la cuantía de las prestaciones contributivas sujetas a límites de ingresos. También se indica en esta disposición que en la LPGE se fijará cada año el importe de las prestaciones que serán financiadas con una transferencia del Estado a la Seguridad Social, entre las que se mencionan expresamente la prestación contributiva de nacimiento y cuidado de menor, el complemento de pensiones contributivas para la reducción de la brecha de género, las pensiones y subsidios en favor de familiares, así como la prestación de orfandad cuando la causante hubiera fallecido como consecuencia de violencia contra la mujer.

1.2. El sistema financiero

La LBSS se decantó por el sistema financiero "*de reparto*", aunque admitiendo para "*los regímenes de desempleo y accidentes de trabajo… los sistemas de financiación que sus características exijan*" (Base 18ª). Ese sistema financiero descansa en el equilibrio entre los ingresos y los gastos, de modo que con las cotizaciones de los sujetos obligados y con el resto de recursos de cada ejercicio, deben afrontarse todas las prestaciones a abonar durante el mismo. Se trata de un sistema que apuesta por la solidaridad intergeneracional y que se contrapone al sistema "*de capitalización*", en el que las aportaciones anuales de cada trabajador van constituyendo un ahorro diferido que, incrementado, en su caso, con sus intereses, revertirán en el beneficiario cuando el mismo deje de estar en activo. Pero si este último sistema cuenta con el inconveniente de requerir a corto plazo de fondos suficientes para afrontar los pagos más inmediatos y se enfrenta a posibles pérdidas de rentabilidad del capital mobiliario, el funcionamiento del sistema financiero de reparto también comporta un riesgo de desequilibrio si, por la evolución demográfica o circunstancias de mercado, los ingresos del ejercicio no bastan para cubrir los pagos durante el mismo. De ahí que ya la LBSS ordenara la constitución de "*fondos de nivelación*" y "*fondos de garantía para suplir posibles déficits de cotización o excesos anormales de siniestralidad*" (Base 18ª).

Las prescripciones de la LBSS han ido perpetuándose a través de los distintos textos de Seguridad Social, disponiéndose en la actualidad que, para "*todos los Regímenes*", el sistema financiero "*será el de reparto..., sin perjuicio de lo previsto en el apartado 3 de este artículo*" (art. 110.1 LGSS). La excepción consiste en que, tratándose de pensiones de IP o muerte y supervivencia derivadas de AT, así como de EP cuya responsabilidad corresponda a las MCSS o, en su caso, a las empresas declaradas responsables, "*se procederá a la capitalización del importe de dichas pensiones, debiendo las entidades señaladas constituir*" en la TGSS "*los capitales coste correspondientes*" (art. 110.3 LGSS)[1]. Regla y excepción que, más en particular, se reiteran para el RG (arts. 259 y 260.1 LGSS).

Asimismo, reproduciendo previsiones precedentes, aún se determina que en la TGSS "*se constituirá un fondo de estabilización único para todo el sistema de la Seguridad Social, que tendrá por finalidad atender las necesidades originadas por desviaciones entre ingresos y gastos*" (110.2 LGSS), matizándose cómo se invertirán "*las reservas de estabilización que no hayan de destinarse de modo inmediato al cumplimiento de las obligaciones*" (art. 111 LGSS). Mientras que el precepto destinado a los "*remanentes* e *insuficiencias presupuestarias*" ha sido objeto de mayores reformas.

Ciertamente, la fase recesiva de principios de los años noventa también sembró dudas sobre la idoneidad del sistema financiero de reparto, propo-

---

1 Por "*capital coste*" se entiende "*el valor actual de dichas prestaciones, que se determinará en función de las características de cada pensión y aplicando los criterios técnicos-actuariales más apropiados, de forma que los importes que se obtengan garanticen la cobertura de las prestaciones con el grado de aproximación más adecuado*" (art. 110.3 LGSS).

niéndose, por algunos sectores, un viraje hacia el sistema de capitalización según el modelo chileno, o un giro hacia sistemas mixtos que empezaban a ensayarse en algunos países europeos. Sin embargo, el Pacto de Toledo siguió apostando por el sistema financiero de reparto, aunque recomendando la constitución de reservas nutridas con excedentes de años de bonanza para atenuar los efectos de los momentos bajos del ciclo económico (2ª Recomendación). De ahí que se señalara que con "*cargo a los excedentes de cotizaciones sociales que puedan resultar de la liquidación de los Presupuestos de la Seguridad Social, de cada ejercicio económico, se dotará el correspondiente Fondo de Reserva, con la finalidad de atender a las necesidades futuras del sistema*" y que *el "Gobierno…, determinará la materialización financiera de dichas reservas*" (art. 91.1 LGSS de 1994, en la redacción dada por Ley 24/1997). Aunque hoy se indica que en la TGSS "*se constituirá un Fondo de Reserva de la Seguridad Social con la finalidad de atender las necesidades financieras en materia de prestaciones contributivas del sistema de la Seguridad Social*", pero "*en la forma y condiciones previstas en esta ley*" (art. 117 LGSS). Y en los arts. 118 y ss. LGSS se desarrolla la regulación del Fondo de Reserva de la Seguridad Social, determinando, entre otros aspectos, cómo debe dotarse dicho fondo, creando un Comité de Gestión del Fondo de Reserva.

La adversa situación del mercado laboral español, con una notable disminución de personas en alta y cotizando, propició el establecimiento de un "*Régimen excepcional de disposición de los activos del Fondo de Reserva*", determinándose que durante los ejercicios de 2012 a 2018 podría disponerse de dicho fondo "*a medida que surjan las necesidades, hasta un importe máximo equivalente al importe del déficit por operaciones no financieras que pongan de manifiesto las previsiones de liquidación de los presupuestos de las entidades gestoras y servicios comunes de la Seguridad Social*", de tal modo que "*el importe de esta disposición*" se destine "*al pago de las obligaciones relativas a las pensiones de carácter contributivo y demás gastos necesarios para su gestión*", dándose cuenta trimestralmente al "*Consejo de Ministros de los importes dispuestos*", y realizándose las disposiciones por la TGSS (DA 1ª RDL 28/2012 y sucesivas leyes de PGE). Se trata de una medida que retroalimentó la argumentación de aquellos sectores que, desde el inicio de la crisis económica, alarmaban sobre la insostenibilidad del Sistema de la Seguridad Social, denunciando que con el sistema financiero de reparto no podría conseguirse la "*autosuficiencia*" porque, a medio plazo, las cotizaciones no permitirían sostener las pensiones contributivas. Pero que, como alternativa, defienden la capitalización y gestión privada, en una línea no tan distante de la trazada desde instancias europeas que apuestan por mejorar el funcionamiento de los planes y fondos de pensiones complementarios (Libro Verde, 2010) y vetan el aumento del gasto social.

Además, el art. 121 LGSS dispone que la LPGE establecerá para cada ejercicio económico, desde 2033, el desembolso anual a efectuar por el Fondo de Reserva de la Seguridad Social, que consistirá en el porcentaje del PIB que se determine cada año con los límites máximos que se señalan en el propio art. 121 LGSS para cada año desde 2033 hasta 2053.

Por su parte, la DA 3ª de la Ley 31/2022, de PGE para 2023, establece que, para posibilitar el equilibrio presupuestario de la Seguridad Social, *"el Gobierno, previo informe de la Secretaría General del Tesoro y Financiación Internacional y de la Tesorería General de la Seguridad Social, podrá autorizar la concesión por parte del Estado de préstamos a la Tesorería General de la Seguridad Social por un importe de hasta 10.003.806,15 miles de euros"*. Estos préstamos no generarán intereses y se deberán cancelar en un plazo máximo de diez años a partir del 1 de enero del año siguiente al de su concesión.

En todo caso, la Comisión encargada de la evaluación y reforma del Pacto de Toledo (2020) entiende que "*el Fondo de Reserva puede ser una importante ayuda para resolver desequilibrios coyunturales entre los ingresos y los gastos de la Seguridad Social*" y manifiesta su preocupación ante la reducción del montante de activos del Fondo. Por tal razón, la Comisión considera que "*la caída de activos del Fondo en ningún caso se utilizará para justificar la reducción de la cuantía de las prestaciones y plantea la conveniencia de establecer un remanente mínimo del Fondo de Reserva, sujeto a una regla endurecida de disponibilidad*". Por último, la Comisión considera que "*el Fondo de Reserva no es el mecanismo adecuado para resolver desequilibrios financieros de naturaleza estructural. Tales desafíos solamente podrán atajarse con reformas igualmente estructurales, pero no con la mera constitución de unas reservas que serán siempre escasas frente a la magnitud de ese tipo de fenómenos*".

1.3. El mecanismo de equidad intergeneracional

Con la finalidad de fortalecer la sostenibilidad del sistema de pensiones, la Ley 27/2011 diseñó un factor de sostenibilidad que se aplicaría a la cuantía de las pensiones y permitiría vincular el importe de las pensiones de jubilación del sistema de la Seguridad Social a la evolución de la esperanza de vida de los pensionistas, aunque dicho factor de sostenibilidad no entraría en vigor hasta el año 2027.

Más tarde, la Ley 23/2013, de 23 de diciembre, reguladora del factor de sostenibilidad y del índice de revalorización del sistema de pensiones de la Seguridad Social, adelantó su aplicación al 1 de enero de 2019, si bien la DF 38ª de la Ley 6/2018, de PGE para 2019, dispuso que la aplicación del factor de sostenibilidad se llevará a cabo una vez que se acuerden, en el seno de la Comisión de Seguimiento y Evaluación de los Acuerdos del Pacto de Toledo, las medidas necesarias para garantizar la sostenibilidad del sistema. No obstante, su entrada en vigor se produciría en una fecha no posterior al 1 de enero de 2023.

Ante esta situación, la Ley 21/2021 optó por derogar expresamente el art. 211 de la LGSS que regulaba el factor de sostenibilidad y lo sustituyó por un mecanismo de equidad intergeneracional. Dada la carga excepcional que va a suponer a las generaciones más jóvenes la jubilación de la generación del baby boom, se considera necesario incorporar indicadores que ofrezcan una imagen más fidedigna del desafío que supone para el sistema el envejecimiento de la población y que libere a las generaciones más jóvenes de la jubilación de grupos de trabajadores más numerosos.

Así pues, la DF 4ª de la Ley 21/2021 reguló por primera vez el mecanismo de equidad intergeneracional, no obstante, el RDLey 2/2023, de 16 de marzo, de medidas urgentes para la ampliación de derechos de los pensionistas, la reducción de la brecha de género y el establecimiento de un nuevo marco de sostenibilidad del sistema público de pensiones, ha derogado la DF 4ª de la Ley 21/2021 y ha incorporado la regulación del mecanismo de equidad intergeneracional al art. 127 bis de la LGSS.

Según el art. 127 bis de la LGSS, "*con el fin de preservar el equilibrio entre generaciones y fortalecer la sostenibilidad del sistema de la Seguridad Social a largo plazo, se establece un Mecanismo de Equidad Intergeneracional consistente en una cotización finalista aplicable en todos los regímenes y en todos los supuestos en los que se cotice por la contingencia de jubilación, que no será computable a efectos de prestaciones y que nutrirá el Fondo de Reserva de la Seguridad Social*". Esta cotización será de 1,2 puntos porcentuales que, en caso de trabajadores por cuenta ajena, un punto corresponderá a la empresa y 0,2 puntos al trabajador. Esta cotización no podrá ser objeto de bonificación, reducción, exención o deducción alguna. Ahora bien, esta cotización finalista se introduce de forma gradual de modo que el art. 127 bis LGSS no resultará plenamente aplicable hasta el año 2029, estableciendo la DT 43ª LGSS una escala de aplicación paulatina desde el 1 de enero de 2023 hasta el 31 de diciembre de 2028.

2. LA COTIZACIÓN A LA SEGURIDAD SOCIAL

2.1. Naturaleza de la cotización y normas reguladoras

Aunque ya durante los años cuarenta y, sobre todo, en la década de los sesenta del pasado siglo se discutió sobre la naturaleza jurídica de las cuotas (BORRAJO DACRUZ, E., 1963), el problema resurgió con fuerza a principios de los noventa. De un lado, porque el TC asumió la visión "*escisionista*" sobre la relación jurídica de la Seguridad Social cuando vino a legitimar ciertas reformas que, para algunos cotizantes, supusieron una merma en los derechos que esperaban alcanzar, argumentando que entre las cotizaciones abonadas y las prestaciones percibidas, no existía una recíproca correspondencia o bilateralidad contractual (STC 97/1990, 24 mayo) o que "*la naturaleza jurídica de la cuota de Seguridad Social... (...) ha ido acercándose de forma cada vez más próxima al concepto de tributación*" (STC 39/1992, 30 marzo). Y, de otro lado, porque ante la jurisdicción ordinaria se cuestionó la legalidad de los RRDD que tradicionalmente venían estableciendo las cuantías de la cotización y, más en particular, de la cuota adicional por horas extraordinarias. Sosteniéndose en SS TS 27 marzo 1991 (Rec. 1014/1990) y 26 septiembre 1991 (Rec. 1056/1990) que las cotizaciones merecían ser calificadas como "*prestaciones patrimoniales de carácter público*", y, como tales, "*solamente puede(n) establecerse con arreglo a la ley (artículo 31.3 de la Constitución)*", aunque esos fallos fueron revisados, en recursos extraordinarios, por SS TS 9 mayo 1992 (Rec. 17/1991) y 4 mayo 1993 (Rec. 2052/1991), sosteniéndose que, aun partiendo de la "*hipótesis*" de que las cuotas fueran "*prestaciones patrimoniales públicas*" encuadrables en el art. 31.3 CE, la locución "*con arreglo a la ley*" de este precepto simplemente llevaría a una "*reserva relativa*" de ley, de tal modo que bastaría con que ésta contuviera la "*regulación esencial y básica*" y efectuara remisiones a la potestad reglamentaria.

Pero la posición del TC y los apuntados fallos judiciales motivaron que se elevara el rango de la normativa que, hasta entonces, determinaba aspectos de la cotización (art. 111 Ley 31/1991, de PGE para 1992, en términos que se reiteraron en ejercicios siguientes). De tal forma que al refundirse después las normas de Seguridad Social, la LGSS pasó a contener los elementos esenciales de la obligación de cotizar y remitió la concreción de ciertos extremos a futuras Leyes de Presupuestos.

Efectivamente, las normas que regulan la financiación y la cotización fundamentalmente son: por un lado, la LGSS (especialmente, arts. 18 a 20 y 141 a 153), el RD 2064/1995, 22 de diciembre, por el que se aprueba el

RGCL y el RD 696/2018, de 29 de junio, por el que se aprueba el Reglamento General de la Gestión Financiera de la Seguridad Social; y, por otro lado, las normas de vigencia anual, contenidas en las LPGE y en las Órdenes Ministeriales que las desarrollan (así, para el ejercicio 2024, en tanto se apruebe la LPGE para el año 2024, se prorroga en esta materia la Ley 31/2022, de 23 de diciembre, de Presupuestos Generales del Estado para el año 2023, con las modificaciones y excepciones introducidas por el RD-Ley 8/2023, de 27 de diciembre, y la Orden PJC/51/2024, de 29 de enero, por la que se desarrollan las normas legales de cotización a la Seguridad Social, desempleo, protección por cese de actividad, Fondo de Garantía Salarial y formación profesional para el ejercicio 2024 y, también, la Orden PJC/281/2024, de 27 de marzo, que modifica la Orden anterior).

2.2. Sujetos de la cotización

En el RG la obligación de cotizar afecta a ambas partes de la relación laboral, pudiendo distinguirse entre sujetos obligados y sujetos responsables del cumplimiento de dicha obligación.

2.2.1. Sujetos obligados a cotizar a la Seguridad Social

Son sujetos obligados a cotizar tanto el trabajador como el empresario por cuya cuenta se trabaje (art. 141 LGSS). Si bien, a efectos de la cotización por contingencias profesionales, solo corresponde cotizar al empresario, como responsable objetivo de los riesgos laborales a que están expuestos los trabajadores. Y asimismo exclusivamente el empresario se halla obligado a ingresar las aportaciones al FOGASA.

Además, será nulo todo pacto individual o colectivo, por el que uno de los sujetos obligados se comprometa a asumir la aportación del otro (art. 143 LGSS y art. 7.3 RGCL), constituyendo —según se expone en el correspondiente tema de este manual— una infracción muy grave que el empresario vulnere esa prohibición (art. 23.1.d LISOS).

2.2.2. Sujetos responsables de la obligación de cotizar

A) Responsable principal

Aunque en el RG son dos los sujetos obligados a cotizar, la responsabilidad del cumplimiento de esta obligación recae exclusivamente sobre el empresario, debiendo éste proceder al ingreso de la totalidad (art. 142 LGSS). Ciertamente, el empresario debe efectuar el oportuno descuento de las cuotas del trabajador en el momento de hacerle efectiva la retribución, sin posibilidad de hacerlo con posterioridad y quedando obligado a ingresar la totalidad de las cuotas. Es decir, será en el recibo de salarios o nómina del trabajador donde se practique la deducción de las cotizaciones a la Seguridad Social que corresponden al trabajador. Además, desde 1 de enero de 2013, el empresario igualmente deberá informar en los "*justificantes de pago de... retribuciones*" de "*la cuantía total de la cotización... indicando, la parte... que corresponde a la aportación del empresario..., en los términos que reglamentariamente se determinen*" (art. 142.2 LGSS), términos que ha concretado la Orden ESS/2098/2014, de 6 de noviembre, que modifica el recibo individual de salarios.

El empresario que, habiendo efectuado el oportuno descuento de las cuotas del trabajador, no proceda a su ingreso, incurrirá en responsabilidad ante ellos y ante los organismos de la Administración de la Seguridad Social (art. 142.3 LGSS), sin perjuicio de las consecuencias penales o administrativas —tratadas más adelante— que puede generar esa actuación.

B) Otros sujetos responsables

En determinadas situaciones la responsabilidad por incumplimientos en materia de cotización puede alcanzar a otras personas distintas de aquella con la que el trabajador tiene formalizada su relación laboral. En efecto, otros sujetos pueden resultar "*responsables solidarios, subsidiarios o sucesores mortis causa, por concurrir hechos, omisiones, negocios o actos jurídicos que determinen esas responsabilidades en aplicación de cualquier norma con rango de ley que se refiera o no excluya expresamente las obligaciones de Seguridad Social, o de pactos o convenios no contrarios a las leyes*" (art. 18.3 LGSS).

Más concretamente, junto a la responsabilidad del empresario principal, se establece una responsabilidad solidaria o subsidiaria, según los casos, en los siguientes supuestos.

a) Contratas y subcontratas de obras o servicios

En los supuestos de contratas y subcontratas de obras o servicios, la normativa extiende la responsabilidad a la empresa principal, por los incumplimientos de la empresa contratista con respecto a sus trabajadores, distinguiéndose dos regímenes.

Por un lado, cuando se trata de contratas y subcontratas relativas a la propia actividad, si un empresario (principal) contrata o subcontrata con otro (contratista) la realización de una obra o la prestación de un servicio, responderá solidariamente de las obligaciones referidas a la Seguridad Social contraídas por los contratistas y subcontratistas por el período de vigencia de la contrata y durante los tres años siguientes a la finalización de su encargo (art. 42.2 ET). Si bien la empresa principal puede quedar exonerada de esta responsabilidad si, al solicitar certificado negativo de descubiertos del contratista a efectos de verificar que éste se encuentra al corriente en el pago de las cuotas de la Seguridad Social, dicha certificación resulta negativa o no es extendida por la TGSS en el plazo de treinta días improrrogables (art. 42.1 ET).

Y, por otro lado, también la empresa principal asumirá una responsabilidad subsidiaria por las deudas que, en materia de cotización y en orden a las prestaciones, haya contraído la empresa contratista durante el tiempo que duró la contrata, cuando ésta sea declarada insolvente. En este caso, se incluyen tanto las contratas relativas a la propia actividad en las que la empresa principal haya quedado exonerada de responsabilidad solidaria por solicitar certificado negativo de descubiertos, como las contratas que no sean de propia actividad, ya que este artículo no distingue sobre el particular (arts. 142.1 y 168.1 LGSS).

b) Cesión de mano de obra a través de empresas de trabajo temporal

Aunque la empresa de trabajo temporal, como empresario del trabajador que es puesto a disposición para prestar servicios en la empresa usuaria, asume las obligaciones de Seguridad Social, su responsabilidad también puede extenderse a la empresa usuaria. En este sentido, la empresa usuaria será responsable subsidiaria de las obligaciones salariales y de Seguridad Social contraídas con el trabajador durante la vigencia del contrato de puesta a disposición (art. 16.3 LETT). Mientras que la responsabilidad será solidaria cuando el contrato de puesta a disposición se haya realizado ilegalmente incumpliendo lo dispuesto en los arts. 6 y 8 LETT. También existirá una responsabilidad solidaria en las obligaciones de Seguridad Social en los supuestos de cesión ilegal de trabajadores (art. 43 ET).

c) Transmisión de empresas

Cuando se produce una sucesión en la titularidad de la empresa, el nuevo empresario queda subrogado en los derechos y obligaciones laborales y de Seguridad Social del anterior (art. 44.1 ET). De modo que el adquirente responderá solidariamente con el anterior o con sus herederos, del pago de las prestaciones causadas antes de la sucesión (168.2 LGSS) y de la totalidad de las deudas generadas con anterioridad a la sucesión, entre las que se encuentran la obligación de cotizar a la Seguridad Social (art. 142.1 LGSS), no señalándose ni en uno ni en otro precepto plazo alguno posterior a la sucesión para proceder a su exigencia. Por tanto, el adquirente será responsable solidario, junto con el empresario anterior, del pago de las cotizaciones a la Seguridad Social anteriores a la transmisión de la empresa, siempre que éstas no hubieran prescrito.

d) Responsabilidad solidaria de los administradores de una sociedad de capital

El art. 367.1 de la Ley de Sociedades de Capital establece que "*Responderán solidariamente de las obligaciones sociales posteriores al acaecimiento de la causa legal de disolución los administradores que incumplan la obligación de convocar en el plazo de dos meses la junta general para que adopte, en su caso, el acuerdo de disolución, así como los administradores que no soliciten la disolución judicial o, si procediere, el concurso de la sociedad, en el plazo de dos meses a contar desde la fecha prevista para la celebración de la junta, cuando ésta no se haya constituido, o desde el día de la junta, cuando el acuerdo hubiera sido contrario a la disolución*".

Según la interpretación jurisprudencial (STS (3ª) de 27 de enero de 2021, rec. 2046/2019), el análisis del referido artículo 367 del TRLSC permite concluir que para que los administradores puedan y deban responder por deudas de la sociedad es preciso que concurran los siguientes requisitos:

a) la existencia de alguna de las causas de disolución previstas en el artículo 363 del mismo Texto Refundido.

b) el incumplimiento por los administradores de la obligación de convocar a los socios a Junta general antes de los dos meses siguientes a la concurrencia de la causa y para adoptar el acuerdo de disolución.

c) o, el incumplimiento de la obligación de solicitar la disolución judicial o el concurso, en casos de insolvencia, en el plazo de dos meses a contar desde la fecha prevista para la celebración de la junta, cuando ésta no se haya constituido, o desde el día de la junta, cuando el acuerdo hubiera sido contrario a la disolución.

d) la imputabilidad al administrador por su conducta omisiva.

En consecuencia, es suficiente que la sociedad incurra en causa de disolución para que el administrador tenga la obligación de convocar en el plazo de dos meses la junta que adopte el acuerdo de disolución, siendo la consecuencia del incumplimiento de dicha obligación la responsabilidad solidaria de los administradores.

Sin embargo, tal como ha interpretado la Sala Tercera del Tribunal Supremo, la mera falta de pago de las cuotas a la Seguridad Social no autoriza por sí misma la derivación de la responsabilidad a los administradores, pues la simple insolvencia no supone la existencia de una causa de disolución de la sociedad (SSTS de 27 de enero de 2021, rec. 2046/2019 y de 24, 25 y 26 de junio de 2019, rec. 2765/2018, 2902/2018 y 3689/2018, respectivamente).

2.3. Cuantía de la cotización

La cotización al sistema de Seguridad Social consiste en el ingreso periódico de una cuota total. Esta cuota se obtiene sumando las distintas subcuotas que se ingresan por razón de las distintas contingencias protegidas (contingencias comunes, contingencias profesionales y desempleo) y por cada uno de los sujetos obligados a cotizar a la Seguridad Social (cuota patronal y obrera). A tal suma se añaden, en su caso, la cuota adicional por horas extraordinarias y las llamadas aportaciones de recaudación conjunta (para formación profesional y FOGASA). También, a partir de enero de 2023, la cuota que corresponde por el Mecanismo de Equidad Intergeneracional.

Tanto las sub-cuotas como las aportaciones que se ingresan con ellas se determinan partiendo de dos elementos: por un lado, las bases de cotización; y, por otro, los tipos o porcentajes que, aplicados a las bases de cotización, arrojarán las cuotas.

2.3.1. La base de cotización

La base de cotización para todas las contingencias y situaciones comprendidas dentro de la acción protectora del RG, incluidas las de accidente de trabajo y enfermedad profesional, estará constituida por la remuneración total, cualquiera que sea su forma o denominación, que con carácter mensual tenga derecho a percibir el trabajador o asimilado, o la que efectivamente perciba de ser ésta superior, por razón del trabajo que realice por cuenta ajena (art. 147.1 LGSS). No obstante, existen determinadas percepciones retributivas que no se computan en la base de cotización, pudiéndose diferenciar, bajo ese criterio, entre la base de cotización de contingencias comunes y la base de cotización por contingencias profesionales.

A) Base de cotización por contingencias comunes

a) Conceptos computables en la base de cotización

En la base de cotización por contingencias comunes (BCCC) se incluirá la totalidad de la retribución percibida por el trabajador, ya sea en dinero o en especie, y ya retribuyan el trabajo efectivo o los períodos de descanso computables como de trabajo. También se incluirán las percepciones de vencimiento superior al mensual, prorrateadas a lo largo de los doce meses del año.

Más concretamente, en la BCCC se incluyen:

a) El salario base que le corresponda percibir al trabajador, regulado normalmente por convenio colectivo, o el que efectivamente perciba de ser éste superior.

b) Los complementos de carácter salarial (art. 26.3 ET), entre los que se incluyen:

   - los complementos salariales fijados en función de circunstancias relativas a las condiciones personales del trabajador, tales como la antigüedad, complementos fijados en atención a los títulos que pueda tener el trabajador, los idiomas, residencia, etc.
   - los complementos salariales fijados en atención a las condiciones de trabajo, como por ejemplo plus de nocturnidad, por trabajo a turnos, penosidad, peligrosidad, toxicidad, etc.
   - los complementos vinculados a los resultados de la empresa, tales como la productividad, comisiones, participación en beneficios, etc.

Además los tribunales han venido entendiendo que existe una verdadera presunción, al menos iuris tantum, de que las cantidades que perciba el trabajador de su empresario tienen naturaleza salarial (SSTS 15 de octubre de 1992, 6 de julio de 1996 y 27 de abril de 1998).

También forman parte de la retribución mensual y, por tanto, se incluyen en la base de cotización, las retribuciones en especie que perciba el trabajador el mes al que se refiera la cotización. Tal como dispone el art. 23.1.B) del RGCL "*constituyen percepciones en especie la utilización, consumo u obtención, para fines particulares, de bienes, derechos o servicios de forma gratuita o por precio inferior al normal de mercado, aun cuando no supongan un gasto real para quien los conceda*". El principal problema que plantean las retribuciones en especie, a efectos de su inclusión en la BCCC, es su cuantificación económica. En este sentido, la normativa de Seguridad Social actualmente establece en el art. 23.1.B) RGCL una serie de reglas para valorar los productos en especie, salvo para la utilización de la vivienda o entrega de vehículos, que "*se valorarán en los términos previstos para estos bienes en el art. 43 de la Ley 35/2006*" del IRPF.

Además, también se incluyen en la base de cotización por contingencias comunes las percepciones económicas de vencimiento superior al mensual, que se prorratearán a lo largo de los doce meses del año. Se trata, necesariamente, de las cantidades devengadas en concepto de pagas extraordinarias que, con independencia de la periodicidad de su devengo, cotizan a la Seguridad Social prorrateadas entre los doce meses del año. Pero también quedan incluidas cualesquiera otras retribuciones que tengan una periodicidad en su devengo superior a la mensual, como puedan ser las pagas de beneficios o determinadas comisiones, que se incluyen, con independencia del mes en el que se perciban, prorrateadas a lo largo de los doce meses del año. En estos casos, como el importe se percibirá normalmente a final de año, o al final de un trimestre, en función de los resultados de la empresa, el importe anual estimado será el que se prorrateará entre los doce meses. En el supuesto de percibir alguna gratificación por beneficios o comisiones con posterioridad al período que se retribuye y que no hubiera sido prevista previamente, se procederá a realizar una liquidación complementaria referida al período computable y prorrateando en dicho período la gratificación a computar. De este modo se evita que determinados conceptos que se perciben en una única mensualidad, pero que están retribuyendo un período más amplio de tiempo, queden excluidos de la base de cotización por exceder de la base máxima, en la mensualidad en la que se perciben (STS 17 de noviembre de 2004, Rec. 5997/2003)[2].

Por último, las percepciones correspondientes a vacaciones anuales devengadas y no disfrutadas y que se retribuyan cuando finaliza la relación laboral "*serán objeto de liquidación y cotización complementaria a la del mes de la extinción del contrato. La liquidación y cotización complementaria comprenderán los días de duración de las vacaciones, aun cuando alcancen también el siguiente mes natural o se inicie una nueva relación laboral durante los mismos, sin prorrateo alguno y con aplicación, en su caso, del tope máximo de cotización correspondiente al mes o meses que resulten afectados*" (art. 147.1 LGSS). Por tanto, a la cotización del mes en que se produzca la extinción del contrato se le añadirá la cantidad correspondiente a la liquidación de todos los días de vacaciones

---

2 También se debe cotizar prorrateándose a lo largo de los doce meses del año el premio de servicios prestados por cese anticipado (STSJ Madrid 21 de marzo de 2003, Rec. 196/1999).

devengadas y no disfrutadas, aunque los días se excedan de ese mes natural e independientemente de que se exceda o no de la base máxima. Esta cotización correspondiente a vacaciones se llevará a cabo aunque el trabajador inicie una relación laboral, y por tanto cotice a la Seguridad Social, durante el mismo período correspondiente a las vacaciones.

b) Conceptos excluidos de la base de cotización

Aunque, en principio, en la BCCC se incluye la remuneración total, cualquiera que sea su forma o denominación, que tenga derecho a percibir el trabajador en el mes al que se refiera la cotización, del art. 147.2 LGSS, puesto en relación con el art. 23.2 RGCL, se desprende que una serie de conceptos que percibe el trabajador están exentos de la obligación de cotizar. Tales conceptos pueden resultar total o parcialmente exentos, y, en algunos casos, para acotar las cuantías excluidas opera una remisión a la normativa fiscal.

No obstante, cabe destacar que el legislador ha optado en las últimas reformas por reducir cada vez más los conceptos excluidos de la obligación de cotizar a la Seguridad Social, de modo que, conceptos extrasalariales que tradicionalmente quedaban exentos de cotizar, actualmente van a formar parte de la base de cotización.

Los conceptos que no se computarán en la base de cotización son los siguientes:

1) Las cantidades que se destinen a satisfacer los gastos de locomoción del trabajador que se desplace fuera de su centro habitual de trabajo para realizar el mismo en lugar distinto. Estas asignaciones estarán excluidas de cotización cuando el trabajador utilice medios de transporte público y siempre que justifique el gasto mediante factura o documento equivalente.

Se trata de cantidades destinadas por el empresario a compensar los gastos del trabajador por sus desplazamientos fuera de la fábrica, taller, oficina o centro habitual de trabajo, para realizarlo en lugar distinto del mismo. Esto es, son percepciones que compensan desplazamientos ocasionales por motivos laborales fuera del lugar de trabajo habitual. Y estarán excluidos de la base de cotización cuando el trabajador utilice medios de transporte público y justifique el gasto mediante factura o documento equivalente.

2) Las cantidades que se destinen a satisfacer los gastos de locomoción del trabajador que se desplace fuera de su centro habitual de trabajo para realizar el mismo en lugar distinto, no comprendidos en el apartado anterior, así como las cantidades abonadas para gastos normales de manutención y estancia generados en municipio distinto del lugar de trabajo habitual del trabajador y que constituya su residencia habitual. El artículo único de la Orden HFP/792/2023, de 12 de julio, ha actualizado la cuantía

de los gastos de locomoción exentos de gravamen del IRPF y, por tanto, de la obligación de cotizar a la Seguridad Social. En virtud de esta Orden los gastos de locomoción exentos de cotizar aumentan de 0,19 €/km que prevé el art. 9.A.2.b) del Reglamento del IRPF a 0,26 €/km.

Se refiere el legislador a las cantidades y dietas abonadas para gastos de viaje, a las cantidades destinadas por el empresario a compensar los gastos normales de manutención y estancia en restaurantes, hoteles y demás establecimientos de hostelería que se originen en un municipio distinto al del lugar de trabajo habitual del trabajador y del que constituya su residencia. Es decir, las cantidades destinadas a compensar al trabajador por los gastos que le ocasione el trabajo por tener que realizarlo fuera de la fábrica, taller, oficina, o en definitiva, del lugar normal de trabajo. Pretenden compensar los desplazamientos temporales del trabajador que le obligan a realizar sus comidas principales y a pernoctar fuera de su domicilio[3]. Estos gastos de manutención y estancia no se computarán en la base de cotización cuando no se hallen gravados por el IRPF, de conformidad con los apartados 3, 4, 5 y 6 del art. 9.A) del RIRPF, computándose en la base el exceso sobre los límites exceptuados[4]. El importe exceptuado es el que a continuación se detalla.

a) Cuando se ha pernoctado en municipio distinto del lugar de trabajo habitual, en los gastos de estancia, los que se justifiquen[5]. En los gastos de manutención, 53,34 euros diarios, si corresponden a desplazamientos dentro del territorio español, o 91,35 euros diarios, si corresponden a desplazamientos a territorio extranjero.

b) Cuando no se haya pernoctado en municipio distinto del lugar de trabajo habitual y del que constituya la residencia del perceptor, las asignaciones para gastos de manutención que no excedan de 26,67 ó 48,08 euros diarios, según se trate de desplazamientos dentro del territorio español o al extranjero, respectivamente.

---

3 No pueden tener la consideración de dietas las cantidades abonadas a los trabajadores contratados para la realización de una obra determinada porque el concepto de dieta lleva aparejado necesariamente el desplazamiento temporal del lugar de trabajo a otro distinto (STSJ Cataluña de 16 de febrero de 2005, Rec. 2813/1998).

4 Cuando se trate de desplazamiento y permanencia por un período continuado superior a nueve meses, las asignaciones percibidas no se exceptúan de gravamen y, por tanto, tampoco de la base de cotización por contingencias comunes (art. 9.A) del RIRPF).

5 En el caso de conductores de vehículos dedicados al transporte de mercancías por carretera, no precisarán justificación en cuanto a su importe los gastos de estancia que no excedan de 15 €/día, si se producen por desplazamiento en territorio español, o de 25 €/día, si corresponden a desplazamientos por el extranjero.

El exceso sobre dichas cantidades, se incluirá en la base de cotización.

3) Las indemnizaciones por fallecimiento y las correspondientes a traslados, suspensiones y despidos (art. 147.2.c) LGSS).

Las indemnizaciones por fallecimiento, traslados y suspensiones estarán exentas de cotización hasta la cuantía máxima prevista en norma sectorial o convenio colectivo aplicable, debiéndose computar en la base de cotización el exceso sobre esas cantidades.

En cuanto a las indemnizaciones por despido o cese, estarán exentas hasta la cuantía establecida con carácter obligatorio en el Estatuto de los Trabajadores, en su normativa de desarrollo o, en su caso, en la normativa reguladora de la ejecución de sentencias, sin que pueda considerarse como tal la establecida en virtud de convenio, pacto o contrato.

Cuando se extinga el contrato de trabajo con anterioridad al acto de conciliación, estarán exentas las indemnizaciones por despido hasta la cuantía que hubiera correspondido de ser declarado el despido improcedente, siempre que no se trate de extinciones de mutuo acuerdo en el marco de planes o sistemas colectivos de bajas incentivadas.

En los supuestos de despido o cese como consecuencia de despidos colectivos por causas económicas, técnicas, organizativas, de producción o por fuerza mayor, tramitados de conformidad con lo dispuesto en el art. 51 ET, o producidos por las causas previstas en el art. 52.c) de la citada norma, quedará exenta la parte de indemnización percibida que no supere los límites establecidos con carácter obligatorio en el mencionado Estatuto para el despido improcedente.

4) Las prestaciones de la Seguridad Social, las mejoras de las prestaciones de incapacidad temporal concedidas por las empresas y las cantidades destinadas por las empresas a satisfacer los gastos de estudio del trabajador y dirigidos a su actualización, capacitación y reciclaje (arts. 147.2.d) LGSS).

En todo caso, las prestaciones de la Seguridad Social están exentas de cotizar a la Seguridad Social. La exclusión de estas cantidades se extiende también a las prestaciones que sean abonadas por las MCSS o a las prestaciones que abone la empresa, ya sea en virtud de pago delegado o como colaboración voluntaria, ya sea por haber sido declarada responsable del pago de la prestación por falta de alta y cotización a la Seguridad Social.

Respecto a las mejoras voluntarias, actualmente solo estarán excluidas de la base de cotización las cantidades abonadas por el empresario que complementen la prestación de incapacidad temporal, cualquiera que sea la causa de la que derive.

Tampoco computarán en la base de cotización las cantidades que tengan por finalidad satisfacer gastos de estudios del trabajador dispuestos por instituciones, empresarios o empleadores y financiados directamente por ellos para la actualización, capacitación o reciclaje de su personal, cuando vengan exigidos por el desarrollo de sus actividades o las características de los puestos de trabajo.

5) Las horas extraordinarias (arts. 147.2.e) y 4 LGSS y 23.2.E) RGCL).

Las horas extraordinarias están excluidas de la base de cotización, pero, como después se verá, sí se incluyen en la base de cotización por ATEP. Además las horas extraordinarias están sujetas a una cotización adicional prevista en el art. 24 RGCL. En todo caso, el art. 147.4 LGSS prevé la posibilidad de que el Ministerio de Empleo y Seguridad Social establezca el cómputo de las horas extraordinarias, bien con carácter general, bien para aquellos sectores en los que la prolongación de jornada sea característica de su actividad.

c) Bases máximas y mínimas de cotización

Las bases de cotización a la Seguridad Social, en cada uno de sus regímenes, tendrán como tope máximo las cuantías fijadas para cada año por la correspondiente LPGE y como tope mínimo las cuantías del salario mínimo interprofesional vigente en cada momento, incrementadas en un sexto, salvo disposición expresa en contrario (art. 19 LGSS). Además, a partir del 1 de enero de 2024, el tope máximo establecido para las bases de cotización de la Seguridad Social de cada uno de sus regímenes se actualizará anualmente en la LPGE en un porcentaje igual al que se establezca para la revalorización de las pensiones contributivas (art. 19.3 LGSS)[6].

Por tanto, la BCCC está sujeta a unos límites máximos y mínimos que se fijan anualmente en la correspondiente LPGE y que se desarrollan posteriormente en la correspondiente Orden de Cotización.

Estos límites máximos y mínimos se fijan según el grupo de cotización al que pertenezca el trabajador y en función de cuál sea su categoría pro-

[6] Si bien, tal como establece la DT 38ª LGSS, desde el año 2024 hasta el año 2050, las correspondientes LPGE fijarán el tope máximo de las bases de cotización de los distintos regímenes de Seguridad de Social conforme a lo establecido en el artículo 19.3, pero al porcentaje al que se refiere dicho artículo se le sumará una cuantía fija anual de 1,2 puntos porcentuales. Cada cinco años, el Gobierno evaluará, en el marco del diálogo social, el impacto de esta subida de la base máxima y remitirá un informe a la Comisión no Permanente de Seguimiento y Evaluación de los Acuerdos del Pacto de Toledo.

fesional, si bien, en virtud de la aplicación de los acuerdos adoptados en el Pacto de Toledo, la diferencia entre cada una de ellas cada vez es más insignificante. Los grupos de cotización por categorías profesionales vienen establecidos en el art. 26 del RGCL.

En caso de que la cuantía de la base de cotización, obtenida de la suma de todos los conceptos computables, de acuerdo con lo establecido en los epígrafes anteriores, resultase inferior o superior a la cuantía de las bases máximas o mínimas, se cotizará por éstas; de modo que la base de cotización finalmente resultante no podrá ser inferior a la base mínima, ni superior a la base máxima establecida para cada momento. La indicada base mínima será de aplicación cualquiera que fuese el número de horas trabajadas diariamente, excepto en aquellos supuestos en que por disposición legal se establece lo contrario, como por ejemplo sucede con los contratos a tiempo parcial.

En todo caso, a partir del 1 de enero de 2025, entrará en vigor la cotización adicional de solidaridad prevista en el art. 19 bis LGSS. Esta cotización adicional se aplicará en aquellos casos en los que la suma de los conceptos computables en la base de cotización resulte superior a la base máxima prevista en cada momento. La cuota de solidaridad será el resultado de aplicar un tipo del 5,5 por ciento a la parte de retribución comprendida entre la base máxima de cotización y la cantidad superior a la referida base máxima en un 10 por ciento; el tipo del 6 por ciento a la parte de retribución comprendida entre el 10 por ciento superior a la base máxima de cotización y el 50 por ciento; y el tipo del 7 por ciento a la parte de retribución que supere el anterior porcentaje. La distribución del tipo de cotización por solidaridad entre empresario y trabajador mantendrá la misma proporción que la distribución del tipo de cotización por contingencias comunes[7].

Para el año 2024, la DT 9ª del RDLey 8/2023 ha establecido que las bases máximas de cada categoría profesional y el tope máximo de la base de cotización se fijarán aplicando el porcentaje previsto para la revalorización de pensiones al que se sumará el establecido en la DT 38ª LGSS; asimismo, fija que las bases mínimas de cotización, de los grupos de cotización de los

---

[7] En todo caso, la DT 42ª LGSS establece una aplicación gradual de la cotización adicional de solidaridad de modo que los porcentajes indicados en el art. 19 bis no se alcanzarán hasta el año 2045. Durante el año 2025 serán los siguientes: un tipo del 0,92 por ciento a la parte de retribución comprendida entre la base máxima de cotización y la cantidad superior a la referida base máxima en un 10 por ciento; el tipo del 1 por ciento a la parte de retribución comprendida entre el 10 por ciento superior a la base máxima de cotización y el 50 por ciento; y el tipo del 1,17 por ciento a la parte de retribución que supere el 50% adicional de la base máxima.

regímenes que las tengan establecidas, se incrementarán de forma automática en el mismo porcentaje que lo haga el salario mínimo interprofesional incrementado en un sexto. De este modo, la Orden de cotización (Orden PJC/51/2024, de 29 de enero, modificada por la Orden PJC/281/2024, de 27 de marzo), fija las bases máximas y mínimas de cotización. Así pues, durante el año 2024, la cotización al RG por contingencias comunes estará limitada para cada grupo de categorías profesionales por las bases máximas y mínimas siguientes (art. 3 Orden de cotización): las bases máximas, cualquiera que sea la categoría profesional y el grupo de cotización, serán de 4.720,50 €/mes o de 157,35 €/día. Las bases mínimas oscilarán desde 1.847,40 €/mes a 1.323,00 €/mes para grupos de cotización del 1 al 7, o 44,10 €/día para grupos del 8 al 11.

B) Base de cotización por contingencias profesionales, desempleo, FOGASA y formación profesional

a) Conceptos computables y excluidos de las bases de cotización

Para determinar la base de cotización correspondiente a cada mes por las contingencias de accidentes de trabajo y enfermedades profesionales se aplicarán las siguientes reglas:

En primer lugar, se computará la remuneración obtenida por el trabajador durante el mes al que se refiere la cotización, aplicando los mismos criterios en relación a los conceptos computables y excluidos de la base de cotización que servían para la determinación de la base de cotización por contingencias comunes.

En segundo lugar, se añadirán las retribuciones obtenidas por el trabajador en concepto de horas extraordinarias, independientemente de su cuantía y de la causa a la que responda su realización. Esta es la diferencia fundamental que existe entre ambas bases de cotización, mientras que la remuneración obtenida por horas extraordinarias siempre será un concepto excluido de la base de cotización por contingencias comunes, por el contrario se tratará de un concepto computable en la base de cotización por contingencias profesionales. Por tanto, como regla general, si un trabajador no ha realizado horas extraordinarias, ambas bases de cotización coincidirán.

Por último, se añadirá también la parte proporcional de gratificaciones extraordinarias y de aquellos otros conceptos retributivos que tengan una periodicidad en su devengo superior a la mensual o que no tengan carácter periódico y se satisfagan dentro del ejercicio económico.

Además, la base de cotización por desempleo, Fondo de Garantía Salarial y formación profesional, en todos los regímenes de la Seguridad Social que tengan cubiertas tales contingencias, será la correspondiente a las contingencias de accidentes de trabajo y enfermedades profesionales.

b) Los topes máximos y mínimos de cotización

La cantidad que resulte de la aplicación de las reglas fijadas anteriormente no podrá ser superior al tope máximo ni inferior al tope mínimo correspondiente, previstos ambos en el art. 2 de la Orden de Cotización del presente año, cualquiera que sea el número de horas trabajadas diariamente, excepto en aquellos supuestos en que por disposición legal se establece lo contrario.

El tope máximo de la base de cotización al RG se fija, para el año 2024, en 4.720,50 euros mensuales. El tope mínimo de cotización para las contingencias de accidente de trabajo y enfermedad profesional se fija en 1.323,00 €/mes.

C) Base de cotización adicional por horas extraordinarias

Por último, las cantidades percibidas por el trabajador en concepto de horas extraordinarias, aisladamente, constituyen por sí solas una base de cotización adicional (art. 149 LGSS y 24 del RGCL). Esto es, las cantidades percibidas por el trabajador en concepto de horas extraordinarias, por sí mismas, sin añadir ningún otro concepto retributivo ni estar sujetas a ningún tipo de límite, formarán la base de cotización adicional por horas extraordinarias.

La peculiaridad que presenta esta base de cotización es que no computará para determinar la base reguladora de las prestaciones de Seguridad Social y, por tanto, su finalidad es simplemente contribuir a incrementar los recursos económicos generales del sistema de Seguridad Social.

A efectos de cotización se deben distinguir las horas extraordinarias por fuerza mayor, que son, tal como establece el art. 35.3 ET, las que se realizan "*para prevenir o reparar siniestros y otros daños extraordinarios y urgentes*", de las otras horas extraordinarias. El motivo de la diferenciación es que el legislador, como medida desincentivadora del recurso a las horas extraordinarias, grava considerablemente, como veremos al tratar los tipos de cotización, las horas que no responden a causas de fuerza mayor frente a las otras horas extraordinarias.

Así pues, en relación a las retribuciones percibidas por un trabajador en concepto de horas extraordinarias se debe tener en cuenta lo siguiente:

En primer lugar, las horas extraordinarias no computarán para la determinación de la base de cotización por contingencias comunes.

En segundo lugar, el importe percibido por el trabajador por horas extraordinarias, siempre va a ser un concepto computable en la base de cotización por contingencias profesionales (y por tanto también para la base de cotización por desempleo, FOGASA y formación profesional).

Y, por último, la cuantía percibida por el trabajador en concepto de horas extraordinarias constituirá, por sí misma, una base de cotización adicional por horas extraordinarias.

2.3.2. Tipos de cotización

Los tipos de cotización deben aplicarse a la correspondiente base de cotización obtenida conforme a los criterios anteriormente expuestos, y como resultado se obtienen las distintas cuotas de la Seguridad Social, así como los conceptos de recaudación conjunta. El art. 19 LGSS dispone que los tipos de cotización se establecerán anualmente por la correspondiente LPGE.

A) Contingencias comunes

Los tipos de cotización al RG por contingencias comunes son los siguientes (art. 4 Orden de Cotización):

- el 23,60 por 100, que se aplica a la BCCC para obtener la cuota empresarial por contingencias comunes.
- el 4,70 por 100, aplicable a la misma base para obtener la cuota obrera por contingencias comunes.

El total de ambas (28,30 por 100) es el que figura en las liquidaciones mensuales a la TGSS, puesto que, como ya se ha señalado, la empresa es la responsable de proceder al ingreso de ambas cuotas en el plazo reglamentario.

Aquellos contratos de duración determinada que tengan una duración inferior a 30 días, tendrán una cotización adicional a cargo del empresario consistente en multiplicar por 3 la cuota resultante de aplicar a la base mínima diaria de cotización del grupo 8 del RGSS para contingencias comunes, el tipo general de cotización a cargo de la empresa para la cobertura de las contingencias comunes (art. 151 LGSS). Para 2024 la cotización adicional se cifra en 31,22 € (art. 26 Orden de Cotización).

Esta cotización adicional no se aplicará a los contratos celebrados con trabajadores incluidos en el Sistema Especial para Trabajadores por Cuenta Ajena Agrarios, en el Sistema Especial para Empleados de Hogar, en el Régimen Especial para la Minería del Carbón, o en la relación laboral especial de las personas artistas que desarrollan su actividad en las artes escénicas, audiovisuales y musicales, así como de las personas que realizan actividades, técnicas o auxiliares necesarias para el desarrollo de dicha actividad; tampoco a los contratos por sustitución (art. 151.3 LGSS).

B) Contingencias profesionales

Los tipos de cotización aplicables a la BCCP a efectos de obtener la cuota empresarial por contingencias profesionales vienen recogidos en la denominada Tarifa de Primas, establecida por la DA 4ª Ley 42/2006, de 28 de diciembre, de PGE para el año 2007 y sucesivamente modificada (última modificación introducida por la DF 5ª del RDLey 28/2018, de 28 de diciembre), siendo la empresa la única obligada a cotizar por este concepto.

En la Tarifa de Primas se fijan diferentes tipos en función de la clase de actividad realizada en la empresa, bajo la lógica de que cuanto mayor es el riesgo de que se produzcan accidentes de trabajo o enfermedades profesionales, mayor es el tipo a aplicar y, por tanto, la cuota a ingresar por contingencias profesionales.

La enumeración de las distintas actividades que se recogen en la Tarifa de Primas atiende a la Clasificación Nacional de Actividades Económicas (CNAE). Según se ha expuesto en otra lección, cuando la empresa solicita su inscripción debe hacer constar cual es la entidad gestora o colaboradora por la que opta para la protección de sus trabajadores frente a accidentes de trabajo y enfermedades profesionales de la Seguridad Social, así como, en su caso, para la cobertura de la prestación de incapacidad temporal por contingencias comunes, debiendo formalizar el correspondiente documento de asociación y de cobertura, bien con la entidad gestora correspondiente (INSS o ISM) bien con una o varias MCSS. Independientemente de cuál sea la opción, la TGSS practicará la tarifación en función de la actividad declarada por el empresario, asignándoles los tipos de cotización que resulten aplicables de la tarifa vigente.

En relación con la cotización por contingencias profesionales, se debe señalar que la DF Segunda Tres del RDLey 28/2018, de 28 de diciembre, ha añadido un nuevo apartado 4 al art. 146 de la LGSS en virtud del cual los empresarios que contraten trabajadores a los que, por razón de su actividad, les sea aplicable un coeficiente reductor de la edad de jubilación, deberán cotizar por el tipo de cotización por contingencias profesionales más alto de los establecidos, siempre que el establecimiento del coeficiente reductor de la edad de jubilación no conlleve ya la aplicación de una cotización adicional. Esta previsión no afectará a los empresarios que contraten a trabajadores incluidos en el campo de aplicación del RD 1539/2003, por el que se establecen coeficientes reductores a la edad de jubilación a favor de los trabajadores que acrediten un grado importante de discapacidad.

Los empresarios que ocupen a trabajadores, a quienes en razón de su actividad les resulte de aplicación un coeficiente reductor de la edad de jubilación, deberán cotizar por el tipo de cotización por accidentes de trabajo y enfermedades profesionales más alto de los establecidos, siempre y cuando el establecimiento de ese coeficiente reductor no lleve aparejada una cotización adicional por tal concepto, salvo que se trate de trabajadores con un grado importante de discapacidad o trabajadores embarcados en barcos de pesca hasta 10 Toneladas de Registro Bruto incluidos en el Régimen Especial de Trabajadores del Mar (art. 146.4 LGSS).

Por último, para incentivar la aplicación de las medidas de prevención de riesgos laborales, el RD 231/2017, regula el establecimiento de un sistema de reducción de las cotizaciones por contingencias profesionales a las empresas que hayan contribuido especialmente a la disminución y prevención de la siniestralidad laboral (desarrollado por la Orden ESS/256/2018, de 12 de marzo). Esta norma reglamentaria desarrolla las previsiones contenidas en los arts. 146 y 98 LGSS, por lo que a las medidas incentivadoras se refiere, ya que prevé la aplicación de reducciones de las cotizaciones por contingencias profesionales para las empresas que se distingan por su contribución eficaz y contrastable a la reducción de la siniestralidad laboral, así como por la realización de actuaciones efectivas en la prevención de los accidentes de trabajo y de las enfermedades profesionales. Sin embargo, la DA 3ª del RDLey 28/2018, de 28 de diciembre, suspendió la reducción de las cotizaciones por contingencias profesionales previstas en el RD 231/2017 para las cotizaciones que se generaron durante el año 2019. Esta suspensión se extendería hasta que el Gobierno procediera a la reforma de dicho Real Decreto, cosa que debía producirse a lo largo de 2019. No obstante, la situación política vivida en nuestro país hizo imposible proceder a dicha reforma, por lo que esta suspensión se prorrogó también para las cotizaciones que se generaron durante el año 2020 (art. 7.8 del RDLey 18/2019, de 27 de diciembre, por el que se adoptan determinadas medidas en materia tributaria, catastral y de seguridad social). La pandemia sufrida durante el año 2020 también impidió llevar a cabo la reforma, por lo que la DA 127ª de la LPGE para 2021 prorroga de nuevo la suspensión de este sistema de reducción hasta que el Gobierno proceda a la reforma del RD 231/2017, que deberá producirse a lo largo del año 2021. De nuevo, la DA 106ª de la LPGE para 2022 suspende estas reducciones hasta que el Gobierno proceda a la reforma del citado Real Decreto. A igual suspensión ha procedido la DA 97ª LPGE para 2023, que se prolongará durante el año 2024 al prorrogarse la LPE para 2023.

C) Desempleo

El tipo para calcular la cuota al desempleo debe aplicarse sobre la BCCP y viene condicionado por la modalidad de contrato de trabajo que une al trabajador con la empresa. Ambas partes de la relación laboral están obligadas a cotizar por esta contingencia, siendo la cuota más alta cuanto más precaria es la situación del trabajador en relación a su tipo de contrato. Con lo recaudado por esta vía se financia gran parte de la acción protectora por desempleo, por lo que la TGSS procederá a ceder lo recaudado a favor del Servicio Público de Empleo Estatal (art. 293 y ss. LGSS).

Para el ejercicio 2024 se establecen los siguientes tipos (art. 31.2.1 Orden de Cotización):

a) Respecto de contratos indefinidos, a jornada completa o a tiempo parcial, incluso fijos discontinuos, así como la contratación de duración determinada en las modalidades de contratos formativos, de relevo, interinidad, sustitución y contratos, cualquiera que sea la modalidad utilizada, realizados con trabajadores que tengan reconocido un grado de discapacidad no inferior al 33%, el 7,05%, del que el 5,50% será a cargo del empresario y el 1,55% a cargo del trabajador.

b) Respecto de contratos de duración determinada a tiempo completo o a tiempo parcial, el 8,30%, del que el 6,70% será a cargo del empresario y el 1,60% a cargo del trabajador.

D) Fondo de garantía salarial y formación profesional

Las aportaciones que se ingresan por estos conceptos son ajenos a las cuotas a la Seguridad Social, si bien se recaudan conjuntamente con ellas, liquidándose en la forma, términos y condiciones establecidos para estas últimas. Los tipos, que cada año establecerá la LPGE, se aplicarán sobre la BCCP (DA 21ª LGSS).

Tales tipos, según el art. 31.2 Orden de Cotización para el presente año, son los siguientes:

– FOGASA: 0,20% (cuota única empresarial).

– Formación Profesional: el 0,70% del que el 0,60% corresponde a la empresa y el 0,10% al trabajador.

E) Cotización adicional por horas extraordinarias

La remuneración que obtengan los trabajadores por el concepto de horas extraordinarias, como se ha visto, queda sujeta a una cotización adicional, que no será computable a efectos de determinar la base reguladora de las prestaciones. Los tipos de cotización adicional por horas extraordinarias varían en función de la causa a la que responde la realización de dichas horas extraordinarias.

La cotización adicional por las horas extraordinarias motivadas por fuerza mayor se efectuará aplicando el tipo del 14,00%, del que el 12,00% será a cargo de la empresa y el 2,00% a cargo del trabajador. En cambio, la cotización adicional por las horas extraordinarias que no tengan la anterior consideración se efectuará aplicando el tipo del 28,30%, del que el 23,60% será a cargo de la empresa y el 4,70% a cargo del trabajador (art. 4 Orden de Cotización).

F) Mecanismo de equidad intergeneracional

Como ya se ha indicado, el art. 127 bis de la LGSS, "*con el fin de preservar el equilibrio entre generaciones y fortalecer la sostenibilidad del sistema de la Seguridad Social a largo plazo*" ha introducido un mecanismo de equidad intergeneracional consistente en una cotización aplicable a todos los regímenes y en todos los supuestos en los que se cotice por la contingencia de jubilación. Esta cotización será de 1,2 puntos porcentuales que, en caso de trabajadores por cuenta ajena, un punto corresponderá a la empresa y 0,2 puntos al trabajador. Esta cotización no podrá ser objeto de bonificación, reducción, exención o deducción alguna. Ahora bien, esta cotización finalista se introduce de forma gradual y no resultará plenamente aplicable hasta el año 2029. La DT 43ª LGSS establece una escala de aplicación paulatina desde el 1 de enero de 2023 hasta el 31 de diciembre de 2028.

Durante el año 2024, el tipo de cotización para el mecanismo de equidad intergeneracional será del 0,7% aplicable sobre la base de cotización por contingencias comunes, del que el 0,58% será a cargo de la empresa y el 0,12% a cargo del trabajador (art. 4.c) Orden de Cotización).

2.4. Dinámica de la obligación de cotizar

La obligación de cotizar nace con el inicio de la prestación de servicios, incluido el período de prueba, y se mantiene todo el período en que el trabajador esté en alta y mantenga la relación laboral (art. 144.1 y 2 LGSS).

No obstante, hay algunas situaciones en las que existe relación laboral y se suspende la obligación de cotizar, así sucede en las situaciones de huelga y de cierre patronal (art. 144.5 LGSS). También, en otros casos, pese a que la relación laboral se encuentra suspendida, se mantiene la obligación de cotizar, así sucede en las situaciones de incapacidad temporal, cualquiera que sea su causa, incluidas las situaciones especiales de incapacidad temporal por menstruación incapacitante secundaria, interrupción del embarazo, sea voluntaria o no, y gestación desde el día primero de la semana trigésima novena, nacimiento y cuidado del menor, riesgo durante el embarazo y riesgo durante la lactancia natural (art. 144.4 LGSS).

La extinción de la obligación de cotizar viene condicionada al hecho de que se solicite la baja en el RGSS a la TGSS. No obstante, dicha comunicación no extinguirá la obligación de cotizar si continuase la prestación de trabajo (art. 144.3 LGSS). De modo que lo verdaderamente concluyente es el cese en la prestación de servicios como causa de extinción de esta obligación. Por ello el art. 14.4 del RGCL dispone que "*los interesados podrán probar, por cualquiera de los medios admitidos en derecho, que no se inició la actividad en la fecha notificada al solicitar el alta o que el cese en la actividad, en la prestación de servicios o en la situación de que se trate, tuvo lugar en otra fecha, a efectos de la extinción de la obligación de cotizar*".

2.5. Algunos supuestos especiales de la obligación de cotizar

En numerosas ocasiones la cotización al RG no se ajusta plenamente a las reglas que han sido expuestas, bien porque a los trabajadores se les aplican otras reglas especiales (sujetos incluidos en sistemas especiales, colectivos procedentes de regímenes especiales extintos, asimilados a trabajadores por cuenta ajena...), bien porque al propio contrato laboral se le anudan algunas peculiaridades, dicho contrato se suspende o se extingue abriendo situaciones que comportan cotización.

2.5.1. Especialidades por razón del contrato de trabajo

A) Contrato de trabajo a tiempo parcial

En la cotización de los trabajadores contratados mediante un contrato de trabajo a tiempo parcial, se aplican las mismas reglas que para los trabajadores contratados a jornada completa, pero se advierten peculiaridades en la determinación de la base de cotización. La base de cotización mensual se determina computando la remuneración obtenida por las horas trabajadas tanto ordinarias como complementarias. A esa remuneración se debe añadir la parte proporcional que corresponda en concepto de descansos semanales y festivos, pagas extraordinarias y conceptos retributivos que tengan una periodicidad en su devengo superior a la mensual.

Además, excepcionalmente, la cuantía que puedan percibir los trabajadores con contrato a tiempo parcial por horas extraordinarias por fuerza mayor, se computará en las bases de cotización por contingencias profesionales y estará sujeta también a la cotización adicional por horas extraordinarias.

Por último, las bases de cotización así constituidas tendrán que ajustarse a las bases máximas y mínimas previstas. La base máxima será la establecida con carácter general y la base mínima viene fijada en valor precio/hora, por tanto para su determinación, deberá multiplicarse dicho valor por las horas realmente trabajadas, aunque sin despreciar las partes correspondientes al descanso retribuido.

En todo caso, para aquellos supuestos de contrato a tiempo parcial en los que se acuerde que la totalidad de las horas de trabajo que anualmente deban realizarse, se presten en determinados períodos de cada año, percibiéndose las remuneraciones en esos períodos de trabajo concentrado, y existiendo períodos de inactividad superiores al mensual, se establecen otros criterios distintos. En estos casos la base de cotización se determinará al inicio de cada año, computando el importe total de las remuneraciones que tenga derecho a percibir dicho año y prorrateando dicho importe entre los doce meses del año. La base mensual así constituida no podrá ser inferior ni superior a las bases máximas y mínimas determinadas conforme a las reglas indicadas anteriormente.

B) Contrato de trabajo para la formación y el aprendizaje y contratos formativos en alternancia

La acción protectora de la Seguridad Social del trabajador contratado para la formación y el aprendizaje comprenderá todas las contingencias, situaciones protegidas y prestaciones, incluido —salvo excepciones— el desempleo. Asimismo, se tendrá derecho a la cobertura del FOGASA.

La cotización de estos trabajadores se determinará anualmente en la correspondiente LPGE y Orden de Cotizacion. Se establecen unas cuotas únicas mensuales para contingencias comunes, contingencias profesionales, FOGASA, con independencia de la retribución que perciba el trabajador (art. 43 Orden de Cotización). Asimismo la cotización por desempleo se efectúa "*por la cuota fija resultante de aplicar a la base mínima correspondiente a las contingencias de accidentes de trabajo y enfermedades profesionales el mismo tipo de cotización y distribución entre empresario y trabajador establecidos para el contrato en prácticas...*" (art. 290 LGSS). Durante estos contratos se aplica una exención de la cotización por FP (art. 249.2 LGSS, reformado por DF2ª.7 RDLey 28/2018).

En cambio, las retribuciones que perciban los trabajadores con contrato para la formación y el aprendizaje en concepto de horas extraordinarias estarán sujetas a la cotización adicional establecida con carácter general para todos los trabajadores.

Por su parte, el RDLey 32/2021 ha modificado el art. 11 ET regulando un nuevo régimen jurídico para los contratos formativos, y ha añadido la DA 43ª LGSS que regula especialidades de cotización para los denominados contratos formativos en alternancia a los que se refiere el apartado 2 del nuevo art. 11 ET. El régimen especial de cotización para los contratos formativos en alternancia establece las siguientes reglas, ya sean a tiempo completo como a tiempo parcial:

- el empresario estará obligado a cotizar a la Seguridad Social por la totalidad de las contingencias de la Seguridad Social.
- Cuando la base de cotización mensual por contingencias comunes, determinada conforme a las reglas establecidas en el Régimen de la Seguridad Social que corresponda, no supere la base mínima mensual de cotización de dicho Régimen, el empresario ingresará mensualmente en la Seguridad Social, las cuotas únicas que determine para cada ejercicio la correspondiente Ley de Presupuestos Generales del Estado, siendo la cuota por contingencias comunes a cargo del empresario y del trabajador, y la cuota por contingencias profesionales a cargo exclusivo del empresario. Igualmente, ingresará las cuotas únicas correspondientes al Fondo de Garantía Salarial, que serán a su exclusivo cargo, así como las correspondientes a desempleo y por formación profesional, que serán a cargo del empresario y del

trabajador, en las cuantías igualmente fijadas en la correspondiente Ley de Presupuestos Generales del Estado[8].

- Cuando la base de cotización mensual por contingencias comunes, determinada conforme a las reglas establecidas en el Régimen de la Seguridad Social que corresponda, supere la base mínima mensual de cotización de dicho Régimen, la cuota a ingresar estará constituida por el resultado de sumar las cuotas únicas a las que se refiere el apartado anterior y las cuotas resultantes de aplicar los tipos de cotización que correspondan al importe que exceda la base de cotización anteriormente indicada de la base mínima.
- La base de cotización a efecto de prestaciones será la base mínima mensual de cotización en el Régimen General de la Seguridad Social, salvo que el importe de la base de cotización sea superior, en cuyo caso se aplicará esta.
- A los contratos formativos en alternancia les resultarán de aplicación los beneficios en la cotización a la Seguridad Social que ya estén establecidos para los contratos para la formación y el aprendizaje (DA 43ª.4 LGSS).

C) *Cotización a la Seguridad Social de alumnos que realicen prácticas formativas o prácticas académicas externas incluidas en programas de formación*

Tal como establece la DA 52ª LGSS que finalmente ha entrado en vigor el 1 de enero de 2024, la realización de prácticas formativas en empresas, instituciones o entidades incluidas en programas de formación y la realización de prácticas académicas externas al amparo de la respectiva regulación legal y reglamentaria, determinará la inclusión en el sistema de la Seguridad Social, como trabajadores asimilados a trabajadores por cuenta ajena, de los alumnos universitarios o de formación profesional que las realicen.

La obligación de cotizar a la Seguridad Social corresponderá:

- En caso de prácticas remuneradas a la entidad u organismo que financie el programa de formación.

8 Hasta tanto una LPGE regule este régimen de cotización establecido en la DA 43ª LGSS, la cotización se realizará conforme a lo establecido en el apartado doce del artículo 106 de la LPGE para el año 2022 sobre los contratos para la formación y el aprendizaje (DT 2ª RDLey 32/2021).

- En caso de prácticas no remuneradas a la empresa, institución o entidad en la que se desarrollen las prácticas, salvo que en el convenio o acuerdo de cooperación que, en su caso, se suscriba para su realización se disponga que tales obligaciones corresponderán al centro de formación responsable de la oferta formativa.

La entidad responsable solicitará a la TGSS la asignación de un código de cuenta de cotización específico para este colectivo de personas.

Para la cotización se aplicarán las siguientes reglas:

- Se excluye la cotización finalista del Mecanismo de Equidad Intergeneracional.
- A las cuotas por contingencias comunes les resultará de aplicación una reducción del 95 por ciento sin que les sea de aplicación otros beneficios en la cotización distintos a esta reducción.

Por lo que se refiere a las prácticas formativas remuneradas, la cotización se realizará aplicando las reglas de cotización correspondientes a los contratos formativos en alternancia y la base de cotización mensual aplicable a efectos de prestaciones será la base mínima de cotización vigente en cada momento respecto del grupo de cotización 7.

La cotización de las prácticas formativas no remuneradas consistirá en una cuota empresarial por cada día de prácticas formativas por contingencias comunes y por contingencias profesionales, que tendrá en cuenta la exclusión de la cobertura de la incapacidad temporal derivada de contingencias comunes, y se establecerá cada año en la LPGE. La base de cotización mensual aplicable a efectos de prestaciones será el resultado de multiplicar la base mínima de cotización vigente en cada momento respecto del grupo de cotización 8, por el número de días de prácticas formativas realizadas en el mes natural con el límite, en todo caso, del importe de la base mínima de cotización mensual correspondiente al grupo de cotización 7. Por último, se altera el plazo reglamentario para el ingreso de estas cuotas; así, las correspondientes a los meses de enero, febrero y marzo sera el mes de abril; el de las cuotas correspondientes a los meses de abril, mayo y junio, será el mes de julio; el de las cuotas correspondientes a los meses de julio, agosto y septiembre, será el mes de octubre; y el de las cuotas correspondientes a los meses de octubre, noviembre y diciembre, será el mes de enero.

2.5.2. Situaciones de incapacidad temporal, nacimiento y cuidado de menor, riesgo durante el embarazo y riesgo durante la lactancia natural

A pesar de que se trata de situaciones suspensivas de la relación laboral, la obligación de cotizar subsiste, tanto para el trabajador como para el empresario, durante las situaciones de incapacidad temporal por cualquier causa, incluidas las situaciones especiales de incapacidad temporal por menstruación incapacitante secundaria, interrupción del embarazo, sea voluntaria o no, y gestación desde el día primero de la semana trigésima novena, nacimiento y cuidado de menor, riesgo durante el embarazo y riesgo durante la lactancia natural mientras el contrato de trabajo no se haya extinguido (art. 144.4 LGSS).

Aunque, en los supuestos de incapacidad temporal, si el trabajador incapacitado hubiera cumplido la edad de 62 años, las empresas tendrán derecho a una reducción del 75 por ciento de las cuotas empresariales a la Seguridad Social por contingencias comunes durante la situación de IT (2º párrafo art. 144.4 LGSS).

En la cotización durante estas situaciones, y ante la falta de percepción de salario por parte del trabajador, la base de cotización aplicable para las contingencias comunes será la base de cotización por contingencias comunes correspondiente al mes anterior al inicio de la suspensión de la relación laboral. Para determinar dicha base de cotización, la base del mes anterior se dividirá por el número de días cotizados el mes anterior. El cociente resultante será la base diaria de cotización que se deberá multiplicar por el número de días que el trabajador permanezca en situación de incapacidad temporal, nacimiento y cuidado de menor, riesgo durante el embarazo o lactancia natural en el mes al que se refiere la cotización (art. 6.2 reglas 1ª y 2ª Orden de Cotización).

Si el trabajador ingresa en la empresa el mismo mes en el que se produce alguna de las situaciones a las que se refiere este epígrafe, se tomará como base de cotización la correspondiente a dicho mes (art. 6.2 regla 3ª Orden de Cotización).

Para determinar la base de cotización por contingencias profesionales durante estas situaciones, se seguirán las mismas reglas expuestas anteriormente. No obstante, a efectos de incluir el importe de las horas extraordinarias, se tendrá en cuenta el promedio de las realizadas y cotizadas durante el año inmediatamente anterior al inicio de dichas situaciones.

La base de cotización, una vez determinada de conformidad con las reglas anteriores, se mantendrá durante todo el período de suspensión del contrato de trabajo por incapacidad temporal, nacimiento y cuidado de menor, riesgo durante el embarazo o lactancia natural, a no ser que resulte inferior a la base mínima vigente, en cuyo caso se actualizará a partir de la entrada en vigor de la nueva base mínima de cotización.

La obligación de cotizar se extinguirá cuando se extinga el contrato de trabajo. Además, en las situaciones de incapacidad temporal, la obligación de cotizar también se extingue por el transcurso de 545 días en situación de incapacidad.

2.5.3. Situaciones de pluriempleo o pluriactividad

El trabajador que simultáneamente realiza más de una actividad o presta servicios para diferentes empresas, puede encontrarse, a efectos de Seguridad Social, o bien en situación de pluriempleo o bien en situación de pluriactividad. Durante esta última se cotizará por los distintos regímenes y conforme a sus normas. En cambio, en la situación de pluriempleo la peculiaridad deriva del hecho de que el trabajador percibe retribuciones de dos empresas. De forma que en cada empresa se calcularán las bases de cotización correspondientes conforme a las normas generales, si bien los topes o bases máximas y mínimas de cotización se distribuirán entre todos los sujetos de la obligación de cotizar en proporción a las retribuciones abonadas en cada una de las empresas en las que preste servicios el trabajador (art. 10 Orden de Cotización).

2.5.4. Situaciones de alta sin retribuciones

Se mantendrá la obligación de cotizar a la Seguridad Social en aquellos supuestos en los que el trabajador por cuenta ajena deba permanecer en alta aunque no perciba ningún tipo de retribución durante ese período. Se trata de trabajadores que se encuentran cumpliendo deberes de carácter público o desempeñando cargos de representación sindical, siempre que ello no dé lugar a la excedencia en el trabajo. También subsistirá la obligación de cotizar durante los períodos de permisos y licencias que no den lugar a excedencias en el trabajo.

En estos casos, la ausencia de retribución se suple, a efectos de cotización, tomando como base de cotización por contingencias comunes la mínima correspondiente al grupo de cotización de la categoría profesional del trabajador. Y, a efectos de la cotización por contingencias profesionales, se tomará como base el tope mínimo general (arts. 144.2 LGSS, 69 del RGCL y 7 Orden de Cotización). Según se desprende del Boletín de Noticias RED de 22 de enero de 2024 esta cotización prevista para las situaciones de alta sin retribución resultará de aplicación al permiso parental previsto en el art. 48 bis del ET.

2.5.5. Cotización durante el convenio especial

La obligación de ingresar la cuota durante el convenio especial corresponde, con alcance general, a quien lo ha suscrito (art. 71 RGCL). La base de cotización tendrá carácter mensual, pudiéndose elegir, en el momento de suscribir el convenio, entre la mínima vigente para los trabajadores autónomos, o una superior, equivalente a la media de los últimos 12 meses, o bien cualquier otra comprendida entre la primera y la segunda. La cuota se obtendrá aplicando el porcentaje previsto para contingencias comunes, pero reducido a través de un coeficiente para cubrir únicamente las situaciones protegidas. Se trata de una regla general que puede cambiar en atención al específico convenio especial suscrito, en los términos que detalla la Orden TAS/2865/2003, 13 de octubre, por la que se regula el convenio especial en el Sistema de la Seguridad Social, y en las cuantías que anualmente se concretan por la Orden anual de cotización.

2.5.6. Cotización en los supuestos de colaboración voluntaria de las empresas

Las empresas que son autorizadas a colaborar en la gestión de la Seguridad Social, cotizarán aplicándose unos coeficientes reductores sobre la cuota íntegra que les correspondería de no existir tal colaboración. Dichos coeficientes reductores son establecidos para cada ejercicio y se determinarán teniendo en cuenta la relación existente entre el importe del gasto presupuestado para las prestaciones a que afecte la colaboración y el importe del total previsto que haya de ser financiado con cotizaciones y demás recursos distintos a las aportaciones del Estado (art. 62 RGCL), en los términos que anualmente concretan las Ordenes de cotización. Esta colaboración voluntaria actualmente está prevista para la gestión de la asistencia sanitaria e incapacidad temporal derivada de contingencia profesional (art. 102.1.a) LGSS).

2.5.7. Trabajadores que mantienen su actividad laboral después de cumplida la edad ordinaria de jubilación

El art. 152 de la LGSS establece beneficios en la cotización a la Seguridad Social respecto de los trabajadores que mantengan su actividad laboral después de cumplida la edad ordinaria de jubilación.

Las empresas y las personas trabajadoras quedarán exentas de cotizar a la Seguridad Social por contingencias comunes, salvo por incapacidad temporal derivada de dichas contingencias, respecto de los trabajadores por cuenta ajena y de los socios trabajadores o de trabajo de las cooperativas, una vez hayan alcanzado la edad de acceso a la pensión de jubilación que en cada caso resulte de aplicación según lo establecido en el artículo 205.1.a) LGSS. Esta exoneración comprenderá también las aportaciones por desempleo, Fondo de Garantía Salarial y formación profesional.

2.5.8. Bonificaciones, reducciones y exenciones

Desde finales de los años setenta han venido estableciéndose sucesivos programas de fomento de empleo que han introducido beneficios para las empresas que contrataban a determinados colectivos con dificultades para acceder al mercado laboral. Tales beneficios fundamentalmente han consistido bien en reducciones o bien en bonificaciones de las cotizaciones a la Seguridad Social. La principal diferencia entre ambos tipos de beneficios consiste en que mientras que las reducciones son a cargo de los presupuestos de la caja única que gestiona la TGSS, en cambio las bonificaciones van a cargo del SEPE. Y aunque durante la década de los noventa se decantaron por priorizar la contratación inicial indefinida o la transformación de contratos temporales en indefinidos siempre que éstas se produjeran durante la vigencia de cada programa de fomento del empleo, dichas técnicas también fueron sirviendo a otros fines (favorecer la conciliación de la vida laboral y familiar, retrasar las edades de jubilación para quienes ya podían acceder al 100% de su renta de sustitución; atender a las dificultades de determinados sectores productivos o ámbitos geográficos… etc.), o formulándose como exenciones de algunas cuotas.

No obstante, cuando la Ley 43/2006, 29 de diciembre, reordenó los beneficios por la contratación de algunos colectivos cifró el ahorro del empresario en cantidades fijas, con independencia del volumen de las cuotas. Se trata de una técnica que después ha ido abandonándose para acudir de nuevo al uso de las reducciones y bonificaciones, aunque la citada norma siguió siendo un referente al que se remitieron otras posteriores en orden, sobre todo, a las exclusiones de los beneficios.

Aunque el gasto en el mantenimiento de esos estímulos, su escasa operatividad y el gran número de colectivos cuya contratación podía originarlos, llevaron a efectuar una revisión de los mismos, simplificándose el abanico de bonificaciones existentes y suprimiéndose insólitamente el derecho de las empresas a seguir aplicándoselas aunque tal beneficio se previera en el programa al que, en su día, se hubieran acogido (DT 6ª RDL

20/2012), salvo que se tratara de aquellas bonificaciones que se declararon expresamente no derogadas. Sin embargo, el panorama cambió cuando intentando luchar contra las altas tasas de desempleo juvenil y en el marco de la "*Estrategia de Emprendimiento y Empleo Joven 2013-2016" se* introdujeron nuevos incentivos para la contratación de jóvenes, recurriéndose a la llamada "*tarifa plana*". Es más, con posterioridad, se ha regulado el Sistema Nacional de Garantía Juvenil, generando un colectivo que tiene mayores ventajas en las bonificaciones que se regulan. Y, en fin, con posterioridad, se viene introduciendo en las correspondientes leyes de PGE beneficios para las empresas, en los supuestos de cambio de puesto de trabajo por riesgo durante el embarazo o durante la lactancia natural, así como en los supuestos de enfermedad profesional y también para la prolongación del período de actividad de los trabajadores fijos discontinuos en los sectores de turismo, comercio y hostelería, vinculados a la actividad turística[9].

El RDLey 32/2021, de 28 de diciembre, ha añadido la DA 44ª LGSS en virtud de la cual se regulan una serie de beneficios en la cotización a la Seguridad Social para las empresas que apliquen los expedientes de regulación temporal de empleo (ERTE) previstos en los arts. 47 y 47 bis ET. Estas exenciones se financiarán con aportaciones del Estado, de las MCSS, del SEPE y del FOGASA, respecto a las exenciones que correspondan a cada uno de ellos. Se aplicarán por la TGSS a instancia de la empresa, previa comunicación de los trabajadores afectados por el ERTE, del período de suspensión o reducción de jornada y presentación de declaración responsable que haga referencia tanto a la existencia como al mantenimiento de los ERTE y al cumplimiento de los requisitos para la aplicación de las exenciones.

Las exenciones, a las que podrán acogerse voluntariamente las empresas, se aplicarán sobre la aportación empresarial por CC y por conceptos de recaudación conjunta; no tendrán efectos para los trabajadores y el período en que se apliquen tendrá la consideración de efectivamente cotizado a todos los efectos. Consistirán en:

---

9 Sobre beneficios en la cotización véase el portal de la Seguridad Social www.seg-social.es (consultar Inicio>Empresario>Cotización/Recaudación de Empresarios>Beneficios en la cotización a la Seguridad Social). También puede consultarse el portal del Servicio Público de Empleo Estatal www.SEPE.es (abrir Qué es el SEPE>Comunicación Institucional>Publicaciones>Empleo>Bonificaciones/Reducciones a la contratación laboral).

a) El 20% a los ERTE por causas económicas, técnicas, organizativas o de producción a los que se refieren los arts. 47.1 y 47.4 del ET. Para su aplicación las empresas deberán realizar las acciones formativas a las que se refiere la DA 25ª ET.

b) El 90% a los ERTE por causa de fuerza mayor temporal a los que se refiere el art. 47.5 del ET.

c) El 90% a los ERTE por causa de fuerza mayor temporal determinada por impedimentos o limitaciones en la actividad normalizada de la empresa, a los que se refiere el art. 47.6 del ET.

d) En los ERTE a los que resulte de aplicación el Mecanismo RED de Flexibilidad y Estabilización del Empleo en su modalidad cíclica, a los que se refiere el art. 47 bis. 1. a) del ET:

1.º El 60 por ciento, desde la fecha en que se produzca la activación, por acuerdo del Consejo de Ministros, hasta el último día del cuarto mes posterior a dicha fecha de activación.

2.º El 30 por ciento, durante los cuatro meses inmediatamente siguientes a la terminación del plazo al que se refiere el párrafo 1.º anterior.

3.º El 20 por ciento, durante los cuatro meses inmediatamente siguientes a la terminación del plazo al que se refiere el párrafo 2.º anterior.

e) El 40 por ciento a los ERTE a los que resulte de aplicación el Mecanismo RED de Flexibilidad y Estabilización del Empleo en su modalidad sectorial, a los que se refiere el art. 47.bis.1.b) del ET. Para su aplicación las empresas deberán realizar las acciones formativas a las que se refiere la DA 25ª ET.

Por su parte, La Ley 12/2022, de 30 de junio, añade la DA 47ª LGSS, con efectos de 1 de enero de 2023, que establece reducciones de las cuotas empresariales a la Seguridad Social por contingencias comunes por las contribuciones empresariales a los planes de empleo, exclusivamente por el incremento en la cuota que derive directamente de la aportación empresarial al plan de pensiones. El importe máximo de estas contribuciones a las que se aplicará una reducción del cien por ciento es el que resulte de multiplicar por trece la cuota resultante de aplicar a la base mínima diaria de cotización del grupo 8 del Régimen General de la Seguridad Social para contingencias comunes, el tipo general de cotización a cargo de la empresa para la cobertura de dichas contingencias.

Las reducciones se aplicarán por la TGSS a instancia de la empresa, previa comunicación, a través del sistema RED y antes de solicitarse la liquidación de cuotas, de las personas trabajadoras, período de liquidación e importe de las contribuciones efectivamente realizadas. Para la obtención de estas reducciones la empresa deberá de encontrarse al corriente de pago en las cuotas de la Seguridad Social.

Como puede observarse, en la actualidad existen múltiples normas que regulan las bonificaciones, reducciones y exenciones de cuotas a la Seguridad Social, lo que dificulta la eficacia y eficiencia de estas medidas. Por ello, el RDLey 1/2023, de 10 de enero, de medidas urgentes en materia de incentivos a la contratación laboral y mejora de la protección social de las personas artistas, pretende refundir en una única norma los incentivos a la contratación laboral. Esta norma, con alguna excepción, entrará en vigor el 1 de septiembre de 2023.

3. LA RECAUDACIÓN DE LAS CUOTAS

3.1. Normativa reguladora

Dentro del Título I de la LGSS se regulan extensamente aspectos relacionados con la recaudación de las cuotas y otros recursos, tanto en vía voluntaria como en vía ejecutiva (arts. 21 a 41 LGSS). Además, esas previsiones legales son completadas mediante RD 1415/2004, 11 de junio, por el que se aprueba el Reglamento General de Recaudación de la Seguridad Social (RGR), así como, en su desarrollo, por Orden TAS/1562/2005, 25 de mayo. No obstante, la Ley 34/2014, de 26 de diciembre, de medidas en materia de liquidación e ingreso de cuotas de la Seguridad Social, estableció un nuevo sistema de liquidación directa de las cuotas por parte de la TGSS que sustituiría al tradicional sistema de autoliquidación. A tales efectos, modificó algunos artículos de la LGSS para hacer viable ese nuevo sistema de liquidación directa, para cuya aplicación se ha aprobado el RD 708/2015, de 24 de julio, que modifica algunos preceptos del RGR. En todo caso se ha previsto una implantación paulatina del nuevo sistema.

3.2. Plazo, lugar y forma para el pago

En el RG las cuotas y el resto de conceptos de recaudación conjunta se liquidarán por mensualidades y se ingresarán dentro del mes natural siguiente al que corresponda su devengo (art. 22 LGSS y art. 56 RGR).

No obstante, a veces se contemplan algunas excepciones. Así, por ejemplo, para los salarios de tramitación, el plazo reglamentario de ingreso finaliza el último día del mes siguiente al de notificación de la sentencia, interlocutoria judicial o acta de conciliación. También cuando se producen diferencias salariales debidas a los aumentos pactados en convenio colectivo, el plazo reglamentario de ingreso finalizará el último día del mes siguiente a aquel en que deban abonarse, en todo o en parte, los incrementos en los términos estipulados en el Convenio y, si no hay, hasta el último día del mes siguiente al de su publicación en el boletín correspondiente.

Los ingresos se harán a favor de la Dirección Provincial de la TGSS de la provincia en que se realice la actividad, aunque el pago se efectuará a través de entidades financieras y otros órganos o agentes autorizados por el MESS, o, en su caso, a través del pago electrónico.

En todo caso, tradicionalmente para efectuar el pago venían utilizándose los documentos de cotización que debían enviarse por el sistema Red habilitado por la TGSS (TC-2 o relación nominal de trabajadores, y TC-1 o boletín de cotización), resultando siempre conveniente hacer la presentación telemática de los documentos de cotización dentro del plazo reglamentario, porque dicha presentación permitía que los empresarios pudieran compensarse en ese acto las prestaciones económicas satisfechas en régimen de pago delegado y porque, en su caso, las sanciones por impago resultaban inferiores y los recargos podían ser de menor cuantía. Pero la reforma introducida por la Ley 34/2014 pretende el paso paulatino desde ese sistema tradicional de autoliquidación por el sujeto responsable del ingreso en el RG a un sistema de liquidación directa por parte de la TGSS, similar a la liquidación ya utilizada para el cálculo de otras cotizaciones, tales como las devengadas en el RETA, en el sistema especial de empleados de hogar o durante las situaciones de convenio especial, que ahora se denominan de "*liquidación simplificada*" (art. 22 LGSS).

La característica más destacada del nuevo sistema de liquidación directa es que el cálculo de la cuantía de las cotizaciones lo realizará la TGSS de manera individualiza para cada trabajador, de acuerdo con la información que obre en su poder. De ahí la importancia de que el empresario comunique a la TGSS todos los datos de relevancia que puedan afectar a la cotización de los trabajadores, hasta el penúltimo día natural del respectivo plazo reglamentario de ingreso. Según el art. 147.3 LGSS los empresarios deberán comunicar a la TGSS en cada período de liquidación el importe de todos los conceptos retributivos abonados a sus trabajadores, con independencia de su inclusión o no en la base de cotización. Además, tras la

Ley 12/2022, 30 de junio, las contribuciones empresariales satisfechas a los planes de pensiones, en su modalidad de sistema de empleo, y a instrumentos de modalidad de empleo propios establecidos por la legislación de las Comunidades Autónomas con competencia exclusiva en materia de mutualidades no integradas en la Seguridad Social se deberán comunicar, respecto de cada trabajador, código de cuenta de cotización y período de liquidación a la TGSS antes de solicitarse el cálculo de la liquidación de cuotas correspondiente. Esta previsión surtirá efectos a partir del 1 de enero de 2023. Asimismo, la TGSS aplicará las deducciones que correspondan a los trabajadores por los que se practique la liquidación dentro de plazo reglamentario así como, en su caso, la compensación del importe de las prestaciones abonadas a aquellos en régimen de pago delegado con el de las cuotas debidas correspondientes al mismo período de liquidación, en función de los datos recibidos de las entidades gestoras y colaboradoras de la Seguridad Social (art. 29 LGSS).

Con este nuevo sistema se simplifica la obligación de cotizar pues únicamente se deberán comunicar los datos que cambien en la situación laboral del trabajador respecto a la del mes anterior y que no le consten a la TGSS en el fichero general de afiliación.

La TGSS efectuará un borrador que, si no hay discrepancias, las empresas tendrán que confirmar. Una vez confirmado, el abono se realizará mediante la modalidad de pago electrónico escogida. Una de las ventajas del nuevo sistema es que permitirá la confirmación trabajador a trabajador, de modo que, en caso de existir discrepancias respecto a la cotización de algún trabajador, existe la posibilidad de realizar liquidaciones parciales por el resto de trabajadores.

Además se ha previsto una implantación del nuevo sistema paulatina: las empresas se irán incorporando según lo vaya acordando la TGSS, que dictará una Resolución al efecto que se notificará a la empresa a través de la sede electrónica de la Secretaría de Estado de la Seguridad Social. Una vez notificada la citada Resolución, la incorporación se producirá a partir del primer día del mes siguiente a la notificación. Se establecen tres meses de prueba en los que podrá seguirse utilizando el sistema de autoliquidación y comenzará a aplicarse con carácter obligatorio a partir del tercer mes natural siguiente a aquel en que haya tenido lugar la incorporación al mismo. Cuando se hayan incorporado todas las empresas desaparecerá el sistema de autoliquidación.

Y, en todo caso, los empresarios deberán conservar copia de los justificantes de pago durante un plazo de cuatro años. Cuando la liquidación de cuotas no se efectúe a través de medios electrónicos también deberán conservar, durante el mismo plazo, copia de los documentos de cotización presentados (art. 25.3 RGR).

3.3. El aplazamiento del pago

El pago sólo produce efectos extintivos si se realiza sobre la totalidad de la deuda. No obstante, se puede solicitar el aplazamiento del pago de las deudas de Seguridad Social (art. 23 LGSS). La concesión del aplazamiento tiene carácter discrecional y exigirá la constitución de garantía suficiente para cubrir la cuantía principal de la deuda, recargos, intereses y costas cuando el total de la deuda aplazada sea superior a 30.000 euros, a no ser que, por concurrir causas de carácter extraordinario que así lo aconsejen, el Secretario de Estado de la Seguridad Social autorizase expresamente su exención, con la propuesta previa favorable del Director General de la TGSS (art. 33 RD 1415/2004).

Además la concesión del aplazamiento comportará el devengo de intereses. Concretamente se aplicará interés de demora que se encuentre vigente en cada momento durante la duración del aplazamiento. Dicho interés se incrementará en dos puntos si el deudor fuera eximido de la obligación de constituir garantías por causas de carácter extraordinario (art. 23.5 LGSS).

En todo caso, la autorización del aplazamiento, permite considerar al deudor al corriente respecto de las deudas aplazadas.

Ahora bien, en el RG, algunas cuotas resultan inaplazables. A saber, tanto las aportaciones de los trabajadores, como la cuota empresarial por contingencias profesionales (AT y EP). De hecho, si el ingreso de esas cuotas inaplazables no se hubiere realizado, se deberá efectuar en el plazo máximo de un mes desde la fecha de notificación de la resolución por la que se concede el aplazamiento.

Además, en caso de incumplimiento de cualquiera de las condiciones o pagos del aplazamiento, se proseguirá, sin más trámite, el procedimiento de apremio que se hubiera iniciado antes de la concesión. E igualmente se dictará, sin más trámite, providencia de apremio por aquella deuda que no hubiera sido ya apremiada, a la que se aplicará el oportuno recargo.

3.4. El pago extemporáneo

El empresario que no cumple con su obligación de ingresar las cuotas en el plazo reglamentario (mes siguiente al del devengo), puede pagar voluntariamente en otro momento, o puede resultar coaccionado a realizar el pago, iniciándose un procedimiento ejecutivo o de apremio para cobrar lo adeudado sin necesidad de acudir a la administración de justicia para que por ésta se determine la ejecución forzosa para el cobro de las deudas con la TGSS.

Pero, en todos los casos, la falta de ingreso en el plazo reglamentario, ocasiona unos recargos. Se trata de recargos que son independientes de otras posibles consecuencias que genere el incumplimiento de su obligación de cotizar, tales como ser declarado responsable en orden a las prestaciones de Seguridad Social, o ser sancionado administrativamente o, en su caso, condenado penalmente.

3.4.1. Pago voluntario

Cuando el empresario no ingresa las cuotas y aportaciones de recaudación conjunta en el plazo reglamentario, entonces se devengan automáticamente unos recargos cuya cuantía dependerá de si cumplió o no con las obligaciones de comunicar en plazo los datos relevantes para el cálculo de la cotización de cada trabajador (art. 30 LGSS):

a) Si cumplió oportunamente las obligaciones establecidas en los apartados 1 y 2 del artículo 29 LGSS:

   1.º Recargo del 10 por ciento de la deuda, si se abonasen las cuotas debidas dentro del primer mes natural siguiente al del vencimiento del plazo para su ingreso.

   2.º Recargo del 20 por ciento de la deuda, si se abonasen las cuotas debidas a partir del segundo mes natural siguiente al del vencimiento del plazo para su ingreso.

b) Si no cumplió dichas obligaciones dentro del plazo:

   - Recargo del 20% de la deuda, si se abonan las cuotas debidas antes de la terminación del plazo de ingreso establecido en la reclamación de deuda o acta de liquidación.
   - Recargo del 35% de la deuda, si se abonan las cuotas debidas a partir de la terminación del anterior plazo de ingreso.

La reclamación de deuda será efectuada por la TGSS, quien procederá a reclamar la deuda con los recargos que procedan, cuando no se presentan los documentos de cotización en el sistema tradicional de autoliquidación o éstos incurran en errores aritméticos o de cálculo, o cuando no se comuniquen los datos necesarios para la liquidación directa, o cuando no aparezcan cotizaciones por trabajadores dados de alta (art. 33 LGSS). En cambio, la Inspección de Trabajo y de la Seguridad Social procederá a formular actas de liquidación por razón de trabajadores que no hayan sido dados de alta, o respecto de trabajadores que figuran de alta, cuando se produzcan diferencias de cotización que no derivan de los documentos de cotización o de los datos transmitidos, o en casos de derivación de responsabilidad y, en fin, cuando se aplican incorrectamente bonificaciones para financiar acciones formativas (art. 34 LGSS).

3.4.2. En vía ejecutiva

Transcurridos los plazos anteriores sin que el sujeto responsable haya ingresado voluntariamente la deuda, se iniciará el correspondiente procedimiento de apremio, con la emisión de la providencia de apremio que identificará la deuda pendiente de pago con el recargo oportuno. Y en la notificación de esta providencia se advertirá al deudor que si no paga en el plazo de 15 días, se procederá al embargo de sus bienes.

En su caso, las costas y gastos derivados de la recaudación ejecutiva serán siempre a cargo del sujeto responsable del pago.

Además, se generarán intereses de demora. Éstos equivaldrán al interés legal del dinero vigente en cada momento del período de devengo (3% para 2017), incrementado en un 25%, y serán exigibles si no se hubiere abonado la deuda transcurridos 15 días desde la notificación de la providencia de apremio (art. 31 LGSS).

3.5. Prescripción

Prescribirá al cabo de 4 años la acción para exigir el pago de las deudas por cuotas de Seguridad Social (art. 24 LGSS).

Lección 7
Acción protectora: las contingencias protegidas

JESÚS GARCÍA ORTEGA
Catedrático de Derecho del Trabajo y de la Seguridad Social
Universitat de València

1. LA ACCIÓN PROTECTORA

La acción protectora de la Seguridad Social comprende el conjunto de prestaciones que dispensa el sistema a quienes se encuentran comprendidos en su campo de aplicación.

La configuración de la acción protectora de la Seguridad Social, es decir, la forma en que se definen las necesidades protegidas y las medidas protectoras, corresponde a la ley ordinaria, limitada por la CE y las obligaciones internacionales (habrán de ser protegidas las tres contingencias que, como mínimo, impone el Convenio 102 OIT (1952), relativo a la norma mínima de Seguridad Social; o las seis a que obliga el Código Europeo de Seguridad Social de 1964). En este sentido, el art. 41 CE encarga al legislador la preservación de un régimen público de Seguridad Social "en términos recognoscibles para la imagen que de la misma tiene la conciencia social en cada tiempo y lugar" (STC 76/1988, FJ 4), evaluación que ha de referirse al sistema en su conjunto, no centrada en aspectos concretos (STC 37/1994). Las previsiones constitucionales suponen que el Sistema de Seguridad Social se configura como un régimen legal, tanto en lo relativo a las aportaciones de los afiliados como a las prestaciones a dispensar y que pasa "a ocupar una posición decisiva en el remedio de las situaciones de necesidad, situaciones que habrán de ser determinadas y apreciadas, sin duda, teniendo en cuenta el contexto general en que se produzcan, y en conexión con las circunstancias económicas, las disponibilidades del momento y las necesidades de los diversos grupos sociales" (STC 65/1990).

La Seguridad Social, como instrumento específico de protección de las necesidades sociales, cumple una función del Estado. En efecto, el art. 41 CE encomienda a los poderes públicos mantener un régimen público de Seguridad Social, y el art. 2 LGSS establece que el Estado, por medio de la Seguridad Social, garantiza a las personas comprendidas en el campo de aplicación de ésta, la protección adecuada frente a las contingencias y en las situaciones que se comprenden en esta ley. Significa ello que la protección por el Sistema de Seguridad Social no atiende a las necesidades individuales y concretas, sino que es técnica y reglada y sólo alcanza a las contingencias y situaciones legalmente definidas como tales.

Así pues, la selección de las necesidades que legalmente se consideran merecedoras de protección se ha materializado en la delimitación de unas contingencias protegidas, entendidas como causas o eventos respecto de los cuales se presume que su actualización origina una situación de necesidad merecedora de protección; por ello han sido definidas como "causas del estado de necesidad" (DE LA VILLA-DESDENTADO). En consecuencia, las necesidades que no tengan su origen en una contingencia protegida y definida en abstracto por la ley, quedan excluidas de la acción protectora del Sistema.

Las contingencias protegidas por la modalidad contributiva de Seguridad Social se clasifican en profesionales (accidente de trabajo —art. 156 LGSS— y enfermedad profesional —art. 157 LGSS—; se protegen como profesionales (STS de 19 mayo 2014, Rec. 522/2013) el riesgo durante el embarazo y riesgo durante la lactancia natural —arts. 186 y 188 TRLGSS y arts. 26. 3 y 4 LPRL— y cuidado de menores afectados por cáncer u otra enfermedad grave —art. 190 LGSS—) y comunes, que por exclusión, son las restantes contingencias protegidas (accidente no laboral, enfermedad común, nacimiento y cuidado de menor, cese en el trabajo por jubilación, desempleo y cargas familiares).

Las situaciones de necesidad protegidas son estados de necesidad derivados de la actualización de una contingencia protegida. Estas situaciones de necesidad son presuntas en caso de la Seguridad Social contributiva; se han seleccionado porque la inmensa mayoría de las personas sobre las que inciden, sufre una efectiva necesidad, pero que no necesariamente debe ser efectiva en todos los casos y no precisa de prueba. El estado de necesidad puede consistir bien en un aumento de gastos (asistencia sanitaria y cargas familiares) bien en una disminución de ingresos (incapacidad temporal, riesgo durante el embarazo, riesgo durante la lactancia natural, nacimiento y cuidado de menor, cuidado de menores afectados por cáncer u otra enfermedad grave, incapacidad permanente, muerte y supervivencia, jubilación y desempleo).

En materia de acción protectora la LGSS utiliza también la noción de hecho causante, entendiendo por tal el momento de actualización de la contingencia protegida o fecha de inicio de la situación de necesidad protegida.

La actualización de una contingencia (p.e.: accidente de trabajo) puede dar lugar a más de una situación de necesidad protegida (asistencia sanitaria e incapacidad temporal) y diversas situaciones de necesidad (incapacidad temporal, incapacidad permanente, asistencia sanitaria, muerte y supervivencia) pueden tener su origen tanto en una contingencia común como en contingencia profesional.

Pese que el preámbulo de la LBSS se proponía la superación de la noción de riesgo por la de contingencias y la conjunta consideración de las mismas para otorgar una protección igual ante necesidades iguales, abstracción hecha de su origen o riesgo productor, la LGSS no ha plasmado tal principio, sino que más bien el contrario; así, ha establecido diferentes condiciones para causar derecho a las prestaciones y diferente intensidad de las mismas según que su origen o causa sea común o profesional. Es decir, se ha producido una fusión incompleta del régimen protector de los riesgos profesionales en el vigente sistema de Seguridad Social, dando así continuidad a una constante histórica, consistente en una protección privilegiada de las situaciones de necesidad vinculadas directamente con el trabajo; por ello mismo, este tratamiento supone un ideal de cobertura (ALONSO OLEA-TORTUERO PLAZA).

Debido a que las situaciones de necesidad están mejor protegidas cuando derivan de contingencias profesionales (no se exige período de cotización previa, las prestaciones sustitutorias están más próximas al salario dejado de percibir) y que el sujeto responsable del pago de las prestaciones varía en función de su origen causal, se produce una gran litigiosidad en materia de determinación de la contingencia en caso de las situaciones de necesidad que requieren la determinación de su origen causal. Interesa, por ello, analizar con cierto detalle las contingencias profesionales, el accidente de trabajo y la enfermedad profesional.

2. LAS CONTINGENCIAS PROFESIONALES

2.1. El accidente de trabajo

El accidente de trabajo viene definido "toda lesión corporal que el trabajador sufra con ocasión o por consecuencia del trabajo que ejecute por cuenta ajena" (art. 156.1 LGSS). Son tres, pues, los elementos del accidente de trabajo: la lesión corporal, el trabajo por cuenta ajena y el nexo causal entre lesión y trabajo.

2.1.1. Lesión corporal

En cuanto al concepto de lesión, engloba a su vez dos términos que deben ser analizados separadamente: hace referencia tanto a la causa o agente productor (lesión) como la consecuencia o efecto (corporal).

En este sentido, en cuanto al término "lesión" como agente causal del accidente de trabajo caben por hipótesis, dos acepciones: una estricta, entendida como hecho violento, súbito y externo (recogida en el art. 100 LCS), o bien otra amplia que englobe tanto los hechos súbitos y violentos como los de actuación lenta y progresiva. Pues bien, el ordenamiento social, ya desde la ley de accidentes de trabajo de 1900 —que no recogió la concepción estricta de lesión que figuraba en el proyecto de ley— se ha decantado por la segunda opción que, además ha sido y debe seguir siendo interpretada "con criterio amplio y flexible" (STS de 12 junio 1989). En consecuencia, ya desde la mítica STS de 17 junio 1903, la lesión como elemento definitorio del accidente de trabajo acoge tanto a:

- Los traumatismos súbitos y violentos (golpe, caída, quemadura...), y las posteriores recaídas, así como las complicaciones derivadas del propio proceso patológico, actuando normalmente como agentes causales únicos. Es, por lo demás, el "accidente típico" o accidentes en sentido estricto (STS 10 de noviembre 1987).
- Los traumatismos que agravan enfermedades o defectos ya sean congénitos o producidos con anterioridad, y ello "sin necesidad de precisar su significación, mayor o menor, próxima o remota, concausal o coadyuvante" (STS 7 de marzo de 1987).
- El agente causal o suceso desencadenante, en ocasiones reviste la forma de padecimiento, sufrimiento, especial atención puesta o requerida por el trabajo, la tensión, el stress, el susto, el sobresalto, etc., pero que tienen una proyección dañosa de índole física o psíquica. Asimismo, pueden actuar como agentes causales únicos o como concausales, agravando enfermedades o defectos padecidos con anterioridad. En tal sentido, han merecido la consideración de lesión: el stress que agrava una hipertensión moderada y diabetes (STS de 11 abril 1990), los continuos estados emocionales o el esfuerzo físico (STS de 29 octubre 1971), la atención, esmero y precisión que exige un trabajo consistente en montaje de ordenadores (STS de 18 enero 1983), etc.
- La enfermedad de etiología laboral cuya acción lesiva actúa lenta, insidiosa y progresivamente (STS de 29 septiembre 1988). Por ello ha sido denominada como lesión "lenta".

Por lo que se refiere al adjetivo "corporal" es susceptible, asimismo, de dos interpretaciones. En sentido estricto solamente tendría esta consideración la consecuencia lesiva manifestada externamente en forma de daño sobre el cuerpo del accidentado; pero, en sentido amplio, que ha sido el que la jurisprudencia ha recogido, no sólo alcanza los estados patológicos de proyección física, sino también aquéllos en que el menoscabo es psíquico ("padecimiento sobrevenido por el stress en el trabajo" (STS de 11 abril 1990). Es decir, el concepto de lesión no sólo comprende el daño físico, "sino también el trauma que produce impresiones duraderas en lo psíquico" (STS de 18 de marzo de 1999).

En fin, en sentido amplio la lesión corporal ha sido definida como "cualquier menoscabo físico o fisiológico que incida en el desarrollo funcional" (STS de 27 octubre 1992).

2.1.2. Trabajo por cuenta ajena

Para que una determinada lesión corporal llegue a alcanzar la consideración de accidente de trabajo debe estar vinculada causalmente a un trabajo que se ejecute por cuenta ajena, con independencia de la naturaleza común o especial de su relación laboral. El concepto de trabajador por cuenta ajena delimita, por tanto, el ámbito subjetivo de la protección. Lo determinante es la existencia efectiva de una prestación de servicios por cuenta ajena y no el nombre o calificación que las partes le hayan dado, por ello quedan protegidos los trabajadores con contrato oculto o simulado. También quedan protegidos los extranjeros en situación irregular que trabajen de hecho (art. 36.5 LO 4/2000 y STS de 9 junio 2003, Rec. 4217/02), o los menores de 16 años que trabajen contraviniendo la prohibición del art. 6.1 ET (STS de 8 febrero 1972).

En cuanto a las personas asimiladas a trabajadores por cuenta ajena, la propia norma que disponga la asimilación "determinará el alcance de la protección otorgada" (art. 155.2 LGSS)[1].

---

1 En tal sentido, se han asimilado a trabajadores por cuenta ajena del R. General para la contingencia de accidentes de trabajo, los presidentes, vocales y suplentes de mesas electorales (art. 7 RD 605/1999, de 16 de abril). En el mismo sentido, los miembros de las Corporaciones locales, por el ejercicio de sus cargos ya sea con dedicación exclusiva o parcial, deberán ser dados de alta en el R. General (art. 75 Ley 7/1985, de 2 abril, de Bases de Régimen Local); quedan protegidos por accidentes de trabajo, considerando como tales los sufridos "con ocasión o por

El trabajo por cuenta ajena como elemento definitorio del concepto de accidente de trabajo ha sido legalmente sustituido por el de viaje de salida o de regreso de los emigrantes en las operaciones realizadas por la DG de Migraciones o con su intervención (DA 2ª. 2 LGSS), organismo que establecerá conciertos con la Administración de la Seguridad Social para la protección de esta contingencia.

Asimismo, tienen consideración de accidentes de trabajo "los que sufra el trabajador con ocasión o por consecuencia del desempeño de cargos electivos de carácter sindical, así como los ocurridos al ir o volver del lugar en que se ejerciten las funciones propias de dichos cargos" (art. 156.2.b) LGSS).

En fin, se protegen por contingencias profesionales las personas sujetas a prestación personal obligatoria de conformidad con las normas que regulan la Administración Local (RD 2765/1976, de 12 noviembre).

2.1.3. Relación de causalidad

El concepto de accidente de trabajo requiere necesariamente la existencia de una relación de causalidad entre el trabajo y la lesión; tal relación viene contemplada en el artículo 156.1 LGSS en sentido amplio: la lesión corporal debe haber sido sufrida por el trabajador con ocasión o por consecuencia del trabajo ejecutado por cuenta ajena.

La relación de causalidad o conexión causal entre trabajo y lesión se ha interpretado por la jurisprudencia "con criterio amplio y flexible, no restrictivo, en función de los principios que presiden este sector del ordenamiento jurídico" (STS de 14 abril 1988), flexibilidad que se ha manifestado en la no exigencia de que el trabajo actúe como agente causal único, bastando con que se dé en algún grado y que no aparezca acreditada la ruptura de la relación de causalidad entre actividad profesional y padecimiento (STS de 30 enero 1989).

---

consecuencia del desempeño de las tareas y funciones inherentes al cargo" (art. 4 OM 12-3-1986). Asimismo, el RD 2398/1977, de 27 de agosto, asimila al clero de la Iglesia Católica a trabajadores por cuenta ajena, pero "Las contingencias de enfermedad y accidente, cualquiera que sea su origen, se considerarán en todo caso como común y no laboral..." (art. 2); en términos similares RD 369/1999, de 5 de marzo, respecto a los Ministros de Culto de las Iglesias pertenecientes a la Federación de Entidades Religiosas Evangélicas de España.

La amplitud y flexibilidad del concepto de accidente de trabajo y específicamente de la exigencia de nexo causal trabajo-lesión ha sido propiciada por la ley que al admitir que la relación de causalidad puede establecerse con ocasión o por consecuencia.

A) Causalidad directa

La relación de causalidad establecida **por consecuencia** del trabajo hace referencia a una causalidad estricta, directa, inmediata o próxima. Responde a la idea del accidente más común o típico, donde las consecuencias corporales dañosas son sufridas por la acción directa de golpe, caída, quemadura, etc., durante la ejecución del trabajo.

La conexión causal directa alcanza a las consecuencias dañosas producidas en el propio lugar y tiempo de trabajo y a las que se exterioricen fuera del mismo, siempre que puedan conectarse causalmente con el trabajo; en tal sentido puede tener consideración de AT el infarto (STS de 14 abril 1988) o el suicidio (STS de 4 diciembre 2012, Rec. 3711/11).

Un supuesto específico de causalidad directa son los **accidentes en misión,** aquellos que sufre el trabajador durante la ejecución de la prestación laboral que requiere movilidad constante o bien desplazamientos más o menos esporádicos, aunque también se ha admitido la causalidad indirecta en un desplazamiento laboral (STS de 26 junio 2015, rec. 944/2014, fallecimiento por legionela contagiada durante misión en Tailandia). Ambos casos determinan una vulnerabilidad específica y las lesiones sufridas por consecuencia de los mismos no pueden asimilarse a accidentes *in itinere,* porque no se trata de viajes de ida o vuelta al trabajo sino de desplazamientos en el desarrollo del trabajo mismo.

Cuando la lesión se produce durante el desplazamiento, pero en periodo de descanso, fuera del tiempo de trabajo, no queda comprendida en la presunción de laboralidad del art. 156.3 LGSS (STS de 6 marzo 2007, rec. 3415/2005). Es decir, no existe relación de causalidad cuando se trata de lesiones sufridas en períodos de descanso (fallecimiento en habitación de hotel, STS 7 febrero 2017, rec. 536/2015, caída en la ducha en habitación de hotel, STS de 18 abril 2023, rec. 3119/2020), porque el trabajador rompe la dependencia y dispone de su tiempo y de su actuación (STS de 10 febrero 1983: ahogamiento durante tiempo libre), salvo que concurra una circunstancia específica causalmente vinculada al trabajo (infarto por stress, STS de 24 marzo 1986) o porque se trate de pausas de mínima duración durante la realización del trabajo (infarto sufrido por transportista en una parada para tomar café, STS de 19 julio 2010 (Rec. 2698/2009), o infarto en tiempo de espera, STS de 8 abril 1987). En este sentido, se considera accidente en misión, con aplicación de la presunción de laboralidad del art. 156.3 LGSS la muerte súbita de camionero descansando en la cabina del camión, porque además de descansar cumple una función de vigilancia tanto del vehículo como de la mercancía (STS 22 julio 2010, Rec. 4049/2009).

B) Causalidad indirecta

La relación de causalidad trabajo-lesión puede ser establecida también **con ocasión** del trabajo. Es decir, cuando el trabajo no actúa como agente causal directo, sino que proporciona la ocasión del mismo. Por ello ha sido denominada causalidad indirecta, mediata o débil. Permite incluir en el concepto de accidente a lesiones que no han sido causadas directamente por el trabajo pero que el trabajo ha dado la ocasión, de forma que de no existir la obligación laboral tampoco se hubiera producido la lesión; en este sentido, concurre una relación de "ocasionalidad relevante" en caso de lesión sufrida en pausa en el trabajo, calificada como de trabajo por el convenio aplicable, al acudir a un bar a merendar (STS de 9 de febrero 2023, rec. 2617/2019), pero esta doctrina no se aplica a las lesiones sufridas en la ducha del hotel al que se acude con motivo del desplazamiento (STS de 18 abril 2023, rec. 3119/2020).

Esta forma alternativa de establecer la conexión causal es precisamente la que mayor potencialidad proporciona al concepto de accidente y, desde luego, está en la base y ha sido el fundamento de la jurisprudencia expansiva sobre el accidente de trabajo. Ha sido voluntad del legislador que toda consecuencia dañosa sufrida por los trabajadores que guarde alguna relación con el trabajo tenga la consideración de accidente. Como ya señaló la STS de 10 octubre 1921 no sólo tienen la consideración de accidente de trabajo los "actos propios del trabajo... sino también los que con su ocasión pueda sufrir, aunque la causa generadora se derive aparentemente de fuerza distinta".

El nexo causal indirecto trabajo-lesión, establecido con ocasión del trabajo ha permitido incluir en el concepto legal de accidente una amplia lista de supuestos, que si inicialmente tuvo esta consideración en virtud de la jurisprudencia expansiva, actualmente vienen en buena medida recogidos expresamente en el art. 156 LGSS, aunque respecto a otros todavía no hay pronunciamientos claros. No obstante, la "marca imprecisa" (ALONSO OLEA-TORTUERO PLAZA) entre las lesiones a las que se atribuye la consideración de accidente y a las que se les niega seguirá, sin duda, desplazándose en favor de la consideración de accidente.

El legislador ha recogido en el texto legal los supuestos más relevantes inicialmente perfilados por la jurisprudencia como especificación de la definición genérica del accidente, que no agotan toda la problemática de la causalidad indirecta. Estos supuestos (art. 156.2 a 5 LGSS), son:

a) Accidentes de trayecto o "in itinere"

Tendrán la consideración de accidentes de trabajo "Los que sufra el trabajador al ir o al volver del lugar de trabajo" (art. 156.2.a) LGSS). El primitivo TALSS de 1966 contenía además el inciso "siempre que concurran las condiciones que reglamentariamente se determinen", pero tal determinación reglamentaria nunca se produjo, por lo que su desarrollo fue obra de la jurisprudencia.

Este deliberado vacío reglamentario tiene entre sus consecuencias hermenéuticas más inmediatas que la solución de los casos dudosos quede a la prudencia de los Tribunales, y propicia la "amplitud y flexibilidad" de enjuiciamiento o, lo que es lo mismo, el vacío normativo propicia que los jueces y Tribunales puedan apreciar con suma flexibilidad la conexión causal en cada caso concreto, interpretando el precepto "de manera dinámica y cambiante de acuerdo con la realidad social" (STS de 8 junio 1987), adecuando la norma a la vida (STS de 21 de mayo 1984).

En este sentido, la relación de causalidad en el accidente "in itinere", como exponente típico de la causalidad indirecta, se ha configurado por la jurisprudencia a través de la concurrencia de una serie de requisitos de tiempo, lugar, medios, etc. apreciados con criterio evolutivo por lo que paulatinamente se van modificando atendiendo a la realidad social.

El concepto de accidente in itinere es tributario del casuismo judicial; en este sentido, las condiciones o requisitos que lo configuran según la jurisprudencia son:

- Finalidad laboral del desplazamiento: La motivación laboral debe estar presente, por lo tanto, en el trayecto que se recorra ya sea a la ida como a la vuelta del lugar donde se lleva a cabo la actividad laboral, que no concurre en los viajes de ida o vuelta de vacaciones. Como sólo indirectamente guardan relación con el trabajo, han sido excluidas del concepto de accidente de trabajo (STS de 4 diciembre 1975) salvo que el viaje de vuelta de vacaciones se hiciera a requerimiento de la empresa (STS de 8 junio 1987). Tampoco tiene intención laboral el desplazamiento dentro de la jornada laboral, aun autorizado por el empresario, para realizar gestiones personales (STS de 29 de marzo de 2007) o ir al médico (STS de 15 abril 2012, Rec. 1847/12).

- El trayecto o ruta: es el camino que une los puntos de partida y de llegada. En cuanto al domicilio, la consideración de laboralidad alcanza a las lesiones sufridas a partir de la puerta del mismo, en la escalera (STS de 26 de febrero de 2008, Rec. 1328/07) y en el espacio privado que media entre la puerta y la calle (STS 14 febrero 2011, Rec. 1420/10). El trayecto se ha venido objetivando en base a criterios como su normalidad o habitualidad (el domicilio normal, el lugar de trabajo habitual, el recorrido habitual). La noción de domicilio se ha ampliado incluyendo en el concepto de accidente las lesiones producidas entre el domicilio real y habitual y el lugar de trabajo durante la temporada de verano (STS de 16 octubre 1984). Asimismo, se incluyen las lesiones sufridas en los viajes de ida o vuelta en fin de semana por reagrupamiento familiar (STS de 14 febrero 2017, Rec. 838/2015).

  En cuanto al trayecto, recorrido o camino que une al domicilio y lugar de trabajo, debe ser el habitual, normal o adecuado sin desviaciones que rompan el nexo causal. A estos efectos, es habitual cualquier tipo de vía, calzada o paso que se use con normalidad por las personas.

  El desplazamiento del trabajador debe seguir el trayecto habitual, que forma parte de su conducta debida, exigible según los patrones usuales de convivencia o comportamiento del común de las gentes. Se fundamenta sin duda, en que circular por una ruta conocida disminuye el riesgo. Por ello, las desviaciones sobre el itinerario normal romperían la relación de causalidad trabajo-lesión salvo que concurriera alguna causa justificativa de acuerdo con los parámetros de conducta a que se ha hecho referencia. Igual consideración cabe hacer en cuanto al tiempo invertido en el trayecto (no rompe el nexo causal la breve demora para hacer una compra, STS de 17 abril 2018, Rec. 1777/2016).

- Los medios de desplazamiento: Cuando se emplea un medio de transporte del propio trabajador, la jurisprudencia no pone otro límite al medio de transporte empleado que el de su adecuación y racionalidad.

- Los agentes lesivos: se incluyen tanto las lesiones debidas a conducta dolosa o culposa de terceros, las lesiones sufridas fortuitamente y los debidos a imprudencia simple del propio trabajador, salvo que incurra en imprudencia temeraria o pérdida de miedo al riesgo que con conciencia clara desprecia el instinto de conservación. Asimismo, se excluyen las lesiones debidas a infarto y otras enfermedades manifestadas "in itinere" (SSTS 20 marzo 1997, y 30 mayo 2003) excepto cuando puedan vincularse causalmente a la naturaleza o circunstancias del quehacer laboral (stress y otras causas derivadas del trabajo, STS de 4 julio 1988). La jurisprudencia ha concluido que la presunción de laboralidad contenida en el art. 156.3 LGSS no resulta aplicable al accidente *in itinere* (STS de 18 junio 2013, Rec. 1885/12).

- En caso de pluriempleo o pluriactividad, el accidente ocurrido al desplazarse a una actividad implica que la misma consideración tendrá respecto a las demás relaciones que vinculen al trabajador (STS de 22 julio 1998).

b) En tareas distintas a las propias de su grupo profesional

Tendrán la consideración de accidente de trabajo "Los ocurridos con ocasión o por consecuencia de las tareas que, aun siendo distintas a las de su grupo profesional, ejecute el trabajador en cumplimiento de las órdenes del empresario o espontáneamente en interés del buen funcionamiento de la empresa" (art. 156.2.c) LGSS). La relación de causalidad puede constituirse tanto de forma directa, porque las lesiones sean consecuencia de un acto de trabajo (STS de 1 diciembre 1975), como de forma indirecta, cualquiera que sea el origen del evento lesivo si guarda relación con el trabajo (*in itinere*, STS de 7 marzo 1975), etc. Estas lesiones se ven amparadas por la presunción de laboralidad (STS de 11 julio 2000, infarto en misión en tareas distintas a las habituales y en día festivo).

c) En actos de salvamento

Son expresamente considerados como accidentes de trabajo "los acaecidos en actos de salvamento y en otros de naturaleza análoga, cuando unos y otros tengan conexión con el trabajo" (art. 156.2.d) LGSS).

Es decir, las lesiones acaecidas con motivo de actos de salvamento o similares sólo tendrán la consideración de accidente de trabajo cuando entre aquéllas y el trabajo pueda establecerse relación de causalidad, directa o indirecta, con el trabajo por cuenta ajena que realice quien las sufra. Los actos de salvamento pueden estar encaminados tanto a evitar daños en siniestros ya producidos como a la evitación del siniestro mismo (STS de 23 marzo 1971). El acto análogo al de salvamento hace referencia a que lo salvado, a estos efectos, no son necesariamente las personas, pudiendo también serlo las cosas (STSJ Murcia de 13 de junio de 1996).

d) Enfermedades contraídas en el trabajo

Tienen la consideración de accidente "Las enfermedades, no incluidas en el artículo siguiente [enfermedad profesional], que contraiga el trabajador con motivo de la realización de su trabajo, siempre que se pruebe que la enfermedad tuvo por causa exclusiva la ejecución del mismo" (art. 156.2.e) LGSS).

Se trata de enfermedades no listadas pero tributarias del medioambiente laboral, respecto a las cuales debe demostrarse "de manera fehaciente y sin que dé lugar a duda alguna, que la causa determinante de la enfermedad se debió a la ejecución de su trabajo" (STS de 10 marzo 1981). Para que una enfermedad pueda ser considerada como de trabajo se requiere que tenga por "causa exclusiva" al trabajo; es decir, se trata de un supuesto de causalidad directa estricta y rigurosa, lo cual excluye a aquéllas sólo indirectamente vinculadas al trabajo o aquéllas en las que por concurrir diversos agentes causales —concausalidad o causalidad compleja— no puedan ser relacionadas exclusivamente con el trabajo.

e) Enfermedades o defectos agravados por lesión

Asimismo, son consideradas como constitutivas de accidente "las enfermedades o defectos, padecidos con anterioridad por el trabajador, que se agraven como consecuencia de la lesión constitutiva del accidente" (art. 156.2.f) LGSS). Es decir, la expresa consideración como accidente de las secuelas preexistentes agravadas por lesión posterior, ha normativizado la jurisprudencia anterior a la LSS. Conceptualmente, su operatividad se traduce en excluir a la lesión corporal como agente causal único del accidente de trabajo, sino que ésta puede actuar como factor concausal o coadyuvante en la producción del resultado lesivo. Las secuelas padecidas anteriormente por el trabajador pueden tener un origen diverso: pueden ser debidas a enfermedad cualquiera que sea encuadre nosológico, común o profesional, degenerativa o no, física (STS de 24 abril 1985, en caso de epicondilitis, STS 3 julio 2013, Rec. 1899/2012: dolencias en columna agravadas por tirón), psíquica (STS de 27 octubre 1992) o ser resultantes de anterior lesión constitutiva de accidente ya sea de trabajo o no laboral (STS de 10 diciembre 1990) o bien porque se trate de defectos fisiológicos congénitos.

f) Enfermedades intercurrentes

Tienen consideración expresa de accidente de trabajo "las consecuencias del accidente que resulten modificadas en su naturaleza, duración, gravedad o terminación, por enfermedades intercurrentes, que constituyan complicaciones derivadas del proceso patológico determinado por el accidente mismo o tengan su origen en afecciones adquiridas en el nuevo medio en que se haya situado el paciente para su curación" [art. 156.2.g) LGSS]. La enfermedad aquí contemplada como agente causal del accidente no es preexistente, sino que a su vez es consecuencia de otra lesión anterior constitutiva de accidente, ya sea por causalidad directa o indirecta. No se trata de una relación de concausalidad, sino de causalidad única; es decir, la enfermedad intercurrente es aquélla que sobreviene durante el proceso patológico originado por una lesión anterior con el cual forma una unidad desde el punto de vista causal.

La enfermedad intercurrente se caracteriza, como agente lesivo, porque modifica las consecuencias del anterior accidente tanto en su naturaleza, como su duración, gravedad o terminación. En razón de su etiología, son dos las formas de manifestarse: complicaciones derivadas del proceso patológico determinado por la inicial lesión constitutiva del accidente o bien afecciones adquiridas en el nuevo medio en que se haya situado el trabajador lesionado para su curación.

Las enfermedades que suponen complicación de un proceso patológico pueden ser de aparición inmediata o de aparición tardía (STS de 29 marzo 1989), y pueden ser tanto de tipo físico o somático como de tipo psíquico. De otro lado, las enfermedades intercurrentes consistente en afecciones adquiridas en el nuevo medio en que se haya situado el paciente, engloba a las causadas por el tratamiento curativo prescrito por el o los facultativos responsables o con ocasión de dicho tratamiento.

g) Lesiones sufridas durante el tiempo y en el lugar de trabajo

"Se presumirá, salvo prueba en contrario, que son constitutivas de accidente de trabajo las lesiones que sufra el trabajador durante el tiempo y en el lugar del trabajo" (art. 156.3 LGSS). Se trata de una presunción *iuris tantum* que ha contribuido como soporte normativo a la doctrina jurisprudencial que ha flexibilizado y atenuado, hasta llegar casi a la abstracción, la exigencia de relación causal entre el trabajo realizado y las lesiones sufridas (SSTS de 14 diciembre 1988, de 28 diciembre 1987, etc.). Ello posibilita calificar como accidente de trabajo lesiones como el infarto que aparentemente son de etiología común (STS 18 diciembre 2013, Rec. 726/13).

A estos efectos, el tiempo de trabajo debe ser considerado de forma que toda lesión sufrida fuera del tiempo de prestación laboral no queda amparada por la presunción de laboralidad. Así, no queda incluido como AT el infarto en el lugar de trabajo pero antes de fichar y del inicio de la jornada (SSTS de 22 mayo 2024, rec. 3911/20211, o la hemorragia cerebral sufrida antes del inicio de la jornada laboral —STS de 5 de febrero de 2007—, o el ictus cerebral sufrido en similares circunstancias, STS de 25 de marzo de 2007).De la misma manera, no tiene la consideración de AT el infarto sufrido en el domicilio durante guardia localizada cuando tampoco consta que el trabajador hubiera sido requerido para prestar servicios (STS de 7 febrero 2001). Aunque sí tiene la consideración de accidente la muerte por infarto en el vestuario, después de haber fichado, mientras el trabajador cumple una obligación ineludible (proveerse del equipo de protección individual, STS de 4 octubre 2012, Rec. 3402/2011) o la muerte después del descanso para comer y antes del regreso de sus compañeros (STS de 27 enero 2014, Rec. 3179/12). En cuanto a las lesiones sufridas en tiempo de pausa para comer, se ha aceptado su laboralidad cuando se prueba que es costumbre generalizada que los trabajadores coman en el lugar de trabajo (STS de 9 mayo de 2006), o cuando hubo previa indisposición (STS de 10-12-2014, Rec. 3138/2013). La singularidad del trabajo en el mar en razón del tiempo de trabajo y la permanente disponibilidad del trabajador supone que la operatividad de la presunción es mayor (STS de 16-7-2014, Rec. 2352/2013).

En cuanto al lugar de trabajo, es donde efectivamente se realizan las tareas (STS de 9 mayo 1985), o "lugar en que se está por razón de la actividad encomendada, aunque no sea el lugar de trabajo habitual" (STS de 18 diciembre 1996). En caso de teletrabajo, es el propio domicilio del trabajador (STSJ Madrid de 11 noviembre 2022, Num. Res. 980/2022).

- Alcance de la presunción: esta presunción, configurada *iuris tantum* porque puede desvirtuarse o destruirse mediante prueba en contrario, surte efectos en dos direcciones. En sentido positivo alcanza a las lesiones sufridas durante el tiempo y en el lugar de trabajo, y en sentido negativo excluye a las acaecidas fuera de esos límites, en cuyo caso recaerá sobre el trabajador la carga de la prueba de demostrar el nexo causal trabajo-lesión. Alcanza tanto a las lesiones que sean consecuencia del trabajo, ya se manifiesten sus consecuencias lesivas de forma inmediata (los denominados accidentes en sentido estricto, STS de 29 septiembre 1988) o lenta (enfermedades, STS de 10 noviembre 1987). Es requisito imprescindible que los eventos lesivos o al menos el hecho inicial desencadenante, o primeros síntomas, acontezca en tiempo y lugar de trabajo, aunque sus consecuencias lesivas más graves se manifiesten posteriormente y fuera del lugar de trabajo (STS de 23 enero 2020, rec. 4322/2017).

- Las lesiones: la presunción alcanza a aquéllas cuyos efectos lesivos sean inmediatos tanto por causalidad directa (actos de trabajo) como indirecta, y a las enfermedades "o alteraciones de los procesos vitales que pueden surgir en el trabajo causadas por agentes patológicos internos o externos" (STS de 27 diciembre 1995). En cuanto a las enfermedades manifestadas en el trabajo, la presunción les alcanza en tanto el trabajo haya podido actuar como factor desencadenante (STS de 10 noviembre 1987) y en general siempre que no se destruya de contrario la presunción, acreditando que el trabajo realizado no influyera decisivamente en su aparición. Así, se considera AT el infarto sufrido en los vestuarios habiendo fichado e iniciada la jornada laboral (STS 22 diciembre 2010, Rec. 719/2010).
- Desvirtuación de la presunción: La presunción sólo puede ser desvirtuada "cuando hayan ocurrido hechos de tal relieve que sea evidente a todas luces la absoluta carencia de relación entre el trabajo que el operario realizaba con todos los matices psíquicos y físicos que lo rodean y el siniestro" STS de 22 marzo 1985, lo que "tratándose de enfermedades requiere que éstas por su propia naturaleza no sean susceptibles de una etiología laboral o que dicha etiología pueda ser excluida mediante prueba en contrario" (STS de 30 septiembre 1986) por lo que no se desvirtúa la relación causal cuando "el trabajo ha podido actuar como factor desencadenante del infarto y no resulta posible excluir la presunción de la existencia de una conexión entre el trabajo y la lesión cardiaca" (SSTS de 10 noviembre 1987, y de 15 de febrero 1996). Es decir, la presunción sólo cede ante prueba cierta y convincente de la causa del suceso excluyente de su relación con el trabajo (SSTS de 3 junio y 28 noviembre 1974) con relevancia para el trabajador de la carga de la prueba (STS de 12 junio 1989, golpe que agravó enfermedad precedente), sino que tal prueba corresponde a la entidad aseguradora (STS de 8 abril 1987) que desde luego no puede valerse para conseguirlo de meras conjeturas o hipótesis (STS de 28 septiembre 1987). No se destruye porque se hubieran presentado síntomas anteriores al inicio del trabajo ni porque padeciera la enfermedad con anterioridad (STS 8 marzo 2016, rec. 644/2015), o por el hecho de que el trabajador estuviera afectado por factores de riesgo (tabaquismo, colesterol) que no le impedían realizar sus tareas (STS 10 abril 2001) o porque le lesión

suponga agravación de enfermedad preexistente (STS 29 abril 2014, rec. 1521/13).

C) Protección extraordinaria frente al COVID-19 (virus SARS-CoV2)

Con carácter excepcional, se ha asimilado a accidente de trabajo, exclusivamente para la prestación económica de incapacidad temporal, aquellos periodos de aislamiento o contagio de las personas trabajadoras provocados por el virus COVID-19 (o mejor, neumonía por coronavirus, enfermedad infecciosa causada por el virus SARS-CoV2), salvo que se pruebe que el contagio de la enfermedad se contrajo con causa exclusiva en la realización del trabajo (art. 156 TRLGSS), en cuyo caso será calificada como accidente de trabajo (art. 5 del RDL 6/2020, de 10 de marzo). Pero esta asimilación no alcanza a las mejoras voluntarias convencionales (STS de 15 noviembre 2022, rec. 109/2022).

En cuanto a la asistencia sanitaria prestada al personal sanitario o sociosanitario contagiado por el virus SARS-CoV2 durante el estado de alarma, inicialmente se consideró como derivada de contingencia común y se mantuvo esta calificación, aunque en caso de una posible recaída se le atribuirá naturaleza profesional (DT 3ª RDL 19/2020).

2.1.4. Supuestos excluidos: alcance

A) Acto propio del trabajador: se entiende rota la relación de causalidad, y por tanto no tendrán la consideración de accidente de trabajo, “los que sean debidos a dolo o imprudencia temeraria del trabajador accidentado” (art. 156.4.b) LGSS), aunque se mantiene el nexo causal cuando la conducta del trabajador constituya imprudencia profesional “que es consecuencia del ejercicio habitual de un trabajo y se deriva de la confianza que éste inspira” (art. 156.5.a) LGSS).

El acto doloso supone la libre y voluntaria autoproducción del daño y la aceptación del resultado, y no guarda relación con la actividad laboral, aunque circunstancialmente se ejecute durante el tiempo y en el lugar de trabajo. Han sido calificadas como conductas dolosas el autolesionismo, el suicidio y las riñas.

Frente al acto doloso, la imprudencia temeraria es un acto subjetivo imputable al propio trabajador lesionado que no persigue directamente la producción del evento dañoso, pero su conducta acepta voluntaria y conscientemente riesgos innecesarios de gravedad extrema, que incluyen la probabilidad de que se produzcan lesiones corporales, sin causa o razón que lo pudiera justificar o exculpar. La imprudencia temeraria reprochable no llega ni siquiera al mínimo de conducta exigible al trabajador medio en cuanto al deber de diligencia, prudencia y cuidado exigible, o en expresión jurisprudencial, para que concurra imprudencia temeraria es preciso que se observe una conducta que asuma riesgos manifiestos, innecesarios y especialmente graves ajenos a la conducta usual de las gentes (STS de 10 mayo 1988), con desprecio incluso del instinto de conservación. La imprudencia temeraria como hecho excluyente de la protección por accidentes de trabajo, debe ser la única causa eficiente de las lesiones y la carga de la prueba recae sobre quien niega la protección. Ha merecido la calificación de imprudencia temeraria el incumplimiento de las normas de tráfico saltarse un semáforo en rojo: STS de 18 septiembre 2007 (*Tol 1161302*), o circular en dirección prohibida (STS de 22 enero 2008).

Por el contrario, la imprudencia profesional, debida al ejercicio habitual de un trabajo y la confianza que éste inspira, no excluye las secuelas debidas a la misma del concepto de accidente por disposición expresa del art. 156.5. a) LGSS —que tiene su origen en la Ley de 10 de enero de 1922—. Se ha considerado que constituye imprudencia profesional el conducir con exceso de velocidad (STS de 13 marzo 2008).

B) Fuerza mayor: No tienen la consideración de accidente de trabajo los que sean debidos a fuerza mayor extraña al mismo, entendiéndose por ésta la que sea de tal naturaleza que ninguna relación guarde con el trabajo que se ejecutaba al ocurrir el accidente. Pero por disposición expresa, nunca se considerará fuerza mayor extraña al trabajo la insolación, el rayo y otros fenómenos análogos de la naturaleza (art. 156.4.a) LGSS). Pero téngase presente que el art. 160 LGSS excluye de la acción protectora de la Seguridad Social, y no sólo de la protección por contingencias profesionales, los riesgos declarados catastróficos al amparo de su legislación especial.

C) Culpa de tercero: No impide la calificación de un accidente como de trabajo "la concurrencia de culpabilidad civil o criminal del empresario, de un compañero de trabajo del accidentado o de un tercero, salvo que no guarde relación con el trabajo" (art. 156.5.b) LGSS). En estos casos la responsabilidad propia de seguridad social y la responsabilidad civil, tanto por acto culposo como por acto doloso, son compatibles.

Por lo que se refiere al acto del empresario o persona que actúe en su nombre, puede derivarse tanto de culpa o negligencia como de conductas dolosas que impliquen responsabilidad criminal. En cuanto a los actos del compañero causantes de las lesiones, según el grado de consciencia y voluntariedad, pueden tener carácter negligente o culposo o bien doloso. Por lo que se refiere a los actos negligentes o culposos en lugar y tiempo de trabajo, la responsabilidad civil recaería sobre el empresario (art. 1903 CC). En cuando a los actos de compañero de intencionalidad criminal, no rompen la relación de causalidad cuando guardan relación con el trabajo (STS de 27 diciembre 1975).

2.1.5. Notificación y calificación de los accidentes

A los efectos de agilizar la tramitación de la protección y de mejorar los datos estadísticos, las empresas están obligadas a notificar los accidentes de trabajo sufridos por los trabajadores a su servicio.

Los modelos oficiales a emplear, su tramitación e instrucciones para la cumplimentación están regulados en la OM de 16 diciembre 1987. Hasta tanto no se dicten los Reglamentos a que hace referencia el artículo 6 LPRL, la citada Orden continúa siendo de aplicación (Disposición Derogatoria d) de la citada Ley). De otro lado, la Orden TAS/2926/2002, de 19 noviembre, ha aprobado nuevos modelos oficiales de Parte de accidente de trabajo, Relación de accidentes de trabajo ocurridos sin baja médica y Relación de altas o fallecimientos de accidentados. De éstos, los dos últimos sustituyen a los que con la misma denominación fueron establecidos por la OM de 16-12-1987. La citada Orden TAS/2926/2002 aprueba, asimismo, los programas y aplicaciones que hacen posible la notificación por vía electrónica de los accidentes de trabajo a los órganos competentes, según los dispuesto en la OM 16-12-1987, a través del Sistema de Declaración Electrónica de Accidentes de Trabajo (Sistema Delt@); la transmisión de los documentos referidos es obligatoria mediante el Sistema Delt@.

2.2. La enfermedad profesional

Según el art. 157 LGSS: "Se entenderá por enfermedad profesional la contraída a consecuencia del trabajo ejecutado por cuenta ajena en las actividades que se especifiquen en el cuadro que se apruebe por las disposiciones de aplicación y desarrollo de esta Ley, y que esté provocada por la acción de los elementos o sustancias que en dicho cuadro se indiquen para cada enfermedad profesional. En tales disposiciones se establecerá el procedimiento que haya de observarse para la inclusión en dicho cuadro de nuevas enfermedades profesionales que se estime deben ser incorporadas al mismo. Dicho procedimiento comprenderá, en todo caso, como trámite preceptivo, el informe del Ministerio de Sanidad, Servicios Sociales e Igualdad".

Los elementos que componen el concepto de enfermedad profesional son tres: enfermedad, trabajo por cuenta ajena y relación de causalidad entre ambos.

2.2.1. Enfermedad

La enfermedad como agente etiológico actúa como agente lesivo que origina un detrimento corporal que se manifiesta de forma lenta, larvada y disimulada a través de un proceso patológico (SSTS de 25 enero 1991 y 11 junio 1987). En ello se diferencia del accidente de trabajo típico en que el evento dañoso causado por la acción de la lesión se produce de forma súbita.

La acción lesiva de la enfermedad profesional puede manifestarse de diversas formas, en unos casos la evolución o incubación de la misma es muy lenta y su exteriorización puede presentarse mucho tiempo después de haber permanecido en el ambiente nocivo en que se contrajo (caso típico de la silicosis, STS de 23 julio 1993), o bien puede permanecer en estado latente durante un prolongado período de tiempo para aflorar o manifestar sus primeros síntomas a propósito o como consecuencia aparente de un acto de trabajo, lo que puede dificultar su diagnóstico.

La enfermedad de etiología laboral causa unas secuelas fisiológicas de carácter irreversible en muchos casos, pero en otros las consecuencias lesivas consisten en alergias o sensibilización del organismo a sustancias presentes en el medio laboral, de forma que la sintomatología de la enfermedad desaparece cuanto el trabajador es extraído de dicho medio. Hay en este caso una enfermedad actualizada que hace incompatible volver al medio en que se adquirió al trabajador que la sufre (STS de 21 noviembre 1996).

2.2.2. Trabajo por cuenta ajena

La preexistencia de un trabajo ejecutado por cuenta ajena es un elemento común con el accidente de trabajo y consustancial a ambas contingencias profesionales.

2.2.3. Relación de causalidad. El cuadro o lista

Frente al concepto de accidente de trabajo que admite de forma amplia y flexible el establecimiento de la relación de causalidad entre el trabajo desarrollado y la lesión ("con ocasión o por consecuencia"), en el caso de la enfermedad la relación de causalidad es concebida de forma estricta ya que sólo puede tener este carácter la contraída "a consecuencia" del trabajo ejecutado.

Pero no es suficiente para calificar a una enfermedad como laboral el hecho de que haya sido contraída en el trabajo, sino que además debe darse la circunstancia de que la actividad laboral esté incluida en un cuadro que se determine reglamentariamente y, asimismo, que la enfermedad esté provocada por la acción de los elementos o sustancias que para la misma se especifiquen en el indicado cuadro. Las enfermedades contraídas en el trabajo, pero en actividad o por la acción de sustancias o elementos no especificados en el cuadro pueden llegar a tener la consideración de accidente de trabajo en virtud del art. 156.2.e) LGSS. La diferencia fundamental entre la enfermedad contraída en el trabajo (art. 156.2.e) y la profesional consiste en la prueba del nexo causal lesión-trabajo, que es necesaria en el primer caso y no lo es en el segundo, dado que existe una presunción legal "*iuris et de iure*" de que dicha enfermedad es de carácter profesional (STS de 20 diciembre 2007).

El cuadro o lista vigente ha sido aprobado por RD 1299/2006, de 10 noviembre, que siguiendo la Recomendación 2003/670/CE, de la Comisión, de 19 de septiembre de 2003, ahora sustituida por la Recomendación 2022/2337, de la Comisión, de 28 de noviembre de 2022, relativa a la lista europea de enfermedades profesionales, adecúa la lista a la realidad productiva actual, y a los nuevos procesos productivos y de organización. El citado RD contiene el cuadro de enfermedades profesionales (anexo I) cuyo origen profesional se ha reconocido científicamente, así como las principales actividades capaces de producirlas, pero en este aspecto la lista es abierta, en cuanto admite que pueden ser ocasionadas por otras profesiones o actividades (así, síndrome del túnel carpiano sufrido por limpiadora, STS de 5-11-2014, Rec. 1515/2013 o por camarera de pisos, STS de 11 febrero 2020, Rec. 3395/2017 o por auxiliar de ayuda a domicilio y empleada de hogar, STS de 28 noviembre 2023, rec. 3453/2020 o epicondilitis sufrida por gerocultora en residencia de la tercera edad, STS de 13 noviembre 2019, rec. 3842/2017), insistiendo la jurisprudencia en considerar EP este tipo de lesiones sufridas en profesiones feminizadas por aplicación de la norma con perspectiva de género (STS de 20 septiembre 2022, rec.

3353/2019). El cuadro o lista puede ser modificado por el MESS para incluir nuevas enfermedades, especialmente cuando previamente hayan sido incorporadas a la lista europea (art. 2); en tal sentido, RD 1150/2015, de 18 noviembre. Asimismo, se publica una lista complementaria (anexo II) relativa a enfermedades cuyo origen profesional se sospecha.

2.2.4. Calificación y notificación de las enfermedades profesionales

La calificación de las enfermedades como profesionales corresponde a la EG respectiva (art. 3 RD). La EG o MCSS que asuman la protección de las contingencias profesionales vienen obligadas a elaborar y tramitar el parte de enfermedad profesional, regulado por O.TAS/1/2007, de 2 enero. La comunicación inicial del parte debe llevarse a cabo dentro de los diez días siguientes a la fecha del diagnóstico y se hará a través de la aplicación informática CEPROSS (art. 5).

2.2.5. Protección extraordinaria frente a la COVID-19

Las prestaciones de Seguridad Social que cause el personal que presta servicios en centros sanitarios o socio-sanitarios que en el ejercicio de su profesión hayan contraído el virus SARS-CoV2 dentro del periodo comprendido desde la declaración de la pandemia internacional por la Organización Mundial de la Salud hasta el levantamiento por las autoridades sanitarias de todas las medidas de prevención adoptadas para hacer frente a la crisis sanitaria ocasionada por el mencionado virus SARS-CoV-2, tendrá las mismas prestaciones que el sistema de la Seguridad Social otorga a las personas que se ven afectadas por una enfermedad profesional. Se presumirá que el contagio se ha producido en el ejercicio de su profesión en la prestación de servicios sanitarios o socio-sanitarios. La entidad responsable de dichas prestaciones será aquella que cubriera las contingencias profesionales en el momento de producirse la baja médica por contagio de la enfermedad (art. 6 RDL 3/2021, de 2 febrero).

3. LAS CONTINGENCIAS COMUNES

Son contingencias comunes, por exclusión, el accidente no laboral y la enfermedad común, el nacimiento y cuidado de menor, el cese en el trabajo una vez alcanzada la edad de jubilación, el desempleo entendido como la pérdida involuntaria del empleo o la reducción de la jornada ordinaria de trabajo de quienes pueden y quieren trabajar y las cargas familiares. Dado que sólo se definen expresamente y en sentido positivo las contingencias profesionales, respecto a las restantes contingencias protegidas o hay una remisión o se da una definición en negativo, caso éste del accidente no laboral y de la enfermedad común.

3.1. *El accidente no laboral*

Tiene la consideración de accidente no laboral el que no tenga el carácter de accidente de trabajo (art. 158.1 LGSS). Se trata, por tanto, de lesiones corporales sufridas sin que medie ningún grado de relación causal con el trabajo, es decir, ni directa ni indirecta.

A los efectos de esta contingencia protegida el concepto de lesión es estricto: acción súbita, violenta y externa independiente de la voluntad de quien la padece (STS de 20 octubre 1994); características que no concurren en la mayoría de los casos de infarto (como el sufrido practicando deporte, STS (Sala General) de 30 abril 2001).

Será precisamente el hecho inicial o desencadenante de las lesiones y no el resultado fisiológico de un proceso patológico el que deba tomarse en consideración a la hora de su calificación como accidente de trabajo, accidente no laboral o enfermedad común. En este sentido, constituye ANL la muerte por sobredosis de quien padece adicción a las drogas por vía parenteral, el óbito "repentino e imprevisto... directamente producido por una concreta causa externa como puede ser la ingestión de droga que por circunstancias de exceso de cantidad o defecto de calidad provoca una reacción inusual en el organismo que conduce a la muerte del afectado" (SSTS de 22 octubre 1999, y 27 mayo 1998). Asimismo, se ha calificado como ANL la muerte causada por consumo de drogas de adicción, presumiblemente por sobredosis (STS de 27 noviembre 2002), o el suicidio no vinculado causalmente con el trabajo (STS de 10 junio 2009, Rec. 3133/2008).

3.2. *La enfermedad común*

Esta contingencia se define en negativo: "se considerará que constituyen enfermedad común las alteraciones de la salud que no tengan la condición de accidentes de trabajo ni de enfermedades profesionales, conforme a lo dispuesto, respectivamente, en los apartados 2.e), f) y g) del art. 156 y en el artículo 157" (art. 158.2 LGSS). A lo que habría que añadir, y que la alteración de la salud tampoco tenga la consideración de accidente no laboral (STS de 2 julio 2020, rec. 201/2018). La alteración de la salud que constituye enfermedad común vendrá causada ya por el desgaste fisiológico normal, por el detrimento corporal espontáneo, o por la acción de elementos o sustancias que no guarden ninguna relación con el trabajo. En concreto, se ha calificado como enfermedad común la situación de quienes han adquirido el síndrome de inmunodeficiencia humana adquirida (SIDA) con motivo de su adicción al consumo de drogas por vía parenteral (STS de 20 noviembre 1994, Rec. 228/94).

Lección 8
Acción protectora: las prestaciones y su régimen jurídico

JESÚS GARCÍA ORTEGA
Catedrático de Derecho del Trabajo y de la Seguridad Social
Universitat de València

1. LAS PRESTACIONES Y SU RÉGIMEN JURÍDICO

1.1. Concepto

Las prestaciones son el conjunto de medidas establecidas por el sistema para hacer frente a las situaciones de necesidad protegidas; se enumeran en el art. 42.1 LGSS. Unas compensan el aumento de gastos y otras la disminución de ingresos. En la modalidad contributiva las prestaciones económicas cumplen una función de sustitución de las rentas de activo, situándose el ideal de cobertura en la plenitud de sustitución; por el contrario, cuando se trata de prestaciones no contributivas, su función es garantizar un mínimo de subsistencia (DESDENTADO).

Las prestaciones contributivas se financian básicamente mediante las cuotas de las personas obligadas, y las no contributivas mediante aportaciones del Estado al Presupuesto de la Seguridad Social, con la salvedad de la asistencia sanitaria, que se financiará según el sistema de financiación autonómica vigente en cada momento (art. 109.2 LGSS).

A efectos de financiación, tienen naturaleza contributiva la totalidad de las prestaciones derivadas de AT y EP y las demás prestaciones económicas, salvo las que tienen naturaleza no contributiva, y tienen esta naturaleza (art. 109.3 LGSS): las prestaciones y servicios de asistencia sanitaria incluidos en la acción protectora de la Seguridad Social y las correspondientes a los servicios sociales (salvo que deriven de AT y EP), las pensiones no contributivas por invalidez y jubilación, el ingreso mínimo vital, el subsidio por nacimiento regulado en los arts. 181 y 182 LGSS, los complementos por mínimos de las pensiones; las prestaciones familiares reguladas (arts. 351 a 362 LGSS), y la prestación de orfandad (DA 1ª Ley 3/2019, de 1 marzo).

1.2. Tipología

Unas prestaciones son técnicas, consistentes en la prestación de servicios a los sujetos protegidos (asistencia sanitaria, las prestaciones recuperadoras); otras, en la entrega de sumas dinerarias que pueden consistir en indemnizaciones, o entrega de una cantidad a tanto alzado, pero normalmente implican una percepción de forma periódica, bien con carácter vitalicio en el caso de las pensiones o bien temporal en el de los subsidios.

Las pensiones abonadas por el Régimen General y los regímenes especiales, así como las no contributivas de las Seguridad Social, tienen la consideración de pensiones públicas y deben constar en el registro de la Tarjeta Social Digital, sistema de información gestionado por el INSS que ha sustituido al Registro de Prestaciones sociales Públicas regulado en el derogado art. 72 LGSS, cuyo contenido integra (DA 141ª, DT 3ª y DDerogatoria 1ª Ley 6/2018 de PGE).

La acción protectora de la Seguridad Social puede comprender prestaciones de servicios sociales y beneficios de la asistencia social (art. 42 LGSS). Los **servicios sociales** internos del sistema de Seguridad Social, que no son los citados en el art. 148.1.20 CE como competencia autonómica, constituyen prestaciones *in natura* que la Seguridad Social puede otorgar a sus beneficiarios en materia de formación y rehabilitación de las personas con discapacidad y de asistencia a las personas mayores y en aquellas otras materias que se considere conveniente (arts. 42.1.e) y 63 LGSS); la **asistencia social** podrá otorgarse como complemento de las prestaciones a las personas incluidas en el campo de aplicación del sistema y a sus familiares o asimilados, en atención a estados y situaciones de necesidad y previa demostración —salvo caso de urgencia— de la falta de los recursos indispensables para hacerles frente. Los servicios y auxilios económicos que se dispensen como ayudas asistenciales comprenderán, entre otros, tratamiento o intervenciones especiales por un determinado facultativo o institución y por pérdida de ingresos como consecuencia de la rotura fortuita de prótesis y otras análogas, cuya percepción no esté regulada en la LGSS y normas específicas de los regímenes especiales (art. 65 LGSS). El coste de los servicios otorgados no puede superar el límite de los recursos consignados en los presupuestos correspondientes, ni comprometer recursos del ejercicio siguiente (art. 64 LGSS).

1.3. Cuantificación de las prestaciones económicas

En ciertos casos, las prestaciones económicas se determinan directamente por la normativa aplicable, estableciéndose su cuantía con independencia de las circunstancias concurrentes. Lo normal es, sin embargo, que la legislación tome éstas en consideración. Como resultado de esto último, cada beneficiario las percibirá en cuantía diferente en función de sus propias circunstancias (historial de cotización y cuantía de las bases) que se materializarán en la determinación de la base reguladora.

La **base reguladora** de la prestación es una determinada cantidad que se obtiene a partir de las cotizaciones realizadas por el sujeto durante los períodos que la norma aplicable selecciona. En este sentido, "la cuantía de las pensiones y de las demás prestaciones cuyo importe se calcule sobre una base reguladora se determinará en función de la totalidad de las bases por las que se haya efectuado la cotización durante los periodos que se señalen para cada una de ellas" (161.2 LGSS); pero también hay reglas específicas para determinar la base reguladora en supuestos exentos de cotizar, p.e.: trabajadores que han alcanzado la edad ordinaria de jubilación y acreditan la cotización exigida por el art. 152 LGSS (art. 161.4 LGSS y STS de 10 noviembre 2021, rec. 5050/2018). Teniendo en cuenta además que, "en todo caso, la base reguladora de cada prestación no podrá rebasar el tope máximo que a efectos de base de cotización", se prevé en el art. 148 LGSS. Los cálculos necesarios para transformar las bases de cotización en base reguladora son, por lo demás, diferentes para cada prestación y, en ocasiones, en función de la modalidad contractual —como ocurre con el trabajo a tiempo parcial— (art. 248 LGSS).

Obtenida la base reguladora, la **prestación** a percibir se calcula realizando determinadas operaciones sobre ella. En el caso de las indemnizaciones, tales operaciones consisten en su multiplicación por un determinado número. Por su parte, para las prestaciones periódicas hay que aplicarle un porcentaje que varía según las prestaciones y aun, a veces, dentro de ellas en función de otras circunstancias como edad, período de ocupación cotizada durante la vida laboral del sujeto, etc. En lugar del factor de sostenibilidad, derogado antes de entrar en vigor (DDerogat. Ley 21/2021, de 28 diciembre), y con el fin de preservar el equilibrio entre generaciones y fortalecer la sostenibilidad del Sistema de Seguridad Social en el largo plazo, se ha establecido el mecanismo de equidad intergeneracional, consistente en el establecimiento de una cotización adicional y finalista de 1,2 puntos porcentuales de aplicación transitoria hasta 2050 (DT 43ª LGSS; el tipo es el 0,70 por ciento en 2024), que se distribuirá entre trabajadores y empresarios; nutrirá el Fondo de Reserva de la Seguridad Social y no podrá ser objeto de bonificación, exención o deducción alguna ni será computable a efectos de prestaciones (art. 127 bis LGSS). Para sustituir al SMI como indicador de renta para determinar la cuantía de determinadas prestaciones o para acceder a las mismas, se ha creado el indicador público de renta de efectos múltiples (IPREM, art. 2 RDL 3/2004), cuya cuantía se fijará anualmente en la LPGE[1].

En fin, como regla general, estas prestaciones de carácter periódico son satisfechas en catorce pagas anuales: doce mensuales y dos extraordinarias (art. 46 LGSS, vid. RD 771/1997, desarrollado por OM de 25 junio 2001).

1.4. Las prestaciones en caso de pluriempleo o pluriactividad

En caso de pluriempleo se genera derecho a prestación única, aunque totalizando las bases por las que se hubiera cotizado (art. 161.3 LGSS), con independencia de la duración de esta situación.

En caso de pluriactividad, si hubiera sido sucesiva, se totalizan los distintos períodos de cotización a los efectos de causar una única prestación. Pero si la pluriactividad hubiera sido simultánea, procederá el reconocimiento de pensión en cada Régimen si las cotizaciones acreditadas en cada uno de ellos se superponen, «al menos, durante quince años» (art. 195.5 LGSS respecto a la invalidez, art. 205.3.2º LGSS para la jubilación y art. 223.1 LGSS para la pensión de viudedad). Aunque el efecto de la prestación múltiple queda limitado porque la suma de esas diversas pensiones no puede superar el tope máximo de las pensiones.

Si el periodo de superposición por pluriactividad simultánea fuera inferior al antes referido, las cotizaciones que no den derecho a pensión propia en cada régimen podrán ser acumuladas a las del Régimen en que se cause pensión, a efectos de determinación de la base reguladora cuando no se cause pensión en uno de los regímenes, ni sea posible que se cause en el futuro (STS de 13 noviembre 2019, rec. 2270/2017), sin que la suma de las bases pueda exceder del límite máximo de cotización vigente en cada momento (art. 49 LGSS). Se trata de evitar que esas cotizaciones se pierdan.

---

1 Durante 2023: 20 € día, 600 € mes, 7.200 € año y 8.400 anual con prorrata de pagas, y 7.200 sin pagas, DA 90ª Ley 31/2022, de 23 diciembre, de PGE 2023 prorrogada en 2024.

1.5. Revalorización y mantenimiento del poder adquisitivo de las pensiones

Para evitar que las pensiones se desvaloricen como consecuencia de la inflación, se ha establecido su periódica revalorización. En este sentido, las pensiones contributivas, incluyendo en ellas el importe de la pensión mínima, el complemento de brecha de género y el tanto por ciento de las pensiones reconocidas en virtud de normas internacionales que esté a cargo de la Seguridad Social española, serán revalorizadas al comienzo de cada año para garantizar el mantenimiento de su poder adquisitivo "en el porcentaje equivalente al valor medio de las tasas de variación interanual expresadas en tanto por ciento del IPC de los doce meses previos a diciembre del año anterior" (art. 58.2 LGSS); en el mismo porcentaje se actualizará el límite máximo del importe inicial. No obstante, si el valor medio citado fuera negativo, el importe de las pensiones no variará. En todo caso, la revalorización no puede superar el límite máximo fijado en la LPGE, sumando, en su caso el importe de otras pensiones públicas percibidas por el titular (art. 58.4 LGSS).

En 2024, las pensiones contributivas experimentarán "un incremento porcentual igual al valor medio de las tasas de variación interanual expresadas en tanto por ciento del IPC de los doce meses previos a diciembre de 2023"; que resultó ser del 3,8 por ciento (art. 78.1 RDL 8/2023, de 27 diciembre).

En cuanto a las pensiones no contributivas, deben ser revalorizadas, al menos, en el mismo porcentaje fijado por la LPGE para las pensiones contributivas (62 LGSS). En 2024 se han incrementado en ese mismo porcentaje, más el importe extraordinario establecido en el art. 77 del RDL 20/2022 (art. 78.5 RDL 8/2023).

1.6. Máximos y mínimos de pensiones

Los criterios de cálculo de prestaciones conducen a que estas puedan ser diferentes en función de diversas circunstancias entre las que destacan el historial de cotización previa y, sobre todo, y las bases por las que haya cotizado. Razones de solidaridad han impuesto, sin embargo, matizar estos sistemas de cálculo en un doble sentido.

De un lado, las políticas de reducción del gasto dirigidas a viabilizar el sistema han conducido al establecimiento de un tope máximo para las prestaciones, límite que ha sido declarado constitucional (STC 134/1997). En este sentido, el art. 57 LGSS establece que "el importe inicial de las pensiones contributivas de la Seguridad Social por cada beneficiario no podrá superar la cuantía íntegra mensual que establezca anualmente la correspondiente LPGE". Esta regla se aplica cuando el beneficiario ha podido causar más de una pensión de carácter público y también respecto de las ulteriores revalorizaciones, que no podrán pasar de tal cuantía máxima (art. 58.4), aunque si se extinguiera una de las pensiones concurrentes, el límite máximo se aplicara a la suma de las restantes (art. 57 LGSS según redacción vigente a partir de 1-1-25). Durante 2024 el límite máximo es de 3.175,04 euros al mes o 44.450,56 euros anuales (art. 78.1 RDL 8/2023)[2].

De otro lado, y en sentido contrario, cuando la prestación contributiva del beneficiario resulte ínfima en función de las reglas generalmente aplicables, la Seguridad Social le garantiza la percepción de una cuantía mínima, consistente en que "los beneficiarios de pensiones... en su modalidad contributiva, que no perciban rendimientos del trabajo, del capital, de actividades económicas, de régimen de atribución de rentas y ganancias patrimoniales (según el IRPF)... o que, percibiéndolos, no excedan de la cuantía que anualmente establezca la correspondiente LPGE, tendrán derecho a percibir los complementos necesarios para alcanzar la cuantía mínima de las pensiones, siempre que residan en territorio español" (art. 59.1 LGSS). Las cuantías mínimas se revisan periódicamente para cada pensión y situación familiar del titular[3]. Los complementos por mínimos son incompatibles con la percepción de los rendimientos indicados, cuando la cuantía de todas las percepciones, excluida la pensión que se vaya a complementar, exceda del límite fijado en la LPGE para cada ejercicio[4]. A estos efectos, los rendimientos íntegros percibidos por el pensionista se computan en los

---

2 La cuantía mínima de las pensiones que se causen desde 2027 no podrán ser inferiores al umbral de pobreza calculado para un hogar compuesto por dos adultos, pero las cuantías se fijarán por la LPG de cada año (DA 53ª LGSS añadida por RDL 2/2023). De otro lado, para determinar la cuantía máxima inicial a las pensiones que se causen a partir de 2025 se aplicará el porcentaje de revalorización anual más un incremento adicional en un proceso que debería culminar en 2065 (DT 39ª LGSS añadida por RDL 2/2023).

3 Las aplicables durante 2024 vienen establecidas en el art. 78.3 y en el anexo IV del RDL 8/2023.

4 Durante 2024 esta cuantía se fija en 10.430,00 euros al año con cónyuge a cargo y 8.942,00 sin cónyuge a cargo, más el importe en cómputo anual de la cuantía mínima fijada para la clase de pensión de que se trate (anexo IV RDL 8/2023a estos efectos, el cónyuge a cargo requiere convivencia, STS de 15 junio 2023, rec. 1102/2021. Se contempla un incremento adicional del 10 por ciento en el bienio 24-25 (DT 1ª RDL 2/2023).

términos establecidos en la legislación fiscal excluyendo unos gastos deducibles (art. 59.1 LGSS). El complemento por mínimos no podrá superar la cuantía establecida en cada ejercicio para las pensiones de jubilación e invalidez en su modalidad no contributiva (durante 2024 esta cuantía es de 7.250,60 euros/año, art. 78.5 RDL 8/2023), pero se contemplan cuantías mínimas específicas cuando exista cónyuge a cargo y cuando la pensión de orfandad se incremente con la de viudedad (art. 59.4 LGSS).

La exigencia de residencia en territorio nacional y la limitación del importe del complemento por mínimos, se refiere a las pensiones causadas a partir de 1 enero 2013 (DT 27ª LGSS); a efectos del mantenimiento del derecho a las prestaciones económicas en las que se exija residencia en territorio español, incluido los complementos por mínimos, se entiende que el beneficiario tiene su residencia en España cuando haya tenido estancias en el extranjero siempre que no superen los 90 días a lo largo del año natural o cuando las mismas estén motivadas por causas de enfermedad debidamente justificada (art. 51 LGSS). El requisito de residencia en territorio español no afecta a los perceptores de pensiones contributivas, pero los residentes en el extranjero deben acreditar todos los años la vivencia (Res. SESS de 4 marzo 2014).

Los beneficiarios o causantes de las prestaciones están obligados a presentar, en los plazos establecidos, las declaraciones, documentos, antecedentes, justificantes o datos que no obren en la EG. Su incumplimiento puede afectar a la conservación del derecho a las prestaciones o al complemento por mínimos, que pueden ser suspendidos cautelarmente (art. 52 LGSS).

1.7. Complemento de las pensiones contributivas para la reducción de la brecha de género

La brecha de género constituye "la principal insuficiencia de la acción protectora de la Seguridad Social en el ámbito de las pensiones como reflejo de una discriminación histórica y estructural de las mujeres en el mercado de trabajo por la asunción del rol de cuidadoras de los hijos y de las hijas" (exposición de motivos RDL 3/2021, de 2 febrero). Hubo un primer intento de paliar esta situación de injusticia estructural que tiene su origen en el pasado, mediante el complemento por maternidad en las pensiones contributivas regulado en el art. 60 LGSS/2015, aplicado a las pensiones que se devengaron a partir de 1 de enero de 2016, que la STJUE de 12 de diciembre de 2019, asunto C-450/18 consideró constitutivo de discriminación directa por razón de género porque excluía a los varones que se encontrasen en las mismas circunstancias[5]. En este sentido, el RDL 3/2021, de 2 de febrero, da nueva redacción al art. 60 LGSS estableciendo un nuevo complemento de pensiones contributivas para la reducción de la brecha de género, que se aplica a las pensiones contributivas de jubilación, incapacidad permanente y de viudedad.

Para delimitar el concepto de brecha de género se toma como referencia la cuantía de las pensiones de jubilación, por su mayor amplitud subjetiva y vinculación a la trayectoria laboral de los beneficiarios, considerándose como tal "el porcentaje que representa la diferencia entre el importe medio de las pensiones de jubilación contributiva causadas en un año por las mujeres respecto del importe de las pensiones causadas por los hombres"; para reducir la brecha se crea este complemento que se mantendrá en tanto que la brecha de género de las pensiones de jubilación causadas en el año anterior sea superior al 5 por ciento (DT 37ª LGSS/2015, modificada por RDL 2/2023), debiéndose realizar una evaluación periódica cada cinco años, y se suprimirá el complemento cuando la brecha sea inferior al indicado porcentaje. Actualmente se sitúa en torno al 28 por ciento.

El complemento se reconoce a las mujeres que hayan tenido uno o más hijos o hijas nacidos con vida (STS de marzo 2023, rec. 3225/2021) y que sean beneficiarias de las pensiones contributivas de jubilación, incapacidad permanente o viudedad. No procede en caso de jubilación parcial, pero sí en la subsiguiente jubilación total o plena e inclusive en la jubilación total anticipada. El complemento lo percibirá la mujer siempre que no medie solicitud o reconocimiento en favor del otro progenitor; y si este otro es

[5] No obstante, según el Criterio de Gestión 1/2020, de 31 de enero de 2020, adoptado por la Subdirección General de Ordenación y Asistencia Jurídica del INSS, el citado complemento se seguiría reconociendo únicamente a las mujeres que cumplieran los requisitos exigidos y a los varones tan solo cuando se tratara de ejecutar una sentencia judicial firme. Ante esta discriminación procedimental de los varones, se pronunció de nuevo el TJUE, estableciendo que el órgano judicial que reconozca el derecho ha de fijar también que el INSS "abone una indemnización que permita compensar íntegramente los perjuicios efectivamente sufridos como consecuencia de la discriminación, según las normas nacionales aplicables, incluidas las costas y los honorarios de abogado en que el interesado haya incurrido con ocasión del procedimiento judicial" (Sentencia de 14-9-2023, asunto C-113/22), que la jurisprudencia ha fijado en la cantidad de 1.800 euros (STS de 15 noviembre 2023, rec. 5542/2022).

también mujer, se reconocerá a aquella que perciba pensiones públicas cuya suma sea de inferior cuantía.

El reconocimiento del derecho a los hombres se supedita al cumplimiento de alguno de los siguientes requisitos:

a) Tener reconocida una pensión de viudedad por fallecimiento del otro progenitor por los hijos o hijas en común, siempre que alguno de ellos tenga derecho a percibir pensión de orfandad.

b) Causar pensión contributiva de jubilación o incapacidad permanente y haber interrumpido o visto afectada su carrera profesional con ocasión del nacimiento o adopción. Si se trata de hijos nacidos o adoptados hasta 31 de diciembre de 1994, tener más de 120 días sin cotización entre los 9 meses anteriores al nacimiento y los 3 años siguientes, siempre que la suma de las pensiones reconocidas sea inferior a la suma de las pensiones reconocidas a la mujer. En caso de hijos nacidos o adoptados desde 1 de enero de 1995, la suma de las bases de cotización de los 24 meses siguientes al nacimiento o resolución judicial por la que se constituya la adopción sea inferior, en más de un 15 por ciento, a la de los 24 meses inmediatamente anteriores, siempre que la suma de las pensiones reconocidas sea inferior a la suma de las pensiones reconocidas a la mujer; en ambos casos no se tendrá en cuenta los beneficios establecidos en el art. 237 LGSS (DT 44ª LGSS). Si los dos progenitores son hombres y se dan las anteriores condiciones en ambos, se reconocerá a quien perciba pensiones públicas cuya suma sea de inferior cuantía (art. 60.1 LGSS). Para determinar qué pensión o suma de pensiones es de menor cuantía se computa su importe inicial y revalorizaciones, pero no otros complementos que pudieran corresponder.

El reconocimiento del complemento al segundo progenitor supondrá la extinción del derecho reconocido al primero, al que se dará audiencia. Producirá efectos económicos desde el primer día del mes siguiente al de la resolución, si se dicta en los 6 meses siguientes a la solicitud o al reconocimiento de la pensión de que se trate; pasado ese plazo, los efectos se producirán desde el primer día del séptimo mes (art. 60.2 LGSS).

No se reconocerá el derecho al complemento al padre o la madre a quienes se hubiera privado de la patria potestad por sentencia fundada incumplimiento de los deberes inherentes a la misma o dictada en causa criminal o matrimonial. Tampoco se reconocerá el derecho al padre que haya sido condenado por violencia ejercida contra la madre, ni al padre o madre condenados por ejercer violencia contra los hijos o hijas (art. 60.3.b) LGSS).

Cada hijo o hija dará derecho al reconocimiento de un complemento, con el límite de cuatro, nacidos con vida o adoptados antes del hecho causante de la pensión correspondiente; su cuantía la fijará anualmente la LPGE y se revalorizará anualmente en el porcentaje que establezca la LPGE para las pensiones contributivas. Será satisfecho en catorce pagas, junto con la pensión que determine su reconocimiento a la que se vincula en cuanto a su nacimiento, suspensión y extinción y se abonará mientras se perciba la misma u otra distinta de las que confieren derecho al complemento; este no será tenido en cuenta a efectos de la aplicación del límite máximo de las pensiones, ni tendrá la consideración de rendimiento del trabajo a efectos de causar derecho a los complementos por mínimos (art. 60.3 LGSS)[6]. Cuando la pensión contributiva se cause por totalización de periodos de seguro a *prorrata temporis* en aplicación de normativa internacional, el importe del complemento será el resultado de aplicar a la cuantía antes indicada que en este caso será el importe teórico, la prorrata aplicada a la pensión a la que se acompaña (art. 60.3.f) LGSS). Es incompatible la percepción del complemento en un régimen de los que componen el sistema con otra en otro régimen. Este complemento tiene naturaleza jurídica de pensión pública contributiva, aunque se financia mediante una transferencia del Estado al presupuesto de la Seguridad Social (Art. 60.3 LGSS y DA 36 LGSS).

El anterior complemento por maternidad se puede mantener transitoriamente por quienes lo vinieran percibiendo antes de 4 de febrero de 2021, fecha de entrada en vigor del RDL 3/2021, si bien es incompatible con el nuevo complemento de pensiones contributivas para la reducción de la brecha de género que pudiera corresponder al beneficiario por reconocimiento de una nueva pensión pública, pudiendo en ese caso optar entre uno u otro. Pero en el supuesto de que el otro progenitor de alguno de los hijos que dio derecho al complemento de maternidad por aportación demográfica solicite el complemento de pensiones contributivas para reducir la brecha de género y le corresponda percibirlo por aplicación del art. 60 LGSS o de la DA 18ª del TR de la Ley de Clases Pasivas del Estado (RDLeg. 670/1987, de 30 de abril), la cuantía mensual que le sea reconocida se deducirá del anterior complemento por maternidad (DT 33ª LGSS añadida por art. 1.4 del RDL 3/2021).

6 Su cuantía en 2024 es de 33,20 euros mensuales (Art. 78.2 RDL 8/2023).

2. REGLAS GENERALES EN MATERIA DE PRESTACIONES

2.1. Garantías de las prestaciones

La LGSS prevé varios mecanismos dirigidos a garantizar el efectivo cumplimiento de la finalidad de las prestaciones. De un lado, son irrenunciables (art. 3), De otro, las prestaciones y los beneficios de los servicios sociales y asistencia social no pueden ser objeto de retención —aunque estarán sujetas a tributación según las normas reguladoras de cada impuesto—, cesión total o parcial, compensación o descuento salvo en dos supuestos: para el cumplimiento de las obligaciones alimenticias del beneficiario respecto a su cónyuge o hijos o cuando se trate de responsabilidad u obligaciones contraídas por el beneficiario con la Seguridad Social (art. 44.1), en cuyo caso cabe reducir la prestación por debajo del SMI, con el límite de las cuantías mínimas de las pensiones del sistema de Seguridad Social (STS 3 febrero 2005, Rec. 214/2002).

Las prestaciones son embargables, aplicándose el régimen previsto en el art. 607 LEC —que, según la jurisprudencia no es de aplicación respecto de las deudas con la Seguridad Social surgidas, por ejemplo, de la necesidad de reintegrar prestaciones, STS 9 marzo 1999—. La tradicional exención fiscal ha quedado reducida con carácter general a la exención de tasas a la que se refiere el art. 44.3 LGSS. En fin, es preciso recordar que, en los casos en los que la prestación deba ser satisfecha por la empresa —por existir imputación legal de responsabilidad—, el crédito del trabajador frente ella tiene carácter privilegiado (art. 162 LGSS), regla que, sin embargo, no se aplica a las mejoras voluntarias de prestaciones (STS 18 marzo 1999), a salvo lo dispuesto en la Ley Concursal (arts. 242 y 280).

2.2. Incompatibilidad de prestaciones

Según el art. 163.1 LGSS, existe un principio general de incompatibilidad de prestaciones "cuando coincidan en un mismo beneficiario, a no ser que expresamente se disponga lo contrario, legal o reglamentariamente". Señalando que "en caso de que se cause derecho a una nueva pensión que resulte incompatible con la que viniera percibiendo, la EG iniciará el pago o, en su caso, continuará con el abono de la pensión de mayor cuantía en términos anuales, con suspensión de la otra. No obstante, el interesado podrá optar por la pensión suspendida". Esta incompatibilidad se refiere a pensiones causadas en el RG y para la misma situación protegida (incapacidad, jubilación, muerte y supervivencia), ya que una sola no puede dar lugar a dos pensiones (salvo en caso de pluriactividad, STS de 21 febrero 2018, rec. 1498/2016)[7]. Asimismo, puede existir entre las prestaciones y rentas de trabajo —autónomo o subordinado— o incluso, cuando la cantidad a percibir no sea contributiva, con rentas de otro tipo. Todo ello dependerá de la regulación de cada prestación.

2.3. *Solicitud, prescripción y caducidad de los derechos derivados de la acción protectora*

Las prestaciones no regidas por el principio de oficialidad deben solicitarse, ajustándose la tramitación a lo dispuesto en la LPAC con las especialidades establecidas en la normativa de Seguridad Social (art. 129 LGSS). Cabe también la tramitación electrónica de los procedimientos en materia de prestaciones, excluidas las no contributivas y los procedimientos de afiliación, cotización y recaudación, pudiendo adoptarse y notificarse resoluciones de forma automatizada en los procedimientos de gestión, previo el establecimiento del procedimiento y órgano competente (art. 130 LGSS). En este sentido, la Res. DG del INSS de 23 de febrero de 2016 (BOE 1 de marzo), regula la tramitación electrónica automatizada íntegra de diversos procedimientos de gestión de prestaciones (nacimiento y cuidado de menor, jubilación, muerte y supervivencia y reconocimiento de la condición de persona asegurada o beneficiaria de la asistencia sanitaria) cuando el procedimiento no exija la aportación física de documentos por parte del interesado, y la Res. DG del INSS de 14 de enero de 2022, BOE del 26, modificada por la de 22 de marzo de 2022 (BOE de 2 de abril), relativa a los procedimientos que no permiten la automatización total (jubilación, muerte y supervivencia, nacimiento y cuidado de menor e ingreso mínimo vital), estableciendo el régimen competencial a efectos de impugnación.

El RD 286/2003, de 7 de marzo, ha establecido los plazos máximos para la resolución y notificación en los procedimientos administrativos para el reconocimiento de las prestaciones. En los procedimientos iniciados a so-

---

7 Pero esta diferencia de trato se ha considerado contraria al art. 4. Ap 1 de la Directiva 79/7/CEE del Consejo, de 19 de diciembre de 1978, relativa a la aplicación progresiva del principio de igualdad de trato entre hombres y mujeres en materia de Seguridad Social, porque sitúa en desventaja a una proporción significativamente más alta de mujeres que de hombres (STJUE de 30 de junio de 2022, Asunto C-625/20).

licitud de los interesados, una vez transcurrido el plazo máximo fijado sin que haya recaído resolución expresa, se entenderá desestimada la petición por silencio administrativo (art. 129.3 LGSS).

En caso de pensión de jubilación, no es obligatorio solicitarla aunque se cumplan todos los requisitos de acceso y cabe, inclusive, desistir al recibir la notificación de la concesión para solicitarla más adelante con la finalidad de incrementar su cuantía, lo cual no supone renuncia (STS de 26 abril 2023, rec. 2860/2020).

Como regla general, "el derecho al reconocimiento de las prestaciones prescribirá a los 5 años, contados desde el día siguiente al que tenga lugar el hecho causante de la prestación de que se trate" (art. 53.1 LGSS) que es susceptible de interrupción de acuerdo con las reglas establecidas en art. 53, 2 y 3, LGSS. Se exceptúan de la regla general la jubilación (art. 212 LGSS) y las prestaciones de muerte y supervivencia, con excepción del auxilio por defunción (art. 230 LGSS) que son imprescriptibles. En todo caso, los efectos económicos se producen solamente desde los tres meses anteriores a la petición cuando no rige el principio de oficialidad (STS de 13 de enero de 2021, rec. 2245/2019). La regla que limita el alcance de la retroacción sólo se aplica al primer reconocimiento del derecho a percibir la prestación o las mejoras voluntarias de la acción protectora (STS de 8 mayo 2024, rec. 374/2022). Cuando, reconocida ésta, se solicita diferencias derivadas de una cuantía incorrectamente calculada, la retroacción puede extenderse al momento inicial del reconocimiento —con el límite máximo de cinco años— (STS de 4 febrero 2014. Rec. 1173/13), y lo mismo ocurre en caso de solicitud complemento por mínimos efectuada con posterioridad al reconocimiento de la prestación, siempre que en ese momento se cumplieran los requisitos (STS de 21 noviembre 2023, rec. 1985/2021). Existen, en fin, otras percepciones sujetas a plazos más breves (desempleo, art. 268.2 LGSS) y otra —incapacidad temporal— en que no se aplica tal plazo porque no requiere solicitud, sino que rige el principio de oficialidad (STS 26 octubre 2004, Rec. 4283/03) cuando no se discute la realidad de a relación laboral (STS de 7 julio 2015, rec. 703/2014), en cuyo caso la EG no puede alegar prescripción ni aplicar la retroactividad previstas en el art. 53 LGSS (STS de 10 noviembre 2021, rec. 856/2019).

Reconocido el derecho a la prestación, el derecho a percibirla caduca al año, según el art. 54 LGSS. Es decir, se aplica el plazo de prescripción cuando se trata del reconocimiento de una prestación, y el de caducidad cuando se reclama su contenido en caso de que aquélla ya estuviera reconocida (STS de 26 noviembre 2007). El *dies a quo* del plazo de caducidad se cuenta, si se trata de una prestación a tanto alzado a percibir de una sola vez, desde el día siguiente a haber sido notificada en forma al interesado la concesión. Si se trata de prestaciones periódicas, el derecho al percibo de cada mensualidad caducará al año de su respectivo vencimiento.

2.4. Simplificación de la tramitación durante el estado de alarma por la crisis sanitaria del COVID-19

Habida cuenta de las restricciones a la libertad de movimientos que supuso la declaración del estado de alarma (RD 463/2020, de 14 de marzo), se adoptaron medidas de simplificación para la tramitación de los procedimientos de las entidades gestoras de la Seguridad Social, permitiendo el reconocimiento provisional de las prestaciones, con revisión posterior cuando finalice este régimen transitorio (DA 3ª del RDL 13/2010, de 7 de abril). La vigencia de esta medida se mantendrá incluso después de la finalización del estado de alarma, hasta que se normalice el funcionamiento de las oficinas de atención al ciudadano, que se determinará por Res. del Secretario de Estado de Seguridad Social y Pensiones, que se publicará en el BOE (DF 6ª.2 del RDL 13/2020).

2.5. Reintegro de prestaciones indebidas

Los trabajadores y las demás personas que hayan percibido indebidamente prestaciones de la Seguridad Social vendrán obligados a reintegrar su importe (art. 55.1 LGSS). Si esta percepción indebida hubiera sido hecha posible por la colaboración de un tercero, éste aparecerá como responsable subsidiario de esta obligación "salvo buena fe probada" (art. 55.2 LGSS).

Como regla general, la EG no puede revisar por sí misma en perjuicio de los beneficiarios los actos declarativos de derecho, debiendo solicitar la revisión de tal acto y el reintegro ante la Jurisdicción Social, acción que prescribe a los cuatro años (art. 146 LJS), pero el dies a quo puede operar no solo desde la fecha del cobro indebido, sino también desde aquella en que fuese posible ejercitar la acción para exigir la devolución (STS de 5 junio 2024, rec. 3827/2021). Esta regla se exceptúa cuando la percepción indebida se deba a errores materiales o aritméticos y cuando haya sido motivada por omisiones o inexactitudes en las declaraciones de beneficiario, en cuyo caso puede actuar por sí misma, dentro del cauce procedimental establecido por el RD 148/1996, de 5 de febrero y normas de desarrollo; de manera que la Administración de la Seguridad Social queda facultada en este caso tanto para modificar el *quantum* de la prestación, como a reclamar el reintegro de prestaciones. Por otra parte, el art. 80 RGR regula también otro procedimiento para lograr el reintegro de las prestaciones indebidamente percibidas pero que sólo resulta aplicable cuando no hubiera sido posible la utilización el primero, el del RD 148/96, o cuando, iniciado éste, no se hubieran podido realizar las deducciones necesarias para cancelar la deuda en su totalidad (STS 14 mayo 2009).

Las prestaciones por desempleo no quedan afectadas por la regla contenida en el art. 146 LJS, pudiendo ser revisadas directamente por el SEPE (STS de 8 julio 2020, rec. 209/2018), que puede exigir la devolución de cantidades indebidamente percibidas por los trabajadores y el reintegro de las prestaciones de cuyo pago sea responsable el empresario (art. 295 LGSS y art. 33 RD 625/1985), pero ello no impide que el SEPE pueda acudir a la vía del art. 146 LJS cuando no estemos ante uno de los supuestos en que la Ley admite la autotutela, debiendo observar el plazo de prescripción de cuatro años (STS de 7 septiembre 2022, rec. 2690/2019).

En cualquier caso, según el art. 55.3 LGSS la reclamación de las cantidades indebidamente percibidas prescribe a los cuatro años, sea cual sea la causa de la indebida percepción (así, por modificación de la contingencia determinante de la IP, STS de 2 febrero 2021, rec. 1891/2018) y aunque exista buena fe en el beneficiario perceptor (STS 25 marzo 2004) o se deba a error imputable a la EG (STS de 27 septiembre 2011, Rec. 4499/10). No obstante, la jurisprudencia ha inaplicado el art.55.3 LGSS en caso de revisión de oficio por error imputable a la EG por ser contrario al Protocolo num. 1 al Convenio para la Protección de los Derechos Humanos y Libertades Fundamentales de 20 marzo 1952 (publicado en el BOE de 12-enero-1991), cuyo art. 1 reconoce el derecho de toda persona física y moral al respeto a sus bienes, interpretado por la STEDH de 26 abril 2018 (caso Cakarevic v. Croacia), porque el beneficiario no contribuyó al error, se trata de una prestación (por desempleo) que satisface necesidades básicas de subsistencia, y el error en el reconocimiento es únicamente imputable al SPEE, no resultando razonable que toda la carga recaiga sobre el trabajador (STS de 29 abril 2024, rec. 1092/2023). Aunque el TS realiza un control de convencionalidad, desplazando la norma interna por la internacional, ni se había suscitado en el debate entre las partes, ni se hace mención a la inaplicación del citado art. 55.3 LGSS.

3. REQUISITOS GENERALES Y PARTICULARES PARA ACCEDER A LA PROTECCIÓN

Para causar derecho a las prestaciones contributivas, el sujeto causante debe reunir determinados requisitos relacionados con el origen asegurativo del sistema. En cuanto a la modalidad no contributiva, son requisitos generales la exigencia de residencia en territorio nacional e insuficiencia de rentas o ingresos (arts. 363 y 369 LGSS).

3.1. Requisitos generales: afiliación y alta y cotización regular

Las personas incluidas en el ámbito de aplicación del RG deben reunir el requisito de estar afiliadas y en alta al sobrevenir la contingencia o situación protegida (art. 165.1 LGSS). Ese momento es constitutivo del denominado hecho causante, a partir del cual nace el derecho a la protección.

Este requisito general de afiliación y alta admite, sin embargo, algunas excepciones a las que ya nos hemos referido. De un lado, el propio art. 165.1 LGSS equipara al alta las situaciones asimiladas al alta previstas en el art. 166. 1 y 7 y normas reglamentarias. De otro lado, la LGSS establece la llamada alta presunta o de pleno derecho que se extiende a todas las prestaciones derivadas de AT o EP, al desempleo y a la asistencia sanitaria, aun derivada de contingencias comunes, maternidad y ANL (art. 166.4 LGSS). En todo caso, se ha suprimido el requisito del alta para acceder a determinadas prestaciones: jubilación (art. 205.3 LGSS), IP absoluta o gran invalidez derivadas de contingencias comunes (art. 195.4 LGSS) y pensiones de viudedad y orfandad (arts. 219.1 y 224.1 LGSS).

En fin, para acceder a las prestaciones, se exige estar al corriente en el pago de las cotizaciones. Este requisito no está expresamente recogido en el art. 165 LGSS como requisito general, pero puede considerarse como tal puesto que se exige en la mayor parte de las prestaciones de este Régimen. Sin embargo, su relevancia fundamental se encuentra en el terreno de la imputación de responsabilidad en la acción protectora.

3.2. Requisitos particulares: en especial, los períodos previos de ocupación cotizada

Aparte de estos requisitos generales, para causar derecho a prestaciones, habrá que cumplir "los particulares exigidos" para cada prestación (art. 165.1 LGSS). Obviamente, el análisis de estos requisitos debe hacerse al estudiar éstas. Sin embargo, existe uno que, aun configurado de forma variable para cada prestación, suele aparecer en todas. En efecto, suele exigirse que el sujeto causante reúna en el momento de verificarse la situación protegida un determinado período de ocupación cotizada, también llamado período de carencia. Los plazos serán objeto de adecuación a días mediante las correspondientes equivalencias (art. 48 LGSS y art. 1 RD 1716/2012, de 28 diciembre, en cuanto a la pensión de jubilación). Sin embargo, salvo norma legal en contrario, este requisito no es exigible cuando la protección derive de accidente, sea o no de trabajo, o de enfermedad profesional (art. 165.4 LGSS).

En cuanto a los criterios de cómputo de este período, de acuerdo con el art. 165.2 LGSS, sólo pueden tomarse en consideración las cotizaciones efectivamente realizadas o las expresamente asimiladas a ellas —por existir actividad o por tratarse de IT, nacimiento y cuidado de menor, riesgo durante el embarazo y riesgo durante la lactancia natural, situaciones en las que subsiste la obligación de cotizar (cfr. art. 165.3 LGSS)—. Asimismo, en caso de circulación entre los regímenes que conforman el sistema, se totalizarán los períodos de cotización que no se superpongan (art. 9.2 LGSS y RD 691/1991, de 12 de abril, sobre cómputo recíproco de cuotas entre regímenes de Seguridad Social). También computarán las cotizaciones efectuadas a anteriores regímenes (DT 3ª LGSS). Asimismo, a efectos del reconocimiento y cálculo de las pensiones del sistema de Seguridad Social en su modalidad contributiva (de jubilación, IP y muerte y supervivencia por causas comunes), se computarán los períodos trabajados en organizaciones internacionales intergubernamentales ubicadas en el territorio de un Estado miembro de la Unión Europea (DA 52ª Ley 6/2018, de 3 julio, de PGE/2018), en los términos que reglamentariamente se han establecido (RD 1133/2023, de 19 diciembre). No obstante, las normas legales o reglamentarias pueden asimilar ciertos períodos sin obligación de cotizar a períodos de cotización efectiva. Así se hace en ciertos supuestos:

- Es el caso de los tres primeros años de excedencia por cuidado de hijos o familiares o acogimiento familiar, para determinadas prestaciones (art. 237.1 LGSS); asimismo, y el primer año del período de excedencia por cuidado de otros familiares (art. 237.2 LGSS).
- En caso de reducción de jornada por guarda de menores 12 años o personas con discapacidad (art. 37.6 ET) y de reducción de jornada por cuidado corresponsable de menor de 12 meses (art. 37.4 ET), las cotizaciones se computarán incrementadas hasta el 100 por cien

de la cuantía que hubiera correspondido sin dicha reducción a los efectos que para uno y otro supuesto establece el art. 237.3 LGSS.

- Períodos de cotización asimilados por parto a efectos de las pensiones de jubilación e IP, aunque el parto haya tenido lugar en el extranjero (STS de 14 junio 2016, rec. 1733/20159): 112 días de cotización por un solo hijo, más 14 días por cada hijo a partir del segundo por paro múltiple, salvo si se cotizó la totalidad del período de descanso por parto (art. 235 LGSS); sin reducción alguna en caso de madres trabajadoras a tiempo parcial (STS de 8 mayo 2024, rec. 4369/2021). Asimismo, el beneficio por cuidado de hijos o menores acogidos (art. 236 LGSS y arts. 5 a 9 RD 1716/2012, de 28 diciembre).

- Los días de IT que no se hayan agotado al pasar de esta situación a la de incapacidad permanente se asimilarán a días cotizados a efectos del cómputo del período mínimo de cotización exigido para causar derecho a la pensión de incapacidad permanente (art. 4.4 RD 1799/1985, aunque sólo cuando se pasa de IT a incapacidad permanente, y siempre que se percibiera subsidio (STS de 13 marzo 2007, Rec. 4843/2004).

- El período de suspensión del contrato de hasta 18 meses por ser la trabajadora víctima de violencia de género o violencia sexual (art. 48.8 ET). Este período se considera cotizado a efectos de las prestaciones por jubilación, incapacidad permanente, muerte y supervivencia, nacimiento y cuidado de menor, desempleo y cuidado de menores afectos de cáncer u otra enfermedad grave, tanto a efectos de base reguladora, como del porcentaje (art. 165.5 LGSS, desarrollado por DA única RD 1335/2005).

- El período de suspensión por nacimiento y cuidado de menor que subsista a la fecha de la extinción del contrato o que se inicie durante la percepción de la prestación por desempleo (art. 165.6 LGSS).

- Respecto a los trabajadores a tiempo parcial, históricamente se establecieron reglas especiales para computar los períodos de cotización, consistentes en aplicar a los periodos de alta un coeficiente de parcialidad, reglas que fueron consideradas contrarias al art. 4.1 de la Directiva 79/7/CE del Consejo, de 19 diciembre 1978 (STJUE de 8 mayo 2019, asunto C-161/18, Villar Láiz). Finalmente se ha dado una nueva redacción al art. 247 LGSS (vigente a partir de 1 octubre 2023) que supera el tratamiento discriminatorio, de forma que a efectos de acreditar los períodos de cotización necesarios para causar derecho a las prestaciones de jubilación, IP, muerte y supervivencia, IT y nacimiento y cuidado de menor se tendrán en cuenta los distintos períodos durante los cuales el trabajador haya permanecido en alta con un contrato a tiempo parcial, cualquiera que sea la duración de la jornada realizada en cada uno de ellos. Se aplica la regla general para determinar la base reguladora de las pensiones de jubilación e IP o o específicas para otras prestaciones (art. 248 LGSS).

- El tiempo trabajado por trabajadores por cuenta ajena y socios trabajadores o de trabajo de las cooperativas una vez alcanzada la edad de jubilación que en cada caso resulte de aplicación (art. 205.1.a) LGSS) en que están exentos de cotizar por contingencias comunes, salvo por IT. Estos periodos computan como cotizados a los efectos de acceso y determinación de la cuantía de las prestaciones (art. 152 y DT 12ª LGSS).
- El tiempo de servicio militar obligatorio o prestación social sustitutoria en los términos en que se desarrolle la DA 28ª Ley 27/2011, aunque su aplicación general se sigue aplazando (DA 41ª Ley 31/2022, de PGE/2023), pero computan, así como el servicio social femenino obligatorio, para determinar la carencia de determinadas modalidades de jubilación anticipada, con el límite de un año (arts 207.1.c); 208.1.b); 215.2.d) y DT 4ª.6.f) LGSS).
- Los periodos de exoneración de cuotas empresariales en caso de desempleo, por suspensión de contrato o reducción de jornada por fuerza mayor o por económicas, técnicas, organizativas o de producción vinculadas al COVID-19 (art. 4.1, 2 y 5 del RDL 18/2020, de 12 mayo y DA 4ª RDL 11/2021, de 27 mayo).
- en caso de contratos temporales de duración determinada inferior a 30 días, habrá una cotización adicional a cargo del empresario a la finalización del mismo (art. 151 LGSS, consistente en 31,22 euros a cargo del empresario en los casos en que proceda, art. 26.1 O.PJC/51/2024, modificado por O.PJC/281/2024), y a efectos de carencia para determinadas prestaciones, cada día trabajado se considerará como 1,4 días cotizados, sin sobrepasar el límite de días naturales del mes de que se trate, aunque formalmente sólo cuando el contrato sea de duración igual o inferior a cinco días (art. 249 bis y DA 30ª LGSS).

Por lo demás, la jurisprudencia suavizó el requisito de la carencia previa, mediante la doctrina de los "días-cuota", de forma que a los efectos de cómputo carencial, el año no consta sólo de los 365 días naturales, sino de éstos y de los días-cuotas abonados por gratificaciones extraordinarias. Actualmente, esta doctrina sigue vigente (STS de 20 junio 2002, rec. 2812/2001 en cuanto al subsidio de IT; STS de 22 septiembre 2020, rec. 2429/2018, sobre la pensión de viudedad), excepto en caso de las prestaciones en que expresamente se ha excluido, así es inaplicable a la pensión de jubilación (art. 205.1.b) LGSS) o a la prestación por desempleo (art. 3.3 RD 625/1985).

4. IMPUTACIÓN DE RESPONSABILIDADES EN MATERIA DE PRESTACIONES

4.1. Normativa vigente

Cuando se hayan cumplido los requisitos generales y particulares exigidos para causar derecho a las prestaciones, la responsabilidad se imputará a la EG o colaboradora correspondiente (arts. 45.1 y 167.1 LGSS). Cuando la prestación deriva de AT, la responsabilidad se imputa a la empresa o entidad que tuviera sumida su cobertura en el momento de producirse el accidente, aunque la prestación concreta se genere posteriormente (STS de 7 octubre 2004).

Al contrario, el incumplimiento de las obligaciones en materia de afiliación, altas y bajas y cotización, determinará la exigencia de responsabilidad en cuanto al pago de las prestaciones "previa la fijación de los supuestos de imputación y de su alcance y la regulación del procedimiento para hacerla efectiva" (art. 167.2 LGSS).

Pero ni el vigente art. 167 LGSS ni los precedentes han sido objeto de desarrollo reglamentario. Esta laguna normativa se salva por la jurisprudencia recurriendo a los arts. 94 a 96 LSS 1966 donde se contenía una regulación más completa de esta materia, imputando la responsabilidad al empresario, por falta de afiliación o alta de los trabajadores a su servicio, no exonerando de responsabilidad el alta presunta o de pleno derecho (art. 94.2.a), por falta de ingreso de las cotizaciones, a partir de la iniciación del segundo mes siguiente a la fecha en que expire el plazo reglamentario establecido para el pago (art. 94.2.b), o por la diferencia entre las cuotas efectivamente ingresadas y las que correspondería haber ingresado (art. 94.2.c).

La LSS de 1966 fue modificada en esta materia por el art. 17 Ley 24/1972, de 21 de junio, que fue objeto de desarrollo reglamentario "provisional" (STS de 6 febrero 1993) por la DT 2ª del D. 1645/1972, de 23 de junio, en los siguientes términos: "En tanto no se dicten las disposiciones en las que se determinen las circunstancias a que se refiere el (art. 17.1 Ley 24/1972) se aplicarán las normas contenidas en los artículos 94, 95, 96 y 97.1 y 2 de la LSS de 21 de abril de 1966".

Se trata ciertamente de una materia de gran trascendencia económica en tanto en cuanto a un empresario le pueden ser exigidas no sólo las cuotas, con sus correspondientes recargos y sanciones, sino también la capitalización de las prestaciones causadas. Por ello, resulta difícilmente comprensible la ausencia de un desarrollo reglamentario que tenga en cuenta la problemática actual. No obstante, la aplicación de los citados arts. de la LSS 1966 ha sido criticada tanto por la doctrina científica como por un sector de la doctrina de los TSJ, considerando que el principio de automaticidad tiene diferente y mayor alcance en la vigente LGSS que en la Ley de 1966, por lo que se ha considerado que debería limitarse la responsabilidad empresarial en el pago de las prestaciones. La jurisprudencia de la Sala de lo Social del TS, por el contrario, ha insistido en considerar aplicables los preceptos citados, recordando que la determinación reglamentaria de los supuestos en que debe proceder el INSS al abono de las prestaciones de Seguridad Social es tarea que no incumbe a los Tribunales de Justicia y sí al Gobierno que, al respecto, debe ponderar los factores de todo tipo (SSTS de 22 abril 1994, entre otras). En esta problemática subyace un debate doctrinal sobre la naturaleza de la relación jurídica de protección de la Seguridad Social. Para un sector, no existe sinalagmaticidad entre cotizaciones y prestaciones, configurándose como autónomas las relaciones de cotización y de protección (teoría escisionista), de forma que habría responsabilidad pública en materia de prestaciones incluso en los supuestos de incumplimiento empresarial de sus obligaciones de afiliación, alta o cotización. Por el contrario, para otra interpretación (teoría unitaria) la relación de Seguridad Social es unitaria pero compleja; sostiene la plasmación en nuestro ordenamiento de la responsabilidad privada en orden a las prestaciones, trasladable a la EG o colaboradora a través de la técnica del seguro y la sinalagmaticidad entre cotización y protección. Es decir, en caso de incumplimiento empresarial de sus obligaciones de seguro para con sus trabajadores, devendría responsable de la protección.

En todo caso, la casuística que la realidad actual plantea no queda convenientemente contemplada en los citados preceptos, a los que desborda y resultan, por ello, insuficientes; además, en algún caso son de una dureza extrema, por lo que su aplicación literal puede producir resultados injustos.

Así las cosas, no habiéndose concretado reglamentariamente los supuestos de atenuación de la responsabilidad empresarial, los viene fijando la jurisprudencia atendiendo a las circunstancias del caso concreto, fundamentalmente a la voluntariedad o contumacia de los incumplimientos. Para ello recurre a los principios del derecho de responsabilidad por daños, dando progresivamente más relevancia a los principios de proporcionalidad y ponderación de la voluntad del agente (STS de 25 enero 1999).

Esta función de la jurisprudencia, ante la ausencia de normas, no es la forma más adecuada para garantizar la seguridad jurídica y, desde luego, no ha estado exenta de vaivenes. Así, para evitar el posible *"bis in ídem"* se estableció que sólo cabía imputar la responsabilidad directa el empresario —al margen del carácter que tuvieran los descubiertos de cotización— cuando el incumplimiento causara perjuicios al trabajador (STS de 8 mayo 1997), pero la aplicación del tal doctrina al ámbito de las prestaciones derivadas de contingencias profesionales resultó problemática por cuanto que opera la automaticidad de las prestaciones lo cual excluye el perjuicio del trabajador, por ello fue posteriormente corregida con la consiguiente vuelta a la que venía siendo tradicional (STS de 1 febrero 2000, Rec. 694/99), aunque se apunta una moderación jurisprudencial de la responsabilidad también en el ámbito de las prestaciones derivadas de contingencias profesionales (STS de 16 mayo 2007, Rec. 4263/05).

4.2. Responsabilidad de las entidades gestoras o colaboradoras

Cuando en el momento de sobrevenir la contingencia o situación de necesidad protegida se cumplen los requisitos generales y particulares para causar las prestaciones, la responsabilidad se imputa exclusivamente a la EG o colaboradora correspondiente. La misma responsabilidad se impondrá en los casos en que se atenúe el alcance de la responsabilidad empresarial (art. 167.1 y 3 LGSS).

En cuanto al requisito de alta del trabajador, condiciona la aplicación al mismo de las normas protectoras, salvo disposición legal expresa (art. 139.4 LGSS); tal es el caso de las prestaciones de jubilación (art. 205.3 LGSS), IP absoluta o gran invalidez derivadas de contingencias comunes (art. 195.4 LGSS) y viudedad y orfandad (arts. 219.1 y 224.1 LGSS). La rigidez que implica la exigencia del alta ha sido moderada mediante las situaciones asimiladas a la de alta, interpretadas por la jurisprudencia con un sentido humano e individualizador (STS de 25 septiembre 2018, rec. 761/2017).

De otro lado, la responsabilidad de las MCSS puede alcanzar al subsidio de IT por causas comunes, a las prestaciones derivadas de AT (en cuyo caso responde la entidad que cubriera la contingencia en el momento de acaecer el accidente), y por EP (de forma general desde 1-1-2008, aunque el INSS responde por las EP contraídas antes de esa fecha, STS de 26 marzo 2013, Rec. 1207/12; en general, cuando se trata de prestaciones de IP por EP declaradas después de esa fecha, pero su génesis se corresponda con periodos anteriores, la responsabilidad se distribuye entre INSS y Mutua en proporción a los periodos de aseguramiento, STS de 17 septiembre 2020, rec. 723/2018); y a las prestaciones por riesgo durante el embarazo, riesgo durante la lactancia natural y cuidado de menores afectados por cáncer u otra enfermedad grave. Si presta asistencia sanitaria en proceso por enfermedad común, la Mutua debe ser resarcida por el servicio público responsable (STS de 5 diciembre 2019, rec. 4865/2018). En caso de pluriempleo, una situación de IT o IP derivada de AT determina el mismo origen causal de la protección en ambas empresas (STS de 22 julio 1998). En todo caso, el INSS establece la contingencia determinante.

Las Mutuas deben reasegurar en la TGSS el 30 por 100 de las prestaciones por invalidez, muerte y supervivencia derivadas de AT. Las pensiones de las que las Mutuas sean responsables se financian mediante el ingreso del valor actual del capital coste, excepto en el porcentaje reasegurado en la TGSS (art. 260.1 y 2 LGSS).

Las empresas son responsables de las prestaciones que asuman en virtud de la colaboración voluntaria (art. 102.1 LGSS). Es determinante de su responsabilidad que el trabajador esté a su servicio en el momento del hecho causante, aunque el contrato se extinga o finalice la colaboración voluntaria durante la percepción de la prestación (STS de 4 abril 2005). En caso de insolvencia empresarial, responde subsidiariamente el INSS (STS de 15 mayo 2001).

Cuando un trabajador fallezca como consecuencia de AT o EP sin dejar ningún familiar con derecho a pensión, la Mutua o Empresa responsable ingresará en la TGSS el capital necesario para constituir una renta temporal durante 25 años, del 30% del salario del trabajador (art. 260.3 LGSS).

En fin, las EG o colaboradoras deben hacer efectivas las prestaciones, aunque estas hayan tenido su origen en supuestos de hecho que impliquen responsabilidad civil o criminal de alguna persona, incluido el empresario. En este caso, el trabajador o sus causahabientes pueden exigir las indemnizaciones procedentes de quienes sean responsables criminal o civilmente. Además, el tercero responsable debe reintegrar el coste de las prestaciones sanitarias a la empresa o entidad que las hubiera satisfecho (art. 168.3 LGSS).

4.3. Distribución de la responsabilidad

La responsabilidad en orden al pago de una prestación se imputa normalmente a una sola EG o colaboradora, que debe hacerla efectiva íntegramente. No obstante, en determinados supuestos la responsabilidad puede ser compartida entre diferentes entidades. Entre otros, cabe citar los que siguen.

a) Apreciación conjunta de secuelas para la determinación del grado de invalidez. Una vez reconocida una situación de IP en un determinado grado y origen causal, la situación del trabajador puede resultar agravada por nuevas lesiones o dolencias de distinto origen, o incluso del mismo (STS de 9 marzo 98), salvo que entre ambos hubiera transcurrido un amplio periodo de tiempo sin secuelas del anterior AT (STS de 11 mayo 2015, rec. 244/2014). Así, en caso de un trabajador declarado en situación de IP total derivada de AT y posteriormente en grado de IP absoluta por enfermedad común, se imputa la responsabilidad hasta el importe de la IP total a la Mutua y por la diferencia hasta el 100 por 100 de la IP absoluta, al INSS (STS 7 julio 1996).

b) Descubiertos de cotización que afectan al período de carencia exigible. En este caso se reparte proporcionalmente la responsabilidad entre la EG y el empresario, imputando a éste la parte proporcional a los descubiertos (STS de 3 abril 2007); igual criterio se aplica por los descubiertos que impiden acceder a la jubilación anticipada (STS de 5 noviembre 2019, rec. 1610/2017).

c) Descubiertos que afectan a la base reguladora o al porcentaje aplicable. La responsabilidad se reparte entre la EG y el empresario incumplidor, imputando a éste la parte proporcional de la prestación en la medida en que la infracotización repercuta en la base reguladora (STS de 8 marzo 2017, rec. 2376/2015) o los descubiertos en el porcentaje aplicable (STS de 9 abril 2007).

4.4. Responsabilidad empresarial por incumplimiento de obligaciones

El empresario es el sujeto responsable del cumplimiento de las obligaciones de afiliación, altas, bajas y cotización, cuyo incumplimiento es el presupuesto de hecho desencadenante de la responsabilidad empresarial, configurada como una responsabilidad legal y compatible con las de todo orden que puedan derivarse del incumplimiento de dichas obligaciones (art. 168.3 LGSS).

4.4.1. Incumplimientos en materia de afiliación, altas y bajas

Los empresarios están obligados a afiliar a los trabajadores que ingresen a su servicio, así como a comunicar su ingreso y cese para que sean dados, respectivamente, de alta y baja (art. 139.1 LGSS). Tanto la afiliación como el alta deben comunicarse antes del inicio de la prestación de servicios (arts. 27.2 y 32.3 del RD 84/1996). En caso de no practicarse la afiliación o el alta a instancia del empresario, el trabajador está facultado para solicitarlas y también pueden ser practicadas de oficio por la TGSS. Pero la facultad del trabajador no es equiparable a la de obligación del empresario, de forma que, no se aplica actualmente la antigua doctrina de la compensación de culpas para el supuesto de que el trabajador tampoco solicitara la afiliación o alta.

Los incumplimientos en materia de afiliación y alta tienen carácter absoluto, y hacen recaer sobre el empresario la responsabilidad sobre el conjunto de las prestaciones que hubieran podido causar los trabajadores a su servicio, sin que le exonere de responsabilidad el alta de pleno derecho (art. 94.2.a) LSS 66). Por ello, ni legal ni jurisprudencialmente se han previsto mecanismos de atenuación de la responsabilidad empresarial por las prestaciones en que se exija el alta.

La comunicación fuera de plazo de la afiliación o alta no tiene efectos retroactivos, salvo en caso de incluir al trabajador en los documentos de cotización o sea efectuada de oficio. Por ello, si al sobrevenir o actualizarse una contingencia protegida el trabajador no se encuentra en alta, la responsabilidad en orden al pago de las prestaciones recae sobre el empresario incumplidor (STS de 17 febrero 2009, rec. 4230/2007), y la comunicación extemporánea no le exime de tal responsabilidad ni del ingreso de las cuotas (STS de 29 diciembre 1998); en este sentido, no es extemporánea el alta posterior a un accidente de tráfico ocurrido antes del inicio de la primera jornada de trabajo (STS 2 diciembre 2020, rec. 3091/2018). El alta tramitada con demora implica responsabilidad proporcional del empresario (STS de 5 noviembre 2019, rec. 1610/2017 en cuanto a una pensión de jubilación anticipada).

En cuanto a la baja, debe notificarse en el plazo de tres días siguientes al cese en el trabajo y produce efectos desde la fecha de cese (art. 32.3 RD 84/1996). La baja comunicada indebidamente, esto es, permaneciendo el trabajador prestando servicios, no exonera al empresario de sus obligaciones de cotización y de pago de las prestaciones que se causen en tal situación (STS de 12 julio 1994).

4.4.2. Incumplimientos en materia de cotización

El empresario es responsable de ingresar tanto las cuotas a su cargo como las de sus trabajadores (art. 142.1 LGSS). El incumplimiento de esta obligación le sitúa en descubierto y hace recaer sobre el mismo diversas responsabilidades; de un lado, la obligación de ingresar las cuotas con los recargos correspondientes y, de otro, la responsabilidad directa en cuanto a las prestaciones causadas, que no se ve afectada por la posible prescripción de la obligación de cotizar (STS de 20 julio 1995, rec. 3795/1994).

En este sentido, se entiende por descubierto la falta total de cotización durante un determinado período de tiempo. A tenor del art. 94.2.b) LSS 66 las cotizaciones efectuadas fuera de plazo, a partir del segundo mes siguiente a la fecha en que expire el plazo reglamentario, no exoneran de responsabilidad al empresario, salvo en caso de concesión de aplazamiento o fraccionamiento en el pago (STS de 23 mayo 1988). Este precepto es extremadamente riguroso, por cuanto no atenúa la responsabilidad en función del posible ingreso posterior.

La moderación de la responsabilidad en caso de ingreso extemporáneo de las cuotas se remitió por el art. 95.4 LSS 66 a su desarrollo reglamentario; también el art. 167.3 LGSS contempla la atenuación del alcance de la responsabilidad empresarial. Pero, ante la falta de desarrollo reglamentario de los preceptos citados, ha sido la jurisprudencia la que ha debido moderar el rigor legal, haciendo guardar el mayor grado de proporcionalidad posible entre incumplimiento y responsabilidad. A estos efectos, según la extensión y efectos del descubierto son distinguibles distintas situaciones:

a) Descubierto prolongado/descubierto ocasional: Atendiendo a la duración, puede ser considerado ocasional o prolongado. Superando la literalidad del art. 94.2.b) LSS 66, la jurisprudencia estableció que sólo el descubierto prolongado, entendido como incumplimiento continuado y pertinaz, hacía recaer sobre el empresario la responsabilidad sobre las prestaciones (STS de 14 junio 1994). No sucedía así en caso de incumplimiento transitorio, esporádico u ocasional, aunque comprenda toda la prestación de servicios del trabajador (STS de 23 abril 2010, rec. 2216/2009), en cuyo caso recae la responsabilidad sobre las EG o colaboradoras (STS de 6 octubre 1986), especialmente si además de esporádico no afecta al período mínimo de carencia para causar la prestación (STS de 29 noviembre 1999).

La doctrina "tradicional", según la cual se moderaba la responsabilidad empresarial en función de la naturaleza del descubierto, fue superada a partir de la STS de 8 mayo 1997 (rec. 3824/96); se considera ahora que tratándose de prestaciones cuya concesión dependa de la cobertura de un período previo de cotización, solo cabe imputar la responsabilidad al empresario cuando el descubierto de cotización impida completar tal período, con el consiguiente perjuicio para el trabajador. Pero el empresario debe ser exonerado aun en caso de descubierto prolongado, si el mismo no afecta al período de cotización previa exigido, para salvaguardar los principios de proporcionalidad y "*non bis in idem*" (STS de 21-1-2014, Rec. 2885/2012).

Pero la aplicación de la anterior doctrina a la responsabilidad por prestaciones derivadas de contingencias profesionales supondría exonerar siempre al empresario, habida cuenta que la automaticidad de las prestaciones implica que el trabajador no sufra perjuicio efectivo, a la vez que elimina el carácter contributivo de estas prestaciones. Por ello, la doctrina antes señalada ha sido corregida por la STS de 1 febrero 2000 (rec. 694/99) en cuanto a éstas prestaciones, que vuelve a la "doctrina tradicional en relación con la responsabilidad por falta de cotización".

b) Infracotización: Por infracotización se entiende el ingresar las cuotas calculadas sobre una base inferior a la debida (STS de 10 diciembre 1993). En este caso, el empresario será responsable de la cuantía total que corresponda al trabajador por las cuotas debidas, pero no ingresadas (art. 94.2.c) LSS 66).

Los supuestos de infracotización son muy variados: cotizar por un salario inferior al realmente percibido (STS de 17 enero 1998), cotizar en régimen de pluriempleo una vez desaparecida esta situación (STS de 8 marzo 2017, rec. 2376/2015), no cotizar en el RG por considerar no laboral la relación (STS de 22 julio 2020, rec. 737/2018), no cotizar por los incrementos salariales con efecto retroactivo, etc. debiendo valorarse la conducta, porque aun constatada la infracotización, sólo se imputa al empresario la responsabilidad proporcional en caso de voluntad deliberadamente culpable y maliciosa, no en caso de error (STS de 18 febrero 2008), o cotizar considerando la relación como no laboral antes de un cambio jurisprudencial (STS de 14 noviembre 2023, rec. 3575/2020). Cuando la responsabilidad es por AT, para determinar la responsabilidad empresarial se tiene en cuenta la situación existente en el momento del accidente (STS de 27 octubre 2022, rec. 3629/2019).

c) Descubierto que afecta al período de carencia. Para causar las prestaciones por causas comunes debe acreditarse un período previo de cotización. En los supuestos en que la prestación de servicios fue suficiente para completar el período de que se trate, pero lo impidió la falta parcial de cotización, se imputaba la responsabilidad íntegra de la prestación al empresario infractor (STS de 23 mayo 1994). No obstante, se ha producido una posterior evolución jurisprudencial, de forma que se imputa la responsabilidad proporcional al incumplimiento (STS de 25 enero 1999 que considera superada la doctrina sentada por la STS 23 mayo 1994). Es decir, "ha de tenerse en cuenta, cuando se trata de contingencias comunes, la proyección del incumplimiento sobre la acción protectora" (STS de 21 enero 2014, rec. 2885/12).

d) Descubiertos y cotización a destiempo. En los supuestos en que el alta se comunicó extemporáneamente por el empresario sin ingreso de cotizaciones, se da una situación de descubierto y falta de alta que tiene carácter absoluto y no admite modulación de la responsabilidad.

Ahora bien, si el empresario ingresa las cuotas antes del hecho causante de las prestaciones en virtud de acta de la Inspección de Trabajo, se reconstruye la situación de normalidad con la consiguiente exoneración de responsabilidad empresarial (STS de 31 enero 1997). Al contrario, la tramitación del alta y el ingreso de las cuotas en tiempo posterior al hecho causante, aunque lo sea en virtud de acta de la Inspección de Trabajo, no exonera al empresario (STS de 22 abril 1994).

4.5. Extensión de la responsabilidad empresarial

La imputación de responsabilidad al empresario, que es quien recibe la prestación laboral del trabajador, resultaría en muchas ocasiones ineficaz para garantizar los derechos de los trabajadores y de la propia Seguridad Social en caso de insolvencia de éste. Por ello, para reforzar la efectividad de aquellos derechos y evitar actuaciones fraudulentas, se ha extendido la responsabilidad en materia de Seguridad Social a otros sujetos.

4.5.1. Contrata y subcontrata de obras o servicios

Los empresarios que contraten o subcontraten con otros la realización de obras o servicios correspondientes a la propia actividad de aquéllos, responderán solidariamente de las obligaciones de naturaleza salarial y de las referidas a la Seguridad Social contraídas por los contratistas o subcontratistas con sus trabajadores durante el período de vigencia de la contrata o subcontrata (art. 42 ET). Esta responsabilidad es exigible durante los tres años siguiente a la terminación del encargo. A estos efectos, la concesión administrativa ha sido equiparada a la contrata (STS de 26 abril 1999).

Se establece, por tanto, una **responsabilidad solidaria** en cadena del empresario principal con el contratista o subcontratista, pero no en todo tipo de contratas, sino en las referidas a la propia actividad del comitente. En este tipo de contratas la responsabilidad en materia de Seguridad Social es exonerable, recabando de la TGSS certificación negativa por descubiertos relativa a la empresa afectada, interpretada de forma restrictiva por la STS (3ª) de 3 febrero 2021, rec.2584/2019.

Por obligaciones "referidas a la Seguridad Social", cabe entender incluidas todo tipo de responsabilidades, tanto por cuotas impagadas, como por responsabilidad directa en el pago de prestaciones por incumplimiento de obligaciones (STS de 20 mayo 1998), aunque no alcanza a las mejoras voluntarias (STS de 14 febrero 2000).

No habrá responsabilidad solidaria cuando la actividad contratada se refiera exclusivamente a la construcción o reparación que pueda contratar el cabeza de familia respecto de su vivienda o cuando el propietario de la obra o industria no contrate su realización por razón de una actividad empresarial (art. 42.2 ET).

De otro lado, el art. 142.1 LGSS establece la **responsabilidad subsidiaria** del empresario principal por las cuotas impagadas (pero no por los recargos, art. 14 RGR) y el art. 168.1 LGSS por las prestaciones cuya responsabilidad directa hubiera recaído sobre el contratista. Esta responsabilidad, para la cual no hay mecanismo de exoneración, es exigible en todo caso, se trate o no de contrata de propia actividad o cuando teniendo éste carácter se hubiera recabado y obtenido certificación negativa por descubiertos, incluso cuando no se contrate por razón de una actividad empresarial y respecto a la construcción de la vivienda contratada por el cabeza de familia, excluyendo las reparaciones domésticas; también cuando se trate de contratas de propia actividad y hubieran transcurrido los tres años para exigir la responsabilidad solidaria (STS —3ª— de 6 julio 2005). Es decir, se superponen los supuestos en que procede la responsabilidad solidaria y la subsidiaria (cuya actuación presupone la insolvencia del deudor principal). No obstante, para otra línea jurisprudencial, la responsabilidad solidaria rige en caso de contratas de propia actividad, y para el resto de contratas, la responsabilidad subsidiaria (STS 23 septiembre 2008, Rec. 1048/2007).

4.5.2. Sucesión en la titularidad de la empresa

En caso de cambio de titularidad de una empresa, de un centro de trabajo o de una unidad productiva autónoma, el nuevo empresario queda subrogado en los derechos y obligaciones laborales y de Seguridad Social del anterior, incluyendo compromisos por pensiones y demás obligaciones que en materia de protección social complementaria hubiera adquirido el cedente (art. 44.1 ET).

En los casos de sucesión, "inter vivos" o "mortis causa", el adquirente responderá solidariamente con el anterior titular o con sus herederos del cumplimiento de la obligación de cotizar y del pago de las prestaciones causadas antes de la sucesión (arts. 142.1 y 168.2 LGSS). Por tanto, si el transmitente fue declarado responsable directo del pago de una prestación, por incumplimiento de obligaciones, el adquirente responde solidariamente cuando la prestación se causó antes de la transmisión. Asimismo, el adquirente responde por las prestaciones causadas después de la transmisión en las que incidan incumplimientos empresariales anteriores, en supuestos en que existan incumplimientos de la empresa que ha sido adquirida por fusión y que afecten a los derechos prestacionales de los trabajadores subrogados (SSTS de 6 octubre 2021, rec. 4736/2018 y de 20 diciembre 2022, rec. 2588/2019).

Para garantizar la seguridad del tráfico jurídico, el art. 168.2 LGSS remite a su desarrollo reglamentario la regulación de "expedición de certificados por la Administración de la Seguridad Social que impliquen garantía de no responsabilidad para los adquirentes", desarrollo actualmente inexistente.

4.5.3. Cesión de trabajadores

La contratación de trabajadores para cederlos temporalmente sólo podrá efectuarse a través **de empresas de trabajo temporal** debidamente autorizadas (art. 43.1 ET) en los términos establecidos por la Ley 14/1994, LETT. En este caso, cuando el contrato de puesta a disposición entre la ETT y la usuaria se ha estipulado para los supuestos legalmente permitidos, corresponde a la ETT el cumplimiento de las obligaciones salariales y de Seguridad Social en relación con los trabajadores contratados para ser cedidos (art. 12.1 LETT), respondiendo subsidiariamente la empresa usuaria de las mismas obligaciones contraídas con el trabajador durante la vigencia del contrato de puesta a disposición (art. 16.3 LETT).

Constituye **cesión ilegal** la puesta a disposición de trabajadores sin intervención de una ETT o, interviniendo ésta, cuando no concurre un supuesto de estipulación del contrato de puesta a disposición (SSTS de 4 julio y 28 septiembre 2006). En estos casos, cedente y cesionario responden solidariamente de las obligaciones contraídas con los trabajadores y con la Seguridad Social, aunque la cesión sea a título amistoso o no lucrativo (arts. 43.2 ET, 16.3 LETT y 168.2 LGSS).

4.6. Compatibilidad de la responsabilidad empresarial con otras responsabilidades

En primer lugar, la responsabilidad empresarial en materia de prestaciones es compatible con la responsabilidad de tercero. La prestación será hecha efectiva por la EG, servicio común o Mutua cuando haya tenido como origen supuestos de hecho que impliquen responsabilidad criminal o civil de alguna persona, incluido el empresario; en estos casos, el trabajador o sus causahabientes podrán exigir las indemnizaciones procedentes de los presuntos responsables criminal o civilmente. Por su parte, la EG de la prestación sanitaria, mutua o empresario colaboradores podrán reclamar al tercero responsable, o al subrogado legal o contractualmente en sus obligaciones, el coste de las prestaciones sanitarias que hubiesen satisfecho; a tal fin, tendrán plena facultad para personarse en el procedimiento penal o civil seguido para hacer efectiva la indemnización, o para promoverlo directamente, considerándose como terceros perjudicados (art. 168.3 LGSS).

Asimismo, la responsabilidad directa empresarial sobre las prestaciones es compatible con otras responsabilidades que traigan su causa en los mismos incumplimientos: es compatible la responsabilidad prestacional con el pago de las cuotas y recargos impagados; y la posible prescripción de las cuotas no incide en la responsabilidad prestacional (STS de 20 julio 1995, rec. 3795/1994).

Cabe, también, imponer al empresario las sanciones administrativas por incumplimiento de las obligaciones de afiliación, alta y cotización tipificadas en la LISOS (art. 40), que expresamente las considera compatibles (art. 43.1); además, estos incumplimientos pueden tener trascendencia en el ámbito del derecho penal.

Finalmente, en caso de que la prestación derive de AT o EP, la responsabilidad empresarial es compatible con el recargo de prestaciones por falta de medidas de seguridad (art. 164 LGSS), con las mejoras voluntarias, con la responsabilidad administrativa o penal (incompatibles entre sí, art. 3 LISOS) y con la responsabilidad civil tendente al completo resarcimiento del daño, cuando medie culpa o negligencia. La responsabilidad civil es competencia del orden social (art. 2.b) LJS), está sometida al plazo de prescripción de un año (art. 59.2 ET), el *dies a quo* es la fecha en que adquiera firmeza la resolución administrativa o judicial que resuelva sobre las prestaciones de seguridad social a las que tenga derecho el beneficiario, y, en su caso, la contingencia de la que deriven (STS de 3 noviembre 2020, rec. 2680/2018 sobre agravación de secuelas anteriores); y cuando todas las partes se aquieten a la resolución que resuelve el procedimiento en vía administrativa, será el momento en el que transcurra el plazo de 30 días del que disponen las partes para interponer la reclamación previa contra la misma (STS de 5 julio 2017, rec. 2734/2015). La acción del trabajador reclamando la imposición del recargo interrumpe la prescripción de la acción de reclamación de daños y perjuicios por los mismos hechos (STS de 21 noviembre 2020), pero este plazo no se interrumpe por imposición de oficio del recargo y posterior impugnación por parte de la empresa de la resolución que lo imponga (STS de 21 noviembre 2019, rec. 1834/2017). En caso de seguirse actuaciones penales por los mismos hechos, la acción de reclamación de daños y perjuicios no puede iniciarse hasta el fin de la causa penal (arts 11 y 114 LECrim); así, el archivo definitivo de la misma fija el *dies a quo* del plazo de prescripción (STS de 12 abril 2024, rec. 546/2020).

No hay una fórmula legal para la valoración del daño, por lo que cabe acudir a diversos criterios y, entre ellos, al sistema de valoración de daños y perjuicios causados a las personas en accidentes de circulación (establecido en el TR de la Ley de responsabilidad civil y seguro en la circulación de vehículos a motor, aprobada por RDLeg. 8/2004, de 29 de octubre). La determinación de los daños y perjuicios únicamente puede llevarse a efecto distinguiendo entre los que corresponden a las categorías básicas: el daño corporal [lesiones físicas y psíquicas], el daño moral [sufrimiento psíquico o espiritual], el daño emergente [pérdida patrimonial directamente vinculada con el hecho dañoso] y el lucro cesante [pérdida de ingresos y de expectativas laborales] (STS de 23 junio 2014, rec. 1257/2013). En cuanto al resarcimiento, la cuantificación de la indemnización por daño emergente ha de atender a la prueba practicada; por lucro cesante, del monto indemnizatorio ha de descontarse el importe de las prestaciones de Seguridad Social percibidas y las mejoras voluntarias, pero no el recargo de prestaciones; para determinar la indemnización por el daño corporal y moral, cabe acudir al sistema de valoración de daños de accidentes de tráfico antes citado. En cuanto al resarcimiento por daño moral, debe percibirse la cuantía íntegra fijada sin minorarla con el importe de las prestaciones de Seguridad Social percibidas (STS de21 noviembre 2018, rec. 3626/2016) ni el de las mejoras voluntarias (STS de 10 enero 2019, rec. 3146/2016).

El derecho a la reparación de los daños y perjuicios sufridos por el causante se trasmite a sus herederos si fallece antes de obtener reparación (STS de 18 julio 2018, rec. 1064/2017), que están legitimados para su reclamación (STS de 10 febrero 2021, rec. 4211/2018).

4.7. Responsabilidad empresarial y efectividad de las prestaciones: automaticidad y subsidiariedad

La imputación de responsabilidad al empresario en orden a las prestaciones ya sea total o parcial, plantea el problema de la efectividad de la protección ya que, si resulta insolvente, el beneficiario queda desprotegido. Para evitar ese inconveniente, se ha establecido un mecanismo de garantía denominado automaticidad de las prestaciones (arts. 167.3 y 281 LGSS).

La automaticidad de las prestaciones, en los supuestos en que resulta aplicable, tiene como consecuencia que la EG o colaboradora debe hacer efectivo el pago de la prestación causada, subrogándose en los derechos y acciones del beneficiario, pudiendo ejercer la acción de repetición frente al empresario responsable. El anticipo está limitado a una cantidad equivalente a dos veces y media del IPREM vigente en el momento del hecho causante o, en su caso, del importe del capital coste necesario para el pago anticipado (art. 167.3.2º LGSS). No se altera, pues, el sentido y alcance de la responsabilidad empresarial, sino que facilita la efectiva percepción de las prestaciones por el beneficiario, que queda relevado de reclamar individualmente frente al empresario declarado responsable directo. De esta forma, el riesgo de insolvencia lo soporta la EG.

Pese a que la automaticidad de las prestaciones constituye un aspecto central de la Seguridad Social, no ha sido objeto de desarrollo reglamentario. En efecto, la determinación reglamentaria de los supuestos en que proceda el anticipo de las prestaciones a que se remite el art. 167.3 LGSS no se ha producido, por ello la jurisprudencia ha integrado el vacío normativo considerando vigentes con valor reglamentario los arts. 94 a 96 LSS-1966 (STS 22 abril 1996). La automaticidad actúa en unos casos de forma absoluta, de forma relativa en otros y, finalmente, no es aplicable en otros supuestos.

4.7.1. Automaticidad absoluta

La automaticidad de las prestaciones actúa de forma absoluta cuando el anticipo de las prestaciones no se condiciona al cumplimiento empresarial de ninguna de sus obligaciones de afiliación, alta y cotización. Por ello, los supuestos en que resulta de aplicación son coincidentes con aquellos en que los trabajadores son considerados en situación de alta de pleno derecho: prestaciones derivadas de contingencias profesionales, desempleo y asistencia sanitaria por enfermedad común, maternidad y accidente no laboral (art. 166.4 LGSS).

En caso de **prestaciones derivadas de AT o EP**, ya sea IT, IP, viudedad y orfandad y asistencia sanitaria, la entidad que hubiera asumido su cobertura, normalmente una MCSS, debe anticipar el pago al beneficiario y puede ejercer la acción de repetición frente al empresario responsable directo. La obligación de anticipo no alcanza al recargo por falta de medidas de seguridad (STS de 8 febrero 1994) ni a las mejoras voluntarias (STS de 8 abril 1997).

La obligación de anticipo recae sobre la Mutua con la que la empresa se encuentre asociada, aunque a algún concreto trabajador no lo hubiera dado de alta (STS de 29 septiembre 1996) o aquella con la que la empresa hubiera suscrito propuesta de convenio de asociación, aunque posteriormente no hubiera tramitado el alta ni cotizado (STS de 3 abril 1997). Al contrario, en caso de falta total de aseguramiento, las primas se devengan a favor de la TGSS (art. 144.6 LGSS) y, consecuentemente, la obligación de anticipo debe recaer sobre el INSS en tanto que sucesor del Fondo de Garantía de Accidentes de Trabajo.

La Mutua no es responsable última de las prestaciones anticipadas, sino que una vez ejercida la acción de repetición frente al empresario responsable directo sin haber obtenido el reintegro por insolvencia o situación concursal (STS de 21 febrero 2000), o hubiera desaparecido o porque por su especial naturaleza no pueda ser objeto de procedimiento de apremio, puede reintegrarse frente al INSS de las cantidades que hubiera abonado, siempre que previamente se hubiera determinado la responsabilidad empresarial (STS de 16 febrero 2016, rec. 737/2014); el INSS ha asumido las funciones del Fondo de Garantía, cuya responsabilidad es subsidiaria de último grado.

En cuanto a las prestaciones por **desempleo**, el art. 281 LGSS recoge expresamente el principio de automaticidad con carácter absoluto, de forma que el SEPE pagará las prestaciones, aunque el empresario hubiera incumplido las obligaciones de afiliación, alta y cotización, sin perjuicio de las acciones que pueda ejercer contra la empresa infractora. La responsabilidad empresarial alcanzará a la prestación íntegra cuando los trabajadores no estuvieran en alta al sobrevenir la situación protegida, o en caso de descubierto absoluto y, será proporcional en caso de diferencias de cotización (art. 31 RD 625/85). El SEPE reclamará al empresario o empresarios responsables la cuantía de la prestación que recaiga sobre ellos (art. 32 RD 625/85).

Respecto a la prestación de **asistencia sanitaria**, está amparada por el principio de automaticidad de las prestaciones cualquiera que sea el origen causal del que se derive la situación de necesidad.

No obstante, el origen causal es determinante de la entidad que deba hacerse cargo del anticipo. Así, tratándose de causas comunes, la prestación se hará efectiva de forma directa e inmediata por la EG o servicio autonómico correspondiente, que reclamará su importe al empresario responsable "que vendrá obligado a reintegrarle los gastos correspondientes al tratamiento completo dispensado por la misma al trabajador o, en su caso, a sus familiares beneficiarios" (art. 95.1.1ª LSS-66). Cuando derive de contingencias profesionales, los gastos originados se imputarán a la entidad con la que el empresario hubiera concertado la protección de dichas contingencias y, en caso de que éste hubiera incumplido sus obligaciones de afiliación, alta o cotización, la responsabilidad recaerá sobre el mismo aunque debe ser anticipada por la EG o Mutua. La entidad que hubiera anticipado la prestación en este caso se subrogará en los derechos y acciones del beneficiario y puede reclamar su importe frente al empresario responsable directo y, en caso de insolvencia de éste, tiene derecho a ser resarcido por el INSS en calidad de responsable subsidiario como sucesor del Fondo de Garantía de Accidentes de Trabajo (STS de 27 diciembre 1994).

4.7.2. Automaticidad relativa

Las prestaciones no protegidas por la automaticidad absoluta son también anticipables por el INSS, aunque el empresario hubiera incumplido su obligación de cotización, pero siempre que los trabajadores se encuentren en situación de alta formal en el momento del hecho causante, salvo que se trate de prestaciones a las que se puede acceder sin encontrarse en alta (como es el caso de la jubilación ex art. 205.3 LGSS, vid. STS de 16 diciembre 2009, rec. 4356/2008), que también son anticipables. En estos casos el empresario es responsable directo y viene obligado a reintegrar al INSS las cantidades anticipadas, aunque si fuera insolvente o hubiera desaparecido, el trabajador no queda desprotegido.

Las prestaciones a que alcanza el principio de automaticidad relativa son: subsidio de IT por causas comunes, inclusive el comprendido entre los días cuarto a decimoquinto cuya responsabilidad recae sobre el empresario (STS de 9 mayo 2016, rec. 3535/2014), subsidio por maternidad (art. 95.1.2ª LSS-66), pensión de jubilación (art. 95.2 LSS-66), incluso en caso de jubilación anticipada (STS de 19 junio 2000), pensiones o cantidades a tanto alzado por IP, así como prestaciones por muerte y supervivencia, derivadas de enfermedad común (art. 95.3 LSS-66). Cuando la empresa tuviera concertada con una Mutua la protección de la IT por causas comunes y fuera declarada responsable por descubiertos, la prestación debe ser pagada por la Mutua, no operando la responsabilidad subsidiaria del INSS ante la insolvencia de la empresa, sino ante la insolvencia de la Mutua, a diferencia del procedimiento en caso de contingencias profesionales (STS 30 enero 2008, Rec. 4535/2002).

4.7.3. Prestaciones no anticipables

El principio de automaticidad no protege al conjunto de prestaciones que conforman la acción protectora del sistema. Es decir, determinadas prestaciones no son anticipables, debiendo en este caso el beneficiario reclamar frente al empresario responsable directo por incumplimiento de obligaciones. Por ello, en caso de insolvencia empresarial el trabajador quedará desprotegido (STS de 3 noviembre 1994).

En este sentido, no son anticipables las mejoras voluntarias ni el recargo por falta de medidas de seguridad. Tampoco lo son las prestaciones derivadas de causas comunes, excepto la de asistencia sanitaria, cuando el trabajador no estuviera en alta: el subsidio de IT, ya derive de ANL (STS de 21 febrero 2024, rec. 3316/2020) o de enfermedad común (STS de 17 febrero 2009, rec. 4230/2007), la prestación de maternidad (STS de 21 noviembre 2023, rec. 3655/2022), las prestaciones por invalidez permanente derivada de causas comunes (STS de 15 marzo 1989), las prestaciones por muerte y supervivencia (95.1.4º LSS-66), y las prestaciones familiares (art. 95.1.3º LSS-66).

4.7.4. Responsabilidad subsidiaria

Cuando el empresario o empresarios responsables, las personas obligadas a responder con ellos, o, en su caso, de la MCSS que hubiera asumido el riesgo, resultaren insolventes, responde de forma subsidiaria la EG (art. 94. 4 y 5 LSS 1966). Esta responsabilidad alcanza a las prestaciones derivadas de AT o EP (art. 94.4 LSS 1966) —que resulta intrascendente puesto que las mismas prestaciones se protegen mediante la automaticidad absoluta, de aplicación concurrente y más eficaz— y a las prestaciones de IP derivadas de ANL (art. 94.5 LSS de 1966). La responsabilidad subsidiaria no alcanza ni al recargo de prestaciones por omisión de medidas de seguridad ni a las mejoras voluntarias (STS de 8 abril 1997).

4.8. Procedimiento para la exigencia de la responsabilidad empresarial

Tampoco ha sido objeto de desarrollo reglamentario la regulación del procedimiento para hacer efectiva la responsabilidad empresarial, con la excepción de las prestaciones por desempleo, por lo que en esta materia se aplica el art. 96 LSS-66.

Así, cuando la EG o colaboradora deniegue total o parcialmente su responsabilidad directa en el pago de alguna prestación lo hará en resolución fundada y oído el empresario o empresarios afectados (art. 96. 1 y 4 LSS-66); en el expediente administrativo que se tramite para la imposición de responsabilidades debe darse audiencia a quienes puedan resultar afectados, de forma que el incumplimiento de este trámite determinará la anulabilidad del acto administrativo si causara indefensión (STS —3ª— de 30 abril 2007, Rec. 330/2006). En todo caso, cuando se trate de prestaciones por invalidez o lesiones permanentes no incapacitantes, corresponde al INSS determinar la Mutua o empresa responsable (art. 1.1.d) y e) RD 1300/95).

La denegación por la EG o colaboradora de su propia responsabilidad, imputándola total o parcialmente al empresario, es impugnable ante el orden social (art. 2.o) LJS), sin perjuicio de su ejecutividad inmediata (STS de 25 julio 2000). En todo caso, cuando proceda, la Mutua o INSS deben anticipar las prestaciones y ejercitar la acción de regreso frente al responsable, presentando demanda ante el orden social; es decir, no cabe reclamar la devolución mediante la ejecución de la resolución firme de la EG (STS de 4 febrero 2000) ni esta cuestión tiene naturaleza de gestión recaudatoria (STS de 28 octubre 1999). Esta acción está sometida al plazo de prescripción de cinco años, por aplicación analógica del art. 53.1 LGSS (STS de 11 noviembre 1998, Rec. 1032/98).

Corresponde a la TGSS recaudar el capital coste de las prestaciones de las que sean responsables las Mutuas o las empresas y el procedimiento recaudatorio no se paralizará porque se interponga demanda ante el Juzgado de lo Social (arts. 89 a 91 RD 1637/95); no obstante, según la jurisprudencia social, cuando la responsabilidad empresarial haya sido determinada por órganos de este orden jurisdiccional, la exacción del capital coste que proceda se llevará a cabo por los trámites de ejecución de sentencia, no sustituible por el apremio administrativo (STS de 16 marzo 2000) aunque la cuantificación del capital coste deba efectuarla la TGSS (art. 288 LJS).

En este sentido, la EG o colaboradora que según el art. 167 LGSS hubiera anticipado las prestaciones, podrá instar la ejecución de la sentencia en el plazo de un año (art. 243.2 LJS), porque se trata de una acción ejecutiva que tiene por objeto la entrega de sumas de dinero (STS de 16 mayo 2000). El *dies a quo* es la fecha de pago por parte de la entidad que hubiera anticipado la prestación.

Cuando sea declarado responsable un empresario en los supuestos en que no proceda el anticipo, el propio trabajador debe dirigirse contra el mismo, teniendo en cuenta que el plazo de prescripción aplicable es de cinco años, salvo que se trate de prestaciones imprescriptibles.

Respecto a la prestación por desempleo, en caso de incumplimientos en materia de cotización, se estará a las reglas generales en cuanto a imputación de responsabilidades. Por el contrario, cuando el trabajador no figure en alta, el SEPE pondrá los hechos en conocimiento de la Inspección de Trabajo para que en el plazo de 10 días informe sobre la efectiva prestación de servicios. Recibido dicho informe, se emplazará al empresario responsable para que comparezca en el procedimiento en el plazo de 10 días. Transcurrido dicho plazo, si existiera responsabilidad, se dictará resolución señalando la cuantía de la prestación y el alcance de la responsabilidad del empresario o empresarios, que deberán hacer efectiva la prestación en el plazo de 30 días. En caso de falta de ingreso, el SEPE emitirá certificación de descubierto que inicia la vía de apremio, pudiendo el empresario interponer recurso ante el DG del SEPE (art. 32 RD 625/85).

4.9. Responsabilidad por incumplimientos en materia de seguridad y salud laborales

El incumplimiento empresarial de las obligaciones de seguridad y salud laborales puede dar lugar a responsabilidades de distinta naturaleza (administrativas, penales y civiles, art. 42.1 LPRL), interesando aquí las relacionadas con las prestaciones de Seguridad Social.

4.9.1. Recargo de prestaciones económicas por accidente de trabajo o enfermedad profesional

En la legislación sobre accidentes de trabajo ha sido tradicional, ya desde la Ley de 30 de enero de 1900, el aumento de las prestaciones cuando el accidente se produjera en máquinas o artefactos carentes de los dispositivos de precaución. En 1962 se amplió su ámbito de aplicación a la enfermedad profesional.

Según el actual art. 164.1 LGSS, el reconocimiento del aumento o recargo de prestaciones presupone que se hubiera reconocido una prestación económica causada por ATEP, cuando no se hubieran observado las medidas generales o particulares de seguridad y salud laborales y medie una relación de causalidad entre ambas. El recargo tiene una naturaleza compleja preventiva, sancionadora e indemnizatoria, articulándose su gestión en forma prestacional (STS de 23 marzo 2015, rec. 2057/2014).

La aplicación del recargo requiere la existencia de una prestación causada por contingencias profesionales y a estos efectos el recargo de la prestación de IP absoluta derivada de AT se traslada a las prestaciones por muerte y supervivencia, sin necesidad de probar que el fallecimiento guarde relación con el accidente (STS de 11 octubre 2023, rec. 1719/2021). Por ello, no procede el recargo cuando el trabajador fallece sin dejar beneficiarios, en cuyo caso el capital que la Mutua o empresa deben ingresar no tiene naturaleza de prestación (art. 260.3 LGSS) ni tampoco se aplica a las mejoras voluntarias (STS de 11 julio 1997). Por el contrario, en caso de pensión de gran invalidez el recargo se aplica tanto al 100 por 100 de la misma, como al complemento (no inferior al 45 por 100 de la pensión, art. 196.4 LGSS) al menos cuando es el propio beneficiario quien lo percibe [STS de 27 septiembre 2000, Rec. 4590/99]; asimismo, se aplica al incremento del 20 por 100 en caso de IP total mejorada (STS 29 noviembre 2010, Rec. 41/10).

El importe del recargo es un concepto excluido de la aplicación de las sucesivas normas sobre revalorización de pensiones (p.e.: art. 4.b) del RD 1058/2022, de 27 diciembre, de revalorización de pensiones/2023). No obstante, la interpretación con perspectiva de género del art. 164 LGSS de 2015 obliga a concluir que el recargo de prestaciones debe incrementarse cuando una reforma legal aumente la cuantía de la pensión de viudedad (STS de 25 enero 2024, rec. 3521/2020).

En cuanto a la falta de medidas de seguridad, en el art. 164.1 LGSS se contempla en sentido amplio, por ello se aplica el recargo cuando se hubiera violado la obligación general de seguridad o deuda de seguridad "en ese sentido de falta de diligencia de un prudente empleador" (STS de 26 marzo 1999, Rec. 1727/98) y no necesariamente una norma concreta.

Entre la lesión y la falta de medidas de seguridad debe existir relación de causalidad, de forma que tal omisión sea imputable al empresario a título de dolo, culpa o negligencia. Esta relación no se presume, sino que debe ser probada, y la carga de la prueba recae sobre quien reclama el recargo; el deudor de seguridad debe probar la adopción de las medidas necesarias para prevenir o evitar el riesgo, así como cualquier factor excluyente o minorador de su responsabilidad (art. 96.2 LJS). La casuística es muy profusa y difícilmente controlable en unificación de doctrina (STS de 20 julio 2000); así, se ha considerado que concurre la relación de causalidad en supuestos en que sea imputable al empresario culpa o negligencia, pero de forma restrictiva en caso de culpa in vigilando (STS de 28 febrero 2019, rec. 508/2017).

La relación de causalidad se rompe cuando la imprudencia del trabajador es el único agente causal de la lesión (STS de 21 abril 1988) o cuando la conducta de éste sea temeraria, pero no cuando la imprudencia profesional o no temeraria (art. 96.2 LJS); tampoco se rompe cuando pudo ejercer un posible derecho de resistencia frente a la orden del empresario (STS de 6 mayo 1998). La concurrencia de incumplimiento empresarial e imprudencia del trabajador es un índice para modular el porcentaje del recargo (STS de 22 julio 2010, Rec. 3516/09). Cuando concurra alguna causa de exoneración, el empresario no es responsable (fuerza mayor, caso fortuito...) pero le corresponde probar su existencia (STS de 18 mayo 2011, Rec. 2621/10).

El porcentaje aplicable será "según la gravedad de la falta, de un 30 a un 50 por 100" (art. 164.1 LGSS) que se aplicará a la cuantía inicial de la prestación, pero no a sus posteriores revalorizaciones. A estos efectos, el tope máximo de las prestaciones sólo resulta aplicable a la prestación básica, no a la cuantía resultante tras la aplicación del recargo. La determinación del porcentaje es competencia del Director Provincial del INSS y, si mediara reclamación judicial, del Juez de lo Social, pero se trata de un acto de calificación jurídica y por tanto puede ser revisado en suplicación (STS de 4-3-2014, Rec. 788/2013).

La responsabilidad del pago del recargo recae directamente sobre el empresario infractor y no podrá ser objeto de seguro alguno (art. 164.2 LGSS). Por ello, en caso de contrata o subcontrata, cualquiera que sea su naturaleza, la responsabilidad puede alcanzar al empresario principal si el accidente se produjo dentro de su esfera de responsabilidad (STS del8 septiembre 2018, rec. 144/2017). Asimismo, en caso de contrato de puesta a disposición entre una ETT y una empresa usuaria, ésta deviene responsable del recargo (arts. 16.2 LETT y 42.3 LISOS); aunque la ETT asume ciertas obligaciones formativas y de vigilancia de la salud (art. 12.3 LETT y 28.5 LPRL) cuyo incumplimiento la podría convertir también en responsable. La responsabilidad se transmite en caso de sucesión de empresa (art. 168.2 LGSS), al primar su naturaleza prestacional (STS de 23 marzo 2015, Rec. 2057/2014, que rectifica anterior doctrina).

El beneficiario del recargo sólo lo percibirá una vez que la empresa responsable haya constituido el correspondiente capital, porque no es anticipable por la EG (art. 16.3 OM 18 enero 1996), soportando el beneficiario el riego de insolvencia de la empresa (STS de 8 marzo 1994).

El reconocimiento del recargo es competencia del INSS (art. 1.1.e) RD 1300/95 y art. 16 OM 16 enero 96). La declaración de responsabilidad empresarial se hará por Resolución del Director provincial del INSS; el procedimiento puede iniciarse de oficio, por la Inspección de Trabajo, o a instancia del trabajador lesionado o sus beneficiarios, pero no es sustituible por demanda directa. En caso de iniciarse el procedimiento por solicitud del trabajador, sus derechohabientes o la autoridad administrativa, los efectos económicos se retrotraerán a los tres meses anteriores (STS de 27 septiembre 2016, rec. 1671/2015) y no a la fecha de reconocimiento de la prestación base, si fuera anterior (STS de 18 septiembre 2018, rec. 2367/2016). La falta de audiencia al trabajador interesado sólo acarrea la nulidad del procedimiento si produce indefensión (STS de 9 mayo 2008, RJ 3485), tampoco en caso de omisión del trámite de audiencia a la empresa si no genera indefensión (STS 22 diciembre 2010, Rec. 1136/09).

El procedimiento tendente al reconocimiento del derecho debe iniciarse antes de la prescripción del mismo. Aunque no hay una disposición expresa sobre el plazo de prescripción aplicable, la jurisprudencia lo ha concretado en el general de cinco años previsto para las prestaciones del sistema de Seguridad Social (STS de 9 febrero 2006). El *dies a quo* es la fecha en que se sepa con certeza las secuelas del accidente; cuando se trata de IP, el *dies a quo* es la fecha en que se hubiera reconocido la prestación básica cuyo recargo se pretende (STS 12 febrero 2007). La interrupción del plazo de prescripción de 5 años se prolonga durante todo el tiempo que medie entre la incoación y la notificación de la resolución expresa que recaiga (STS de 27 diciembre 2007, rec. 4945/2006). Se interrumpe la prescripción por la tramitación del expediente para su reconocimiento

(STS de 15 septiembre 2009), por inicio del procedimiento sancionador por la ITSS (STS de 9 julio 2009, rec. 2400/2008) y por reclamación judicial de la responsabilidad civil por el mismo AT o ET (STS de 14 julio 2015, rec. 4071/2014). Asimismo, una vez transcurrido el plazo de 135 días para resolver (art. 14.1 O. 18-1-96) se entenderá resuelto el expediente por silencio administrativo en sentido negativo y se reinicia el cómputo del plazo de prescripción (SSTS de 17 julio y 12 noviembre 2013, Rec. 1023/12 y 3117/12) pero no produce la caducidad del expediente porque no se trata de un expediente sancionador (STS de 20 diciembre 2007); ni, impuesto el recargo, caduca la acción para exigir la responsabilidad a otra empresa (STS de 18 enero 2010).

La tramitación del procedimiento se suspendería, según la literalidad del art. 16.2 de la OM 18 enero 96, cuando se conozca la existencia de algún procedimiento penal por los mismos hechos y se reanudará cuando recaiga sentencia firme. No obstante, la anterior disposición carece de cobertura legal, por lo que la jurisprudencia la considera inaplicable (STS de 25 octubre 2005, Rec. 3552/04).

Una vez determinado el porcentaje y la base a que se aplica, la TGSS determinará el importe que la empresa responsable debe capitalizar y procederá a su recaudación (art. 75 RD 1415/2004, de 11 junio).

La Resolución puede ser impugnada por las partes ante el orden social en caso de disconformidad con la imputación o con la cuantía, mediante demanda dirigida contra el INSS y contra el trabajador o empresario afectado. Asimismo, corresponde al orden social la competencia para hacer efectivo el pago al beneficiario, aunque exista acto recaudatorio, porque se trata de un conflicto sobre prestaciones (STS de 27 febrero 1997). Por el contrario, si la discrepancia es con la cantidad liquidada por la TGSS, la competencia es del orden contencioso-administrativo, por tratarse de un acto de gestión recaudatoria (art. 3.f) LJS).

Cuando la Resolución reconociendo el recargo es impugnada, el juez de lo social puede determinar la realidad de los hechos y el porcentaje aplicable, revisable en suplicación. La sentencia firme dictada en un proceso en materia de recargo produce el efecto positivo de cosa juzgada (art. 222.4 LEC) en cuanto a la reclamación de daños y perjuicios por el mismo suceso dañoso (STS de 26 abril 2023, rec. 1865/2020) y, en sentido inverso, la sentencia firme recaída en el proceso sobre resarcimiento de daños y perjuicios por responsabilidad civil por el mismo accidente produce el efecto positivo de cosa juzgada en el proceso por recargo de prestaciones (STS de 14 febrero 2018, rec. 205/2016). También surte efecto de cosa juzgada positiva en cuanto al recargo la sentencia firme por sanción por infracción en materia de prevención de riesgos laborales (STS de 8 junio 2021, rec. 3771/2018), y el mismo efecto se produce en sentido inverso (STS de 17 mayo 2022, rec. 2480/2019), porque el art. 42.5 LISOS carece de sentido en el actual marco competencial (STS de 25 abril 2018, rec. 711/2016). Una vez firme la sentencia, la exacción del capital coste se lleva a cabo por los trámites de ejecución de sentencia (STS de 29 septiembre 2000) aunque su cuantificación la efectúa la TGSS.

La responsabilidad por el recargo es independiente y compatible con las de todo orden, civil, administrativa e incluso penal, que puedan derivarse de la infracción (art. 164.3 LGSS y 42.3 LPRL). La absoluta compatibilidad podría conculcar el principio *non bis in ídem* si el recargo se configura como sanción; no obstante, pese a reconocerle naturaleza mixta (sancionadora, indemnizatoria y preventiva), la jurisprudencia considera que la compatibilidad no viola el citado principio porque sancionan distintas autoridades y desde perspectivas diferentes (STS de 2 octubre de 2000). En cuanto a la compatibilidad con la responsabilidad civil, la sentencia firme recaída en el procedimiento referido a una de ellas, responsabilidad civil o por recargo, produce efecto de cosa juzgada positiva en el posterior procedimiento seguido por el mismo AT o EP (STS de 14 febrero 2018, rec. 205/2016). Además, el importe del recargo no debe ser descontado de la indemnización fijada en caso de reclamación de la responsabilidad civil por accidente, tendente al completo resarcimiento del daño causado.

4.9.2. Responsabilidad por falta de reconocimientos médicos

El empresario que haya de cubrir puestos de trabajo expuestos al riesgo de contraer enfermedades profesionales está obligado a practicar un reconocimiento médico antes de la contratación de los trabajadores que los hayan de ocupar, así como reconocimientos periódicos. Las empresas no podrán contratar a los trabajadores que en el reconocimiento médico no hayan sido calificados como aptos y tampoco podrán mantener en el puesto a los trabajadores que en los reconocimientos periódicos no mantengan la declaración de aptitud (art. 243. 1 y 3 LGSS).

De la misma manera, las EG o Mutuas están obligadas, antes de tomar a su cargo la protección por contingencias profesionales del personal empleado en industrias con riesgo específico de EP, a conocer el certificado del reconocimiento médico previo a la contratación así como de los resultados de los reconocimientos periódicos, haciendo constar en la documentación correspondiente que tales obligaciones empresariales han sido cumplidas (art. 244.1 LGSS), para lo cual deben llevar un libro de reconocimientos médicos (art. 68.2 RD 1993/95).

El incumplimiento por el empresario de las obligaciones antes expuestas, lo constituye en responsable directo de todas las prestaciones que pudieran derivarse por EP; es decir, se asimila a falta de aseguramiento y con las mismas consecuencias (art. 197.2 LGSS).

En cuanto a las Mutuas, el incumplimiento de la obligación de control de los reconocimientos médicos las convierte en responsables de ingresar a favor de los fines generales de prevención y rehabilitación el importe de las primas recibidas con un recargo que podrá llegar al 100, así como ingresar con el mismo fin una cantidad equivalente a la de la responsabilidad a cargo de la empresa incluyendo posibles recargos de prestaciones y, en caso de reincidencia, anulación de la autorización para colaborar en la gestión (art. 244.3 LGSS).

4.9.3. Responsabilidad por no atender el requerimiento de paralización de actividades

Los órganos internos de la empresa competentes en materia de seguridad y, en su defecto, los representantes de los trabajadores, cuando aprecien una probabilidad seria y grave de accidente por inobservancia de la legislación preventiva, requerirán al empresario la adopción de las medidas oportunas. En caso de que no fueran adoptadas, se podrán dirigir a la autoridad laboral que podrá requerir al empresario para que adopte las medidas apropiadas y, si aprecia un riesgo grave de accidente, podrá ordenar la inmediata paralización del trabajo. También los propios órganos competentes de la empresa en materia de seguridad o los representantes pueden acordar la paralización de actividades, en caso de riesgo grave e inminente, comunicándolo a la empresa y a la autoridad laboral que en veinticuatro horas anulará o ratificará la paralización acordada (arts. 19.5 ET y 21. 3 LPRL).

Asimismo, la Inspección de Trabajo y Seguridad Social puede ordenar la paralización o suspensión inmediata de aquellos trabajos o tareas que se realicen sin observar las normas sobre prevención de riesgos laborales que impliquen grave riesgo para los trabajadores o para terceros. Las empresas están obligadas a cumplir la orden, sin perjuicio de que puedan impugnarla ante la autoridad laboral en el plazo de tres días hábiles, impugnación que deberá resolverse en el plazo máximo de veinticuatro horas (art. 44.1 LPRL).

En estos casos, el incumplimiento empresarial de las decisiones de la Inspección de Trabajo o de las resoluciones de la autoridad laboral, se equiparará respecto a los accidentes que en tal caso pudieran producirse a falta de formalización de la protección por dicha contingencia respecto a los trabajadores afectados (art. 242 LGSS).

Lección 9
La incapacidad temporal

ADRIAN TODOLÍ SIGNES
Prof. Titular Derecho del Trabajo y de la Seguridad Social
Universitat de València. Estudi general

1. LA NORMATIVA APLICABLE

No existe una norma que recoja todas las disposiciones reguladoras de la IT, encontrándose dispersas en normas de diverso rango, legal o reglamentario e, incluso, en circulares e instrucciones de carácter administrativo. Por ello, es preciso utilizar la jurisprudencia del TS y a la doctrina judicial de los TSJ, en orden a la interpretación de este complejo ordenamiento.

2. EL CONCEPTO LEGAL DE INCAPACIDAD TEMPORAL

El art. 169.1 LGSS establece que *"tendrán la consideración de situaciones determinantes de incapacidad temporal: a) Las debidas a enfermedad común o profesional y a accidente, sea o no de trabajo, mientras el trabajador reciba asistencia sanitaria de la Seguridad Social y esté impedido para el trabajo, con una duración máxima de trescientos sesenta y cinco días, prorrogables por otros ciento ochenta días cuando se presuma que durante ellos puede el trabajador ser dado de alta médica por curación,…b) Los períodos de observación por enfermedad profesional en los que se prescriba la baja en el trabajo durante los mismos, con una duración máxima de ciento ochenta días, prorrogables por otros ciento ochenta días cuando se estime necesario para el estudio y diagnóstico de la enfermedad"*.

Así pues, para que exista legalmente IT en el primer caso, es preciso que se den las siguientes circunstancias conjunta o acumulativamente:

a) En primer lugar, que el trabajador esté impedido temporalmente para el trabajo por causa de una alteración de su salud.

b) En segundo lugar, que la causa de la IT sea una enfermedad (común o profesional) o un accidente (común o de trabajo).

c) En tercer lugar, que el trabajador reciba asistencia sanitaria de los Servicios Públicos de Salud.

La LO 1/2023, mediante una modificación del art. 169.1 LGSS amplió el listado de situaciones que pueden dar lugar a una prestación por IT al establecer que "*Tendrán la consideración de situaciones especiales de incapacidad temporal por contingencias comunes aquellas en que pueda encontrarse la mujer en caso de menstruación incapacitante secundaria, así como la debida a la interrupción del embarazo, voluntaria o no, mientras reciba asistencia sanitaria por el Servicio Público de Salud y esté impedida para el trabajo, sin perjuicio de aquellos supuestos en que la interrupción del embarazo sea debida a accidente de trabajo o enfermedad profesional, en cuyo caso tendrá la consideración de situación de incapacidad temporal por contingencias profesionales. Se considerará también situación especial de incapacidad temporal por contingencias comunes la de gestación de la mujer trabajadora desde el día primero de la semana trigésima novena.*"

Así, se incluyen tres nuevas situaciones

1) Estar impedida para el trabajo por causa de una menstruación incapacitante secundaria.

2) Estar impedida para el trabajo por la interrupción del embrazo, sea voluntaria o no, mientras se reciba asistencia sanitaria por el Servicio Público de salud.

3) Estar en estado de gestación desde el primer día de la semana 39. En este caso, no se exige estar impedida para el trabajo, sino que se trata de una inclusión constitutiva.

Estas tres circunstancias se consideran situaciones especiales de IT y cuentan con particularidades en materia de periodo de carencia, cómputo para las recaídas y abono de la prestación.

2.1. La incapacidad temporal

El elemento esencial de la IT es sin duda el juicio médico declarando la IT del trabajador y no tanto la existencia de una alteración de su salud con necesidad de asistencia sanitaria (por todas, STSJ La Rioja de 1 junio 2000, Ar/2713). Puede haber, así, enfermedades o resultas de accidentes que, necesitando de asistencia sanitaria, no inhabilitan para el trabajo y no exigen la baja del trabajador, no pudiéndose reconocer en tales casos la situación de IT (por todas, STSJ País Vasco de 6 abril 1993, Ar/1722).

Ante la ausencia de criterios objetivos en nuestro ordenamiento jurídico, el juicio del facultativo acerca de la existencia de IT será fundamentalmente casuístico, debiendo tenerse en cuenta el tipo de enfermedad o lesión, las características personales del trabajador (edad, antecedentes familiares, historial médico, etc.) (por todas, STSJ País Vasco de 10 junio 2003, Ar/2354), las posibilidades de agravamiento de la salud del trabajador con el trabajo (por todas, STSJ Castilla-La Mancha de 4 junio 1994, Ar/3205), el tipo de trabajo que realiza e, incluso, las posibilidades de contagio o de riesgo para otras personas, trabajadores o terceros (caso de enfermedades infectocontagiosas).

En este sentido, una misma enfermedad puede resultar incapacitante para unos trabajadores y no para otros, en función de una serie de factores subjetivos o circunstanciales del trabajador, existiendo en consecuencia una gran discrecionalidad en la actuación del facultativo.

La concesión de la baja por IT se producirá cuando el trabajador, a juicio del médico del Servicio Público de Salud (cualquiera que sea la contingencia determinante) o de la MCSS (cuando la causa de la baja médica sea un accidente de trabajo o una enfermedad profesional y la empresa esté asociada a la misma) (art. 2.1 RD 625/2014, de 18 de julio), no pueda seguir trabajando en su puesto de trabajo, con independencia de que pueda hacerlo en otras actividades. Para ello, se pondrá a disposición de los médicos *"tablas de duración óptima"* tipificadas por los distintos procesos patológicos susceptibles de generar incapacidades, así como *"tablas sobre el grado de incidencia"* de aquellos procesos en las distintas actividades laborales (art. 2.2 RD 625/2014).

Por otra parte, las bajas por enfermedad o accidente admiten diversas exigencias. Así, en unos casos, pueden exigir la hospitalización, guardar cama en el propio domicilio o simplemente permanecer en él; y, en otros, hacer vida aparentemente normal (salir a la calle, hacer vida social, etc.) sin acudir al trabajo. Esto último podría suceder, por ejemplo, en el caso de determinadas enfermedades psíquicas u osteoarticulares, pudiendo formar parte del tratamiento la realización de una vida normal.

En todo caso, ha de tratarse, por definición, de una IT que admita curación o, al menos, mejoría (por todas, STSJ Canarias/Las Palmas, de 25 noviembre 2004, Rec. 940/2002). En este sentido, pueden existir enfermedades o accidentes (con mutilaciones, por ejemplo) que desde el primer momento permitan la declaración de una incapacidad permanente para el trabajo (art. 136.1, párrafo segundo LGSS). Pero, incluso, en estos casos, es posible mantener la situación de IT durante algún tiempo ya que la incapacidad permanente puede remitir o variar en función de las prestaciones recuperadoras.

En el caso de una enfermedad o de un accidente, la IT es real, mientras que en el caso del *"periodo de observación de la enfermedad profesional"*, la IT es presunta o virtual, esto es, por mandato de una norma legal imperativa se presume necesaria la baja del trabajador por ser objeto de estudio y diagnóstico cuando el médico así lo decide.

2.2. La causa de la incapacidad temporal

La causa de la IT habrá de ser una enfermedad (común o profesional), un accidente (común o de trabajo) (arts. 156 a 158 LGSS) o un periodo de observación por enfermedad profesional (art. 169 LGSS).

Para que se produzca la IT con derecho al subsidio correspondiente por causa de enfermedad o accidente, es necesario que, tanto en el momento inicial como en un momento posterior, el trabajador no haya actuado fraudulentamente. Así, el art. 175.1 a) LGSS prevé que el derecho al subsidio por IT podrá ser denegado *"cuando el beneficiario haya actuado fraudulentamente para obtener o conservar dicha prestación"* (por todas, STS de 18 febrero 2009, Rec. 2116/2007).

En el caso de que la causa de la IT sea la necesidad de aplazar el diagnóstico de una enfermedad profesional sometiéndola a estudio médico, no existe propiamente una incapacidad de trabajar, siendo el facultativo el que aparta al trabajador del trabajo como medida terapéutica porque sospecha que puede padecer una enfermedad profesional (FERNÁNDEZ PRATS, C.). En el caso de que, tras el estudio, se diagnostique la existencia de una enfermedad profesional, el trabajador se mantendrá en la situación de IT, computándose en su duración máxima el tiempo del periodo de observación (ver infra).

2.3. La asistencia sanitaria de los servicios públicos de salud

El tercer requisito legal de la situación de IT es la necesidad de asistencia sanitaria del trabajador. Corresponde a los Servicios Públicos de Salud o a la MCSS prestar asistencia sanitaria al trabajador incapacitado.

De esta manera, cuando el trabajador recibiera asistencia sanitaria de servicios médicos privados, deberá existir un conocimiento y control paralelos de los servicios sanitarios públicos o colaboradores, aunque se trate de una operación no incluida en la cartera de servicios comunes del SNS (STS de 8 enero 2020, rec. 3179/2017). Por lo que, en todo caso, el trabajador deberá solicitar el parte de baja médica en estos últimos casos, ya que los únicos facultativos que pueden posibilitar el cobro del subsidio por IT son los pertenecientes a estos últimos servicios.

También habrá que entender que existe necesidad de asistencia sanitaria aun cuando no existan terapias médicas para luchar contra una enfermedad (BARBA MORA, A.).

Con esta exigencia legal se persigue la finalidad de controlar médicamente la situación de IT por parte de unos servicios sanitarios oficiales y, evitando así el abuso de las prestaciones se impide tanto con ello que el trabajador reciba la concreta asistencia sanitaria de servicios privados, cuanto que sea el Servicio Público de Salud o la MATEP quienes controlen las bajas y altas médicas y, con ellas, el derecho al subsidio por IT.

En este sentido, la STSJ de Canarias/Las Palmas de 14 marzo 1993, señala que *"aunque el trabajador no precisa un tratamiento específico distinto a la mera abstención del trabajo, el requisito de la asistencia sanitaria se tiene por cumplido si existe en su persona una situación de anormalidad admitida por los servicios médicos de las entidades implicadas"*.

Asimismo, la atención sanitaria puede ser recibida en el extranjero, de conformidad con los acuerdos internacionales correspondientes o, en su caso, con el principio de reciprocidad, debiendo cumplirse los requisitos reglamentarios exigidos.

3. EL DERECHO AL SUBSIDIO DE LA SEGURIDAD SOCIAL

Según dispone el art. 171 LGSS, durante la situación de IT, el trabajador pasará a cobrar un subsidio de la Seguridad Social que viene a sustituir al salario dejado de percibir.

3.1. Los sujetos responsables y los sujetos pagadores del subsidio

El subsidio se abonará en el caso de AT o EP desde el día siguiente al de la baja en el trabajo, por el INSS o por la correspondiente MCSS o por las empresas que colaboren voluntariamente en la gestión, corriendo a cargo del empresario el salario íntegro correspondiente al día de la baja, haya o no trabajado durante toda la jornada (art. 173.1 LGSS), retribución que, en lo que exceda de la contraprestación del tiempo trabajado, no tendrá la naturaleza jurídica de salario a todos los efectos.

En el caso de EC o ANL, por el contrario, está a cargo del empresario el abono de la prestación al trabajador desde los días cuarto al decimoquinto de baja, ambos inclusive (art. 173. 1 LGSS), existiendo así un *"período de espera"* para percibir la prestación económica de la Seguridad Social.

En este caso cabe, pues, distinguir tres periodos diferentes de IT a efectos del subsidio:

1º) Los tres primeros días de baja —sin derecho al salario, por tanto—, no son objeto de cobertura por nadie, no existiendo subsidio a pagar, ni por la Seguridad Social ni por el empresario.

Quedan, de esta manera, penalizados los accidentes y las enfermedades no laborales con bajas de corta duración (gripes, indisposiciones varias, etc.), cuya cobertura sería efectivamente muy onerosa tanto para el empresario como para el Sistema de Seguridad Social por su frecuencia, frenándose así, además, indirectamente, los eventuales abusos por parte de los trabajadores.

2º) En los días cuarto a decimoquinto, ambos inclusive, el subsidio estará a cargo del empresario, debiendo abonarlo al trabajador, no como *"pago delegado"* de la Seguridad Social sino como una obligación propia de responsabilidad directa, sin posible reintegro posterior del mismo.

Con ello se pretende implicar más al empresario, como responsable directo en estos casos, frente al eventual fraude, dado que este período sirve de criba para el período posterior en que responden las EE.GG. o EE.CC. Así, el empresario pagará los días comprendidos entre el cuarto y el decimoquinto de la baja, no a título de salario, sino de prestación de Seguridad Social, con todas sus consecuencias en cuanto al régimen jurídico.

En este sentido, no estando esta prestación condicionada a la previa solicitud, no rige el plazo de prescripción de cinco años y retroactividad de tres meses del art. 53.1 LGSS, sino el de caducidad de un año del art. 54.2 LGSS (STS de 5 de diciembre de 2005, Rec. 4377/2004).

Ahora bien, en el caso de insolvencia del empresario o de desaparición del mismo, se ha defendido la existencia de una responsabilidad subsidiaria y la necesidad de que la EG o EC se hagan cargo del pago del subsidio, sin perjuicio de que puedan más tarde reclamar frente a la empresa incumplidora (por todas, STS de 15 junio 1998, Ar/5796).

3º) A partir del decimosexto día de baja, el abono del subsidio correrá ya a cargo de la EG o EC de la Seguridad Social, salvo que la empresa se hubiera acogido a la colaboración voluntaria en la gestión del abono de las prestaciones económicas derivadas de la IT.

Salvo en el último caso anterior, su abono corresponderá al empresario como *"pago delegado"* (arts. 3.1.a) y 16.1 b) OCE), pudiendo resarcirse posteriormente por vía de compensación, descontándolo del importe de las liquidaciones que haya de efectuar para el ingreso de las cuotas de la Seguridad Social que correspondan al mismo periodo que las prestaciones satisfechas (art. 20.1 OCE), o a través de la reclamación directa, siempre que esté al corriente de sus obligaciones (STS de 21 enero 1994, Ar/358). Como excepción, en caso de trabajadores en situación de jubilación parcial, el subsidio se abona en régimen de pago directo por la EG o colaboradora (DA 2ª O.ESS/1187/2015).

Las empresas que, no habiendo ingresado las cuotas dentro del plazo reglamentario, dejasen transcurrir el mes natural inmediatamente siguiente a la expiración de dicho plazo, no podrán reintegrarse del importe de las prestaciones satisfechas a sus trabajadores que correspondan al mismo período que las cuotas, salvo que se le hubiere concedido a la empresa el aplazamiento o fraccionamiento en el pago y siempre que la misma efectúe el ingreso de las cuotas en los términos previstos en la correspondiente autorización (art. 20.2 OCE), para lo cual deberán solicitar el pago de sus créditos frente a la EG (art. 29.5 LGSS).

Cuando el empresario incumpla su obligación de pago delegado del subsidio en la cuantía y plazo establecidos, el trabajador lo pondrá en conocimiento del INSS o de la correspondiente MCSS que *"adoptará(n) con toda urgencia las medidas necesarias para que se corrija la falta o deficiencia y lo comunicará(n) a la Inspección de Trabajo a los efectos consiguientes"* (art. 19 OCE; STS de 6 marzo 1998, Ar/2253).

En todo caso, las prestaciones que deban satisfacer los empresarios a su cargo o por su colaboración en la gestión tendrán el carácter de créditos privilegiados, gozando al efecto del régimen establecido en los arts. 32 ET o 90 y ss. LC, según se trate de supuestos de concurrencia extraconcursal o concursal (art. 162. 2 LGSS).

En el caso de incumplimiento por parte del empresario de sus obligaciones de afiliación, alta y cotización, de no existir automaticidad en las prestaciones por tratarse de una IT derivada de una enfermedad común o de un accidente no laboral, como regla general, será responsable el empresario incumplidor directamente del abono de las prestaciones (art. 167.2 LGSS, interpretado por la jurisprudencia que considera vigentes, si bien con valor reglamentario, los arts. 94 a 97 LSS/1966) (ver Lec. 8ª).

En el caso de las situaciones especiales la obligación de abono se establece como sigue (art. 173.1 LGSS)

En la situación de menstruación incapacitantes, se percibe desde el mismo día de la baja en el trabajo y corre a cargo del INSS.

En la situación de interrupción del embarazo se percibe desde el día siguiente al del parte de baja y corre a cargo del INSS. El día de la baja es responsabilidad de la empresa.

En la situación de gestación a partir de la semana 39, se percibe desde el día siguiente al de la baja a cargo de la Seguridad social, estando a cargo del empresario el salario íntegro correspondiente al día de la baja.

3.2. Los requisitos exigidos para causar derecho al subsidio

Además de los requisitos especiales propios de la situación de IT (ver supra), se exige también dos requisitos generales para causar derecho al subsidio:

a) De una parte, estar afiliado y en alta o en situación asimilada al alta en el RG de la Seguridad Social.

b) De otra parte, el cumplimiento de un periodo de cotización previo (arts. 165 y 172 LGSS).

3.2.1. El requisito de la afiliación/alta en Seguridad Social

Respecto del requisito de la afiliación/alta, será imprescindible en los casos de IT derivada de enfermedad común o accidente no laboral, al tiempo de producirse éstos (STS de 17 noviembre 2021, rec. 3226/2018), no teniendo efectos el alta fuera de plazo (por todas, STS de 12 septiembre 2003, Ar/7052), sin que corresponda anticipo alguno a cargo de la EG o EC (por todas, STS de 24 julio 1995, Rec. 2711/1995).

Por el contrario, en los casos de IT derivada de EP o AT, los trabajadores se considerarán, de pleno derecho, en situación de alta presunta (art. 166.4 LGSS), aunque el empresario haya incumplido sus obligaciones, anticipando el subsidio la EG o MCSS correspondiente en caso de que no proceda a su pago el empresario, si bien con la limitación de la cantidad equivalente a dos veces y media el importe del IPREM vigente en el momento del hecho causante (art. 167.3 LGSS). Tras el anticipo —si se realiza por una MCSS—, la misma se dirigirá para su reintegro contra el empresario responsable y, si resulta insolvente, deberá ser resarcida por el INSS, en su calidad de sucesor del extinguido Fondo de Garantía de Accidentes de Trabajo.

3.2.2. Las situaciones asimiladas al alta

Las situaciones de alta asimilada vienen a ser una alternativa a la concurrencia del requisito de alta (art. 172 en relación con el art. 165.1 LGSS).

El art. 36 RD 84/1996, de 26 de enero, enumera las situaciones asimiladas al alta:

1ª) El desempleo total y subsidiado. Se entiende situación asimilada al alta aquella durante la que se percibe la prestación de desempleo y no el subsidio asistencial de desempleo (STS de 28 abril 1995, Rec. 159/1994).

2ª) La huelga y el cierre patronal. En el caso de que la baja médica por IT se produzca durante las situaciones de huelga (legal o ilegal) o de cierre patronal legal, el trabajador no tendrá derecho a las prestaciones económicas por IT (subsidio o mejoras), aunque sí a la asistencia sanitaria (arts. 173.3 LGSS y 6.3 y 12.2 RDLRT).

Este derecho se mantendrá cuando se trate de un cierre patronal ilegal.

Cuando se trate de una huelga que no afecte a una jornada completa, el subsidio se reducirá en la misma proporción en que se haya reducido la jornada laboral por esta causa (Resolución de 3 de marzo de 1985).

Por otra parte, el trabajador en huelga (legal) o en situación de cierre patronal legal permanecerá en situación de alta especial en la Seguridad Social, suspendiéndose las obligaciones de cotizar del empresario y del trabajador (arts. 6.3 y 12.2 RDLRT y 144.5 LGSS).

Cuando finalice la huelga o el cierre patronal, el trabajador recuperará el derecho al subsidio, de continuar en la situación de IT, si bien el porcentaje aplicable no será el correspondiente al primer día de baja, ya que estaba en huelga o en situación de cierre patronal legal, sino el que corresponda al número de días transcurridos desde la baja médica (Res. Secretaría General de la Seguridad Social de 2 marzo 1980).

Si la IT hubiera comenzado antes de iniciarse la huelga, por encontrarse su contrato suspendido con anterioridad se mantendrá tal situación. Lo mismo cabría decir respecto de una situación de cierre patronal.

3ª) Las enfermedades intercurrentes una vez extinguida la relación laboral. En estos casos, la jurisprudencia interpreta que nos encontramos ante una situación asimilada al alta a efectos del subsidio por IT (por todas, STS de 19 febrero 1997, Rec. 1711/1996).

4ª) Los períodos de vacaciones retribuidas no disfrutadas con anterioridad a la extinción de la relación laboral (art. 166.2 LGSS). La IT producida en este periodo será responsabilidad de la Entidad que cubra la contingencia de que se trate (STS de 29 mayo 2008, Rec. 458/2007).

3.2.3. El requisito de la cotización previa

Para tener derecho al subsidio, es preciso que los beneficiarios, en caso de enfermedad común hayan cumplido un período de cotización de 180 días dentro de los cinco años inmediatamente anteriores al hecho causante. No es un requisito exigible en contingencias profesionales ni en el accidente no laboral (arts. 165.4 y 172 LGSS), tampoco para las situaciones especiales de menstruación incapacitante ni interrupción del embarazo. Para la situación especial de gestación desde la semana 39 se exige un periodo previo de cotización que varía dependiendo de la edad de la mujer al iniciarse la semana 39. Así si es menor de 21 años no existe periodo mínimo previos. Si es entre 21 años y menor de 26 se requiere 90 días cotizados en los 7 años anteriores. Con una edad de 26 años o superior se exige 180 días cotizados en los 7 años anteriores.

A efectos de la cotización previa, no es aplicable la *"teoría del paréntesis"* cuando en los cinco años concurra algún período durante el cual no fuese exigible la cotización, por ejemplo, una situación de desempleo sin derecho a prestación o de IT sin cotización (STS de 11 marzo 2002, Rec. 4703/2000).

Resulta aplicable para el cálculo de los días computables la doctrina del TS denominada de *"días-cuota"* conforme a la cual a los 365 días cotizados al año deben añadirse los 60 correspondientes a las gratificaciones extraordinarias (por todas, STS de 20 junio 2002, Rec. 2812/2001).

Para el cómputo de este período sólo serán consideradas las cotizaciones efectivamente realizadas, incluidas las realizadas durante la situación de IT, nacimiento y cuidado de menor, riesgo durante el embarazo y riesgo durante la lactancia natural (art. 165.3 LGSS) o durante la percepción del desempleo contributivo y las expresamente asimiladas a las cotizaciones efectivamente realizadas por ley o por reglamento (art. 165. 2 LGSS):

Las cuotas respecto de las cuales se tenga concedido un aplazamiento, pero siempre que el mismo haya sido concedido antes de la baja médica (art. 17 O/TAS/1562/2005, de 25 de mayo).

El período de suspensión del contrato de las trabajadoras por cuenta ajena, como consecuencia de haber sido víctimas de violencia de género (art. 21 LOI y DA Única del RD 1335/2005, de 11 de noviembre).

3.3. La solicitud del subsidio

Respecto de la solicitud del subsidio por IT rige el *"principio de la oficialidad o automaticidad"*, excepto cuando se discute la realidad de la relación laboral (STS de 7 julio 2015, rec. 703/2014), no siendo necesaria la solicitud del beneficiario y siendo suficiente que el parte médico de baja llegue a la correspondiente EG o EC mediante la remisión al mismo por vía telemática del Servicio Público de Salud o de la MCSS al INSS (art. 2.2 RD 625/2014):

> *"El abono de la prestación económica correspondiente a la situación de IT no está condicionada a la previa solicitud del beneficiario, sino que (cumplidos los presupuestos generales para su percepción: alta y periodo de carencia en su caso) se hace efectivo de modo directo y automático conforme al principio de oficialidad una vez presentados los correspondientes partes de baja y confirmación a partir del día señalado en el art. [173] de la LGSS"* (por todas, STS de 28 mayo 2001, Ar/5447).

En los casos en que no está condicionada la prestación a la solicitud de parte, el plazo de retroactividad máxima de tres meses del art. 53.1 LGSS no resulta aplicable. No obstante, si se discute si es accidente común o accidente de trabajo no puede aplicarse el principio de oficialidad cuando las circunstancias del caso determinen que el trabajador "tiene obligación de colaborar documentalmente en la gestión de la contingencia y por tanto tenía que formular la solicitud a la que se refiere el art. 43 LGSS" (STS de 10 noviembre de 2022 rec. 856/2019).

Respecto de la reclamación de las diferencias habidas en un subsidio ya reconocido, regirá el plazo de caducidad de un año del art. 54.2 de "*ya reconocidas, las mensualidades de las periódicas caducan al año de su vencimiento*" (por todas, STS de 26 mayo 2001, Ar/544).

3.4. El reconocimiento del derecho al subsidio y la determinación de la contingencia

El reconocimiento del derecho al subsidio corresponde al órgano que lo gestione (art. 5 OM de 13 octubre 1967), que podrá ser el INSS (art. 66.1 LGSS), una MCSS —en el caso de que voluntariamente la empresa haya asegurado las contingencias profesionales y, en su caso, también, las contingencias comunes (arts. 80 y ss. LGSS y RD 1993/1995, 7 de diciembre)—, o la propia empresa, en el caso de colaboración voluntaria (arts. 102 LGSS y 8 OM de 15 abril 1969).

En el caso de discrepancia con el parecer de una MCSS, será competencia del INSS decidir, ante una concreta IT, si deriva de una contingencia común o profesional, pudiendo las partes afectadas (el INSS, el trabajador, la MCSS o la empresa colaboradora) iniciar el procedimiento administrativo para la determinación de la contingencia previsto en el art. 6 del RD 1430/2009 que concluirá pronunciándose sobre los siguientes extremos: a) Determinación de la contingencia, común o profesional y si el proceso es o no de recaída de otro anterior. b) Efectos que correspondan, cuando coincidan en el tiempo dolencias derivadas de distintas contingencias. c) Sujeto responsable de las prestaciones económicas y sanitarias (art. 6 RD 1430/2009 y art. 3 RD 625/2014).

En todo caso, si el INSS hubiese abonado el subsidio al trabajador por contingencias comunes y, más tarde, se determine el carácter profesional de la contingencia, la MCSS deberá pagar al interesado la diferencia que resulte, reintegrar al INSS el importe de las prestaciones abonadas y al servicio público de salud el coste de la asistencia sanitaria prestada; se actuará de igual modo cuando inicialmente se determine el carácter común de la contingencia, modificando la anterior calificación como profesional (art. 6.3 RD 1430/2014).

3.5. *La cuantía del subsidio*

3.5.1. La regla general

La cuantía del subsidio será el resultado de aplicar un porcentaje a una base reguladora que fijan las normas reglamentarias en función de la cotización efectuada (arts. 171 LGSS y 13 D 1646/1972, de 23 junio), que varía según se trate de contingencia común (EC y ANL) o de contingencia profesional (AT y EP).

3.5.2. La base reguladora del subsidio en el caso de contingencias comunes

La base reguladora del subsidio por IT derivada de EC o ANL está sometida a las siguientes reglas:

a) En el caso de que el trabajador cobre su salario mensualmente, la base reguladora será el resultado de dividir la base de cotización a la Seguridad Social del mes (de calendario) anterior al de la baja médica por 30, que ya incluye el prorrateo de las pagas extraordinarias, de haber estado todo el mes en alta; o por los días del mes transcurridos en situación de alta, de haber comenzado a trabajar una vez iniciado el mes (por todas, STS de 30 enero 2003, Ar/2889).

b) En el caso de cobrar el salario por días, se dividirá la base de cotización anterior por el número de días que tenga el mes.

c) Si el trabajo se iniciase el mismo mes en el que se produce la IT, la base reguladora se calculará en relación con los días de alta anteriores a la fecha del hecho causante (art. 13. 1 y 2 D 1646/1972).

d) En relación con los complementos variables (comisiones, incentivos o primas), se tendrá en cuenta el valor del último mes, pese a su aleatoriedad, siendo esta solución criticable y criticada doctrinal (BARBA MORA) y judicialmente (STSJ Canarias, de 28 enero 1997, en relación con las comisiones, a las que considera prorrateables).

e) Cuando el hecho causante de la IT se produce al mes siguiente de las vacaciones, de aplicar la regla general, se vería perjudicada la base reguladora del subsidio, por lo que la doctrina judicial ha mantenido que en este caso debe hacerse un promedio de la totalidad de lo cotizado en los últimos 365 días (por todas, STSJ Extremadura de 7 junio 1993).

3.5.3. La base reguladora del subsidio en el caso de contingencias profesionales

En el caso de una IT derivada de contingencias profesionales, así como en el caso de los períodos de observación por EP, se seguirán idénticas reglas, si bien añadiendo a la base reguladora lo cotizado por las horas extraordinarias, tomando como referencia el promedio anual obtenido dividiendo lo percibido por este concepto durante los doce meses anteriores a la baja médica por 365, cuando se cotiza por días; o por 12 y dividiendo luego por 30, cuando se cotiza por meses (art. 13. 4 del D 1646/1972; STS de 21 octubre 2003, rec. 648/2002).

3.5.4. La base reguladora del subsidio en el caso del trabajo a tiempo parcial

En el caso de trabajadores a tiempo parcial, la base reguladora diaria será el resultado de dividir la suma de las bases de cotización a tiempo parcial acreditadas desde la última alta laboral, con un máximo de tres meses inmediatamente anteriores al del hecho causante, entre el número de días naturales comprendidos en el periodo.

Para las personas con contrato fijo-discontinuo la base reguladora diaria de la prestación por incapacidad temporal será el resultado de dividir la suma de las bases de cotización acreditadas desde su alta en el correspondiente régimen a consecuencia del inicio de la prestación de servicios motivado por el último llamamiento, con un máximo de tres meses inmediatamente anteriores al del hecho causante, entre el número de días naturales comprendidos en el período. La prestación económica se abonará durante todos los días naturales en que el interesado se encuentre en la situación de IT (art. 248. c) LGSS).

3.5.5. Los porcentajes aplicables

El porcentaje mínimo aplicable a las bases reguladoras anteriores es el del 75 por 100 en el caso de IT derivada de contingencias profesionales o durante los períodos de observación por EP.

En el caso de IT derivada de contingencias comunes, de los días cuarto al vigésimo de baja el porcentaje será del 60 por 100 y del 75 por 100 del vigésimo primer día de baja en adelante (Decreto 3158/1966, de 23 de diciembre, por el que se aprueba el Reglamento General que determina la cuantía de las prestaciones económicas del Régimen General de la Seguridad Social y condiciones para el derecho a las mismas). Esta variación de los porcentajes tiene como finalidad la penalización de las bajas de menor duración, presumiéndose que en ellas existe un mayor riesgo de fraude.

Dado que en las situaciones especiales no se han establecido porcentajes específicos, de las normas generales en concordancia con las normas de inicio de la prestación, se debe entender que son aplicables los siguientes porcentajes.

En la baja por menstruación incapacitantes, del 1º día a 20º día el importe del subsidio asciende al 60% base reguladora. A partir del día 21ª, al 75% base reguladora.

En los otros dos casos (interrupción del embarazo y gestación a partir de la semana 39) los porcentajes son iguales, pero el derecho a la prestación se genera desde el segundo día, ya que el día de la baja corre a cargo de la empresa.

3.5.6. El supuesto de pluriempleo

En el caso de pluriempleo, para la determinación de la base reguladora del subsidio, se computarán todas sus bases de cotización en las distintas empresas, siendo de aplicación a la base reguladora así determinada el tope máximo establecido a efectos de cotización.

El subsidio correrá a cargo del INSS y/o de la/s MCSS correspondiente/s en proporción a las bases por las que se viniera cotizando por el beneficiario en cada una de las empresas en que preste sus servicios. Cada una de las empresas afectadas abonará en régimen de pago delegado la parte de subsidio que corresponda a la base por la que se haya cotizado en la empresa (OM 13 de octubre de 1967).

3.5.7. Las actualizaciones del subsidio

La cuantía del subsidio resultará inalterable mientras dure la situación de IT, no afectándole las variaciones salariales establecidas por los convenios colectivos, salvo que la base resulte inferior al SMI (art. 13 D 1646/1972).

Ello no obstante, el subsidio se actualizará a partir de la fecha de entrada en vigor de la nueva base mínima de cotización, según dispone la Orden anual de cotización.

3.6. La duración de la IT, la declaración y la extinción del derecho al subsidio

3.6.1. La duración de la incapacidad temporal

La duración máxima de la IT varía según que la causa de la misma sea una enfermedad o un accidente —laborales o no— o un periodo de observación por EP:

1°) En el caso de enfermedad (común o profesional) o accidente (laborales o no), la IT tendrá una duración máxima de trescientos sesenta y cinco días naturales, prorrogables por otros ciento ochenta días naturales cuando se presuma que durante ellos pueda el trabajador ser dado de alta médica por curación, siendo, pues, el INSS el que decidirá la necesidad o no de la prórroga (art. 169.1.a) LGSS).

2°) En el caso de IT determinada por un periodo de observación por EP, ésta tendrá una duración máxima de 180 días, prorrogables por otros 180 cuando se estime necesario para el estudio y diagnóstico de la enfermedad (art. 169.1.b) LGSS), cuyo otorgamiento compete al INSS, previa propuesta de los Equipos de Valoración de Incapacidades [art. 1.1 c) RD 1300/1995], de acuerdo con el procedimiento de solicitud establecido en la DA 2ª de la OM de 18 enero 1996:

a) La solicitud de la prórroga deberá presentarse veinte días antes de finalizar el período de observación.

b) En el escrito de solicitud, además de los datos identificativos de la EC que haya iniciado el procedimiento, del trabajador y de la empresa o empresas en que se encuentre en alta, se hará constar la fecha en que se haya iniciado el período de observación, la posible enfermedad profesional y las razones que justifican la solicitud de la prórroga. A la solicitud se deberá acompañar también el informe del médico que tenga sujeto al trabajador a observación.

c) Cuando la solicitud sea presentada por una MCSS, se hará constar, además, la profesión habitual del trabajador, con indicación de su clasificación profesional (grupo profesional) y de las concretas funciones que realiza.

d) Los Equipos de Valoración de Incapacidades podrán elevar propuesta sobre la procedencia o no de prorrogar el período de observación.

En el caso de finalizar el período de observación por enfermedad profesional y pasar luego a la situación de IT por seguir existiendo un impedimento para trabajar, necesitando asistencia sanitaria, jugaría el período de duración máxima normal del art. 169. 2 LGSS, al que habría que restarle el período de baja ya consumido durante el período de observación.

Cabe también que, al finalizar el período de observación, pase el trabajador a la situación de alta médica por curación o a la de alta con declaración de incapacidad permanente (art. 15.3 OM 13 de octubre de 1967).

3.6.2. La prolongación de la incapacidad temporal

Transcurrido el plazo máximo establecido en el art. 169.1 LGSS, esto es, los 365 días prorrogados, en su caso, por otros 180 días (es decir, hasta 545 días), se examinará necesariamente en el plazo de tres meses el estado del trabajador incapacitado, a efectos de su calificación, en su caso, en el grado que corresponda, como incapacitado permanente (art. 174.2 LGSS).

Esta calificación podrá retrasarse por el periodo preciso, si el trabajador continúa necesitando tratamiento médico y si la situación clínica aconsejara demorar la citada calificación, sin que, en ningún caso, puedan rebasarse los 730 días siguientes a la fecha en que se haya iniciado la IT (art. 174.2 LGSS).

El agotamiento del plazo de 365 días sin emisión de alta médica supone el pase automático a la prórroga de incapacidad temporal, sin necesidad de declaración expresa (art. 170.2 LGSS). La colaboración obligatoria en el pago de la prestación se mantendrá hasta que se notifique al interesado el alta médica por curación, por mejoría o por incomparecencia injustificada a los reconocimientos médicos, o hasta el último día del mes en que el INSS haya expedido el alta médica con propuesta de incapacidad permanente, o hasta que se cumpla el periodo máximo de quinientos cuarenta y cinco días, finalizando en todo caso en esta fecha (art. 170.2 LGSS). En caso de acordar el alta médica por curación, el beneficiario percibirá el subsidio hasta el día en que se le notifique la resolución (STS de 22 febrero 2023 rec. 3187/2019).

En el supuesto de que haya trascurrido más de 365 días de baja, si en el momento del alta médica el afectado iniciara trámite de disconformidad contra el alta, la IT se prorrogará durante el tiempo que dure el proceso que, de acuerdo con el art. 170.3 LGSS será de 7 días si la inspección confirma el alta o 11 si no hay pronunciamiento alguno (STS de 2 febrero 2023 rec 2707/2019).

En los casos de declaración de incapacidad permanente en los grados de incapacidad permanente total para la profesión habitual, absoluta para todo trabajo o gran invalidez, cuando, a juicio del órgano de calificación, la incapacidad del trabajador pudiera ser objeto de revisión por mejoría que permitiera su reincorporación al puesto de trabajo, subsistirá la suspensión de la relación laboral durante un período de dos años a contar desde la fecha de la resolución por la que se declare la incapacidad permanente (art. 48.2 ET).

La subsistencia de la suspensión contractual sólo procederá cuando en la correspondiente resolución inicial de reconocimiento de la incapacidad permanente se haga constar un plazo para poder instar la revisión por previsible mejoría del estado invalidante del interesado, igual o inferior a dos años, debiendo darse traslado de la misma por el INSS al empresario afectado (arts. 7 RD 1300/1995 y 13. 4 OM 18 de enero de 1996). La jurisprudencia ha señalado que es necesario que la resolución que declare la incapacidad permanente estime que ésta va a ser previsiblemente objeto de mejoría (por todas, STS de 17 julio 2001).

Al finalizar este periodo de prolongación de la IT en que continúa suspendido el contrato de trabajo necesariamente (art. 174.2 LGSS), habrá de calificarse la incapacidad permanente en el grado que corresponda, lo que no impide, obviamente, que se pueda producir el alta por curación en cualquier momento de este periodo de prolongación de la IT.

Desde luego, en el eventual, pero posible, caso de que la EG no calificara la incapacidad y no extendiera tampoco un alta por curación en el tiempo legalmente previsto, comoquiera que se trata del incumplimiento de una obligación que le corresponde, habrá que entender prorrogada la situación de IT desde la perspectiva del derecho al subsidio, de sus efectos económicos. Y ello tanto en el caso de que el proceso de calificación haya comenzado dentro del plazo legal y dure más que éste (por todas, STS de 26 noviembre 1986), como en el caso de que se haya superado el plazo legal sin haber iniciado el proceso de calificación de la incapacidad (por todas, STS de 6 junio 1988).

En el caso de que la incapacidad permanente no fuese declarada administrativamente sino judicialmente, la previsión de la posible mejoría determinante de la prórroga de la suspensión deberá formularla la correspondiente sentencia, no pudiendo hacerlo válidamente el INSS (STS de 17 julio 2001).

3.6.3. Las recaídas

El art. 169.2 LGSS establece que, "*a efectos del periodo máximo de duración de la situación de IT [...], y de su posible prórroga, se computarán los periodos de recaída y de observación*".

El propio Art. 169.2 LGSS define la "recaída" del siguiente modo: "se considerará que existe recaída en un mismo proceso cuando se produzca una nueva baja médica por la misma o similar patología dentro de los ciento ochenta días siguientes a la fecha de efectos del alta médica anterior". Así pues, para que exista recaída es preciso que concurran dos requisitos: que hayan trascurrido ciento ochenta días entre alta y baja y que se trate de la misma o similar enfermedad.

La consecuencia más inmediata de la baja de recaída es que se acumula su duración a la anterior y se prolonga la primera como si de una sola se tratara, en cuanto a la aplicación de porcentajes sobre la base reguladora en los diferentes períodos y en cuanto a la responsabilidad del subsidio. Así, si en la primera baja transcurrieron los primeros 15 días, en la segunda ya no existirá responsabilidad a cargo de la empresa (período de los días 4º al 15º de la baja).

Sin embargo, el efecto más relevante de la recaída es la limitación de la duración máxima de los procesos. En este sentido, el art. 174.3 LGSS señala que, *extinguido el derecho a la prestación por IT por el transcurso de los 545 días naturales de duración, con o sin declaración de incapacidad permanente, solo podrá generarse derecho a la prestación económica de IT por la misma o similar patología, si media un periodo superior a 180 días naturales, a contar desde la resolución de la incapacidad permanente, computando exclusivamente las cotizaciones efectuadas a partir de la indicada resolución. No obstante, aun sin transcurrir el indicado periodo de 180 días, puede iniciarse un nuevo proceso de IT por la misma o similar patología cuando el INSS considere que el trabajador puede recuperar su capacidad laboral, acordando la baja a los exclusivos efectos de la prestación económica por IT".* En este sentido, la potestad del INSS no es discrecional, sino que debe justificar la denegación en criterios objetivos, debiendo pronunciarse sobre el estado de salud del trabajador y la posibilidad de recuperar la capacidad laboral (SSTS de 6 noviembre 2019, rec. 1363/2017 y de 23 noviembre 2021, rec. 87/2019).

En principio, será el médico competente según la contingencia de que se trate quien, al cumplimentar el modelo oficial de baja, consignará en el apartado correspondiente si entiende que la baja es de recaída de un proceso anterior (ver modelos en anexo I de la O.ESS/1187/2015).

En caso de la situación especial por menstruación incapacitante, cada proceso de baja médica se considera como nuevo sin computar a efectos del periodo máximo de duración de la IT.

3.6.4. Los partes de baja y de confirmación

La declaración de baja médica, en los primeros 365 días de los procesos de IT, se formulará en el correspondiente parte médico de baja expedido por el médico del servicio público de salud que haya efectuado el reconocimiento del trabajador afectado. Cuando la baja derive de AT o EP, los partes de baja (así como de confirmación y alta) serán expedidos por los servicios médicos de la Mutua que hubiera asumido la protección de tales contingencias (art. 2.2 RD 625/2014).

Los partes de baja y de confirmación de la baja se extenderán en función del periodo de duración que estime el médico que los emite, existiendo a estos efectos cuatro grupos de procesos (art. 2.3 RD 625/2014 y art. 2.1 O.ESS/1187/2015, de 15 julio): 1°) Procesos de duración estimada "muy corta" (inferior a cinco días naturales): se emitirá el parte de baja y de alta en el mismo acto médico, con posibilidad de revisión posterior de la fecha del alta. 2°) Procesos de duración estimada "corta" (de entre 5 y 30 días naturales): en el parte de baja se consignará la fecha de revisión médica que, en ningún caso, excederá de siete días naturales desde la fecha de la baja inicial; los partes de confirmación de baja sucesivos no podrán emitirse con una diferencia de más de 14 días naturales entre sí. 3°) Procesos de duración estimada "media" (de entre 31 y 60 días naturales): en el parte de baja se consignará la fecha de revisión médica que, en ningún caso, excederá de 7 días naturales desde la fecha de la baja inicial; los partes de confirmación de baja sucesivos no podrán emitirse con una diferencia de más de 28 días naturales entre sí. 4°) Procesos de duración estimada "larga" (de 61 o más días naturales): en el parte de baja se consignará la fecha de revisión médica que, en ningún caso, excederá de 14 días naturales desde la fecha de la baja inicial; los partes de confirmación de baja sucesivos no podrán emitirse con una diferencia de más de 35 días naturales entre sí. En cualquiera de los procesos, el facultativo puede fijar la revisión médica en un periodo inferior al indicado.

Dichos partes se extenderán inmediatamente después de realizarse el reconocimiento del trabajador por el facultativo que lo formule y deberán contener el diagnóstico y la descripción de las limitaciones en la capacidad funcional del trabajador, así como una previsión de la duración del proceso patológico (art. 2.2 RD 625/2014). Los modelos de partes de baja/alta y confirmación figuran como anexos de la O.ESS/1187/2015. El diagnóstico inicial puede ser modificado o actualizado, también puede varias la duración estimada en función de la evolución sanitaria del trabajador, en cuyo case debe emitirse un parte de confirmación en el que consten estos datos actualizados (art. 4.2 O.ESS/1187/2015).

Los partes de confirmación de baja son actos administrativos del Servicio Público de Salud y, como tales, deberán ajustarse a lo dispuesto en la LPAC, siendo susceptibles de impugnación cuando concurran motivos de nulidad o anulabilidad, mediante reclamación previa y demanda ante el orden jurisdiccional social.

El ejemplar del parte destinado a la EG o EC deberá ser remitido directamente por vía telemática por el Servicio Público de Salud o por la MCSS de manera inmediata y, en todo caso, en el primer día hábil siguiente al de su expedición (arts. 2.2 y 7.1 RD 625/2014).

El INSS comunicará a la empresa los datos identificativos de carácter meramente administrativo relativo a los partes médicos referidos a las personas trabajadores, como máximo, en el primer día hábil siguiente al de su recepción (art. 7.1 y 2 RD 625/2014 y art. 10.1 O.ESS/1187/2015). Cuando el médico del servicio público de salud o de la mutua expida el último parte de confirmación antes del agotamiento del plazo de duración de 365 días, en el que indicará en que se produce el agotamiento, comunicará al trabajador en el acto de reconocimiento médico que el proceso de IT pasa a control del INSS y dejarán de emitirse partes de confirmación (arts. 5.3 RD 625/2014 y 4.4 O.ESS/1187/2015). Agotado el plazo de 365 días, el INSS, a través de los órganos competentes para evaluar, calificar y revisar la incapacidad permanente del trabajador, puede iniciar expediente de incapacidad permanente o emitir el alta médica y, en este caso, solo el INSS puede emitir una nueva baja médica cuando se produzca en el plazo de los siguientes 180 días y por la misma o similar patología (art. 170.2 LGSS). Pero la denegación de los efectos económicos requiere justificación (STS de 9 mayo 2019, rec. 2182/2017).

3.6.5. Las causas de la extinción del derecho al subsidio

En principio, el derecho al subsidio durará lo que dure la situación de IT, extinguiéndose cuando se de alguna de las situaciones siguientes (art. 17.1 LGSS):

a) Se produzca un alta médica por curación o con declaración de incapacidad permanente.

b) Se llegue a la duración máxima legalmente prevista.

c) Fallezca el trabajador.

d) Se le reconozca el derecho al percibo de la pensión de jubilación.

e) La incomparecencia injustificada a cualquiera de las convocatorias para los exámenes y reconocimientos establecidos por los médicos adscritos al INSS o la MCSS (ver infra ep. 4.2).

En el bien entendido que la extinción de la relación laboral durante la situación de IT no afecta al derecho al subsidio ni tampoco al sujeto responsable del pago del mismo en el caso de que lo fuese la propia empresa (art. 102 LGSS).

A) El alta médica por curación del trabajador

En el caso de alta médica por curación del trabajador (dada por el médico o inspector médico del Servicio Público de Salud, por el INSS, pudiendo la MCSS proponer el alta médica a la inspección médica del Servicio Público de Salud, en el caso de contingencias comunes; y dada por el médico o Inspector médico del Servicio Público de Salud o por la MCSS en el de caso contingencias profesionales: art. 6 RD 625/2014), éste tendrá derecho al subsidio hasta el mismo día del alta o de la notificación de la resolución que la acuerde (vid. Ep. 3.6.2). Y si ésta se produjera en día festivo o en víspera de festivo, tendrá derecho a cobrar el subsidio tales días (art. 5 RD 3158/1996).

El alta médica extingue el proceso de IT con efectos del día siguiente al de su emisión y determinará la obligación de que el trabajador se reincorpore a su puesto de trabajo el mismo día en que produzca sus efectos (art.

5.1 RD 625/2014). El INSS comunicará a la empresa a través del fichero "INSS EMPRESAS" a través del sistema RED y como máximo en el día hábil siguiente al de su recepción los datos identificativos de carácter meramente administrativo relativos al parte de médico emitido por el facultativo (arts. 10.1 y 11.1 O.ESS/1187/2015).

La no reincorporación en IT de menos de 365 días puede ser motivo de despido disciplinarios aun cuando el trabajador haya impugnado el alta (STS de 17/4/23 rec. 1368/22).

En el caso de que el trabajador no esté de acuerdo con el alta médica podrá impugnarla, bien directamente, bien indirectamente a través de la solicitud de apertura del expediente administrativo de declaración de incapacidad permanente.

El trabajador podrá expresar su disconformidad con el alta expedida por la EG, acudiendo al denominado *"procedimiento de disconformidad"* del art. 170.2 LGSS ante la Inspección del Servicio Público de Salud (art. 3 RD 1430/2009, de 11 de septiembre), la cual guardará silencio (en cuyo caso el alta emitida alcanzará plenos efectos en el plazo de los once días naturales siguientes a la fecha de resolución), confirmará el alta médica o manifestará su discrepancia con ella proponiendo su reconsideración a la EG, que podrá bien reconsiderarla, prorrogándose la IT a todos los efectos, o confirmar su resolución, aportando pruebas complementarias para su fundamentación.

En el caso de que el alta médica hubiese sido expedida por una EC (MCSS o empresa colaboradora), el art. 4 RD 1430/2009 regula el procedimiento administrativo de revisión a seguir ante el INSS, el cual finalizará, bien confirmando el alta médica y extinguiendo la IT desde la fecha del alta médica, bien manteniendo la IT, por considerar que continua la incapacidad del trabajado, bien determinando la contingencia (común o profesional) de la que derive la IT, cuando coincidan procesos recurrentes en el mismo periodo de tiempo y, por tanto, existan distintas bajas médicas o, cuando el interesado hubiera recuperado la capacidad laboral durante la tramitación del procedimiento, se podrá declarar sin efectos el alta médica emitida por considerarla prematura, fijando nueva fecha de efectos del alta médica y de extinción del proceso de IT.

Tras la presentación de la reclamación administrativa previa, de no haberse agotado el plazo de 365 días de la prestación de IT (art. 71.1 y 2 LJS), podrá plantearse la impugnación judicial del alta médica, de acuerdo con el procedimiento especial regulado en los arts. 140 y ss. LJS. Este proceso no es adecuado para que las Mutuas impugnen las bajas médicas, sino para que los trabajadores impugnen las altas (STS de 19 enero 2022, rec. 2470/2019).

El empresario, en cambio, no está legitimado para impugnar el alta médica por curación del trabajador sin propuesta de incapacidad permanente, aunque advierta una falta de capacidad para desempeñar su trabajo una vez reincorporado (por todas, SS.TS. de 14 y 20 de octubre de 1992), argumentándose que *"lo que en tal caso se ejercita es un derecho subjetivo en el marco de una relación jurídica de Seguridad Social y la titularidad de ese derecho corresponde únicamente al trabajador"*.

En contra de esta interpretación y defendiendo la legitimación activa de la empresa se ha manifestado la TS de 30 enero 2012, Rec. 2729/2010. En este último sentido argumentaba la STSJ de Asturias, de 31 de mayo de 1996, al señalar que *"resulta evidente que la empresa no tiene un derecho subjetivo* (para) *impugnar un alta médica, pero sí está afectada directamente por la resolución administrativa que acuerda el alta médica del trabajador, pues si éste no reúne objetivamente la idoneidad precisa para seguir desempeñando sus trabajos habituales aquella declaración incide directamente en el interés de la empresa y por ello tiene interés en los efectos que se derivan de la declaración de aptitud laboral del trabajador…"*.

B) El alta médica con lesiones permanentes no incapacitantes o con incapacidad permanente parcial

Lo mismo sucederá en el caso de que el alta médica proponga lesiones permanentes no incapacitantes (por todas, STS de 2 abril 1996) o una incapacidad permanente parcial para la profesión habitual, en cuyo caso la extinción de la situación de IT se produce automáticamente con el alta médica (por todas, STS de 26 octubre 1999).

C) El alta médica con declaración de incapacidad permanente total o absoluta

El alta médica con propuesta de incapacidad permanente antes de los 365 días de duración, extingue la IT; de otro lado, si el INSS acordara la prórroga expresa de la IT y durante la misma se acordase iniciar expediente de incapacidad permanente, la situación de IT se extinguirá en la fecha de la resolución en que se acuerde dicha iniciación (art. 174.4 LGSS).

En el caso de alta médica con declaración de incapacidad permanente total o absoluta dentro del plazo máximo de 545 días, o por el transcurso de los 545 días naturales, el derecho al subsidio por prolongación de los efectos económicos de la IT se mantendrá hasta el momento de la calificación de la incapacidad permanente (art. 174.5 LGSS), en cuya fecha (de la resolución del INSS, según el art. 6.3 RD 1300/1995, de 21 de julio) se iniciarán las prestaciones económicas de ésta.

Ahora bien, si las prestaciones económicas por incapacidad permanente fueran superiores al subsidio, aquellas se retrotraerán al momento del alta médica con declaración de incapacidad permanente (art. 174.5LGSS). Lo que significa que la EG o EC deberá abonar al trabajador las diferencias con carácter retroactivo desde el momento del alta con declaración de incapacidad permanente.

Mientras se produce la calificación de la incapacidad permanente, una vez superados los 545 días de la IT, el trabajador tendrá derecho a mantener el subsidio hasta que pase a cobrar las prestaciones económicas por incapacidad permanente. Y, si éstas últimas fueran superiores al subsidio, la EG o EC deberá abonar las diferencias con carácter retroactivo desde el momento en que finalizaron los 545 días (arts. 6.3 RD 1300/1995 y 15.1 OM de 18 de enero de 1996).

En estos casos de retroacción de las prestaciones económicas por incapacidad permanente, no habrá obligación para el trabajador de restituir al empresario la mejora voluntaria del subsidio por IT percibida a su cargo, según doctrina del TS: *"No pueden retrotraerse los efectos económicos de la incapacidad permanente de modo que perjudiquen económicamente al beneficiario"* (por todas, STS de 17 marzo 1997). Así pues, la retroacción de las prestaciones económicas por incapacidad permanente jugará también aun cuando existan mejoras voluntarias. Las cantidades devengadas por el trabajador como *"subsidio de espera"* hasta la fecha de resolución del INSS no serán objeto de reintegro cuando sean superiores a las prestaciones económicas por incapacidad permanente o no se reconozca la incapacidad permanente (art. 6.3 RD 1300/1995). Al subsidio cobrado por el trabajador durante estos períodos se le ha denominado *"subsidio de espera"*, por cuanto viene a compensar al trabajador por el tiempo que transcurre entre el final de la IT y el inicio de la incapacidad permanente. En el fondo, como ha señalado la doctrina (FERNÁNDEZ PRATS), *"el concepto de IT sólo abarca dieciocho meses, lo que se prorrogan son sus efectos, no la situación"*.

Y esta situación podrá mantenerse *"hasta que se califique la incapacidad permanente"*, lo que significa que, en tanto el INSS no resuelva, se mantendrá el derecho al *"subsidio de espera"*, incluso más allá de los periodos (de tres meses y de demora de la calificación) de prolongación a que se refiere el art. 174.2 LGSS, en el caso de incumplimiento por el INSS de estos plazos (STSJ Canarias/las Palmas de 26 octubre 2009, rec. 957/2008).

En caso de tener una Incapacidad Permanente total que es extinguida por resolución del INSS, resolución que posteriormente es anulada judicialmente, si el trabajador durante el tiempo que duró el alta del INSS se encontró en IT se debe declarar la incompatibilidad de las pensiones. Se entiende que conforme la sentencia que anula la resolución del INSS el trabajador debió estar en IPT todo el tiempo por lo que procede el reintegro de la IT (STS 21 de marzo de 2023 rec 1025/2020).

3.7. La pérdida y la suspensión del subsidio

3.7.1. Las causas de la pérdida o suspensión del subsidio

El derecho al subsidio puede perderse o suspenderse antes de que se produzcan alguna de las causas de extinción enumeradas anteriormente por la realización de ciertos comportamientos por parte del trabajador.

Conforme al art. 175 LGSS, el derecho al subsidio por IT podrá ser anulado o suspendido en los casos siguientes:

1°) En primer lugar, cuando el beneficiario haya actuado fraudulentamente para conservar el subsidio. Entre estas actuaciones, cabría citar la simulación de una enfermedad o un accidente inexistentes, la apariencia de un trabajo inexistente mediante la presentación de un alta y de una cotización indebidos o el ocultamiento de enfermedades preexistentes que no estarían protegidas por carecer del carácter de riesgo sobrevenido.

2°) En segundo lugar, cuando el beneficiario trabaje por cuenta propia o ajena. La STS de 17 febrero 1997 viene a señalar que *"para la entidad recurrente no estamos ante la imposición de una sanción, sino de una cuestión que afecta a la concurrencia de una circunstancia que determina la existencia del derecho a la prestación, porque la propia situación protegida requiere que el trabajador esté imposibilitado para el trabajo (art. 169.1 LGSS) y, en consecuencia, si el beneficiario desarrolla actividad laboral, parece obligado concluir que desaparece la razón de ser de la protección otorgada, al resultar evidente que ha sido recuperada la aptitud laboral para el trabajo"*.

Ahora bien, pese a la literalidad de la ley —que habla de *"trabajo"* sin otra matización adicional, con lo que quedaría prohibido todo tipo de trabajo— con base en una interpretación teleológica del precepto, el trabajo prohibido ha de ser un trabajo coincidente con el habitual, presumiéndose de tal hecho que el trabajador no está impedido para el trabajo, o bien de un trabajo que perjudique el proceso de recuperación alargando la baja. En este sentido, es cada vez más frecuente que la jurisprudencia analice las circunstancias de cada caso para determinar la gravedad del comportamiento a estos efectos. Así, por ejemplo, en el caso de trabajos recomendados como *"terapia ocupacional"* en determinados casos (la STSJ La Rioja de 8 abril 1997 declara, en este sentido, nula la decisión del INSS de extinguir el subsidio, argumentando que *"una cierta actividad no solo no estaba contraindicada sino, incluso, recomendada"*).

3º) En tercer lugar, también podrá ser suspendido el derecho al subsidio cuando, sin causa razonable, el beneficiario rechace o abandone el tratamiento (quirúrgico, clínico o rehabilitador) que le fuere indicado (art. 175. 2 LGSS). Desde luego, la difícil carga de la prueba de la irrazonabilidad del comportamiento del trabajador corresponderá a la EG o EC. Imagínese, en este sentido, la negativa de un trabajador a someterse a una intervención quirúrgica de dudosa eficacia (STSJ Andalucía de 1 septiembre 1994).

En este punto, hay que traer a colación los arts. 10 y 11 Ley 14/1986, de 25 abril, General de Sanidad, conforme a los cuales el trabajador tendrá derecho *"a la libre elección entre las opciones que le presente el responsable médico de su caso, siendo preciso el previo consentimiento escrito del usuario para la realización de cualquier intervención, excepto en los siguientes casos: a) Cuando la no intervención suponga un peligro para la salud pública. b) Cuando no esté capacitado para tomar decisiones, en cuyo caso el derecho corresponderá a sus familiares o personas a él allegadas. c) Cuando la urgencia no permita demorar por poderse ocasionar lesiones irreversibles o existir peligro de fallecimiento"* (art. 10.6); así como *"a negarse al tratamiento, excepto en los casos señalados en el apartado 6, debiendo para ello solicitar el alta voluntaria, en los términos que señala el apartado 4 del artículo siguiente"* (art. 10.9). El trabajador deberá *"firmar el documento de alta voluntaria en los casos de no aceptación del tratamiento. De negarse a ello, la Dirección del correspondiente Centro Sanitario, a propuestas del facultativo encargado del caso, podrá dar el alta"* (art. 11.4).

3.7.2. El régimen jurídico de las decisiones anulatorias o suspensivas del subsidio

Las decisiones anulatorias o suspensivas del subsidio habrán de adoptarse en un expediente administrativo contradictorio resuelto por el INSS o mediante acuerdo motivado y comunicado en forma por la MCSS (art.

80.1 del Reglamento de Colaboración de las MCSS) y podrán ser objeto de impugnación judicial por parte del trabajador beneficiario (arts. 11 OM de 13 octubre 1967 y 3.4 RD 2609/1982, de 24 septiembre).

En todo caso, parece que en los supuestos de trabajos del beneficiario y de rechazo irrazonable del tratamiento médico tan solo se podrá suspender el percibo del subsidio, pudiendo volver a cobrarlo a partir del momento en que deje de trabajar o acepte el tratamiento o, en su caso, obtenga una resolución favorable a su impugnación.

3.8. Las infracciones administrativas de los trabajadores

3.8.1. Las infracciones y sanciones

La LISOS tipifica una serie de infracciones administrativas de los trabajadores en materia de Seguridad Social que, en muchos casos, se solapan con la pérdida o suspensión del subsidio.

Así, se considera infracción muy grave *"actuar fraudulentamente, con el fin de obtener prestaciones indebidas o superiores a las que correspondan, o prolongar indebidamente su disfrute mediante la aportación de datos o documentos falsos: la simulación de la relación laboral y la omisión de declaraciones legalmente obligatorias u otros incumplimientos que puedan ocasionar percepciones fraudulentas"* (art. 26. 1 LISOS) y *"la connivencia con el empresario para la obtención indebida de cualesquiera prestaciones de la Seguridad Social"* (art. 26. LISOS). Infracción sancionable por la Autoridad Laboral competente, a propuesta de la Inspección de Trabajo y Seguridad Social (art. 48.4 LISOS) con la exclusión del derecho a percibir el subsidio [art. 47. 1 c) LISOS].

Por su parte, se considera infracción grave *"efectuar trabajos por cuenta propia o ajena durante la percepción de las prestaciones, cuando exista incompatibilidad legal o reglamentaria establecida"* y *"no comparecer, salvo causa justificada, a los reconocimientos médicos ordenados por las EE.GG. o EE.CC., en los supuestos así establecidos, así como no presentar ante las mismas los antecedentes, justificantes o datos que no obren en la Entidad, cuando a ello sean requeridos y afecten al derecho a la continuidad en la percepción de la prestación"* (art. 25. 1 LISOS). Infracción sancionable por la EG de la Seguridad Social (art. 48. 4 LISOS) con la pérdida de la prestación durante un período de tres meses en el primer caso y con la extinción de la prestación en el segundo caso [art. 47. 1 b) LISOS].

Además, las sanciones anteriormente señaladas se entienden *"sin perjuicio del reintegro de las cantidades indebidamente percibidas"* (art. 47. 2 LISOS).

3.8.2. Valoración crítica de la doble normativa sancionatoria

A la vista de esta doble normativa sancionatoria —en la LGSS y en la LISOS— con tipos de infracciones y de sanciones que no coinciden exactamente, con unos organismos competentes para imponer las sanciones distintos y con unos procedimientos de imposición de las sanciones igualmente diversos —el previsto en la LISOS exige la previa intervención de la Inspección de Trabajo y Seguridad Social (arts. 47. 5 y 51 a 53 LISOS) cosa que no sucede en el de la LGSS—, se hace ciertamente difícil cohonestar pacíficamente ambas normas en esta materia. No obstante, la doctrina judicial mayoritaria entiende que cabe adoptar unas medidas —las previstas en la LGSS— como propias de la gestión del subsidio, sin perjuicio de la aplicación de la LISOS, lógicamente, sin que en ningún supuesto fuese admisible la imposición simultánea de ambos tipos de medidas en relación con los mismos hechos (SS.TS. de 5 y 9 de octubre de 2006, Rec. 2966/2005 y 2905/2005).

3.9. Las mejoras voluntarias complementarias del subsidio

Constituye una práctica frecuente efectuada en los convenios colectivos (art. 43.1 LGSS) o en los pactos individuales, expresos o tácitos, complementar el subsidio por IT de la Seguridad Social con cargo a las empresas, con el fin de acercar la prestación económica a los salarios reales cobrados en caso de actividad, condicionando en ocasiones el percibo de estas mejoras a determinados supuestos: a la hospitalización del trabajador, a determinadas contingencias causantes o a determinadas situaciones empresariales tales como el absentismo laboral.

La mejora voluntaria solamente corresponde ser abonada cuando el trabajador tiene derecho a cobrar subsidio a cargo de la Seguridad Social, lo que no sucede en el caso de Incapacidad Temporal sin derecho a prestación económica (STS 20 diciembre de 2022 rec. 4131/2019)

La introducción de estas mejoras convencionales ha sido criticada desde el colectivo empresarial por entender que esta práctica constituye un *"elemento desincentivador"* para la reincorporación del trabajador a su puesto de trabajo, dado que percibirá la misma retribución estando en activo que en situación de baja, postulándose algún tipo de limitación a esta práctica, bien reduciéndolas a un determinado período de tiempo o haciéndolas depender del nivel general de absentismo de la empresa.

Estas mejoras voluntarias poseen naturaleza extrasalarial (por todas, STSJ Comunidad Valenciana de 8 marzo 1991). De ello se deriva como consecuencia natural la no aplicación de las reglas de absorción y compensación salarial del art. 26.5 ET. La naturaleza de prestación de la Seguridad Social que estas mejoras tienen hace, también, que juegue el plazo de prescripción de cinco años del art. 53.1 LGSS y no el de un año del art. 59 ET (por todas, STSJ La Rioja de 7 diciembre 1994).

4. EL CONTROL DE LA SITUACIÓN DE INCAPACIDAD TEMPORAL

4.1. El control de los servicios públicos de salud

Una vez emitida la baja médica, los Servicios Públicos de Salud son competentes para el control sanitario de dichas situaciones. Esta actividad se manifiesta a través de distintos medios:

1º) En primer lugar, a través de los partes de confirmación de baja médica (art. 2.3 RD 625/2014; ver supra).

2º) En segundo lugar, a través de los informes médicos complementarios en los procesos de IT cuya gestión corresponda al Servicio Público de Salud y su duración prevista sea superior a 30 días naturales a partir del segundo parte de confirmación de baja y, con posterioridad, cada dos partes de confirmación. Estos informes deberán consignarse el tratamiento médico prescrito, las dolencias padecidas por el trabajador y su evolución y su incidencia sobre la capacidad funcional del interesado (art. 4.1 RD 625/2014).

3º) En tercer lugar, en los procesos de IT que correspondan al Servicio Público de Salud, a través de los informes trimestrales de control de la incapacidad de la Inspección Médica del Servicio Público de Salud correspondiente o del médico de atención primaria bajo la supervisión de su inspección médica, en el que se pronunciará expresamente sobre todos los extremos que justifiquen, desde el punto de vista médico, la necesidad de mantener el proceso de IT (arts. 4.2 RD 625/2014 y 14 O.ESS/1187/2015).

4.2. El control por el INSS y las MCSS

Tanto el INSS como las MCSS poseen competencia para controlar la asistencia sanitaria y las prestaciones económicas derivadas de las situaciones de IT (arts. 8 y 9 RD 625/2014).

En este sentido, a partir del momento en que se expida el parte médico de baja, el INSS y las mutuas, a través de su personal médico y personal no sanitario, ejercerán el control y seguimiento de la prestación por IT objeto de gestión, pudiendo realizar las actividades que tengan por objeto comprobar el mantenimiento de los hechos y de la situación que originaron el derecho al subsidio; ello sin perjuicio de las competencias de los servicios públicos de salud en materia sanitaria (art. 8.1 RD 625/2014).

Los actos de comprobación de la IT que lleven a cabo los médicos de las EG y EC deberán basarse tanto en los datos que fundamenten el parte médico de baja, y de los partes de confirmación de la baja, como en los derivados de los reconocimientos médicos e informes realizados en el proceso(art. 8.1 RD 625/2014), utilizando las *"tablas de duración óptimas"* y las *"tablas sobre el grado de incidencia"* de los procesos de IT en las diversas ocupaciones laborales que les serán proporcionadas (art. 8.2 RD 625/2014).

En todo caso, esta función de acceso a la información médica quedará sujeta a lo dispuesto en la LO 3/2018, de 5 de diciembre, de Protección de Datos y garantía de los derechos digitales y disposiciones de desarrollo, no pudiendo ser utilizados los datos con fines discriminatorios o en perjuicio del trabajador sino tan solo con la finalidad de control interno del proceso de IT (art. 8.3 RD 625/2014).

La EG o EC podrán disponer que los trabajadores que se encuentren en situación de IT, perceptores de la prestación económica, sean reconocidos por sus servicios médicos, convocándoles con una antelación mínima de cuatro días hábiles (art. 9.1 y, 2 y 3 RD 625/2014).

Cuando el trabajador no se personara en la fecha fijada, el Director Provincial del INSS dictará resolución disponiendo la suspensión cautelar del subsidio desde el día siguiente al fijado para el reconocimiento, disponiendo de un plazo de diez días hábiles para justificar la incomparecencia (art. 9.4 RD 625/2014).

Si el trabajador justificase la incomparecencia se procederá a fijar una nueva cita y se restablecerá el pago del subsidio suspendido (art. 9.5 RD 625/2014).

Trascurridos los diez días hábiles sin que el trabajador justifique su incomparecencia, se extinguirá el derecho al subsidio por parte del INSS (arts. 174.1 LGSS y 9.6 y 7 RD 625/2014) y el inspector médico del INSS podrá expedir el alta médica por incomparecencia (art. 9.6 RD 625/2014). La mutua puede, en los mismos supuestos, acordar la suspensión o extinción del derecho (art. 9. 4 y 7 RD 625/2014; vid. STS 22 enero 2016, rec. 2039/2014).

4.3. El control por parte de las empresas

La situación de IT constituye una causa de suspensión del contrato de trabajo (art. 45.1 c) ET). Para ello, la presentación de la baja médica justifica ante la empresa la inasistencia del trabajador. Por el contrario, dicha falta de justificación puede ser considerada motivo de despido disciplinario (art. 54.2 a) o d) ET).

Según el art. 20. 4 ET, *"el empresario podrá verificar el estado de la enfermedad o del accidente del trabajador que sea alegado por éste para justificar sus faltas de asistencia al trabajo, mediante reconocimiento a cargo de personal médico. La negativa del trabajador a dichos reconocimientos podrá determinar la suspensión de los derechos económicos que pudieran existir a cargo del empresario por dichas situaciones"*. Interés empresarial acrecentado a partir del momento en que el art. 173. 1 LGSS exige del empresario el pago al trabajador incapaz temporal por enfermedad común o accidente no laboral del subsidio correspondiente a los días cuarto a decimoquinto de baja.

Pese a la literalidad legal, los únicos *"derechos económicos"* que podrá suspender el empresario, si el trabajador se niega a aceptar el reconocimiento médico, serán las mejoras voluntarias del subsidio eventualmente establecidas por convenio colectivo o por contrato individual, pero no el subsidio que por ley asuma el empresario en régimen de pago delegado de la Seguridad Social a partir del decimosexto día de baja o, en régimen de responsabilidad directa, entre el cuarto y el decimoquinto día de baja.

Por otra parte, es claro que la negativa del trabajador a someterse a estos reconocimientos médicos ordenados por el empresario no constituye una desobediencia a efectos sancionatorios disciplinarios.

En todo caso, la verificación de la situación de IT deberá hacerse por personal médico, limitada a la finalidad de control pretendida y respetando las reglas generales en materia de intimidad de la LO 1/1982, 5 de mayo, sobre protección civil del derecho al honor, a la intimidad personal y a la propia imagen, guardando secreto de los datos sanitarios del trabajador.

En el caso de que resultasen contradictorios los informes (diagnósticos y tratamientos) del médico propuesto por la empresa y del facultativo del Servicio Público de Salud, tal divergencia de criterios no tendría efecto alguno sobre el subsidio legal del trabajador por IT, ni sobre la situación de suspensión contractual misma, dado que, en nuestro ordenamiento jurídico, las bajas y altas médicas en caso de IT son de la exclusiva competencia del facultativo del Servicio Público de Salud o, en su caso, de la MCSS o del INSS o, en último término, de la Inspección Sanitaria de los Servicios Públicos de Salud. Así pues, no parece que, en estos casos, pueda la empresa proceder a un despido o sanción disciplinaria menor del trabajador por trasgresión de la buena fe contractual mientras exista una baja extendida por los servicios sanitarios públicos.

En estos casos, a la empresa no le queda otra vía que la de acudir a la Inspección Sanitaria del Servicio Público de Salud correspondiente. En efecto, la Inspección Médica puede, *"de oficio o en virtud de la información recibida de las empresas o de los servicios médicos de las mismas"*, llevar a cabo la verificación del estado de salud del trabajador durante la situación de IT, pudiendo confirmar la baja o emitir el alta médica con plenos efectos (art. 1.1 OM de 21 marzo 1974), tanto en cuanto a las prestaciones económicas de la Seguridad Social, como respecto de la suspensión del contrato de trabajo, debiendo reincorporarse a su puesto de trabajo so pena de sanción disciplinaria por ausencias injustificadas al trabajo. Y ello, aunque el médico del Servicio Público de Salud que atendiera al trabajador siguiera extendiendo partes de confirmación de baja, prevaleciendo así la opinión de la Inspección.

La empresa también podrá dirigirse a la Inspección de Trabajo y Seguridad Social para denunciar aquellas actuaciones de sus trabajadores en situación de IT que entiendan pueden ser consideradas como infracciones en el Orden social.

En relación con las mejoras voluntarias, y para el eventual caso de discrepancia entre el médico privado y el médico oficial, tal como está redactado el precepto legal, en principio, sólo se originará la pérdida de dichas mejoras voluntarias en el caso de negativa del trabajador al reconocimiento médico pero no en el caso de aceptación y posterior resultado adverso. Ello no obstante, en los casos en que por convenio colectivo se hubiera condicionado la percepción de las mejoras al resultado positivo del control empresarial *"ex art. 20.4 ET"*, cabrá admitir la pérdida de las mejoras en el caso de que la verificación diese un resultado negativo. Si bien, incluso en estos casos, cabría exigir, para la validez del pacto colectivo en este punto, concretas garantías de objetividad en la designación de los médicos que vayan a efectuar este control, so pena de dejar al arbitrio de una de las partes el cumplimiento de una obligación pactada (arts. 1115 y 1256 CC).

Es frecuente que la empresa utilice otros mecanismos para controlar la IT de los trabajadores, distintos de los reconocimientos médicos *"ex art.*

20.4 ET", siendo los más frecuentes el envío de visitadores al domicilio del trabajador y, sobre todo, el recurso a los detectives privados para que controlen la conducta del trabajador mientras dure la situación suspensiva.

En cuanto a la legitimidad de estas actuaciones empresariales, para limitar esta posibilidad empresarial se alude a la necesaria tutela de la intimidad del trabajador, reconocida en el art. 18 CE, en la medida en que estos mecanismos de control empresarial inciden obviamente en la vida privada del mismo. Así, se admitirá su utilización para controlar la conducta del trabajador durante la situación de IT siempre que no lesionen el derecho a la intimidad de éste (por todas, STSJ Galicia de 1 julio 1992). De esta manera, los límites que un detective privado deberá respetar en su actuación serán básicamente dos:

a) De una parte, en cuanto al lugar de la investigación, no podrá investigarse en el domicilio privado del trabajador, salvo que éste hubiera montado un negocio en su propio domicilio, en cuyo caso el detective podría hacerse pasar por su cliente (por todas, STSJ de Cataluña, de 18 mayo 1992).

b) De otra parte, en cuanto a los medios a utilizar por el detective, la grabación de la voz del trabajador y la captación de su imagen constituyen, en principio, atentados contra el derecho a la intimidad de éste, según lo dispuesto en el art. 7 LO. 1/1982.

Ello no obstante, la doctrina judicial viene admitiendo sin mayores problemas las captaciones de imagen efectuadas por los detectives en su investigación (por todas, STSJ Cataluña de 15 febrero 1994) y la grabación de conversaciones mantenidas por el detective con el trabajador controlado, aunque aquél no se identificara como tal en atención al interés empresarial perseguido (por todas, STSJ de Navarra, de 2 de diciembre de 1993). Grabaciones e imágenes sobre las que se debe guardar secreto, no utilizándose más allá de la finalidad de control laboral pretendida (art. 103 del Reglamento de Seguridad Privada). Procesalmente, los informes de los detectives constituyen prueba testifical (STS de 17 junio 1988), debiendo personarse en el juicio personalmente y ratificar sus informes.

Lección 10
Prestaciones por nacimiento y conciliación de la vida laboral y familiar

ELENA GARCÍA TESTAL
Profesora Titular Derecho del Trabajo y de la Seguridad Social
Universitat de València

La atención a las personas trabajadoras ante las situaciones de necesidad generadas por el nacimiento, la adopción, la guarda con fines de adopción y de acogimiento de hijos e hijas, así como por el cuidado de menores de 12 meses, se efectúa en el sistema de la Seguridad Social mediante una serie de prestaciones: junto a la prestación contributiva por nacimiento y cuidado de menor (que vino a sustituir, tras el RDL 6/2019, de 1 de marzo, a las prestaciones por maternidad y paternidad) y la prestación asistencial por maternidad, se incorporaron una prestación para atender el ejercicio corresponsable del cuidado del lactante y una prestación por cuidado de menores afectados por cáncer u otra enfermedad grave. Más allá del cuidado de menores, el sistema también se ocupa de atender las situaciones de las personas trabajadoras dedicadas al cuidado de familiares, y para ello se establecen las prestaciones familiares, que, aunque no se trata de una prestación económica también se explicarán en esta lección por su conexión con el ejercicio de los derechos de conciliación.

Este conjunto de prestaciones configura la atención de la normativa de seguridad social a la conciliación de la vida laboral y familiar.

En todas estas contingencias, vinculadas a la conciliación por nacimiento y cuidado de hijos e hijas o familiares, la protección tiene, en realidad, dos planos conectados, el correspondiente a la relación laboral entre la empresa y la persona trabajadora, y el correspondiente al sistema de seguridad social. En este sentido se pronunció la STS de 20 de mayo de 2009 (RCUD 3749/2008) que identificó la relación triangular empresa-trabajador-seguridad social, señalando que los planos, perfectamente diferenciados, e *íntimamente relacionados*, "no pueden confundirse, pues cada uno de ellos tiene su propia regulación".

1. LA PRESTACIÓN POR NACIMIENTO Y CUIDADO DE MENOR

La contingencia de nacimiento y cuidado de menor se regula en los arts. 177 a 180 de la LGSS. Además de estos preceptos legales, ante la falta de un desarrollo reglamentario reciente, hemos de atender al contenido del RD 295/2009, de 6 marzo, que continúa siendo aplicable, porque, aunque es anterior a la regulación legal vigente, no existe un desarrollo reglamentario posterior.

La protección alcanza tanto a las personas trabajadoras incluidas en el Régimen General como a los y las trabajadoras por cuenta ajena y por cuenta propia incluidos en los Regímenes Especiales, en los mismos términos y condiciones que los previstos para el Régimen General. Así, para el Régimen Especial de trabajadores autónomos lo determina el art. 318 a) LGSS.

1.1. Situaciones protegidas

Indica el artículo 177 de la LGSS cuáles son las situaciones que permiten a las personas trabajadoras acceder a la protección por nacimiento y cuidado de menor, y lo hace a partir de la identificación de dos elementos:

– el primero, el relativo al "*nacimiento, la adopción, la guarda con fines de adopción y el acogimiento familiar, de conformidad con el Código Civil o las leyes civiles de las comunidades autónomas que lo regulen, siempre que, en este último caso, su duración no sea inferior a un año*";

– el segundo, la necesaria interrupción de la prestación de servicios, a través de la suspensión de contrato, que para estas situaciones se regulan en los apartados 4, 5 y 6 del artículo 48 del ET para los trabajadores asalariados, o del permiso previsto en el artículo 49, apartados a, b y c, del EBEP para los empleados p*úblicos* (funcionarios y laborales).

1.1.1. El nacimiento, la adopción, la guarda o el acogimiento de menores

En la normativa laboral se deslindan los supuestos de maternidad biológica de los supuestos de adopción, guarda o acogimiento en los siguientes términos.

Conforme al artículo 48.4 del ET, respecto a la maternidad biológica, el hecho causante está vinculado al nacimiento, que comprende el hecho fisiológico del parto, pero también el cuidado del menor de doce meses. En estos supuestos el derecho se atribuye tanto a la madre biológica, como al progenitor distinto (padre o madre no biológica, con independencia de su sexo y del modelo de familia que se constituya), como derecho individual, igual e intransferible, sin que, con carácter general, puedan acumularse los períodos.

Por su parte, el art. 48.5 ET se refiere a la suspensión del contrato "*en los supuestos de adopción, de guarda con fines de adopción y de acogimiento, de acuerdo con el artículo 45.1.d)*": la adopción, la guarda con fines de adopción y de acogimiento de duración no inferior a un año, han de referirse a menores de 6 años, o a mayores de esa edad con discapacidad, o bien que por sus circunstancias o experiencias personales tengan especiales dificultades de inserción social y familiar. Estas circunstancias se acreditarán por los servicios sociales. Del mismo modo que en la maternidad biológica se atribuye idéntico derecho, individual, e intransferible a ambos progenitores.

Según la STS de 21 de diciembre de 2022 (RCUD 3763/2019) en un supuesto de adopción de menor hijo del cónyuge, no impide el derecho a disfrutar la prestación de Seguridad Social el hecho de que exista una convivencia previa entre el menor y la persona adoptante, pues la interpretación de las normas no impide el disfrute tras convivencia previa, ni exige que la persona menor adoptada se incorpore súbitamente a la unidad familiar, por lo que aceptar el derecho a la prestación de seguridad social resulta acorde con la protección a la familia establecida en el art. 39 CE. El supuesto de hecho protegido es el de la adopción, y la previa convivencia no es obstáculo para la adopción ni debe serlo para la protección del progenitor adoptante. La sentencia reconoce que el menor puede generar dos prestaciones sucesivas y no coincidentes en el tiempo: una para el padre biológico en el momento del nacimiento, y otra en el momento de la adopción por la madre adoptante.

En los supuestos señalados la finalidad de la prestación es la cobertura de la pérdida de ingresos vinculada a la suspensión del contrato, asignando unos ingresos sustitutivos del salario, a través de dos tipos de prestaciones económicas: una prestación contributiva, y una prestación de carácter asistencial.

Estos supuestos deben deslindarse de otras situaciones protegidas por el sistema de Seguridad Social, pero a través de otras prestaciones en las que difiere la finalidad o el modo de protección. La protección de estas situaciones concurrentes con el periodo de descanso obligatorio, o con el embarazo, se analizan en el punto correspondiente a las relaciones con otras prestaciones.

1.1.2. La maternidad por subrogación y su inclusión en la protección laboral y de Seguridad Social

El silencio de los arts. 48 ET y 177 LGSS respecto a la inclusión de la maternidad por subrogación como situación protegida, y la prohibición de estos pactos de subrogación en nuestro ordenamiento jurídico, no ha evitado la existencia de conflictos sobre esta cuestión y, finalmente, el reconocimiento judicial del derecho a la prestación de seguridad social. Y ello pese a que estamos ante una práctica no admitida por el ordenamiento español, pues el art. 10 de la Ley 14/2006 es claro al señalar que "1. Será nulo de pleno derecho el contrato por el que se convenga la gestación, con o sin precio, a cargo de una mujer que renuncia a la filiación materna a favor del contratante o de un tercero.".

La cuestión había sido interpretada de forma divergente en los Tribunales Superiores de Justicia españoles: algunos venían negando el acceso, fundamentando sus resoluciones en que se trataba de una situación nula de pleno derecho, por lo que no podría generar ningún efecto jurídico; mientras que otros TSJ atendiendo al interés del menor reconocían el derecho a los progenitores que se encargarían del cuidado del menor (véase Fernández Prats, 2019: 20). El TJUE, en dos Sentencias de 18 de marzo de 2014, entendió que se trataba de situaciones que no están incluidas en la Directiva 92/85/UE, de 19 de octubre, por lo que los Estados miembros no vienen obligados a conceder un permiso de maternidad a trabajadoras que han tenido un hijo gracias a un convenio de prestación por sustitución, ni su denegación constituye una discriminación por razón de sexo. Sin embargo, el TS a partir de la STS de 25 de octubre de 2016 (RCUD 3818/2015), seguida de otras posteriores, extendi*ó* a la gestación por sustitución la protección de la seguridad social, siempre que concurran los requisitos previstos en el art. 177 LGSS.

Aunque para el TS el interés superior del menor no puede erigirse en principio a partir del cual los órganos jurisdiccionales alteren el contenido de las normas y eludan la sujeción al ordenamiento jurídico (art. 9.1 CE) "sí constituye un canon interpretativo de relevancia". Para la construcción de su interpretación el TS toma en consideración que la protección que la Seguridad Social dispensa a la «maternidad» va mucho más allá del descanso asociado al alumbramiento, y se dispensa también en supuestos donde no hay alumbramiento. Además, el artículo 39 CE proporciona diversos principios que han de presidir nuestra interpretación de las leyes vigentes (art. 53.3 CE), entre los que señala la protección social de la familia, la protección integral de los hijos y velar por los derechos de los niños. Esta unificación de doctrina permite la equiparación a las situaciones de maternidad, adopción y acogimiento legalmente previstas, y para ello trae a colación "la sentencia del TEDH de 26 de junio de 2014, en la aplicación del art. 8 del Convenio Europeo para la protección de los Derechos Humanos y las Libertades Fundamentales, que invoca el interés superior del menor cuyo respeto ha de guiar cualquier decisión que les afecte, y de los arts.14 y 39.2 CE.". Además, entiende el TS que aunque el Derecho de la Unión Europea no brinda una respuesta afirmativa con respecto al reconocimiento de una prestación por maternidad a los padres comitentes, tampoco la excluye, por lo que es perfectamente posible que los Estados Miembros pueden adoptar una regulación más favorable. De modo que existe una situación de necesidad que el TS considera merecedora de protección: el menor se encuentra de facto integrado en una unidad familiar y sus necesidades de atención y de cuidado deben ser protegidas. El hecho de que una ley civil prescriba la nulidad del contrato no elimina la situación de necesidad surgida por el nacimiento del menor y su inserción en determinado núcleo familiar. La suspensión de la relación laboral permite el fomento de las relaciones entre los progenitores y los menores por lo que, entiende el TS, la situación queda incluida entre las protegidas, no pudiendo los menores ser perjudicados por la nulidad de pleno derecho del contrato de subrogación.

Así en el supuesto de existencia de un previo contrato de gestación por sustitución, se reconocen como beneficiarios de la prestación al progenitor o progenitores que, independientemente de su sexo, disfruten del descanso o permiso, *y reúna*n los requisitos exigidos para el reconocimiento del derecho en los supuestos de maternidad biológica y por adopción o acogimiento.

También se ha reconocido para los progenitores que prestan servicios en el ámbito de las AAPP, en la STSJ Madrid de 7 de mayo de 2021 (rec. 297/2021) fundamentando la resolución en los argumentos empleados por la Sala de los Social del Tribunal Supremo.

1.1.3. La interrupción del embarazo o el fallecimiento del hijo o hija y la protección por nacimiento y cuidado de menor

Si, como venimos explicando, la protección otorgada por el ordenamiento laboral y de seguridad social se vincula con el nacimiento y el cuidado de neonatos, la siguiente situación conflictiva sobre la que es preciso pronunciarse es la de dos supuestos en que desaparece esta finalidad: la interrupción del embarazo y el fallecimiento del menor tras el parto.

Aunque en el caso de interrupción del embarazo podría parecer que no pueden aplicarse los arts. 45 y 48 ET, pues ni llega a producirse el nacimiento ni se requiere el cuidado de un menor, el RD 259/2009 recoge expresamente como situación protegida los supuestos de interrupción del embarazo en los que el feto hubiera permanecido en el seno materno durante al menos 180 días. En estos casos se reconoce el derecho de la madre a la protección derivada de la suspensión del contrato y la prestación de la seguridad con la misma extensión que si el nacimiento se hubiera producido. A sensu contrario, no se incluye como situación protegida a través de esta prestación las interrupciones producidas antes de alcanzar ese período (art. 8.4 RD 295/2009). Como se aprecia el reconocimiento en la norma reglamentaria solamente se refiere a la madre biológica.

Por otro lado, para el supuesto de fallecimiento del hijo producida de forma posterior al parto, el art. 48.4 ET establece que este acontecimiento no implicará la reducción del período de suspensión: pasadas las seis semanas de descanso obligatorio serán los progenitores quienes podrán optar por reincorporarse al puesto de trabajo o agotar el período de suspensión. En este caso la previsión va dirigida a ambos progenitores. Aunque la aplicación de esta medida solamente se prevé en el ET a la maternidad biológica, el art. 8.4 del RD 295/2009 también señala que "En el caso de fallecimiento de hijos adoptados o de menores acogidos tampoco se verá reducida la duración de la prestación económica, salvo que los adoptantes o acogedores soliciten reincorporarse a su puesto de trabajo". La diferencia de trato implicaría un trato desigual en función del tipo de filiación (Fernández Prats, 2019: 22).

La situación es pues distinta para el otro progenitor en el caso de fallecimiento post parto (ambos progenitores resultan incluidos) que en el de interrupción del embarazo cumplidos los 180 días de éste.

El diferente tratamiento entre progenitores puede resultar justificado dada la distinta finalidad que la suspensión y la prestación tienen para cada uno de los progenitores: para la madre biológica se trata de permitir la recuperación y protección de su salud; en el caso del progenitor distinto se pretende el fomento de la corresponsabilidad en el cuidado del hijo. (STS de 5 de julio de 2022 (RCUD 906/2019)). De acuerdo con ello, el legislador no está obligado a dar el mismo tratamiento a las prestaciones destinadas a madres (maternidad) que al resto de progenitores, por lo que, como afirma la STS de 19 de octubre de 2023, (RCUD 292/2022), no procede estimar el derecho del otro progenitor a una suspensión por nacimiento y cuidado de menor cuando se produce el fallecimiento intrauterino del feto, que además de no tener previsión legal no puede justificarse en el principio de corresponsabilidad ni en el objetivo de conciliación de la vida familiar y laboral.

En los mismos términos, para los empleados públicos, se pronuncia la STS de 29 enero de 2024 (RCUD 2832/2022) en interpretación del art. 49 del EBEP, aplicando los fundamentos de la STS de 19 de octubre de 2023 (RCUD 292/2022) concluye que el RD 295/2009 veta el reconocimiento del subsidio (por paternidad) si el hijo o el menor acogido fallecen antes del inicio de la suspensión o permiso, y, en cambio, una vez reconocido el subsidio, éste no se extinguirá, aunque fallezca el hijo o menor acogido.

1.2. Beneficiarios de la prestación contributiva por nacimiento y cuidado de menor

De acuerdo con el artículo 178 de la LGSS son beneficiarias del subsidio por nacimiento y cuidado de menor las personas que disfruten de los descansos señalados *supra* y que cumplan los siguientes requisitos:

a) El primer requisito exigido es el de *"estar afiliadas y en alta" o "en situación asimilada a la de alta al sobrevenir la contingencia o situación protegida"* (art. 165.1 LGSS). Para la determinación de las situaciones particulares de asimilación al alta para el supuesto de prestación por nacimiento se ha de atender a las previstas en el art. 4 del RD 295/2009 que incluye, entre otras, la situación legal de desempleo total por la que se perciba prestación de nivel contributivo, la situación del trabajador durante el periodo correspondiente a vacaciones anuales retribuidas que no hayan sido disfrutadas por él con anterioridad a la finalización del contrato, o los periodos entre campañas de los trabajadores fijos discontinuos.

   Además, tiene la consideración de situación asimilada al alta a efectos de la prestación por nacimiento y cuidado de menor todo el tiempo de duración de la excedencia por cuidado de hijos y los tres primeros años de excedencia por cuidado de otros familiares, puesto que los tres primeros años de esta excedencia se considera como de cotización efectiva, art. 237 LGSS.

   Conforme al art. 167.2 de la LGSS si la empresa incumple sus deberes de afiliación, alta y cotización responderá del pago de las prestaciones, no jugando el principio de automaticidad en el pago de las prestaciones cuando el incumplimiento es de la obligación de dar de alta y la prestación corresponde a contingencias comunes; en consecuencia no puede condenarse al INSS al anticipo de la prestación por nacimiento y cuidado de menor cuando la persona beneficiaria no se encuentra en situación de alta (STS de 21 de noviembre de 2021, RCUD 3655/2022).

b) En segundo lugar se exige acreditar unos períodos mínimos de cotización, determinados en función de la edad del beneficiario/a en la fecha del nacimiento o inicio del descanso o de la decisión administrativa de acogimiento o de guarda con fines de adopción o de la resolución judicial por la que se constituye la adopción del menor:

   b.1) Si la persona tiene menos de veintiún años de edad no se exigirá período mínimo de cotización.

   b.2) Si la persona tiene cumplidos veintiún años de edad y es menor de veintiséis el período mínimo de cotización exigido será de noventa días cotizados dentro de los siete años inmediatamente anteriores al momento de inicio del descanso. Alternativamente se considerará cumplido el requisito si acredita ciento ochenta días cotizados a lo largo de su vida laboral, con anterioridad al momento de inicio de descanso.

   b.3) Si la persona tiene cumplidos veintiséis años de edad el período mínimo de cotización exigido será de ciento ochenta días cotizados dentro de los siete años inmediatamente anteriores al momento de inicio del descanso. Alternativamente se considerará cumplido el requisito si acredita trescientos sesenta días cotizados a lo largo de su vida laboral, con anterioridad al momento de inicio de descanso.

Para la consideración de estos requisitos en el supuesto de nacimiento, la edad será la que tenga cumplida la interesada en el momento de inicio del descanso, tomándose como referente el momento del parto a efectos de verificar la acreditación del período mínimo de cotización que, en su caso, corresponda (art. 178.2 LGSS).

En los supuestos de adopción internacional, la edad será la que tengan cumplida los interesados en el momento de inicio del descanso, tomándose como referente el momento de la resolución a efectos de verificar la acreditación del período mínimo de cotización (art. 178.3 LGSS).

Es posible que la persona solicitante de la prestación *esté* en situación de pluriactividad, es decir, que trabaja en dos empleos de regímenes de seguridad social distintos, puede encontrarse en alguna de las siguientes situaciones:

a) obtener la prestación en cada uno de los regímenes si reúne los requisitos exigidos en cada uno de ellos;

b) recibir el subsidio correspondiente a uno solo de los regímenes cuando cumpla los requisitos en uno solo de ellos. En este caso, se computan únicamente las cotizaciones ingresadas en el referido régimen;

c) causar el subsidio en el régimen en que se acrediten más días cotizados cuando en ninguno de los regímenes por sí solo cumpla con los requisitos, totalizándose las cotizaciones que no se superpongan (art. 3.6 RD 295/2009).

1.3. Duración de la prestación por nacimiento y cuidado de hijo

Determina el art. 48.4 del ET que en los casos de maternidad biológica se suspenderá el contrato de trabajo de la madre biológica durante 16 semanas, de las cuales serán obligatorias las seis semanas ininterrumpidas inmediatamente posteriores al parto, que habrán de disfrutarse a jornada completa, y cuya finalidad es asegurar la protección de la salud de la madre. Además, el nacimiento suspenderá el contrato de trabajo del progenitor distinto de la madre biológica durante 16 semanas, de las cuales serán obligatorias las seis semanas ininterrumpidas inmediatamente posteriores al parto, que habrán de disfrutarse a jornada completa, y cuya finalidad es facilitar el cumplimiento de los deberes de cuidado previstos en el artículo 68 del Código Civil.

Para ambos progenitores el período establecido es idéntico en duración y en régimen jurídico, pero la protección responde a una finalidad distinta: la protección de la salud de la madre en un caso, y el cumplimiento de los deberes de cuidado en el otro.

En los supuestos de adopción, la duración es también de dieciséis semanas para cada persona adoptante, guardadora o acogedora. En estos casos el período obligatorio de seis semanas se computa desde la resolución judicial por la que se constituye la adopción, o bien de la decisión administrativa de guarda con fines de adopción o de acogimiento. Se precisa en el art. 48.5 ET que un mismo menor en ningún caso puede dar derecho a varios periodos de suspensión en la misma persona trabajadora.

1.3.1. Situaciones especiales respecto a la duración de la prestación

A) Ampliaciones del período

El período inicial de dieciséis semanas se amplía en varios supuestos.

El primero se refiere al nacimiento, adopción, guarda con fines de adopción o acogimiento múltiple. En este caso la duración se extenderá en dos semanas más por cada hijo o hija distinta del primero, una para cada una de las personas progenitoras.

El segundo es el supuesto de discapacidad del hijo o hija en el nacimiento, adopción, en situación de guarda con fines de adopción o de acogimiento. Se entenderá que los menores de edad, adoptados o acogidos, que sean mayores de seis años, presentan alguna discapacidad cuando ésta se valore en un grado igual o superior al 33 por 100 (RD 888/2022, de 18 de octubre, por el que se establece el procedimiento para el reconocimiento, declaración y calificación del grado de discapacidad). En este caso la suspensión del contrato también tendrá una duración adicional de dos semanas, una para cada una de las personas progenitoras.

Si se dan ambas situaciones, nacimiento o adopción múltiple y discapacidad de alguno de los hijos o hijas se suman ambas ampliaciones.

En tercer lugar, en los casos de parto prematuro con falta de peso y en aquellos otros en que el neonato precise, por alguna condición clínica o hospitalización a continuación del parto, por un periodo superior a siete días, el periodo de suspensión se ampliará en tantos días como el nacido se encuentre hospitalizado, con un máximo de trece semanas adicionales.

Por último, en el caso de las familias monoparentales, esto es, en caso de haber una única persona progenitora, esta podrá disfrutar de estas ampliaciones completas, pero no de la suma de los períodos de suspensión, como veremos a continuación.

B) El tratamiento de las familias monoparentales

En efecto, más allá de esta posibilidad de agrupar en un único progenitor las ampliaciones del periodo de suspensión del contrato señaladas en el apartado anterior, la normativa no recoge ninguna regla especial para los supuestos de menores nacidos en familias monoparentales. No existe ninguna previsión legal de acumulación de todo el período de suspensión del contrato previsto en el art. 48 ET, aunque estas familias han venido reclamándolo insistentemente, en atención a las necesidades de cuidado del menor y su equiparación a los menores con dos progenitores. Tras las sentencias contradictorias de los TSJ, la unificación de doctrina se produce en la STS de 2 de marzo de 2023 (RCUD 3972/2020), que estableció que judicialmente no puede realizarse la ampliación de la prestación en las familias monoparentales, pues no le corresponde al poder judicial la adopción de esta decisión de política legislativa. La doctrina se reitera en posteriores STS.

Las razones alegadas por el Tribunal Supremo pueden resumirse en dos. No es competencia del poder judicial la creación del derecho sino, exclusivamente, la aplicación e interpretación de las normas. Y los arts. 48 ET y 177 LGSS no resultan contrarios a la Constitución, ni a la normativa internacional, ni a la normativa de la Unión Europea, ni a los acuerdos, pactos o convenios internacionales suscritos por España.

También el TJUE se ha pronunciado recientemente sobre esta cuestión, pero inadmitiendo una cuestión prejudicial planteada por el Juzgado de lo Social n*úm.* 1 de Sevilla, en interpretación del artículo 5 de la Directiva (UE) 2019/1158 del Parlamento Europeo y del Consejo, de 20 de junio de 2019, relativa a la conciliación de la vida familiar y la vida profesional de los progenitores y los cuidadores: la STJUE de 16 de mayo de 2024, C-673/2022, resuelve inadmitiendo la petición de decisión prejudicial, pues el art. 5 es el relativo al permiso parental, mientras que la prestación por maternidad a nivel europeo continua delimitándose en la Directiva 92/85/CEE del Consejo, de 19 de octubre de 1992, relativa a la aplicación de medidas para promover la mejora de la seguridad y de la salud en el trabajo de la trabajadora embarazada, que haya dado a luz o en período de lactancia.

C) La acumulación de los períodos en el caso de beneficiarios que sean empleados públicos

Frente al tratamiento legal de escaso reconocimiento a las familias monoparentales, llama la atención que en el caso de los empleados públicos el EBEP, en el art. 49.a, en caso de fallecimiento de la madre biológica, el otro progenitor podrá hacer uso del permiso de aquella.

La previsión no sólo introduce una importante diferencia entre los trabajadores a los que se aplica el Estatuto de los Trabajadores y los empleados públicos a los que se aplica el EBEP, sino también respecto a las familias monoparentales.

1.4. Cuantía de la prestación económica

La prestación económica se determina en el artículo 179 de la LGSS como un subsidio equivalente al 100 % de la base reguladora. La base reguladora se configura a partir de la base de cotización por contingencias comunes del mes inmediatamente anterior al mes previo al del hecho causante, dividida entre el número de días a que dicha cotización se refiera. Cuando la persona trabajadora perciba retribución mensual y haya permanecido en alta en la empresa todo el mes natural, la base de cotización correspondiente se dividirá entre treinta.

A esta regla general hay que añadir las siguientes situaciones especiales:

a) Si la persona trabajadora ingresa en la empresa en el mes anterior al del hecho causante, para el cálculo de la base reguladora se tomará la base de cotización por contingencias comunes correspondiente al mes inmediatamente anterior al del inicio del descanso o del permiso por nacimiento y cuidado de menor.

b) Si la persona trabajadora hubiera ingresado en la empresa en el mismo mes del hecho causante, para el cálculo de la base reguladora se tomará la base de cotización por contingencias comunes de dicho mes.

c) Si se trata de personas trabajadoras con reducción de jornada por cuidado directo de un menor de doce años o que se encarguen del cuidado directo del cónyuge, pareja de hecho o familiar, las cotizaciones se computarán, durante los tres primeros años, incrementadas hasta el 100% de la cuantía que hubiere correspondido si se hubiese mantenido sin dicha reducción la jornada de trabajo (art. 237.3 LGSS).

d) Si se trata de personas contratadas a tiempo parcial, la base reguladora en la prestación de nacimiento y cuidado de menor está constituida por la suma de las bases de cotización correspondientes al año inmediatamente anterior al hecho causante dividida por el número de días naturales correspondientes a este periodo (365 días). De ser menor la antigüedad del trabajador en la empresa, será el resultado de dividir la suma de las bases de cotización acreditadas entre el número de días naturales a que éstas correspondan (art. 7.2 RD 295/2009).

e) Para los colectivos de artistas y de profesionales taurinos, la base reguladora será el promedio diario que resulte de dividir por 365 la suma de las bases de cotización de los doce meses anteriores al hecho causante, o el promedio diario del periodo de cotización que se acredite, si éste es inferior a un año. En ningún caso, el promedio diario que resulte podrá ser inferior, en cómputo mensual, a la base mínima de cotización que en cada momento corresponda a la categoría profesional del trabajador (art. 7.3 RD 295/2009).

f) Si se trata de personas que prestan servicios en situación de pluriempleo y pluriactividad se tomarán las bases de cotización de las diferentes empresas y actividades a efectos de determinar la base reguladora, a la que serán de aplicación los topes legales máximos (art. 3.6 RD 295/2009).

Excepcionalmente, se prevé la modificación de la base reguladora del subsidio en los siguientes casos:

a) Cuando se modifique la base mínima de cotización aplicable al trabajador en el

régimen de que se trate, para actualizar su cuantía a partir de la fecha de entrada en vigor de esta nueva base mínima.

b) Cuando se produzca un incremento de la base de cotización, como consecuencia de una elevación de los salarios de los trabajadores en virtud de disposición legal, convenio colectivo o sentencia judicial, que retrotraiga sus efectos económicos a una fecha anterior a la del inicio del descanso por maternidad, adopción o acogimiento.

c) Cuando para el cálculo del subsidio se haya tomado la última base de cotización que conste en las bases de datos corporativas del sistema y, posteriormente, se compruebe que ésta no coincide con la base de cotización por contingencias comunes correspondiente al mes anterior al del inicio del descanso o permiso, en los términos previstos en el apartado 3 de este artículo.

1.5. Prestación adicional

Señala el art. 6.2 RD 295/2009 que en caso de parto múltiple y de adopción o acogimiento de más de un menor, realizados de forma simultánea, se concederá un subsidio especial por cada hijo o menor acogido, a partir del segundo, igual al que corresponda percibir por el primero, durante el periodo de seis semanas inmediatamente posteriores al parto, o, cuando se trate de adopción o acogimiento, a partir de la decisión administrativa o judicial de acogimiento o de la resolución judicial por la que se constituya la adopción.

1.6. Dinámica de la prestación de nacimiento y cuidado de menor

1.6.1. Nacimiento de la prestación

El nacimiento del derecho a la prestación se producirá a partir del mismo día en que dé comienzo el periodo de descanso correspondiente, de acuerdo con las normas aplicables en cada caso. El procedimiento para el reconocimiento del derecho a la prestación se iniciará a instancia de la persona interesada, mediante solicitud, acompañada de la documentación expresada en el art. 14 del RD 295/2009 que certifica las circunstancias que permiten determinar la duración de la prestación y el inicio del percibo.

En el caso de maternidad biológica la suspensión del contrato y la prestación se inician con el parto, resultando obligatorias para ambos progenitores las primeras seis semanas inmediatamente posteriores al parto. Transcurrido este período, podrán disfrutarse en régimen de jornada completa o de jornada parcial, previo acuerdo entre la empresa y la persona trabajadora, distribuyéndose a voluntad de los progenitores, en períodos semanales a disfrutar de forma acumulada o interrumpida y ejercitarse desde la finalización de la suspensión obligatoria posterior al parto hasta que el hijo o la hija cumpla doce meses.

También cabe que la madre biológica anticipe la suspensión hasta cuatro semanas antes de la fecha previsible del parto.

En el caso de adopción, de guarda con fines de adopción y de acogimiento, existe igualmente un período de disfrute obligatorio, de seis semanas, a jornada completa e ininterrumpida, que se corresponden con el período inmediato después de la resolución judicial por la que se constituye la adopción o bien de la decisión administrativa de guarda con fines de adopción o de acogimiento. Las diez semanas restantes se podrán disfrutar en períodos semanales dentro de los doce meses siguientes a la resolución judicial por la que se constituya la adopción o bien a la decisión administrativa de guarda con fines de adopción o de acogimiento.

Igual que en la maternidad biológica cabe la suspensión del contrato y acceso a la prestación de forma anticipada, pero solamente en los supuestos de adopción internacional en los que sea necesario el desplazamiento previo de los progenitores al país de origen del adoptado. En este caso la anticipación también puede alcanzar las cuatro semanas.

1.6.2. El mantenimiento de la obligación de cotizar

La obligación de cotizar no desaparece durante estos períodos, tanto para la empresa como para la persona trabajadora la obligación de cotizar, en aplicación del art. 13.2 del RD 2064/1995. La cuantía correspondiente a la cotización del trabajador será descontada por la EG en el momento del abono de la prestación. Las aportaciones a cargo de la empresa deberá ingresarlas ésta durante todo el período de prestación.

1.6.3. La gestión de la prestación

Las prestaciones económicas por maternidad serán gestionadas directamente por el INSS, excepto para los trabajadores incluidos en el Régimen Especial de la Seguridad Social de los Trabajadores del Mar, cuya gestión corresponderá al Instituto Social de la Marina (ISM).

Corresponde el pago del subsidio directo por la entidad gestora, sin que quepa fórmula alguna de colaboración en la gestión por parte de las empresas.

Se abonará por periodos vencidos.

El subsidio especial, en caso de parto múltiple, será abonado en un solo pago al término del periodo de seis semanas posteriores al parto y, en los supuestos de adopción o acogimiento múltiples, al término de las seis semanas inmediatamente posteriores a la decisión administrativa o judicial de acogimiento o de la resolución judicial por la que se constituye la adopción (art. 12 del RD 295/2009).

1.7. Suspensión y pérdida de la prestación

Señala el art. 180 de la LGSS que cabe la denegación, suspensión y pérdida del derecho en dos casos:

a) cuando se constata una actuación fraudulenta del beneficiario para obtenerla o conservarla;

b) cuando el beneficiario trabaja por cuenta propia o ajena durante los correspondientes períodos de descanso. Para este supuesto hay que tener en cuenta las excepciones señaladas en el RD 295/2009, aplicables cuando se disfruta del período en régimen de jornada a tiempo parcial y en los supuestos de pluriempleo y pluriactividad. Los periodos de percepción del subsidio se corresponderán con los periodos de descanso que, en esos casos, serán los no ocupados por la jornada a tiempo parcial o por los empleos o actividades que no dan lugar al subsidio (art. 11 RD 295/2009).

1.8. Extinción de la prestación

Para el establecimiento de un listado de las causas de extinción de la prestación por nacimiento y cuidado de menor es necesario una interpretación del art. 8.12 del RD 295/2009 conforme a la legalidad vigente. Así habría que eliminar todas las situaciones de transferencia del derecho, ya que desde 2019 estamos ante derechos individuales intransferibles entre beneficiarios. Igualmente hay que tomar en consideración que las primeras seis semanas son de descanso obligatorio para los progenitores.

De acuerdo con ambas premisas, la prestación se extinguirá por el transcurso de los plazos máximos de duración de los periodos de descanso (letra a) y también cuando se produzca la reincorporación anticipada y voluntaria al trabajo del beneficiario del subsidio siempre con posterioridad al cumplimiento de las seis semanas obligatorias (letras b y c). Igualmente se extinguirá por el fallecimiento del beneficiario (letra d) y por adquirir el beneficiario la condición de pensionista de jubilación o por incapacidad permanente (letra e).

1.9. Relaciones con otras prestaciones

1.9.1. Incapacidad temporal y prestación por nacimiento y cuidado de menor

La cuestión que debe resolverse en este apartado es la inclusión o exclusión de las enfermedades vinculadas o coincidentes con el embarazo, parto o postparto, o manifestadas durante el embarazo o durante la suspensión del contrato posterior al nacimiento del hijo o hija, con o sin vinculación con el hecho de la maternidad entre las situaciones protegidas por la prestación por nacimiento y cuidado del menor. Para resolverla deben tenerse en cuenta las siguientes precisiones contenidas en el art. 10 del RD 295/2009:

1. Si la incapacidad temporal se inicia antes del parto: el proceso se mantendrá en sus propios términos hasta el momento del parto, aunque la trabajadora tiene opción de adelantar el descanso por maternidad. A partir de la fecha del parto deberá comenzar el disfrute del descanso por maternidad en toda su extensión -aunque la trabajadora continúe estando en situación de incapacidad para el trabajo- y, una vez finalizado, si man-

tiene la incapacidad y se dan las condiciones, podrá reanudar la situación de incapacidad temporal. Si se extingue el contrato de trabajo durante el disfrute del descanso por maternidad, la interesada seguirá percibiendo la prestación por maternidad hasta su extinción, pasando entonces a la situación legal de desempleo y a percibir, si procede, la prestación por desempleo.

2. Si la incapacidad temporal se origina durante el descanso por maternidad no procederá el reconocimiento del derecho al subsidio por incapacidad temporal derivada de contingencias comunes o profesionales sobrevenidas durante dicho periodo. Agotado éste, si la interesada necesitase asistencia sanitaria, se encuentra impedida para el trabajo y cumpliese los requisitos exigidos, se iniciará la situación de incapacidad temporal que corresponda.

Se excepciona de la anterior regla los supuestos de percepción del subsidio por maternidad en régimen de jornada a tiempo parcial. En ese caso si se inicia un proceso de incapacidad temporal podrá percibirse también simultáneamente el subsidio correspondiente a esta situación, de acuerdo con el régimen jurídico que le sea de aplicación, hasta la finalización del permiso por maternidad.

3. Si la incapacidad temporal es consecuencia del parto y se mantiene agotado el periodo de descanso por maternidad, se la considerará en situación de incapacidad temporal debida a enfermedad común, iniciándose a partir de este momento, si cumple los requisitos exigidos y sin solución de continuidad, el pago del subsidio correspondiente a la nueva contingencia y el cómputo para la duración de dicha situación, con absoluta independencia de los periodos de descanso por maternidad.

Cuando concurren sucesiva o simultáneamente el permiso o descanso por maternidad con una situación de incapacidad temporal y la extinción del contrato de trabajo hay que atender a las reglas previstas en el art. 10.4 RD 295/2009.

Si se ha interrumpido la percepción del subsidio por maternidad, en los casos de partos prematuros y en aquellos otros supuestos en que el neonato precise hospitalización a continuación del parto, y, una vez reanudada la correspondiente prestación de servicios o la actividad, el interesado iniciase un proceso de incapacidad temporal, dicho proceso quedará interrumpido por el alta hospitalaria del menor, con la consiguiente reanudación del subsidio por maternidad. Si extinguido el subsidio por maternidad, persiste la situación de incapacidad temporal, se reanudará el subsidio correspondiente a esta última contingencia que había sido interrumpido.

Para el progenitor distinto a la madre biológica el art. 27 del RD 295/2009 contiene reglas específicas en el caso de concurrencia de una incapacidad temporal con una situación de nacimiento y cuidado de menor de 12 meses, que consisten en que la protección por incapacidad temporal se interrumpe para dar paso a la prestación por cuidado de menor y se reiniciará cuando ésta última finalice.

1.9.2. Prestación por riesgo durante el embarazo o lactancia y prestación por nacimiento y cuidado de menor

La prestación por riesgo durante el embarazo incluye como situación protegida la derivada de riesgos o patologías que puedan influir negativamente en la salud de la trabajadora o del feto, relacionadas con agentes, procedimientos o condiciones de trabajo del puesto desempeñado. En estas circunstancias, cuando no es posible la evitación del riesgo mediante las actuaciones previstas en el art. 26 de la LPRL (véase la lección 12) la trabajadora pasará a estar protegida por la prestación por riesgo durante el embarazo hasta el momento del parto, en que iniciará la prestación por nacimiento y cuidado de menor, siendo esta causa de extinción de la anterior.

Finalizado el período de suspensión del contrato por maternidad, cuando la trabajadora se reincorpore al trabajo, si mantiene la lactancia natural del menor, procede que la reincorporación se efectúe sin que exista riesgo para su salud o la del menor, por lo que si la ausencia de riesgo no se garantiza la trabajadora iniciará una suspensión del contrato por riesgo durante la lactancia natural en los términos previstos en el artículo 26.4 de la LPRL (véase lección 12).

1.9.3. Prestación por corresponsabilidad en el cuidado del lactante y prestación por nacimiento y cuidado de menor

La prestación por corresponsabilidad en el cuidado del lactante da cobertura, desde la seguridad social, a una reducción de la jornada de trabajo para el cuidado del lactante, en los términos que se explican más adelante en esta misma lección. Podría pensarse si es posible la concurrencia con los supuestos de disfrute interrumpido de las 10 semanas no obligatorias, a las que puede accederse hasta los 12 meses de edad del menor, periodo coincidente con el de la prestación por corresponsabilidad en el cuidado del lactante que se extiende al período entre los 9 y los 12 meses del menor. La concurrencia en realidad no puede producirse, pues para acceder a la prestación por corresponsabilidad en el cuidado del lactante es preciso haber disfrutado del permiso de lactancia, ambos progenitores por igual y hasta los 9 meses de la edad del menor, en la modalidad de ausencia al trabajo, que exige la reincorporación al trabajo de los progenitores.

1.9.4. Prestación por desempleo prestación por nacimiento y cuidado de menor

En este caso es el art. 284 de la LGSS el que resuelve los conflictos de concurrencia entre la prestación por desempleo y la prestación por nacimiento y cuidado de menor. Determina este precepto que cuando el trabajador se encuentre en situación de nacimiento, adopción, guarda con fines de adopción o acogimiento y durante las mismas pase a estar incluido en alguno de las situaciones legales de desempleo previstas en el artículo 267.1 de la LGSS continuará percibiendo la prestación por nacimiento y cuidado de menor hasta su extinción, pasando entonces a la situación legal de desempleo y a percibir, si reúne los requisitos necesarios, la prestación por desempleo. En este caso no se descontará del período de percepción de la prestación por desempleo de nivel contributivo el tiempo que hubiera permanecido en situación de nacimiento, adopción, guarda con fines de adopción o acogimiento.

En sentido inverso, cuando el trabajador esté percibiendo la prestación por desempleo total y pase a la situación de nacimiento, adopción, guarda con fines de adopción o acogimiento percibirá la prestación por estas últimas contingencias en la cuantía que corresponda, suspendiéndose la prestación por desempleo y pasando a percibir la prestación correspondiente a su situación, gestionada directamente por su entidad gestora. Extinguida esta, se reanudará la prestación por desempleo por la duración que restaba por percibir y la cuantía que correspondía en el momento de la suspensión.

2. PRESTACIÓN NO CONTRIBUTIVA POR NACIMIENTO

La prestación asistencial o no contributiva por nacimiento, regulada en los arts. 181 y 182 de la LGSS y en los arts. 15 y ss. del RD 295/2009, protege a aquellas trabajadoras incluidas en el *Régimen General que, en caso de parto, reúnan todos los requisitos establecidos para acceder a la prestación por nacimiento y cuidado de menor, salvo el período mínimo de cotización* al que se refiere el art. 178 LGSS. La finalidad de esta protección deriva del carácter obligatorio de las seis semanas posteriores al parto en los supuestos de maternidad biológica exclusivamente y trata de atender a las carencias que puedan producirse al exigirse un periodo mínimo de cotización para acceder al derecho.

2.1. Beneficiarias de la prestación no contributiva por nacimiento

Solamente son beneficiarias de la protección las madres, y solamente en el caso de serlo por maternidad biológica ("en caso de parto" señala el art. 181 LGSS). Será necesario que tengan la condición de trabajadoras y se encuentren de alta en alguno de los regímenes del sistema de seguridad social español en el momento de la contingencia, que en este caso particular coincide forzosamente con el momento del nacimiento, aunque no se requiere carencia alguna.

2.2. Contenido de la prestación no contributiva por nacimiento

La cuantía diaria de la prestación será igual al 100 por 100 del IPREM vigente en cada momento, salvo que la base reguladora diaria, equivalente a la que esté establecida para la prestación por incapacidad temporal derivada de contingencias comunes, fuese de cuantía inferior, en cuyo caso se toma ésta.

Si se trata de trabajadoras a tiempo parcial, si la base reguladora diaria, resultante de dividir la suma de bases de cotización acreditadas durante el año anterior al hecho causante entre trescientos sesenta y cinco, fuese de cuantía inferior, se tomará ésta.

Con carácter general la duración de la prestación es equivalente a las seis semanas de descanso obligatorio, esto es, cuarenta y dos días naturales a contar desde el parto.

No obstante, está previsto el incremento en 14 días naturales, pasando a una duración de la prestación de 56 días (8 semanas) cuando concurran las circunstancias siguientes:

– nacimiento de hijo en una familia numerosa o en la que, con tal motivo, adquiera dicha condición;

– nacimiento de hijo en una familia monoparental, entendiendo por tal la constituida por un solo progenitor con el que convive el hijo nacido y que constituye el sustentador único de la familia;

– parto múltiple, entendiendo que existe el mismo cuando el número de nacidos sea igual o superior a dos;

– y discapacidad de la madre o del hijo en un grado igual o superior al 65 por ciento.

El incremento es único, aun que concurran dos o más circunstancias.

No se amplía la duración del subsidio en los casos de partos prematuros y en los de hospitalización de los neonatos ni, en tales supuestos, procederá tampoco la interrupción del abono del subsidio.

No se verá reducida la duración de la prestación económica en el supuesto de fallecimiento del hijo o hija, ni tampoco cuando el feto no reúna las condiciones establecidas en el art. 30 del Código Civil para adquirir la personalidad, siempre que hubiera permanecido en el seno materno durante al menos ciento ochenta días.

2.3. Dinámica y gestión de la prestación no contributiva por nacimiento

La gestión de la prestación por nacimiento no contributiva corresponde directamente al INSS, excepto para las trabajadoras incluidas en el Régimen Especial de la Seguridad Social de los Trabajadores del Mar, cuya gestión corresponderá al ISM. El abono de la prestación se realiza por periodos vencidos (art. 19 RD 295/2009) y es realizado directamente por la entidad gestora, sin que quepa fórmula alguna de colaboración en la gestión por parte de las empresas.

Como regla general el reconocimiento de la prestación por nacimiento no contributiva se inicia a instancia de la interesada. Es posible que la Entidad Gestora inicie de oficio el procedimiento cuando disponga de los datos suficientes para ello (art. 21 RD 295/2009).

Se tiene derecho al subsidio por maternidad a partir del día del parto.

Las causas de denegación anulación o suspensión son coincidentes con las que para la prestación contributiva establece el artículo 180 LGSS (analizadas *supra*).

Durante la percepción del subsidio continua la obligación de cotizar: la entidad gestora deba descontar del importe de la prestación la cuota correspondiente a la trabajadora.

El derecho al subsidio se extinguirá por el transcurso del plazo de duración, por el fallecimiento de la beneficiaria o por reconocerse a la beneficiaria una pensión por incapacidad permanente.

3. PRESTACIÓN POR EL EJERCICIO CORRESPONSABLE DEL CUIDADO DEL LACTANTE

3.1. Situación protegida

El art. 37.4 ET regula el denominado permiso para el cuidado del lactante, que atribuye el derecho a las personas trabajadoras a disfrutar de una ausencia al trabajo para los progenitores de un hijo o hija menor de nueve meses. El permiso puede disfrutarse en tres modalidades: una ausencia durante una hora en su jornada diaria de trabajo, una reducción de la jornada diaria en media hora o la acumulación del período para su disfrute en jornadas completas. El mismo precepto amplía el derecho cuando los dos progenitores, adoptantes, guardadores o acogedores hacen uso del derecho de forma corresponsable, extendiendo el derecho hasta los doce meses del lactante, aunque con reducción proporcional del salario desde los nueve meses.

En correlación con las previsiones del art. 37.4 ET, el artículo 183 LGSS establece el derecho a una prestación económica por ejercicio corresponsable del cuidado del lactante para atender en parte esa pérdida de ingresos. Sin embargo, no existe una correspondencia absoluta entre las previsiones de la norma laboral y la de seguridad social. Conforme al art. 183 LGSS, a efectos de la prestación económica se considera situación protegida por esta prestación solamente la reducción de la jornada de trabajo en media hora, lo que excluye directamente la opción corresponsable por las otras dos modalidades de disfrute. Es decir, los progenitores corresponsables que opten por la ausencia o la acumulación, podrán extender su derecho hasta los doce meses de edad del menor pero no quedan incluidos en la situación protegida por el art. 183 LGSS.

3.2. Beneficiarios

En cuanto a los sujetos beneficiarios de la prestación económica los requisitos exigidos afectan a ambos progenitores a los que se exige que trabajen, que hagan uso del derecho a la reducción y que lo hagan durante el mismo período o con la misma duración. Y solamente es en estas situaciones en las que se concede la protección del sistema de seguridad social. Además, aunque en ambos progenitores concurran las circunstancias para ser beneficiarios de la prestación, solo se reconocerá a uno de ellos (art. 184.2 LGSS). Se da la paradoja de que se trata de una prestación por corresponsabilidad, pero que se reconoce solo a uno de los progenitores.

Finalmente, para poder acceder a la prestación económica es necesario que el beneficiario cumpla con los requisitos, y en los mismos términos y condiciones, establecidos para la prestación por nacimiento y cuidado de menor (art. 184.1 LGSS).

Para acceder a la prestación es preciso que se acredite el ejercicio corresponsable por las empresas en que trabajen sus progenitores, adoptantes, guardadores o acogedores.

La prestación no es aplicable a los empleados públicos. En este caso se aplicará el art. 48.f) del EBEP, que regula el permiso por lactancia de un hijo menor de doce meses, sin necesidad de acudir a la exigencia de corresponsabilidad entre progenitores.

3.3. Prestación económica

Para el progenitor que accede a la prestación se prevé un subsidio equivalente al 100 por ciento de la base reguladora establecida para la prestación de incapacidad temporal derivada de contingencias comunes, calculada en proporción a la reducción que experimente la jornada de trabajo.

3.4. Gestión y pago de la prestación por el ejercicio corresponsable del cuidado del lactante

La prestación empieza a percibirse a partir de que el menor cumpla los nueve meses y se extingue cuando cumpla los doce meses (art. 185.2 LGSS).

La gestión y pago de esta prestación corresponde al INSS o al ISM.

4. PRESTACIÓN POR CUIDADO DE MENORES AFECTADOS POR CÁNCER U OTRA ENFERMEDAD GRAVE

4.1. Situación protegida

Los progenitores, adoptantes o acogedores de carácter preadoptivo o permanente, de menores afectados por cáncer u otra enfermedad grave, tienen reconocido el derecho a la reducción de su jornada de trabajo y la compensación de la correspondiente pérdida de ingresos mediante una prestación económica (art. 37.6 ET para los trabajadores asalariados y art.

190 LGSS). Para los funcionarios públicos se aplica el artículo 49.e) del EBEP.

El ET establece en el art. 37.6 el derecho a una reducción de la jornada de trabajo con la finalidad de atender el cuidado del menor afectado por cáncer (tumores malignos, melanomas y carcinomas), o por cualquier otra enfermedad grave, de las incluidas en el listado del anexo del RD 1148/2011, de 29 de julio. durante la hospitalización y tratamiento continuado. La reducción será como mínimo de un 50%, y conlleva la disminución proporcional del salario.

La enfermedad del menor debe suponer un ingreso hospitalario de larga duración, o bien períodos de continuación del tratamiento médico o el cuidado del menor en su domicilio tras el diagnóstico y hospitalización (art. 2 RD 1148/2011) y requerir la necesidad de cuidado directo, continuo y permanente, circunstancias que serán acreditadas por el informe del Servicio Público de Salud u órgano administrativo sanitario de la Comunidad Autónoma correspondiente. De forma que no procede la prestación económica si no concurren el ingreso hospitalario o la estancia en el domicilio durante largos períodos de tiempo.

La protección tiene como finalidad cubrir la disminución de ingresos de uno de los progenitores, vinculada a la concurrencia de las dos circunstancias mencionadas:

a) en primer lugar, un menor (hijo o hija del solicitante o persona sujeta a guarda con fines de adopción o acogida con carácter permanente) afectado por cáncer o por cualquier otra enfermedad grave que conlleve el ingreso hospitalario de larga duración y que requiere el cuidado directo, continuo y permanente. La STS de 28 de junio de 2016 (RCUD 80/2015) señala que en ningún momento la LGSS exige que este cuidado sea equivalente a "cuidado durante el día entero" y, en consecuencia, no es incompatible el percibo de la prestación y la escolarización del menor en centro en que "recibe atención de fisioterapeuta, profesora de audición y lenguaje, profesora de pedagogía terapéutica y auxiliar técnico educativa", dado que durante el tiempo que permanece en el domicilio debe ser objeto de intensos cuidados de manera directa, continua y permanente. No obsta a la concesión de la prestación el hecho de que el menor esté escolarizado ni puede descartarse la asistencia a algún centro para mejorar su situación. Por su parte, la STS de 5 de febrero de 2018 (RCUD 680/2016) recuerda que no existe un automatismo en el nacimiento del derecho a la prestación por la concurrencia de la enfermedad, sino que debe darse también la necesidad de cuidado directo, continuado y permanente del menor, por lo que habrá que valorar en cada supuesto las circunstancias específicas.

Con carácter general se exige la minoría de edad, pero puede extenderse hasta que el causante cumpla 23 años en los supuestos de padecimiento de cáncer o enfermedad grave diagnosticada antes de alcanzar la mayoría de edad.

b) en segundo lugar, la reducción de jornada del progenitor en los términos del art. 37.6 ET. La prestación, no obstante, está reservada para aquellas unidades familiares en que ambos progenitores trabajen (art. 191 LGSS).

4.2. Beneficiarios

Señala el art. 191 de la LGSS que para el acceso al derecho a esta prestación económica se exigirán los mismos requisitos y en los mismos términos y condiciones que los establecidos para la prestación por nacimiento y cuidado de menor. Así pues, será necesaria la afiliación y el alta en algún régimen del sistema de Seguridad Social, exigiéndose períodos mínimos de cotización en función de la edad del beneficiario de la prestación en la fecha en que se inicie la reducción de jornada (art. 178 LGSS).

No se exigen periodos mínimos de cotización para el reconocimiento del derecho al subsidio por cuidado de menores afectados por cáncer u otra enfermedad grave a las personas trabajadoras que tengan menos de 21 años de edad en la fecha en que inicien la reducción de jornada, conforme a lo establecido en el artículo 178.1.a) LGSS.

En cambio, si la persona trabajadora tiene cumplidos 21 años de edad y es menor de 26 en la fecha en que inicie la reducción de jornada, el periodo mínimo de cotización exigido será de 90 días cotizados dentro de los siete años inmediatamente anteriores a dicha fecha o de 180 días cotizados a lo largo de su vida laboral, con anterioridad a la fecha indicada. Y si la persona trabajadora tiene cumplidos 26 años de edad en la fecha en que inicie la reducción de jornada, el periodo mínimo de cotización exigido será de 180 días dentro de los siete años inmediatamente anteriores a dicha fecha. Se considerará cumplido el mencionado requisito si, alternativamente, la persona trabajadora acredita 360 días cotizados a lo largo de su vida laboral, con anterioridad a la fecha indicada.

En el caso de personas trabajadoras a tiempo parcial, el lapso de tiempo inmediatamente anterior al inicio de la reducción de jornada, en el que debe estar comprendido el período mínimo de cotización exigido, se incrementará en proporción inversa a la existente entre la jornada efectuada por la persona trabajadora y la jornada habitual en la actividad correspondiente y exclusivamente en relación con los períodos en que, durante dicho lapso, se hubiera realizado una jornada inferior a la habitual.

Así pues, son beneficiarias las personas trabajadoras por cuenta ajena o por cuenta propia y asimilados, que cumpliendo los anteriores requisitos reducen su jornada de trabajo en, al menos, un 50% de su duración. En el supuesto de personas trabajadoras contratadas a tiempo parcial, no se tendrá derecho al subsidio cuando la duración efectiva de la jornada a tiempo parcial sea igual o inferior al 25% de una jornada de trabajo de una persona trabajadora a tiempo completo comparable. No obstante, si la persona trabajadora tuviera dos o más contratos a tiempo parcial, se sumarán las jornadas efectivas de trabajo a efectos de determinar el citado límite.

Tres situaciones especiales:

a) Si se trata de familias monoparentales el requisito es exigible a la persona progenitora, guardadora o acogedora.

b) Si se produce la nulidad, separación, divorcio o extinción de la pareja de hecho o cuando se acredite ser víctima de violencia de género, el derecho se reconocerá a favor del progenitor, guardador o acogedor que conviva con la persona enferma, aunque el otro no trabaje, siempre que se cumplan el resto de los requisitos exigidos.

c) Cuando la persona enferma sea mayor de edad y contraiga matrimonio o constituya una pareja de hecho, tendrá derecho a la prestación el cónyuge o pareja de hecho, que acredite las condiciones para ser beneficiario y la reducción de jornada se hubiera iniciado antes del cumplimiento de los 18 años de edad por el progenitor, guardador o acogedor correspondiente.

4.3. Acreditación de la situación

De acuerdo con el art. 2.2 del RD 1148/2011 la acreditación del padecimiento del cáncer u otra enfermedad grave y la necesidad de cuidado directo, continuo y permanente del menor durante el tiempo de hospitalización y tratamiento continuado de la enfermedad, se efectuará mediante declaración cumplimentada por el facultativo del servicio público de salud u órgano administrativo sanitario de la comunidad autónoma correspondiente, responsable de la atención del menor. Cuando el diagnóstico y tratamiento del cáncer o enfermedad grave del menor se haya realizado a través de los servicios médicos privados se exigirá que la declaración sea cumplimentada además por el médico del centro responsable de la atención del menor.

4.4. Contenido de la protección

La prestación económica consiste en un subsidio, de devengo diario, equivalente al 100% de la base reguladora establecida para la prestación de incapacidad temporal, derivada de contingencias profesionales, calculándose en proporción a la reducción que experimente la jornada de trabajo (art. 192 LGSS). Se acude a una fórmula de cálculo vinculada a las prestaciones por riesgo durante el embarazo y la lactancia, aunque en esta prestación por cuidado de menor no concurre el elemento profesional, sino que trata de beneficiar la conciliación de la vida familiar con la laboral. En el caso de personas trabajadoras contratadas a tiempo parcial, la base reguladora diaria del subsidio será el resultado de dividir la suma de las bases de cotización acreditadas en la empresa durante los tres meses inmediatamente anteriores a la fecha de inicio de la reducción de jornada, entre el número de días naturales de dicho período. A dicha base se aplicará el porcentaje de reducción de jornada que corresponda (art. 6 del RD 1148/2011, de 29 de julio).

Durante el período de reducción de jornada subsiste la obligación de cotización por el tiempo efectivo de trabajo. Ahora bien, las cotizaciones se computarán incrementadas al 100% de la cuantía que hubiere correspondido si se hubiera mantenido sin dicha reducción la jornada de trabajo, a efectos de las prestaciones por jubilación, incapacidad permanente, muerte y supervivencia, nacimiento y cuidado de menor, riesgo durante el embarazo, riesgo durante la lactancia natural e IT, de acuerdo con lo previsto en el párrafo segundo del art. 237.3 LGSS.

Para el acceso a la prestación es necesario que ambos progenitores trabajen, por tanto, ambos deben acreditar que se encuentran afiliados y en situación de alta en algún régimen público de Seguridad Social, o bien, debido al ejercicio de su actividad profesional, estar incorporados obligatoriamente a la mutualidad de previsión social establecida por el correspondiente Colegio profesional.

No obstante, aun cuando concurran en ambos progenitores, adoptantes, guardadores con fines de adopción, o acogedores de carácter permanente, las circunstancias necesarias para tener la condición de beneficiarios de la prestación, el derecho a percibirla sólo podrá ser reconocido a favor de uno de ellos (art. 191.2 LGSS), con independencia del número de menores que estén afectados por cáncer u otra enfermedad grave.

Se permite que, mediante acuerdo entre los progenitores y la empresa o empresas respectivas, se alternen en el percibo del subsidio por períodos no inferiores a un mes, mediante la sucesiva suspensión de este (art. 4 del RD 1148/2011, de 29 de julio). En este caso el percibo del subsidio quedará en suspenso cuando se reconozca un nuevo subsidio a la otra persona progenitora, guardadora o acogedora. El acuerdo para alternarse en el disfrute de la prestación podrá ser solicitado en cualquier momento a lo largo de la duración de la prestación.

4.5. Dinámica

La prestación surgirá desde el día de comienzo de la reducción de jornada, siempre que se solicite en un plazo de tres meses desde que se inició la reducción de jornada, o en su caso, con una retroactividad máxima de tres meses. Se reconocerá por un período inicial de un mes, prorrogable por períodos de dos meses.

En situación de pluriactividad, el beneficiario podrá recibir el subsidio en cada uno de los regímenes de la seguridad social en que se encuentre encuadrado, si reúne los requisitos en todos ellos. En caso contrario, se le reconocerá sólo en aquel en que cumpla los requisitos, computándose sólo las cotizaciones satisfechas en el mismo. Si no cumple los requisitos en ninguno de ellos, se totalizarán las cotizaciones realizadas, que no se superpongan, y se reconocerá el subsidio por el régimen en el que acredite más cotizaciones. En caso de pluriempleo, el reconocimiento del subsidio se hará en proporción al porcentaje de reducción que experimente el total de la jornada de los distintos empleos.

El percibo del subsidio se extinguirá (art. 192 LGSS y art. 7 del RD 1148/2011, de 29 de julio):

a) Por la reincorporación plena al trabajo o reanudación total de la actividad laboral de la persona beneficiaria, cesando la reducción de jornada por cuidado de menores afectados por cáncer u otra enfermedad grave, cualquiera que sea la causa que determine dicho cese.

b) Por no existir la necesidad del cuidado directo, continuo y permanente del causante, debido a la mejoría de su estado o a alta médica por curación, según el informe del facultativo del servicio público de salud u órgano administrativo sanitario de la comunidad autónoma correspondiente responsable de la asistencia sanitaria del causante.

c) Cuando una de las personas progenitoras, guardadoras o acogedoras del causante, cónyuge o pareja de hecho cese en su actividad laboral, sin perjuicio de que cuando esta se reanude se pueda reconocer un nuevo subsidio si se acredita por la persona beneficiaria el cumplimiento de los requisitos exigidos y siempre que el causante continúe requiriendo el cuidado directo, continuo y permanente.

La STS de 20 de julio de 2021 (RCUD 4710/2018) analiz*ó* si la madre divorciada que tiene concedida la guarda y custodia de una hija afectada por una enfermedad grave puede seguir disfrutando la prestación otorgada para su cuidado cuando el otro progenitor cesa en su actividad laboral.

Sin embargo, el art. 7 del RD 1148/2011 fue modificado por el RD 677/2023, de 18 de julio, añadiéndose la previsión relativa a que en los supuestos de nulidad, separación, divorcio o extinción de la pareja de hecho, así como cuando se acredite ser víctima de violencia de género, en los que el derecho al subsidio se haya reconocido a favor de la persona progenitora, guardadora o acogedora que conviva con la persona enferma, únicamente se extinguirá cuando sea esta persona progenitora, guardadora o acogedora que tenga derecho al subsidio quien cese en la relación laboral.

d) Por cumplir el causante los 23 años, salvo que se acredite un grado de discapacidad igual o superior al 65 por ciento.

e) Por dejar de acreditar el grado de discapacidad requerido o, en todo caso, cuando el causante cumpla los 26 años de edad.

f) Por fallecimiento del causante.

g) Por fallecimiento de la persona beneficiaria de la prestación.

4.6. Compatibilidad

El percibo de la prestación es compatible con el trabajo, pero incompatible con las situaciones de incapacidad temporal, los períodos de descanso por nacimiento y cuidado de menor y los supuestos de riesgo durante el embarazo y de riesgo durante la lactancia natural y, en general, cuando la reducción de la jornada de trabajo por cuidado de menores afectados por cáncer u otra enfermedad grave concurra con cualquier causa de suspensión de la relación laboral. Procederá la suspensión de la prestación por cuidado de menores, pudiéndose reconocerse a la otra persona progenitora, adoptante o acogedora que reúna los requisitos, cuando, por motivos de salud, la persona que se hacía cargo del menor no pueda atenderle y se encuentre en situación de IT o en período de descanso obligatorio por nacimiento y cuidado de menor por nacimiento de un nuevo hijo (art. 7 RD 1148/2011, de 29 julio).

4.7. Gestión y pago

La gestión y el pago de la prestación económica corresponden a la Entidad Gestora o a la MCSS, con la que la empresa tenga concertada la cobertura de los riesgos profesionales.

5. LA PRESTACIÓN FAMILIAR CONTRIBUTIVA

5.1. Situación protegida

Una de las fórmulas a las que acude el legislador para establecer medidas de protección a los cuidadores de hijos o familiares es la contenida en el art. 237 LGSS que establece una prestación que no es de carácter económica, sino que consiste en considerar a efectos del *cómputo de cotizaciones* aquellos períodos en los que las personas trabajadoras han podido verse afectadas en su carrera de cotización por el hecho de dedicarse al cuidado de hijos, hijas o familiares.

El art. 237 LGSS se refiere a distintos supuestos protegidos:

El primero de ellos incluye a las personas que solicitaron la excedencia por cuidado de hijos o menor en régimen de acogimiento permanente o de guarda con fines de adopción del art. 46.3 del ET: en este caso los períodos de hasta tres años de excedencia tienen la consideración de periodo de cotización efectiva a efectos de las correspondientes prestaciones de la Seguridad Social por jubilación, incapacidad permanente, muerte y supervivencia, maternidad y paternidad (que debe entenderse referidas a las de nacimiento y cuidado de hijos).

El segundo supuesto se refiere a las personas trabajadoras que solicitaron una excedencia por cuidado de familiares del art. 46.3 del ET: en este caso, tras la modificación operada por el Real Decreto-ley 2/2023, se considerarán efectivamente cotizados a los efectos de las prestaciones por jubilación, incapacidad permanente, muerte y supervivencia, maternidad y paternidad (que debe entenderse referidas a las de nacimiento y cuidado de hijos) los tres primeros años del período de excedencia que los trabajadores disfruten.

En tercer lugar, el vigente art. 237 LGSS se refiere a los períodos de reducción de jornada previstos en el primer y segundo párrafo del artículo 37.6 del ET, esto es, la reducción de jornada por guarda legal de menor de doce años, la reducción de jornada por cuidado directo de persona con discapacidad que no desempeñe actividad retribuida, y la reducción de jornada para el cuidado directo del cónyuge o pareja de hecho, o familiar hasta el segundo grado de consanguinidad y afinidad, incluido el familiar consanguíneo de la pareja de hecho que por razones de edad, accidente o enfermedad no pueda valerse por sí mismo, y que no desempeñe actividad retribuida. En estos supuestos se puede ejercer el derecho a una reducción entre 1/8 y la mitad de la jornada diaria, con la reducción proporcional del salario.

Pues bien, dado que se produce una reducción del salario y, en consecuencia, las cotizaciones también se verán reducidas, el art. 237.2 de la LGSS contempla su incremento para no perjudicar nuevamente a las personas trabajadoras que reducen su jornada de trabajo por estas causas. Así, se dispone que las cotizaciones realizadas durante los tres primeros años del período se computarán incrementadas hasta el 100 por cien de la cuantía que hubiera correspondido si se hubiera mantenido sin dicha reducción la jornada de trabajo, a efectos de las prestaciones por jubilación, incapacidad permanente, muerte y supervivencia, maternidad y paternidad (que debe entenderse referidas a las de nacimiento y cuidado de hijos).

En cuarto lugar, también se incrementan las cotizaciones realizadas durante los períodos en que se reduce la jornada en el último párrafo del apartado 4 (reducción de jornada en el supuesto de ejercicio corresponsable del permiso por lactancia, prorrogado hasta los doce meses), así como en el tercer párrafo del apartado 6 del artículo 37 del ET (reducción de jornada en el supuesto de cuidado de menores afectados por cáncer o enfermedad grave). En ambos supuestos, las cotizaciones se computarán incrementadas hasta el 100 por cien de la cuantía que hubiera correspondido si se hubiera mantenido sin dicha reducción la jornada de trabajo, a efectos de las prestaciones por jubilación, incapacidad permanente, muerte y supervivencia, nacimiento y cuidado de menor, riesgo durante el embarazo, riesgo durante la lactancia natural e incapacidad temporal.

Por último, el apartado 4 del art. 237 LGSS se refiere a la coincidencia de situaciones de excedencia y reducciones de jornada y la consideración como cotizados de estos períodos. Se trata de evitar que perjudique a las personas trabajadoras el cómputo incrementado de las cotizaciones en casos de excedencia por haber solicitado previamente una reducción de jornada. Así, determina el precepto que, a efectos de la consideración como cotizados de los períodos de excedencia que correspondan, las cotizaciones realizadas durante la reducción de jornada se computarán incrementadas hasta el 100 por cien de la cuantía que hubiera correspondido si se hubiera mantenido sin dicha reducción la jornada de trabajo.

5.2. Beneficiarios

Lo dispuesto será de aplicación a todos los trabajadores por cuenta ajena que, de acuerdo con la legislación que les resulte aplicable, disfruten de los períodos de excedencia con reserva del puesto de trabajo establecidos para el cuidado de hijos, ya sean naturales o adoptados, o de menores acogidos, en los supuestos de acogimiento familiar, permanente o preadoptivo, así como para el cuidado de un familiar, hasta el segundo grado de consanguinidad o afinidad, que por razones de edad, accidente, enfermedad o discapacidad no pueda valerse por sí mismo, y no desempeñe actividad retribuida.

Para los funcionarios públicos integrados en el RG de la Seguridad Social, se consideran períodos de situación asimilada a la de alta y de cotización efectiva para las prestaciones de jubilación, IP, muerte y supervivencia, nacimiento y cuidado de menor, los de excedencia por cuidado de hijo, de menor acogido o de otros familiares, de duración no superior a 3 años, que disfruten de acuerdo con lo establecido en el art. 89.4 del EBEP (art. 89.4 EBEP y DA 4ª RD 295/2009). En supuestos de reducción de jornada por cuidado de hijos, menores acogidos o familiares, el cómputo de las cotizaciones incrementadas hasta el 100 % de la cuantía que hubiera correspondido si se hubiera mantenido sin dicha reducción la jornada de trabajo, de acuerdo con lo preceptuado en el art. 237.3 y 4 LGSS, también será de aplicación al personal funcionario y estatutario incluido en el RG de la Seguridad Social (DA 8ª RD 295/2009).

5.3. Contenido

Como se dice antes, no se trata de un derecho al percibo de una prestación de carácter económico, sino de aplicar la ficción de considerar los periodos señalados como cotizados para el cálculo de determinadas prestaciones. En el supuesto de que no lleguen a completarse los períodos señalados en los apartados anteriores, se computará como cotizado el período efectivamente disfrutado.

Esta consideración como período de cotización posee el siguiente alcance conforme a lo dispuesto en el RD 1335/2005:

a) Consideración del beneficiario en situación asimilada al alta para acceder a determinadas prestaciones de la Seguridad Social: jubilación, incapacidad permanente, muerte y supervivencia, maternidad y paternidad (hoy día debe entenderse nacimiento y cuidado del menor), con exclusión de las no mencionadas, como las de incapacidad temporal (STS de 14-11-2002) y desempleo.

b) En orden al reconocimiento del derecho a las prestaciones de la Seguridad Social, el período considerado como de cotización efectiva surtirá efectos tanto para la cobertura del período mínimo de cotización como para la determinación de la base reguladora y del porcentaje aplicable, en su caso, para el cálculo de la cuantía de aquéllas (art. 6.1 del RD 1335/2005).

c) Como bases de cotización se tomarán las bases medias correspondientes a los seis meses inmediatamente anteriores al inicio de la excedencia, o período inferior acreditado (arts. 7 RD 1335/2005).

d) Consideración a los beneficiarios en situación de alta, durante dicho período, para acceder a las prestaciones de la Seguridad Social por jubilación, incapacidad permanente, muerte y supervivencia y maternidad (art. 6.1 del RD 1335/2005).

e) Los beneficiarios mantienen el derecho a la prestación de asistencia sanitaria de la Seguridad Social.

5.4. Gestión

Las empresas deberán comunicar a la Tesorería General de la Seguridad Social, en el plazo de 15 días, a partir de que se produzca, el inicio y la finalización del disfrute por sus trabajadores de los períodos de excedencia laboral para el cuidado de hijo, del menor acogido o de otros familiares, con derecho de reserva de puesto de trabajo (art. 8 RD 1335/2005).

La omisión de la comunicación podrá ser objeto de la sanción correspondiente, de acuerdo con la gravedad de la infracción, conforme a la LISOS.

Lección 11

Riesgo durante el embarazo y riesgo durante la lactancia natural

MARÍA BELÉN CARDONA RUBERT
Catedrática. Departamento de Derecho del Trabajo y de la Seguridad Social
Universitat de València

1. PRESTACIÓN POR RIESGO DURANTE EL EMBARAZO

La prestación por riesgo durante el embarazo es introducida por la Ley 39/1999, de 5 de noviembre, para la conciliación de la vida familiar y laboral de las personas trabajadoras, para cubrir la situación de desprotección en la que quedaban aquellas trabajadoras embarazadas, sometidas a riesgos laborales y a las que la empresa no podía proporcionar un puesto de trabajo adecuado y libre de riesgos para su salud y/o la del feto.

La Ley 39/1999 hace realidad la transposición del art. 5.3 de la Directiva 92/85/CEE, de 19 de octubre de 1992, del Consejo, referida a la aplicación de medidas para promover la mejora de la seguridad y salud en el trabajo de la trabajadora embarazada, que haya dado a luz o en período de lactancia, y en la que se prevé la suspensión de la prestación laboral de la trabajadora cuando exista riesgo durante el embarazo y la lactancia.

Tras la LOI la prestación por riesgo durante el embarazo se distancia de su diseño anterior, que la ligaba a contingencias comunes, para configurarla como prestación derivada de contingencias profesionales, aunque el carácter profesional no se predica de la contingencia, sino de la prestación (STS de 19 mayo 2014, Rec. 522/2013). El régimen jurídico de esta prestación se encuentra en los arts. 186 y 187 LGSS y en los arts. 31 y ss. del RD 295/2009, de 6 marzo.

1.1. Situación protegida

Cuando el cambio de puesto de trabajo o función no resulte técnica u objetivamente posible o no pueda exigirse razonablemente por motivos justificados, se acciona el último nivel de protección previsto en el art. 26.3 LPRL, el paso de la trabajadora afectada a la situación de riesgo durante el embarazo y que consiste en la dispensa del trabajo durante todo el tiempo necesario, para la protección de la seguridad y salud de la trabajadora embarazada y/o del feto, mientras persista la imposibilidad de reincorporarse al puesto anterior u otro puesto compatible con su estado.

Este tercer nivel de protección aparece configurado como "una especie de última ratio" (ALBIOL MONTESINOS), como "medida subsidiaria" (CRUZ VILLALÓN) a los dos anteriores niveles de protección. Agotados éstos, la obligación de protección del empresario subsiste y, en virtud del art. 26.3 LPRL, debe dispensar del trabajo a la trabajadora embarazada que pasa, así, a la situación de suspensión, con reserva de puesto, del contrato de trabajo por riesgo durante el embarazo (art. 45.1.e) ET). Este período de suspensión del contrato es la situación protegida por la Seguridad Social.

La situación a la que se da cobertura se corresponde, por tanto, exactamente con la que da lugar a la suspensión del contrato en los términos previstos en el art. 26.3 LPRL y que debe tener su origen, exclusivamente, en la existencia de riesgos directamente relacionados con las condiciones de trabajo o la actividad desarrollada (STS de10 diciembre 2018, rec. 2654/2016).

No se considerará, sin embargo, situación protegida la que se derive de riesgos o patologías que, aun pudiendo influir negativamente en la salud de la trabajadora embarazada y/o del feto, no estén relacionadas con las condiciones del puesto de trabajo desempeñado o de la actividad realizada.

1.2. Requisitos

Podrán ser beneficiarias de la prestación, las trabajadoras incluidas en cualquiera de los Regímenes del sistema de la Seguridad Social. Lo que para el legislador significa dar cabida, en primer lugar, a las trabajadoras por cuenta ajena, incluidas en el ámbito de aplicación del Régimen General y de los Regímenes Especiales de la Seguridad Social. En, segundo lugar, también lo serán las trabajadoras por cuenta propia, incluidas en el RE del Mar, y RETA.

Asimismo, podrán acogerse a esta prestación las socias trabajadoras o socias de trabajo de las Sociedades Cooperativas y las trabajadoras de las Sociedades Laborales, con independencia del Régimen de la Seguridad Social en el que estén dadas de alta.

Por último, también se extiende la protección a las funcionarias y al personal estatutario sanitario.

No se exige la acreditación de una cotización mínima previa y, únicamente, que se hallen en situación de riesgo durante el embarazo, estar afiliadas y dadas de alta en alguno de los regímenes del sistema de la Seguridad Social, en la fecha en que se inicie la suspensión.

1.3. Contenido de la protección

La prestación económica por riesgo durante el embarazo consiste en un subsidio equivalente al 100 por 100 de la base reguladora establecida para la prestación de incapacidad temporal, derivada de contingencias profesionales (art. 187.3LGSS).

El art. 34 RD 295/2009 establece reglas particulares para el cálculo de la prestación en situaciones de pluriempleo, pluriactividad, trabajadoras a tiempo parcial, contratadas para la formación y colectivos de artistas y profesionales taurinos.

En el caso de trabajadoras a tiempo parcial, la base reguladora será el resultado de dividir la suma de las bases de cotización acreditadas en la empresa durante los tres meses inmediatamente anteriores a la fecha de inicio de la suspensión laboral, entre el número de días naturales comprendidos en dicho periodo. Si la antigüedad es inferior, la base reguladora será el resultado de dividir la suma de las bases de cotización acreditadas entre el número de días naturales a que éstas correspondan.

Cuando se trate de trabajadoras contratadas para la formación, la base reguladora será equivalente al 75 por 100 de la base mínima de cotización vigente.

Para los colectivos de artistas y de profesionales taurinos, la base reguladora será el promedio diario que resulte de dividir por 365 la suma de las bases de cotización de los doce meses anteriores al hecho causante, o el promedio diario del periodo de cotización que se acredite, si éste es inferior a un año.

En situaciones de pluriempleo, cuando la suspensión del contrato por riesgo durante el embarazo se declare en todas las actividades que realice la trabajadora, para la determinación de la base reguladora del subsidio se computarán todas sus bases de cotización en las distintas empresas, siendo de aplicación el tope máximo establecido a efectos de cotización.

Cuando la suspensión del contrato por riesgo durante el embarazo se declare, no en todas las actividades desempeñadas sino sólo en una o en algunas de las actividades realizadas por la trabajadora, para el cálculo de la base reguladora del subsidio sólo se tomarán las bases de cotización correspondientes a las empresas en las que se produzca la suspensión del contrato, aplicando el límite que corresponda a la fracción o fracciones del tope máximo que aquéllas tengan asignado.

Por último, para las trabajadoras que se hallen en situaciones de pluriactividad, el art. 48 RD 295/2009 establece las siguientes reglas:

- Cuando la situación de riesgo durante el embarazo afecte a todas las actividades desempeñadas, tendrá derecho al subsidio en cada uno de los regímenes, si reúne los requisitos exigidos de manera independiente en cada uno de ellos.
- Cuando la situación de riesgo durante el embarazo afecte a una o a alguna de las actividades realizadas por la trabajadora, pero no a todas, únicamente tendrá derecho al subsidio en el régimen en el que estén incluidas las actividades en que exista dicho riesgo.
- La percepción del subsidio será compatible con el mantenimiento de aquellas actividades que la trabajadora ya viniera desempeñando con anterioridad o pudiera comenzar a desempeñar y no impliquen riesgo durante el embarazo.

1.4. Dinámica

El derecho a la prestación nace el mismo día en que se inicia la suspensión del contrato de trabajo por riesgo durante el embarazo.

En el caso de las trabajadoras por cuenta ajena, el derecho nace el día siguiente a aquel en que se emite el certificado médico, pero los efectos económicos se producirán desde la fecha del cese efectivo en la actividad profesional correspondiente, por lo que nos encontramos, en ambos casos, con una regulación equivalente.

En cuanto a la duración de la prestación, se mantendrá durante todo el tiempo que sea necesario para garantizar la protección de la seguridad o de la salud de la trabajadora y/o del feto.

El derecho al subsidio finalizará, en todo caso, el día anterior a aquel en que se inicie la suspensión del contrato por nacimiento y cuidado de menor o se reincorpore a su puesto de trabajo anterior o a otro compatible con su estado. Pero, además también serán causas de finalización del derecho a percibir la prestación: la interrupción del embarazo, el fallecimiento de la beneficiaria, la extinción del contrato de trabajo por alguna de las causas legalmente establecidas. En el caso de las trabajadoras por cuenta propia, esta última causa se ve sustituida por otra más apropiada a su régimen diferenciado y que consiste en "causar baja en el régimen especial de la Seguridad Social en el que la trabajadora estuviera incluida" (art. 43 RD 295/2009).

1.5. Procedimiento para el reconocimiento del derecho

El procedimiento diseñado por el legislador para obtener el reconocimiento del derecho a percibir la prestación por riesgo durante el embarazo se encuentra en el art. 39 RD 295/2009 para las trabajadoras por cuenta ajena y parte, necesariamente, de la propia trabajadora embarazada, quien:

1. Debe solicitar un informe al facultativo del Servicio Público de Salud. Dicho informe debe acreditar la situación de embarazo y la fecha probable del parto.
2. Debe obtener un certificado de la empresa sobre la actividad desarrollada y las condiciones del puesto de trabajo.
3. Obtenidos los informes anteriores, la trabajadora embarazada solicitará, ante la entidad gestora o colaboradora que corresponda, la emisión de la certificación médica sobre la existencia del riesgo durante el embarazo, de conformidad a lo dispuesto al art. 26 LPRL.

   En el supuesto de que la entidad gestora o colaboradora considere que la situación de riesgo no existe, denegará la expedición de la certificación médica y comunicará a la trabajadora que no cabe iniciar el procedimiento dirigido a la obtención de la correspondiente prestación.

   Una vez, certificado el riesgo, cuando no sea posible el cambio de puesto de trabajo, la empresa declarará la trabajadora afectada en situación de suspensión del contrato por riesgo durante el embarazo
4. A continuación, la trabajadora presentará solicitud, en los modelos establecidos, para el reconocimiento del subsidio a la dirección provincial competente de la correspondiente entidad gestora de la provincia en que aquélla tenga su domicilio o ante la mutua de accidentes de trabajo y enfermedades profesionales de la Seguridad Social que le corresponda.

Dicha solicitud debe ir acompañada de los siguientes documentos:

a. Certificación médica sobre la existencia de riesgo durante el embarazo, en los casos en los que ésta no obre en poder de la entidad gestora o colaboradora.

b. Declaración de la empresa sobre la inexistencia de puestos de trabajo compatibles con el estado de la trabajadora o, cuando estos existan, sobre la imposibilidad técnica u objetiva, de realizar el traslado correspondiente, o que no pueda razonablemente exigirse por motivos justificados. Se deberá hacer constar, también, la fecha en la que la trabajadora ha suspendido la relación laboral.

   A esta declaración le acompañará informe sobre los particulares anteriores, emitido por el servicio de prevención propio de la empresa, siempre que cuente con la especialidad preventiva de vigilancia de la salud o por la entidad especializada que desarrolle para la empresa, en base al correspondiente concierto, las funciones de servicio de prevención ajeno.

c. Certificado de empresa en el que conste la cuantía de la base de cotización de la trabajadora por contingencias profesionales, correspondiente al mes anterior al del inicio de la suspensión del contrato de trabajo y, en su caso, las cantidades de percepción no periódicas abonadas a la trabajadora durante el año anterior a la fecha de suspensión del contrato.

A la vista de la documentación presentada y una vez comprobados todos los requisitos exigidos para acceder al subsidio, la entidad gestora dictará resolución expresa a efectos del reconocimiento del derecho a la prestación económica por riesgo durante el embarazo, en el plazo de treinta días, desde la recepción de la solicitud.

Se prevé la intervención de la Inspección de Trabajo en los casos en los que se produzcan contradicciones en las declaraciones y certificaciones presentadas en la solicitud, o se detecten indicios de posible connivencia para la obtención de la prestación, quien emitirá un informe en el plazo máximo de 15 días sobre la conformidad o discrepancia en relación con las medidas adoptadas por la empresa, que puedan determinar el derecho al subsidio por riesgo durante el embarazo. Además, de acuerdo con la doctrina del TJUE, debe tenerse en cuenta que, cuando a la trabajadora se le deniega la prestación, impugna administrativa o judicialmente la denegación y expone hechos de los que puede deducirse que la evaluación de riesgos practicada por la empresa no tuvo en consideración su situación específica, puede presumirse la existencia de una discriminación directa que desplaza la carga de la prueba a la parte empresarial (asunto C-41/17, *González Castro*, sentencia de 19 septiembe 2018).

El procedimiento previsto para las trabajadoras por cuenta propia para el reconocimiento del derecho se encuentra en el art. 47 RD 295/2009 y salvo matices, que suponen la adecuación a especialidades propias, es prácticamente idéntico al relatado.

El derecho al subsidio podrá ser denegado, anulado o suspendido, según lo previsto en el art. 175.1 LGSS para la IT, cuando la beneficiaria hubiera actuado fraudulentamente para obtener o conservar el subsidio, o bien cuando hubiera realizado cualquier otra actividad.

Es importante señalar las incompatibilidades que existen entre la prestación por riesgo durante el embarazo y la prestación por IT, puesto que no procede la prestación de riesgo durante el embarazo si la trabajadora se encuentra de baja por IT, hasta que se extinga la situación de incapacidad temporal por cualquiera de las causas legal o reglamentariamente establecidas. De la misma manera, si la trabajadora se encuentra en situación de riesgo durante el embarazo y solicita la prestación por IT, no procede su reconocimiento hasta que la primera haya concluido y siempre que en ese momento reúna los requisitos necesarios para IT.

1.6. Responsabilidad

La gestión y el pago de la prestación corresponde a la EG o Mutua que asuma la protección de las contingencias profesionales en el momento de la suspensión del contrato. El pago será realizado por la EG o colaboradora, por períodos mensuales vencidos.

2. RIESGO DURANTE LA LACTANCIA NATURAL

2.1. Concepto/Contingencia protegida

La LPRL extiende a los períodos de lactancia natural la protección prevista para las situaciones de riesgo durante el embarazo en los apartados 1 y 2 del art. 26 LPRL, así como la posibilidad de acceder a la suspensión del contrato cuando las condiciones de trabajo pudieran influir negativamente en la salud de la mujer o del hijo. Esta suspensión del contrato de trabajo (art. 48.7 ET) derivada de la aplicación del art. 26.4 de la LPRL se protege mediante una prestación económica prevista en el art. 188 de la LGSS.

La elaboración de un plan de prevención de riesgos laborales impuesta al empresario por el art. 16 LPRL debe comprender la determinación de la naturaleza, el grado y la duración de la exposición de las trabajadoras en situación de lactancia natural a agentes, procedimientos o condiciones de trabajo que puedan influir negativamente en su salud. Si de los resultados de esta evaluación se revelase un riesgo o una posible repercusión sobre la lactancia, el empresario debe adoptar las medidas necesarias para evitar esta exposición.

La evaluación de riesgos ha de ser específica del puesto de trabajo en relación a la lactancia natural, lo que implica que no basta con identificar unos riesgos genéricos (STS 17 de marzo 2011, RCUD 2448/2010), sino que debe incluir la determinación de la naturaleza, extensión, características y tiempo de exposición de la trabajadora (STS 3 mayo 2011, RCUD 2707/2010, y posteriores). Para que entren en juego las obligaciones de adaptación o de movilidad a cargo de la empresa debe quedar determinada tanto la existencia del riesgo como su alcance (STS de 18 marzo 2011, RCUD 1863/2010).

Otra cuestión abordada por la jurisprudencia española es el de la prueba de la existencia del riesgo para la lactancia. El TS había desestimado la concurrencia de una presunción legal de existencia de riesgo en el caso de trabajo nocturno y a turnos, y entendía que cabía exigir a la trabajadora demandante la prueba de su existencia (STS 23 enero 2012, RCUD 1706/2011 y posteriores). El TJUE (en STJUE de 19 de octubre de 2017 —Asunto Otero Ramos C-531/15-) admitió la inversión de la carga de la prueba cuando la evaluación de riesgos se hubiera efectuado sin evaluación específica de los riesgos que presenta para una trabajadora en situación de lactancia. A raíz de esta STJUE, el TS modifica su doctrina en la STS de 11 de julio de 2018 (RCUD 396/2017).

La STS de 6 febrero de 2019 (RCUD 4016/2017) supone la introducción de una nueva perspectiva en dos sentidos.

Por un lado, entiende el TS que si la evaluación de riesgos no perfila de modo específico la incidencia de los riesgos del puesto de trabajo durante el periodo de lactancia, resulta contrario al derecho a la igualdad y no discriminación de la trabajadora que se le niegue la posibilidad de acreditar que efectivamente los riesgos constatados con carácter general pueden tener una incidencia específica durante el periodo de lactancia; no obstante, incumbe la carga de la prueba sobre esta cuestión al empresario, que no sólo dispone del principio de facilidad probatoria, sino que además entre sus obligaciones preventivas figura, de manera específica, la incidencia que los riesgos puedan o no tener en la mujer en los supuestos de embarazo y lactancia.

Por otro lado, en relación con la relevancia que el sistema de trabajo a turnos y el trabajo nocturno pueda tener en la protección de la lactancia natural, señala el TS que es precisa la constatación de que el amamantamiento se ve dificultado o impedido por el mero desempeño de la actividad laboral. Tan perjudicial puede ser el contagio como la imposibilidad real de que el menor realice las imprescindibles tomas alimentarias. Por eso la influencia de los tiempos de trabajo sobre la efectividad de la lactancia natural no puede desdeñarse como elemento de influencia en la calidad y cantidad del amamantamiento, pues sería contrario a la propia finalidad protectora de la norma. En caso de trabajo a turnos o con horarios y jornadas que impidan la alimentación regular del menor, es necesario tomar en consideración la puesta a disposición de la trabajadora de las condiciones necesarias que permitan la extracción y conservación de la leche materna. El TS afirma que no cabe limitar la perspectiva de la presencia de riesgos a la exposición a contaminantes trasmisibles por vía de la leche materna. Esta doctrina del TS ha sido avalada por la STJUE de 19 de septiembre de 2018 —Asunto González Castro, C-41/2017—, dictada en un supuesto de trabajadora en situación de lactancia que realiza gran parte de su trabajo en período nocturno combinado con trabajo a turnos. La STS de 27 de enero de 2021 (RCUD 3263/2018) referida a una enfermera en Servicio de emergencias sanitarias, con jornada laboral de 24 horas de disponibilidad permanente y presencial cada seis días, estima que, ante la imposibilidad acreditada de adaptar el puesto de trabajo y la inexistencia de puesto de trabajo diferente, acorde con la situación de riesgo de la trabajadora, procede el derecho al percibo de la prestación por riesgo durante la lactancia natural.

La complejidad de la situación protegida por los arts. 188 y 189 de la LGSS deriva de que la protección responde no sólo a una decisión sobre la existencia del riesgo, sino que también exige actuaciones empresariales concretas en orden a la adecuación del puesto de trabajo o al traslado a otro puesto de trabajo para la evitación de la exposición al riesgo. Y ello porque la dispensa de trabajo del art. 45.1.e ET, que va acompañada de una pérdida de salario, es objeto de protección mediante esta prestación de Seguridad Social, pero se plantea como una medida de carácter subsidiario, ya que sólo procede si previamente han resultado inadecuadas otras medidas de modificación impuestas por el empresario.

Constatada la existencia de un riesgo para la seguridad y la salud o una posible repercusión sobre la lactancia de las trabajadoras, de acuerdo con los resultados de la evaluación, el art. 26 LPRL impone al empresario la adopción de una serie de medidas para evitar la exposición a dicho riesgo:

- modificación de las circunstancias de la prestación, de tal manera que se elimine la posible exposición a los riesgos (adaptación de las condiciones —que no suponga tratamiento retributivo inferior, según señala la STS 24 enero 2017, RCUD 1902/2015)— o del tiempo de trabajo);
- si la adaptación resulta imposible o insuficiente para prevenir el riesgo, procede la movilidad funcional temporal, hacia un puesto exento de riesgos o con niveles de riesgo tolerable y controlado, incluso no correspondiente a su grupo profesional;
- y finalmente, y en el supuesto de imposibilidad técnica u objetiva, o inexigibilidad por motivos justificados, la norma prevé la dispensa de trabajo durante el período necesario para la protección de su seguridad o de su salud y mientras persista la imposibilidad de reincorporarse a su puesto anterior o a otro puesto compatible con su estado. La suspensión del contrato, y la prestación de seguridad social se configuran como el último nivel de la protección dispensada a la mujer trabajadora que quiere ofrecer lactancia natural sin riesgos para la salud. De forma que, sobre el empresario recae la obligación de evitar el riesgo detectado, y solamente si ninguna de las medidas resultase posible, proceder a la suspensión del contrato (STS 21 de marzo de 2013, RCUD 1563/2012). Ante la pérdida de ingresos que supone la suspensión del contrato, el sistema prevé la protección mediante una prestación económica.

Estas obligaciones del empresario respecto de la trabajadora en período de lactancia siguen las pautas determinadas en la normativa internacional —Convenio 183 de la OIT y Recomendación 191 OIT— y comunitaria —Directiva 92/85/CEE del Consejo, de 19 de octubre de 1992—.

Se incorpora de este modo el mismo modelo por el que el legislador había optado para la protección de las situaciones de riesgo durante el embarazo, no asume la carga el empresario, remitiendo estas situaciones a la suspensión del contrato de trabajo, con exoneración de las obligaciones de trabajar y de retribuir, y sustituyendo la falta de ingresos con la previsión de una prestación económica a cargo del sistema público de Seguridad Social, a la que se refieren los arts. 188 y 189 de la LGSS.

Es preciso recordar que no se considerará situación protegida la derivada de riesgos o patologías que puedan influir negativamente en la salud de la trabajadora o en la del hijo, cuando no esté relacionada con agentes, procedimientos o condiciones de trabajo del puesto o actividad desempeñados (art. 49.2 RD 295/2009).

2.2. Requisitos

La prestación económica por riesgo durante la lactancia natural se concederá a las trabajadoras en situación de lactancia natural de un menor de nueve meses, afiliadas y en alta como trabajadoras por cuenta ajena o como trabajadoras por cuenta propia incluidas en los Regímenes Especiales de Trabajadores del Mar y Trabajadores por Cuenta Propia o Autónomos, que suspenden su contrato de trabajo o su actividad laboral. No se exigen periodos previos de cotización, dado su carácter de contingencia profesional.

2.3. Contenido de la protección

La prestación económica se delimita mediante una remisión a la prestación económica por riesgo durante el embarazo. Así pues, la prestación consistirá en un subsidio equivalente al 100% de la base reguladora, que será equivalente a la que esté establecida para la prestación de incapacidad temporal, derivada de contingencias profesionales.

2.4. Dinámica

La prestación económica se vincula con la suspensión del contrato por lo que el derecho a la prestación nace cuando se inicie ésta y se mantiene mientras permanezca la incompatibilidad entre el trabajo y la lactancia natural. El comienzo de la suspensión del contrato por riesgo durante la lactancia natural habrá de coincidir con la reincorporación de la trabajadora tras la suspensión del contrato por nacimiento y cuidado de menor, aunque indudablemente sólo en los supuestos en que se mantenga la lactancia natural del menor. Ahora bien, nada impide que el riesgo surja después de la reincorporación de la trabajadora, de modo que a partir de ese momento se inicien las medidas de protección, que podrán alcanzar a la dispensa de trabajo si el menor no ha cumplido los nueve meses. Sólo si existe lactancia natural, y mientras ésta persista, conjuntamente con la situación de riesgo, deben mantenerse las medidas de prevención adoptadas. La situación suspensiva se extinguirá, en primer lugar, cuando desaparezca la imposibilidad de la trabajadora de reincorporarse a su puesto de trabajo anterior o a otro compatible con su estado: cuando desaparezca el riesgo en su puesto de trabajo, o exista en la empresa otro puesto sin riesgo al que pueda incorporarse. Es decir, cuando puedan aplicarse los primeros niveles de exención del riesgo dentro de la empresa, de acuerdo con las disposiciones del art. 26 LPRL.

En segundo lugar, la finalización de la protección coincidirá con la finalización de la lactancia natural o con el cumplimiento por el lactante de la edad de nueve meses (art. 48.7 ET).

El derecho al subsidio se extinguirá por las circunstancias previstas en el art. 48.7 del ET y en el art. 50.3 del RD 295/2009:

a. Cumplir el hijo los nueve meses de edad.
b. La reincorporación de la mujer trabajadora a su puesto de trabajo o actividad profesional anterior o a otros compatibles con su estado.
c. La extinción del contrato de trabajo en virtud de las causas legalmente establecidas o cese en el ejercicio de la actividad profesional.
d. La interrupción de la lactancia natural.
e. El fallecimiento de la beneficiaria o del hijo lactante.

El procedimiento para el reconocimiento del derecho al subsidio se inicia a instancia de la interesada, mediante un informe que deberá solicitar al facultativo del Servicio Público de Salud, que acreditará la situación de la lactancia natural. La trabajadora, con el citado informe, acompañado de un certificado de la empresa sobre la actividad desarrollada y las condiciones del puesto de trabajo, solicitará la emisión de la certificación médica sobre la circunstancia de que las condiciones del puesto de trabajo desarrollado por la trabajadora influyen negativamente en su salud o en la del hijo, ante la entidad gestora o colaboradora que corresponda. En el caso que la entidad gestora o colaboradora considere que no se produce la situación de riesgo durante la lactancia denegará la expedición de la certificación médica, comunicando a la trabajadora que no cabe iniciar el procedimiento dirigido a la obtención de la correspondiente prestación. Una vez certificado el riesgo, si no ha sido posible el cambio de puesto de trabajo, la empresa declarará a la trabajadora afectada en situación de suspensión del contrato por riesgo durante el embarazo. El TS en Sentencia de 24 de abril de 2019 (RCUD 763/2017) ha estimado que, una vez acreditada la lactancia natural, esta situación sigue salvo prueba en contrario. También recuerda el TS que, al regular las causas de extinción de la prestación, la norma omite establecer que constituye causa de extinción el abandono de la lactancia natural, aunque parece lógico deducir que pondrá fin al disfrute de la prestación el abandono de la lactancia natural y su sustitución por otro tipo de alimentación. Finamente, también aclara la STS de 24 de abril de 2019 ya citada que todas estas circunstancias deben ser probadas por quien las alegue.

Para el reconocimiento del subsidio, la trabajadora presentará la solicitud a la dirección provincial competente de la correspondiente entidad gestora de la provincia en que aquélla tenga su domicilio, o ante la MCSS que le corresponda.

2.5. Responsabilidad

La gestión y el pago de la prestación económica por riesgo durante la lactancia natural se llevará a cabo por la entidad gestora (INSS) o por la MCSS con la que tenga concertada la empresa la cobertura de las contingencias profesionales.

Lección 12
La protección por desempleo

CARMEN TATAY PUCHADES
Profesora Titular de Derecho del Trabajo y de la Seguridad Social
Universitat de València

1. SITUACIONES PROTEGIDAS Y NIVELES DE PROTECCIÓN

Aunque el art. 41 CE indica que "*Los poderes públicos mantendrán un régimen público de Seguridad Social para todos los ciudadanos…, especialmente en caso de desempleo*", del modelo tradicional de Seguridad Social de arraigo contributivo se ha derivado que no todo ciudadano carente de empleo sea merecedor de protección. De otro modo, "*Las prestaciones económicas en las situaciones de… (…) desempleo, en sus niveles contributivo y asistencial*" (art. 42 LGSS) sólo se otorgan —conforme al Título III de la LGSS, completado parcialmente por el RD 625/1985, 2 de abril (RPD)— a quienes "*pudiendo y queriendo*" trabajar se hallen en "*situación legal de desempleo*" (art. 262.1 LGSS). Distinguiéndose fundamentalmente entre dos situaciones:

A) Una, que —sin perjuicio de su considerable incremento durante la última crisis sanitaria— venía siendo residual, al anudarse a los expedientes de regulación temporal de empleo (ERTEs). Si bien, a su vez, esta situación comprende dos supuestos distintos:

   - El denominado "*desempleo total temporal*", que se produce cuando —al amparo del art. 47 ET o de resolución judicial adoptada en el seno de un procedimiento concursal— el trabajador cesa, con la consiguiente pérdida salarial, "*por días completos, continuados o alternos, durante, al menos, una jornada ordinaria de trabajo, en virtud de suspensión temporal de contrato o reducción temporal de jornada*" (art. 262.2 LGSS).

   - El llamado "*desempleo parcial*" temporal, que concurre si —conforme al art. 47 ET o a la resolución judicial adoptada en el seno de un procedimiento concursal— el trabajador ve reducida temporalmente su jornada diaria ordinaria "*entre un mínimo de un 10 y un máximo de un 70 por ciento, siempre que el salario sea objeto de análoga reducción*" y "*sin que estén comprendidas las reducciones de jornadas de-*

finitivas o que se extiendan a todo el período que resta de la vigencia del contrato de trabajo" (art. 262.3 LGSS).

En realidad, las remisiones al art. 47 ET que efectúa la LGSS para conceptualizar los apuntados supuestos siguen pensando en los antiguos cuatro apartados de dicho precepto, relativos a ERTEs por causas económicas, técnicas, organizativas y de producción. A ellos habrá que añadir los que estén basados en causas de fuerza mayor temporal (apartados 5 y 6, art. 47 ET), aunque para estas causas y para las suspensiones de contrato o reducciones de jornada que soliciten las empresas ante la activación del "*Mecanismo RED de Flexibilidad y Estabilización del Empleo*" (art. 47 bis ET), se prevean determinadas protecciones sociales excepcionales, en los términos que se apuntan después.

B) Y otra, regulada con mucho mayor detenimiento, que opera cuando el trabajador cesa definitivamente en la actividad (o la interrumpe, de ser fijo discontinuo) y pierde salario y empleo. Se trata del "*desempleo total definitivo*" (art. 262.2 LGSS).

En cualquiera de las enuncias situaciones, la protección por desempleo puede otorgarse en sus 2 niveles. A saber (art. 263 LGSS):

1) Nivel contributivo: tiene por finalidad proporcionar rentas que sustituyan la pérdida de salario de quienes se encuentran en "*desempleo total*" temporal o definitivo, o bien la reducción de salario de quienes acceden al "*desempleo parcial*" siempre temporal. Y en este nivel contributivo la protección consiste en (art. 265.1 LGSS):

   a) una prestación económica denominada "*prestación por desempleo*",

   b) el pago de algunas cuotas de Seguridad Social (art. 273 LGSS).

2) Nivel asistencial: tiene por objeto complementar la protección dispensada en el nivel anterior y, con alcance general, se reconoce a algunas personas desempleadas que, sin superar un determinado umbral de rentas o acusando responsabilidades familiares, se consideran merecedores de cierta protección que, más concretamente, consiste en (art. 265.2 LGSS):

   a) una cuantía económica llamada "*subsidio por desempleo*",

   b) el pago, en su caso, de cuotas por jubilación (art. 280 LGSS),

   c) el derecho a las prestaciones de asistencia sanitaria y familiares, en las mismas condiciones que los trabajadores incluidos en cualquier régimen de la Seguridad Social.

Además, junto al nivel contributivo y asistencial, se preveía una posible protección adicional denominada "*Renta Activa de Inserción*" (RAI), para desempleados con especiales dificultades de empleabilidad que, entre otros requisitos, adquirieran el compromiso de realizar actuaciones favorecedoras de su inserción laboral y que venía regulándose por RD 1369/2006, 24 de noviembre. Norma que se declara derogada desde 1 de noviembre de 2024 (DD única.4 RDL 2/2024), aunque seguirán disfrutando de la misma sus beneficiarios hasta la extinción del derecho (DT 3ª.1 RDL 2/2024). Habiéndose introducido, en parte para compensar su desaparición, algunos subsidios por desempleo particulares, así como la "*Transición del subsidio por desempleo a la prestación de ingreso mínimo vital*" (DA 12 Ley 19/2021, añadida por DF 4ª.8 RDL 2/2024, que entrará en vigor a los 6 meses desde la publicación de este último, según su DF 14ª.1).

En todo caso, "*la acción protectora por desempleo*" también comprende las "*acciones específicas de formación, perfeccionamiento, orientación, reconversión e inserción profesional a favor de los trabajadores desempleados*" (art. 265.2 LGSS), sin perjuicio de lo previsto sobre políticas activas de empleo por la Ley 3/2023, de 28 de febrero, de Empleo (LE). Es más, a las personas beneficiarias del citado subsidio por desempleo se les garantiza "*el acceso al itinerario o plan personalizado adecuado a su perfil*", previsto por el art. 56.1.c LE (DA 54ª LGSS):

2. NIVEL CONTRIBUTIVO

2.1. Requisitos

Para poder causar protección por desempleo del nivel contributivo será necesario (art. 266 LGSS):

1) Ser trabajador por cuenta ajena incluido en el RG —o en un sistema especial del mismo en el que se cotice por desempleo—, en el RETM o en el REMC, o ser asimilado a trabajador por cuenta ajena integrado en el RG con dicha cobertura (art. 264 LGSS). Entre estos asimilados se encuentran: los funcionarios interinos y el personal contratado, en su momento, en régimen de derecho administrativo por las Administraciones Públicas; los socios trabajadores de cooperativas de trabajo asociado, que hayan optado por el RG; los penados que hubiesen sido liberados de prisión; los miembros de corporaciones locales y de las Juntas Generales de los Territorios Históricos Forales, Cabildos Insulares Canarios y Consejos Insulares Baleares; y

los cargos representativos de los Sindicatos. Por el contrario, de los asimilados incluidos en el RG, quedan excluidos de la protección por desempleo, entre otros tantos: los administradores de empresas que revistan la forma de sociedad capitalista cuando asuman funciones de dirección o gerencia y no posean el control de la sociedad (art. 136.2.c LGSS), salvo que se trate de socios trabajadores y administradores de sociedades laborales cuyo número de socios no exceda de 25 (art. 136.2.e LGSS); o los alumnos universitarios o de formación profesional que, por realizar prácticas formativas o prácticas académicas externas —tanto si son remuneradas, como si no lo son— se hallan incluidos en el RG "*con la exclusión de la protección por desempleo...*" (DA 52ª.3 LGSS).

2) Estar afiliado y en alta o en situación asimilada a la de alta. Se consideran situaciones asimiladas al alta: la excedencia forzosa por elección para un cargo público o sindical; la excedencia por cuidado de hijo, de menor acogido o de otros familiares; el traslado o desplazamiento temporal por la empresa fuera del territorio nacional; el retorno de trabajadores emigrantes; la liberación por cumplimiento de condena o libertad condicional; o, en fin, la suspensión motivada por ser víctima de violencia de género —así como por ser víctima de violencia sexual -aunque la referencia a esta última causa de suspensión del contrato de trabajo se haya suprimido del ET tras la Ley 4/2023- -(arts. 166 LGSS y 2 RPD, entre otros).

   No obstante, si el empresario incumple la obligación de solicitar la afiliación/alta, el trabajador se considerará en alta de pleno derecho, sin perjuicio de la responsabilidad del empresario infractor (arts. 167 y 281 LGSS).

3) Reunir un período mínimo de 360 días cotizados dentro de los seis años anteriores a la situación legal de desempleo o al momento en que cesó la obligación de cotizar (art. 269.1 LGSS), computándose dicho período según se indica más tarde.

4) No haber cumplido la edad ordinaria para causar pensión contributiva de jubilación, a no ser que, con esa edad, no se reúna el período mínimo de cotización exigido para acceder a la misma (15 años y, de ellos, 2 en los últimos 15).

5) Estar inscrito como demandante de empleo en el servicio público de empleo competente y acreditar disponibilidad para buscar activamente empleo y para aceptar colocación adecuada a través de la

suscripción del "*acuerdo de actividad*" al que se refiere el art. 3 de la LE (precepto al que igualmente remite el actual art. 300 LGSS).

Más en particular, por "*acuerdo de actividad*" se entiende el "*Acuerdo documentado mediante el que se establecen derechos y obligaciones entre la persona demandante de los servicios públicos de empleo y el correspondiente Servicio Público de Empleo para incrementar la empleabilidad de aquella, atendiendo, en su caso, a las necesidades de los colectivos prioritarios*" (art. 3.f LE).

6) Encontrarse en "*situación legal de desempleo*", debiéndose acreditar dicha situación conforme a lo establecido, en su caso, por la LGSS (art. 267.3 LGSS). Y, concretamente, se entiende que se hallan en esa situación (art. 267.1 LGSS):

   A) Quienes vean extinguida su relación laboral (art. 267.1.a LGSS). Y ello:

      a) Por despido, incluido el fundado en causas objetivas, así como el despido colectivo, ya decidido por el empresario en virtud del art. 51 ET o ya adoptado por resolución judicial en el seno de un procedimiento concursal.

      b) Por muerte, jubilación o incapacidad del empresario, cuando tales causas determinen la extinción del contrato.

      c) Por la extinción del contrato indefinido adscrito a obra en el sector de la construcción, cuando concurran motivos inherentes a la persona trabajadora en los términos que determina la DA 3ª.5 Ley 32/2006[1].

      d) Por resolución voluntaria del trabajador en los supuestos de traslado, modificación sustancial de condiciones de trabajo, por ser víctima de violencia de género o por incumplimiento

---

[1] Más concretamente, conforme a la DA 3ª.5 Ley 32/2006, 18 de octubre, reguladora de la subcontratación en el Sector de la Construcción, el contrato indefinido adscrito a obra podrá extinguirse por motivos inherentes a la persona trabajadora cuando concurra alguna de estas circunstancias: a) dicha persona rechace la recolocación; b) su cualificación, incluso tras un proceso de formación o recualificación, no resulte adecuada a las nuevas obras que tenga la empresa en la misma provincia, o no sea posible su integración en ellas por existir un exceso de personas calificadas para desarrollar sus funciones; y c) por inexistencia en la provincia de obras acordes a su cualificación profesional, nivel, función y grupo profesional una vez analizada su cualificación o posible recualificación.

grave y culpable del empresario (arts. 40, 41.3, 49.1.m y 50 ET, respectivamente).

e) Por expiración del tiempo convenido en el contrato formativo o en el contrato de trabajo de duración determinada, por circunstancias de la producción o por sustitución de persona trabajadora, siempre que dichas causas no sean denunciadas por el trabajador.

f) Por resolución de la relación laboral a instancia del empresario durante el período de prueba, siempre que la extinción de la relación laboral anterior se considere situación legal de desempleo o hubiese transcurrido un plazo de tres meses desde dicha extinción.

g) Por extinción del contrato de trabajo de acuerdo con lo recogido en el art. 11.2 del RD 1620/2011, 14 de noviembre, por el que se regula la relación laboral de carácter especial del servicio del hogar familiar.

A esos supuestos pueden añadirse otros no recogidos expresamente, tales como la declaración de IP total del trabajador, o la expulsión como socio trabajador de una cooperativa de trabajo asociado.

Asimismo cabe entender que la EG no puede exigir a los trabajadores que acrediten "*haber percibido la indemnización legal correspondiente*" cuando éstos abran situación legal de desempleo ya por despido —incluido el basado en causas objetivas— o ya por resolución voluntaria del trabajador en los supuestos previstos en los arts. 40, 41.3, 49.1.m y 50 ET (art. 297.2 LGSS, tras la STC 61/2018, de 7 de junio[2]).

B) Quienes vean suspendida su relación laboral (art. 267.1.b LGSS). Y ello: bien por decisión del empresario —o por concurrir fuerza

---

2 Por STC 61/2018, de 7 de junio (BOE 7/07/18), se declaró la inconstitucional y nulidad —por no apreciarse la necesidad de recurrir a un instrumento normativo de urgencia— de, entre otros preceptos, la DF. 1ª. Dos RDL 5/2013 que modificó el entonces art. 229 LGSS/1994, que después se convirtió en el art. 297 LGSS. La inconstitucionalidad de la apuntada disposición y, por tanto, de algunas de las facultades que se atribuían al SEPE, no afectaron a las situaciones ya consolidadas por haberse decidido mediante sentencia con fuerza de cosa juzgada o en virtud de actuaciones administrativas firmes.

mayor temporal— conforme al art. 47 ET; bien en virtud de resolución judicial adoptada en el seno de un procedimiento concursal; o bien por decantarse por esa suspensión quien sea víctima de violencia de género (art. 45.1.n ET) o de violencia sexual.

C) Quienes vean reducida temporalmente su jornada de trabajo (art. 267.1.c LGSS). Y ello: ya por decisión del empresario —o por concurrir fuerza mayor temporal— al amparo del art. 47 ET; o ya en virtud de resolución judicial adoptada en el seno de un procedimiento concursal. Debiendo, en todo caso, cifrarse la reducción temporal de jornada entre un 10% y un 70% (art. 47.7.a ET y art. 262.3 LGSS).

D) Los trabajadores fijos-discontinuos durante sus períodos de inactividad productiva (art. 267.1.d LGSS y art. 1.5 RPD).

E) Los emigrantes que retornen a España cuando se les extinga la relación laboral en el extranjero, siempre que no obtengan prestaciones por desempleo en dicho país y hubieran reunido el período mínimo de cotización exigido antes de salir de España (art. 267.1.e LGSS).

F) Los miembros de corporaciones locales o similares y cargos representativos de los Sindicatos, cuando cesen involuntariamente en su cargo o dedicación (art. 267.1.f LGSS).

2.1. Duración de la protección

2.1.1. Determinación inicial de la duración

La duración de la prestación por desempleo (y del correlativo ingreso de cuotas) se halla en función del periodo cotizado en los seis años anteriores a la situación legal de desempleo o al momento en que cesó la obligación de cotizar. Y ello conforme a la siguiente escala (art. 269.1 LGSS):

Período de ocupación cotizada en los 6 últimos años	Duración de la prestación
Desde 360 hasta 539 días	120 días
Desde 540 hasta 719 días	180 días
Desde 720 hasta 899 días	240 días
Desde 900 hasta 1.079 días	300 días
Desde 1.080 hasta 1.259 días	360 días
Desde 1.260 hasta 1.439 días	420 días

Período de ocupación cotizada en los 6 últimos años	Duración de la prestación
Desde 1.440 hasta 1.619 días	480 días
Desde 1.620 hasta 1.799 días	540 días
Desde 1.800 hasta 1.979 días	600 días
Desde 1.980 hasta 2.159 días	660 días
Desde 2.160 días	720 días

A la hora de computar los 360 días exigidos como mínimo y a efectos de determinar la duración de la prestación, el período cotizado podrá reunirse mediante un único o sucesivos contratos. Además, en el cómputo de los días cotizados se sumará:

- El periodo de vacaciones anuales retribuidas y no disfrutadas a la finalización del contrato, que deberá constar en el certificado de empresa (art. 268.3 LGSS).
- Las cotizaciones correspondientes, en su caso, a salarios de tramitación.
- El tiempo que hubiera durado una huelga legal o cierre patronal, aunque no haya habido cotizaciones reales, a efectos de reunir el periodo mínimo de 360 días exigidos (STC 13/1984).
- Aunque no se cotice, el período en que una víctima de violencia de género —o violencia sexual— perciba prestación por desempleo por haber suspendido su relación laboral (arts. 45.1.n ET y 166.5 LGSS).

Diversamente, no se computará:

- La cotización "*por pagas extraordinarias*" o días cuota (art. 3.3 RPD, así como SSTS 30 diciembre 1994 y 1 febrero 1995, Recuds. 1737/1994 y 2488/1994, respectivamente).
- Las cotizaciones que ya hayan servido para el reconocimiento de un derecho anterior, tanto de nivel contributivo como asistencial. Y ello salvo que el derecho anterior se hubiera reconocido en casos de suspensión del contrato de trabajo por víctimas de violencia de género (art. 45.1.n ET) y otras situaciones excepcionales, que después se señalarán.
- Las cotizaciones correspondientes al tiempo de abono de la prestación por desempleo total definitivo, dado que durante el mismo sólo se cotiza por contingencias comunes. En cambio, con alcance general, sí se computarán las cuotas correspondientes a la percepción del desempleo total temporal o del desempleo parcial que, en su caso, se ingresen.

2.1.2. Nacimiento del derecho

Para que la prestación y la cotización duren los días que se ha indicado, será necesario que el solicitante presente su solicitud dentro del plazo de los 15 días hábiles siguientes a la situación legal de desempleo (art. 268.1 LGSS y art. 5.1 RPD). Esta solicitud requerirá la inscripción como demandante de empleo, que deberá mantenerse "*durante todo el período*" de percepción *"de la prestación"*, pudiéndose suspender o extinguir anticipadamente dicha percepción cuando concurran las causas legalmente previstas (arts. 271 y 272 LGSS). Asimismo, en la fecha de solicitud, tendrá que suscribirse el acuerdo de actividad al que se refieren los arts. 3 LE y 300 LGSS (art. 268.1 LGSS).

En cambio, si presenta la solicitud transcurrido ese término de 15 días, en tal caso perderá tantos días de prestación como medien entre la fecha del nacimiento del derecho, de haberse solicitado en tiempo y forma, y la fecha en que se presente la solicitud (art. 268.2 LGSS).

Por otro lado, si el período correspondiente a las vacaciones anuales retribuidas no se hubiera disfrutado con anterioridad a la finalización de la relación laboral, entonces la situación legal de desempleo y el nacimiento de las prestaciones se producirá una vez transcurrido dicho período (art. 268.3 LGSS).

Además, ni el hecho de interponer acción contra el despido o la extinción, ni el hecho de recurrir la sentencia que declare la improcedencia del despido, impedirán el nacimiento del derecho a la protección por desempleo (arts. 267.1.a. 3° *in fine* y 268.3 LGSS). Es más, se prevén las reglas que deberán seguirse para regularizar la situación cuando, como consecuencia del ejercicio de la acción, se produzca la readmisión del trabajador o se devenguen salarios de tramitación. Y ello porque, en esos supuestos y por causa no imputable al trabajador, devendrá improcedente el cobro de la prestación por desempleo que, en su caso, se hubiera empezado a percibir (art. 268.5 y 6 LGSS).

2.2. Cuantía de la prestación por desempleo

Para determinar la cuantía de la prestación por desempleo se seguirán las siguientes reglas (arts. 270 LGSS y 4 RPD):

A) Primero se determinará la cuantía inicial de la prestación, conforme a este esquema:

Del 1 al 180 día = 70% Base Reguladora. Del 181 día en adelante = 60% Base Reguladora
BR= Sumatorio BCcp-horas extra, correspondientes a 180 últimos días cotizados: 180

Para favorecer la determinación de la base reguladora, la remuneración de las horas extraordinarias no se incluirá en el certificado de empresa (segundo párrafo *in fine*, art. 270.1 LGSS)

B) Después se comprobará que la cantidad así obtenida está comprendida entre las cuantías máxima y mínima, aplicándose en otro caso estas últimas.

Las cuantías máxima y mínima consisten en un determinado porcentaje sobre el IPREM mensual, incrementado en una sexta parte (art. 270.3 LGSS). Porcentaje que dependerá de la existencia o no de hijos a cargo. Entendiéndose que existen "*hijos a cargo*", cuando éstos sean menores de 26 años o presenten una discapacidad igual o superior al 33%, siempre que no obtengan rentas iguales o superiores al SMI y convivan con el beneficiario, aunque no será necesaria esta convivencia cuando se declare la obligación de prestar alimentos o mantener económicamente al hijo (art. 4.3 RPD). Habiéndose considerado como hijos a cargo, los nietos huérfanos a cargo del abuelo (STS 13 junio 1998, Recud. 4718/1997).

Cuantía máxima:

175% IPREM (mensual + 1/6) si no existen hijos a cargo
200% IPREM (mensual + 1/6) con 1 hijo a cargo
225% IPREM (mensual + 1/6) con más de 1 hijo a cargo

Cuantía mínima:

80% IPREM (mensual + 1/6) sin hijos a cargo
107% IPREM (mensual + 1/6) con hijos a cargo

No obstante, si durante los 180 últimos días cotizados anteriores a la situación legal de desempleo (o, en su caso, al momento en que cesó la obligación de cotizar) se hubiera trabajado a tiempo parcial, en tal caso, al producirse la situación de desempleo *"por pérdida de empleo a tiempo parcial o a tiempo completo"*, se reducirán *"las cuantías máximas y mínimas de la prestación"*, en los términos que se indican más tarde.

2.3. La cotización durante la percepción de la prestación por desempleo

Cabe diferenciar entre dos situaciones:

1) Si se percibe prestación de desempleo total por cese definitivo (art. 273.1 LGSS):

   La cotización a la Seguridad Social no comprenderá las cuotas de desempleo y AT y EP, ni las aportaciones para FOGASA y FP (art. 273.3 LGSS), cotizándose, por tanto, únicamente por contingencias comunes, así como —aunque no se diga expresamente— por el denominado mecanismo de equidad intergeneracional o MEI (DA 7ª Orden PJC/51/2024, por la que se desarrollan las normas de cotización para 2024). Y a esos efectos (art. 273.1 LGSS):

   a) La EG asumirá la aportación empresarial por dichas contingencias. Y esta aportación se obtendrá aplicando el tipo vigente sobre una base de cotización equivalente al promedio de las bases de los últimos seis meses de ocupación cotizada por contingencias comunes, anteriores a la situación legal de desempleo o al momento en que cesó la obligación legal de cotizar (art. 70.1 RGCL).

   b) El trabajador asumirá íntegramente su aportación por contingencias comunes y para el MEI, que se le descontará de su prestación, aunque la misma se perciba en sus cuantías máxima o mínima. Esta aportación se obtendrá aplicando los tipos vigentes sobre la base de cotización antes apuntada.

2) Si se trata de prestación por desempleo total temporal o por desempleo parcial (arts. 273.2 y 153 bis LGSS):

   a) La EG no asumirá cotizaciones, sino que "*ingresará únicamente la aportación del trabajador*", descontándosela previamente al abonarle la prestación.

   b) El trabajador asumirá la aportación que le corresponda por los días o las horas no trabajadas y protegidas (que se le descontará la propia EG), así como las cuotas devengadas por los días u horas de trabajo, que le descontará el empresario.

   c) El empresario continuará obligado "*al ingreso de las cuotas correspondientes a la aportación empresarial*" devengadas con ocasión de los días u horas no trabajados y que, en su caso, resulten protegidos mediante la prestación por desempleo total temporal o por desempleo parcial, sin perjuicio de poderse aplicar algunas exenciones (DA 44ª LGSS). Y asimismo deberá ingresar las cuotas tanto de la empresa como del trabajador por razón del tiempo trabajado no suspendido ni reducido.

A efectos de calcular las cuotas y demás aportaciones de recaudación conjunta durante las situaciones de desempleo parcial o total temporal, se aplicarán los tipos vigentes, incluidas las primas de AT y EP correspondientes, aunque la relación laboral se halle suspendida conforme a los arts. 47 y 47 bis ET (DA 1ª Orden PJC/51/2024).

Evidentemente dichos tipos se aplicarán sobre las correspondientes bases de cotización por contingencias comunes y por contingencias profesionales. Y sobre dichas bases sólo se matiza —obviando que puede ser necesario realizar la suma de las bases correspondientes a los días u horas trabajadas en el mes y los días u horas protegidas, en su caso, durante el mismo— que:

- Para determinar la aportación del trabajador que percibe prestación se atenderá "al *promedio de las bases de los últimos seis meses de ocupación cotizada, por contingencias comunes y por contingencias de accidentes de trabajo y enfermedades profesionales*" (art. 8.2 y 9.1.a Orden PJC/51/2024).
- Y a efectos de determinar las cuotas empresariales se estará al "*promedio de las bases de cotización en la empresa afectada*" durante "*los seis meses naturales inmediatamente anteriores al inicio de cada situación de reducción de jornada o suspensión del contrato*" y atendiendo al "*número de días en situación de alta, en la empresa de que se trate*", si bien cuando el trabajador haya causado alta en la empresa en el mes anterior al inicio de cada situación o incluso en el mismo mes del inicio de la situación, entonces para el cálculo del apuntado promedio se tomarán las bases de cotización en la empresa afectada correspondiente sólo al mes inmediatamente anterior o al mes del inicio de situación, respectivamente (art. 153 bis LGSS y art. 9.1.b Orden PJC/51/2024). Además dichas bases lógicamente "*se reducirán, en los supuestos de reducción temporal de jornada, en función de la jornada de trabajo no realizada*", aunque con esta aclaración parece olvidarse que, por el resto de jornada no trabajada temporalmente, también se mantiene la cotización empresarial.

Asimismo no se alcanza a comprender si al haberse matizado que, durante los períodos de suspensión temporal de contrato y de reducción temporal de jornada, respecto de la jornada de trabajo no realizada, "*no resultarán de aplicación las normas de cotización correspondientes a las situaciones de incapacidad temporal, descanso por nacimiento y cuidado de menor, y riesgo durante el embarazo y la lactancia natural*" (último párrafo art. 153 bis LGSS), se ha querido eximir de la cotización por dichos conceptos.

3. NIVEL ASISTENCIAL

Con relación al llamado "*nivel asistencial*" el Gobierno venía reiterando su "*compromiso de presentar un nuevo modelo*" que reemplazara al preexistente "*complejo, disperso e ineficaz*" (Exp. Motivos RDL 28/2018 y DF 6ª RDL 32/2021). De modo que: primero intentó modificarlo mediante el RDL 7/2023, que no fue convalidado; y después lo ha alterado en virtud del RDL 2/2024, aunque hasta el "día 31 de octubre de 2024" siguen siendo aplicables, con alguna salvedad, los anteriores arts. 274 a 280 relativos al apuntado nivel de protección (Capítulo II del Título III de la LGSS). No obstante, a los subsidios regulados en tales perceptos se suman desde 1 de noviembre de 2024 los subsidios por desempleo para quienes, sin derecho a prestación contributiva, o bien son españoles emigrantes retornados o bien son personas víctimas de violencia de género o sexual (DDAA 57ª y 58ª LGSS, respectivamente, añadidas por art. 2. 21 y 22 RDL 2/2024), al tiempo que quedan sin efecto tanto el anterior subsidio extraordinario que se desprendía de la DA 27ª LGSS, como -según ya se ha avanzado- el RD 1369/2006 dedicado a la RAI (DD única .2 y 4 y DF 14ª.2 RDL 2/2024).

3.1. Requisitos genéricos: carencia de rentas o responsabilidades familiares

Con alcance general, para acceder a la protección de este nivel será necesario:

a) Estar inscrito como demandante de empleo en el servicio público de empleo competente (normalmente el de la CCAA), y subscribir el "*acuerdo de actividad*" al que se refiere el art. 3 LE (art. 274.4 LGSS).

y b) No tener derecho a la prestación contributiva por desempleo, no encontrase en supuesto de incompatibilidad y carecer de rentas propias, o bien, alternativamente, acreditar responsabilidades familiares (art. 274.2 LGSS). A estos efectos, por un lado, se precisa qué debe entenderse por carencia de rentas y qué concretas rentas computan o quedan exentas; y, por otro lado, se matiza qué cabe considerar como responsabilidades familiares y como unidad familiar. Y ello en los siguientes términos:

1) Se entenderá que existecarencia de rentas propias: cuando no se disponga de rentas de cualquier naturaleza cuyo importe exceda del 75% del SMI, excluida la parte proporcional de gratificaciones extraordinarias (art. 275.1 LGSS). Y ello aunque el solicitante mantenga matrimonio en régimen de gananciales (STS 2/09/2014, Recud. 2738/2013, que remite a anteriores), a pesar de que a nivel reglamentario se indique que cuando rija dicho régimen económico, las rentas derivadas de la explotación de un bien de uno de los cónyuges, se imputarán por mitad a cada cónyuge (art. 7.1.b RPD).

Más pormenorizadamente, se consideran rentas o ingresos computables (arts. 275.4 LGSS y 7.1 RPD): cualesquiera bienes, derechos o rendimientos derivados del trabajo, del capital mobiliario o inmobiliario y de la actividad económica; así como los de naturaleza prestacional contributiva o no contributiva, públicas o privadas. También se considerarán rentas las pensiones alimenticias y las compensatorias, acordadas en caso de separación, divorcio, nulidad matrimonial o en procesos de adopción de medidas paternofiliales cuando no exista convivencia entre los progenitores. E igual consideración tendrán las plusvalías o ganancias patrimoniales o los rendimientos que puedan imputarse al patrimonio por bienes no computados, aplicando a su valor el 100% del tipo de interés legal del dinero.

En cambio, se excluyen expresamente (art. 275.5 LGSS): la vivienda habitual; las cuotas para financiar un posible convenio especial, siempre que las asuma el propio beneficiario y no el empresario (STS 26/03/2013, Recud. 922/2012); la indemnización legal que, en cada caso, proceda por la extinción del contrato, aunque ésta se perciba de forma periódica a través de un seguro de rentas diferidas (STS 3/10/2023, Recud. 4058/2020), pero sí computa el exceso pactado sobre la indemnización que proceda conforme al ET; y el importe percibido por asistencia a acciones de formación profesional o en el trabajo o para realizar prácticas académicas externas que formen parte del plan de estudios, obtenidas por la persona solicitante o beneficiaria o por cualquier otro miembro de la unidad familiar. Asimismo la jurisprudencia ha excluido las subvenciones recibidas para adquisición de la vivienda habitual (STS 14/12/2001, Recud. 2544/2001, seguida de otras) o la beca escolar que pueda percibir algún miembro de la familia (STS 16/11/2010, Recud. 1125/2010).

Las apuntadas rentas se computan por su rendimiento "íntegro *o bruto*" (art. 275.4 LGSS, cuyo tenor se ajustó al art. 7.1.a RPD para desbancar soluciones jurisprudenciales que abogaban por computar los ingresos netos y no los brutos)[3], salvo que dicho rendimiento proceda de actividades empresariales, profesionales, agrícolas, ganaderas o artísticas, en las que estará a "*la diferencia entre los ingresos y los gastos necesarios para su obtención*" (art. 275.4 *in fine* LGSS y STS 19/01/2015, Recud. 654/2014).

Y se estará al cómputo mensual de las rentas, incluyendo, en su caso, el prorrateo de percepciones devengadas en cómputo superior (art. 7.1.c RPD), pero no las percibidas en un único acto, que afectarán a ese preciso mes (STS 28/05/2013, Recud. 2752/2012 y otras). Aunque, tratándose del rescate de un plan de pensiones y a efectos de las rentas computables para mantener el subsidio, se ha afirmado que lo único relevante es "*la ganancia, plusvalía o rendimiento*" que del rescate se hubiera derivado (TS 3/02/2016, Recud. 2576/2014).

2) Se considerará que concurren responsabilidades familiares: cuando la suma de las rentas del conjunto de la unidad familiar, incluida la persona solicitante o beneficiaria, dividida entre el número de miembros que la componen, no supere el 75% del SMI, excluida la parte proporcional de dos pagas extraordinarias (art. 275. 2 LGSS).

Entendiéndose, más concretamente, por "unidad familiar" la constituida por la persona solicitante o beneficiaria, su cónyuge o – corrigiendo una ausencia que puso de relieve el TS para no computar a quien no se mencionaba expresamente[4]- su "pareja de hecho", así como por los hijos e hijas menores de veintiséis años, o mayores con discapacidad, o menores acogidos y acogidas o en guarda con fines de adopción o acogimiento, que convivan o dependan económicamente de la persona solicitante o beneficiaria (art. 275.3 LGSS).

---

3 SsTS 31/05/1996 (Recud. 3844/95), 21/11/2007 (Recud. 4604/06) o 28/10/2009 (Recud. 3354/2008).

4 Si ya en ATC 1021/1988, 26 de septiembre, se consideró que -dadas sus diferencias- la pareja de hecho del solicitante no podía alegarse como responsabilidad familiar; más tarde el TS entendió, unificando doctrina, que la literalidad de la norma que sólo aludía al "cónyuge" impedía que los ingresos de la pareja pudieran computarse cuando el solicitante alegaba como responsabilidad a los hijos comunes. Así en SsTS 17/10/2018 (Recud. 3600/2016), 19/05/2020 (Recud. 3683/2017) y 23/06/2020 (Recud. 281/2018).

Además se considerará pareja de hecho a la constituida con análoga relación de afectividad a la conyugal por quienes, no hallándose impedidos para contraer matrimonio ni teniendo otra pareja de hecho, acrediten la inscripción de dicha constitución en los correspondientes registros o documento público, que deberá haberse producido con una antelación mínima de dos años antes de solicitar el subsidio, salvo que existan hijos o hijas comunes (art. 275. 3 in fine LGSS).

En todo caso, los citados requisitos de carencia de rentas o de responsabilidades familiares deberán cumplirse en la fecha de la solicitud inicial del subsidio, o de sus prórrogas o reanudaciones (art. 275.7 LGSS). Y, a fin de determinar que dichos requisitos concurren, deberán comunicarse todas las rentas e ingresos obtenidos durante el mes natural anterior a las solicitudes, tanto por parte del solicitante como, en su caso, por el resto de miembros de su unidad familiar, mediante declaración responsable que posteriormente se contrastará con los datos tributarios que consten. De tal modo que, de apreciarse una ocultación que, de haber sido tenido en cuenta, hubiera comportado la denegación del importe reconocido, en tal caso, se procederá a declarar y reclamar lo indebidamente percibido, computándose el concreto período reconocido como consumido a todos los efectos (art. 275.6 LGSS).

3.2. Requisitos específicos: duración y cuantía de los distintos subsidios

Acreditados los requisitos genéricos, dependiendo de qué concretas circunstancias reúnan los beneficiarios (tales como, entre otras, su edad, la existencia o no de responsabilidades familiares y duración de la prestación por desempleo consumida), podrá determinarse el concreto tipo de subsidio al que se tendrá derecho, así como su duración máxima y su cuantía.

Más concretamente, el esfuerzo por simplificar la regulación de los subsidios preexistentes, no ha impedido que tras la entrada en vigor de las reformas del nivel asistencial de la protección por desempleo operada por RDL 2/2024, puedan diferenciarse distintos subsidios en función de los siguientes beneficiarios:

A) Quienes hayan agotado la prestación por desempleo. Aunque, de tener menos de 45 años de edad y carecer de responsabilidades familiares, se exigirá, además, que la prestación consumida haya tenido una duración igual o superior a 360 días (art. 274.1.a LGSS).

Para estos beneficiarios, el subsidio -que se reconocerá por períodos trimestrales que podrán prorrogarse- alcanzará diferentes duraciones máximas con arreglo a la siguiente tabla (art. 277.1 y 3 LGSS):

Acreditación responsabilidades familiares	Edad en la fecha de agotamiento de la prestación	Duración de la prestación por desempleo agotada	Duración máxima del subsidio
No.	<45	>= 360 días	6 meses.
	>45	>= 120 días	
Sí.	Indiferente	>= 120 días	24 meses.
		>=180 días	30 meses.

De haberse accedido al subsidio sin contar con responsabilidades familiares, éstas podrán alegarse con posterioridad, ampliando así la duración del subsidio, si las mismas se acreditan en los 12 meses siguientes a la fecha del hecho causante del subsidio.

En función de la duración a la que se pueda llegar, la cuantía del subsidio equivaldrá a decrecientes porcentajes sobre el IPREM vigente: el 95% en los primeros 180 días; el 90% desde el 181 a los 360 días incluidos; y el 80% a partir del 361 día.

A efectos de computar el período cotizado para determinar la duración de la prestación por desempleo y, consecuentemente, la del correspondiente subsidio, se tendrán en cuenta -con alcance general- todas las cotizaciones acreditadas en los 6 años anteriores a la situación legal de desempleo que no se hubieran computado para el reconocimiento de un derecho anterior (arts. 274.1 y 269.2 LGSS).

B) Quienes no reúnan el periodo mínimo de cotización para tener derecho a la prestación contributiva, siempre que hayan cotizado al menos 90 días (art. 274.1.b LGSS).

Tratándose de este supuesto, el subsidio -que igualmente se reconocerá por períodos trimestrales- podrá alcanzar la duración máxima que se fija en la siguiente tabla (art. 277.2 y 3 LGSS):

Periodo mínimo de ocupación cotizada	Acreditación de responsabilidades familiares	Duración máxima del subsidio
90 días.	Indiferente.	3 meses.
120 días.	Indiferente.	4 meses.

Periodo mínimo de ocupación cotizada	Acreditación de responsabilidades familiares	Duración máxima del subsidio
150 días.	Indiferente.	5 meses.
180 días.	No.	6 meses.
	Sí.	21 meses.

No obstante, quienes hubieran accedido al subsidio de 6 meses por reunir 180 días de ocupación cotizada, careciendo de responsabilidades familiares, podrán acreditarlas posteriormente dentro del plazo de los 12 meses siguientes al hecho causante, ampliando entonces la duración del subsidio inicialmente reconocido hasta el máximo de los 21 meses.

La cuantía de este subsidio por desempleo se determinará aplicando los mismos porcentajes que se han señalado en el apartado anterior, como importes que varían en función de la duración del subsidio reconocido (art. 278 LGSS).

Y también con ocasión de este subsidio se indica que las cotizaciones que sirvieron para su nacimiento, no podrán ser tenidas en cuenta a efectos del reconocimiento de un futuro derecho a la prestación o al subsidio por desempleo (arts. 269.2, 274.1 y 277.2 LGSS).

C) Trabajadores españoles que acrediten su condición de emigrantes retornados mediante el oportuno certificado expedido por el Área o Dependencia de Trabajo e Inmigración de la Delegación o Subdelegación del Gobierno de la provincia correspondiente al domicilio en el que hayan fijado su residencia en España (DA 57ª LGSS, añadida por art. 2.21 RDL 2/2024 y vigente desde 1 de noviembre de 2024, salvo en lo relativo a la compatibilidad cuya entrada en vigor se pospone por más tiempo).

Para estos beneficiarios, además de reiterase que deben reunir algunos requisitos genéricos (estar inscritos como demandantes de empleo y haber suscrito el acuerdo de actividad; no tener derecho a la prestación por desempleo de nivel contributivo; y carecer de rentas propias), se exige que acrediten las siguientes circunstancias:

- Haber retornado de países no pertenecientes al Espacio Económico Europeo o con los que no exista convenio sobre protección por desempleo.
- Haber trabajado como mínimo 12 meses en los últimos seis años en dichos países desde su última salida de España. Los hijos o nietos de emigrantes españoles que, por primera vez vayan a fijar su residencia

permanente en España, deberán haber ejercido la nacionalidad española durante la realización de esos 12 meses de trabajo.

– Y no haber obtenido prestaciones por desempleo en el país de emigración.

En este supuesto el hecho causante se producirá cuando la persona retorne a España para fijar su residencia de forma permanente. Y, a los efectos de solicitudes, nacimiento y prórroga del derecho al subsidio, se estará a lo que después se indicará con alcance general (art. 276).

No obstante, la duración máxima de este subsidio por desempleo será de 18 meses, determinándose su cuantía conforme a los porcentajes del IPREM establecidos en función del período reconocido por el art. 278 LGSS.

D) Víctimas de violencia de género o sexual, así como víctimas de violencia ejercida por sus padres o por sus hijos (DA 58ª LGSS, añadida por art. 2 22 RDL 2/2024 y vigente desde 1 de noviembre de 2024, salvo en el régimen de compatibilidad cuya aplicación también se retrasa).

Para acceder a este subsidio, además de reunir los requisitos genéricos (figurar inscrito como demandante de empleo y subscribir el "acuerdo de actividad"; no poder acceder a la prestación contributiva por desempleo; y carecer de rentas propias o tener responsabilidades familiares), se exige que las personas beneficiarias no hayan disfrutado de 3 derechos a la RAI, aunque no hubieran agotado la duración máxima de 11 meses que se preveía para cada programa. Y ello salvo que ya hubieran transcurrido 3 años o más desde el nacimiento del primer derecho a la RAI y la fecha en que se solicite el subsidio por desempleo.

Asimismo, a efectos de causar este subsidio, tendrán la consideración de víctimas de violencia de género y sexual las personas a las que se refieren, respectivamente, el art. 1.1 y 4 LO 1/2004 y el art. 3.1 y 2 LO 10/2022, quienes además deberán acreditar sus situaciones de violencia conforme a lo indicado, también respectivamente, por el art. 23 LO 1/2004 y el art. 37 LO 10/2022. Mientras que la situación de violencia ejercida por sus padres o sus hijos se acreditará mediante sentencia o cualquier otra resolución judicial que acuerde una medida cautelar a favor de la víctima, o bien por el informe del Ministerio Fiscal.

En todo caso, la fecha del hecho causante del subsidio por desempleo será aquella en que se emita por la Administración competente el correspondiente informe que acredite ser víctima de violencia de violencia de género o sexual, o se expida el informe del Ministerio Fiscal, o se notifique a la persona interesada la correspondiente sentencia o resolución judicial.

Siendo asimismo de aplicación a este subsidio lo establecido con carácter general respecto de las solicitudes, nacimiento y prórroga del subsidio por desempleo (276 GSS).

No obstante, en este supuesto la duración máxima del subsidio será de 30 meses, salvo que la persona hubiera sido beneficiaria con anterioridad de uno o dos derechos de la RAI, en cuyo caso, la duración se reducirá a 20 y 10 meses, respectivamente. Y, dependiendo de los días reconocidos, la cuantía se determinará aplicando los porcentajes del IPREM que señala el art. 278 LGSS.

Es más, cuando se haya agotado la duración máxima del subsidio que, en cada caso, corresponda, podrá accederse de nuevo al mismo una vez hayan transcurridos 3 años o más desde el nacimiento del primer derecho a la RAI o desde el nacimiento del derecho al subsidio para víctimas de violencia de género o sexual, en el caso de no haber percibido previamente la RAI precisamente por esa condición.

E) Trabajadores mayores de 52 años que, al producirse el hecho causante consistente en agotar la prestación por desempleo o en hallarse en situación legal de desempleo sin reunir el periodo mínimo cotizado para acceder a esa prestación (habiendo cotizado, al menos, 90 días), reúnan los siguientes cuatro requisitos: 1) carecer de rentas propias que excedan del 75ª del SMI excluidas la parte proporcional de pagas extraordinarias; 2) tener cumplida la citada edad de 52 años; 3) acreditar todos los requisitos, salvo la edad, para acceder a cualquier tipo de pensión contributiva de jubilación; y 4) haber cotizado efectivamente en España por desempleo durante al menos 6 años a lo largo de su vida laboral (arts. 274.3 y 280LGSS). A efectos de computar los 6 años cotizados por desempleo, se había efectuado una interpretación en clave de género, entendiendo que debían tenerse en cuenta los periodos de cotización asimilados por parto a que alude el art. 235 LGSS (STS 23/06/2022, Recud. 646/2021), pero tal posibilidad ha sido expresamente excluida por el legislador (art. 280.1 LGSS, modificado por el RDL 2/2024).

Quienes en la fecha del hecho causante reúnan los anteriores requisitos, salvo el de haber cumplido la edad de 52 años, podrán solicitar este subsidio a partir del momento en que cumplan dicha edad, siempre que hayan permanecido inscritos ininterrumpidamente como demandantes de empleo, salvo que se trate de interrupciones inferiores a 90 días o debidas a la realización de trabajos cuyo cese sea involuntario. En este caso, se considerará como fecha del hecho causante la del cumplimiento de la apuntada edad.

Similar regla se seguirá cuando se cumplan todos los requisitos para acceder al subsidio de mayores de 52 años en el momento de tener que solicitar la reanudación de cualquier subsidio o mientras los estén percibiendo, si bien, en tales supuestos, la fecha del hecho causante será la de la reanudación del subsidio.

En todo caso, el derecho al subsidio por desempleo nacerá a partir del día siguiente al del correspondiente hecho causante, siempre que se solicite en el plazo de 15 días hábiles siguientes. Solicitado fuera de término el derecho nacerá el día en que se presente la solicitud (art. 280.3 LGSS).

Curiosamente el legislador no fija expresamente la duración de este subsidio que tradicionalmente se llamaba de "*prejubilación*" porque su duración se extendía "*como máximo, hasta que el trabajador alcance la edad ordinaria que se exija en cada caso para causar derecho a la pensión contributiva de jubilación*" . Duración máxima que, no obstante, cabe deducir del art. 272.d) LGSS, al que remite el art. 280.6 LGSS, al hilo de las causas de extinción del subsidio por desempleo para mayores de 52 años.

En cambio, sí se determina una cuantía específica y distinta a la de los otros subsidios, consistente en el 80% del IPREM mensual vigente en cada momento a lo largo de toda su percepción (art. 280.4 LGSS).

E igualmente se destinan varias reglas para remarcar la importancia de la carencia de rentas propias, así como la relevancia de la acreditación de este extremo durante toda la percepción del subsidio (art. 180.2 LGSS). Pues los beneficiarios deberán comunicar a la entidad gestora cualquier incremento que pudiera afectar al mantenimiento de su derecho (art. 180.7 LGSS), además de formular una declaración anual de sus rentas acompañada de documentación acreditativa, como requisito que tendrá que presentarse cada vez que transcurran 12 meses desde el nacimiento del derecho o desde su última reanudación y en el plazo de los 15 días siguientes al cumplimiento de esos periodos (art. 280.6 LGSS). Hasta el extremo de destinar algunos apartados para regular en particular la suspensión y la extinción de este subsidio con ocasión de la falta de carencia de rentas o de la ausencia de su acreditación en término (apartados 5, 6 y 8 del art. 280 LGSS).

3.3. Solicitudes, nacimiento y prórrogas del subsidio

Con alcance general, el derecho al subsidio por desempleo nacerá a partir del día siguiente al del hecho causante (bien por agotamiento de la prestación, o bien por no poder acceder a ésta al producirse la situación legal de desempleo), siempre que se solicite en el plazo de los 15 días hábiles siguientes a dicha fecha; aunque si el subsidio se solicita fuera de este término, pero dentro del plazo de los 6 meses siguientes, entonces nacerá desde el momento en que se presente la solicitud (art. 276.1 LGSS). En cambio, de solicitarse una vez transcurridos esos 6 meses desde el hecho causante, en tal caso y con ciertas salvedades, el derecho se denegará.

Asimismo, y con alcance general, el plazo para solicitar las prórrogas del subsidio hasta agotar su duración máxima será de 15 días hábiles siguientes a la fecha en que finalice cada periodo trimestral. De manera que si se solicitan fuera de plazo, sus efectos serán desde la solicitud siempre que la misma se presente dentro del plazo de los 6 meses a la apuntada finalización (art. 276.2 LGSS). Transcurrido este término, y salvo excepciones, la solicitud será denegada.

3.4. La cotización en el nivel asistencial

Con alcance general, durante la percepción de los distintos subsidios por desempleo la EG no ingresará cotizaciones de Seguridad Social. No obstante, cuando se trate del subsidio para mayores de 52 años, sí que cotizará por la contingencia de jubilación (art. 280.9 LGSS). Dichas cotizaciones servirán a efectos de calcular la base reguladora de la pensión de jubilación, así como para determinar el porcentaje aplicable a la misma y, en su caso, completar el tiempo necesario a fin de acceder a la jubilación anticipada. En cambio, no tendrán validez y eficacia jurídica para acreditar el período mínimo de cotización exigido al objeto de acceder a dicha pensión puesto que éste debe quedar acreditado en la fecha en que se solicite el subsidio.

La cuantía de la cotización se determinará tomando como base de cotización el 125% del tope mínimo vigente en cada momento.

Asimismo durante la percepción del citado subsidio se cotizará por el MEI con los correspondientes porcentajes, distribuidos entre la EG y el beneficiario del subsidio (art. 23.3 Orden PJC/51/2024, 29 de enero).

4. REGLAS COMUNES

4.1. Gestión

Se atribuye al SEPE (o, en su caso, al ISM) el reconocimiento, suspensión, extinción y reanudación de las prestaciones por desempleo, tanto en su nivel contributivo como asistencial (art. 294.1 LGSS y DA 8ª LE), pareciendo haber caído en el olvido la creación de la "*Agencia Española de Empleo*" (AEE) en la que debía transformarse e integrarse "*todo el activo y el pasivo*" del SEPE (art. 18.1 y DA 1ª LE).

Y aunque para los supuestos de desempleo parcial, se prevé desde antiguo que las empresas colaboren asumiendo, en su caso, el pago delegado de la prestación (arts. 294.2 y 298.f LGSS, art. 26.4 y 5 RPD y art. 16.1.d O. 25 noviembre 1966), en la práctica dejó de aplicarse esta previsión.

A efectos del reconocimiento de prestaciones o subsidios, los trabajadores deberán formular la solicitud, acompañada de la correspondiente documentación.

Asimismo cada vez que se hayan devengado 3 meses de subsidio, los beneficiarios, de tener derecho a su prórroga, deberán aportar la documentación que acredite que mantienen los requisitos de acceso (art. 276 LGSS). Aunque —según ya se ha indicado— cuando se trate del subsidio para mayores de 52 años, los beneficiarios deberán presentar una declaración anual de sus rentas junto al resto de documentación acreditativa (art. 280 LGSS).

La EG resolverá el expediente de solicitud de prestaciones, concediéndolas o denegándolas (art. 296 LGSS). La denegación de la prestación o el subsidio deberá comunicarse al interesado, indicando los motivos en los que se basa esa denegación. Si, por el contrario, se conceden, la resolución se remitirá al domicilio del solicitante, indicando, entre otros extremos: el período de duración de la prestación o subsidio reconocido; y, en su caso, la base reguladora de la prestación. Evidentemente, si el trabajador no estuviera de acuerdo con la resolución podrá interponer reclamación previa contra la misma, y si ésta fuera desestimada —expresamente o por silencio al transcurrir 45 días sin respuesta—, podrá presentar demanda ante el Juzgado de lo Social en el plazo de 30 días (art. 303 LGSS y 71 LJS).

Igualmente corresponde a la EG declarar y exigir la devolución de las prestaciones indebidamente percibidas. De tal modo que transcurrido el respectivo plazo fijado para el reintegro, sin haberse efectuado el mismo, corresponderá a la TGSS proceder a su recaudación en vía ejecutiva (art.

295.1 LGSS). Pudiendo concederse por la EG la compensación parcial de las prestaciones indebidamente percibidas, así como el fraccionamiento del correspondiente reintegro (art. 295.3 LGSS y arts. 33.3 bis y 33 bis RPD).

Y, en fin, el pago de la prestación o subsidio se realizará por mensualidades vencidas de treinta días —salvando, en su caso, la del mes de inicio o fin de la percepción—, a través de la entidad financiera elegida por el trabajador (art. 26.1 y 2 RPD).

No obstante, cuando así se establezca en algún programa de fomento del empleo, podrá abonarse por una sola vez el importe de la prestación de nivel contributivo (art. 296.3 LGSS). De hecho, de este modo se ha establecido mediante dos programas que permiten capitalizar todo o parte de la prestación contributiva:

1) El "*Programa de fomento de empleo en economía social y empleo autónomo*" (art. 34 LETA y art. 10 Ley 5/2011, de 29 de marzo, de Economía Social, así como, en el que no se les oponga RD 1044/1985, de 19 de junio). Este programa permite que se abone la cuantía de la prestación por desempleo a quienes pretendan constituirse como trabajadores autónomos, o realizar una aportación al capital social de una entidad mercantil de nueva constitución o constituida en un plazo máximo de 12 meses anteriores a la aportación, cuando vayan a desarrollar una actividad profesional o laboral para la misma, o a los que vayan a incorporarse como socios trabajadores o de trabajo en cooperativas o en sociedades laborales. En todo caso, deberá acreditarse que las cantidades percibidas han quedado debidamente afectadas al proyecto de inversión a realizar o a la incorporación como socios a cooperativas de trabajo asociado o sociedades laborales, presentando la documentación que acredite las operaciones realizadas y cantidades abonadas, junto con la justificación del traspaso efectivo del capital que evidencie la realidad de cada una de las operaciones anteriores (art. 7.3 RD 1044/1985, añadido por DF 8ª RDL 2/2024). Cuando no sea necesario invertir el 100% de la prestación capitalizada, o cuando así se decida por los beneficiarios, la cuantía de la prestación por desempleo no consumida se destinará a subvencionar el pago de las correspondientes cuotas de Seguridad Social del trabajador.

2) El abono acumulado y de forma anticipada de la prestación contributiva por desempleo a trabajadores extranjeros no comunitarios que retornen voluntariamente a sus países de origen (RDL 4/2008, 19 de septiembre, así como RD 1800/2008, 3 de noviembre). Mediante este programa la EG abona anticipadamente y en dos veces el importe de la prestación

por desempleo pendiente de percibir (primero el 40% y después el 60% restante) a los trabajadores extranjeros no comunitarios, ni de países que forman parte del EEE ni de Suiza, que retornen voluntariamente a sus países de origen, si concurren dos circunstancias: a) que —salvo excepciones— se haya suscrito un convenio bilateral o multilateral en materia de Seguridad Social con sus países de origen; y b) que el beneficiario extranjero se comprometa a retornar a su país de origen, en el plazo de treinta días naturales desde el primer pago, y a no retornar a España para realizar una actividad lucrativa o profesional por cuenta propia o ajena en el plazo de tres años desde la misma fecha, aun cuando su cónyuge sea nacional (STS 17/05/2022, Recud. 851/2019).

4.2. Obligaciones de los beneficiarios

Como obligaciones de los solicitantes y beneficiarios de prestaciones y subsidios por desempleo se enuncian las siguientes (art. 299 LGSS):

a) Cotizar por la aportación correspondiente a la contingencia de desempleo.

b) Proporcionar la documentación e información que reglamentariamente se determine a efectos del reconocimiento, suspensión, extinción o reanudación de las prestaciones, así como comunicar a los servicios públicos de empleo autonómicos y al SEPE o, en su caso, al ISM *"el domicilio y, en su caso, el cambio del domicilio, facilitado a efectos de notificaciones, en el momento en que* éste *se produzca*". De no quedar garantizada la recepción de las comunicaciones en el domicilio facilitado, el beneficiario de las prestaciones estará obligado a proporcionar los datos que se precisen para que la comunicación pueda realizarse por medios electrónicos

c) Inscribirse como demandantes de empleo, mantener esta inscripción y suscribir y cumplir las exigencias del acuerdo de actividad en los términos establecidos en el art. 3 de la LE.

   Según antes se ha anticipado, por acuerdo de actividad se entiende el "*Acuerdo documentado mediante el que se establecen derechos y obligaciones entre la persona demandante de los servicios públicos de empleo y el correspondiente Servicio Público de Empleo para incrementar la empleabilidad de aquella, atendiendo, en su caso, a las necesidades de los colectivos prioritarios*" (art. 3.f LE, al que igualmente remite el art. 300 LGSS).

d) Comparecer, cuando hayan sido previamente requeridos, ante la EG, los servicios públicos de empleo autonómicos o las agencias de colocación cuando desarrollen actividades en el ámbito de colaboración con aquéllos.

e) Buscar activamente empleo y participar en las acciones de mejora de la ocupabilidad que se fije, en su caso, dentro del itinerario de inserción.

Las personas beneficiarias de prestaciones acreditarán ante la EG y los servicios públicos de empleo autonómicos, cuando sean requeridos para ello, las actuaciones que han efectuado dirigidas a la búsqueda activa de empleo, su reinserción laboral o a la mejora de su ocupabilidad. Esta acreditación se efectuará como estos organismos determinen en el marco de la mutua colaboración. La no acreditación tendrá la consideración de incumplimiento del acuerdo de actividad.

Por "*búsqueda activa de empleo*" se entiende el conjunto de acciones a realizar por las personas demandantes de los servicios públicos de empleo, con apoyo del personal de estos últimos, a fin de mejorar su empleabilidad o conseguir un puesto de trabajo de calidad y sostenible a lo largo del tiempo (art. 3.h LE).

f) Participar en los programas de empleo, o en acciones de promoción, formación o reconversión profesionales, que determinen los servicios públicos de empleo o las agencias de colocación, cuando desarrollen actividades en el ámbito de colaboración con aquéllos, así como aceptar la colocación adecuada que le sea ofrecida por los servicios públicos de empleo o por dichas agencias.

A estos efectos, por "*colocación adecuada*" se entiende la definida como tal en el art. 3 LE. Más concretamente, según este precepto, al que también remite el art. 301 LGSS, se considerará como adecuada: "*la colocación en la profesión demandada por la persona trabajadora, de acuerdo con su formación, características profesionales, experiencia previa o intereses laborales y también aquella que se corresponda con su profesión habitual o cualquier otra que se ajuste a sus aptitudes físicas y formativas*"; si bien en los dos últimos casos la oferta además *"deberá implicar un salario equivalente al establecido en el sector en el que se ofrezca el puesto de trabajo";* asimismo la colocación *"deberá ser indefinida y con un salario, en ningún caso, inferior"* al SMI, aunque en el marco del acuerdo de actividad *"voluntariamente aceptado"*, también será adecuada la colocación "*que sea convenida dentro del itinerario de inserción, incluida la... de duración determinada regulada en el artículo 15.3 del ET, así como... a tiempo parcial*"; y sólo en dicho marco "*será adecuada la colocación que se ofrezca en una localidad que no sea la de residencia de la persona trabajadora*" (art. 3.g LE).

g) Devolver a los servicios públicos de empleo, o, en su caso, a las agencias de colocación cuando desarrollen actividades en el ámbito de colaboración con aquéllos, en el plazo de 5 días, el correspondiente justificante de haber comparecido en el lugar y fecha indicados para cubrir las ofertas de empleo facilitadas por los mismos.

h) Solicitar la baja en las prestaciones por desempleo cuando se produzcan situaciones de incompatibilidad, suspensión o extinción del derecho o se dejen de reunir los requisitos exigidos para su percepción, en el momento en que se produzcan dichas situaciones.

i) Comunicar las situaciones de interrupción de la actividad fija discontinua (,) suspensión o extinción de la relación laboral que originó el complemento de apoyo al empleo.

j) Reintegrar las prestaciones indebidamente percibidas.

k) Presentar anualmente la declaración correspondiente al IRPF.

4.3. Incompatibilidades y compatibilidades

Sin menoscabo de la compatibilidad o incompatibilidad entre, por un lado, la percepción de las prestaciones o subsidios por desempleo y, por otro lado, el devengo de diversas prestaciones de Seguridad Social —salvando las de IT y nacimiento y cuidado de menores, a las que después se aludirá—, el RDL 2/2024 ha introducido unas novedosas y complejas reglas a propósito de la posibilidad de trabajar para quienes se benefician de la protección por desempleo. Más concretamente, pueden reagruparse las siguientes tres reglas.

1) Reglas generales relativas a la prestación y al subsidio por desempleo.

Inicialmente tanto a propósito de la prestación, como al hilo del subsidio por desempleo, se prescribe su incompatibilidad con el trabajo por cuenta propia "*aunque su realización no implique la inclusión obligatoria en alguno de los regímenes de Seguridad Social o en alguna mutualidad de previsión social altarnativa*" al RETA (art. 282.1 LGSS). Criterio que expresamente se extiende a los concretos subsidios por desempleo para emigrantes y para víctimas de violencia de género y sexual, señalándose la misma incompatibilidad (DDAA 57ª.5 y 58ª.9 LGSS).

A efectos de esa genérica incompatibilidad con el trabajo por cuenta propia y para aquellos supuestos en que no resulte posible cuantificar "*el número de días a los que se extiende la actividad desarrollada por cuenta propia sin obligación de alta y baja en el régimen correspondiente de la Seguridad Social*", se matiza que "*se estará a los declarados y acreditados documentalmente por el trabajador*", y si éstos no pudieran acreditarse "*se estará al que resulte de dividir las percepciones* íntegras *derivadas de la actividad entre el importe de la base máxima de cotización*" al RETA (art. 6 bis RPD). No considerándose como actividad las labores agrarias "*orientadas al autoconsumo*" (STS 27/04/2015, Recud. 1881/2014, seguida de otras), ni como rendimiento incompatible el obtenido de una actividad marginal de mediación comercial (STS 5/04/2017, Recud. 1066/2016).

Asimismo la prestación y el subsidio por desempleo se consideran incompatibles con la obtención de prestaciones contributivas de carácter económico de la Seguridad Social, salvo que éstas hubieran sido compatibles con el trabajo que originó la prestación o el subsidio (art. 282.1. in fine LGSS). Por el contrario, serán compatibles con la percepción de cualquier tipo de rentas mínimas, salarios sociales o ayudas análogas de asistencia social concedidas por cualquier Administración Pública, así como con la percepción de las prestaciones económicas no contributivas, excepto la de jubilación (art. 282.4 LGSS). Compatibilidad de la prestación y el subsidio que también se mantiene cuando se realizan prácticas formativas y prácticas académicas externas (art. 282.5 LGSS).

2) Reglas específicas sobre el subsidio por desempleo

Tratándose del subsidio por desempleo, desde 1 de noviembre de 2024 opera una relevante alteración respecto de las reglas previas. En efecto, desplazándose la DT 5ª Ley 45/2002 —que seguirá rigiendo para quienes se hallen acogidos a su compatibilidad hasta que se produzca la extinción del subsidio o finalización de la relación laboral (DD única.3 y DT 4ª RDL2/2024)—, se apuesta por un más generoso régimen de compatibilidad, no tanto para las empresas, sino para los perceptores del subsidio. De tal modo que quienes, siendo beneficiarios del mismo, inicien una relación laboral a tiempo completo o parcial, o quienes accedan al subsidio manteniendo uno o varios contratos a tiempo parcial, podrán compatibilizar el trabajo con el subsidio que pasará a denominarse "complemento de apoyo al empleo", modificándose su cuantía (art. 282.3 LGSS).

Más concretamente, el importe del complemento de apoyo al empleo consistirá en un porcentaje del IPREM, que oscilará desde el 80% al 5% del mismo, atendiendo a dos variables: el concreto trimestre de subsidio que se esté percibiendo y la jornada de trabajo que se esté realizando. De forma que para los primeros trimestres y ante la mayor jornada las cuantías serán superiores e irán decreciendo conforme a la siguiente tabla, cuyos porcentajes que no se verán alterados por situaciones de pluriempleo o modificaciones de jornadas sobrevenidas:

Trimestre en que se encuentre el perceptor respecto al inicio del subsidio	**CAE. Empleo a tiempo completo (% IPREM)**	**CAE. Empleo a tiempo parcial >= 75 % de la jornada (% IPREM)**	**CAE. Empleo a tiempo parcial <75 % y >=50 % de la jornada (% IPREM)**	**CAE. Empleo a tiempo parcial <50 % de la jornada (% IPREM)**
En el 1 trimestre.	80	75	70	60
En el 2 trimestre.	60	50	45	40
En el 3 trimestre.	40	35	30	25
En el 4 trimestre.	30	25	20	15
En el 5 trimestre y siguientes.	20	15	10	5

La duración máxima del complemento de apoyo al empleo se fija en 180 días y, mientras el mismo se vaya percibiendo, se irán consumiendo los días del subsidio reconocido.

Si la compatibilidad finalizara antes que la duración máxima del subsidio, entonces -con alcance general - éste quedará suspendido por realización de un trabajo por cuenta ajena conforme a las reglas generales que después se tratarán.

En cambio, si se produce la extinción o suspensión de la relación laboral, así como la interrupción de la actividad fija discontinua, sin mantener ninguna otra, en tal caso, dicha circunstancia deberá comunicarse a la EG en el plazo de los 15 días hábiles siguientes y se procederá a la suspensión del subsidio, que podrá reanudarse sin compatibilidad si el interesado lo solicita, manteniendo los requisitos para ser beneficiario.

En todo caso, se establecen algunas restricciones a efectos de acceder a la compatibilidad entre el subsidio por desempleo y el empleo por cuenta ajena, bien por motivo de la empresa (que tenga autorizado un expediente de regulación de empleo o esté acogida al Mecanismo RED), bien con ocasión de una relación previa entre ésta y el beneficiario del subsidio, o bien por los vínculos de parentesco que medien entre éste y el empresario o quienes asuman la dirección o administración de entidades o empresas que revistan la forma jurídica de sociedad.

Por otro lado, cuando se trate, en particular, de los subsidios para emigrantes y para víctimas de violencia de género y sexual, aunque también se declara la aplicación del régimen de compatibilidad entre el subsidio y el complemento de apoyo al empleo establecido en el art. 282.3 LGSS (DA 57ª.5 y DA 58ª.9 LGSS), no obstante, después se matiza su entrada en vigor.

A saber, dicha compatibilidad sólo será efectiva a partir de 1 de junio de 2025, manteniéndose durante el período que abarca desde 1 de noviembre de 2024 a 31 de mayo de 2025, la regla de la incompatibilidad entre el subsidio y el trabajo por cuenta ajena a tiempo completo (DT 44ª LGSS). Y esto último sin perjuicio de poder, en su caso, compatibilizar el trabajo por cuenta ajena a tiempo parcial con los subsidios por desempleo si se mantienen los requisitos para su acceso. En este supuesto, del importe del subsidio se deducirá la parte proporcional al tiempo trabajado.

3) Reglas específicas sobre la prestación por desempleo y la realización de trabajos.

En este ámbito, cabe diferenciar según sea el tipo de trabajo del que se trate:

a) Si se trata de un trabajo por cuenta propia, la inicial incompatibilidad puede verse desplazada. Y ello cuando algún programa de fomento del empleo destinado a colectivos con dificultad de inserción en el mercado de trabajo permita compatibilizar la prestación contributiva por desempleo pendiente de percibir, con el trabajo por cuenta propia, en cuyo caso la EG podrá abonar al trabajador el importe mensual de la prestación en la cuantía y duración que se determinen, sin incluir la cotización a la Seguridad Social (art. 282.7 LGSS). Así, por ejemplo, se ha establecido para beneficiarios de prestaciones por desempleo "total y definitivo" de nivel contributivo a quienes se les permite compatibilizar dicha prestación durante un máximo de 270 días con un trabajo por cuenta propia que conlleve el alta en alguno de los regímenes de Seguridad Social (art. 33.1 LETA), a quienes se encuadren en dichos regímenes por ser socios trabajadores bien de cooperativas de trabajo asociado de nueva creación que opten por considerar a sus socios como trabajadores autónomos, o bien de sociedades laborales de nueva creación que deban incluirse en el RETA (arts. 14.1.b y 305.2.e LGSS, así como art. 33.5 LETA), sin perjuicio de establecerse algunas limitaciones para ejercer esta posibilidad (art. 33.2 LETA)

b) Si se trata de un trabajo por cuenta ajena. Entonces, de la prestación por desempleo, inicialmente se declara su incompatibilidad con el trabajo retribuido, salvo que éste se realice "*a tiempo parcial*" y se solicite la compatibilidad (art. 282.2 LGSS). Si la misma se solicita, en tal caso, del importe de la prestación se deducirá la parte proporcional al tiempo trabajado, desde la fecha de inicio de la relación laboral siempre que la petición se formule dentro del plazo de los 15 días hábiles siguientes. De solicitarse fuera de este término, la compatibilidad sólo se aplicará desde la fecha de la solicitud si la misma se presenta antes de que transcurran 12 meses desde que se inició la relación laboral.

En todo caso, la deducción de la prestación por desempleo procederá tanto si la misma se percibe tras la pérdida de un trabajo a tiempo completo o de un trabajo a tiempo parcial y se obtiene un nuevo trabajo a tiempo parcial, como cuando se tenga varios contratos a tiempo parcial y pierda alguno de ellos.

Ahora bien, tratándose de prestaciones contributivas por desempleo, pero cuyo período reconocido fuera superior a 12 meses y una vez que ya se hayan devengado los primeros 9 meses, en tal caso y hacia el futuro se abre un doble régimen jurídico que apuesta por la compatibilidad, en los términos siguientes:

– Si la prestación se causa antes de 1 de abril de 2025. En tal caso, cabrá, previa solicitud del beneficiario, la compatibilidad entre la prestación y el trabajo por cuenta ajena a tiempo completo, en la forma, condiciones y efectos establecidos en el art. 282.3 LGSS para el subsidio por desempleo (DA 59ª.2 LGSS):

– Si la prestación nace a partir de 1 de abril de 2025, en este supuesto y salvo que el interesado presente solicitud para desistir de la compatibilidad entre la prestación y el trabajo, podrá compatibilizarse el empleo a tiempo completo y a tiempo parcial con el complemento de apoyo al empleo que prevé el art. 282.3 LGSS (DA 59ª.1 LGSS).

Para ambas situaciones se determina que la prestación será incompatible con el trabajo por cuenta ajena cuando el salario bruto mensual exceda del 375% del IPREM en la forma que se establezca reglamentariamente (DA 59ª.5 LGSS). En otro caso, y de compatibilizarse la prestación con el complemento de apoyo al empleo, se establece una tabla que determina la cuantía y duración del apuntado complemento, atendiendo al mes de la prestación en que el mismo se percibe y en función de la jornada pactada al iniciar la compatibilización (DA 59ª.3 LGSS).

Además si tras agotar prestaciones por desempleo reconocidas a partir de 1 de abril de 2025, el beneficiario accediera a los subsidios por agotamiento de la prestación o por ser mayor de 52 años, en tales supuestos, podrá continuar reconociéndose el complemento de apoyo al empleo, cuya cuantía, en el caso de haber agotado una prestación por desempleo de más de 12 meses, pasará a determinarse conforme a la tabla del art. 282.3 LGSS (DA 59ª.4 LGSS).

4.4. Relación entre desempleo e IT

Se diferencia entre dos situaciones:

1) Trabajador que percibe IT y ve extinguido su contrato de trabajo:

En este caso, la solución difiere dependiendo de la causa de la que deriva la IT. Así, si la misma procede de contingencias comunes (párrafos 1º y 2º, apartado 1, art. 283 LGSS):

a) La extinción del contrato de trabajo no supone la extinción de la prestación de IT, pero sí comporta la extinción de las obligaciones de cotizar y del pago delegado del subsidio.

b) El trabajador continuará en IT hasta el alta médica, pero percibiendo la prestación en cuantía igual a la prevista para la prestación por desempleo: 70% los primeros 180 días y 60% desde el 181 día en adelante, aplicados sobre la base reguladora de la prestación por desempleo y con los límites fijados para la cuantía de esta última.

c) Si, al extinguirse la IT, el trabajador abre la protección por desempleo, entonces de la duración de la prestación contributiva de desempleo que pudiera corresponderle, se deducirá el tiempo consumido en situación de IT desde la extinción del contrato de trabajo. Y además la EG ingresará las cuotas por contingencias comunes conforme al art. 206.1.b LGSS, pero asumiendo la aportación del trabajador en su totalidad, por el período que se entienda consumido. Igual ingreso se realizará si el trabajador no abre desempleo porque pasa directamente a causar prestaciones de IP, jubilación o muerte y supervivencia.

En cambio, si la IT deriva de contingencias profesionales (párrafo 3º, apartado 1, art. 283.1 LGSS):

a) Igualmente la extinción del contrato de trabajo no supone la extinción de la prestación de IT, pero sí comporta la extinción de las obligaciones de cotizar y del pago delegado del subsidio.

b) La prestación de IT seguirá percibiéndose en cuantía igual a la que se tuviera reconocida, hasta que se extinga dicha situación.

c) Si el trabajador después reúne los requisitos necesarios, pasará a percibir: bien la correspondiente prestación por desempleo, sin que se descuente el tiempo que hubiera permanecido en IT tras la extinción del contrato; o bien el subsidio por desempleo.

2) Si el trabajador está percibiendo desempleo y causa una IT, entonces (art. 283.2 LGSS):

a) Pasará a cobrar IT en cuantía igual a la prestación por desempleo, pero si continuase en situación de IT más allá del período reconocido para la prestación por desempleo, en tal caso seguirá cobrando la IT pero sólo en cuantía equivalente al 80% del IPREM.

b) No obstante si la IT causada fuera una recaída de un proceso anterior iniciado durante la vigencia del contrato, entonces igualmente pasará a cobrar IT en cuantía igual a la prestación por desempleo, incluso si esa IT continúa más allá del tiempo reconocido para la prestación por desempleo.

En ambos casos, la duración de la prestación por desempleo no se ampliará por el hecho de abrir una IT y durante esta situación la EG asumirá la cotización correspondiente a la empresa.

4.5 Relación entre desempleo y prestación por nacimiento y cuidado de menor

Cuando a un trabajador, que es beneficiario de la prestación por nacimiento y cuidado de menor, se le extingue su contrato de trabajo (art. 284.1 LGSS):

a) Continuará percibiendo prestación por nacimiento y cuidado de menor en su propia cuantía, aunque desaparecerá la obligación de cotizar.

b) Si, al extinguirse la prestación por nacimiento y cuidado de menor, abre la protección por desempleo, entonces percibirá esta última íntegramente, sin descontarse el período de la prestación previa.

Diversamente si el trabajador percibe prestación por desempleo y en dicha situación abre prestación por nacimiento y cuidado de menor, en tal caso (art. 284.2 LGSS):

a) Suspenderá la percepción de la prestación por desempleo, así como la correlativa cotización, y pasará a disfrutar la prestación por nacimiento y cuidado de menor en su propia cuantía.

b) Después reabrirá la prestación por desempleo, sin que de su duración se descuente el período suspendido.

En todo caso: los períodos de prestación por nacimiento y cuidado de menor que no comporten cotización, bien por subsistir *"a la fecha de extinción del contrato de trabajo"* o bien por iniciarse *"durante la percepción de la prestación por desempleo"*, se considerarán como período de cotización efectiva *"a efectos de las correspondientes prestaciones de la Seguridad Social por jubilación, incapacidad permanente, muerte y supervivencia"*, así como por nacimiento y cuidado de menor o *"cuidado de menores afectados por cáncer u otra enfermedad grave"* (art. 165.6 LGSS).

4.6. Suspensión de la protección

Tanto el derecho a la prestación por desempleo —y a la correlativa cotización—, como el derecho a los distintos subsidios, podrán suspenderse en los supuestos legalmente previstos (arts. 271 y 279.1 y 3 LGSS, respectivamente). Si bien tales supuestos admiten ser reagrupados atendiendo a si proceden de la imposición de una sanción o responden a una medida cautelar, o si, diversamente, atienden a otras causas.

4.6.1. Por causas genéricas

La mayoría de las causas de suspensión que enuncia la LGSS carecen de connotación represiva y, por ello, no comportan una reducción de la duración de la protección por desempleo, sino una mera interrupción temporal de la misma (art. 271.2 LGSS). En tales supuestos, la reanudación del derecho suspendido opera si, al finalizar la concurrencia de las circunstancias que motivaron la suspensión, el afectado solicita la reanudación del mismo.

Dicha reanudación debe formularse, en el plazo de 15 días hábiles desde que finalice la causa que hubiera motivado la suspensión, previa inscripción como demandante de empleo y suscripción del acuerdo de actividad al que se refiere el art. 3 LE (art. 271.3.b LGSS), acreditando determinados extremos que dependen de la causa de suspensión.

Cuando la reanudación se formule fuera de término, entonces se pierden tantos días de prestación o subsidio como medien entre la fecha de reanudación del derecho, de haberse presentado ésta en tiempo y forma, y la fecha en que efectivamente se haya realizado la solicitud (art. 271.3.b, 268.2 y 279.1 LGSS).

No obstante, si, más concretamente, se suspenden los subsidios por desempleo regulados en el art. 274.1.a y b LGSS porque el interesado no reúne los requisitos de carencia de rentas o de responsabilidades familiares, entonces, podrá solicitarse su reanudación cuando vuelvan a cumplirse tales requisitos, siempre que dicha solicitud se formule dentro del plazo de los 6 meses siguientes a la fecha en que finalice la causa de suspensión, reanudándose entonces el subsidio desde la solicitud, sin días consumidos. No procederá esa reanudación si la solicitud se presenta fuera de este término, salvo que en dicho período se trabaje por cuenta propia o ajena, requiriéndose entonces que el último cese sea involuntario o constituya situación legal de desempleo (art. 279.1 in fine LGSS).

Regla sobre la suspensión y reanudación del subsidio por desempleo que se declara aplicable a los subsidio para emigrantes y para víctimas de violencia (DDA 57ª.6 y 58ª.8 LGSS).En cambio, como el subsidio para trabajadores mayores de 52 años se suspende, reanuda y extingue conforme a lo previsto en el art. 280 LGSS (art. 279.3 LGSS), entonces resulta que este subsidio, además de suspenderse por las causas y en la forma prevista con alcance general para la prestación por desempleo (art. 271 LGSS), cuenta con un par de causas adicionales: la no presentación de la declaración anual de rentas en el plazo previsto, o el hecho de dejar de reunir la carencia de rentas por un período inferior a 12 meses. Aunque el mismo puede reanudarse bien cuando se aporte la respectiva declaración, o bien cuando se cumpla de nuevo el requisito de carencia de rentas, y se presente la solicitud dentro del plazo de los 15 días hábiles siguientes al del cumplimiento. Denegándose, por el contrario, la reanudación si ésta se solicita transcurridos 12 meses desde la suspensión, salvo que en dicho período se realicen trabajos por cuenta propia o ajena, exigiéndose que el último cese sea involuntario o constituya situación legal de desempleo (art. 280.5 LGSS).

Y, en fin, al margen de las previsiones que afectan en particular a los subsidios por desempleo, se recogen como causas de suspensión de la protección las siguientes:

1) La situación de suspensión del contrato o de prestación por nacimiento y cuidado de menor (art. 271.1.b LGSS), a la que antes se ha hecho referencia.

2) El cumplimiento de condena que implique privación de libertad. Y ello salvo que el titular solicite su continuidad, acreditando que la suma de las rentas de su unidad familiar, constituida como indica el art. 275.3 LGSS, dividida entre el número de miembros que la componen no excede del SMI (art. 271.1.c LGSS).

3) La realización de un trabajo (art. 271.1.d LGSS):

   a) Si el trabajo es por cuenta ajena, a tiempo completo o a tiempo parcial, procederá la suspensión si éste es de duración inferior a 12 meses, salvo que se produzca la compatibilidad con el trabajo a tiempo parcial (art. 282.2 LGSS) o por el período máximo de 180 días en los términos que se establecen para disfrutar del complemento de apoyo al empleo (art. 282.3 LGSS).

   b) Si el trabajo es por cuenta propia, procederá la suspensión si éste es de duración inferior a 60 meses y se causa "*alta*" en el RETA o en el RETM, o si es inferior a 24 meses en el caso de actividades con alta en alguna mutualidad de previsión social alternativa al RETA .

4) Durante la tramitación de los recursos planteados contra sentencias que declaren el despido nulo o improcedente con derecho a readmisión, mientras el trabajador continúe prestando servicios o no los preste por causa a él no imputable (arts. 271.1.e LGSS y 297 LJS).

5) El traslado de residencia al extranjero, siempre que concurran las siguientes circunstancias (art.271.1.f LGSS):

   a) que el beneficiario declare que la finalidad del traslado es la búsqueda o realización de trabajo, perfeccionamiento profesional o cooperación internacional,

   b) que la duración del traslado sea por un período continuado inferior a 12 meses,

   c) y que la salida al extranjero sea previamente comunicada y esté autorizada por la EG.

6) La estancia en el extranjero por un período, continuado o no, de hasta 90 días como máximo durante cada año natural, siempre que

la salida al extranjero esté previamente comunicada y autorizada por la EG (art. 271.1.g LGSS).

No obstante, la estancia en un país comunitario puede no comportar la suspensión si concurren los dos requisitos siguientes: a) que se haya "*permanecido a disposición de los servicios de empleo del Estado miembro competente durante al menos cuatro semanas desde el inicio de...* (la) *situación de desempleo*" —a no ser que se autorice la "*salida antes de dicho plazo*"—; y b) que el perceptor de prestaciones por desempleo se registre "*como demandante de empleo en los servicios de empleo del Estado miembro al que se haya trasladado*", sometiéndose "*al procedimiento de control organizado en* éste" y cumpliendo "*los requisitos que establezca la legislación de dicho Estado miembro*". En tales casos, se "*conservará el derecho*" al percibo de las prestaciones "*durante un período de tres meses a partir de la fecha en que haya dejado de estar a disposición de los servicios de empleo del Estado miembro del que proceda*", pudiéndose "*prorrogar dicho período... hasta un máximo de seis meses*" [art. 64.1 Reglamento (CE) n° 883/2004, 29 abril, del Parlamento Europeo y del Consejo, sobre coordinación de los sistemas de Seguridad Social, así como art. 55 Reglamento (CE) nº 987/2009, 16 de septiembre, del Parlamento Europeo y del Consejo, por el que se adoptan normas para la aplicación del primero].

En todo caso, no tendrá la consideración de estancia ni de traslado de residencia la salida al extranjero por tiempo no superior a 30 días naturales por una sola vez cada año, sin perjuicio del cumplimiento de las obligaciones de los solicitantes y beneficiarios de prestaciones y subsidios por desempleo.

7) Cuando los beneficiarios de las prestaciones o subsidios por desempleo incumplan la obligación de presentar, en los plazos establecidos, los documentos que les sean requeridos por la entidad gestora, siempre que los mismos puedan afectar a la conservación del derecho a las prestaciones (art. 271.1.h LGSS), sin perjuicio de las previsiones específicas previstas para los subsidios por desempleo, que ya han sido expuestas.

8) Durante los períodos en los que los beneficiarios no figuren inscritos como demandantes de empleo en el servicio público de empleo competente, salvo que se encuentren trabajando por cuenta ajena a jornada completa y compatibilizando la prestación o el subsidio como complemento de apoyo al empleo conforme a lo establecido en el art. 282.3 LGSS (art. 271.1.i LGSS).

9) En los periodos en los que, de acuerdo con la comunicación del servicio público de empleo competente, se incumpla o suspenda el acuerdo de actividad (art. 271.1.j LGSS).

10) Si no se presenta anualmente la declaración del IRPF que exige el art. 299.1.k) LGSS, la suspensión tendrá lugar cuando la EG detecte que las personas beneficiarias de prestaciones o subsidios hubieran incumplido durante un ejercicio fiscal dicha obligación, en las condiciones y plazos previstos en la normativa tributaria aplicable (art. 271.1.k LGSS).

11) Cuando los trabajadores fijos-discontinuos sean llamados para reiniciar su actividad y no se reincorporen a su puesto de trabajo, salvo causa justificada.

4.6.2. Como medida cautelar o como sanción

La EG podrá suspender el abono de las prestaciones o subsidios como una medida preventiva o cautelar cuando aprecie indicios suficientes de fraude en el curso de las investigaciones realizadas por los órganos competentes en materia de lucha contra el fraude. (art. 297.3 LGSS y art. 47.1. d LISOS):

Previéndose para algunas situaciones legales de desempleo —en términos que cabe entender desplazados por STC 61/2018— que si el solicitante no acredita haber percibido "*la indemnización*" ni haber "*interpuesto demanda judicial*", o si la extinción no comporta "*obligación de abonar una indemnización al trabajador*" (por despido disciplinario o extinción durante el período de prueba, por ejemplo), en tales casos: podía reclamarse "*la actuación de la Inspección a los efectos de comprobar la involuntariedad del cese en la relación laboral*" (art. 297.2 LGSS).

En todo caso, cuando —mediando o no la suspensión cautelar— se constata que se han cometido faltas tipificadas como leves o graves por la LISOS, se impondrá una sanción consistente en la suspensión de la percepción de las prestaciones o subsidios, con interrupción, en su caso, del ingreso de las cotizaciones. En tales supuestos, la suspensión supondrá que de la duración de la protección reconocida se restará el período de suspensión que se haya determinado. Además la EG procederá de oficio a la reanudación de la prestación o subsidio, siempre que éstos no se consideren ya consumidos y que el trabajador figure inscrito como demandante de empleo y tenga suscrito el acuerdo de actividad (art. 271.1.a y 3.aLGSS).

Más concretamente, conforme al art. 47 LISOS:

a) Si la infracción cometida fuera "*leve*"[5]: la suspensión será de 1 mes, a no ser que se cometieran nuevas infracciones leves en un plazo inferior a 365 días, porque en tales casos las consecuencias serán: 2ª infracción, suspensión de 3 meses; 3ª infracción, suspensión de 6 meses; y 4ª infracción, extinción.

b) Si la infracción cometida fuera "*grave*"[6]: 1ª infracción, suspensión de 3 meses; 2ª infracción, suspensión de 6 meses; y 3ª infracción, extinción.

---

5 A esos efectos, se consideran faltas leves (art. 17.1, así como art. 24.3 y 4 LISOS).
– No comparecer presencialmente, o bien telemáticamente cuando se haya aceptado expresa y voluntariamente este medio, previo requerimiento, ante los servicios públicos de empleo o las agencias de colocación cuando desarrollen actividades en el ámbito de la colaboración de aquéllos.
– No renovar la demanda de empleo en la forma y fechas que se determine en el documento de demanda de empleo, salvo causa justificada.
– No devolver a la Oficina del servicio público de empleo, o en su caso, a las agencias de colocación, en el plazo de 5 días, el correspondiente justificante de haber comparecido en el lugar y fechas indicados para cubrir las ofertas de empleo facilitadas por aquellas.
– No facilitar a la EG y a los servicios públicos de empleo autonómicos, la información necesaria para garantizar la recepción de notificaciones y comunicaciones. Las citaciones o comunicaciones efectuadas por medios electrónicos "*se entenderán validas, a efectos de notificación siempre que los solicitantes o beneficiarios de las prestaciones por desempleo hayan expresado previamente su consentimiento*".
– No cumplir el requisito de estar inscrito como demandante de empleo, salvo causa justificada.
– No cumplir las exigencias del acuerdo de actividad, salvo causa debidamente justificada o de fuerza mayor, siempre que la conducta no esté tipificada como otra infracción leve o grave.

6 Se consideran faltas graves (art. 17.2, así como art. 25.3 y 4 LISOS):
– No comunicar, salvo causa justificada, las bajas en las prestaciones en el momento en que se produzcan situaciones determinantes de incompatibilidad, suspensión o extinción del derecho, excepto la de no figurar inscritos como demandantes de empleo en el servicio público de empleo competente, o cuando se dejen de reunir los requisitos para el derecho a su percepción siempre que por cualquiera de dichas causas se haya percibido indebidamente la prestación.
– Rechazar una oferta de empleo adecuada, ya sea ofrecida por los servicios públicos de empleo o por las agencias de colocación cuando desarrollen actividades en el ámbito de la colaboración con aquéllos, salvo causa justificada. Entendiéndose por "colocación adecuada" la que reúna los requisitos establecidos en el art. 3 de la LE.

4.7. Extinción de la protección

El derecho a la prestación o subsidio por desempleo —y, en su caso, a la correlativa cotización— se extinguirá tanto por la comisión de algunas infracciones como por otras causas (arts. 272 y 279.2 LGSS).

4.7.1. Por causas genéricas

Procederá la extinción de la protección por las siguientes causas:

1) Cuando se agote el período de duración de la prestación o subsidio (art. 271.a LGSS).

2) Cuando se realicen trabajos (art. 271.c LGSS):

   a) Si son por cuenta ajena, siempre que la duración de uno o varios trabajos de forma acumulada sea igual o superior a 12 meses, sin reanudar entre ellos la protección por desempleo. En tales casos, de reconocerse una nueva prestación por desempleo sin haber agotado la prestación anterior, entonces, conforme al art. 269. 3 LGSS, el titular podrá optar entre reabrir el derecho inicial por el período que le restaba (en su caso, conforme a las bases, porcentaje y topes que le correspondían) o percibir la prestación generada por las nuevas cotizaciones efectuadas. Si el trabajador opta por la prestación anterior, las cotizaciones que generaron la nueva prestación por la que no ha optado, no podrán computarse para el reconocimiento de un derecho posterior de nivel contributivo o asistencial.

   b) Si son trabajos por cuenta propia, cuando la duración de éstos sea de 60 o más meses, o de 24 meses si se trata de actividades con alta en alguna mutualidad de previsión social alternativa al RETA.

3) Cuando se cumpla la edad ordinaria de jubilación, salvo que no se tenga derecho a pensión (art. 271.d LGSS)

4) Por pasar a ser beneficiario de una pensión de jubilación o IP (total, absoluta o gran invalidez), pudiendo optar en casos de IP total, entre una u otra prestación (art. 271.e LGSS).

– Negarse a participar en acciones, programas o actividades señalados en el itinerario o plan personalizado para la mejora de la empleabilidad y el acceso al mercado de trabajo, salvo causa justificada, ofrecidos por los servicios públicos de empleo o entidades colaboradoras.

5) Cuando se produzca traslado de residencia o estancia en el extranjero, salvo que se trate de supuestos en los que proceda la suspensión del derecho (art. 271.f LGSS).

6) Cuando el beneficiario renuncie voluntariamente (art. 271.g LGSS).

7) Por el transcurso del plazo de 6 años desde la fecha de baja de la prestación sin haber reanudado el derecho (art. 271.h LGSS). No obstante, los subsidios por desempleo del art. 274.1 LGSS no se extinguirán por esta razón (art. 279.2 LGSS), pero si por el transcurso de 6 meses desde el agotamiento de la prórroga trimestral o desde la finalización de la situación específica que implicó su suspensión, salvo que, en ambos casos, el trabajador se encontrara trabajando en ese período, contándose el plazo tras la finalización del trabajo. Regla sobre extinción que igualmente se extiende a los subsidios para emigrantes retornados y para víctimas de violencia de género o sexual (DDAA 57ª.6 y 58ª.8 LGSS, que remiten al art. 279.2 de la misma norma).

Mientras que, tratándose del subsidio para mayores de 52 años, éste se extinguirá por las causas previstas en el art. 272 LGSS, exceptuando igualmente la señalada en su letra h), así como por el incumplimiento del requisito de carencia de rentas durante un periodo igual o superior a 12 meses, o por el transcurso de este plazo desde la fecha de efectos de su suspensión sin haberse reanudado el derecho, salvo lo previsto para los supuestos en que se trabaje (arts. 279.3 y 280. 6 LGSS).

4.7.2. Por imposición de una sanción

Se impondrá como sanción la extinción del derecho a la prestación o subsidio por desempleo cuando se cometan los siguientes comportamientos (art. 272.b LGSS y art. 47 LISOS): a) 4ª reincidencia en faltas leves; b) 3ª reincidencia en faltas graves; y c) infracciones "*muy graves*"[7].

---

[7] A esos efectos se consideran faltas muy graves (art. 26 LISOS):
– Actuar fraudulentamente para obtener prestaciones indebidas o superiores a las que correspondan.
– La connivencia con el empresario para la obtención indebida de las prestaciones.
– Compatibilizar la solicitud o el percibo de la prestación o subsidio por desempleo con el trabajo por cuenta propia o ajena, salvo en los supuestos en los que expresamente se prevea la compatibilidad.
– La no aplicación, o la desviación en la aplicación, de las ayudas de fomento del empleo percibidas por los trabajadores.

4.8. Peculiaridades por razón del contrato de trabajo a tiempo parcial

4.8.1. Cómputo del período cotizado

A la hora de computar el período de "*ocupación efectiva*" de los trabajadores que pierden un empleo a tiempo parcial, tanto a efectos de comprobar si reúnen el período mínimo cotizado para acceder a la prestación o subsidio por desempleo, como a fin de determinar su duración, "*cada día trabajado se computará como un día cotizado, cualquiera que haya sido la duración de la jornada*" (art. 3.4 RPD, en desarrollo del segundo párrafo del art. 269.2 LGSS). Y ello después de que se hubiera considerado que no efectuar ese cómputo resultaba discriminatorio en tanto que "*que la mayoría de los trabajadores a tiempo parcial vertical son mujeres*" que eran perjudicadas por la normativa anterior (STJUE 9 noviembre de 2017, asunto C 98/15).

No obstante, para aquellos contratos a tiempo parcial en los que el trabajador preste servicios durante menos días al año porque haya "*acordado con su empresa que la totalidad de las horas de trabajo que anualmente deben realizar se presten en determinados períodos de cada año..., existiendo períodos de inactividad superiores al mensual*", se determina que se cotizará a lo largo de todo el año —o a lo largo de un período inferior— porque el importe total de las retribuciones que computan en las bases de cotización se prorratea "*entre los doce meses del año*" —o del respectivo período inferior— (art. 65.3 RGCL). Regla que, declarándose inaplicable "a *los trabajadores fijos-discontinuos*" (DA 3ª. 3 RD 1131/2002 y sucesivas Ordenes anuales de cotización), sí venía afectando a quienes concertaban un contrato a tiempo parcial con la empresa por acceder simultáneamente a la pensión de jubilación parcial anticipada, en términos que —transitoriamente y hasta 1 de enero de 2025— siguen sirviendo para los trabajadores acogidos a la legislación anterior a las reformas introducidas sobre esa modalidad de jubilación (DT 4ª. 6 LGSS y art. 4. 1 y 3 RD 1716/2012). De ahí que debiera revisarse la solución jurisprudencial que ha abogado por computar como período cotizado sólo el tiempo realmente trabajado por aquellos jubilados parciales a los que se les ha ido extinguiendo su contrato de trabajo a tiempo parcial antes de acceder a la jubilación a su edad legal, abriendo, por ello, la prestación por desempleo del nivel contributivo (STS 13/02/2007, Recud. 5521/2005, seguida de otras).

Ahora bien, cuando se simultaneen varios contratos a tiempo parcial y se cause situación legal de desempleo tras la pérdida de alguno de ellos, pero manteniéndose "*uno o varios contratos a tiempo parcial*", en tales supuestos se determina que "*se tendrán en cuenta exclusivamente, a los solos efectos de cumplir el requisito de acceso a la prestación, los períodos de cotización en los trabajos en los que se haya perdido el empleo*" (art. 266.b LGSS).

4.8.2. Cuantía de la prestación por desempleo

La cuantía inicial de la prestación por desempleo por pérdida de un contrato de trabajo a tiempo parcial se determina conforme a la regla general, pero al hilo de la determinación de la base reguladora y para el particular supuesto en el que se tengan "*dos contratos a tiempo parcial y* (se) *pierda uno de ellos*", se matiza que, en ese caso, "*la base reguladora de la prestación por desempleo será el promedio de las bases por la que se haya cotizado por dicha contingencia en ambos trabajos durante los 180 días*" anteriores a la situación legal de desempleo (art. 270.4 LGSS).

Además, cuando la situación de desempleo se produzca "*por pérdida de empleo a tiempo parcial o a tiempo completo*", entonces las cuantías máxima y mínima previstas para la prestación por desempleo se reducirán, atendiendo al IPREM pero calculado éste "*en función del promedio de las horas trabajadas durante el período de los* últimos *180 días…, ponderándose tal promedio en relación con los días en cada empleo a tiempo parcial o completo durante dicho período*" (art. 270.3 LGSS y STS 27/12/2016, Recud. 3132/2015).

Ahora bien, si se simultanean "*dos contratos a tiempo parcial*" y se pierde uno de ellos, en tal caso, inicialmente las "*cuantías máxima y mínima*" de la prestación se determinarán atendiendo al IPREM "*en función de las horas trabajadas en ambos trabajos*" (art. 270.4 LGSS), pero después del "*importe de la prestación o subsidio*" así obtenido, se deducirá "*la parte proporcional al tiempo trabajado*" (art. 282.1 LGSS).

En todo caso, para el peculiar supuesto en el que se produzca una reducción de jornada por hospitalización del hijo tras el parto, por razones de guarda legal o por otros cuidados o por ser víctima de violencia de género o del terrorismo (apartados 5, 6 y 8 del art. 37 ET), se establecen dos salvedades. A saber: de un lado, que para calcular la base reguladora de la prestación por desempleo, se computarán las bases de cotización incrementadas hasta el cien por cien de la cuantía que hubiera correspondido si se hubiera mantenido, sin reducción, el trabajo a tiempo completo o parcial; y, de otro lado, que las cuantías máxima y mínima de la prestación se determinarán teniendo en cuenta el IPREM en función de las horas trabajadas "*antes de la reducción de la jornada*" (art. 270.6 LGSS).

5. MEDIDAS ESPECIALES DE PROTECCIÓN SOCIAL

Durante la pasada situación de pandemia internacional causada por el virus SARS-CoV-2, en España fueron introduciéndose y, en su caso, prorrogándose diversas medidas excepcionales a través de sucesivos Reales Decretos Leyes —a veces tramitados después como ley— para la gestión de la crisis sanitaria ocasionada por la enfermedad COVID 19, que, en no pocas ocasiones, afectaron a la protección por desempleo. Y si algunas previsiones adoptadas para proteger por desempleo a ciertos colectivos específicos que no podían acceder a dicha cobertura, parecen haber servido de antesala a la prestación especial dispensada a las personas sujetas a la relación laboral especial de los artistas que desarrollan su actividad en las artes escénicas, audiovisuales y musicales, así como a quienes realizan actividades técnicas y auxiliares necesarias para el desarrollo de dicha actividad (DA 51ª LGSS, vigente desde 1 de julio de 2023, ex. DDFF 4ª.14 y 13ª.e RDL 1/2023)[8]; de forma similar, otras reglas más genéricas, pero igualmente adoptadas con carácter extraordinario durante la citada pandemia, semejan haber inspirado la actual regulación de dos medidas especiales de protección social dirigidas a trabajadores por cuenta ajena y contenidas en las DDAA 46ª y 41ª LGSS[9], aunque la primera merecería ser objeto de una mayor atención normativa.

5.1. Protección social ante supuestos de fuerza mayor temporal

El apartado 5 del art. 47 ET prevé que las empresas puedan reducir la jornada de trabajo o suspender los contratos laborales por "*fuerza mayor temporal*", como causa que "*deberá ser constatada por la autoridad laboral*"; considerándose desde el apartado 6 del mismo precepto que dicha causa podrá venir determinada "*por impedimentos o limitaciones en la actividad normalizada de la empresa*" originados en virtud de decisiones adoptadas por

---

8 Más, en particular, para que dichos sujetos accedan a esta prestación especial por desempleo con una duración de 120 días y en la que se percibe el 80%, o en su caso, 100% del IPREM, mientras que se cotiza por jubilación sobre la base mínima del grupo 7 de cotización del RG; los solicitantes no deben reunir el período de cotización necesario para abrir prestación contributiva por desempleo, pero han de acreditar 60 días con prestación real de servicios en la actividad artística en los 18 meses anteriores a la situación legal de desempleo o, alternativamente, un periodo mínimo de 180 días, dentro de los 6 años anteriores.

9 A ellas cabe añadir las denominadas "*prestaciones para la sostenibilidad de la actividad de las personas trabajadoras autónomas*" previstas por en las DDAA 48ª y 49ª LGSS:

la autoridad pública, "*incluidas aquellas orientadas a la protección de la salud pública*", como las que fueron sucediéndose ante los brotes de COVID-19.

Evidentemente durante los ERTEs debidos a fuerza mayor temporal, los trabajadores afectados podrán acceder a la prestación o subsidios de desempleo por abrir situaciones de desempleo total temporal o de desempleo parcial, conforme al art. 262.2 y 3 LGSS, siempre que reúnan los demás requisitos que se exigen en el Título III de la LGSS. Pero, al menos para el caso de no poder acceder a la prestación contributiva, se establece una protección social adicional a través de la DA 46ª LGSS.

En efecto, precisamente las personas trabajadoras afectadas por los ERTEs a los que aluden los apartados 5 y 6 del art. 47 ET gozan del beneficio de poder acceder a las prestaciones contributivas por desempleo asociadas a los mismos "*aunque carezcan del período de ocupación cotizada mínimo necesario para ello*" (DA 46ª. c LGSS). Además, en estos casos, la cuantía inicial de la prestación se determinará aplicando el 70% a la correspondiente base reguladora "*durante toda la vigencia de la medida*", si bien ajustando, en su caso, dicha cifra a las cuantías máximas y mínimas previstas en el art. 270.3 LGSS (DA 46ª. a LGSS). Y el acceso a esta prestación "*no implicará el consumo de las cotizaciones previamente efectuadas*" (DA 46ª. b LGSS).

Asimismo durante estas situaciones se mantendrá la cotización prevista para los supuestos de ERTEs y, de ser protegido el trabajador, ya mediante prestación por desempleo total temporal o desempleo parcial, o ya —aunque no se mencione expresamente— a través de la enunciada protección social especial, entonces la EG ingresará la aportación del trabajador, descontándosela previamente, mientras que la empresa asumirá sus correspondientes cuotas y demás aportaciones (arts. 153 bis y 273.2 LGSS), aplicándose en su caso las oportunas exenciones en la cotización (DA 44ª.1. b y c LGSS, así como arts. 49 a 52 RD 1483/2012, 29 de octubre, añadidos por DF 3ª.5 RD 608/2023, 11 de julio, por el que se desarrolla el Mecanismo RED de Flexibilidad y Estabilización del Empleo).

Debe advertirse que también cuando, por Consejo de Ministros, se declare que una zona está afectada gravemente por una emergencia de protección civil, se considerarán debidas a fuerza mayor las "*suspensiones de los contratos de trabajo o las reducciones temporales de la jornada de trabajo que tengan su causa directa en la emergencia*". Y en tales casos: no sólo podrá exonerarse al empresario del abono de las cuotas y demás aportaciones de recaudación conjunta —manteniéndose la condición de dicho período como efectivamente cotizado para el trabajador—; sino que la EG podrá autorizar que reciban prestaciones por desempleo aquellos trabajadores que carezcan de los períodos de cotización necesarios para acceder a ellas y que el tiempo en que perciban prestaciones por desempleo a causa de las emergencias no se compute a efectos de consumir los períodos máximos de percepción establecidos (art. 24.2.b.1º Ley 17/2015, 9 de julio, del Sistema Nacional de Protección Civil).

5.2. *Protección social por activación del mecanismo RED de flexibilidad y estabilización del empleo*

El denominado "*Mecanismo RED de Flexibilidad y Estabilización del Empleo*" se concibe como un instrumento que, una vez activado por el Consejo de Ministros, permite a las empresas solicitar a la autoridad laboral "*la reducción de la jornada o la suspensión de los contratos de trabajo*", admitiéndose dos modalidades (art. 47 bis 3 ET, desarrollado reglamentariamente por RD 608/2023, 11 de julio):

a) Cíclica, cuando la coyuntura macroeconómica general aconseje adoptar medidas adicionales de estabilización durante un período máximo de un año.

b) Sectorial, si en algún sector o sectores de actividad se aprecian cambios permanentes que generen necesidades de recualificación y de procesos de transición profesional de las personas trabajadoras, durante un período máximo inicial de un año, prorrogable hasta dos veces por seis meses[10].

De modo que los trabajadores —o socios trabajadores de cooperativas de trabajo asociado y de sociedades laborales incluidos en el RG o en otros regímenes especiales que protejan desempleo— cuya jornada sea reducida o cuya relación laboral resulte suspendida al amparo del citado mecanismo, en cualquiera de sus dos modalidades, "*se beneficiarán de las medidas en materia de protección social*" establecidas en la DA 41ª LGSS (art. 47 bis.5.b ET). A saber, conforme a esta disposición, completada por art. 18 RD 608/2023:

1) Dichas personas podrán acceder a una "*prestación de sostenibilidad al empleo*" (Exp. Motivos RDL 31/2021) cuando la suspensión de su contrato o la reducción de su jornada comporte una minoración de su salario, sin que, a esos efectos, deban acreditar un periodo mí-

---

[10] Concretamente, para el sector de las agencias de viaje, por Orden PCM/250/2022, de 31 de marzo, se publicó el Acuerdo del Consejo de Ministros de 29 de marzo de 2022, que declaraba la activación del Mecanismo RED de Flexibilidad y Estabilización del Empleo, de conformidad con el art. 47 bis ET.

nimo de cotización y sin que el acceso a esa prestación implique el consumo de cotizaciones previamente efectuadas.

2) En cambio, no podrá percibirse simultáneamente prestaciones derivadas de dos o más mecanismos RED. Y la prestación que, en su caso, se cause no sólo será incompatible con la percepción de prestaciones o subsidios por desempleo, así como por cese de actividad o con la RAI (hasta que ésta se extinga); sino que igualmente devendrá incompatible con la obtención de otras prestaciones económicas de Seguridad Social, salvo que las mismas hubieran sido compatibles con el trabajo afectado por el citado mecanismo RED.

   Asimismo la prestación no podrá compatibilizarse con el trabajo por cuenta propia o por cuenta ajena a tiempo completo. Pero sí cabrá simultanearla con la realización de un trabajo por cuenta ajena a tiempo parcial y, en tal caso, de la cuantía de la prestación "*no se deducirá la parte proporcional al tiempo trabajado*".

3) La cuantía de la prestación se obtendrá utilizando como base reguladora el promedio de las bases de cotización por contingencias profesionales menos las horas extraordinarias durante los últimos 180 días en la concreta empresa en la que se aplique el mecanismo RED, o durante el periodo inferior que se acredite en la misma.

   A dicha base reguladora se le aplicará el 70% durante toda la percepción de la prestación y la única cuantía máxima mensual equivaldrá al 225% del IPREM/mes más 1/6 del mismo. Si bien en el caso de trabajo a tiempo parcial, esa cuantía máxima atenderá al IPREM calculado en función del promedio de las horas trabajadas durante el período utilizado para la determinación de la base reguladora.

4) La duración de la prestación se extenderá, como máximo, hasta que finalice la medida adoptada por la empresa en virtud del mecanismo RED. Y el tiempo de percepción de dicha prestación no se considerará como consumido a efectos de futuros accesos a la protección por desempleo.

   Ahora bien, la prestación se suspenderá cuando se suspenda la relación laboral por causa distinta a la aplicación del mecanismo RED y se extinguirá si se causa baja en la empresa por cualquier motivo o si procede dicha baja por imposición de sanción conforme a la LISOS.

5) Mientras se apliquen las medidas adoptadas bajo el cobijo del mecanismo RED: la empresa ingresará sus cuotas y demás aportaciones, sin perjuicio de las oportunas exenciones; y la entidad gestora ingresará

las correspondientes al trabajador, descontándoselas previamente de la cuantía de la prestación (art. 153 bis LGSS). Sin que el tiempo de percepción de esta prestación especial pueda considerarse como período de ocupación cotizado, a los efectos de generar prestación por desempleo o determinar la duración.

6) Corresponde a la EG declarar el reconocimiento, suspensión, extinción y reanudación de esta prestación de sostenibilidad al empleo, así como declarar y exigir la devolución de las prestaciones indebidamente percibidas por las personas trabajadoras, así como el reintegro de las prestaciones de cuyo pago sea directamente responsable el empresario.

   El procedimiento para la solicitud y el reconocimiento del derecho a esta prestación se ajustará a lo establecido en el art. 18 RD 608/2023 (DA 41ª. 2 LGSS). De tal modo que las prestaciones se reconocerán con efectos del primer día en que pudieran ser aplicables las medidas de suspensión o reducción de jornada, o con efectos desde que la empresa presente la solicitud en nombre de los trabajadores, pero, de formularse ésta fuera del plazo de un mes a contar desde la notificación de la resolución de la autoridad laboral o desde el certificado de su silencio, se abonarán a partir del momento en que la empresa, a mes vencido, remita a la EG la comunicación sobre los periodos de actividad e inactividad del mes natural inmediato anterior; y, de abonarse indebidamente cantidades de la prestación social, éstas se reclamarán conforme a los arts. 33 y 34 RPD, aunque no operará la compensación con cuantías a percibir en concepto de prestaciones, subsidios o RAI.

   Y, en fin, frente a las resoluciones de la EG podrá formularse reclamación previa, en el plazo de los 30 días hábiles siguientes a la notificación, conforme al art. 71 LJS.

7) Las prestaciones sociales procedentes durante la aplicación de las medidas amparadas en el mecanismo RED, se financiarán con cargo al Fondo RED de Flexibilidad y Estabilización del Empleo, F.C.P.J. (art. 47.bis. 6 ET y DA 41ª.14 LGSS). Este Fondo, que también servirá para nutrir las exenciones de las cuotas empresariales, inicialmente se constituyó por DA 5ª RDL 4/2022 y se financió según la DT 4ª de la misma norma. Pero ahora se regirá por lo extensamente previsto desde los arts. 24 a 30 RD 608/2023.

Lección 13
Incapacidad permanente

REMEDIOS ROQUETA BUJ
Catedrática de Derecho del Trabajo y de la Seguridad Social
Universitat de València

La acción protectora del sistema de la Seguridad Social incluye prestaciones económicas de incapacidad permanente contributiva e invalidez no contributiva (arts. 42.1.c), 193 y 263 LGSS). Asimismo, incluye prestaciones económicas por lesiones permanentes no incapacitantes.

1. LA INCAPACIDAD PERMANENTE EN SU MODALIDAD CONTRIBUTIVA

1.1. Concepto de incapacidad permanente

La LGSS define la incapacidad permanente (IP), en la modalidad contributiva, como aquella *"situación del trabajador que, después de haber estado sometido al tratamiento prescrito, presenta reducciones anatómicas o funcionales graves, susceptibles de determinación objetiva y previsiblemente definitivas, que disminuyan o anulen su capacidad laboral"*, si bien admite que *"no obstará a tal calificación la posibilidad de recuperación de la capacidad laboral del inválido, si dicha posibilidad se estima médicamente como incierta o a largo plazo"* (art. 193.1 LGSS). Además, establece que *"las reducciones anatómicas o funcionales existentes en la fecha de la afiliación del interesado en la Seguridad Social no impedirán la calificación de la situación de incapacidad permanente, cuando se trate de personas con discapacidad y con posterioridad a la afiliación tales reducciones se hayan agravado, provocando por sí mismas o por concurrencia con nuevas lesiones o patologías una disminución o anulación de la capacidad laboral que tenía el interesado en el momento de su afiliación"*. Por último, el apartado 2 del antecitado precepto dispone que la IP *"habrá de derivarse de la situación de incapacidad temporal, salvo que afecte a quienes carezcan de protección en cuanto a dicha incapacidad temporal, bien por encontrarse en una situación asimilada a la de alta, de conformidad con lo previsto en el artículo 166, que no la comprenda, bien en los supuestos de asimilación a trabajadores por cuenta ajena, en los que se dé la misma circunstancia, de acuerdo con lo previsto en el artículo 155.2, bien en los casos de acceso a la incapacidad permanente desde la situación de no alta, a tenor de lo previsto en el artículo 195.4".*

Los elementos definitorios de la IP son tres:

1°) La alteración grave de la salud, siendo indiferente que la misma derive de AT, ANL, EP o EC. Las reducciones anatómicas o funcionales determinantes de la IP han de surgir con posterioridad a la afiliación y alta del trabajador en cualquier régimen de la Seguridad Social (art. 165.1 LGSS), es decir, ha de tratarse de una incapacidad "sobrevenida" posterior al desempeño de un empleo o actividad profesional. No obstante, el párrafo 2 del art. 193.1 LGSS establece que *"las reducciones anatómicas o funcionales existentes en la fecha de la afiliación del interesado en la Seguridad Social no impedirán la calificación de la situación de incapacidad permanente, cuando se trate de personas con discapacidad y con posterioridad a la afiliación tales reducciones se hayan agravado, provocando por sí mismas o por concurrencia con nuevas lesiones o patologías una disminución o anulación de la capacidad laboral que tenía el interesado en el momento de su afiliación"* [STS 13.7.2021 (Rec. 4780/2018)].

La IP ha de estar precedida de una IT (arts. 193.1 y 2 LGSS y 2.1 OM 15.4.1969). No obstante, la IP tiene sustantividad propia y se puede acceder directamente a ella sin pasar por una IT ni aun por un tratamiento médico en determinados supuestos, a saber: —Cuando afecte a quienes carezcan de protección en cuanto a dicha IT (art. 193.2 LGSS)—; Cuando el trabajador, por estímulo profesional o necesidad económica, continúa prestando servicios hasta que su situación patológica, definitiva e irreversible, le impide desarrollar la actividad laboral, o cuando el estado de IP surge de forma completa e irreversible.

Por lo demás, la incapacidad ha de ser "no imputable", esto es, no causada por la propia víctima de la incapacidad (art. 23.1 OM 15.4.1969). En los supuestos en los que las lesiones del beneficiario no son susceptibles más que de un tratamiento quirúrgico, es reiterada y uniforme jurisprudencia del TS, que el mismo no puede ser impuesto contra la voluntad del paciente, por un principio moral de no imponer riesgos a quienes no se prestaren a ello. Planteamiento que cuenta con el apoyo de lo dispuesto en el art. 102 LGSS de 1974, aún en vigor, y con el amparo de los arts. 8 y ss. de la Ley 41/2002, de 14 de noviembre, reguladora de la autonomía del paciente y de derechos y obligaciones en materia de información y documentación clínica; previsiones que en un marco constitucional protector de las libertades individuales y, entre ellas, el derecho a la integridad física, han de interpretarse en el sentido de que la negativa del beneficiario a someterse a una intervención quirúrgica sólo puede perjudicarle en los supuestos en que la EG demuestre la irracionalidad de tal comportamiento. Es decir, en principio, se presume que la negativa del beneficiario es razonable, correspondiendo a la EG el deber de probar la irracionalidad de tal decisión. Y, a este respecto, se considera que la misma es razonable cuando la intervención quirúrgica o el tratamiento son especialmente penosos o arriesgados, existen dudas sobre la eficacia de los mismos o éstos se presentan como irrelevantes, o han fracasado los anteriores.

2°) La disminución o anulación de la capacidad laboral. El estado patológico del trabajador es trascendente en cuanto trae como consecuencia la anulación o disminución de la *"capacidad laboral"* (art. 193.1 LGSS). Como quiera que el art. 193.1 LGSS se refiere a las *"reducciones anatómicas o funcionales {...} que disminuyan o anulen su capacidad laboral"*, todas las secuelas y limitaciones funcionales y anatómicas que presente el trabajador han de ser valoradas en su totalidad y globalmente a la hora de calificar la situación que padece, pues de esa manera es como repercuten en su aptitud para el trabajo. De este modo, ya provengan de AT o EP, o de ANL o EC, rige el principio de valoración global de todas las dolencias del trabajador, incluidas las anteriores a la fecha de afiliación y alta en el sistema de la Seguridad Social (STS 15.6.1990). Por lo demás, la incapacidad ha de ponderarse una vez aplicadas las prótesis correctoras pertinentes (STS 3.5.1988). Y, en fin, la valoración de las dolencias del interesado debe entenderse referida con carácter general al momento del hecho causante, salvo que se produzca una agravación de las mismas con posterioridad en cuyo caso, la valoración deberá referirse al momento del juicio oral al no tener la consideración de hecho nuevo (STS 19.10.2022, Rec. 3495/2019).

3°) El carácter previsiblemente definitivo de la incapacidad laboral.

El art. 193.1 LGSS exige que las reducciones anatómicas o funcionales sean *"previsiblemente definitivas"*, si bien admite que *"no obstará a tal calificación la posibilidad de recuperación de la capacidad laboral del inválido, si dicha posibilidad se estima médicamente como incierta o a largo plazo"*. Por consiguiente, y teniendo en cuenta la interdependencia que existe en el concepto de IP entre la alteración de la salud y la disminución o anulación de la capacidad laboral, es evidente que el estado invalidante ha de tener carácter definitivo o, cuando menos, previsiblemente definitivo.

1.2. Grados de incapacidad permanente

El art. 194 LGSS establece un sistema para la calificación de la IP y la determinación del grado incapacitante, que no será operativo hasta que no se produzca el correspondiente desarrollo reglamentario. Entretanto, resulta de aplicación la redacción del art. 194 LGSS que se contiene en la DT 26ª LGSS.

La IP, cualquiera que sea su causa, se clasifica en los siguientes grados (art. 194 LGSS):

a) *La incapacidad permanente parcial para la profesión habitual (IPP),* que es aquella, *"que, sin alcanzar el grado de total, ocasione al trabajador una disminución no inferior al 33 por ciento en su rendimiento normal para dicha profesión, sin impedirle la realización de las tareas fundamentales de la misma"* (apartado 3).

b) La incapacidad permanente total para la profesión habitual (IPT), que es aquella que *"inhabilite al trabajador para la realización de todas o de las fundamentales tareas de dicha profesión, siempre que pueda dedicarse a otra distinta"* (apartado 4).

c) La incapacidad permanente absoluta para todo trabajo (IA), que es aquella que *"inhabilite por completo al trabajador para toda profesión u oficio"* (apartado 5).

d) La gran Invalidez (GI), definida como *"la situación del trabajador afecto de incapacidad permanente y que, por consecuencia de pérdidas anatómicas o funcionales, necesite la asistencia de otra persona para los actos más esenciales de la vida, tales como vestirse, desplazarse, comer o análogos"* (apartado 6).

Los apartados 3 y 4 del art. 194 LGSS refieren los grados de la IPP y de la IPT a la *"profesión habitual"*, que es *"aquélla que el trabajador está cualificado para realizar y a la que la empresa le haya destinado o pueda destinarle en movilidad funcional, sin perjuicio de las limitaciones correspondientes a las exigencias de titulación académica o de pertenencia a un grupo profesional"* —art. 39 ET— (STS 26.10.2016, Rec. 1267/2015). De este modo, en la calificación de la IPP e IPT, no sólo se habrían de tener en cuenta las funciones correspondientes a la categoría profesional del presunto incapaz, sino también aquéllas que le fueran exigibles dentro de la movilidad funcional ordinaria, esto es, las del grupo profesional asignado al trabajador (art. 39 ET). En cualquier caso, para determinar las limitaciones que en la capacidad de trabajo originan las secuelas que presenta el afectado, hay que tener en cuenta la totalidad de las funciones de su profesión habitual y no únicamente las que desempeñaba en el momento de sufrir el accidente o diagnosticarse la enfermedad (STS 20.9.2022, Rec. 3861/2019).

Cuando se produzcan cambios de profesión, debe estarse a lo dispuesto en el art. 194.2 LGSS, a cuyo tenor *"se entenderá por profesión habitual, en caso de accidente, sea o no de trabajo, la desempeñada normalmente por el trabajador al tiempo de sufrirlo"*, aunque con anterioridad o posterioridad al accidente, el trabajador haya desempeñado otro tipo de trabajo (STS 25.3.2009, Rec. 3402/2007). En el caso de enfermedad común o profesional, el antecitado precepto establece que se estará a *"aquella a la que el trabajador dedicaba su actividad fundamental durante el período de tiempo, anterior a la iniciación de la incapacidad, que reglamentariamente se determine"*; determinación reglamentaria que se contiene en el art. 11.2 OM 15.4.1969, a cuyo tenor se entenderá por profesión habitual *"aquella a la que el trabajador dedicaba su actividad fundamental durante los doce meses anteriores a la fecha en que se hubiese iniciado la incapacidad laboral transitoria de la que se derive la invalidez"* (Cfr. STS 26.3.2012, Rec. 2322/2011).

La existencia de IP y su ubicación en alguno de los grados legalmente establecidos se determina mediante un complejo proceso valorativo en el que se ponen en relación el cuadro general de las dolencias, la afectación personal y el trabajo del sujeto. Y, como quiera que estos tres elementos y sus interrelaciones recíprocas no son nunca exactamente las mismas, las decisiones van a ser circunstanciales y casuísticas. Por esta razón, los tribunales superiores han renunciado a establecer criterios generales y abstractos que organicen la inclusión de las situaciones de IP en uno u otro grado, y niegan la posibilidad de establecer comparaciones entre diferentes supuestos resueltos judicialmente de forma distinta. Por ello, se rechaza la posibilidad de casación para la unificación de doctrina en estas cuestiones, salvo para mantener que es doctrina unificada la de que la calificación de las incapacidades no es unificable. Y así, sólo se admite la posibilidad de realizar el contraste, cuando nos encontremos ante dos supuestos prácticamente idénticos de la misma profesión e iguales lesiones (STS 4.5.2016, Rec. 1986/2014).

1.3. Hecho causante

El art. 13.2 OM 18.1.1996 dispone que *"el hecho causante de la prestación se entenderá producido en la fecha en que se haya extinguido la incapacidad temporal de la que se derive la invalidez permanente"* y que *"en los supuestos en que la inva-*

lidez permanente no esté precedida de una incapacidad temporal o ésta no se hubiera extinguido, se considerará producido el hecho causante en la fecha de emisión del dictamen-propuesta del equipo de valoración de incapacidades". Previsión que ha de interpretarse a la luz de lo dispuesto en el párrafo primero del apartado 1 del art. 174 LGSS, a cuyo tenor el derecho al subsidio de IT se extinguirá, entre otras causas, *"por el transcurso del plazo máximo de quinientos cuarenta y cinco días naturales desde la baja médica; por alta médica por curación o mejoría que permita al trabajador realizar su trabajo habitual; por ser dado de alta el trabajador con o sin declaración de incapacidad permanente {...}"*.

Por consiguiente, a la hora de delimitar el hecho causante de la IP hay que distinguir dos supuestos distintos en función de que la declaración de la incapacidad derive o no de una situación previa de IT, a saber:

a) Cuando haya existido una situación previa de IT y ésta se haya extinguido por el transcurso del *"plazo máximo"* establecido para la misma —545 días naturales— o por ser dado el trabajador de alta médica con informe propuesta de IP, el hecho causante se entenderá producido en la fecha de extinción de la IT (Cfr. STS 18.5.2010, Rec. 3495/2009).

b) Cuando la IP no derive de una IT, bien porque ésta no se hubiera iniciado o bien porque se hubiera extinguido por ser dado de alta médica el trabajador sin propuesta de IP, o la IT no se hubiera todavía extinguido, se considerará producido el hecho causante en la fecha de emisión del dictamen-propuesta del EVI.

Debe advertirse, sin embargo, que en la doctrina jurisprudencial en muchas ocasiones sigue prevaleciendo el concepto material del hecho causante que considera que éste se sitúa en el momento en que el efecto invalidante de las lesiones quedó objetivado como permanente, lo que puede llevar incluso hasta la fecha inicial del accidente o de la enfermedad, con la consiguiente inseguridad jurídica que ello acarrea tanto para los beneficiarios como para la propia entidad gestora. Además, dicha doctrina puede volverse en contra de los intereses de los propios beneficiarios, ya que el adelantamiento de la fecha del hecho causante de la IP determina la imposibilidad de computar las cotizaciones producidas con posterioridad a dicha fecha.

1.4. Los beneficiarios de las prestaciones de incapacidad permanente

Los beneficiarios de las prestaciones de IP son los sujetos incluidos en el sistema de la Seguridad Social, en cualquiera de sus regímenes, que en el momento del hecho causante acrediten los siguientes requisitos (art. 195.1 LGSS): 1º) Han de encontrarse en alta o situación asimilada a la de alta; 2º) Han de acreditar el período de carencia correspondiente; y 3º) No han de haber cumplido la edad de jubilación prevista en el art. 205.1.a) LGSS.

1.4.1. La situación de alta o de asimilación al alta

Los beneficiarios han de encontrarse en alta o situación asimilada a la de alta (arts. 165.1 y 195.1 LGSS y 19.a) OM 15.4.1969) o, en su caso, en situación de alta presunta o de pleno derecho (arts. 166.4 LGSS y 20.2 OM 15.4.1969).

Entre las situaciones asimiladas al alta que extienden sus efectos a la contingencia y prestaciones por IP, cabe destacar la de aquellos trabajadores que no se encuentren en situación de alta, ni en ninguna otra de las asimiladas a ésta, después de haber trabajado en puestos de trabajo que ofrecieran riesgo de EP y a los solos efectos de que pueda declararse una IP debida a dicha contingencia (arts. 20.1.g) OM 15.4.1969 y 36.1.9º RGA), o son perceptores de una prestación de invalidez no contributiva (STS 10.11.2016, Rec. 901/2015).

De acuerdo con el art. 166.4 LGSS, *"los trabajadores comprendidos en el campo de aplicación de este Régimen General se considerarán, de pleno derecho, en situación de alta a efectos de accidentes de trabajo, enfermedades profesionales {…}, aunque su empresario hubiera incumplido sus obligaciones"*. Idea en la que insiste el art. 20.2 OM 15.4.1969 a efectos de la IP derivada de riesgos profesionales. De este modo, pese al incumplimiento empresarial, el trabajador tendrá derecho a las prestaciones de IP derivada de AT o EP, operando plenamente el principio de automaticidad en el reconocimiento de las mismas.

Para las pensiones de IP en los grados de IA o GI derivada de contingencias comunes no se precisa el requisito del alta o situación asimilada a la de alta, siempre que se acrediten 15 años cotizados de los cuales, al menos, 3 deberán estar comprendidos dentro de los 10 años inmediatamente anteriores al hecho causante (art. 195.4 LGSS).

1.4.2. La acreditación de un determinado período de cotización

Los períodos de carencia que se deben acreditar en el momento en que se produce el hecho causante son los siguientes (arts. 195 LGSS y 4 RD 1799/1985):

a) Si la IP deriva de EP o de accidente, sea o no laboral, no será exigible ningún período previo de cotización.

b) En el caso de prestaciones de IPP derivada de EC, el período mínimo de cotización exigible será de 1.800 días que han de estar comprendidos en los 10 años inmediatamente anteriores a la fecha en la que se haya extinguido la IT de la que se derive la IP. No obstante, si el trabajador en la fecha de la baja por enfermedad es menor de 21 años, el período de cotización exigible es equivalente a la mitad de los días transcurridos entre la fecha en que haya cumplido los 16 años y la de inicio del proceso de IT, al que se sumará todo el período, agotado o no, de la IT (18 meses) (art. 3 D 394/1974).

c) En el caso de las pensiones de IP derivadas de EC se exige al trabajador un período previo de cotización o carencia genérica, según la edad de éste en el momento del hecho causante, a saber:

   1º) Si tiene menos de 31 años, deberá acreditar haber cotizado a la Seguridad Social, al menos, la tercera parte del tiempo transcurrido entre la fecha en que cumplió 16 años y la del hecho causante de la pensión.

   2º) Si tiene 31 años de edad, deberá acreditar haber cotizado un cuarto del tiempo transcurrido entre la fecha en que cumplió los 20 años y la del hecho causante, con un mínimo, en todo caso, de 5 años. Además, el trabajador necesitará un período de carencia específico de al menos la quinta parte del período de cotización exigible dentro de los 10 años inmediatamente anteriores al hecho causante. En los supuestos en que se acceda a la pensión de IP desde *"una situación de alta o asimilada al alta, sin obligación de cotizar, el período de los diez años, dentro de los cuales deba estar comprendido, al menos, una quinta parte del período de cotización exigible, se computará, hacia atrás, desde la fecha en que cesó la obligación de cotizar"* (art. 195.3.b) LGSS). De este modo, cuando el trabajador acceda a una IP desde una situación de alta sin obligación de cotizar —prórroga especial de la IT o alta especial por huelga o cierre patronal— o desde una situación asimilada al alta sin obligación de cotizar —excedencia forzosa y paro involuntario, fundamentalmente; no así la situación de jubilación anticipada (STS 11.7.2023, Rec. 3325/2020)—, el cómputo de la carencia específica se retrotraerá al momento en que cesó la obligación de cotizar (Cfr. STS 24.11.2010, Rec. 777/2009).

El art. 4.1 RD 1799/1985 establece algunas reglas para normalizar los cálculos y evitar así el excesivo casuismo: no se toman en consideración las fracciones de edad del beneficiario inferiores a medio año, salvo para los beneficiarios con edades comprendidas entre los 16 y los 16 años y medio, y si las fracciones son superiores a 6 meses se consideran equivalentes a medio año. Los períodos que resulten *"serán objeto de redondeo, despreciándose, en su caso, las fracciones de mes"* (art. 4.1 RD 1799/1985).

d) Si el trabajador no se encuentra en alta ni en situación asimilada, para causar derecho a pensión de incapacidad derivada de contingencia común en los grados de IA o GI, se le exigirá un período mínimo de cotización de al menos 15 años, distribuidos en la forma que anteriormente hemos indicado, es decir, una quinta parte del período debe estar comprendida en los 10 años anteriores al hecho causante. Este período de carencia se exige no sólo para la IA o GI derivada de EC, sino también para las provenientes de ANL, pues el art. 195.4 LGSS se refiere a *"contingencias comunes"* y así lo corrobora el art. 4.3 RD 1799/1985, al aludir expresamente a la IP *"derivada de enfermedad común o accidente no laboral"*.

Por lo demás, de conformidad con lo dispuesto en los apartados 2 y 3 del art. 165 LGSS, a la hora de determinar si el beneficiario acredita o no los períodos de carencia necesarios, han de computarse las cotizaciones expresamente asimiladas a las efectivamente realizadas, tales como los "días cuota" correspondientes a las dos pagas extraordinarias que, con carácter obligatorio, se establecen en el ET (STS 11.3.2014, Rec. 3130/2012), y las cotizaciones por los días que faltan para agotar el período de IT —incluida su prórroga ordinaria, esto es, la prórroga de 180 días (STS 16.4.2012, Rec. 2530/2011)— que antecede a la declaración de IP, siempre que el beneficiario estuviera en IT en el momento de solicitar la IP (art. 4.4 RD 1799/1985) (STS 13.11.2007, Rec. 3424/2006) —pero sin añadir los días cuota teóricos que corresponderían a las pagas extraordinarias que no existen (STS 28.5.2003, Rec. 4120/2002)—.

1.4.3. La imposibilidad de acceder a la incapacidad permanente por quienes tienen la edad mínima para la jubilación

El beneficiario no ha de haber cumplido la edad de jubilación prevista en el art. 205.1.a) LGSS (art. 195.1 LGSS), sin que se tengan en cuenta a tales efectos las bonificaciones o anticipaciones de edad que, en su caso, correspondan (art. 10.1 RD 1132/2002, de 31 de octubre). Esta regla sólo se aplica a la IP derivada de contingencias comunes y queda condicionada a que el beneficiario reúna *"los requisitos para acceder a la pensión de jubilación en el sistema de la Seguridad Social"*; pensión de jubilación en su modalidad contributiva, pues así se deduce de la referencia que el art. 195.1 LGSS hace al art. 205.1.a) de la misma Ley, ubicado en la sección referente a la protección contributiva. Aunque el Gobierno puede rebajar la edad de jubilación *"en aquellos grupos o actividades profesionales cuyos trabajos sean de naturaleza excepcionalmente penosa, tóxica, peligrosa o insalubre y acusen elevados índices de morbilidad o mortalidad"* o en el caso de personas con determinados porcentajes de discapacidad (art. 206 LGSS), el art. 195.1 LGSS se refiere expresamente a *"la edad prevista en el artículo 205.1.a)"* de esta Ley, por lo que los supuestos en los que se adelanta la edad de jubilación ordinaria del trabajador por causas objetivas relacionadas con el tipo de trabajo desempeñado o por causas subjetivas relacionadas con la discapacidad del trabajador quedan extramuros de lo dispuesto en el párrafo segundo del art. 195.1 LGSS, al no estar previstos en el art. 205 LGSS, sino en el art. 206 de esta disposición legal (STS 27.4.2022, Rec. 184/2019). De no reunirse los requisitos para acceder a la pensión de jubilación, el beneficiario sí podrá causar la pensión de IP (art. 10.2 RD 1132/2002, de 31 de octubre).

1.5. La calificación de la incapacidad permanente

La competencia en orden a la calificación de la IP corresponde al INSS (art. 200.1 LGSS), concretamente al Director provincial del INSS *"de la provincia en que tenga su domicilio la persona interesada"* (art. 1.2 RD 1300/1995). La decisión por órganos administrativos sobre la vigencia, renovación o extinción de autorizaciones necesarias para el desempeño de la profesión habitual no vincula a la Entidad Gestora, sin perjuicio de que haya de ponderarse en la adopción de la decisión pertinente (STS 31.6.2023, Rec. 1909/2022).

En apoyo del Director provincial del INSS, el RD 1300/1995, de 21 de julio, dictado en desarrollo del art. 200 LGSS, manda constituir en las Direcciones Provinciales un Equipo de Valoración de Incapacidades (EVI), que está compuesto por personal facultativo, funcionario y administrativo, y que asume, como función principal la evaluación de las situaciones de incapacidad y la formulación de los correspondiente dictámenes-propuesta *"preceptivos y no vinculantes"* (art. 3.1 RD 1300/1995).

El procedimiento para evaluar la incapacidad en orden al reconocimiento de las prestaciones económicas por IP se desarrollará a partir del 2 de octubre de 2016 con arreglo a los principios generales y disposiciones de común aplicación contenidas en la LPAC, con las especialidades que establecen el RD 1300/1995 y la OM 18.1.1996 (arts. 129.1 LGSS, 4.1 RD 1300/1995 y 1.1 OM 18.1.1996).

Los rasgos más sobresalientes del procedimiento son los siguientes:

a) Puede iniciarse de oficio, por propia iniciativa de la EG, o como consecuencia de petición razonada de la Inspección de Trabajo y Seguridad Social o del Servicio de Salud competente para gestionar la asistencia sanitaria de la Seguridad Social, a instancia del trabajador o su representante legal, o a instancia de las MATEPSS o de las empresas colaboradoras, en aquellos asuntos que les afecten directamente (art. 4.1 RD 1300/1995). Las empresas, salvo que colaboren en la gestión de la Seguridad Social y en aquellos asuntos que les afecten directamente, no pueden instar la declaración de IP (STC 207/1989; y STS 30.1.2012, Rec. 2720/2010).

b) Las Direcciones Provinciales del INSS competentes para la instrucción *"realizarán de oficio cuantas actuaciones resulten necesarias para la determinación, conocimiento y comprobación de los datos en virtud de los cuales deben dictar la resolución, así como para la evaluación y calificación de la incapacidad, ordenadas al reconocimiento del derecho a las prestaciones económicas por invalidez permanente"* (art. 7.1 O 18.1.1996). A tal fin, los arts. 5.1 RD 1300/1995 y 7.2 OM 18.1.1996 exigen los siguientes documentos e informes preceptivos: historial clínico o, en su defecto, informe de la Inspección Médica del Servicio Público de Salud, acompañado, en su caso, de la correspondiente alta médica de asistencia sanitaria (Cfr. el art. 71.3 LGSS); informe médico de síntesis; informe de antecedentes profesionales; dictamen-propuesta del EVI; informe de cotización, e informe sobre los hechos y circunstancias concurrentes en las solicitudes de declaración de responsabilidad empresarial por falta de medidas de seguridad e higiene en el trabajo.

c) Una vez *"emitido el dictamen-propuesta se concederá audiencia a los interesados para que aleguen cuanto estimen conveniente"* (art. 5.1.c) RD 1300/1995). Éstos dispondrán de un plazo de 10 días para formular alegaciones y presentar los documentos que estimen convenientes (art. 11.2 OM 18.1.1996). De ser así y tales documentos o pruebas contradigan el dictamen-propuesta emitido por el EVI, la Dirección Provincial del INSS *"reexaminará lo actuado y requerirá de dicho equipo un dictamen-propuesta complementario del emitido con anterioridad, salvo en los supuestos en que aquélla entienda que los documentos y pruebas aportados no desvirtúan el dictamen propuesta"* (art. 12 OM 18.1.1996).

d) Los Directores provinciales del INSS *"deberán dictar resolución expresa en todos los procedimientos incoados {...} sin estar vinculados por las peticiones concretas de los interesados, por lo que podrán reconocer las prestaciones que correspondan a las lesiones existentes o a la situación de incapacidad padecida, ya sean superiores o inferiores a las que se deriven de las indicadas peticiones"* (art. 6.1 RD 1300/1995). De este modo, la EG no se encuentra vinculada por la pretensión del beneficiario, de forma que puede conceder una incapacidad en grado inferior o superior al solicitado, a no ser que se excluyan expresamente de la petición. En este sentido, debe traerse a colación la línea jurisprudencial más reciente del Tribunal Supremo a propósito del principio de congruencia en el proceso judicial que se siga contra la resolución administrativa del INSS. Pues bien, de acuerdo con la misma, no incurre en incongruencia la sentencia que concede un grado de incapacidad inferior o superior al inicialmente reclamado por el beneficiario, salvo que éste los excluya expresamente, siempre que haya existido la necesaria contradicción (STS 24.11.2003, Rec. 661/2003), ni la que reconoce el mayor grado de incapacidad reclamado pero por contingencia distinta de la solicitada (STS 3.11.2009, Rec. 362/2009).

e) El plazo máximo para resolver el procedimiento será de 135 días (arts. 6.1 RD 1300/1995 y 14 OM 18.1.1996 y Anexo RD 286/2003, de 7 de marzo), que *"se computarán a partir de la fecha del acuerdo de iniciación en los procedimientos de oficio o de la recepción de la solicitud en la Dirección Provincial del Instituto Nacional de la Seguridad Social competente en los demás casos"* (art. 14.1 OM 18.1.1996).

f) La resolución del Director provincial del INSS declarará la IP o la inexistencia de la misma. En el primer supuesto, determinará la prestación económica con que se proteja dicha situación. Si el trabajador no reúne los requisitos necesarios para lucrar la prestación, el INSS debe abstenerse de pronunciarse sobre la existencia de invalidez (Cfr. arts. 200.1 LGSS, 1.1.a), 4.1 y 5.1 RD 1300/1995 y 7.1 y 13.1 OM 18.1.1996) (STS 6.10.1992, Rec. 2791/1991).

En cualquier caso, la resolución del INSS deberá expresar, además, *"los recursos que contra la misma procedan, órgano administrativo o judicial ante el que hubieran de presentarse y plazo para interponerlos"* (art. 88.3 LPAC) y *"el plazo a partir del cual se podrá instar la revisión por agravación o mejoría del estado incapacitante profesional*" (art. 200.2 LGSS). Igualmente, a efectos de la subsistencia de la suspensión de la relación laboral, con reserva de puesto de trabajo que se regula en el art. 48.2 ET, se hará constar en la resolución de reconocimiento de la IP si el plazo para poder instar la revisión por previsible mejoría del estado invalidante del interesado es igual o inferior a dos años (art. 7.1 RD 1300/1995).

1.6. Las prestaciones económicas por incapacidad permanente

La prestación económica correspondiente a la IPP "*consistirá en una cantidad a tanto alzado*" (art. 196.1 LGSS) equivalente a 24 mensualidades de la base reguladora que haya servido para el cálculo del subsidio por IT de la que deriva la IP (arts. 196.6 LGSS y 9 D 1646/1972) (STS 11.12.1986).

Las prestaciones correspondientes a la IPT, IA y GI, consistirán en una pensión vitalicia, cuya cuantía se determina aplicando a la "base reguladora" el "porcentaje" correspondiente al grado de incapacidad declarado.

1.6.1. La base reguladora

La base reguladora de las pensiones de IP varía en función de las siguientes circunstancias:

a) En las pensiones de IP por EC se seguirán las siguientes operaciones (art. 197.1 LGSS):

1ª) Se calculará el promedio de las bases de cotización del interesado, computadas con arreglo a los criterios establecidos en la norma a) del art. 197.1 LGSS, durante los 96 meses inmediatamente anteriores al mes previo al del hecho causante. Las bases de cotización correspondientes a los 24 meses anteriores al mes previo al hecho causante se toman por su valor nominal y las restantes se actualizan de acuerdo con la evolución que haya experimentado el IPC desde los meses a que aquéllas correspondan hasta el mes inmediatamente anterior a aquel en que se inicie el período de bases no actualizables (art. 197.1 LGSS). Los 96 meses de cotización a considerar son los inmediatamente anteriores al mes previo al del hecho causante; hecho causante que, de provenir la IP, sin interrupción, de una situación de IT y "prórroga puente" o "prórroga instrumental" de la IT, ha de entenderse producido en la fecha en que se haya extinguido la IT (art. 13.2 OM 18.1.1996). Por consiguiente, a la hora de construir la base reguladora han de tomarse las cotizaciones anteriores a la fecha de iniciación de la "prórroga puente" o "prórroga instrumental" de la IT, como si el período transcurrido en estas situaciones no hubiese existido (STS 26.2.2003, Rec. 1958/2002, entre otras), siempre que las mismas antecedan con carácter inmediato a la IP (STS 21.9.2006, Rec. 2183/2005). Cuando no acontece permanencia en IT o esta no se hubiera extinguido, ha de considerarse como hecho causante la fecha de emisión del dictamen-propuesta del EVI (art. 13.2 OM 18.1.1996). De este modo, cuando se accede a la IP desde una situación de alta o asimilada al alta, sin obligación de cotizar, los meses computables para la determinación de la base reguladora son los inmediatamente anteriores a dicha fecha, sin que quepa retroacción alguna al momento en que cesó la obligación de cotizar [art. 195.3 LGSS].

En aquellos casos en que se exija un período mínimo de cotización inferior a 8 años, la base reguladora se obtendrá de manera análoga a la referida, pero computando las bases de cotización de los mismos meses cuya cotización se exija —sin tener en cuenta las fracciones de mes—, y excluyendo de la actualización las bases de cotización correspondientes a los 24 meses inmediatamente anteriores al mes previo a aquél en que se produzca el hecho causante divididas por el mismo número de meses pero multiplicado por 1,1666 (arts. 197.2 LGSS y 5.3 RD 1799/1985).

Si en el período a tomar para el cálculo de la base reguladora apareciesen meses durante los cuales no hubiese existido obligación de cotizar, dichas lagunas se integrarán en los siguientes términos (art. 197.4 LGSS): —Las primeras 48 mensualidades se integrarán con la base mínima de entre todas las existentes en cada momento, y el resto de las mensualidades con el 50% de dicha base mínima. —Si en alguno de los meses a tener en cuenta para la determinación de la base reguladora, la obligación de cotizar existió solo durante una parte del mismo, procederá la integración anterior, por la parte del mes en que no existió obligación de cotizar, siempre que la base de cotización correspondiente al primer período no alcance la cuantía de la base mínima mensual señalada, pues en tal supuesto, la integración alcanzará hasta esta última cuantía (Cfr. STS 20.12.2004, Rec. 4717/2003).

A los efectos anteriores, la no existencia de la obligación de cotizar abarcará *"tanto a las situaciones asimiladas a la de alta para las que no se exija tal obligación, como a aquellas otras situaciones en que no nace la obligación de cotizar por no encontrarse el trabajador en alta o situación asimilada"* (art. 5.5 RD 1799/1985). Así, por ejemplo, las lagunas en la cotización correspondientes a los períodos de "prórroga puente" o "prórroga instrumental" de la IT no precedentes a la declaración de IP (STS 21.9.2006, Rec. 2183/2005) y a los períodos en que el beneficiario percibe un subsidio por desempleo, se encuentra en la situación de paro involuntario, ejercita el derecho de huelga (STS 25.5.2010, Rec. 2345/2009) o permanece en situación de IP reconocida por resolución judicial que posteriormente es revocada (STS 20.9.2011, Rec. 4097/2010), se integrarán en los términos anteriores. En cuanto a los períodos en que el beneficiario continúa en IT una vez extinguido el contrato de trabajo o agotada la prestación contributiva por desempleo, debe estarse a lo dispuesto en el art. 283 LGSS [STS de 23 de junio de 2020 (Recud. 1069/2018). Cfr. la STS de 5 de julio de 2007 (Recud. 689/2006)].

Por último, cuando en los dos años anteriores al mes previo al del hecho causante se produzcan incrementos salariales superiores al incremento medio interanual experimentado en el convenio colectivo aplicable o, en su defecto, en el correspondiente sector, será de aplicación lo dispuesto en los apartados 2 a 4 del art. 209 LGSS, pues, no obstante, venir referidos los mismos únicamente a la pensión de jubilación, su extensión a la de IP es pertinente, pues lo que pretenden en definitiva es evitar el fraude (STS 3.2.1987).

2ª) Una vez fijado el promedio de las bases de cotización de los últimos 8 años, hay que determinar el porcentaje a aplicar a la base reguladora como si se tratara de una pensión de jubilación, en función de los años cotizados por el sujeto causante, según la escala prevista en el art. 210.1 LGSS y sin computar los días-cuota (STS 2.7.2014, Rec. 269/2013). No obstante, y a fin de resolver el problema de las invalideces tempranas, a los años de cotización acreditados por aquél, se suman los años que, en el momento del hecho causante, le falten para cumplir la edad ordinaria de jubilación vigente en cada momento. Es decir, el tiempo de servicios realmente prestado se prolongará artificialmente como si el trabajador hubiera permanecido en activo hasta cumplir la edad ordinaria de jubilación. Por consiguiente, si a un trabajador se le reconoce la IP a los 55 años, habiendo cotizado previamente 15 años, se le computarán 25 años de cotización (los 15 realmente cotizados, más otros 10 por el tiempo que le falta para cumplir la edad de 65 años). Por lo demás, *"en el caso de no alcanzarse quince años de cotización"* (se sobreentiende que computando tanto el tiempo efectivamente cotizado como el que, en el momento del hecho causante, le reste para cumplir la edad ordinaria de jubilación vigente en cada momento), el porcentaje aplicable será del 50%.

3ª) Al promedio de las bases de cotización de los 8 años inmediatamente anteriores al mes previo al del hecho causante se aplicará el porcentaje que corresponda en función de los años de cotización, resultando de ello el importe de la "base reguladora". De este modo, sólo cuando el sujeto causante acredite 35 o más años de cotización, el importe de la base reguladora será igual al promedio de las bases de cotización de los últimos 8 años. En los demás supuestos, siempre será inferior; al límite podrá quedar reducido a la mitad si el sujeto causante acredita 15 o menos años de cotización, lo que puede darse en supuestos de afiliación tardía o de largos períodos de inactividad laboral previos al hecho causante de la IP.

b) La base reguladora de las pensiones de IP derivada de ANL varía en función de si el sujeto causante se encuentra o no en situación de alta o asimilada en el momento del hecho causante:

1ª) Cuando el causante está en alta o situación asimilada al alta, la base reguladora será el cociente que resulte de dividir por 28 la suma de las bases de cotización del interesado durante un período ininterrumpido de 24 meses, elegido por el beneficiario dentro de los 7 años inmediatamente anteriores a la fecha del hecho causante de la pensión (arts. 5.4 RD 1799/1985 y 7 D 1646/1972). Si en el indicado período existieran lagunas cotizatorias, las mismas no serán integrables a los efectos del cálculo de la base reguladora con la base mínima de cotización del RG existente en cada momento (STS 1.2.2010, Rec. 359/2009).

2ª) Cuando el causante no está en alta o situación asimilada al alta, la base reguladora de las pensiones se obtiene dividiendo por 112 las bases de cotización del interesado durante los 96 meses inmediatamente anteriores al mes previo al del hecho causante de la

IP, sin que su importe se vea reducido cuando no se acrediten 35 años de cotización (art. 197.3 LGSS).

c) La base reguladora de las pensiones de IP derivada de AT o EP viene dada por lo dispuesto en el Capítulo V del RAT (Cfr. DT 1ª D 1646/1972 y arts. 2 y 50 D 3158/1966), con las modificaciones introducidas por la DA 11ª RD 4/1998. En síntesis, estas disposiciones señalan que la base reguladora coincidirá con el "salario real" percibido por el trabajador en el momento del "accidente" o, en su caso, de la baja. En su cuantificación se siguen las siguientes operaciones (art. 60 RAT). Se toma como dividendo el salario base anual que resulta de la suma de las siguientes partidas: a) El salario diario percibido por el beneficiario en la fecha del accidente multiplicado por 365 días; b) El importe anual de las pagas extraordinarias; c) Las prestaciones en especie; d) Los beneficios o participación en los ingresos por el importe percibido por el trabajador en el año anterior al accidente; y e) El resultado de multiplicar el cociente que resulte de dividir la suma de los pluses y retribuciones complementarias percibidos por el interesado en el año anterior al hecho causante, entre el número de días realmente trabajados por aquél en el mismo período, por 273 —salvo que el número de días laborales efectivos en la actividad de que se trate sea menor, en cuyo caso se aplicará el multiplicador que corresponda— (STS 22.6.2011, Rec. 2036/2010). Una vez determinado el salario base anual, el "quantum" económico de la base reguladora mensual se obtiene dividiendo dicho salario por los 12 meses del año (STS 9.3.1989).

1.6.2. Cuantía

Los porcentajes aplicables a la base reguladora varían en función del grado de IP reconocido:

a) La prestación económica por IPT consistirá en una pensión vitalicia del 55% de la base reguladora (arts. 196.2 LGSS y 12.2 D 3158/1966), que excepcionalmente podrá ser sustituida por una indemnización a tanto alzado cuando el beneficiario sea menor de 60 años (arts. 196.2 LGSS, 3.3 D 1646/1972 y 5 OM 31.7.1972).

Los arts. 196.2 LGSS y 6 del D 1646/1972 establecen que los declarados afectos de IPT percibirán la correspondiente pensión incrementada en el porcentaje que reglamentariamente se determine, cuando por su edad (55 años), falta de preparación general o especialización y circunstancias sociales y laborales del lugar de residencia, se presuma la dificultad de obtener empleo en actividad distinta de la habitual anterior. Según la interpretación jurisprudencial, constando que la edad del inválido excede de los 55 años, si la profesión por él consignada evidencia su falta de capacitación para desempeñar otro trabajo distinto del que venía desempeñando y tampoco se acredita que esté en posesión de conocimientos para ejercitar otra profesión u oficio, tales circunstancias serán suficientes para que aquél pueda lucrar el incremento de la IPT cualificada (STS 7.12.2000, Rec. 1372/2000). Este consistirá *"en un 20 por 100 de la base reguladora que se tome para determinar la cuantía de la pensión"* (art. 6.3 D 1646/1972). Si se reconoce con posterioridad a la pensión, sus efectos se retrotraerán a los tres meses anteriores a la fecha de su solicitud (art. 53.1 LGSS) (STS 23.4.2023, Rec. 847/2020).

De conformidad con el último párrafo del art. 196.2 LGSS, la cuantía de la pensión de IPT derivada de *EC "no podrá resultar inferior al importe mínimo fijado anualmente en la Ley de Presupuestos Generales del Estado para la pensión de incapacidad permanente total derivada de enfermedad común de titulares menores de sesenta años con cónyuge no a cargo"*. Tal previsión se dirige a todos los pensionistas de IPT (sea o no cualificada), cualquiera que sea su edad y nivel de rentas.

b) La prestación económica por IA consistirá en una pensión vitalicia equivalente al 100% de la base reguladora (arts. 196.3 LGSS, 12.4 D 3158/1966 y 17 OM 15.4.1969).

c) El complemento por GI está compuesto por la suma de las siguientes cantidades (art. 196.4 LGSS): El 45% de la base mínima de cotización común para todos los grupos profesionales vigente en el momento del hecho causante y el 30% de la última base de cotización del trabajador correspondiente a la contingencia, común o profesional, de la que derive la IP (STS 25.10.2023, Rec. 2312/2021), sin que deba realizarse posteriormente la operación adicional de multiplicar por 12 y dividir por 14 ese resultado (STS 15.3.2023, Rec. 2355/2019). En ningún caso el complemento por GI "*podrá tener un importe inferior al 45 por ciento de la pensión percibida, sin el complemento, por el trabajador*" (art. 196.4 LGSS) (Cfr. STS 16.6.2010, Rec. 3774/2009). De este modo, se establece un mínimo equivalente al 45% de la pensión por IPT o IA, calculada con arreglo a las reglas correspondientes, según derive de EC, ANL con alta, ANL sin alta, o AT o EP.

d) En los casos en que el trabajador con la edad ordinaria de jubilación vigente en cada momento, acceda a la IP, derivada de contingencias comunes, por no reunir los requisitos para el reconocimiento del derecho a la pensión de jubilación, la cuantía de la pensión de IP será equivalente al resultado de aplicar a la correspondiente base reguladora el porcentaje que corresponda al período mínimo de cotización que esté establecido, en cada momento, para el acceso a la jubilación (arts. 196.5 LGSS y 11.1 RD 1132/2002). Y, cuando la IP derive de EC, se considerará como base reguladora el resultado de aplicar únicamente lo establecido en la norma a) del apartado 1 del art. 197 LGSS. Por consiguiente, la base reguladora de la pensión de IP derivada de contingencias comunes de los trabajadores que tengan la edad ordinaria de jubilación vigente en cada momento que no acreditan 15 años de cotización a la Seguridad Social seguirá calculándose con arreglo a las reglas generales anteriores, esto es, según el art. 197.1.a) LGSS o los arts. 5.4 RD 1799/1985, de 2 de octubre, y 7 del Decreto 1646/1972, de 23 de junio, en función de que la contingencia causante sea una EC o un ANL, respectivamente. Es decir, la base reguladora de la IP originada por EC de estas personas seguirá siendo el cociente que resulte de dividir por 112 las bases de cotización del interesado durante los 96 meses inmediatamente anteriores al mes previo al del hecho causante, sin que su cuantía se vea reducida a la mitad por el hecho de no alcanzar la carencia necesaria para alcanzar la pensión de jubilación. En cambio, el porcentaje aplicable a la base reguladora será el que corresponda al período mínimo de cotización fijado, en cada momento, para el acceso a la pensión de jubilación (esto es, el 50%), con independencia del grado de IP que corresponda al trabajador (STS 21.12.2011, Rec. 1300/2011).

Por último, debe tenerse en cuenta el complemento de pensiones contributivas de IP para la reducción de la brecha de género previsto en el art. 60 LGSS en sustitución del anterior complemento por aportación demográfica a la Seguridad Social [STJUE de 12 de diciembre de 2019 (Asunto C-450/18)].

1.7. La dinámica del derecho a las prestaciones económicas

1.7.1. Nacimiento

A la hora de determinar la fecha inicial de devengo de las pensiones por IP, deben distinguirse las siguientes situaciones:

a) En el caso de las pensiones de IP derivada de riesgos comunes o AT y precedida de una IT, deben diferenciarse los siguientes de hecho en función del modo en que ésta finalice.

1°) Cuando la situación previa de IT concluya por alta médica con propuesta de IP o por el transcurso de los 545 días naturales, será de aplicación lo dispuesto en el art. 174.5 LGSS, conforme al cual en estos casos *«el trabajador estará en la situación de prolongación de efectos económicos de la incapacidad temporal hasta que se notifique la resolución en la que se califique la incapacidad permanente»* y los efectos de la prestación económica de IP *«coincidirán con la fecha de la resolución de la entidad gestora por la que se reconozca, salvo que la misma sea superior a la que venía percibiendo el trabajador en concepto de prolongación de los efectos de la incapacidad temporal, en cuyo caso se retrotraerán aquellos efectos al día siguiente al de extinción de la incapacidad temporal»*. De este modo, los efectos de la situación de IT se prorrogarán hasta la resolución del Director provincial del INSS, en cuya fecha se iniciarán las prestaciones económicas de la IP, salvo que las mismas sean superiores a las de IT que venía percibiendo el trabajador, en cuyo caso se retrotraerán aquéllas al momento en que se haya extinguido la situación de IT. Por consiguiente, si se reconoce una IPT, como quiera que el importe del subsidio por IT es de cuantía superior al de la pensión por IP, no se producirá la extinción del subsidio hasta la fecha en que se dicte la resolución del Director provincial del INSS, a partir de la cual se iniciará el devengo de la pensión vitalicia. Si se reconoce una IA o GI y la cuantía de la pensión es superior a la del subsidio por IT, sus efectos se retrotraerán a la fecha en que se haya extinguido la IT. En este caso, se deducirán del importe a abonar en concepto de pensión de IA o GI, las cantidades que se hubieran satisfecho por subsidio de IT (arts. 6.3 RD 1300/1995 y 15.2 OM 18.1.1996). Por último, si el INSS denegara la IP, el trabajador no vendrá obligado a devolver las cantidades devengadas con posterioridad a la finalización de la IT (arts. 6.3 RD 1300/1995 y 15.2 OM 18.1.1996) y subsistirá la obligación de cotizar mientras no se extinga la relación laboral o el plazo máximo de 545 días naturales establecido para la situación de IT, de producirse con posterioridad la declaración de inexistencia de IP (art. 174.5 LGSS).

2°) Cuando la situación previa de IT finalice mediante alta médica por curación total o con lesión permanente no incapacitante, y con posterioridad el beneficiario formule solicitud de IP, los efectos económicos de la pensión que se reconozca se iniciarán como en los siguientes supuestos a partir de la fecha de emisión del dictamen-propuesta del EVI.

b) En los supuestos en que la IP derivada de riesgos comunes o AT no está precedida de una IT —bien sea porque ésta no ha tenido lugar, bien sea porque ha finalizado mediante alta-médica por curación total o con lesión permanente no incapacitante— o ésta no se hubiera extinguido al no haber transcurrido el plazo máximo de la IT y no haberse emitido tampoco el alta médica con declaración de IP, la pensión de IP se devengará a partir de la fecha de emisión del dictamen-propuesta del EVI (art. 13.2 OM 18.1.1996) (STS 9.12.2004, Rec. 6377/2003), salvo que el trabajador se haya mantenido durante la tramitación del expediente de IP en su puesto de trabajo habitual y percibiendo el correspondiente salario, en cuyo caso la fecha inicial del devengo de la pensión será la siguiente a la del cese efectivo y real en el trabajo (STS 17.2.2009, Rec. 1827/2008). Excepcionalmente, cuando el interesado no se encuentre en alta o situación asimilada a la de alta y la declaración de IP tenga lugar a instancia de parte, los efectos económicos de la IA o GI derivada de contingencias comunes se producirán desde el momento de la solicitud (art. 3 RD 1799/1985).

c) En el caso de pensiones de IP derivada de EP, debe estarse a lo dispuesto en los arts. 23 del D 3158/1966 y 42 OM 15.4.1969, donde se establecen reglas distintas según el trabajador se encuentre o no en activo durante la tramitación del expediente administrativo de IP.

1.7.2. Duración

Las pensiones correspondientes a la IPT, IA y GI, tienen carácter vitalicio (art. 196 LGSS). Las indemnizaciones a tanto alzado previstas para la IPP, y en ciertos supuestos de la total, son, por el contrario, prestaciones de tracto único que se extinguen mediante el pago de las mismas.

1.7.3. Extinción

El derecho a las pensiones de IP se extingue, entre otras causas, por la revisión de la incapacidad declarada (art. 22.3 OM 15.4.1969).

1.8. La responsabilidad en orden al pago de las prestaciones económicas por incapacidad permanente

La responsabilidad en orden al pago de las prestaciones económicas por IP es la siguiente (art. 25 OM 15.4.1969):

a) En el caso de IP, en cualquiera de sus grados, derivada de EC o ANL, la responsabilidad es del INSS (arts. 66.1.a) LGSS y 1.1.a) RD 2583/1996, de 13 de diciembre).

b) En el supuesto de IP, en cualquiera de sus grados, derivada de AT o EP, la responsabilidad correrá a cargo del INSS o de la MATEP que haya asumido la cobertura de los riesgos profesionales (art. 80.2.a) y 3.a) LGSS). La entidad responsable de los riesgos derivados de AT es aquella que los tenía asegurados en el momento de producirse el accidente (STS 19.1.2009, Rec. 1172/2008). Cuando transcurre un tiempo importante entre el alta por curación de las lesiones causadas por un AT y la producción de otro accidente que agrava esas secuelas no invalidantes hasta el punto de causar una IP que antes no existía, la responsabilidad en el pago de las prestaciones es de la entidad aseguradora en el momento del segundo accidente (STS 20.2.2018, Rec. 697/2016). En las prestaciones derivadas de EP la regla general es que la responsabilidad corresponde a aquella entidad en la que está asegurada la contingencia en el momento en el que se produce el hecho causante. Sin embargo, al tratarse de una EP, el hecho causante no se produce en un momento concreto y determinado, sino que va gestándose a lo largo del tiempo hasta que se exteriorizan las dolencias y durante este periodo se han podido suceder diferentes aseguradoras de dicha contingencia. En estas circunstancias, la responsabilidad prestacional ha de ser imputada a todas ellas, en proporción al tiempo de exposición del trabajador a los citados riesgos susceptibles de generar la EP (STS 21.1.2020, Rec. 3263/2017).

1.9. Régimen de compatibilidades e incompatibilidades

1.9.1. Con el trabajo remunerado

La relación entre las prestaciones de IP y el trabajo es la siguiente:

- La prestación económica por IPP es compatible con el trabajo. Es más, el trabajador que haya sido declarado en esta situación invalidante tiene derecho a su reincorporación a la empresa en las condiciones previstas en el art. 1 RD 1451/1983.

- La pensión por IPT para la profesión que ejercía el interesado o del grupo profesional en que aquélla estaba encuadrada "*será compatible con el salario que pueda percibir el trabajador en la misma empresa o en otra distinta, siempre y cuando las funciones no coincidan con aquellas que dieron lugar a la incapacidad permanente total*" (art. 198.1 LGSS), pudiendo convenir empresario y trabajador la reducción de la retribución que no podrá exceder del 50% del importe de la pensión (art. 24.3 OM 15.4.1969). La suspensión de la pensión por desempeño de trabajos considerados incompatibles no puede efectuarla de oficio el INSS, sino que se impone la aplicación de la regla general del art. 146 LJS (STS 18.9.2007, Rec. 1250/2006). El incremento previsto en el art. 196.2 LGSS resulta incompatible con la realización de trabajos, ya sean por cuenta propia o por cuenta ajena, quedando en suspenso si el trabajador obtiene otro empleo (art. 6.4 D 1646/1972).
- La percepción de la pensión vitalicia por IA no impide el ejercicio de aquellas actividades de tipo marginal e intrascendente, sean o no lucrativas, compatibles con el estado del inválido y que no representen un cambio de su capacidad de trabajo a efectos de revisión (art. 198.2 LGSS). Si la IA inhabilita por completo al trabajador para toda profesión u oficio, es evidente que el art. 198.2 LGSS "se refiere única y exclusivamente a aquellos trabajos de tipo marginal e intrascendente"; es decir, trabajos residuales y mínimos que, en manera alguna, comprendan el núcleo funcional de una profesión u oficio, cualesquiera que sean éstos, pues a todos ellos incluye tal grado de invalidez. Y, por supuesto, las actividades compatibles no son, ni pueden ser, las mismas que el trabajador viniera realizando cuando surgió la contingencia determinante de la IA.

No obstante lo anterior, las STS 19.3.2013 [Rec. 2022/2012] matiza la doctrina jurisprudencial tradicional, subrayando que la única incompatibilidad que formula la LGSS para la pensión de IA *"es la relativa a las actividades que sean 'incompatibles' en el sentido de perjudiciales o inadecuadas para el estado del incapacitado"* y que *"el desarrollo por éste de actividades no perjudiciales dará lugar, no a una incompatibilidad, sino a una revisión por mejoría o por error de diagnóstico"*. Por su parte, la STS 14.10.2009 (Rec. 3429/2008), en aras a favorecer la reinserción social y laboral de los grandes inválidos y atendiendo a la pluralidad de actividades laborales que les ofrecen las nuevas tecnologías, considera compatible con la pensión de GI el trabajo a tiempo completo en una determinada actividad laboral. En definitiva, como subraya la STS 20.3.2019 (Rec. 2648/2017), si el incapaz absoluto no ejercita una actividad profesional que sea perjudicial o inadecuada a su estado y no se ha procedido por la entidad gestora a la revisión de la incapacidad declarada, en virtud de una mejoría o de un error de diagnóstico, procede declarar que la situación de IA es compatible con la realización del trabajo a tiempo parcial de programador informático. Mas a partir de la edad de acceso a la pensión de jubilación las pensiones de IA y GI serán incompatibles con el trabajo en los mismos términos y condiciones que las pensiones de jubilación (art. 198.3 LGSS).

Por último, cuando el trabajador, declarado en situación de IA ha estado trabajando en la misma actividad anterior a la declaración de incapacidad y ha cotizado por la misma, habiéndose suspendido el derecho prestacional por la Entidad Gestora por considerar la actividad incompatible, al dejar de prestar esos servicios, la IA que se restaura se verá mejorada en su base reguladora otorgando efectos a las cotizaciones realizadas durante el trabajo (STS 24.4.2018, Rec. 2322/2016).

1.9.2. Con otras pensiones o subsidios

La relación entre las prestaciones de IP y otras pensiones o subsidios es, básicamente, la siguiente:

- La prestación correspondiente a la IPP no es una pensión, sino una cantidad a tanto alzado, por lo que la misma resultará compatible con cualquier subsidio o pensión, incluida la de jubilación (STS 24.2.1998, Rec. 3587/1997).
- Salvo que la incapacidad hubiera sido compatible con el trabajo que originó la prestación por desempleo, ésta es incompatible con la pensión por IP (art. 282.2 LGSS). Y así, verbigracia, el incremento del 20% sobre la IPT cualificada es incompatible con la prestación de desempleo devengada por el cese en una ocupación laboral diferente de la que motivó el reconocimiento de la IPT (STS 26.10.2022, Rec. 4256/2019).
- Cuando el trabajador pierda su trabajo como consecuencia de haber sido declarado inválido permanente total, podrá optar, si reúne los requisitos para causar prestación por desempleo, entre percibir dicha prestación hasta su agotamiento o la pensión de invalidez (art. 16.2 RD 625/1985).

- Cuando el beneficiario por distintos trabajos haya cotizado a dos o más regímenes del sistema de la Seguridad Social, podrá causar dos o más pensiones autónomas de IP si reúne los requisitos exigidos en cada uno de los regímenes para lucrar las pensiones y con independencia de que se tengan en cuenta dolencias ya valoradas en IP previa declarada en otro régimen (STS 14.7.2014, Rec. 3038/2013). Ahora bien, el complemento de la GI, que no forma parte propiamente de la pensión y que tiene distinta función, no puede percibirse doblemente, sino que el beneficiario debe optar por el régimen que le resulte más apropiado (STS 21.2.2018, Rec. 1498/2016). Para causar pensión en el Régimen General y en otro u otros regímenes del sistema de la Seguridad Social será necesario reunir el alta y los períodos mínimos de cotización en todos los regímenes de que se trate. En los casos en que el inválido absoluto o gran inválido en el momento del hecho causante no cumpla con el requisito del alta en tales regímenes o lo cumpla sólo en alguno de ellos, será necesario que las cotizaciones acreditadas en cada uno de los regímenes se superpongan, al menos, durante 15 años (arts. 195.5 LGSS y 6 RD 1799/1985).
- Las pensiones de IP y de jubilación son incompatibles entre sí, debiéndose optar entre una u otra (art. 163.1 LGSS). No obstante, la regla de la incompatibilidad de pensiones no juega en el caso de pluriactividad, de modo que será posible compatibilizar las pensiones de incapacidad en un régimen y de jubilación en otro, siempre que para ésta no se hubieran computado las cotizaciones efectuadas en el régimen que hubiera reconocido la pensión de IP (STS 21.9.1992, Rec. 1596/1991).
- La pensión de IP será compatible con las pensiones de orfandad y viudedad (arts. 223.1 y 225.1 LGSS y 10 OM 13.2.1967), si bien en el caso de los huérfanos mayores de 18 años, dicha compatibilidad lo será en los términos que se indican en el art. 9.2 RD 1647/1997 (art. 10.2 RD 1647/1997). Por último, cuando se trate de huérfanos incapacitados para el trabajo con derecho a pensión de orfandad a los que, por las mismas dolencias que motivaron la incapacidad que dio lugar a la pensión de orfandad, se les reconozca, por razón de los trabajos realizados, una pensión de IP, ya sea por el mismo régimen que reconoció la pensión de orfandad u otro distinto, deberán optar por una u otra pensión (arts. 225.2 LGSS y 10.3 RD 1647/1997). No obstante, cuando el huérfano haya sido declarado incapacitado para el trabajo con anterioridad al cumplimiento de la edad de 18 años, la pensión

de orfandad que viniera percibiendo será compatible con la de IP que pudiera causar, después de los 18 años, como consecuencia de unas lesiones distintas a las que dieron lugar a la pensión de orfandad, o en su caso, con la pensión de jubilación que pudiera causar en virtud del trabajo que realice por cuenta propia o ajena (art. 225.2 LGSS).

- El inválido permanente total para su profesión habitual que trabaje posteriormente por cuenta ajena tendrá derecho a las prestaciones que se deriven de la nueva actividad (por ejemplo, un subsidio por IT, aun por la misma dolencia que originó la IPT) (STS 19.12.2000, Rec. 4635/1999). Pero, sólo podrá generarse un nuevo proceso de IT por la misma o similar enfermedad, si media un período de actividad laboral superior a 180 días naturales a contar desde la resolución de la IP (art. 174.3 LGSS). Por lo demás, dos pensiones de IPT (una por EC y otra por ANL, por ejemplo) son incompatibles (art. 163.1 LGSS), debiéndose ejercitar el derecho de opción (STS 5.2.2008, Rec. 462/2007). Tampoco procede el reconocimiento de la IPP, en dos ocasiones, a un mismo beneficiario y por una misma profesión (STS 26.7.2015, Rec. 3261/2014).

1.10. La revisión de la incapacidad permanente

1.10.1. Supuestos y causas

Aunque, en principio, la declaración de la IP exige que las dolencias o lesiones sean definitivas, como éstas pueden agravarse o evolucionar favorablemente, dicha calificación puede ser objeto de revisión. En este sentido, el art. 200.2 LGSS previene que *"toda resolución, inicial o de revisión, por la que se reconozca el derecho a las prestaciones de incapacidad permanente, en cualquiera de sus grados, o se confirme el grado reconocido previamente, hará constar necesariamente el plazo a partir del cual se podrá instar la revisión por agravación o mejoría del estado incapacitante profesional, en tanto que el beneficiario no haya cumplido la edad mínima establecida en el artículo 205.1.a), para acceder al derecho a la pensión de jubilación"*. El proceso de revisión, por tanto, alcanza tanto a las declaraciones de IP —incluso las declaraciones de lesiones permanentes no incapacitantes (STS 4.5.2006, Rec. 644/2005)—, como a las revisiones. Además, la revisión puede afectar tanto a la apreciación de la IP como, en su caso, al grado reconocido, cualquiera que sea éste.

Las causas de la revisión pueden ser *"la agravación o mejoría del estado incapacitante profesional"* del beneficiario o el *"error de diagnóstico"*. La revisión del grado de IP presupone siempre la confrontación de dos situaciones de hecho, la que determinó la primitiva declaración de invalidez y la existente cuando se lleva a cabo la revisión, sin que la mera circunstancia de que concurra alguna de aquellas causas, determine por sí sólo la modificación del grado de incapacidad si la naturaleza de las dolencias tiene idéntica repercusión en la capacidad laboral del trabajador. El trabajo del pensionista justifica que el INSS inicie expediente de revisión, en tanto que razonable indicio de que el estado incapacitante ha mejorado, pero en forma alguna comporta que el grado de IP reconocido haya de ser dejado sin efecto, pues esta consecuencia únicamente puede producirse si efectivamente se constata la "mejoría" que justifique tal declaración, y la misma exige conceptualmente no sólo comparar dos situaciones patológicas [la que determinó la declaración de IP y la existente cuando se lleva cabo la revisión] y llegar a la conclusión de que ha variado el cuadro de dolencias, sino —sobre todo— que esta variación tiene trascendencia cualitativa en orden a la capacidad de trabajo del declarado en IP, en tanto que alcance a justificar la modificación del grado reconocido, de forma tal que si las secuelas permanecen sustancialmente idénticas no hay cauce legal para modificar la calificación en su día efectuada (STS 22.12.2009, Rec. 2066/2009).

Como lo que se revisa es el estado del trabajador en relación con la aptitud para el trabajo, para tal valoración han de tenerse en cuenta todas las dolencias y secuelas que en tal momento aquejen al beneficiario, y no sólo aquéllas que determinaron en su día la declaración de IP. Y esta valoración conjunta de las dolencias procederá en todo caso, esto es, con independencia de que las nuevas dolencias tengan origen en una clase de riesgo distinta al de las primitivas.

Esta valoración conjunta de las dolencias da lugar a distintos problemas y situaciones complejas, que obligarán a darles solución teniendo en cuenta las condiciones y particularidades propias de cada caso. Ciertamente, dicha valoración puede producir alteraciones en el régimen de la prestación y en la imputación de responsabilidades entre el INSS y las MATEPSS. Esto puede suceder en aquellos casos en que confluyan lesiones derivadas de AT con otras derivadas de EC manifestada posteriormente. Pues bien, en estos casos se han de valorar de forma global y total el conjunto de las lesiones, aunque procedan de distinta causa, atendiendo individualmente en cada supuesto a la causa más relevante. Así, si los padecimientos de mayor relevancia en el actual estado invalidante del beneficiario son consecuencia del accidente laboral, actuando las dolencias de origen común como mero complemento incapacitante, ello lleva a entender que la nueva prestación seguirá teniendo su origen en el accidente laboral. Por el contrario, si las lesiones originariamente sufridas que tuvieron su causa en AT no se han visto agravadas y se revelan ajenas a las ulteriores lesiones derivadas de EC determinantes de la incapacidad sobrevenida, aun cuando sirvan a la conformación global del cuadro lesivo merecedor del nuevo grado invalidante, éste se deberá a una EC. Pudiendo por tal motivo ser diferentes los requisitos precisos para la obtención de la pertinente prestación, el montante de la base reguladora de tal prestación y/o las entidades que hayan de asumir el pago de la misma.

1.10.2. Requisitos

En los supuestos de revisión del grado de IP, la fecha del hecho causante es la de la declaración inicial de incapacidad, siendo en esa fecha cuando se deben reunir los requisitos de alta y carencia. Para que proceda la revisión de la IP se precisan los siguientes requisitos (art. 200 LGSS): 1°) que exista una declaración de IP acompañada de prestaciones económicas; y 2°) que el beneficiario no haya cumplido la edad de jubilación (STC 197/2003, de 30 de octubre), cualquiera que sea el grado de IP que se solicite, incluyendo la GI (STS 9.5.1995, Rec. 898/1993), salvo en el caso de IP por causa de EP (art. 103 OM 9.5.1962) (STS 15.3.2005, Rec. 1305/2004).

1.10.3. Plazos

De acuerdo con el actual art. 200.2 LGSS, *"toda resolución, inicial o de revisión, por la que se reconozca el derecho a las prestaciones de incapacidad permanente, en cualquiera de sus grados, o se confirme el grado reconocido previamente, hará constar necesariamente el plazo a partir del cual se podrá instar la revisión por agravación o mejoría del estado incapacitante profesional"* y *"este plazo será vinculante para todos los sujetos que puedan promover la revisión"*. Además, el antecitado precepto establece que *"si el pensionista de incapacidad permanente estuviera ejerciendo cualquier trabajo, por cuenta ajena o propia, el Instituto Nacional de la Seguridad Social podrá, de oficio o a instancia del propio interesado, promover la revisión, con independencia de que haya o no transcurrido el plazo señalado en la resolución"* y que *"las revisiones fundadas en error de diagnóstico podrán llevarse a cabo en cualquier momento, en tanto el interesado no haya cumplido la edad a que se refiere el primer párrafo de este apartado"*. Es más, las omisiones o inexactitudes de la declaración, del beneficiario, permiten a la entidad gestora la revisión de oficio, sin necesidad de acudir a los Tribunales ni de sujetarse al plazo de un año desde que se hubiera dictado la resolución reconociendo el derecho, con reintegro de prestaciones indebidas [STS 13.6.2023 [RJ 4090]]. La finalidad del primer mandato legal rseñado, autorizando la posibilidad de revisión *ante tempos*, es la de dispensar la acción protectora a quienes estando trabajando estuvieran impedidos para hacerlo a causa de sus dolencias, situación que afecta tanto a los declarados en situación de IPT como a los afectos por sólo la parcial (STS 18.11.2008, Rec. 543/2008).

1.10.4. Procedimiento

El procedimiento de revisión es prácticamente idéntico al de declaración de la IP y viene regulado en las mismas disposiciones normativas que éste, esto es, el RD 1300/1995 y la OM 18.1.1996. Puede iniciarse, de oficio o a instancia de parte, ya sea por agravación del estado invalidante del beneficiario, mejoría del mismo o error de diagnóstico. Estarán legitimados para instar la revisión *"las personas y entidades referidas en los artículos 3, 4 y 5 de esta Orden, los empresarios responsables de las prestaciones y, en su caso, quienes de forma subsidiaria o solidaria sean también responsables de las mismas"* (art. 17.1 OM 18.1.1996), si bien éstos últimos sólo cuando se pretenda la revisión hacía un grado inferior de la incapacidad (STS 14.10.1992, Rec. 2500/1991). Habrán de realizarse los mismos actos de instrucción ya señalados, contemplando la OM 18.1.1996, como única especialidad, la apertura de un período de prueba de 15 días para que los interesados presenten las que estimen pertinentes (art. 18.1 y 2). La EG no está vinculada por las peticiones del beneficiario, pudiendo, por ejemplo, dejar sin efecto una IPT, en un expediente en el que se solicitaba la declaración de IA (STS 18.2.2008, Rec. 1453/2007).

1.10.5. Efectos

La resolución que pone fin al procedimiento de revisión puede mantener el grado de IP, modificarlo o declarar la inexistencia de IP, lo que producirá una alteración de las prestaciones económicas en los términos previstos en el art. 40 OM 15.4.1969. Los efectos económicos de la revisión se producirán de conformidad con lo dispuesto en este precepto, *"a partir del día siguiente a la fecha de la resolución definitiva en que así se haya declarado"*, esto es, a partir del día siguiente a la fecha de la resolución inicial del INSS, cualquiera que sea el signo de la misma, favorable o contrario a la pretensión revisoría (STS 24.6.1999, Rec. 4758/1998). Es esta fecha, y no la de la solicitud (STS 20.12.1999, Rec. 1260/1999) ni tampoco la del dictamen-propuesta del EVI (STS 8.4.2009, Rec. 1940/2008), la que sirve de referente para que empiece a surtir eficacia la nueva situación de incapacidad reconocida al interesado. Por último, debe señalarse que en los supuestos de enfermedades profesionales ha de estarse a lo dispuesto en el art. 113.a) OM 9.5.1962, conforme al cual las revisiones surtirán efecto a partir del día primero del mes siguiente a aquel en que se hayan solicitado (STS 5.6.2000, Rec. 1899/1999).

Si al trabajador declarado en un grado de incapacidad que le diera derecho a pensión se le reconociese, como resultado de la revisión, otro grado que le dé derecho a una pensión de cuantía diferente, pasará a percibir la nueva pensión a partir del día siguiente a la fecha de la resolución definitiva en que así se haya declarado (art. 40.a) OM 15.4.1969). En estos supuestos no será revisable la base reguladora (STS 1.12.1993, Rec. 4239/1992), sin perjuicio de que a la misma deban aplicarse las mejoras, revalorizaciones y mínimos garantizados a los pensionistas. No obstante ello, esta regla cede cuando después de la primera incapacidad, el beneficiario sigue trabajando, obteniendo una remuneración superior a la que percibía cuando sufrió la contingencia determinante de su incapacidad inicial y realizando nuevas cotizaciones, que habrán de ser, según la contingencia de que se trate, las que se computen a los efectos de fijar la base reguladora que corresponda por la nueva incapacidad (STS 12.6.2000, Rec. 898/1999. Cfr. STS 16.1.2020, Rec. 3700/2017).

La revisión, en principio, no determina necesariamente ningún cambio en cuanto al régimen de imputación de responsabilidades. No obstante, en aquellos casos en que, tras una IP por AT, se reconozca una IP derivada de EC, la MATEP, responsable de las prestaciones correspondientes a los siniestros profesionales, mantendrá su responsabilidad en la misma cuantía que hubo de asumir por el AT y el INSS habrá de satisfacer la diferencia que resulta de la que corresponde a la nueva prestación (STS 12.6.2000, Rec. 898/1999).

Por otra parte, los que hayan sido declarados plenamente capaces o inválidos en el grado de IPP, como consecuencia de un expediente de revisión por mejoría de una situación de incapacidad en los grados de IPT, IA o GI, tendrán la consideración de beneficiarios del subsidio por desempleo (art. 274.1.d) LGSS) y podrán suscribir el oportuno convenio especial que les colocará en situación asimilada al alta y les permitirá seguir completando los períodos de carencia necesarios para causar las correspondientes prestaciones de IP y muerte y supervivencia, derivadas de EC y ANL, jubilación y servicios sociales (art. 2.2.g) OTAS/2865/2003).

2. LAS PRESTACIONES POR LESIONES PERMANENTES NO INCAPACITANTES

2.1. *Concepto*

Se trata de prestaciones económicas que consisten en una indemnización a tanto alzado y cuya finalidad es compensar las lesiones, mutilaciones y deformidades de carácter definitivo que, sin llegar a constituir una situación de incapacidad permanente, supongan una disminución o alteración de la integridad física del trabajador (art. 201 LGSS).

2.2. *Requisitos*

Se abrirá el derecho a las prestaciones por lesiones permanentes no incapacitantes cuando se reúnan los siguientes requisitos (arts. 201 y 203 LGSS):

a) Las lesiones, mutilaciones y deformidades deben derivar de AT o EP.

b) Dichas lesiones, mutilaciones o deformidades deben quedar recogidas en el baremo contenido en las disposiciones reglamentarias (Orden ISM/450/2023).

c) Que los trabajadores reúnan la condición general del art. 165.1 LGSS: estar afiliado y en alta o alta asimilada. No obstante, aunque el empresario incumpla la obligación de tramitar el alta del trabajador, ésta se presumirá (art. 166.4 LGSS).

d) Al tratarse de AT o EP, no se exige período cotizado.

e) Que las lesiones, mutilaciones o deformidades sean independientes de las que, en su caso, se hayan tomado en consideración para declarar la IP en sus diversos grados (art. 203 LGSS y art. 47 O 15.4.1969).

2.3. *Cuantía*

El importe será el establecido en la Orden ISM/450/2023, de 4 de mayo, que actualiza las cuantías del Anexo de la O 15 abril 1969, fijando para cada parte del cuerpo afectada su concreta valoración.

No obstante, dichas cuantías podrán incrementarse de un 30% a un 50% cuando las lesiones, mutilaciones o deformidades sean causadas como consecuencia de incumplimientos en las medidas de seguridad y salud en el trabajo (art. 164 LGSS y arts. 51 y 52 O 15 abril 1969).

2.4. Tramitación

Corresponde al INSS, a través del EVI, verificar la existencia de lesiones, mutilaciones y deformidades de carácter definitivo no incapacitantes, reconocer el derecho a la prestación, fijar su cuantía y declarar al responsable de la misma (arts. 1.1 y 3.1 RD 1300/1995).

Además, se prescribe que los procedimientos por lesiones permanentes no incapacitantes se ajustarán a las normas de la Orden de 18 de enero de 1996 que, por su naturaleza, resultan aplicables (DA 1ª O 18 enero 1996).

Lección 14
La jubilación

MERCEDES LÓPEZ BALAGUER
Catedrática de Derecho del Trabajo y de la Seguridad Social
Universitat de València

1. INTRODUCCIÓN

El art. 50 CE impone a los poderes públicos la obligación de garantizar, *mediante pensiones adecuadas y periódicamente actualizadas, la suficiencia económica de los ciudadanos durante la tercera edad.* En este sentido, puede entenderse que la jubilación es la institución fundamental que atiende al cumplimiento de este deber constitucional específico, dado que mediante la misma se articula el sistema de sustitución de rentas tras la retirada de la vida laboral del trabajador que ha cumplido una determinada edad. Es más, desde una perspectiva general, no cabe duda de que la jubilación es la prestación fundamental en el Sistema de Seguridad Social.

La prestación de jubilación viene regulada en la LGSS tanto a nivel contributivo (arts. 204 a 215 LGSS) como a nivel asistencial (arts. 369 a 372 LGSS); aunque cabe la aplicación de legislaciones anteriores (DT 4ª LGSS). Y, como es sabido, se trata de una regulación que ha sufrido importantes modificaciones a lo largo de los años. Haciendo referencia solo a los últimos tiempos, la actual regulación es tributaria de diversas modificaciones operadas, por ejemplo, por la Ley 27/2011, de 1 de agosto, sobre actualización, adecuación y modernización del sistema de Seguridad Social, desarrollada por el Real Decreto 1716/2012, de 28 de diciembre; la Ley 1/2014, de 28 de febrero, para la protección de los trabajadores a tiempo parcial y otras medidas urgentes en el orden económico y social; el Real Decreto-ley 28/2018, de 28 de diciembre, para la revalorización de las pensiones públicas y otras medidas urgentes en materia social, laboral y de empleo; o, en fin, por la Ley 24/2022, de 25 de noviembre, para el reconocimiento efectivo del tiempo de prestación del servicio social de la mujer en el acceso a la pensión de jubilación parcial. La finalidad que se persigue con los cambios que se introducen es garantizar la sostenibilidad financiera del Sistema de Seguridad Social y, en este sentido, hay que destacar respecto de la normativa reciente, por una parte, la Ley 21/2021, de 28 de diciembre, de garantía del poder adquisitivo de las pensiones y de otras medidas de refuerzo de la sostenibilidad financiera y social del sistema público de pensiones. Con esta norma, se adoptan medidas relacionadas con la edad de jubilación para prolongar la vida activa de los trabajadores y desincentivar la jubilación anticipada; y, por otra parte, se modifica la forma del cálculo de la pensión reforzando el principio contributivo e incorporando fórmulas que implicarán la disminución de la cuantía de las pensiones en el futuro. Por otra parte, el Real Decreto-ley 2/2023, de 16 de marzo, de medidas urgentes para la ampliación de derechos de los pensionistas, la reducción de la brecha de género y el establecimiento de un nuevo marco de sostenibilidad del sistema público de pensiones se ha aprobado para incidir de nuevo en este último objetivo, adoptándose medidas que analizaremos en este tema.

2. LA PRESTACIÓN DE JUBILACIÓN EN EL NIVEL CONTRIBUTIVO

2.1. *Concepto*

La prestación de jubilación viene definida en el art. 204 LGSS. Según este precepto: *La prestación económica por causa de jubilación, en su modalidad contributiva, será única para cada beneficiario y consistirá en una pensión vitalicia que le será reconocida, en las condiciones, cuantía y forma que reglamentariamente se determinen, cuando, alcanzada la edad establecida, cese o haya cesado en el trabajo por cuenta ajena.*

Si atendemos a este concepto legal —y, además tenemos en cuenta lo previsto por el art. 205.1 LGSS— la prestación de jubilación puede definirse como aquella que de modo vitalicio se reconoce a los trabajadores que abandonan el mercado de trabajo voluntariamente al cumplir una determinada edad; siempre y cuando cumplan con las condiciones que en esta materia se establezcan, entre las que destaca en el nivel contributivo la relativa a la acreditación de un importante período de carencia.

En este sentido, cabe entender que con el reconocimiento de la pensión de jubilación se protege al trabajador que ha contribuido al Sistema a lo largo de su vida laboral y que deja esa vida activa de manera voluntaria cuando alcanza la edad legalmente establecida. Pues bien, con ser ello cierto, no lo es menos que se ha de advertir desde el principio que estos elementos que configuran la definición de jubilación pueden no concurrir en algunas ocasiones en las que el trabajador accede a esta situación. Y ello porque se reconocen diferentes excepciones en relación con la concurrencia de los mismos, esto es, cabe la jubilación, aunque no se acredite el requisito de la edad, cabe la jubilación aunque el cese en el trabajo no sea total, cabe el regreso al trabajo a tiempo parcial tras la jubilación total, etc.

Así pues, al abordar el estudio de los requisitos de la prestación será necesario revisar tanto las reglas generales a aplicar como todas las excepciones a las mismas que se contemplan en la normativa aplicable en la materia.

2.2. Requisitos

De acuerdo con la definición anterior, se puede entender que los condicionantes legales exigidos para el reconocimiento de la pensión de jubilación están relacionados con la concurrencia de diversos requisitos (art. 205 LGSS):

- La edad del trabajador.
- La situación de alta o asimilada.
- El cumplimiento de un periodo de carencia.
- El cese voluntario en el trabajo.

2.2.1. La edad de acceso a la jubilación

El primero de los requisitos que se ha de analizar en el estudio de la prestación de jubilación es el de la edad del trabajador, dado que se trata de un factor que, en principio, condiciona la posibilidad de reconocimiento del derecho a la pensión de jubilación. Concretamente, de acuerdo con lo dispuesto por el art. 205.1.a) LGSS para que un trabajador pueda acceder a la jubilación será necesario que acredite:

- Haber cumplido 67 años de edad.
- Haber cumplido 65 años cuando se acrediten 38 años y 6 meses de cotización sin que se tenga en cuenta la parte proporcional correspondiente a las pagas extraordinarias y tomándose años y meses completos, sin que se equiparen a un año o un mes las fracciones de los mismos.

De este modo, la edad ordinaria de jubilación se sitúa en España, en general, en los 67 años; y, en particular en los indicados supuestos de carreras de cotización amplias, en los 65 años. Ahora bien, dado que la edad ha sido incrementada en dos años con la reforma de 2011 —como es sabido, la edad de jubilación se situaba en España desde 1919 en los 65 años—, hay que tener en cuenta que la exigencia de la misma se fue implantando de forma progresiva a razón de un mes por año desde 2013 a 2018; y dos meses por año desde 2019 a 2027. Con ello el proceso de implantación de la edad de 67 años culminará en 2027 (véase, DT 7ª LGSS). En relación con la acreditación del requisito de la edad, según lo dispuesto por el art. 1.1 RD 1716/2012, el cómputo de los meses se realizará de fecha a fecha a partir de la correspondiente al nacimiento. Cuando en el mes del vencimiento no hubiera día equivalente al inicial del cómputo, se considerará que el cumplimiento de la edad tiene lugar el último día del mes.

Pues bien, lo cierto es que, aunque es el descrito el marco general ordinario de regulación de la edad de jubilación en nuestro país, hay que puntualizar que también es posible la jubilación, aunque el trabajador no acredite el requisito de la edad en estos términos. Por una parte, la LGSS regula diferentes supuestos de jubilación a una edad anterior a la prevista como ordinaria en general —que hay que tener en cuenta que será la que corresponda al año natural según el sistema de implantación gradual de los 67 años—. Por otra parte, es importante reseñar que la edad mínima prevista legalmente para el reconocimiento de la prestación de jubilación es un requisito que no implica en el marco de la relación laboral la obligación de jubilarse. La jubilación se regula como un derecho de los trabajadores que en todo caso podrán continuar trabajando si no quieren acceder a la misma. Es más, en los últimos años, los problemas que se plantean para garantizar un Sistema de Seguridad Social sostenible han llevado al legislador a adoptar medidas que pretenden precisamente fomentar el alargamiento de la vida activa mediante el retraso voluntario de la jubilación.

Así pues, el estudio del requisito de la edad a acreditar para el reconocimiento de la prestación de jubilación precisa, conocida ya la configuración jurídica ordinaria, del análisis de las excepciones a su aplicación tanto en los supuestos en los que un trabajador accede a la jubilación antes de cumplir la edad ordinaria general prevista, como de los casos en los que alcanzada ésta el trabajador decide seguir en activo en el mercado de trabajo y por tanto alargar su vida laboral o incluso retomarla tras la jubilación.

A) Anticipación de la edad de jubilación: supuestos

Las excepciones previstas respecto de la exigencia de la edad de jubilación que permiten el acceso a la misma de manera anticipada son varias y se justifican también de diferente manera:

A) Por un lado, se regula para determinado tipo de actividades y de trabajadores una edad de jubilación más temprana que la prevista como general ordinaria. Se trata de supuestos como veremos que se justifican por causas objetivas o subjetivas.

B) Por otro lado, se regula la opción del trabajador de anticipar la jubilación a una edad inferior a la ordinaria, aunque se distingue entre los supuestos en que el acceso a esta jubilación anticipada viene provocado por causas ajenas al mismo o por su propia voluntad.

C) Finalmente, también se permite al trabajador la anticipación en el acceso a la jubilación, pero a tiempo parcial, justificándose esta figura en la aplicación de la fórmula del reparto del empleo.

a) Jubilación a edad inferior a la ordinaria

En primer lugar, la LGSS contempla en el art. 206 dos supuestos en los que se adelanta la edad de jubilación ordinaria del trabajador por causas objetivas relacionadas con el tipo de trabajo desempeñado y por causas subjetivas relacionadas con la acreditada discapacidad del trabajador.

Ha de advertirse que estos supuestos no se configuran como jubilaciones anticipadas *estricto sensu* dado que lo que ocurre en ellos realmente es que se regula una edad ordinaria de jubilación inferior a la prevista con carácter general. Por ello no se aplica ningún coeficiente reductor a la cuantía de la prestación derivado del hecho de que el acceso a la jubilación se produzca a una edad anterior a la general prevista.

Por otra parte, según dispone el art. 206.6 LGSS, en estos supuestos de jubilación a edades inferiores a la ordinaria general se establecen dos límites:

- En ningún caso el trabajador podrá acceder a la pensión de jubilación con una edad inferior a la de 52 años.
- Los coeficientes reductores de la edad de jubilación no serán tenidos en cuenta, en ningún caso, a efectos de acreditar la exigida para acceder a la jubilación parcial, a los beneficios establecidos en el art. 210.2 LGSS y a cualquier otra modalidad de jubilación anticipada.

a.1) Jubilación en trabajos que sean de naturaleza excepcionalmente penosa, tóxica, peligrosa o insalubre y, acusen elevados índices de morbilidad o mortalidad

En relación con los supuestos objetivos que justifican la reducción de la edad ordinaria de jubilación, el art. 206.1, alude a aquellos grupos o actividades profesionales cuyos trabajos sean de naturaleza excepcionalmente penosa, tóxica, peligrosa o insalubre y, acusen elevados índices de morbilidad o mortalidad, siempre que los trabajadores afectados acrediten en la respectiva profesión o trabajo el mínimo de actividad que se establezca. Por tanto, la razón de ser de esta anticipación de la edad de jubilación ordinaria se ha de poner en relación con el tipo de trabajo especialmente penoso desempeñado por el trabajador.

La fórmula utilizada para regular la reducción de la edad de jubilación en estos supuestos puede ser la que consiste en aplicar coeficientes de reducción de la edad o aquella que implica la configuración de una edad de jubilación menor. A tales efectos, reglamentariamente se determinará el procedimiento general para establecer coeficientes reductores que permitan anticipar la edad de jubilación en el sistema de la Seguridad Social, que incluirá, entre otras, la realización previa de estudios sobre siniestralidad en el sector, penosidad, peligrosidad y toxicidad de las condiciones del trabajo, su incidencia en los procesos de incapacidad laboral de los trabajadores y los requerimientos físicos o psíquicos exigidos para continuar con el desarrollo de la actividad a partir de una determinada edad.

En el supuesto de que el colectivo afectado esté constituido por trabajadores por cuenta ajena, el procedimiento deberá instarse conjuntamente por organizaciones empresariales y sindicales más representativas. Si se trata de trabajadores por cuenta propia por asociaciones representativas de trabajadores autónomos y organizaciones empresariales y sindicales más representativas. Y, en el caso de que afecte al personal de las administraciones públicas la iniciativa corresponderá conjuntamente a las organizaciones sindicales más representativas y a la administración de la que dependa el colectivo.

Reglamentariamente se establecerán indicadores que acrediten la concurrencia de circunstancias objetivas que justifiquen la aplicación de tales coeficientes a partir de, entre otros, la incidencia, persistencia y duración de los procesos de baja laboral, así como las incapacidades permanentes o fallecimientos que se puedan causar. Su valoración corresponderá a una comisión integrada por los ministerios de Inclusión, Seguridad Social y Migraciones, Trabajo y Economía Social, y Hacienda y Función Pública, junto a las organizaciones empresariales y sindicales más representativas a nivel estatal que estará encargada de evaluar y, en su caso, instar la aprobación de los correspondientes reales decretos de reconocimiento de coeficientes reductores.

a.2) Jubilación de personas con discapacidad

De igual modo, de acuerdo con lo previsto en el art. 206 bis.1 LGSS la edad mínima de jubilación ordinaria podrá ser reducida atendiendo a un criterio subjetivo en el caso de personas con discapacidad en un grado igual o superior al 45%, siempre, por una parte, que se trate de discapacidades reglamentariamente determinadas en el Real Decreto 370/2023, de 16 de mayo en las que concurran evidencias que determinan de forma generalizada y apreciable una reducción de la esperanza de vida de esas personas, teniendo en cuenta que el error en la valoración del grado de discapacidad ha de situar los efectos económicos de la pensión de jubilación anticipada por discapacidad en la fecha del hecho causante (STS de 8 de febrero de 2018, Rec. 2193/2016); y, por otra parte, que las personas discapacitas estén incluidas en cualquiera de los regímenes que integran el sistema de la Seguridad Social acreditando, a lo largo de su vida laboral, un tiempo de trabajo efectivo equivalente, al menos, al período mínimo de cotización que se exige para poder acceder a la pensión de jubilación, estando afectados durante ese tiempo por alguna de las patologías generadoras de discapacidad enumeradas y dentro de ese período durante al menos cinco años con un grado de discapacidad igual o superior al 45%.

En este supuesto, la medida se justifica no por el tipo trabajo prestado sino por las características psico-físicas del trabajador que lo presta, esto es, trabajadores que acreditan un grado de discapacidad que requiere cierta especial protección en edades avanzadas.

b) Jubilación anticipada

La segunda fórmula a analizar en el marco de las excepciones a la concurrencia del requisito de la edad de jubilación es la de la jubilación anticipada. Concretamente, se denomina jubilación anticipada a los supuestos en los que un trabajador puede acceder a la situación de jubilación sin acreditación del requisito de la edad prevista con carácter general (art. 205.1.a) LGSS). Lo primero que hay que señalar es que en la regulación de todos los supuestos de jubilación anticipada nos encontramos con un denominador común: la penalización traducida en la reducción de la cuantía de la pensión que percibirá el trabajador jubilado anticipadamente.

En efecto, tanto en relación con las fórmulas de jubilación anticipada previstas en los arts. 207 y 208 LGSS, como respecto de la particular regulación de la DT 4ª LGSS, la norma impone a los trabajadores que se acojan al sistema de anticipación una reducción en la cuantía de la prestación de jubilación. Concretamente, cabe distinguir dos modalidades de jubilación anticipada:

- Jubilación anticipada derivada del cese en el trabajo por causa no imputable al trabajador.
- Jubilación anticipada por voluntad del interesado.

Por otra parte, a estas modalidades de jubilación anticipada hay que añadir todavía, aunque cada vez serán menos los sujetos que puedan cumplir con los requisitos exigidos, la de los trabajadores que fueron mutualistas antes del 1 de enero de 1967 (b.3), cuya pensión también se verá reducida proporcionalmente en función de la anticipación de la edad.

En relación con la pensión de jubilación anticipada hay que tener en cuenta que la STJUE de 5 de diciembre de 2019, Asunto Varios contra INSS, concluyó que el art. 5. a), del Reglamento 883/2004, de 29 de abril de 2004, sobre la coordinación de los sistemas de seguridad social, debe interpretarse en el sentido de que se opone a la normativa de un Estado miembro que impone, como requisito para que un trabajador acceda a una pensión de jubilación anticipada, que el importe de la pensión a percibir sea superior al importe de la pensión mínima que ese trabajador tendría derecho a percibir al cumplir la edad legal de jubilación en virtud de dicha normativa, entendiendo el concepto de «pensión a percibir» como la pensión a cargo únicamente de ese Estado miembro, con exclusión de la pensión que el citado trabajador podría percibir en concepto de prestaciones equivalentes a cargo de otro u otros Estados miembros.

b.1) Jubilación anticipada derivada del cese en el trabajo por causa no imputable al trabajador

El primero de los supuestos de jubilación anticipada que regula el art. 207 LGSS es el que se configura cuando el cese en el trabajo no se produce por voluntad del trabajador, sino que es consecuencia de:

1. El despido colectivo por causas económicas conforme al art. 51 ET.
2. El despido objetivo por causas económicas conforme al art. 52.c) ET. En este supuesto y en el anterior el trabajador debe acreditar haber percibido la indemnización correspondiente mediante transferencia bancaria o documentación acreditativa equivalente (no lo es un do-

cumento privado, STS de 1 julio de 2020, rec. 226/2018; ni tampoco el cobro de rentas mensuales a través de una póliza de seguro de vida acordada por la empresa con el trabajador, STS de 13 de noviembre de 2019, rec. 2875/2017), o haber interpuesto demanda reclamándola o impugnando la decisión extintiva.

3. La extinción del contrato por resolución judicial, conforme al Real Decreto Legislativo 1/2020, de 5 de mayo.
4. La muerte, jubilación o incapacidad del empresario individual, sin perjuicio de lo dispuesto en el art. 44 del ET, o la extinción de la personalidad jurídica del contratante.
5. La extinción del contrato de trabajo motivada por la existencia de fuerza mayor.
6. La extinción del contrato por voluntad del trabajador por las causas previstas en los artículos 40.1, 41.3 y 50 del ET.
7. La extinción del contrato por voluntad de la trabajadora por ser víctima de la violencia de género o violencia sexual prevista en el artículo 49.1.m) del ET.

Pues bien, si el acceso a la jubilación anticipada se produce en cualquiera de las situaciones citadas (que constituyen una "lista cerrada" STS de 10 de febrero de 2021, rec. 183/2021), los requisitos que el trabajador deberá acreditar para poder acceder a la jubilación anticipada serán los siguientes:

- Tener cumplida una edad que sea inferior en cuatro años, como máximo, a la edad ordinaria de jubilación, sin que a estos efectos resulten de aplicación los coeficientes reductores de la edad.
- Encontrarse inscritos en las oficinas de empleo como demandantes de empleo durante un plazo de, al menos, seis meses inmediatamente anteriores a la fecha de la solicitud de la jubilación (SSTS de 28 de octubre de 2020, rec. 3264/2018.
- Acreditar un período mínimo de cotización efectiva de 33 años, sin que, a tales efectos, se tenga en cuenta la parte proporcional por pagas extraordinarias. A estos exclusivos efectos, solo se computará el período de prestación del servicio militar obligatorio o de la prestación social sustitutoria, o del servicio social femenino obligatorio con el límite máximo de un año.

En estos casos de acceso a la jubilación, la pensión será objeto de reducción mediante la aplicación, por cada mes o fracción de mes que, en el momento del hecho causante, le falte al trabajador para cumplir la edad legal de jubilación fijada en el artículo 205.1.a), de los coeficientes que resultan del cuadro que puede consultarse en el art. 2078.2 LGSS en función del período de cotización acreditado y los meses de anticipación. A los exclusivos efectos de determinar dicha edad legal de jubilación, se considerará como tal la que le hubiera correspondido al trabajador de haber seguido cotizando durante el plazo comprendido entre la fecha del hecho causante y el cumplimiento de la edad legal de jubilación que en cada caso resulte de la aplicación de lo establecido en el artículo 205.1.a) LGSS. Para el cómputo de los períodos de cotización se tomarán períodos completos, sin que se equipare a un período la fracción del mismo.

b.2) Jubilación anticipada por voluntad del interesado

En segundo término, el art. 208 LGSS delimita las condiciones que deberá cumplir el trabajador para acceder por su propia voluntad a la jubilación anticipada. Y, como puede suponerse, se trata de requisitos más estrictos que los analizados en el supuesto anterior:

- Tener cumplida una edad que sea inferior en dos años, como máximo, a la edad ordinaria de jubilación, sin que a estos efectos resulten de aplicación los coeficientes reductores de edad.
- Acreditar un período mínimo de cotización efectiva de 35 años, sin que, a tales efectos, se tenga en cuenta la parte proporcional por pagas extraordinarias. A estos exclusivos efectos, solo se computará el período de prestación del servicio militar obligatorio o de la prestación social sustitutoria, o del servicio social femenino obligatorio con el límite máximo de un año (ver la STS de 6 de febrero de 2020, Rec. 3801/2017).
- Una vez acreditados los requisitos generales y específicos de dicha modalidad de jubilación, el importe de la pensión a percibir ha de resultar superior a la cuantía de la pensión mínima que correspondería al interesado por su situación familiar al cumplimiento de los 65 años. En caso contrario, no se podrá acceder a esta fórmula de jubilación anticipada, habiendo concluido la STJUE de 21 de enero de 2021, C-843/19, que este requisito no es discriminatorio por razón de sexo aunque afecte a un mayor número de trabajadoras que de trabajadores, siempre que se considere que esta condición está justificada por objetivos legítimos de política social no discrimina-

torios, como asegurar la financiación sostenible de las pensiones de jubilación.

En estos casos de acceso a la jubilación anticipada, la pensión también será objeto de reducción mediante la aplicación, por cada mes o fracción de mes que, en el momento del hecho causante, le falte al trabajador para cumplir la edad legal de jubilación fijada en el artículo 205.1.a), de los coeficientes que resultan del cuadro que puede consultarse en el art. 208.2 LGSS en función del período de cotización acreditado y los meses de anticipación. A los exclusivos efectos de determinar dicha edad legal de jubilación, se considerará como tal la que le hubiera correspondido al trabajador de haber seguido cotizando durante el plazo comprendido entre la fecha del hecho causante y el cumplimiento de la edad legal de jubilación que en cada caso resulte de la aplicación de lo establecido en el artículo 205.1.a) LGSS. Para el cómputo de los períodos de cotización se tomarán períodos completos, sin que se equipare a un período la fracción del mismo. En todo caso, cuando en el momento de acogerse a esta modalidad de jubilación el trabajador esté percibiendo el subsidio por desempleo del art. 274 LGSS, y lo haya hecho durante al menos tres meses, serán de aplicación los coeficientes reductores previstos para la jubilación anticipada por causas no imputables al trabajador, sin perjuicio del cumplimiento de los requisitos fijados en el art. 208.1 LGSS.

b.3) Mutualistas antes del 1 de enero de 1967

El tercero de los supuestos de jubilación anticipación que sigue siendo aplicable es el regulado por la DT 4ª. 2ª LGSS que se refiere a la posibilidad de acogerse a la misma para los trabajadores que hayan cumplido al menos 60 años y hayan cotizado al menos un día en alguna de las Mutualidades Laborales con anterioridad al 1 de enero de 1967. En este caso se aplicará también un coeficiente reductor del 8% por cada año o fracción que les falte para alcanzar los 65 años. Si además de estos requisitos completasen una carrera de cotización de más de 30 años y el cese en el trabajo no fuese voluntario, el porcentaje de reducción variará entre un 7,5 y un 6% en función de los años de cotización.

Como se puede comprobar existen diferencias entre el régimen jurídico aplicable a este supuesto de jubilación anticipada y a los anteriores. En todo caso, esas diferencias han de considerarse totalmente justificadas y por tanto no cabe entender que se vulnera el principio de igualdad (entre otras, STS de 20 de septiembre de 2007, Rec. 3520/06).

c) Jubilación parcial anticipada

La última de las fórmulas que suponen una excepción a la concurrencia del requisito de edad que ha de ser objeto de estudio es la que permite el acceso de los trabajadores a la jubilación parcial anticipada. Realmente en este caso las excepciones a los requisitos generales para el reconocimiento del derecho a la jubilación son dos, dado que no solo se exceptúa la condición referida a la edad sino también en parte la referida al cese en la actividad.

La jubilación parcial anticipada se configura como la situación a la que podrá acceder el trabajador contratado a tiempo completo que acreditando los requisitos que seguidamente veremos compatibiliza la jubilación antes de la edad ordinaria con la prestación de servicios a tiempo parcial. De este modo, el acceso a la jubilación parcial anticipada no produce la extinción del contrato de trabajo a tiempo completo sino una transformación del mismo, que pasa a ser un contrato a tiempo parcial por la reducción de la jornada del trabajador.

Así pues, la empresa debe estar de acuerdo para proceder a la novación del contrato del trabajador y además cumplir con su obligación de formalizar un contrato de relevo con el trabajador relevista (sobre las posibilidades de que el convenio colectivo potencie el uso de esta figura, véase STS de 29 de marzo de 2023, rec. 2322/2020). Es más, no solo se ha de producir una concurrencia de ambas voluntades, sino que los requisitos para el acceso a la jubilación parcial han de cumplirse tal y como se prevén en la norma legal, por lo que debe entenderse que no existe un derecho subjetivo del solicitante desconectado del resto de las exigencias que la LGSS y su normativa de desarrollo contienen para que pueda concederse la pensión de jubilación parcial (STS de 26 de diciembre de 2011, Rec. 4268/2010), aunque un mero defecto formal de la empresa no puede impedir el acceso a la jubilación parcial (STS de 20 de octubre de 2020, rec. 3234/2018).

Concretamente los requisitos que actualmente se exigen para el acceso a la jubilación parcial anticipada son los siguientes (art. 215 LGSS; RD 1131/2002, de 31 de octubre, por el que se regula la Seguridad Social de los trabajadores contratados a tiempo parcial, así como la jubilación parcial):

- Formalización de un contrato de relevo de acuerdo con lo previsto en el art. 12.7 ET.
- Acreditar las edades previstas en el art. 215.2 LGSS que varían en función de los años de cotización.

- Acreditar un período de antigüedad en la empresa de, al menos, 6 años inmediatamente anteriores a la fecha de la jubilación parcial. A tal efecto se computará la antigüedad acreditada en la empresa anterior si ha mediado una sucesión de empresa en los términos previstos en el artículo 44 del Estatuto de los Trabajadores, o en empresas pertenecientes al mismo grupo.
- Que la reducción de su jornada de trabajo se halle comprendida entre un mínimo de un 25 por 100 y un máximo del 50 por 100, o del 75 por 100 para los supuestos en que el trabajador relevista sea contratado a jornada completa mediante un contrato de duración indefinida, siempre que se acrediten el resto de los requisitos. Dichos porcentajes se entenderán referidos a la jornada de un trabajador a tiempo completo comparable, siendo posible legalmente la concentración del tiempo de trabajo del jubilado parcial (STS de 29 de marzo de 2017, Rec. 2142/15). En el caso de que el contrato de relevo sea de carácter indefinido y a tiempo completo, deberá mantenerse al menos durante una duración igual al resultado de sumar dos años al tiempo que le falte al trabajador sustituido para alcanzar la edad legal ordinaria de jubilación. En el supuesto de que el contrato se extinga antes de alcanzar la duración mínima indicada, el empresario estará obligado a celebrar un nuevo contrato en los mismos términos del extinguido, por el tiempo restante. En caso de incumplimiento de estas condiciones por parte del empresario, será responsable del reintegro de la pensión que haya percibido el pensionista a tiempo parcial.
- Acreditar un período de cotización mínimo de 33 años y variable en función de las edades del trabajador (art. 215.1 y 2 LGSS):

Año del hecho causante	Edad exigida según períodos cotizados en el momento del hecho causante		Edad exigida con 33 años cotizados en el momento del hecho causante
2013	61 y 1 mes	33 años y 3 meses o más	61 y 2 meses
2014	61 y 2 meses	33 años y 6 meses o más	61 y 4 meses
2015	61 y 3 meses	33 años y 9 meses o más	61 y 6 meses
2016	61 y 4 meses	34 años o más	61 y 8 meses
2017	61 y 5 meses	34 años y 3 meses o más	61 y 10 meses
2018	61 y 6 meses	34 años y 6 meses o más	62 años
2019	61 y 8 meses	34 años y 9 meses o más	62 y 4 meses
2020	61 y 10 meses	35 años o más	62 y 8 meses

Año del hecho causante	Edad exigida según períodos cotizados en el momento del hecho causante		Edad exigida con 33 años cotizados en el momento del hecho causante
2021	62 años	35 años y 3 meses o más	63 años
2022	62 y 2 meses	35 años y 6 meses o más	63 y 4 meses
2023	62 y 4 meses	35 años y 9 meses o más	63 y 8 meses
2024	62 y 6 meses	36 años o más	64 años
2025	62 y 8 meses	36 años y 3 meses o más	64 y 4 meses
2026	62 y 10 meses	36 años y 3 meses o más	64 y 8 meses
2027 y siguientes	63 años	36 años y 6 meses	65 años

A estos exclusivos efectos, sólo se computará el período de prestación del servicio militar obligatorio o de la prestación social sustitutoria, o del servicio social femenino obligatorio, con el límite máximo de un año. Y, en el supuesto de personas con discapacidad en grado igual o superior al 33 por 100, el período de cotización exigido será de 25 años.

- Que exista una correspondencia entre las bases de cotización del trabajador relevista y del jubilado parcial, de modo que la correspondiente al trabajador relevista no podrá ser inferior al 65 por 100 del promedio de las bases de cotización correspondientes a los seis últimos meses del período de base reguladora de la pensión de jubilación parcial.

Con esta exigencia se clarifica el panorama interpretativo respecto de las dudas que se suscitaban en relación con si el puesto de trabajo de ambos debía ser el mismo o similar, dado que se suprime ya la referencia al trabajo igual o similar, limitando la comparación de los puestos de trabajo del jubilado parcial y del relevista a la regla citada de correspondencia sustancial de cotizaciones sociales (STS de 24 de abril de 2012, Rec. 1548/2011).

- Los contratos de relevo que se formalicen como consecuencia de una jubilación parcial anticipada tendrán, como mínimo, una duración igual al tiempo que le falte al trabajador sustituido para alcanzar la edad ordinaria de jubilación.

En relación con este requisito, de acuerdo con lo previsto por la DA 2ª RD 1131/2002, será necesario mantener en vigor el contrato de relevo durante todo el tiempo señalado. Así, de producirse por cualquier motivo su resolución antes de tiempo, el empresario asume la obligación de sustituir a ese relevista por otro.

La finalidad de esta desde exigencia no es otra que la de mantener el volumen de empleo en la empresa en lo que concierne a las funciones laborales afectadas hasta que cesa la situación de jubilación parcial del trabajador relevado. Por ello, salvo supuestos excepcionales de inviabilidad material de tal objetivo, como por ejemplo cuando concurran causas económicas sobrevenidas y justificadas que incidan en su logro, la obligación empresarial de mantener ese volumen de empleo se extiende hasta que el jubilado parcial alcance la edad que le permita acceder a la jubilación ordinaria. En este sentido, por ejemplo, en cualquier situación de excedencia, voluntaria o no, del relevista, la empresa no queda eximida de su deber de sustitución del mismo (por todas, STS de 7 de diciembre de 2011, Rec. 77/2010).

No obstante, en el caso de que el contrato de relevo, según lo visto anteriormente, se concierte por tiempo indefinido y a jornada completa, se exige que el contrato se mantenga al menos durante una duración igual al resultado de sumar dos años al tiempo que le falte al trabajador sustituido para alcanzar la edad ordinaria de jubilación. El incumplimiento de esta nueva exigencia conllevará la obligación del empresario de celebrar un nuevo contrato en los mismos términos del extinguido y por el tiempo restante. Si no se actuase de este modo la responsabilidad empresarial se concretará en el reintegro de la pensión que haya percibido el pensionista a tiempo parcial.

- Sin perjuicio de la reducción de jornada del trabajador que accede a la jubilación parcial, durante el periodo de disfrute de la misma, empresa y trabajador cotizarán por la base de cotización que, en su caso, hubiere correspondido de seguir trabajando éste a jornada completa. Su aplicación es progresiva (DT 10ª LGSS) y, sin duda, desincentivará el uso de esta modalidad de jubilación.

Cumplidos todos estos condicionantes, el trabajador podrá acceder a la situación de jubilación parcial anticipada pasando a percibir la pensión de jubilación de acuerdo con los años de cotización que acredite en el momento del hecho causante (es decir, el de la formalización del contrato a tiempo parcial). La pensión se cuantificará de manera proporcional a la reducción de jornada que se acuerde. La prestación se percibirá sin aplicación de coeficiente reductor alguno derivado de la anticipación en la edad.

Ha de señalarse en todo caso que, de acuerdo con lo previsto en la DT4ª.6LGSS, se seguirá aplicando la regulación para la modalidad de jubilación parcial con simultánea celebración de contrato de relevo, vigente con anterioridad a la entrada en vigor de la Ley 27/2011, de 1 de agosto, de actualización, adecuación y modernización del sistema de la Seguridad

Social, a pensiones causadas antes del 1 de enero de 2024, siempre y cuando se acredite el cumplimiento de los siguientes requisitos:

a) Que el trabajador que solicite el acceso a la jubilación parcial realice directamente funciones que requieran esfuerzo físico o alto grado de atención en tareas de fabricación, elaboración o transformación, así como en las de montaje, puesta en funcionamiento, mantenimiento y reparación especializados de maquinaria y equipo industrial en empresas clasificadas como industria manufacturera.

b) Que el trabajador que solicite el acceso a la jubilación parcial acredite un período de antigüedad en la empresa de, al menos, seis años inmediatamente anteriores a la fecha de la jubilación parcial. A tal efecto, se computará la antigüedad acreditada en la empresa anterior si ha mediado una sucesión de empresa en los términos previstos en el artículo 44 del texto refundido de la Ley del Estatuto de los Trabajadores, aprobado por el Real Decreto Legislativo 2/2015, de 23 de octubre, o en empresas pertenecientes al mismo grupo.

c) Que en el momento del hecho causante de la jubilación parcial el porcentaje de trabajadores en la empresa cuyo contrato de trabajo lo sea por tiempo indefinido, supere el 70 por ciento del total de los trabajadores de su plantilla.

d) Que la reducción de la jornada de trabajo del jubilado parcial se halle comprendida entre un mínimo de un 25 por ciento y un máximo del 67 por ciento, o del 80 por ciento para los supuestos en que el trabajador relevista sea contratado a jornada completa mediante un contrato de duración indefinida. Dichos porcentajes se entenderán referidos a la jornada de un trabajador a tiempo completo comparable.

e) Que exista una correspondencia entre las bases de cotización del trabajador relevista y del jubilado parcial, de modo que la del trabajador relevista no podrá ser inferior al 65 por ciento del promedio de las bases de cotización correspondientes a los seis últimos meses del período de base reguladora de la pensión de jubilación parcial.

f) Que se acredite un período de cotización de treinta y tres años en la fecha del hecho causante de la jubilación parcial, sin que a estos efectos se tenga en cuenta la parte proporcional correspondiente por pagas extraordinarias. A estos exclusivos efectos, solo se computará el período de prestación del servicio militar obligatorio o de la prestación social sustitutoria, o del servicio social femenino obligatorio, con el límite máximo de un año.

En el supuesto de personas con discapacidad en grado igual o superior al 33 por ciento, el período de cotización exigido será de veinticinco años.

B) Jubilación a edad superior a la ordinaria

Tal y como hemos señalado ya, la tendencia en los últimos años en materia de jubilación es la de potenciar las fórmulas de extensión de la vida activa de los trabajadores más allá de la edad de jubilación. Concretamente estas medidas se refieren a:

a) La regulación del acceso a la jubilación parcial.

b) La regulación de la jubilación flexible.

c) La exención de cotizar tras la edad ordinaria de jubilación.

d) La mejora de la cuantía de la prestación.

a) Jubilación parcial tras la edad de jubilación ordinaria

Los trabajadores que hayan cumplido la edad de jubilación y reúnan los requisitos para causar derecho a la pensión de jubilación, siempre que se produzca una reducción de su jornada de trabajo comprendida entre un mínimo del 25 por 100 y un máximo del 50 por 100, podrán acceder a la jubilación parcial sin necesidad de la celebración simultánea de un contrato de relevo. Los porcentajes indicados se entenderán referidos a la jornada de un trabajador a tiempo completo comparable (art. 215.1 LGSS). Con ello, de nuevo nos encontramos ante una figura en la que se exceptúan dos de los requisitos analizados como configuradores de la jubilación: la edad y el cese en la actividad profesional. Figura en la que el trabajador compatibilizará pensión y salario proporcionalmente. Ahora bien, al contrario que en el caso de la parcial anticipada, en este caso el acceso del trabajador a la jubilación parcial supone un ahorro importante para el Sistema, dado que durante todo el tiempo en que se extienda esta situación el trabajador no percibirá su pensión completa sino reducida proporcionalmente al salario que el empresario sigue abonando. Por otra parte, para éste también la situación de jubilación parcial del trabajador supone un ahorro, dado que, como veremos seguidamente, se regula una exención parcial de cotización.

b) La jubilación flexible

La jubilación flexible viene definida en el art. 213.1 LGSS como excepción a la incompatibilidad que existe entre trabajo y jubilación. Concretamente, a través de esta figura se permite que un trabajador que ya estuviera jubilado a tiempo completo vuelva a incorporarse a tiempo parcial al mercado de trabajo minorando el percibo de la pensión de manera proporcional a la jornada de trabajo del pensionista en relación con un trabajador a tiempo completo comparable (art. 5 RD 1132/2002). Ahora bien, esta posibilidad es incompatible con el desempeño de una actividad encuadrable en el RETA, porque no cabe el alta parcial en el régimen especial que encuadra a estos trabajadores, ya que la actividad profesional de un autónomo, por su propia naturaleza, no está sometida en principio a límites temporales (STS de 15 de julio de 2020, rec. 2094/2018).

De este modo, también en el marco de lo que sería un claro ahorro para el sistema de Seguridad Social, se permite que el trabajador ya jubilado completamente se reincorpore como trabajador a tiempo parcial al mercado laboral, incentivando además su decisión con la previsión de mejora de la prestación en los términos del art. 8 RD 1132/2002, que establece que las cotizaciones efectuadas en las actividades realizadas, durante la suspensión parcial del percibo de la pensión de jubilación, surtirán efectos para la mejora de la pensión, una vez producido el cese en el trabajo. Así, se procederá a calcular de nuevo la base reguladora, mediante el cómputo de las nuevas cotizaciones y aplicando las reglas que estén vigentes en el momento del cese en la actividad, salvo que la aplicación de lo establecido en esta regla diese como resultado una reducción del importe de la base reguladora anterior, en cuyo caso se mantendrá esta última, si bien aplicando a la cuantía de la pensión las revalorizaciones habidas desde la fecha de determinación de la base reguladora hasta la del cese en el trabajo. Las cotizaciones efectuadas, tras la minoración del importe de la pensión de jubilación, darán lugar a la modificación del porcentaje aplicable a la base reguladora, en función del nuevo período de cotización acreditado. Asimismo, las cotizaciones indicadas surtirán efectos para disminuir o, en su caso, suprimir, el coeficiente reductor que se hubiese aplicado, en el momento de causar derecho a la pensión, en el caso de acceso anticipado a la jubilación. Finalmente, si el trabajador falleciese durante la situación de jubilación flexible, a efectos del cálculo de las prestaciones de muerte y supervivencia que correspondan, los beneficiarios podrán optar por que aquéllas se calculen desde la situación de activo del causante o, en su caso, desde la situación de pensionista del mismo. En este último supuesto, se tomará como base reguladora de las prestaciones de muerte y supervivencia la que sirvió para la determinación de la pensión de jubilación, aplicándose las revalorizaciones habidas desde el momento en que se determinó la correspondiente base reguladora.

c) Exención de la obligación de cotizar tras la edad ordinaria de jubilación

Otra de las medidas incentivadoras del retraso de la edad de jubilación viene prevista en el art. 152 LGSS y se concreta en el reconocimiento de una exención de cotización para empresarios y trabajadores por contingencias comunes, salvo por incapacidad temporal derivada de las mismas respecto de los trabajadores por cuenta ajena y de los socios trabajadores o de trabajo de las cooperativas, una vez hayan alcanzado la edad de acceso a la pensión de jubilación que en cada caso resulte de aplicación según lo establecido en el art. 205.1.a) LGSS. La exención en la cotización prevista en este artículo comprenderá también las aportaciones por desempleo, FOGASA y formación profesional —excluidos los trabajadores que presten sus servicios en las Administraciones públicas o en los Organismos públicos. Los períodos en los que resulte de aplicación la exención prevista en este artículo serán computados como cotizados a los efectos de acceso y determinación de la cuantía de las prestaciones. La base reguladora de la prestación se determinará, en relación con estos períodos, conforme a lo dispuesto en el art. 161.4 LGSS.

En el caso de que el trabajador al cumplir la edad correspondiente no tuviera cotizados el número de años en cada caso requerido, la exención prevista en este artículo será aplicable a partir de la fecha en que se acrediten los años de cotización exigidos para cada supuesto; teniendo en cuenta que, a efectos del cálculo de la base de cotización si se accede desde el RETA, se han de aplicar las normas del RGSS si es en este régimen donde se acredita la cotización, computando las bases de cotización efectuadas al RGSS el año anterior a la exoneración en el RETA (STS de 21 de febrero de 2018, Rec. 1713/2016).

d) La mejora de la cuantía de la pensión en la jubilación tras la edad ordinaria

Cuando se acceda a la pensión de jubilación a una edad superior a ordinaria, según dispone el art. 210.2 LGSS, siempre que al cumplir esta edad se hubiera reunido el período mínimo de cotización establecido en el art. 205.1.b) LGSS, se reconocerá al jubilado —a su elección en el momento de la solicitud de la pensión de jubilación— por cada año completo cotizado que transcurra desde que reunió los requisitos para acceder a esta pensión, un complemento económico que se abonará a su elección de alguna de las siguientes maneras, —RD 371/2023, de 16 de mayo—:

a) Un porcentaje adicional del 4 por ciento por cada año completo cotizado entre la fecha en que se cumplió la edad ordinaria de jubilación aplicable y la del hecho causante de la pensión, en los términos del artículo 210.2.a) del texto refundido de la Ley General de la Seguridad Social.

b) Una cantidad a tanto alzado por cada año completo cotizado entre la fecha en que se cumplió la edad ordinaria de jubilación aplicable y la del hecho causante de la pensión, en los términos del artículo 210.2.b) del texto refundido de la Ley General de la Seguridad Social.

   En aquellos casos en los que la cuantía de la pensión reconocida superase el límite establecido en el artículo 57 del citado texto refundido de la Ley General de la Seguridad Social aplicable en la fecha del hecho causante, para el cálculo de la cantidad a tanto alzado, se tomará como pensión inicial anual la cuantía de la pensión máxima vigente en ese momento.

   Cuando concurran más de una pensión de jubilación sobre la que proceda aplicar el complemento a que se refiere este artículo y la suma de todas ellas supere el límite al que se refiere el párrafo anterior, la cuantía a tanto alzado que corresponda a cada una de ellas se calculará tomando como pensión inicial anual el importe anual de la pensión ya minorada en aplicación de las normas de concurrencia de pensiones.

c) Opción mixta, que consiste en una combinación de las opciones anteriores en los términos que se indican en el artículo siguiente (art. 3 RD 371/2023).

En todo caso, para las pensiones cuyo hecho causante sea posterior a 31 de diciembre de 2021, hay que tener en cuenta que para aplicar la incompatibilidad prevista en el art. 210.2 LGSS entre la percepción del complemento económico y el acceso al envejecimiento activo del art. 214 LGSS, se tendrán en cuenta las siguientes reglas:

a) Cuando se hubiese optado por percibir el complemento bajo la modalidad de porcentaje adicional a que se refiere el art. 2.1.a) RD 371/2023, su percibo quedará suspendido durante el tiempo en que se aplique el régimen de compatibilidad del trabajo con la pensión de jubilación previsto del art. 214 LGSS.

b) Cuando se hubiese optado por percibir el complemento bajo la modalidad de cantidad a tanto alzado, a que se refiere el art. 2.1.b) RD 371/2023, o bajo la fórmula prevista en el art. 2.1.c) RD 371/2023, no será posible aplicar el régimen de compatibilidad del trabajo con la pensión de jubilación del art. 214 LGSS.

2.2.2. La situación de alta o asimilada

El trabajador que accede a la prestación de jubilación deberá cumplir con los requisitos generales previstos de afiliación, alta o situación asimilada —véase, *supra*— y período de carencia. En relación con el requisito de alta o asimilación al alta sí debe precisarse que la LGSS en su art. 205.3 relativiza absolutamente su concurrencia en el momento del hecho causante cuando el trabajador reúna en el mismo las condiciones referidas a la edad —véase, *supra*— y a la cotización —véase, *infra*—. Así, el hecho causante de la pensión de jubilación, en situación de no alta o no asimilada al alta, se ubica en el momento en el que se reúnen las condiciones para que pueda ser reconocida, sin perjuicio de que los efectos económicos se determinen en atención a la fecha de la solicitud (STS de 13 de junio de 2022, rec. 1133/2019).

2.2.3. La cotización previa

De acuerdo con lo previsto en el art. 205.1 LGSS el reconocimiento de la pensión de jubilación dependerá de la acreditación de un periodo mínimo de cotización *de quince años, de los cuales al menos dos deberán estar comprendidos dentro de los quince años inmediatamente anteriores al momento de causar el derecho. A efectos del cómputo de los años cotizados no se tendrá en cuenta la parte proporcional correspondiente por pagas extraordinarias.*

Con ello se configura un periodo de carencia genérico y otro específico, es decir, no solo será necesario acreditar quince años de cotización, sino que además será necesario de manera específica certificar que dos de ellos han sido cotizados dentro de los quince inmediatamente anteriores al hecho causante, esto es, al cese en el trabajo. Con esta exigencia de carencia específica se pretende conseguir cierta proximidad entre la última fase de actividad profesional y la jubilación (STS de 26 de febrero de 1998, Rec. 1065/1997).

Este periodo de carencia es el más exigente en materia de prestaciones de los previstos en la LGSS, dado que nos encontramos ante una prestación contributiva que genera el derecho a una pensión vitalicia que no tiene otra finalidad que sustituir las rentas que el trabajador va a dejar de percibir por su cese en el trabajo. Para el cómputo de este amplio periodo de carencia ha de tenerse en cuenta la doctrina jurisprudencial del "paréntesis", según la cual, el periodo en el que no haya sido posible cotizar por causa independiente de la voluntad del trabajador se considera que queda entre "paréntesis", ampliándose el límite temporal del cómputo del tiempo exigido; es decir, consiste en un modo de calcular la base reguladora de una prestación cuando en el período de referencia existió un espacio de tiempo durante el que no hubo posibilidad legal de cotizar, entendiéndose que en ese espacio temporal operaría una abstracción, de tal forma que se computarían las cotizaciones anteriores a dicho tiempo no cotizado (por todas, STS de 12 julio 2004, Rec. 4636/2003). Esta doctrina ha sido asumida por el art. 205.1.b LGSS, que señala que *en los supuestos en que se acceda a la pensión de jubilación desde una situación de alta o asimilada al alta, sin obligación de cotizar, el período de dos años a que se refiere el párrafo anterior deberá estar comprendido dentro de los quince años anteriores a la fecha en que cesó la obligación de cotizar.*

De este modo, por ejemplo, en la situación asimilada referida a la situación legal de desempleo involuntario agotada la prestación contributiva siempre que se mantenga la inscripción como demandante de empleo, si las interrupciones en la inscripción no son breves, se ha de considerar que la doctrina del paréntesis debe aplicarse de una forma flexible, permitiendo que interrupciones en esa inscripción debidas a variadas circunstancias, por ejemplo una enfermedad impeditiva u otros supuestos de infortunio personal no sean tenidas en cuenta, entendiendo que en estos casos el paréntesis se abre en el momento de la solicitud de la pensión y se cierra en la fecha de la inscripción como demandante de empleo, a partir de cuya fecha hay que computar hacia atrás los quince años dentro de los cuales hay que acreditar al menos dos años de cotización (STS de 14 de marzo de 2012, Rec. 1674/2010).

Por otra parte, hay que precisar que la cotización que se exige legalmente es una cotización real. De ahí que se puntualice en la LGSS siempre que se fijan requisitos de cotización que no se tendrá en cuenta la cotización por las pagas extraordinarias, esto es, que no computarán las cotizaciones por catorce meses al año sino exclusivamente las de los doce meses cotización ordinaria. Asimismo, de acuerdo con lo que dispone el art. 1.2 RD 1716/2012, los periodos de cotización acreditados por los solicitantes de la pensión de jubilación, a los efectos de poder acceder a la pensión de jubilación al cumplimiento de la edad que, en cada caso, resulte de aplicación, vendrán reflejados en días y, una vez acumulados todos los días computables, sin que se tenga en cuenta la parte proporcional correspondiente a las pagas extraordinarias, serán objeto de transformación a años y meses, con las siguientes reglas de equivalencia: a) El año adquiere el valor fijo de 365 días y b) el mes adquiere el valor fijo de 30,41666 días. Para el cómputo de los años y meses de cotización se tomarán años y meses completos, sin que se equiparen a un año o a un mes las fracciones de los mismos.

2.2.4. Cláusulas de los convenios colectivos referidas al cumplimiento de la edad ordinaria de jubilación

A) Jubilación de mayores de 68 años

En aras de favorecer la prolongación de la vida laboral, los convenios colectivos podrán establecer cláusulas que posibiliten la extinción del contrato de trabajo por el cumplimiento por el trabajador de una edad igual o superior a 68 años, siempre que cumplan los siguientes requisitos:

a) La persona trabajadora afectada por la extinción del contrato de trabajo deberá reunir los requisitos exigidos por la normativa de Seguridad Social para tener derecho al cien por ciento de la pensión ordinaria de jubilación en su modalidad contributiva.

b) La medida deberá vincularse, como objetivo coherente de política de empleo expresado en el convenio colectivo, al relevo generacional a través de la contratación indefinida y a tiempo completo de, al menos, un nuevo trabajador o trabajadora.

B) Jubilación vinculada a la igualdad efectiva entre hombres y mujeres

Con el objetivo de alcanzar la igualdad real y efectiva entre mujeres y hombres coadyuvando a superar la segregación ocupacional por género, el límite de los 68 años para la jubilación prevista en el convenio podrá rebajarse hasta la edad ordinaria de jubilación cuando la tasa de ocupación de las mujeres trabajadoras por cuenta ajena afiliadas a la Seguridad Social en alguna de las actividades económicas correspondientes al ámbito funcional del convenio sea inferior al 20%.

La aplicación de esta excepción exigirá, además, el cumplimiento de los siguientes requisitos:

- La persona afectada por la extinción del contrato de trabajo deberá reunir los requisitos exigidos por la normativa de Seguridad Social para tener derecho al cien por ciento de la pensión ordinaria de jubilación en su modalidad contributiva.
- En el CNAE al que esté adscrita la persona afectada por la aplicación de esta cláusula concurra una tasa de ocupación de empleadas inferior al 20 por ciento sobre el total de personas trabajadoras a la fecha de efectos de la decisión extintiva. Este CNAE será el que resulte aplicable para la determinación de los tipos de cotización para la

cobertura de las contingencias de accidentes de trabajo y enfermedades profesionales.

- Cada extinción contractual en aplicación de esta previsión deberá llevar aparejada simultáneamente la contratación indefinida y a tiempo completo de, al menos, una mujer en la mencionada actividad.

La decisión extintiva de la relación laboral será con carácter previo comunicada por la empresa a los representantes legales de los trabajadores y a la propia persona trabajadora afectada.

2.3. Contenido de la protección

La contingencia que se protege con la prestación de jubilación es la relacionada con la falta de percepción de rentas del trabajo como consecuencia del cese en el mismo. Así pues, el contenido de la protección se concreta en la pensión que se reconoce al trabajador en el momento de causar la situación de necesidad; en caso de las mujeres, pueden percibir un complemento por maternidad por su aportación demográfica a la Seguridad Social. Y, para el cálculo de la misma dos son los elementos fundamentales a tener en cuenta. Por una parte, la base reguladora, que se calculará en función de las bases de cotización del trabajador a lo largo de un determinado periodo de tiempo; y, por otra parte, el porcentaje aplicable a esa base reguladora, que será distinto en función de los años de cotización.

2.3.1. Base reguladora de la pensión de jubilación

El art. 209.1 LGSS especifica que la base reguladora de la prestación de jubilación será *el cociente que resulte de dividir por 350, las bases de cotización del beneficiario durante los 300 meses inmediatamente anteriores al mes previo al del hecho causante.* En todo caso, hay que tener en cuenta que, el RDL 2/2023, de 16 de marzo, ha modificado este primer apartado del art. 209 LGSS, aunque la nueva regulación entrará en vigor el 1 de enero de 2026 (DF 10ª RDL 2/2023).

Al tratarse de una base reguladora que toma un parámetro de referencia temporal tan extenso, la norma determina una fórmula matemática para viene a concretar cómo se deberán computar las bases de cotización:

- Las bases correspondientes a los 24 meses anteriores al mes previo al del hecho causante se computarán en su valor nominal.

- Si en el período que haya de tomarse para el cálculo de la base reguladora aparecieran meses durante los cuales no hubiese existido obligación de cotizar, las primeras cuarenta y ocho mensualidades se integrarán con la base mínima de entre todas las existentes en cada momento, y el resto de las mensualidades con el 50% de dicha base mínima.

  En los supuestos en que, en alguno de los meses a tener en cuenta para la determinación de la base reguladora, la obligación de cotizar exista sólo durante una parte del mismo, procederá la integración señalada en el párrafo anterior, por la parte del mes en que no exista obligación de cotizar, siempre que la base de cotización correspondiente al primer período no alcance la cuantía de la base mínima mensual señalada. En tal supuesto, la integración alcanzará hasta esta última cuantía.

- No se podrán computar los incrementos de las bases de cotización, producidos en los dos últimos años, que sean consecuencia de aumentos salariales superiores al incremento medio interanual experimentado en el convenio colectivo aplicable o, en su defecto, en el correspondiente sector, excepto los incrementos salariales que sean consecuencia de la aplicación estricta de las normas contenidas en disposiciones legales y convenios colectivos sobre antigüedad y ascensos reglamentarios de categoría profesional o los que deriven de cualquier otro concepto retributivo establecido con carácter general y regulado en las citadas disposiciones legales o convenios colectivos. No será aplicable esta excepción, sin embargo, a los incrementos salariales acordados por decisión unilateral de la empresa en virtud de sus facultades organizativas o aquellos que superen el límite del incremento medio interanual citado que hayan sido pactados exclusiva o fundamentalmente en función del cumplimiento de una determinada edad próxima a la jubilación.

  La finalidad de esta medida no es otra que la de evitar incrementos artificiales de las bases de cotización con los que se pretenda el incremento de la propia base reguladora y, por tanto, de la cuantía de la pensión a percibir (STS de 30 de enero de 2001, Rec. 715/2000). En todo caso, para la determinación de la base reguladora de la pensión cuando el interesado se jubiló parcialmente, hay que tener en cuenta que deben computarse las cotizaciones del periodo de jubilación parcial elevándolas al 100 por 100, esto es, como si durante ese periodo se hubiese trabajado a jornada completa (STS de 1 de octubre de 2020, rec. 1101/2018).

- Por los períodos de actividad en los que no se hayan efectuado cotizaciones por contingencias comunes, en los términos previstos en el art. 152 LGSS, a efectos de determinar la base reguladora de las prestaciones excluidas de cotización, las bases de cotización correspondientes a las mensualidades de cada ejercicio económico exentas de cotización, no podrán ser superiores al resultado de incrementar el promedio de las bases de cotización del año natural inmediatamente anterior en el porcentaje de variación media conocida del IPC en el último año indicado más dos puntos porcentuales.

2.3.2. Cuantía de la pensión

Una vez calculada la base reguladora de la pensión, debe realizarse una operación más para concretar su cuantía. Concretamente, a la base reguladora obtenida se le aplicarán los porcentajes previstos en el art. 210 LGSS para determinar la cantidad a percibir como pensión por el trabajador jubilado. Este precepto establece los porcentajes siguientes —que también se irán aplicando de manera progresiva, hasta culminar el proceso en el año 2027, de acuerdo con la escala de la DT 9ª LGSS—:

- Por los primeros 15 años cotizados: el 50 por 100.
- A partir del año decimosexto, por cada mes adicional de cotización, comprendidos entre los meses 1 y 248, se añadirá el 0,19 por 100, y por los que rebasen el mes 248, se añadirá el 0,18 por 100, sin que el porcentaje aplicable a la base reguladora supere el 100 por 100.

En todo caso, como se ha analizado anteriormente, si el trabajador se jubila a una edad superior a la ordinaria, se le reconocerá un porcentaje adicional.

2.3.3. Pensión de jubilación de los trabajadores a tiempo parcial

Existen reglas específicas respecto a la pensión de jubilación de los trabajadores a tiempo parcial y fijos discontinuos, que afectan especialmente a la acreditación del período de cotización y a la determinación de la cuantía (arts. 245 a 248 LGSS).

En cuanto a la determinación del período de cotización necesario para causar derecho a la pensión, el sistema que incorpora el RD 2/2023 con la reforma del art. 247 LGSS implica que se tendrán en cuenta los distintos períodos durante los cuales el trabajador haya permanecido en alta con un contrato a tiempo parcial, cualquiera que sea la duración de la jornada realizada en cada uno de ellos.

En cuanto a la determinación de la cuantía, de la pensión de jubilación, de acuerdo con lo previsto por el art. 248 LGSS, la base reguladora se calculará conforme a la regla general y la integración de los períodos durante los que no haya habido obligación de cotizar se llevará a cabo en los términos establecidos en los artículos 209.1 y 197.4, respectivamente (aunque esta modificación no entrará en vigoro hasta el 1 de enero de 2026)Pues bien, en relación con estas reglas hay que tener en cuenta que la importante STJUE de 8 de mayo de 2019, C-161/18, vino a considerar que era contrario al art. 4, apartado 1, de la Directiva 79/7/CEE del Consejo, de 19 de diciembre de 1978, sobre la aplicación progresiva del principio de igualdad de trato entre hombres y mujeres en materias de seguridad social, el sistema regulado anteriormente. Y ello porque, el hecho de que el importe de la pensión de jubilación en la modalidad contributiva de un trabajador a tiempo parcial se calculase multiplicando la base reguladora por un porcentaje que depende de la duración del período de cotización al que se aplica un coeficiente de parcialidad equivalente a la relación existente entre la jornada a tiempo parcial efectivamente trabajada y la jornada realizada por un trabajador a tiempo completo comparable, aunque esté incrementado por un coeficiente de 1,5, es una medida que puede perjudicar en particular a las trabajadoras respecto de los trabajadores de sexo masculino. En esta sentencia se apunta que debe destacarse que el hecho de que la base reguladora de un trabajador a tiempo parcial sea inferior a la base reguladora de un trabajador a tiempo completo comparable ya es un elemento que hace que se respete el carácter contributivo del sistema. Por ello, la aplicación adicional de un coeficiente de parcialidad —incluso aunque se aplique el coeficiente del 1,5— va más allá de lo necesario y representa una reducción del importe de la pensión de jubilación superior a la que resultaría únicamente de tomar en consideración su jornada de trabajo *pro rata temporis*. En este sentido, la STC 91/2019, de 3 de julio, declaró la inconstitucionalidad de la aplicación del coeficiente de parcialidad para determinar la cuantía de las pensiones de jubilación.

2.4. Dinámica

2.4.1. Nacimiento del derecho a la prestación

Como se ha dicho, el hecho causante del derecho a la prestación de jubilación es el cese del trabajo. Ahora bien, no siempre el trabajador accederá a la misma desde la situación de alta, dado que, como ya vimos, podrá accederse a la jubilación desde la situación de asimilación al alta o, incluso, desde la situación de no alta.

Respecto del hecho causante de la pensión de jubilación en su modalidad contributiva el RD 453/2022, de 14 de junio, ha venido a establecer que será determinante la fecha indicada a tal efecto por la persona interesada al formalizar la correspondiente solicitud, siempre que en la misma reúna los requisitos establecidos para ello. Dicha fecha habrá de estar comprendida dentro de los tres meses anteriores o posteriores al día de presentación de la solicitud, o coincidir con este, salvo que se presente fuera del territorio español en virtud de una norma internacional, en cuyo caso la solicitud habrá de formularse en el plazo previsto en la legislación del país en el que se formule.

Así pues, la fecha indicada por la persona interesada será la que se tenga en cuenta a efectos de considerar la situación de alta, asimilada a la de alta o de no alta ni asimilada, y demás circunstancias de dicha persona, que servirán de base para determinar si tiene derecho a la pensión solicitada, así como, en su caso, el contenido de esta, sin perjuicio de la fecha en que deba surtir efectos económicos en cada caso.

No obstante, deben tenerse en cuenta las situaciones especiales que enumera el art. 3.2 RD 453/2022:

a) Alta en alguno de los regímenes del sistema de la Seguridad Social, en cuyo caso la pensión se entenderá causada el día de la baja en el régimen correspondiente como consecuencia del cese en el trabajo por cuenta propia o ajena o en la actividad o condición que hubiese determinado la inclusión en el ámbito de aplicación de dicho régimen.

   Ahora bien, si se trata de alta en el Régimen Especial de la Seguridad Social de los Trabajadores por Cuenta Propia o Autónomos por tener la condición de religioso o religiosa de la Iglesia Católica, de acuerdo con el RD 3325/1981, de 29 de diciembre, o de alta en el Sistema Especial para Trabajadores por Cuenta Ajena Agrarios del Régimen

General en inactividad, la pensión se entenderá causada el día de la baja en el régimen correspondiente.

En el supuesto previsto en el artículo 46.4.c) RD 84/1996, el hecho causante se entenderá producido el último día del mes natural en el que haya tenido lugar el cese en el trabajo por cuenta propia o en la actividad o condición determinante de la inclusión en el campo de aplicación del correspondiente régimen especial.

b) Situación asimilada a la de alta por traslado del trabajador fuera del territorio del Estado al servicio de una empresa española, en cuyo caso la pensión se entenderá causada en la fecha del cese en el trabajo.

c) Situación asimilada a la de alta por excedencia forzosa para ocupar un cargo público que imposibilite la asistencia al trabajo, en cuyo caso la pensión se entenderá causada en la fecha del cese en el cargo o funciones.

d) Extinción, por la pérdida de la condición de que se trate, de los convenios especiales aplicables a los diputados y senadores de las Cortes Generales, a los miembros de los parlamentos y gobiernos de las comunidades autónomas o a los españoles que ostenten la condición de funcionarios o empleados de organizaciones internacionales intergubernamentales, en cuyo caso la pensión se entenderá causada el día de extinción del convenio especial.

e) Extinción de la prestación o subsidio por desempleo, incluido el de mayores de cincuenta y dos años, por el cumplimiento de la edad ordinaria que se exija en cada caso para causar derecho a la pensión contributiva de jubilación, supuesto en el cual el hecho causante de la pensión de jubilación tendrá lugar el día de cumplimiento de dicha edad.

En estos supuestos, la solicitud de la pensión podrá presentarse con una antelación máxima de tres meses a la fecha del hecho causante o en cualquier momento posterior, sin perjuicio de los efectos económicos que correspondan.

Por otra parte, en el caso de que el acceso a la pensión de jubilación se produzca desde una situación de alta en alguno de los regímenes del sistema de la Seguridad Social por la realización de un trabajo por cuenta propia o ajena que se vaya a mantener sin solución de continuidad tras el reconocimiento de dicha pensión, de acuerdo con el art. 214 LGSS, la solicitud habrá de presentarse dentro de los tres meses inmediatamente anteriores a la fecha indicada por el interesado a efectos de fijar el hecho causante de la pensión.

2.4.2. Devengo de la prestación

Reconocida al sujeto solicitante la prestación de jubilación, de acuerdo con lo previsto por el art. 46 LGSS, se distribuirá su abono en periodos mensuales, abonándose en total catorce pagas; doce durante los meses del año y dos más que se devengarán en los meses de junio y noviembre como pagas extraordinarias. La cuantía de estas pagas extraordinarias será igual a la cuantía de la mensualidad ordinaria correspondiente a dichos meses (Art. 2 de la OM 25-6-01 y desarrollo del Real Decreto 771/1997, de 30 de mayo).

La prestación podrá solicitarse por parte del trabajador en cualquier momento desde que se consolide la acreditación de los requisitos necesarios para el reconocimiento. Con ello, de acuerdo con lo dispuesto por el art. 212 LGSS, se deduce la imprescriptibilidad del derecho en esta modalidad contributiva.

Respecto de los efectos económicos del reconocimiento del derecho a la pensión hay que indicar que, según lo dispuesto por el art. 4 RD 453/2022, se producirán a partir del día siguiente a la fecha en que se produzca el hecho causante.

No obstante, en los supuestos del art. 3.2 RD 453/2022, si la solicitud se presenta transcurridos los tres meses siguientes a la misma, dichos efectos se producirán a partir de los tres meses anteriores a la fecha de presentación de la solicitud. Ello sin perjuicio de los efectos que procedan cuando sea de aplicación el mecanismo de invitación al pago del art. 47.1 LGSS.

En el supuesto previsto en el artículo 3.2.e) RD 453/2022, los efectos económicos se retrotraerán a la fecha de efectos de la extinción de la prestación o subsidio por desempleo siempre que la solicitud de la pensión se presente en el plazo de los tres meses siguientes a la resolución firme de extinción. En otro caso tendrá una retroactividad máxima de tres meses desde la fecha de presentación de la solicitud.

2.4.3. Extinción y Suspensión de la prestación

La causa fundamental de extinción de la prestación de jubilación, dado que nos encontramos ante una pensión de carácter vitalicio, será la muerte del beneficiario (art. 170M 18-1-67). Ahora bien, hay que tener en cuenta que lo que puede acontecer durante el disfrute de la pensión es la suspensión de la percepción de la misma si el pensionista lleva a cabo una actividad profesional en aquellos casos en los que no se permita legalmente, esto es, cuando se entienda incompatible con la percepción de la pensión en los términos que veremos seguidamente.

Concretamente, en principio, si un pensionista va a prestar una actividad profesional deberá comunicarlo al INSS para proceder a la suspensión del abono de la pensión (art. 16 Orden de 18 de enero de 1967). La suspensión se mantendrá durante el tiempo en que se mantenga la prestación del servicio y finalizada ésta se restablecerá el derecho al cobro de la pensión. De hecho, si el pensionista no actúa de esta manera y presta servicios no compatibles con el cobro de la pensión, incurrirá en infracción grave (art. 25.1 LISOS) o muy grave (art. 26.2 LISOS) que podrán suponer la imposición de la sanción prevista en el art. 47.1.b).c) LISOS, que se concreta en una suspensión del abono de la pensión durante tres o seis meses. Asimismo, el pensionista vendrá obligado al reintegro de la pensión percibida durante la situación de incompatibilidad, resultando en su caso la empresa responsable subsidiaria del reintegro de la misma (art. 55 LGSS).

2.5. Compatibilidad

De acuerdo con lo previsto en el art. 213 LGSS la regla general en materia de incompatibilidades sería la de que el disfrute de la pensión de jubilación, en su modalidad contributiva, resulta incompatible con el trabajo del pensionista, lo que implica en principio que:

- La pensión es incompatible con todo trabajo del pensionista, por cuenta ajena o propia, que dé lugar a su inclusión en el campo de aplicación del Régimen General, o de alguno de los Regímenes Especiales de la Seguridad Social.
- La pensión es incompatible con el desempeño de un puesto de trabajo en el sector público (art. 1.1. 2º de la Ley 53/1984, de 26 de diciembre, de Incompatibilidades del Personal al Servicio de las Administraciones Públicas).
- La pensión es incompatible con el desempeño de alto cargo (art. 1 de la Ley 5/2006, de 10 de abril de regulación de los conflictos de intereses de los miembros del Gobierno y de los Altos Cargos de la Administración General del Estado).

De este modo, como se ha visto en el epígrafe anterior, se considera que la realización de una prestación profesional es causa de suspensión de la percepción de la pensión, sin perjuicio de su restitución a la finalización de la actividad de que se trate. No obstante, esta regla general de incompatibilidad entre trabajo y pensión tiene algunas excepciones previstas legalmente:

- En primer lugar, los supuestos de compatibilidad pensión-trabajo a tiempo parcial ya estudiados.
- En segundo lugar, el percibo de la pensión de jubilación será compatible con la realización de trabajos por cuenta propia cuyos ingresos anuales totales no superen el salario mínimo interprofesional, en cómputo anual. En este caso, quienes realicen estas actividades económicas no estarán obligados a cotizar por las prestaciones de la Seguridad Social, pero tampoco generarán nuevos derechos sobre las prestaciones de la Seguridad Social.
- En tercer lugar, de acuerdo con lo dispuesto por el art. 214 LGSS en caso de jubilación activa, el disfrute de la pensión de jubilación, en su modalidad contributiva, será compatible con la realización de cualquier trabajo por cuenta ajena o por cuenta propia del pensionista, en los siguientes términos: a) El acceso a la pensión deberá haber tenido lugar al menos un año después de haber cumplido la edad ordinaria que en cada caso resulte de aplicación, sin que, a tales efectos, sean admisibles jubilaciones acogidas a bonificaciones o anticipaciones de la edad de jubilación que pudieran ser de aplicación al interesado; b) El porcentaje aplicable a la respectiva base reguladora a efectos de determinar la cuantía de la pensión causada ha de alcanzar el 100 por 100 (STS de 30 de mayo de 2017, Rec. 2268/15); c) El trabajo compatible podrá realizarse a tiempo completo o a tiempo parcial. En todo caso, en este supuesto de compatibilidad hay que señalar, en primer lugar, que la cuantía de la pensión de jubilación compatible con el trabajo será equivalente al 50 por ciento del importe resultante en el reconocimiento inicial, una vez aplicado, en su caso, el límite máximo de pensión pública, o del que se esté percibiendo, en el momento de inicio de la compatibilidad con el trabajo, excluido, en todo caso, el complemento por mínimos, cualquiera que sea la jornada laboral o la actividad que realice el pensionista. En segundo lugar, que en el supuesto de que la actividad se realice por cuenta propia, si se acredita tener contratado, al menos, a un trabajador por cuenta ajena (no incluyendo la contratación de personas empleadas de hogar, STS de 26 de abril de 2023, rec. 517/2020), la cuantía

de la pensión compatible con el trabajo alcanzará al 100 por ciento, si bien este derecho no alcanza a los autónomos societarios (STSde 23 julio 2021, rec. 1515/2020) ni cuando la contratación discurre entre una comunidad de bienes y la plantilla (STS de 14 de marzo de 2023, rec. 2760/2020). En tercer lugar, que la pensión se revalorizará en su integridad en los términos establecidos para las pensiones del sistema de la Seguridad Social. No obstante, en tanto se mantenga el trabajo compatible, el importe de la pensión más las revalorizaciones acumuladas se reducirá en un 50 por ciento, excepto en el supuesto de realización de trabajos por cuenta propia cuando se acredite la contratación de un trabajador. Y, finalmente, que durante la realización del trabajo compatible con la pensión de jubilación, se cotizará solo por IT y ATEP, aunque se exige una cotización especial de solidaridad del 9 por ciento sobre la base de cotización por contingencias comunes, no computable a efectos de prestaciones, que se distribuirá entre ellos, corriendo a cargo del empresario el 7 por ciento y del trabajador el 2 por ciento (art. 153 LGSS).

- Finalmente, el RD 302/2019, de 26 de abril, ha regulado el régimen de compatibilidad de la pensión contributiva de jubilación y la actividad de creación artística, reconociendo la compatibilidad de aquella con los ingresos derivados de derechos de propiedad intelectual, incluidos los generados por su transmisión a terceros, con independencia de que por la misma actividad se perciban otras remuneraciones conexas. No obstante, se exige como requisito para compatibilidad que se desarrolle exclusivamente la actividad artística y no, además de esta, cualquier otro trabajo. La actividad de creación artística será compatible con el 100% de la pensión —incluido el complemento de maternidad; la cuantía adicional del art. 210.2 LGSS; y, en su caso, el complemento a mínimos—; y, la cotización se regula en idénticos términos a los previstos para el envejecimiento activo (art. 6 RD 302/2019).

2.6. La pensión sovi: régimen transitorio

La LGSS contempla de manera transitoria los derechos de los trabajadores que hubieran cotizado, antes del 1 de enero de 1967, cualquiera que fuese su edad en dicha fecha, por el extinguido Seguro de Vejez e Invalidez o que, en su defecto, hubiesen figurado afiliados al extinguido Régimen de Retiro Obrero Obligatorio. Concretamente, la DT 2ª les reconoce el derecho a causar las prestaciones del primero de dichos seguros, con arreglo a las condiciones exigidas por la legislación del mismo, y siempre que los interesados no tengan derecho a ninguna pensión a cargo de los regímenes que integran el Sistema de la Seguridad Social, con excepción de las pensiones de viudedad de las que puedan ser beneficiarios; entre tales pensiones se entenderán incluidas las correspondientes a las entidades sustitutorias integradas en el Régimen General de SS o en algunos de sus Regímenes Especiales. En todo caso, se fija como límite que cuando concurran la pensión de viudedad y la del SOVI, su suma no podrá ser superior al doble del importe de la pensión mínima de viudedad para beneficiarios con 65 o más años que esté establecido en cada momento. Caso de superarse dicho límite, se procederá a la minoración de la cuantía de la pensión del SOVI, en el importe necesario para no exceder del límite indicado.

Lección 15
Muerte y supervivencia

EVA LÓPEZ TERRADA
Catedrática de Derecho del Trabajo y de la Seguridad Social
Universitat de València

1. SITUACIONES PROTEGIDAS POR LAS PRESTACIONES DE MUERTE Y SUPERVIVENCIA

La LGSS regula las llamadas prestaciones de "muerte y supervivencia" (arts. 216 a 234, desarrollados reglamentariamente por la OM 13-2-67), comprensivas de los siguientes supuestos:

- La pensión vitalicia o la prestación temporal de viudedad;
- La pensión de orfandad o la prestación de orfandad;
- La pensión vitalicia o, en su caso, el subsidio temporal en favor de familiares;
- Las indemnizaciones por muerte y supervivencia, esto es, la indemnización a tanto alzado y el auxilio por defunción.

Con carácter general, suele afirmarse que las prestaciones por muerte y supervivencia tratan de hacer frente al estado de necesidad que la muerte de una persona (sujeto causante) provoca en otros individuos allegados a ella (beneficiarios). Sin embargo, esta afirmación general debe puntualizarse atendiendo a dos factores: por un lado, las contingencias específicas que dan lugar a cada una de las prestaciones; por otro lado, la evolución sufrida por su normativa reguladora.

Así, en el caso de la viudedad, la protección que se dispensa ha perdido su sentido originario y no tiene siempre como objeto atender situaciones de necesidad. Como se verá, de mediar matrimonio, la viudedad tiene como finalidad, más bien, compensar frente a un daño, cual es la falta o minoración de unos ingresos de los que participaba el cónyuge supérstite[1]. Ello significa que, en múltiples ocasiones, la viudedad termina convirtiéndose en

---

1 Por todas, STC 184/1990, de 15 de noviembre.

un complemento a las rentas económicas del cónyuge supérstite, al que se le garantiza un nivel de vida similar al disfrutado con anterioridad a la muerte del causante. Lo mismo sucede en el caso de las uniones de hecho tras la desaparición del requisito de dependencia económica que antes se les exigía.

Del mismo modo, en la pensión de orfandad, la protección de un estado de necesidad real inicialmente amparado se difumina para perseguir un fin más bien propio de las normas privadas del Derecho de familia, como es compensar la pérdida de los ingresos que, hasta el momento de su fallecimiento, venía aportando el causante.

Sin embargo, la dependencia económica del causante constituye la exigencia común de acceso a las prestaciones en favor de familiares, pues dichas prestaciones, a diferencia de la viudedad y la orfandad, siguen teniendo el propósito, en todo caso, de atender la situación real de necesidad en que quedan una serie de familiares tras producirse el fallecimiento.

Finalmente, por lo que a las indemnizaciones por muerte y supervivencia se refiere cabría destacar, por una parte, que las consideraciones relativas a la viudedad y orfandad deben darse por reproducidas, en principio, respecto a la indemnización a tanto alzado, ya que esta indemnización se reconoce, esencialmente, a los mismos sujetos beneficiarios de la viudedad y orfandad a modo de protección complementaria en caso de muerte por AT o EP. Por otra parte, en el auxilio por defunción la situación de necesidad que se protege es distinta, puesto que guarda relación con el incremento de gastos soportado por la persona que asume los gastos del sepelio.

2. LOS REQUISITOS DEL HECHO CAUSANTE

La muerte constituye, con carácter general, el hecho causante de las prestaciones por muerte y supervivencia. Existe, sin embargo, una excepción, ya que en la pensión de orfandad el hecho causante puede identificarse con el nacimiento del beneficiario, cuando éste sea un hijo póstumo (art. 3 OM 13-2-67).

En todo caso, en relación con la muerte del causante, la LGSS contiene dos aclaraciones:

La primera de ellas se refiere a los supuestos de desaparición del trabajador. Con la intención de acortar los trámites previstos en la legislación civil (arts. 193 y siguientes del Cc), la LGSS permite causar las prestaciones por muerte y supervivencia —excepción hecha del auxilio por defunción— cuando haya desaparecido el trabajador con ocasión de un accidente, sea o no de trabajo, en circunstancias que hagan presumible su muerte y sin que se hayan tenido noticias suyas durante los noventa días naturales siguientes al del accidente (art. 217.3. LGSS).

La segunda aclaración alude, por su parte, a los supuestos en que la muerte afecta a alguien que, previamente, ha sido declarado en situación de incapacidad. Y es que sujetos causantes de las prestaciones de muerte y supervivencia, además de los trabajadores en activo y los perceptores de los subsidios de incapacidad temporal, nacimiento y ciudado de menor, riesgo durante el embarazo y/o lactancia natural, pueden ser los pensionistas por incapacidad permanente y jubilación en su modalidad contributiva (art. 217.1 LGSS). Pues bien, en los casos de incapacidad, la LGSS indica que se reputarán de derecho muertos a consecuencia de AT o EP quienes tengan reconocida por tales contingencias una invalidez permanente absoluta para todo trabajo o la condición de gran inválido. Si este supuesto no concurre, deberá probarse que la muerte ha sido debida al AT o EP, siempre que el fallecimiento haya ocurrido dentro de los cinco años siguientes a la fecha del accidente, y sin que exista límite de tiempo para la admisión de la prueba en caso de enfermedad profesional (art. 217.2 LGSS).

3. LA PENSIÓN DE VIUDEDAD

3.1. Sujeto causante

Para que la protección derivada de la pensión de viudedad pueda otorgarse, la legislación exige, en primer lugar, una serie de requisitos al sujeto causante de la prestación referidos al alta y al período de carencia. Efectivamente, el art. 219.1 LGSS exige que el causante se encontrase en alta o en situación asimilada a la de alta y hubiera completado un período de cotización de quinientos días —en el que deben computarse los días cuota por gratificaciones extraordinarias[2] dentro de un período ininterrumpido de cinco años inmediatamente anteriores a la fecha del hecho causante de la pensión. Ahora bien, el propio precepto se encarga de matizar este requisito mediante la previsión de una serie de reglas:

- Si la pensión se causa desde una situación de alta o de asimilada al alta, sin obligación de cotizar, el período de cotización de quinientos

[2] STS de 22 de septiembre de 2020 *(Tol 8116703)*.

días deberá estar comprendido dentro de un período ininterrumpido de cinco años inmediatamente anteriores a la fecha en que cesó la obligación de cotizar.

- Si la causa de la muerte fuera un accidente, sea o no de trabajo, o una enfermedad profesional, no se exigirá ningún período previo de cotización.
- Si el causante, a la fecha del fallecimiento, no se encontrase en alta o en situación asimilada a la de alta, se tendrá derecho igualmente a la pensión de viudedad siempre que el mismo hubiera completado un período mínimo de cotización de quince años.

3.2. Beneficiarios de la protección

3.2.1. El acceso de las uniones de hecho a la pensión de viudedad

Tras una insistente y casi unánime reclamación por parte de la doctrina, la Ley 40/2007, de 4 de diciembre, reconoció, por primera vez, la posibilidad de que el conviviente supérstite de una pareja de hecho acceda a la pensión de viudedad.

Ahora bien, las condiciones para generar el derecho a la pensión se plantean de un modo bien distinto en el caso del matrimonio y en el de las uniones de hecho.

A) El derecho a pensión del cónyuge supérstite

Si se contrajo matrimonio, el art. 219.2 LGSS, centrándose en los supuestos en que el fallecimiento del causante derive de enfermedad común "no sobrevenida tras el vínculo conyugal", requiere un período previo de un año de matrimonio o, alternativamente, la existencia de hijos comunes. Además, tiene en cuenta la convivencia previa. Es decir, se entiende que decaerá la exigencia de que el vínculo matrimonial hubiera tenido una duración de un año, si en la fecha de celebración del matrimonio se acredita un período de convivencia con el causante en los términos establecidos para las uniones de hecho que, sumado al de duración del matrimonio, hubiera superado los dos años[3]. La acreditación de dicha convivencia pue-

---

[3] La exigencia de que la convivencia se produzca en los términos establecidos para las uniones de hecho implica que el plazo de duración de esa convivencia solo

de efectuarse por cualquiera de los medios probatorios admitidos en Derecho[4].

B) El derecho a pensión del conviviente supérstite

En el caso de las parejas de hecho, el acceso de los convivientes *more uxorio* a la pensión de viudedad planteaba dos tipos de problemas: los relacionados con la seguridad jurídica y los atinentes a la escasez de recursos.

Para resolver el primer tipo de problemas, el art. 221 LGSS restringe el concepto de pareja de hecho a las uniones que reúnan una serie de requisitos:

En primer lugar, como presupuesto previo de carácter subjetivo[5], se exige que la pareja de hecho se constituya, con análoga relación de afectividad a la conyugal, por quienes, no hallándose impedidos para contraer matrimonio, no tengan vínculo matrimonial con otra persona ni constituida pareja de hecho. En consecuencia, no puede causar la pensión de viudedad la persona separada judicialmente, sin derecho a pensión compensatoria, que ha convivido con un tercero, aunque haya existido inscripción en el registro de parejas de hecho correspondiente casi todo el tiempo de convivencia[6].

En segundo lugar, se incorpora una exigencia material, que se refiere a la necesidad de acreditar, mediante el correspondiente certificado de empadronamiento, una convivencia estable y notoria con carácter inmediato al fallecimiento del causante y con una duración ininterrumpida no inferior a cinco años[7]. No obstante, si existen hijos en común solo deberá

---

puede computarse desde que la pareja pudo contraer matrimonio (STS de 26 de octubre de 2022, *Tol 9.274.790*, por todas).

4 STS de 20 de noviembre de 2011, Rec. 232/2011, por todas.

5 SS. TC 40/2014, de 11 de marzo; 51/2014, de 7 de abril o 45/2014, de 7 de abril.

6 STS de 2 de marzo de 2017, Rec. 3134/2015.

7 No es preciso que se cumpla el requisito de no tener vínculo conyugal con otra persona durante los cinco años de convivencia exigidos legalmente, siendo suficiente con que concurra en el momento inmediatamente anterior al fallecimiento del causante (STS de 24 de octubre de 2012, Recud. 83/2012). Por otra parte, si cumple todos los demás requisitos, la mujer que, por razón de violencia de género, no estaba ya unida ni convivía con el causante en el momento de su fallecimiento, tiene derecho a la pensión de viudedad de parejas de hecho (por todas, STS de 13 de abril de 2023, *Tol 9.524.212*).

acreditarse la constitución de la pareja de hecho, tal y como a continuación se indica.

Por último, debe cumplirse una exigencia formal, o *ad solemnitatem*, que se concreta en la necesidad de que la existencia de la pareja de hecho se acredite mediante certificación de la inscripción en los registros específicos existentes en la CC.AA. o Ayuntamiento del lugar de residencia, así como, en los supuestos de inexistencia de dicha inscripción, mediante documento público en el que conste la constitución de dicha pareja. Tanto la mencionada inscripción como la formalización del correspondiente documento público deberán haberse producido con una antelación mínima de dos años con respecto a la fecha de fallecimiento del causante[8].

Por otra parte, en cuanto a los problemas relativos a la escasez de recursos, cabe observar que, hasta la entrada en vigor de la Ley 21/2021, de 28 de diciembre, el art. 221.1 LGSS limitaba la concesión de la pensión de viudedad a las convivientes de hecho que demostrasen un determinado nivel de dependencia económica de su pareja o una situación real de necesidad. Por ello, con carácter excepcional, se reconoce la pensión de viudedad, con efectos 1 de enero de 2022, cuando, habiéndose producido el fallecimiento de uno de los miembros de la pareja de hecho con anterioridad a esta fecha, concurran las siguientes circunstancias (DA 40ª LGSS):

a) Que a la muerte del causante, reuniendo éste los requisitos de alta y cotización, no se hubiera podido causar derecho a pensión de viudedad.

b) Que el beneficiario pueda acreditar en el momento de fallecimiento del causante la existencia de pareja de hecho, en los términos establecidos en el art. 221.2 LGSS.

c) Que el beneficiario no tenga reconocido derecho a pensión contributiva de la Seguridad Social.

---

8 La STC 40/2014, de 11 de marzo, declaró inconstitucional y nulo por vulneración del art. 14 en relación con el art. 149.1.17 CE el párrafo quinto del art. 174.3 LGSS. A juicio del Tribunal, dicha norma introducía un criterio de diferenciación entre los sobrevivientes de la pareja de hecho carente de justificación al permitir que en las CC.AA. con Derecho Civil propio la consideración de pareja de hecho y su acreditación se llevara a cabo conforme a su legislación específica. La falta de fijación de un periodo transitorio condujo, no obstante, a que la STEDH 19 enero 2023 (Rodríguez González contra España) estimase indebida la denegación de la pensión debido a la aplicación retroactiva imprevisible de un nuevo requisito -la necesidad de registro- para tener derecho a ella.

Para acceder a la pensión, la correspondiente solicitud deberá ser presentada en el plazo improrrogable de los doce meses siguientes al 1 de enero de 2022. La pensión reconocida tendrá efectos económicos desde el día primero del mes siguiente a la solicitud.

3.2.2. El requisito del vínculo conyugal

En el caso de la pensión de viudedad del cónyuge supérstite resulta necesario analizar los muchos problemas relacionados con la exigencia del vínculo matrimonial como requisito de acceso a la pensión.

A) El matrimonio homosexual

Como indica la DA 1ª de la Ley 13/2005, de 1 de julio, tras la entrada en vigor de dicha Ley todas las referencias al matrimonio que se contienen en nuestro ordenamiento jurídico han de entenderse aplicables con independencia del sexo de sus integrantes. Ello supone que, sin ninguna duda, el cónyuge supérstite de un matrimonio homosexual podrá ser el beneficiario con derecho a percibir la pensión de viudedad.

Sin embargo, no procede el reconocimiento de pensión de viudedad cuando el fallecimiento de la pareja del mismo sexo con la que se convivía *more uxorio* se haya producido antes de la entrada en vigor de la mencionada Ley 13/2005 de 1 de julio. Según la jurisprudencia del TS[9], es solo a partir de la entrada en vigor de dicha Ley, al día siguiente de su publicación, cuando podían contraer matrimonio personas del mismo sexo, no contemplando la misma ninguna norma transitoria, que permita sostener la aplicación de los efectos de dicho matrimonio cuando el fallecimiento del causante se produjo antes de la entrada en vigor de la Ley referida.

B) Los problemas de eficacia civil

Cuando el acceso a la pensión de viudedad esté condicionado por la exigencia de vínculo matrimonial, van a continuar planteándose supuestos problemáticos siempre que la validez de dicho vínculo no sea clara.

Para que el matrimonio sea plenamente eficaz es preciso que se haya celebrado, bien en forma civil, bien en forma religiosa, si se trata de alguna

---

9 STS de 29 de abril de 2009, Rec. 577/2008.

de las religiones —católica, evangélica, israelita e islámica— con las que el Estado español tiene firmado Acuerdos. Esto supone, en principio, que carecen de efectos civiles los matrimonios celebrados en España en otra forma religiosa o cultural. Por este motivo, se ha rechazado la eficacia a efectos de la pensión de viudedad del matrimonio oficiado siguiendo el rito o costumbre de la etnia gitana. Según entendió la STC 69/2007, de 16 de abril, tal denegación no supone un trato discriminatorio basado en motivos sociales o étnicos, puesto que ni implica discriminación limitar la prestación de viudedad a los supuestos de vínculo matrimonial legalmente reconocido, excluyendo otras uniones o formas de convivencia, ni la unión celebrada conforme a los usos y costumbres gitanos ha sido reconocida por el legislador como una de las formas válidas para contraer matrimonio. Sin embargo, el Tribunal Europeo de Derechos Humanos consideró, en su sentencia de 8 de diciembre de 2009 (caso *Muñoz Díaz* contra España), que la decisión adoptada por el TC constituye una diferencia de trato en relación al trato dado, por la Ley o la jurisprudencia, a otras situaciones que deben considerarse equivalentes en lo relativo a los efectos de la buena fe, tales como el convencimiento de buena fe de la existencia de un matrimonio nulo (art. 174 LGSS), o la situación examinada en la STC 199/2004, de 15 noviembre, concerniente a la no formalización, por razones de conciencia, de un matrimonio canónico[10]. Con todo, el Tribunal reconoce que el hecho de que las uniones gitanas no originen efectos civiles no constituye una discriminación ilegal[11].

Cabe recordar a este respecto que si se ha celebrado el matrimonio en alguna de las formas religiosas a las que el Estado atribuye efectos civiles, se ha interpretado que la falta de inscripción registral, por carecer de carácter constitutivo, no implica la inexistencia de vínculo válido a efectos del sistema de Seguridad Social, incluso en supuestos en que el matrimonio se

---

[10] En la citada STC 199/2004, de 15 de noviembre, se reconocen efectos en materia de viudedad a un matrimonio canónico no inscrito en el Registro Civil prescindiendo de este comportamiento y partiendo de la base, en consecuencia, de la existencia de un matrimonio válidamente celebrado de acuerdo con nuestro ordenamiento jurídico.

[11] Las SSTS de 25 de enero de 2018 (*Tol 6499318*) y 24 de junio de 2020 *(Tol 8055688)* declaran inaplicable la doctrina Muñoz Díaz si la buena fe en la creencia de eficaz vínculo matrimonial a los efectos del derecho español no concurre por no venir avalada en los documentos oficiales (Libro de Familia e inscripciones de nacimiento) que le hubieran dado apariencia de validez.

celebró con anterioridad a la aprobación del Acuerdo correspondiente[12] o en el ya mencionado caso en que fueron los propios contrayentes quienes se negaron expresamente a que se practicara la inscripción registral, por entender que la celebración de su unión conyugal en la fe era suficiente a todos los efectos[13].

Por otra parte, hay que tener en cuenta que la absoluta falta de validez del matrimonio bígamo no ha impedido que se reconociera, por aplicación de lo dispuesto en el art. 79 del Cc, la pensión de viudedad al contrayente supérstite de buena fe, en proporción al tiempo de convivencia con el causante[14].

Más problemáticos resultan los matrimonios polígamos contraídos por extranjeros bajo la legislación de su país de origen. En estos casos, las respuestas de los Tribunales españoles difieren notablemente. Así, existen sentencias que interpretan estrictamente la excepción de orden público (art. 12.3 Cc) y declaran que, a efectos de la ley española, el segundo matrimonio es nulo y, por lo tanto, "*quod nullum est ab initio, nullum efectum producet*". En consecuencia, afirman que únicamente tiene el concepto de cónyuge legítimo con derecho a la pensión de viudedad el derivado del primer matrimonio[15]. En otras ocasiones, por el contrario, se interpreta flexiblemente la excepción de orden público y, partiendo de la legalidad del vínculo por aplicación de la ley personal de los esposos, se estima que, al existir varios matrimonios legales simultáneamente, la pensión de viudedad debe dividirse a partes iguales entre las cónyuges supervivientes, sin utilizar la regla prevista para los supuestos de separación y divorcio[16].

---

12 La [STS de 15 de diciembre de 2004 (*Tol 591364*)], reconoce efectos, en relación con la pensión de viudedad, a un matrimonio celebrado por el rito de la Iglesia Evangélica no inscrito en el Registro civil y anterior a la firma del Acuerdo correspondiente, que aprobó la Ley 24/1992, de 10 de noviembre.

13 STC 199/2004, de 15 de noviembre.

14 Puede verse, por todas, [la STSJ de Madrid de 31 de mayo de 2005 (*Tol 669469*)].

15 [SS.TSJ de Cataluña de 30 de julio de 2003 (*Tol 319350*) y del TSJ de la Comunidad Valenciana de 6 de junio de 2005 (*Tol 693246*)].

16 [SS.TSJ de Galicia de 2 de abril de 2002 (*Tol 210853*) y del TSJ de Andalucía (Málaga) de 30 de enero de 2003 (Rec. 934/2002)]. Según la STS de 24 de enero de 2018 [Sala 3ª (*Tol 6490142*)] la suscripción del Convenio de Seguridad Social entre España y Marruecos permite que en el caso de un trabajador marroquí con dos o más esposas, la pensión de viudedad causada se reparta entre todas ellas, pese a ser la bigamia contraria al orden público en nuestro país.

3.2.3. Los supuestos de separación, divorcio y nulidad matrimonial

A) La pensión de viudedad de las personas divorciadas

Por otra parte, desde la regulación del divorcio por ley 30/1981, de 8 de julio, se ha reconocido el acceso a la pensión de viudedad en los casos de separación, divorcio y nulidad matrimonial. Según la actual regulación, el derecho a pensión de viudedad de las personas divorciadas queda condicionado a que, siendo acreedoras de la pensión compensatoria a que se refiere el art. 97 del Cc, ésta quedara extinguida por el fallecimiento del causante (art. 220 LGSS). La referencia debe entenderse hecha a las pensiones compensatorias que, en virtud de lo dispuesto por el Cc, corresponden al cónyuge al que la separación o divorcio produzca, no un estado de desamparo forzosamente, sino "un desequilibrio económico en relación con la posición del otro, que implique un empeoramiento de su situación anterior en el matrimonio". Ahora bien, no puede efectuarse una interpretación literal que exija que la pensión compensatoria haya sido fijada con esa denominación por el convenio regulador de la separación o el divorcio, sino que debe acudirse, por el contrario, a la verdadera naturaleza de la pensión fijada a cargo del causante[17].

Por lo que a la concurrencia de beneficiarios respecta (ex cónyuge/s y viudo o conviviente supérstite que concurra, eventualmente, con él), la regulación vigente, sin eliminar el reparto de la pensión única, prevé que la pensión sea reconocida "en cuantía proporcional al tiempo vivido por cada uno de ellos con el causante", garantizándose, en todo caso, el 40 por ciento a favor del cónyuge superviviente o, en su caso, del que, sin ser cónyuge conviviera con el causante en el momento del fallecimiento y resultara beneficiario de la pensión de viudedad. Para evitar que de no concurrir los cónyuges históricos con otros beneficiarios de la pensión los primeros puedan acceder al cien por cien de la misma se establece que en el supuesto de que la cuantía de la pensión de viudedad fuera superior a la pensión compensatoria, aquélla se disminuirá hasta alcanzar la cuantía de esta última (es decir, se limita la cuantía de la pensión de viudedad a la de la pensión compensatoria civil a la que se tuviera derecho)[18]. En caso de fallecimiento del ex cónyuge, se restablece el derecho del cónyuge su-

---

17 STS de 11 de abril de 2023 (*Tol 9517530*), por todas.

18 Según la STS de 19 de diciembre de 2017 (*Tol 6484732*) cuando la pensión del ex-cónyuge debe minorarse porque supera el importe de la compensatoria, esa misma porción minorada se traslada a la pensión del cónyuge (o pareja) conviviente.

pérstite en su dimensión originaria, de manera que al importe de pensión de viudedad que le corresponde —en proporción al tiempo de convivencia con el causante— se le debe añadir la porción de pensión que —en razón de ese mismo parámetro— ha venido percibiendo el ex cónyuge a partir del momento en que se extingue este derecho[19]. Además, se ha incluye en el art. 220 una necesaria excepción a la exigencia de estar percibiendo la pensión compensatoria de tratarse de mujeres víctimas de la violencia de género. Por otra parte, se ha suplido la ausencia de un régimen transitorio mediante la DT 13ª LGSS que protege a las ex parejas históricas no acreedoras de pensión compensatoria alguna (*vid.* Ley 26/2009, de 23 de diciembre y Ley 27/2011, de 1 de agosto).

B) La pensión de viudedad de las personas separadas y del cónyuge de buena fe de los matrimonios nulos

En cuanto a los supuestos de separación matrimonial, siguiendo la misma lógica que en los casos de divorcio, el acceso a la pensión se reserva a las personas separadas que estén percibiendo una pensión compensatoria del art. 97 del Cc cuando ésta quedara extinguida por el fallecimiento del causante (art. 220.1 LGSS).

En los supuestos de nulidad, la LGSS dispone que el derecho a la pensión corresponderá al superviviente al que se le haya reconocido el derecho a la indemnización a que se refiere el art. 98 del Cc. También aquí la pensión se concederá en cuantía proporcional al tiempo vivido con el causante, sin perjuicio de los límites que puedan resultar por aplicación de lo previsto en el supuesto de concurrencia de varios beneficiarios (art. 220.3 LGSS).

3.2.4. La pensión de viudedad de la expareja de hecho

Cuando la pareja de hecho constituida en virtud de lo establecido en el art. 221.2 LGSS se extinga por voluntad de uno o ambos convivientes, el posterior fallecimiento de uno de ellos solo dará derecho a pensión de viudedad con carácter vitalicio al superviviente cuando, además de concurrir los requisitos exigidos en cada caso en el art. 219 LGSS, no haya cons-

---

19 SSTS de 9 de junio de 2021y 9 de febrero de 2022, Rec. 3901/2018 y 4823/2019, respectivamente.

tituido una nueva pareja de hecho en los términos indicados ni contraído matrimonio. Asmismo, como en el caso de las uniones matrimoniales, se requerirá que la persona supérstite sea acreedora de una pensión compensatoria y que ésta se extinga con motivo de la muerte del causante. La pensión compensatoria deberá estar determinada judicialmente o mediante convenio o pacto regulador entre los miembros de la pareja otorgado en documento público, siempre que para fijar el importe de la pensión se haya tenido en cuenta la concurrencia en el perceptor de las mismas circunstancias relacionadas en el artículo 97 del Cc. En el supuesto de que la cuantía de la pensión de viudedad fuera superior a la pensión compensatoria, aquella se disminuirá hasta alcanzar la cuantía de esta última (art. 221.3 LGSS).

En todo caso, tendrán derecho a la pensión de viudedad las mujeres que, aun no siendo acreedoras de pensión compensatoria, pudieran acreditar que eran víctimas de violencia de género en el momento de la extinción de la pareja de hecho (art. 221.3 LGSS).

3.3. Contenido de la acción protectora

Aunque la cuantía de la pensión de viudedad se obtiene de la aplicación de un porcentaje a la base reguladora en los términos que a continuación se exponen, cabe advertir que, debido a lo reducido de dicha cuantía, resulta obligado garantizar a sus beneficiarios unas cantidades mínimas, denominadas complementos por mínimos, que se fijan cada año en función de la edad, el nivel de rentas y las cargas familiares (*cfr.* art. 59 LGSS).

3.3.1. La base reguladora

La base reguladora de la pensión de viudedad difiere dependiendo de que se trate o no del fallecimiento de trabajadores en activo. A su vez, cuando el sujeto causante fuera un trabajador en activo o en situación asimilada al alta, debe diferenciarse según la causa de la muerte sea debida a contingencia profesional o no.

Efectivamente, en caso de fallecimiento de trabajadores en activo derivado de contingencias comunes, la base reguladora será el cociente que resulte de dividir por 28 la suma de las bases de cotización del interesado durante un período ininterrumpido de 24 meses, elegidos por los beneficiarios dentro de los 15 años inmediatamente anteriores a la fecha del hecho causante de la pensión (art. 7.2 D. 1646/1972, de 23 de junio; art. 9 de la OM 13-2-67 y art. 228 LGSS).

Sin embargo, en caso de fallecimiento de un trabajador en activo o asimilado al alta por contingencias profesionales, la base reguladora se calculará sobre los salarios realmente percibidos en cómputo anual, con inclusión de las horas extraordinarias (*vid.* DA 11ª del RD 4/1998, de 9 de enero).

Por fin, si el causante, al tiempo de su fallecimiento, fuese pensionista de jubilación o incapacidad permanente, la base reguladora será la misma que sirvió para determinar su pensión. En estos casos, la cuantía de la pensión se incrementará mediante la aplicación de las mejoras o revalorizaciones que, para las prestaciones de igual naturaleza por muerte y supervivencia, hayan tenido lugar desde la fecha del hecho causante de la pensión de la que deriven (art. 7.3 del D. 1646/1972, de 23 de junio).

3.3.2. El porcentaje aplicable

El porcentaje que, con carácter general, debe aplicarse a la base reguladora para la determinación de la cuantía de la pensión de viudedad es del 52 por 100. Sin embargo, es posible que el porcentaje aplicable llegue a ser del 70 por 100 cuando se reúnan una serie de requisitos de carácter claramente "asistencial" (art. 31 del D. 3158/1966, de 23 de diciembre):

- Que la pensión de viudedad constituya la principal o única fuente de ingresos del pensionista. En este sentido, se entiende que la pensión constituye la principal o única fuente de ingresos del pensionista, cuando el importe anual de la misma represente, como mínimo, el 50 por 100 del total de los ingresos de aquél, también en cómputo anual. A tales efectos, como cuantía de la pensión se tendrá en cuenta también el importe del complemento por mínimos que pudiera corresponder.
- Que dichos ingresos no superen una cuantía determinada. Concretamente, será necesario que los rendimientos anuales del pensionista por todos los conceptos no superen la cuantía resultante de sumar al límite que, en cada ejercicio económico, esté previsto para el reconocimiento de los complementos por mínimos de las pensiones contributivas, el importe anual que, en cada ejercicio, corresponda a la pensión mínima de viudedad en función de la edad del pensionista.

- Que el pensionista tenga cargas familiares, lo cual sucede si existe convivencia del beneficiario con hijos menores de veintiséis años o mayores incapacitados, o menores acogidos, cuando los rendimientos del conjunto de la unidad familiar, así constituida, incluido el pensionista, dividida entre el número de miembros que la compongan, no supere, en cómputo anual, el 75 por 100 del SMI, excluida la parte proporcional de dos pagas extraordinarias. Es interesante añadir que el TS ha interpretado ampliamente estos requisitos, afirmando que no existe base para entender que de la "unidad familiar" deban excluirse los hijos privativos de uno de los cónyuges. Para llegar a esta conclusión el Tribunal valora que, a pesar de tratarse de una pensión de carácter contributivo, la regulación que nos ocupa, al exigir menores ingresos y cargas familiares para poder ampliar el porcentaje de la base reguladora al 70%, imprime un carácter asistencial que quedaría desvirtuado con una interpretación de otro tipo[20].

La Ley 27/2011 anunció —en su DA 30ª— una mejora de la pensión de viudedad para los beneficiarios de 65 o más años que vivan exclusiva o preferentemente de su pensión (por no tener derecho a otra pensión pública; no percibir ingresos por la realización de trabajo por cuenta ajena o por cuenta propia; y porque los rendimientos o rentas percibidos, diferentes de los anteriores, no superen, en cómputo anual, el límite de ingresos que esté establecido en cada momento para ser beneficiario de la pensión mínima de viudedad), que se materializó, finalmente, en un incremento del porcentaje aplicable a la base reguladora de la pensión que pasó a ser del 56% desde el día primero del mes siguiente a la entrada en vigor de la Ley 6/2018 de PGE de 2018 y que alcanzó el 60% el 1 de enero de 2019. La exigencia de inexistencia de otra pensión pública para acceder a la mejora se ha suavizado, además, entendiéndose ahora que el incremento será compatible con aquellas pensiones públicas, ya sean españolas o extranjeras, cuya cuantía no exceda del importe del mismo. En estos supuestos, el incremento de la pensión de viudedad se abonará exclusivamente por la diferencia entre la cuantía de éste y la de la pensión percibida por el beneficiario. Se establece, además, que no impedirá que se considere cumplido el requisito de no tener derecho a otra pensión pública española o extranjera, ni tampoco el incremento de la base reguladora de la pensión principal de viudedad del Régimen de Clases Pasivas del Estado, la percepción

---

20 STS de 2 de octubre de 2008 (*Tol 1396170*).

de una pensión a cargo del Fondo Especial de la Mutualidad General de Funcionarios Civiles del Estado cuando se acredite el resto de los requisitos exigidos (DF 7ª RD-Ley 28/2018, de 28 de diciembre).

A las mujeres y los hombres que hayan tenido uno o más hijos o hijas y sean personas beneficiarias de una pensión de viudedad se les reconocerá un complemento para la reducción de la brecha de género en los términos del art. 60 LGSS (*vid. supra*, lecc. 8ª, epígrafe 1.6).

3.4. Dinámica de la protección

3.4.1. Nacimiento

El derecho al reconocimiento de la pensión de viudedad —como en las restantes prestaciones por muerte y supervivencia, salvo el auxilio por defunción— es imprescriptible, sin perjuicio de que los efectos económicos del reconocimiento se produzcan a partir de los tres meses anteriores a la fecha en que se presente la correspondiente solicitud (art. 230 LGSS). No obstante, en el caso de desaparición del causante por accidente, los efectos económicos se retrotraerán a la fecha del accidente (art. 217.3 LGSS).

Al igual que ocurre en las demás prestaciones por muerte y supervivencia, el reconocimiento y gestión del derecho corresponderá al INSS cuando la muerte derive de enfermedad común o accidente no laboral. Cuando la muerte derive de AT o EP, corresponderá al INSS o a la MCSS con la que el empresario del sujeto causante tuviera concertada la protección de los riesgos profesionales.

El pago es, como también sucede en las demás prestaciones por muerte y supervivencia, competencia de la TGSS (art. 3 a) RD 2318/1984, de 20 de junio). Aunque tratándose de prestaciones derivadas de AT o EP también puede realizarlo la MCSS correspondiente, en el caso del pago de pensiones la MCSS deberá capitalizar el coste de la pensión y depositarlo en la TGSS (art. 110.3 LGSS).

3.4.2. Duración y extinción

La pensión de viudedad se reconoce, en principio, con carácter vitalicio. Sin embargo, es posible que concurran una serie de causas, además del fallecimiento del beneficiario, que determinan la extinción de la pensión (*vid.* arts. 7 y 11 de la Orden de 13 de febrero de 1967).

Así, por una parte, la pensión de viudedad se extingue por contraer nuevo matrimonio o por constituir una pareja de hecho en los términos que dan acceso a la pensión. Ahora bien, en uno y otro caso resulta posible mantener el percibo de la pensión de viudedad si se trata de beneficiarios en quienes concurran los siguientes requisitos:

- Ser mayor de sesenta y un años o menor de dicha edad, siempre que, en este último caso, se tenga reconocida también una pensión de incapacidad permanente, en el grado de incapacidad absoluta o de gran invalidez, o se acredite una minusvalía en un grado igual o superior al 65 por 100.
- Constituir la pensión o pensiones de viudedad percibidas por el pensionista la principal o única fuente de rendimientos. Se entenderá que la pensión o pensiones de viudedad son la principal fuente de rendimientos, cuando el importe anual de la misma o de las mismas represente, como mínimo, el 75 por 100 del total de ingresos de aquél, en cómputo anual. Para el cómputo del indicado porcentaje, se considerará comprendida en la cuantía de la pensión el complemento por mínimos que, en su caso, pudiera corresponder. Además, se considerarán como rendimientos computables cualesquiera bienes y derechos, derivados tanto del trabajo como del capital, así como los de naturaleza prestacional.
- Tener el matrimonio o pareja de hecho unos ingresos anuales, de cualquier naturaleza, incluida la pensión o pensiones de viudedad, que no superen dos veces el importe, en cómputo anual, del salario mínimo interprofesional, vigente en cada momento.

En estos supuestos, la nueva pensión de viudedad que pudiese generarse como consecuencia del fallecimiento del nuevo cónyuge, será incompatible con la pensión o pensiones de viudedad que se venían percibiendo, debiendo el interesado optar por una de ellas.

Por otra parte, la pensión de viudedad se extingue por declaración, en sentencia firme, de culpabilidad en la muerte del causante. La LO 1/2004, de 28 de diciembre, de medidas de protección integral contra la violencia de género precisó, a este respecto, que pierde la condición de beneficiario de la pensión quien fuera condenado, por sentencia firme, por la comisión de un delito doloso de homicidio en cualquiera de sus formas, o de lesiones, cuando la víctima de dichos delitos fuera la causante de la pensión, salvo que medie reconciliación. En estos casos, cuando corresponda, la pensión de viudedad que hubiera debido reconocerse incrementará las pensiones de orfandad (DA 1ª LO 1/2004). Sin perjuicio de ello, se prohíbe, con carácter general, que tenga la condición de beneficiario de las prestaciones de muerte y supervivencia que hubieran podido corresponderle, quien fuera condenado por sentencia firme por la comisión de un delito doloso de homicidio en cualquiera de sus formas, cuando la víctima fuera el sujeto causante de la prestación (art. 231 LGSS). Además, cabe que la Entidad gestora suspenda cautelarmente el abono de las prestaciones de muerte y supervivencia si recae resolución judicial de la que se deriven indicios racionales de que el sujeto investigado es responsable del mencionado delito, si la víctima fuera el sujeto causante de la prestación (art. 232 LGSS).

3.5. Compatibilidad

La pensión de viudedad resulta compatible con cualquier renta del trabajo del beneficiario, así como con la pensión de jubilación y la de incapacidad permanente (arts. 223.1 LGSS y 10 de la Orden de 13 de febrero de 1967). Del mismo modo, la pensión de viudedad podrá ser compatible con el reconocimiento de otra pensión de viudedad, en cualquiera de los regímenes de la Seguridad Social, cuando las cotizaciones acreditadas en cada uno de los regímenes se superpongan, al menos, durante quince años (art. 223.1 LGSS).

Este régimen de compatibilidad vendrá limitado, no obstante, por la cuantía o tope que, anualmente, fije el legislador en la LPGE.

4. LA PRESTACIÓN TEMPORAL DE VIUDEDAD

El cónyuge superviviente o la pareja de hecho superviviente pueden acceder a una prestación temporal de viudedad cuando, concurriendo el resto de requisitos enumerados en el art. 219 LGSS, no tengan derecho a pensión de viudedad por no acreditar, respectivamente, que su matrimonio con el causante ha tenido una duración de un año en los términos del artículo 219.2 LGSS, o por la inexistencia de hijos comunes, o que su inscripción como pareja de hecho en alguno de los registros específicos existentes en las comunidades autónomas o ayuntamientos del lugar de residencia o su constitución mediante documento público se han producido con una antelación mínima de dos años respecto de la fecha del fallecimiento del causante.

La cuantía es la misma que la de la pensión de viudedad que le hubiera correspondido, si bien la duración se fija en dos años (art. 222 LGSS).

El régimen sobre compatibilidad y extinción expuestos para la pensión de viudedad resultan, en fin, de aplicación en estos casos (art. 223.3 LGSS).

5. LA PENSIÓN DE ORFANDAD

5.1. Sujeto causante

Se reconoce el derecho a la pensión de orfandad cuando el causante se encontrase en alta o situación asimilada al alta o fuera titular de una pensión contributiva de jubilación o incapacidad permanente. También se tiene derecho a la pensión aunque el causante, a la fecha de fallecimiento, no se encontrase en alta o en situación asimilada a la de alta si hubiera completado un período mínimo de cotización de quince años (art. 224.1 LGSS).

5.2. Beneficiarios de la protección

5.2.1. Requisitos generales

Como regla general, para generar el derecho a la protección, el huérfano deberá tener menos de veintiún años en el momento de fallecimiento del causante (art. 224.1 LGSS). No obstante, este requisito de edad quiebra en caso de que los hijos estén incapacitados para el trabajo cuando se trate de una incapacidad permanente absoluta o gran invalidez[21].

Por otra parte, el art. 224.3 dispone que, en determinadas situaciones, el huérfano podrá seguir siendo beneficiario de la pensión de orfandad hasta los 25 años: cuando el huérfano no efectúe un trabajo lucrativo por cuenta ajena o propia, o cuando realizándolo, los ingresos que obtenga resulten inferiores, en cómputo anual, a la cuantía vigente para el SMI, también en cómputo anual, podrá ser beneficiario de la pensión de orfandad, siempre que en la fecha de fallecimiento del causante fuera menor de 25 años. Debe tenerse en cuenta, además, que si el huérfano estuviera cursando estudios y cumpliera 25 años durante el transcurso del curso escolar, la percepción de la pensión de orfandad se mantendrá hasta el

---

[21] STS de 28 de abril de 1999, Rec. 2715/1998.

día primero del mes inmediatamente posterior al del inicio del siguiente curso académico. Ahora bien, en estos casos, cuando sobreviva uno de los progenitores —es decir, cuando la orfandad sea simple— el límite de edad determinante de la condición de beneficiario de la pensión de orfandad será aplicable a partir de 1 de enero de 2014 (DT 6ª bis de la LGSS/1994).

Cabe añadir, finalmente, que el límite de edad también se sitúa en 25 años cuando se trate de huérfanos que presenten una discapacidad en un grado igual o superior al 33 por ciento. Sin embargo, en estos supuestos no procede la aplicación paulatina del límite de edad, sino que resulta de aplicación el límite de edad determinante de la condición de beneficiario previsto en el apartado 3 del art. 224 de la LGSS a partir del día 2 de agosto de 2011 (fecha de entrada en vigor de la DA 1ª de la Ley 27/2011, de 1 de agosto. *Vid.* DT 6ª bis de la LGSS/1994).

5.2.2. Los hijos privativos del cónyuge supérstite

Por lo demás, el art. 224.1 de la LGSS reconoce de manera expresa que la pensión se otorgará a los hijos del causante "en régimen de igualdad... cualquiera que sea la naturaleza de su filiación". Evidentemente, la falta de reconocimiento de la pensión en estos términos significaría una vulneración del principio de igualdad de los hijos con independencia de su filiación proclamada por el art. 39.2 de la CE y, posteriormente, por el art. 108 del Cc[22]. Por esta razón, ninguna relevancia debería tener que entre el causante y el progenitor superviviente hubiese existido o no vínculo matrimonial. Sin embargo, es posible localizar algún aspecto en la regulación de la pensión de orfandad en el que esta circunstancia posee trascendencia.

En efecto, según el art. 9.3 del RD 1647/1997, son beneficiarios de la pensión de orfandad los hijos que el cónyuge supérstite hubiese llevado al matrimonio, con independencia de que su otro progenitor haya o no fallecido, si se cumplen determinadas condiciones, además de las generales: que el matrimonio se hubiese celebrado con dos años de antelación a la fecha del fallecimiento del causante; que se pruebe que convivían con el causante y a sus expensas; que no tengan derecho a otra pensión de la Seguridad Social, ni queden familiares con obligación y posibilidad de prestarles alimentos, según la legislación civil.

---

22 Según la STS de 3 de noviembre de 2004 (Rec. 2345/2003) no vulnera este principio la falta de reconocimiento de la pensión a los menores en situación de acogimiento familiar permanente.

5.3. Contenido de la acción protectora

Si bien la cuantía de la pensión de orfandad se obtiene de la aplicación de un porcentaje determinado a la base reguladora, cabe advertir que, también aquí, resulta obligado garantizar a sus beneficiarios unas cantidades mínimas, denominadas complementos por mínimos, que se fijan cada año (*cfr.* art. 59 LGSS).

En principio, la cuantía de la pensión de orfandad será, para cada huérfano, el resultado de aplicar el porcentaje del 20 por 100 a la base reguladora del causante, calculada de acuerdo con las normas establecidas para la pensión de viudedad (art. 17.1 Orden de 13 de febrero de 1967 y art. 2 RD 1795/2003).

Esta regla general puede ceder, sin embargo, en dos tipos de situaciones distintas: por un lado, en los supuestos de concurrencia de beneficiarios; por otro lado, cuando se permite el incremento de la cuantía de la pensión de orfandad.

Así, en los supuestos de concurrencia de beneficiarios habrá que tener presente que la suma de las cuantías de las pensiones por muerte y supervivencia no podrá exceder del 100% de la base reguladora. Sin embargo, resulta posible rebasar el límite establecido —que se aplica a las cuantías iniciales, pero no a las revisiones periódicas— en caso de concurrencia de varias pensiones de orfandad con una pensión de viudedad cuando el porcentaje a aplicar a la correspondiente base reguladora para el cálculo de esta última sea superior al 52 por ciento, si bien, en ningún caso, la suma de las pensiones de orfandad podrá superar el 48 por ciento de la base reguladora que corresponda (art. 229.3 LGSS). Esta regla se introdujo por la Ley 40/2007 porque el tope del importe conjunto de la pensión de viudedad y las de orfandad en un 100% de la base reguladora venía imposibilitando el efecto real del incremento del porcentaje de la base reguladora de la pensión de viudedad cuando el número de hijos a cargo era de dos o más, en la medida en que dicho incremento absorbía parte de la cuantía que en concepto de orfandad debían percibir los hijos.

En cuanto al acrecimiento de la pensión de orfandad con el porcentaje de la pensión de viudedad, el *plus* de protección de los huérfanos que tal incremento supone se ha reorientado hacia situaciones en las que, por razón de orfandad absoluta o circunstancias análogas (huérfano de un solo progenitor conocido), se constate la concurrencia de un estado de necesidad agravada que justifique esa mayor intensidad de las prestaciones a reconocer (art. 38 Decreto 3158/1966)[23]. En dichas situaciones las prestaciones correspondientes a los huérfanos podrán incrementarse en los términos y condiciones siguientes:

- Cuando a la muerte del causante no exista beneficiario de la pensión de viudedad, la cuantía de la pensión de orfandad que se reconozca al huérfano se incrementará en el importe resultante de aplicar a la base reguladora el 52 por 100.
- Cuando a la muerte del causante exista algún beneficiario de la pensión de viudedad, la pensión de orfandad que se reconozca podrá, en su caso, incrementarse en el importe resultante de aplicar a la base reguladora el porcentaje de pensión de viudedad que no hubiera sido asignado.
- Cuando el progenitor sobreviviente fallezca siendo beneficiario de la pensión de viudedad, procederá incrementar el porcentaje de la pensión que tuviera reconocida el huérfano, sumándole el que se hubiere aplicado para determinar la cuantía de la pensión de viudedad extinguida.
- En cualquiera de los supuestos anteriores, en el caso de existir varios huérfanos con derecho a pensión, el porcentaje de incremento que corresponda se distribuirá a partes iguales entre todos ellos.
- Los incrementos de las pensiones de orfandad en ningún caso podrán dar lugar a que se supere el límite establecido en el art. 229.3 LGSS para las pensiones por muerte y supervivencia. No obstante, dichos incrementos serán compatibles con la prestación temporal de viudedad, pudiendo, por tanto, ser reconocidos durante el percibo de esta última.
- Los incrementos sólo podrán ser reconocidos con respecto a uno solo de los progenitores.
- Además, se reconoce que, cuando el progenitor superviviente hubiera perdido la condición de beneficiario de la pensión de viudedad

---

23 *Vid.* STC 154/2006, de 22 de mayo y RD 296/2009, de 6 de marzo. Debe reconocerse, por ello, el incremento del porcentaje de la prestación de orfandad con la pensión de viudedad no reconocida al otro progenitor supérstite que ha sido privado judicialmente de la patria potestad por no haberse interesado ni cubierto sus necesidades desde hace aproximadamente nueve años (STS de 7 de septiembre de 2022, *Tol 9.248.020*).

por aplicación de lo establecido en la LO 1/2004, el huérfano tendrá derecho a los incrementos mencionados. Del mismo modo, cuando a tenor de lo establecido en el art. 231 LGSS, el condenado por sentencia firme por la comisión de un delito doloso de homicidio en cualquiera de sus formas no pudiese adquirir la condición de beneficiario de la pensión de viudedad, o la hubiese perdido, los hijos del mismo que sean titulares de la pensión de orfandad causada por la víctima del delito tendrán derecho al incremento previsto reglamentariamente para los casos de orfandad absoluta (art. 233.1 LGSS).

- Finalmente, las hijas e hijos que sean titulares de la pensión de orfandad causada por la víctima de violencia contra la mujer, en los términos en los que se defina por la ley o por los instrumentos internacionales ratificados por España, tendrán derecho al incremento previsto reglamentariamente para los casos de orfandad absoluta. En el supuesto de que hubiera más de una persona beneficiaria de esta pensión, el importe conjunto de las mismas podrá situarse en el 118 por ciento de la base reguladora, y nunca será inferior al mínimo equivalente a la pensión de viudedad con cargas familiares. El incremento previsto reglamentariamente para los casos de orfandad absoluta alcanzará el 70 por ciento de la base reguladora, siempre que los rendimientos de la unidad familiar de convivencia, incluidas las personas huérfanas, dividido por el número de miembros que la componen, no superen en cómputo anual el 75 por ciento del Salario Mínimo Interprofesional vigente en cada momento, excluida la parte proporcional de las pagas extraordinarias (art. 233.3 LGSS).

Conviene señalar que, según advierte la LGSS, cuando la pensión de orfandad se incremente en la cuantía de la pensión de viudedad, el límite de la cuantía de los complementos por mínimos sólo quedará referido al de la pensión de viudedad que genera el incremento de la pensión de orfandad (art. 59.2 LGSS).

5.4. Dinámica de la protección

5.4.1. Nacimiento

El derecho a la pensión de orfandad será efectivo desde la fecha en que se produzca el fallecimiento del sujeto causante, siempre que se efectúe la solicitud de la prestación dentro de los tres meses siguientes al fallecimiento del causante. De efectuarse la solicitud pasado dicho plazo, los efectos se retrotraerán como máximo hasta los tres meses a contar desde la solicitud. Ahora bien, en caso de desaparición del causante por accidente o nacimiento de hijo póstumo, los efectos económicos se retrotraerán, respectivamente, a la fecha del accidente o a la fecha del nacimiento (art. 217.3 LGSS; art. 3 Orden de 13 de febrero de 1967).

La pensión de orfandad se abonará a quien tenga a su cargo a los beneficiarios por ser menores de edad o por tratarse de mayores incapacitados judicialmente. En el caso de beneficiarios mayores de dieciocho años, la pensión se abona directamente al beneficiario (art. 224.3 LGSS; art. 11 RD 1647/1997). Cabe advertir que la LO 1/2004 precisa que la pensión de la que pudieran ser beneficiarios sus hijos no se pagará a quien fuera condenado, por sentencia firme, por la comisión de un delito doloso de homicidio en cualquiera de sus formas o de lesiones cuando la ofendida por el delito fuera su cónyuge o ex cónyuge, o estuviera o hubiera estado ligada a él por una análoga relación de afectividad, aun sin convivencia, salvo que, en su caso, hubiera mediado reconciliación (DA 1ª. 2 de la LO 1/2004). Tratándose de los hijos de quien fuera condenado por sentencia firme por la comisión de un delito doloso de homicidio en cualquiera de sus formas, en los términos señalados en el art. 231 LGSS, que siendo menores de edad o personas con capacidad judicialmente modificada fueran beneficiarios de pensión de orfandad causada por la víctima, dicha pensión no le será abonable a la persona condenada (art. 234 LGSS).

5.4.2. Duración y extinción

La pensión de orfandad se percibirá mientras no concurran en el beneficiario alguna de las causas de extinción de la pensión (art. 21.1 Orden de 13 de febrero de 1967):

- Cumplimiento de la edad mínima fijada en cada caso, salvo que, en tal momento, tuviera reducida su capacidad de trabajo en un porcentaje valorado en un grado de incapacidad permanente, absoluta o gran invalidez.
- Cese en la incapacidad que le otorgaba el derecho a la pensión.
- Adopción del huérfano, si bien hay excepciones para personas huérfanas víctimas de la violencia de género (ver, *infra*).
- Matrimonio del huérfano, salvo que estuviera afectado por una incapacidad permanente absoluta o gran invalidez.
- Fallecimiento del beneficiario.

Salvo en el caso de fallecimiento, si al extinguirse la pensión el huérfano no ha devengado doce mensualidades de la misma, le será entregada de una sola vez, la cantidad precisa para completarlas (art. 21.2 Orden de 13 de febrero de 1967).

Sin embargo, la pensión no se extingue, sino que queda en suspenso, cuando los beneficiarios efectúen un trabajo por cuenta propia o ajena, siempre que los ingresos derivados del contrato o de la actividad superen la cuantía del SMI en cómputo anual (*vid.* art. 9.2 RD 1647/1997).

5.5. Compatibilidad

En cuanto a la compatibilidad de la pensión de orfandad con otras pensiones, es posible añadir a lo ya comentado que, según dispone expresamente la LGSS, los huérfanos incapacitados para el trabajo con derecho a pensión de orfandad, cuando perciban otra pensión de la Seguridad Social en razón de la misma incapacidad, podrán optar entre una y otra. No obstante, cuando el huérfano haya sido declarado incapacitado para el trabajo con anterioridad al cumplimiento de la edad de 18 años, la pensión de orfandad que viniera percibiendo será compatible con la de incapacidad permanente que pudiera causar, después de los 18 años, como consecuencia de unas lesiones distintas a las que dieron lugar a la pensión de orfandad, o en su caso, con la pensión de jubilación que pudiera causar en virtud del trabajo que realice por cuenta propia o ajena (art. 225.2 LGSS)[24].

Finalmente, en relación con la compatibilidad con el reconocimiento de otra pensión de orfandad, en cualquiera de los regímenes de la Seguridad Social, cabe destacar que éste será posible en la medida en que las cotizaciones acreditadas en cada uno de los regímenes se superpongan, al menos, durante quince años. Este requisito no se exige, sin embargo, cuando el fallecimiento se hubiera producido como consecuencia de violencia contra la mujer, en los términos en que se defina por la ley o por los instrumentos internacionales ratificados por España (art. 225.1 LGSS).

---

24 Además, a juicio del TS (STS de 2 de febrero de 2023, *Tol 9.448.897*), el reconocimiento de la pensión de orfandad desde la situación de incapacidad no puede negarse por el hecho de estar prestando el beneficiario servicios por cuenta ajena, si son servicios que cabe calificar de "residuales" por tratarse de una actividad que atiende a la capacidad de trabajo que resta al beneficiario y que no comprende cualquier profesión u oficio.

6. PROTECCIÓN A LAS PERSONAS HUÉRFANAS VÍCTIMAS DE VIOLENCIA DE GÉNERO

Con objeto de mejorar la protección de las personas huérfanas como consecuencia de la violencia de género, dada su especial situación de vulnerabilidad, se creó una nueva prestación de orfandad. En su virtud, en la actualidad, cuando no se reúnan por la causante los requisitos necesarios para originar una pensión de orfandad, se reconoce una prestación no contributiva de orfandad, en régimen de igualdad, a cada uno de los hijos e hijas de la causante fallecida, cualquiera que sea la naturaleza de su filiación, cuando el fallecimiento se hubiera producido por violencia contra la mujer, en los términos en que se defina por la ley o por los instrumentos internacionales ratificados por España, siempre que se hallen en circunstancias equiparables a una orfandad absoluta. La cuantía de esta prestación será el 70 por ciento de la base mínima de cotización de entre todas las existentes vigente en el momento del hecho causante, siempre que los rendimientos de la unidad familiar de convivencia, incluidas las personas huérfanas, dividido por el número de miembros que la componen, no superen en cómputo anual el 75 por ciento del Salario Mínimo Interprofesional vigente en cada momento, excluida la parte proporcional de las pagas extraordinarias. En el supuesto de que hubiera más de una persona beneficiaria de esta prestación, el importe conjunto de las mismas podrá situarse en el 118 por ciento de la base reguladora, y nunca será inferior al mínimo equivalente a la pensión de viudedad con cargas familiares (arts. 224.1 y 228 LGSS).

Por otro lado, con el fin de garantizar el acceso a las pensiones y prestaciones de orfandad a un mayor número de huérfanos, sobre todo a aquéllos que se encuentran en una situación de pobreza y mayor vulnerabilidad, se declara que el derecho a la pensión de orfandad y al incremento previsto reglamentariamente para los casos de orfandad absoluta y, en su caso, a la prestación de orfandad solo se suspenderá en el supuesto de adopción de los hijos e hijas de la causante fallecida como consecuencia de violencia sobre la mujer, cuando los rendimientos de la unidad de convivencia en que se integran, divididos por el número de miembros que la componen, incluidas las personas huérfanas adoptadas, superen en cómputo anual el 75 por ciento del Salario Mínimo Interprofesional vigente en cada momento, excluida la parte proporcional de las pagas extraordinaries (art. 224.2 LGSS).

En esta misma línea se considera, además, que, en principio, cuando el agresor por violencia de género es distinto de la persona progenitora de los niños y niñas huérfanos y esta se hace cargo de la responsabilidad parental, al no tratarse de una orfandad absoluta, el menor no tendría acceso ni al incremento de la pensión, en su caso, ni a la prestación. Por eso, se tiene en cuenta que el progenitor supérstite puede encontrarse en situación de vulnerabilidad económica, y se permite la percepción de la pensión en tanto los ingresos de aquél no superen el porcentaje mencionado, suspendiéndose en otro caso (art. 224.2 LGSS).

En uno y otro supuesto, se presumirá la orfandad absoluta cuando se hubiera producido abandono de la responsabilidad familiar del progenitor supérstite y se hubiera otorgado el acogimiento o tutela de la persona huérfana por violencia contra la mujer a favor de terceros o familiares (art. 224.2 LGSS).

7. OTRAS PRESTACIONES DERIVADAS DE LA SUPERVIVENCIA

Aunque las pensiones de viudedad y orfandad son, sin duda, las prestaciones por muerte y supervivencia de mayor trascendencia, la LGSS reconoce —según se adelantó— otras prestaciones derivadas de la supervivencia. Se trata, concretamente, de las prestaciones en favor de familiares, comprensivas de las pensiones en favor de familiares y del subsidio temporal, y de las indemnizaciones por muerte y supervivencia.

7.1. Las pensiones en favor de familiares

7.1.1. Sujetos causantes

Reiterando lo dicho al estudiar la pensión de viudedad, cabría recordar que sujetos causantes de estas prestaciones, además de los trabajadores en activo y los perceptores de los subsidios de incapacidad temporal, nacimiento y cuidado de menor, riesgo durante el embarazo y/o lactancia natural, pueden ser los pensionistas por incapacidad permanente y jubilación en su modalidad contributiva (art. 217 LGSS). También aquí a los sujetos causantes se les exige encontrarse afiliados y en alta o en situación asimilada al alta y tener cubierto un período de cotización de quinientos días dentro de los cinco años anteriores a la fecha del fallecimiento, salvo que la causa de éste sea un accidente de trabajo o enfermedad profesional, en cuyo caso no se exigirá este requisito. E, igualmente, en estos casos se generan estas prestaciones si, a la fecha de fallecimiento, el causante no se encontrase en alta o en situación asimilada a la de alta, pero hubiera completado un período mínimo de cotización de quince años (art. 226 LGSS; art. 22 Orden de 13 de febrero de 1967).

El TS ha admitido como causante a una beneficiaria de pensión de vejez SOVI, pues su exclusión sería contraria a la interdicción de discriminación indirecta por razón de género a la vista de la abrumadora feminización de las pensiones de vejez del SOVI. A juicio del Tribunal, la aplicación literal de la norma puede tener un evidente impacto negativo sobre un colectivo (discriminación indirecta) y además, la interdicción de la discriminación no queda limitada únicamente a las personas en las que concurre la condición personal amparada, sino que la protección debe ser aplicable también a quien sufra un trato desfavorable por el mismo motivo pese a no ser la persona sobre la que concurría la situación de discriminación (discriminación por asociación). La circunstancia de la afectación ampliamente femenina se reitera, además, en las prestaciones en favor de familiares[25].

7.1.2. Beneficiarios

Las pensiones que se analizan constituyen una modalidad de protección de carácter "residual o subsidiario"[26] que se reconoce a favor de determinados familiares consanguíneos del causante que, según indica el art. 226 LGSS, prueben, por un lado, su dependencia económica del mismo y reúnan, por otro, las condiciones específicas que para cada uno de ellos se establezcan.

La dependencia económica constituye, de esta forma, la exigencia común de acceso a unas prestaciones que, a diferencia de la viudedad y la orfandad, tienen por finalidad, en todo caso, atender a la situación real de necesidad en que quedan una serie de familiares tras producirse el fallecimiento. No resulta baladí, en este sentido, la relación de requisitos generales impuestos por la norma reglamentaria: convivir con el causante y a sus expensas, al menos con dos años de antelación a su fallecimiento; no tener derecho a otra pensión pública; carecer de medios de subsistencia y estar falto de familiares con posibilidad y obligación de prestar alimentos, según la legislación civil (art. 22 Orden de 13 de febrero de 1967).

Los requisitos específicos, como se expone a continuación, quedan referidos a otras circunstancias personales que también influyen en el reconocimiento de estas prestaciones. Así, el acceso al derecho se condiciona a la po-

25 STS de 29 de enero de 2020, Rec. 3097/2017.

26 STC 375/1993, de 20 de diciembre.

sición de parentesco que se ostenta respecto del causante (nietos, hermanos, padres, abuelos, hijos...), a la edad, a la incapacitación o al estado civil y a la situación matrimonial del familiar. Y es que, en estos casos, el legislador considera que, de existir vínculo matrimonial, el familiar ya queda protegido por los deberes de ayuda y asistencia recíproca que pesan sobre los cónyuges. En consecuencia, la preterición de las uniones de hecho adquiere una dimensión peculiar en este tipo de prestaciones que, indudablemente, les favorece.

A) Los nietos y hermanos; el padre y abuelos

El art. 22.1 de la Orden de 1967 exige que los nietos y hermanos del causante, huérfanos de padre y madre, sean menores de dieciocho años, o tengan la capacidad de trabajo reducida en un porcentaje valorado en el grado de incapacidad permanente absoluta o gran invalidez, o cuenten con menos de veintidós años al tiempo del fallecimiento y no realicen un trabajo lucrativo por cuenta propia o ajena o, efectuándolo, no obtengan, en cómputo anual, ingresos superiores al 75 por 100 de la cuantía del salario mínimo interprofesional, también en cómputo anual. Por su parte, según el mencionado art. 22.1, el padre y abuelos del fallecido deben tener cumplidos los sesenta años de edad o hallarse incapacitados para el trabajo.

Tanto en uno como en otro supuesto resultan de aplicación los requisitos generales entre los que se encuentran, como se dijo, la ausencia de familiares con obligación y posibilidad de prestar alimentos, según la legislación civil. Puesto que tal obligación de prestar alimentos recae sobre los cónyuges en toda su extensión, cabría pensar en la exclusión automática, pese al silencio de la norma, de los nietos, hermanos, padre y abuelos que estuvieran casados. Sin embargo, la cuestión no es tan sencilla. Dada la literalidad del precepto, habrá que determinar si el cónyuge de los familiares mencionados cuenta con la "posibilidad" de prestar alimentos. La concreción de tal extremo requiere, a su vez, acudir a la interpretación jurisprudencial al efecto, en virtud de la cual, en aplicación del criterio de que el módulo del SMI determina el mínimo vital de subsistencia, si el obligado a prestar alimentos tiene ingresos inferiores al SMI o tiene ingresos superiores, pero no puede suministrarlos al alimentista en cuantía igual o superior al SMI, tales alimentos no deben considerarse suficientes para entender acreditado que la persona obligada a prestar alimentos tenga la posibilidad de prestarlos[27].

---

[27] STS de 27 de marzo de 2000 (*Tol 47682*), por todas.

B) Los hijos y hermanos con dedicación prolongada al cuidado del causante

También se reconoce el derecho a pensión de los hijos y hermanos de beneficiarios de pensiones contributivas de jubilación e invalidez que hayan convivido con el causante y a su cargo, acrediten dedicación prolongada al cuidado del mismo, sean mayores de cuarenta y cinco años y carezcan de medios propios de vida, siempre y cuando su estado civil sea el de solteros, divorciados o viudos (art. 226.2 LGSS). Esta referencia al estado civil de los hijos y hermanos, suscita la duda de la situación en que quedan los hijos y hermanos separados.

En los casos de separación legal, tratándose de los hijos, la clave la brinda el propio art. 226, si bien en su apartado cuarto: "a efectos de estas prestaciones, quienes se encuentren en situación legal de separación tendrán, respecto de sus ascendientes o descendientes, los mismos derechos que los que les corresponderían de estar disuelto su matrimonio". El problema surge en relación con los hermanos del causante que, pese a cumplir los restantes condicionamientos de acceso, estén legalmente separados. Para fundamentar la denegación de la pensión de los hermanos en esta situación podría aducirse, además de la tajante literalidad de la norma, la existencia de diversos pronunciamientos jurisprudenciales contrarios a que el contenido del art. 226 sea objeto de aplicación analógica por entender que éste alcanza los límites máximos de la acción protectora del régimen contributivo de la Seguridad Social[28]. Pese a todo, cabría llegar a justificar la solución contraria si se recuerda, una vez más, que estamos ante una prestación cuya función "debe ser considerada como el otorgamiento de rentas de subsistencia a quienes, por carecer de todo tipo de ingresos, se encuentran en un estado de necesidad"[29].

Cuando la separación es de hecho puede plantearse, igualmente, la posibilidad de aplicar analógicamente lo dispuesto en el art. 226.4 LGSS. Sin embargo, según la jurisprudencia, como la disposición de medios de vida suministrados en el marco de la institución del matrimonio no es la misma en la separación de hecho y en la separación legal, no es posible apreciar la identidad de razón que exige la aplicación analógica del art. 226.4[30]. Ahora bien, el propio TS, aunque no considera necesario pronunciarse sobre ese "supuesto hipotético", señala que la constatación de carencia de

---

28 STS de 6 de mayo de 1994 (*Tol 233417*), por todas.

29 STC 3/1993, de 14 de enero.

30 STS de 11 de abril de 2023 (*Tol 9501290*), por todas.

recursos o medios de vida es posible en la separación de hecho en un único caso: después de que hayan sido objeto de la reclamación oportuna al otro cónyuge. Por ello, cuando conste que se han agotado los deberes de protección recíproca en el marco de la institución matrimonial para los cónyuges separados de hecho "cabría pensar en la posibilidad de recurso a la protección social dispensada por las prestaciones de Seguridad Social por muerte y supervivencia en favor de otros familiares distintos de los viudos y huérfanos"[31].

C) La madre y abuelas

Siempre que reúnan los requisitos generales, tendrán derecho a la pensión en favor de familiares la madre y abuelas "viudas, casadas cuyo marido esté incapacitado para el trabajo, o solteras" (art. 22.2 OM 13-2-67).

Según la jurisprudencia del TS, el problema de la posible existencia de un tratamiento peyorativo para el varón no determina que sea posible eliminar sin más la exigencia de hallarse casada con persona que está en situación de incapacidad permanente total y absoluta para el trabajo, ya que se trata de un requisito que permite ponderar la situación de necesidad y responde a las propias características de la prestación[32].

Por otra parte, el silencio de la norma respecto a las situaciones de crisis matrimonial por las que la madre y abuelas puedan atravesar abre aquí nuevos interrogantes. No parece que deba dudarse, sin embargo, tras la entrada en vigor de la Ley 30/1981 y teniendo presente la literalidad del art. 226.4 LGSS, de la necesidad de efectuar una interpretación extensiva del art. 22.2 de la Orden de 1967 para incluir en el mismo a las madres y abuelas divorciadas o separadas judicialmente[33]. Del mismo modo, tampoco parece discutible que, en caso de separación de hecho, haya de aplicarse la ya comentada interpretación, en virtud de la cual la prestación debe denegarse salvo que se demuestre que se han dado todos los pasos necesarios para reclamar y obtener las rentas o aportaciones que el ordenamiento pone a cargo del cónyuge separado en cumplimiento del deber de ayuda conyugal[34]. No obstante, hay que tener en cuenta que, en los supuestos

---

31 [STS de 10 de febrero de 2004 (*Tol 376860*)].

32 [STS de 24 de febrero de 1995 (*Tol 237221*)].

33 En este sentido, *vid.* las SS.TSJ de Galicia de 6 de julio de 1998 (Rec. 2401/1995) y del TSJ de la Comunidad Valenciana de 14 de abril de 2003 (Rec. 734/2003).

34 [STS de 10 de febrero de 2004 (*Tol 376860*)].

de abandono en que el esposo se encuentre en ignorado paradero, será imposible exigir dicha actuación de los mecanismos procesales al efecto, ya que la situación de ignorado paradero del cónyuge comporta la imposibilidad fáctica de exigencia de alimentos —que una condena en rebeldía no logra, presumiblemente, solucionar— y la consiguiente persistencia de la situación de necesidad[35].

7.1.3. Contenido de la acción protectora

La cuantía de las pensiones en favor de familiares —sujeta a los mínimos que anualmente se establezcan— se obtiene aplicando el porcentaje del 20 por 100 a la base reguladora de la pensión de viudedad, si bien en este caso, si el causante era pensionista de jubilación o incapacidad permanente, las mejoras aplicables sobre la base que sirvió para la pensión del causante son las que corresponden a estas pensiones a favor de familiares (art. 7.3 RD 1646/1972, de 23 de junio).

Resulta también aquí de aplicación el límite del 100 por 100 de la base reguladora. A estos efectos, el art. 229.2 LGSS dispone que tendrán preferencia las pensiones de orfandad sobre las pensiones a favor de otros familiares. Asimismo, y por lo que respecta a estas últimas prestaciones, se establece el siguiente orden de preferencia:

1º Nietos y hermanos, menores de 18 años o mayores incapacitados, del causante.

2º Padre y madre del causante.

3º Abuelos y abuelas del causante.

4º Hijos y hermanos del pensionista de jubilación o incapacidad permanente, en su modalidad contributiva, mayores de 45 años y que reúnan los demás requisitos establecidos.

Cuando, a tenor de lo establecido en el art. 231 LGSS, el condenado por sentencia firme por la comisión de un delito doloso de homicidio en cualquiera de sus formas no pudiese adquirir la condición de beneficiario de la pensión de viudedad, o la hubiese perdido, los titulares de la pensión en favor de familiares podrán ser beneficiarios del incremento previsto regla-

---

35 Así lo entendió la STSJ de Cataluña de 28 de enero de 1993 (nº 394/1993). En sentido contrario, sin embargo, puede verse la STSJ de Galicia de 18 de octubre de 1999 (Rec. 4507/1996).

mentariamente, siempre y cuando no haya otras personas con derecho a pensión de muerte y supervivencia causada por la víctima (art. 233 LGSS).

7.1.4. Dinámica de la protección

Las causas de extinción de las pensiones en favor de familiares difieren en función de quiénes sean sus beneficiarios. Así, en el caso de los nietos y hermanos, las causas de extinción coinciden con las señaladas para la pensión de orfandad. Pero, tratándose de los ascendientes, la pensión se extinguirá por contraer matrimonio y por fallecimiento (art. 24 Orden de 12 de febrero de 1967).

7.1.5. Compatibilidad

Al margen de las incompatibilidades derivadas de los requisitos exigidos para generar estas pensiones, resulta destacable que la compatibilidad de estas pensiones con el reconocimiento de otra pensión a favor de familiares, en cualquiera de los regímenes de la Seguridad Social, depende de que las cotizaciones acreditadas en cada uno de los regímenes se superpongan, al menos, durante quince años (art. 226.1 LGSS).

7.2. El subsidio temporal en favor de familiares

Según el art. 25 de la Orden de 1967, corresponde el subsidio temporal en favor de familiares a los hijos y hermanos que, en la fecha del hecho causante, además de tener más de veintidós años de edad y reunir las condiciones generales enumeradas en el art. 22.1, sean "solteros o viudos". Lógicamente, debe entenderse hecha una remisión a lo ya indicado con anterioridad, especialmente por lo que respecta a la extensión de la norma a los supuestos de divorcio, separación judicial —incluyendo la de los hermanos— o a las situaciones de separación de hecho[36].

La cuantía del subsidio se obtiene aplicando el porcentaje del 20 por 100 a la base reguladora prevista para las pensiones de viudedad, orfandad

---

[36] Puede destacarse, con todo, que la STSJ de Galicia de 15 de febrero de 2000 (Rec. 5866/1996) concede el subsidio a un hijo separado legalmente por considerar que del artículo 176.4 LGSS deriva la procedencia del mismo cuando el solicitante se encuentre divorciado o separado legalmente.

y a favor de familiares, y su duración máxima será de doce mensualidades con dos pagas extraordinarias (art. 26 OM 13-2-67).

7.3. Las indemnizaciones por muerte y supervivencia

7.3.1. La indemnización a tanto alzado

En caso de muerte por accidente de trabajo o enfermedad profesional se reconoce una indemnización a tanto alzado a favor de los viudos y huérfanos que reúnan las condiciones necesarias para ser beneficiarios, respectivamente, de las prestaciones por viudedad y orfandad (arts. 227.1 LGSS y 28 y 29 OM 13-2-67).

La cuantía será igual al importe de seis meses de la base reguladora de la prestación para los beneficiarios de la pensión de viudedad, y a una mensualidad de la base reguladora para los beneficiarios de la pensión de orfandad. La indemnización que se reconozca a los huérfanos absolutos o con un solo progenitor conocido se incrementará con la que hubiera correspondido al cónyuge o a quien hubiera sido cónyuge o pareja de hecho del fallecido. En el caso de concurrir varios beneficiarios, el incremento se distribuirá a partes iguales entre todos ellos (art. 38 del Decreto 3185/1966).

Además, el apartado segundo del art. 227 establece que, cuando no existan otros familiares con derecho a pensión por muerte y supervivencia, el padre o la madre que vivieran a expensas del trabajador fallecido percibirán la indemnización, siempre que no tengan derecho a la pensión a favor de familiares. La cuantía en este supuesto será, en virtud de lo estipulado en el art. 12 del Decreto 1646/1972, de nueve mensualidades de la base reguladora de la prestación, o de doce mensualidades si existieran los dos ascendientes.

7.3.2. El auxilio por defunción

Según dispone el art. 218 LGSS, el fallecimiento del causante dará derecho a la percepción inmediata de un "auxilio por defunción" para hacer frente a los gastos de sepelio a "quien los haya soportado". La norma presume, salvo prueba en contrario, que dichos gastos han sido satisfechos por este orden: por el cónyuge superviviente; el sobreviviente de una pareja de hecho en los términos regulados en el art. 221; y los hijos y parientes del fallecido que conviviesen con él habitualmente.

La DA 10ª de la Ley 40/2007, de 4 de diciembre, dispuso que la cuantía del auxilio por defunción —30,05 €— debía incrementarse en un 50 por ciento en los cinco años siguientes, a razón de un 10 por ciento anual. Llegado ese momento, la cuantía del auxilio por defunción —que sigue siendo irrisoria— se actualizará, en cada ejercicio, con arreglo al IPC.

Lección 16
La protección social complementaria

MARÍA JOSÉ ARADILLA MARQUÉS
Profesora Titular de Derecho del Trabajo y de la Seguridad Social
Universitat de València

1. INTRODUCCIÓN

La protección social complementaria respecto a la Seguridad Social se ha instalado exclusivamente en el más estricto ámbito privado y externo a la Seguridad Social. Además, se trata de una materia que ha sido objeto de una importante evolución normativa, impulsada principalmente a partir del momento en que se afronta cómo resolver los problemas estructurales a los que se enfrenta el sistema público de pensiones, el cual, asentado en el régimen financiero de reparto, se prepara para enfrentarse al desequilibrio que le provocan los cambios demográficos que se vaticinan y las intensas etapas de crisis económica.

En este contexto, se espera que los sistemas de previsión social complementaria contribuyan también a consolidar el sistema público de pensiones. Se espera que jueguen un papel importante llegado el momento de una posible insuficiencia del nivel público, por ello, nuestro legislador afronta esta materia a través de una serie de reformas que la han actualizado, la han modernizado y la han dotado de ciertas garantías de las que adolecía.

El proceso de reformas técnicamente se inicia inmediatamente después del Pacto de Toledo (1995), si bien, ya antes podíamos encontrar esa tendencia política y legislativa con la aprobación de la, entonces novedosa, Ley de Planes y Fondos de Pensiones en 1987. No obstante, será a partir de 1995 cuando se acometan las reformas más efectivas en materia de previsión social complementaria y, dentro de este proceso de renovación, se dedica un esfuerzo importante a la potenciación de mecanismos de previsión complementaria en el ámbito de las empresas puesto que, como se verá, el terreno profesional resultaba ya propicio debido a una tradicional conducta empresarial de conceder este tipo de mejoras sociales a sus trabajadores, como medio de fidelización, que acaba extendiéndose considerablemente gracias a la negociación colectiva. En su evolución, las épocas de crisis económica han ido reduciendo la presencia de este tipo de compromisos. Recientemente, tanto el acuerdo del Pacto de Toledo de 2020 (Recomendación 16ª) como el Plan de recuperación, Transformación y Resiliencia (componente 30) anuncian el impulso efectivo de instrumentos de previsión complementaria de dimensión colectiva; en este contexto se publica la Ley 12/2022, de 30 de junio para el impulso de los planes de pensiones de empleo que modifica la LPFP y otras normas con la finalidad de fomentar su impulso, tanto desde las empresas especialmente en el ámbito de la negociación colectiva como para destinarlos a la protección complementaria de trabajadores por cuenta propia o autónomos.

2. TRATAMIENTO CONSTITUCIONAL Y FUENTES

A tenor del art. 41 CE *"la asistencia y prestaciones complementarias serán libres"*. Aunque la protección básica y la complementaria comparten el mismo artículo, señalará la jurisprudencia constitucional que de él *"deriva una necesaria separación entre el régimen público y las prestaciones complementarias libres, basadas en una lógica contractual privada"* (STC 208/1998, de 10 noviembre).

Quedan delimitados tres rasgos principales sobre los que se asientan las fórmulas de previsión complementaria:

- su carácter privado, partiendo de que no hay una exigencia constitucional hacia los poderes públicos para mantener también este nivel de protección;
- su carácter voluntario, a merced pues de la autonomía de la voluntad de los sujetos;
- asimismo, queda delimitada la función de este nivel de previsión privada, la de complementar las prestaciones del nivel básico y público de la Seguridad Social, no estando legitimadas, por tanto, fórmulas de sustitución o alternancia con respecto al régimen público de Seguridad Social, que debe mantenerse dentro de los principios de obligatoriedad y solidaridad.

El carácter programático del art. 41 CE da paso a la acción del legislador.

En este marco regulador, el legislador no crea una Ley de previsión social complementaria, sino que su objetivo ha sido el de perfeccionar determinados instrumentos de previsión, con el fin de que resulten adecuados para servir a esta finalidad, cuya base se ha encontrado siempre en el marco jurídico de la Seguridad Social al encontrarse reguladas en la

LGSS las llamadas mejoras voluntarias de la Seguridad Social (art. 238 y ss.). Los instrumentos de previsión citados han sido objeto de actualización y adecuación a esta finalidad a través de sus propias normas, por lo que el texto refundido de la LPFP se convierte en una fuente importante en esta materia, especialmente su DA 1ª, junto a la normativa reguladora de los contratos de seguro, además del Reglamento de planes y fondos de pensiones (RPFP) y del Reglamento de Instrumentación de los Compromisos por Pensiones (RICP), desarrollando la citada DA 1ª de la LPFP.

3. LAS MEJORAS VOLUNTARIAS DE LA SEGURIDAD SOCIAL

La regulación de las mejoras voluntarias de la Seguridad Social se sitúa en la propia Ley General de la Seguridad Social desde su primera redacción. Inicialmente se regularon tres cauces a través de los cuales las empresas podrían mejorar, a su exclusivo cargo, las prestaciones básicas de sus trabajadores: a través del aumento de bases de cotización, a través del aumento de tipos de cotización y la mejora directa de las prestaciones completando la cuantía de las mismas; las dos primeras fueron vía preferente, aunque en la práctica solo se hizo uso de la que consistía en aumentar las bases de cotización de los trabajadores, si bien, la propia evolución del sistema público hizo desaparecer las dos primeras para dejar en exclusiva la mejora directa de prestaciones, precisamente la más libre por su capacidad de absoluta autorregulación por los sujetos privados, de ahí que se haya extendido su uso en el más estricto ámbito de la iniciativa privada.

Las principales notas características de las mejoras voluntarias en la actualidad son las siguientes: su carácter voluntario para la iniciativa privada, sea individual por el empresario o colectiva a través de instrumentos de negociación; complementariedad, respecto del sistema público; gestión absolutamente privada, aunque dirigida obligatoriamente hacia determinados instrumentos cuando se trate de gestionar compromisos por pensiones (*vide infra*) y libertad de configuración y autorregulación, siendo la fuente de implantación de la mejora la que determina su régimen jurídico, respecto del cual, la normativa de la Seguridad Social no adquiere la condición de supletoria con carácter general.

3.1. Naturaleza jurídica

Aunque la regulación existente en el ámbito de la LGSS se refiere a ellas como materia propia de Seguridad Social, cuyas prestaciones gozarán de los mismos caracteres y se equiparan a las prestaciones básicas de la Seguridad Social (art. 43 LGSS y Orden de 28 de diciembre de 1966), para la jurisprudencia tal naturaleza solo sería predicable respecto de las otras modalidades de mejoras voluntarias pero no respecto de las mejoras directas, cuyo régimen jurídico viene determinado en exclusiva por su fuente de implantación, no gozando de los mismos caracteres que las prestaciones básicas a no ser que el propio convenio colectivo o fuente que establezca la mejora así lo determine (STS de 20-12-2022, rec. 4131/2019). Sí se les aplican, en cambio, los plazos de prescripción y caducidad regulados en la LGSS respecto de las prestaciones básicas, frente a los regulados en el ET (STS 17-1-2011, rec. 4468/2009).

Asimismo, ante una incompleta u oscura regulación de la mejora, se acude en muchas ocasiones a conceptos propios derivados de la normativa de las prestaciones básicas, enfrentados con frecuencia a la normativa propia del seguro privado, y se atiende a las reglas de interpretación de los contratos, especialmente a la voluntad de los sujetos negociadores (STS de 15-1-2014, rec. 1585/2013). En determinadas materias, el recurso a los principios que informan el régimen jurídico de las prestaciones básicas, ha servido como medio para dotar de seguridad jurídica a una materia caracterizada por la diversidad y heterogeneidad, así: criterios de interpretación de las cláusulas (TS 23-7-1998, rec. 169/1998), concepto de accidente como contingencia protegida (STS 10-6-2009, rec. 3133/2008); grados de incapacidad permanente (TS 18-6-1998, Ar 6697 y STS 15-1-2014, rec. 1585/2013) y determinación del hecho causante ante una mejora por IP.

En materia de determinación del hecho causante en los casos de mejoras por IP, se ha acudido a integrar la falta de mención expresa o la falta de claridad en el condicionado de las pólizas que instrumentan la mejora. Si se trata de un accidente de trabajo el hecho causante queda fijado en la fecha del accidente (STS 18-4-2000, Ar. 3968), mientras que, tratándose de una enfermedad e incidiendo en las diferencias entre ambos tipos de contingencias, se mantiene la doctrina inicial (STS 15-5-2000, rec. 1477/1999) salvo que quede acreditado que las secuelas definitivas que llevan a la declaración de la IP quedaron ya consolidadas en un momento anterior a ésta (STS 14-4-2010, rec. 1813/2009). Doctrina que se aplica a efectos de una mejora por IP, pero que no cabe extender a la mejora por fallecimiento, cuyo hecho causante debe fijarse en la fecha del óbito con independencia de que la muerte fuese causada por una enfermedad conocida con anterioridad (STS 21/9/2009, rec. 3475/2008).

Por último, las mejoras directas de prestaciones no tienen naturaleza salarial, no gozan por tanto, de la protección del Fondo de Garantía Salarial; y por lo que respecta a las bases de cotización, son elementos que deben incluirse en las mismas salvo exclusivamente, la mejora de la prestación de incapacidad temporal (art. 147.2.d LGSS), por lo que quedan incluidas en las bases de cotización también las aportaciones que las empresas realicen a planes de pensiones así como a la financiación de las primas de contratos de seguro que sean utilizados como instrumentos de gestión y canalización de las mejoras destinadas a complementar las pensiones. El ET se refiere a las mejoras voluntarias como contenido de convenio colectivo susceptible de ser inaplicado bajo el régimen jurídico del art. 82.3 cuando concurran causas económicas, técnicas, organizativas o de producción. También el art. 44 ET incluye expresamente las obligaciones en materia de protección social complementaria que hubiera adquirido el cedente como materia incluida en la subrogación empresarial ante situaciones de sucesión de empresas.

3.2. Garantía de derechos: los trabajadores pasivos

La LGSS establece que *"no obstante el carácter voluntario, para los empresarios, de la implantación de las mejoras..., cuando al amparo de las mismas un trabajador haya causado el derecho a la mejora de una prestación periódica, ese derecho no podrá ser anulado o disminuido, si no es de acuerdo con las normas que regulan su reconocimiento"* (art. 239). Esta garantía frente a derechos ya adquiridos, no obstante cede ante las reglas de modificación que afecten a la fuente de reconocimiento: así, si la mejora de prestaciones ha sido establecida unilateralmente por la empresa puede adquirir el carácter de condición más beneficiosa (STSJ País Vasco de 30 enero 2007, rec. 2373/2006), mientras que tratándose de materia propia de un convenio colectivo, queda vinculada a las reglas sobre sucesión de convenios colectivos y principio de modernidad, según el cual, el convenio colectivo que sucede a uno anterior puede disponer sobre los derechos reconocidos en aquél (art. 82.4 y 86.4 ET) incluso aunque se trate de derechos ya adquiridos por trabajadores pasivos o pensionistas de empresa, los cuales, están dentro del ámbito de aplicación del convenio, no tienen condición de terceros y carecen de legitimación para impugnar el convenio (STS 9-2-1999, rec. 1394/1998).

Según la postura mayoritaria (que no unánime) del Tribunal Supremo *"...se trata de una mejora reconocida en convenio y que otro convenio colectivo posterior, es decir una norma de igual rango y ámbito que la propia de su reconocimiento, ha disminuido el beneficio, lo que es posible a tenor de las normas que regulan la negociación colectiva y, en concreto, el artículo 82.4 del Estatuto de los Trabajadores...bloquear tales derechos, no es ese el espíritu del artículo 192 de la Ley General de la Seguridad Social...* " (TS 16-7-2003, rec. 862/2002, con Voto particular).

3.3. Gestión

La LGSS recoge el principio de libre gestión de las mejoras directas de prestaciones, incluye incluso la posibilidad de gestión por la Administración (opción nunca desarrollada respecto de este tipo de mejoras) así como por entidades aseguradoras de cualquier clase (art. 240 LGSS). Si bien, este precepto debe entenderse superado por la normativa de instrumentación de los compromisos por pensiones y solo respecto de éstos *(vide infra)*, manteniendo su virtualidad respecto de las mejoras directas de prestaciones tipo subsidios, como la incapacidad temporal, nacimiento y cuidado de menor y prestaciones por riesgo durante el embarazo y la lactancia natural.

En esta materia, los mayores conflictos se han producido cuando intervienen entidades aseguradoras en la gestión de las mejoras previamente fijadas en convenio, provocando conflictos interpretativos sobre el alcance de las cláusulas de las pólizas en relación a los propios términos de los convenios (*vida supra)*: se ha señalado que cuando se gestionan mejoras voluntarias pactadas en la negociación colectiva, la aseguradora como profesional debe ser conocedora del contenido de los pactos y de las condiciones en que debe ejercer su actividad, en un terreno en que el tomador o empresa requiere de sus servicios y ésta acepta el aseguramiento de las mejoras previamente pactadas (TSJ Comunidad Valenciana 10-5-2000, AS1948) por lo que cabe hacerlas responsables de la falta de adecuación entre convenio y póliza (TS 23-7-1998 rec. 169/1998, con Voto particular), al menos, tratándose de discordancias léxicas o falta de claridad en las cláusulas que provoca equivocidad u oscuridad, situaciones que, tratándose de contratos de adhesión, no deben beneficiar a la aseguradora (STS 24/11/2009, rec. 1145/2008); en cambio, se les ha eximido de responsabilidad cuando la discordancia consiste en excluir expresamente de protección un riesgo cubierto por el convenio, ya que, siendo clara la redacción de la póliza, la responsabilidad por falta de aseguramiento se ha hecho recaer en exclusiva sobre la empresa, incluso aunque el convenio establezca expresamente que la aseguradora debe desarrollar lo en él convenido, pues ésta no está incluida en el ámbito de aplicación del convenio colectivo (STS 31-1-07, rec. 4713/2005).

Por otro lado, la libertad de gestión establecida en el art. 240 permitía incluso que la empresa afrontara los compromisos adquiridos con sus trabajadores en materia de protección complementaria mediante pagos directos, sin más exigencias, cosa que provocaba una total falta de garantías de que la empresa dotara los fondos necesarios para asumir dichas mejoras futuras o de que, de existir fondos acumulados con esa finalidad, llegaran efectivamente a cumplirla y no fuesen desviados hacia otros fines. Las reformas que se inician en 1995 afrontan esta cuestión, regulando la prohibición de utilizar fondos internos y la obligación de asegurar los compromisos mediante instrumentos financieros como los planes de pensiones o contratos de seguro. De ahí que deba entenderse el art. 240 LGSS afectado por la normativa que regula los llamados compromisos por pensiones, a través de la DA 1ª LPFP.

4. LOS COMPROMISOS POR PENSIONES

Motivado por la adecuación de nuestro derecho interno al art. 8 de la Directiva 80/987/CEE, de 20 de octubre, relativa a la protección de los trabajadores ante supuestos de insolvencia empresarial (actualmente Directiva 2008/94/CE, de 22 de octubre), en 1995 se introduce la obligación para las empresas de externalizar los compromisos por pensiones mediante un plan de pensiones o contratos de seguro, incluidos los planes de previsión social empresariales, o una combinación de varios de estos instrumentos (DA 1ª LPFP) señalando expresamente la prohibición para las empresas de dotar fondos internos o instrumentos similares que supongan el mantenimiento por parte de éstas de la titularidad de los recursos constituidos. El desarrollo reglamentario se produce mediante RD 1588/1999, de 15 de octubre (RICP) y se concedió un plazo a las empresas para proceder a la externalización de los compromisos por pensiones existentes en el momento de entrar en vigor aquella norma, plazo que tras varias prórrogas culminó el 31 de diciembre de 2006 (RDL 16/2005, de 30 de diciembre).

El incumplimiento por la empresa de instrumentar los compromisos por pensiones asumidos constituye infracción en materia laboral de carácter muy grave en los términos del art. 8.15 TRLISOS.

4.1. Concepto de compromisos por pensiones

Tienen tal consideración los compromisos derivados de obligaciones legales o contractuales de la empresa con el personal de la misma, recogidas en convenio colectivo o disposición equivalente (acuerdo de empresa o decisión de la misma documentada, actas de constitución, estatutos o reglamentos de mutualidades de previsión social, fundaciones laborales y cualquier otra institución de previsión en la que, en los documentos enumerados las empresas asuman compromisos por pensiones) que tengan por objeto realizar aportaciones u otorgar prestaciones vinculadas a las contingencias establecidas en el art. 8.6 LPFP, es decir: jubilación, IP en los grados de total, absoluta y gran invalidez, fallecimiento y dependencia severa o gran dependencia, esta última en los términos de la LAAD (art. 7 RICP).

La instrumentación debe realizarse respecto de todos los compromisos asumidos, cuyo régimen jurídico debe figurar expresamente en las especificaciones del plan de pensiones o en el condicionado del contrato de seguro en su caso, sin que sea admisible la mera remisión al convenio o disposición equivalente. Tratándose de planes de prejubilación negociados en el marco de un ERE, la instrumentación es voluntaria conforme al art. 8.6 LPFP (STS 19-12-2016, rec. 965/2015).

4.2. Empresas afectadas por la obligación de externalizar

La obligación afecta a todo tipo de empresas, tanto persona jurídica como física, en cuanto que asuman con sus trabajadores compromisos por pensiones; asimismo, quedan incluidas comunidades de bienes y demás entidades susceptibles de asumir compromisos por pensiones, así como las extranjeras con establecimiento en territorio nacional; también quedan incluidas las empresas o sociedades públicas (art. 5 RICP).

Respecto de la Administración pública, la DF 2ª LPFP les permite instrumentar compromisos por pensiones mediante cualquiera de las vías establecidas para el resto de empresas, sin perjuicio de quedar sometidas a la correspondiente habilitación presupuestaria y, en su caso, autorización; las prestaciones resultantes no tendrán la consideración de pensiones públicas ni quedarán sometidas al tope máximo de pensiones fijado cada año por las leyes de presupuestos: sobre la constitucionalidad de esta previsión STC 139/2005, 26 mayo 2005; sobre la necesaria habilitación presupuestaria y la imposibilidad de establecer otros beneficios económicos no previstos legalmente (STS de 14-12-2006 y de 15-10-2007, sala contencioso-administrativo, rec. 3519/2000 y 6795/02, respectivamente). Las aportaciones a los planes de pensiones de los funcionarios públicos tienen la consideración de salario, integrando la masa salarial como una retribución diferida (STS, sala cont-admvo. de 8 de abril de 2021, rec. 2492/2019). Por lo que se refiere al campo de aplicación de la citada DF, incluye textualmente a las "Administraciones públicas, incluidas las Corporaciones locales, las entidades, organismos de ellas dependientes y empresas participadas por las mismas"; asimismo, se prevé también que las Cortes Generales y las Asambleas legislativas de las CCAA puedan promover planes de pensiones o contratos de seguro colectivo respecto de sus miembros, excepcionando para éstos la exigencia de que a cada promotor corresponde un único plan de empleo, establecida en el art. 4.1.a) LPFP.

Por otro lado, la obligación de externalizar los fondos internos e instrumentalizar los compromisos por pensiones, no se aplica a determinadas entidades que excepcionalmente son relevadas de dichas obligaciones ya que, por la actividad que realizan se entendió que quedaban ya sometidas a importantes controles desde la esfera pública: las entidades financieras, en tanto que quedan sometidas al control por el Banco de España; las entidades aseguradoras, sometidas al control de la Dirección General de Seguros y las sociedades y agencias de valores, sujetas a la Comisión Nacional del Mercado de Valores. La excepción alcanza a los compromisos que ya tenían adquiridos en fecha 10 de mayo de 1996 y respecto del personal ingresado en la empresa antes de la entrada en vigor del RICP (DT 4ª LPFP y art. 38 y ss. RICP). En su favor se regula un régimen transitorio que les permite mantener fondos internos si bien, les exige a cambio, además de la correspondiente autorización del Ministerio de Hacienda, que dichos fondos estén dotados de criterios tan rigurosos como los aplicables a los asumidos mediante planes de pensiones.

Por último, la obligación de externalizar los compromisos por pensiones incluye, del lado de los trabajadores, tanto al personal activo, como a jubilados y beneficiarios. Se entiende por personal activo aquel que mantiene una relación laboral de las incluidas en el ámbito del ET, incluidas las relaciones laborales especiales, siempre que dicha relación esté sometida a la legislación española. Se entenderán incluidos los trabajadores en excedencia o suspensión de contrato cuando la empresa haya asumido compromisos con dicho personal, y aquellos cuya relación laboral se haya extinguido con los que la empresa mantenga compromisos por pensiones (art. 6 RICP). Quedan incluidos también los socios trabajadores y de trabajo de las sociedades laborales y cooperativas (art. 25 RPFP).

Por lo que a la Administración pública se refiere, incluidas las entidades a que alude la DF 2ª LPFP, quedan incluidos el personal funcionario o laboral, o en relación de servicios regulada por normas administrativas y estatutarias.

4.3. Los instrumentos al servicio de la externalización

Los instrumentos para llevar a cabo la externalización de los compromisos por pensiones, son los planes y fondos de pensiones y los contratos de seguro, incluidos los llamados planes de previsión social empresarial (DF 1ª LPFP).

4.3.1. Los Planes y Fondos de pensiones

Se trata de un instrumento financiero de ahorro a largo plazo con fines de previsión: los planes definen el derecho de las personas a cuyo favor se constituyen a percibir rentas o capitales por jubilación, supervivencia, viudedad, orfandad o invalidez, las obligaciones de contribución a los mismos así como las reglas de constitución y funcionamiento del fondo de pensiones, creado al exclusivo objeto de dar cumplimiento al plan (arts. 1 y 2 LPFP). Son tres las modalidades de planes de pensiones: *sistema individual,* son aquellos promovidos por entidades financieras y no vinculados a ningún específico colectivo; *sistema asociado,* de próxima desaparición, en el que el promotor o promotores son asociaciones o sindicatos, siendo las personas a favor de las cuales se constituye el plan o partícipes, sus asociados, miembros o afiliados, y *sistema de empleo,* cuyo promotor es cualquier entidad, corporación, sociedad o empresa y cuyos partícipes son sus empleados (art. 4 LPFP). La modalidad del sistema de empleo es pues la habilitada para llevar a cabo la gestión y externalización de los compromisos por pensiones, correspondiendo un plan por empresa promotora (art. 4.1.a LPFP) y regulándose la posibilidad de que varias empresas puedan promover de forma conjunta un único plan de pensiones: se trata de los planes de promoción conjunta, una solución legal para conseguir la extensión de los planes de pensiones también entre pequeñas y medianas empresas, y entre empresas sujetas a un mismo convenio supraempresarial y a unos mismos compromisos por pensiones, así como entre empresas de un mismo grupo, e incluso entre organismos y entidades que formen parte de la Administración pública (arts. 4.1.a LPFP y 37 y ss. del RPFP). La Ley 12/2022, de 30 de junio, introduce medidas de simplificación e impulso de los planes de pensiones de empleo, contemplando, por un lado, la transitoria desaparición de los planes de pensiones del sistema asociado (DT 11ª y 12ª) y por otro, la nueva categoría de planes de pensiones de empleo "simplificados".

A) Planes de pensiones de empleo simplificados

Categoría de plan de pensiones de empleo regulada en el capítulo XII de la LPFP. Tienen esta consideración los que se constituyan conforme a las reglas del citado capítulo que respondan a una de las siguientes modalidades:

a) los promovidos por empresas incluidas en acuerdos colectivos sectoriales que instrumenten compromisos por pensiones, con especial atención a promover su implantación en las pequeñas y medianas empresas;

b) los promovidos en el sector público;

c) los destinados exclusivamente a trabajadores por cuenta propia promovidos por asociaciones, federaciones, sindicatos, Colegios profesionales...etc (art. 67.1.c) LPFP);

d) los promovidos por sociedades cooperativas y laborales y organizaciones representativas de las mismas, destinados a socios trabajadores y socios de trabajo.

En cuanto a su régimen jurídico, cabe destacar que se prevé un procedimiento más ágil que facilite su efectiva implantación, previéndose que la negociación colectiva estatutaria de carácter sectorial pueda obligar a las empresas incluidas en su ámbito de aplicación a adherirse al plan, pudiendo no hacerlo solo en el caso de acordar la promoción de su propio plan que en ningún caso podrá ser de inferiores condiciones al plan sectorial (art. 68 LPFP); asimismo, está previsto que las condiciones generales contenidas en las especificaciones del plan sean comunes para todas las empresas o entidades que lo integran en los términos del art. 72 LPFP, previéndose que sea el Ministerio de Inclusión, Seguridad Social y Migraciones quien establezca las bases de las especificaciones normalizadas, previa consulta a organizaciones sindicales y empresariales más representativas (art. 72.5); y han de ser planes de la modalidad de aportación definida para jubilación, sin perjuicio de que puedan prever prestaciones definidas para el resto de contingencias que deberán articularse mediante los correspondientes contratos de seguro (art. 71 LPFP) en cuyo caso deberán delimitarse con precisión los riesgos que corresponden a cada empresa o entidad, siendo cada una responsable de las obligaciones asumidas frente a sus personas partícipes y frente a los beneficiarios (art. 72 LPFP).

Por último, la DA 12ª LPFP regula la adaptación en la aplicación de esta materia a las CCAA con competencia exclusiva en materia de mutualidades no integradas en la Seguridad Social, para instrumentar los compromisos por pensiones a través de sus propios instrumentos. Asimismo, se establece la posibilidad de que planes de empleo y otros instrumentos similares vigentes a la entrada en vigor de la Ley 12/2022, puedan adaptar sus especificaciones, pólizas o reglamentos, para integrarse en la categoría de planes de pensiones de empleo simplificados en los términos que se establezca reglamentariamente (DA 10ª LPFP).

B) Principios básicos de los Planes y Fondos de Pensiones

Los principios básicos que informan la regulación de los planes de pensiones son (art. 5 LPFP):

- *Principio de no discriminación en el acceso al plan*: implica la necesidad de que el acceso al plan sea posible para "la totalidad del personal empleado", independientemente por tanto del tipo de relación laboral; podría señalarse como requisito de acceso una determinada antigüedad en la empresa, siempre que no supere un mes. Cualquier diferenciación motivada por la exclusiva razón de fecha de ingreso en la empresa, o basada en la adquisición de la condición de fijo, supone un trato desigual no razonable ni objetivo (STC 28-6-2004, RTC 2004/104; STS 13-10-2004, rec. 148/2003).
- *Principio de capitalización:* solo son admisibles sistemas financieros y actuariales de capitalización individual (art. 19 y ss. RPFP).
- *Principio de irrevocabilidad de las aportaciones del promotor o empresa*: las aportaciones del promotor tendrán el carácter de irrevocables; son aportaciones que se realizan a favor de sus empleados, asumiendo éstos la titularidad sobre la aportación imputada; cabe también que el empresario individual promotor del plan, realice aportaciones respecto de sí mismo, figurando también como partícipe; en cualquier caso la ley fija topes a las aportaciones (art. 5.1.b) RPFP y 5.3 LPFP).
- *Principio de atribución de derechos a los partícipes*: las aportaciones de los partícipes a los planes de pensiones, directas o imputadas, y el sistema financiero actuarial utilizado, determinan para los mismos unos derechos de contenido económico o derechos consolidados:
  - éstos, solo podrán hacerse efectivos en el momento en que se actualiza la contingencia protegida por el plan con las salvedades siguientes: desempleo involuntario del partícipe o enfermedad grave del partícipe o sus familiares (art. 8.8 LPFP y 9 RPFP); cabe

añadir no obstante, que particularmente se permite que los planes de pensiones puedan prever el pago de la prestación correspondiente a la jubilación en caso de que el partícipe, cualquiera que sea su edad, extinga su relación laboral y pase a la situación legal de desempleo en los casos contemplados en los arts. 49.1.g), 51, 52 y 57 del ET (art. 8.6 LPFP). Como medida excepcional, cabe la disposición adelantada de derechos cuando el partícipe se halle incurso en un procedimiento de ejecución sobre su vivienda habitual (DA 7ª LPFP). Además, tras la reforma introducida por Ley 26/2014, de 27 de noviembre, se contempla que los partícipes de los planes de pensiones del sistema de empleo podrán disponer de los derechos consolidados correspondientes a las aportaciones y contribuciones empresariales realizadas con al menos diez años de antigüedad, si así lo permite el compromiso y lo prevén las especificaciones del plan; medida para cuyo ejercicio será necesario esperar al año 2025 (DT 7ª LPFP y RD 62/2018, de 9 de febrero). Asimismo, de forma coyuntural, se ha regulado como una posibilidad limitada en el tiempo y excepcional a consecuencia de la crisis sanitaria por COVID-19 (DA 20ª RDL 11/2020 y art. 23 RDL 15/2020, de 21 de abril) y para personas afectadas por la erupción del volcán de La Palma (RDL 20/2021).

- los partícipes podrán movilizar sus derechos consolidados a otros planes de pensiones en caso de extinción de la relación laboral y solo si así está previsto en las especificaciones del plan, y en caso de terminación del plan; en cambio, los beneficiarios del plan no podrán movilizar sus derechos a otro plan, salvo por terminación del mismo (art. 8.8 LPFP). "*Tal facultad de movilización es un derecho limitado, anexo a los derechos consolidados, atribuido al partícipe o ex partícipe en supuestos muy concretos para facilitar el uso o disponibilidad de estos últimos. Esta vinculación funcional de la facultad de movilización con los derechos consolidados permite afirmar que la misma no prescribe mientras se mantengan vivos tales derechos, sin que sea de aplicación por tanto los plazos de prescripción del art. 59 ET… o del art. 43.1 LGSS*" (STS 21-10-2009, rec. núm. 200/2008). Como especialidad, en caso de planes de pensiones simplificados, los derechos consolidados de los partícipes solo podrán ser movilizados a otros planes de pensiones de empleo, en los términos y con las excepciones que se determinen reglamentariamente (art. 72.6 LPFP).

- se regula, asimismo, la garantía de inembargabilidad de los derechos consolidados hasta el momento en que se causa la prestación o puedan ser disponibles o efectivos; medida que encuentra justificada el Tribunal Constitucional atendiendo a razones de viabilidad y estabilidad de los planes de pensiones y al cumplimiento de una importante función de complementariedad del nivel público de Seguridad Social (STC 88/2009, de 20 de abril). Además, el concurso de acreedores no podrá dar lugar a la resolución judicial del plan de pensiones del concursado (art. 8.8 LPFP).

- *Principio de integración obligatoria en un fondo de pensiones* que, tratándose de planes del sistema de empleo, debe limitar su ámbito de actuación al desarrollo exclusivo de planes de pensiones de dicha modalidad (art. 10.4 LPFP). Entre las modificaciones introducidas por la Ley 12/2022, se incorpora un capítulo XI en la LPFP para regular una nueva categoría de fondos de pensiones de empleo denominados de promoción pública abiertos, que se caracterizan porque serán promovidos por el Ministerio de Inclusión, Seguridad Social y Migraciones a través de una comisión promotora y de seguimiento que será creada al efecto como órgano adscrito al citado Ministerio (art. 55 LPFP); la promoción pública de estos fondos no implica garantía alguna del valor de las aportaciones, rentabilidad del plan ni especialidad alguna en la determinación de los derechos consolidados. Podrán integrarse en estos fondos tanto planes de empleo simplificados como otros planes de empleo de aportación definida para jubilación en los términos del art. 53 LPFP. Serán administrados por una entidad gestora con el concurso de una entidad depositaria y bajo la supervisión de una única Comisión de Control Especial para todos los fondos de pensiones de promoción pública abiertos (art. 57 y 58 LPFP); la elección de la entidad gestora y de la entidad depositaria se realizará con sujeción a la Ley 9/2017 a través de un procedimiento abierto, respetando los principios de igualdad, transparencia y libre competencia (arts. 62 y ss LPFP). El desarrollo reglamentario de los fondos de promoción pública abiertos se realiza en los arts. 107 y ss. RPFP, redacción por RD 885/2022, de 18 de octubre y RD 668/2023.

Por otro lado, el órgano encargado de supervisar el funcionamiento y la ejecución del plan es la denominada Comisión de control del plan. La integran representantes de la empresa y de los trabajadores, tanto activos como pasivos o beneficiarios, pudiendo éstos ser representados por los partícipes del plan o trabajadores.

Por último, respecto a los límites a la autonomía colectiva en materia de planes de pensiones, se ha señalado que *"la norma colectiva debe respetar la regulación de la norma estatal tanto por razones de jerarquía, como de competencia, pues, aunque el convenio colectivo puede... establecer los compromisos de seguridad social complementaria, no es instrumento idóneo para regular los aspectos institucionales de los planes y fondos de pensiones no disponibles por la autonomía privada (art. 85.1 ET)"* (SAN 10-12-2001, JUR 2002/56873). Así por ejemplo, se ha señalado que la LPFP no permite que sea la negociación colectiva la que fije la forma de cuantificar los derechos consolidados de los partícipes, tal extremo no puede ser objeto de disposición por el convenio colectivo ni por el Reglamento del plan de pensiones concreto, que también es fruto de la negociación colectiva (STS 27-9-2010, rec. 2566/2009); asimismo, la propia existencia de la figura del partícipe en suspenso no es disponible para las partes (STS 9-5-2011, rec. 2765/2010). Los planes de pensiones de empleo como instrumento de externalización de los compromisos por pensiones son objeto de incentivos, no solo de índole fiscal, también están previstas a partir de 1 de enero de 2023 reducciones de cuotas empresariales a la Seguridad Social por contingencias comunes, relacionadas con el incremento en la cuota que derive directamente de la aportación empresarial al plan en los términos de la DA 47ª LPFP introducida por la Ley 12/2022.

4.3.2. Los contratos de seguro

La LPFP configura las características que debe tener este contrato para servir a la finalidad de instrumentar compromisos por pensiones (DA 1ª). El RICP desarrolla estas previsiones legales configurando el régimen jurídico de estos instrumentos, del que cabría destacar los siguientes puntos:

- se exige que revista la forma de seguro colectivo sobre la vida, plan de previsión social empresarial o seguro colectivo de dependencia en los que la condición de tomador corresponde a la empresa, siendo los asegurados los trabajadores y los beneficiarios las personas en cuyo favor se generen las pensiones; incluye también r los instrumentados entre las mutualidades de previsión social y sus mutualistas, si bien, atendiendo a la empresa y la relación laboral como presupuesto de los compromisos por pensiones;
- se regula la expresa exigencia de que las pólizas se adecuen fielmente a los compromisos, sin que sea admisible la mera remisión a convenios colectivos o disposiciones equivalentes para definir las primas, las prestaciones aseguradas o cualquiera de los elementos propios del compromiso integrado.

- en cuanto a los derechos de disposición que puede ejercer el tomador o empresa contratante del seguro, no son aplicables los artículos 97 y 99 de la LCS (en ellos se regulan los derechos a recibir anticipos sobre la prestación asegurada y a ceder o pignorar la póliza) y por lo que respecta a los derechos de rescate y reducción, están sujetos a unas reglas limitativas específicas. En el caso de la figura del llamado plan de previsión social empresarial, y dadas sus especiales características *(vide infra)*, las posibilidades de rescate por el tomador solo se vinculan a su integración en otro plan de previsión similar o en un plan de pensiones (DA única RICP);
- por lo que se refiere a los posibles derechos de disposición anticipada respecto de los trabajadores o asegurados, la DA 1ª LPFP exige que deberán preverse sus derechos económicos *en los casos en que las primas del tomador se les imputen*, siempre de acuerdo con las previsiones del compromiso por pensiones. Ello supone que adquieren la titularidad de los recursos afectos a dichas primas, que resultan en consecuencia, indisponibles para la empresa; además, el art. 32 del RICP exige una mención expresa en la póliza sobre estos derechos, póliza que debe adecuarse fielmente al contenido de los citados compromisos (art. 27.3 RICP).

Así pues, la imputación de primas no ha sido condición exigible por la LPFP a todo tipo de contrato de seguro, que solo garantiza la disposición de derechos en los casos en que a los trabajadores se les imputen las primas y por supuesto, respecto de las primas financiadas por los propios asegurados. De ahí que, será el propio compromiso el que pueda exigir esta garantía que la ley no ha previsto originariamente, si bien, reformas posteriores han introducido ciertas matizaciones en determinados casos. Así, en primer lugar, es la normativa fiscal la que regula la obligatoriedad de imputación fiscal en determinados tipos de contratos (art. 17.1.f) LIRPF) y en un segundo momento, el RD-Ley 11/2018, modifica la DA primera de la LPFP para introducir la necesaria protección en caso de compromisos por pensiones asegurados referidos a la jubilación sin imputación fiscal al trabajador de las primas abonadas por la empresa, cuando el compromiso o la póliza prevean la adquisición de derechos económicos por el trabajador antes de la jubilación (apartado 4 de la DA primera LPFP). Por otro lado, la regulación es otra respecto de los planes de previsión empresarial, de los cuales derivarán derechos económicos a favor de los asegurados, que podrían ejercer su derecho de rescate o disposición en los mismos casos previstos respecto de los planes de pensiones (art. 51.4 LIRPF). La ley exige de los planes de previsión social empresarial, que respondan a los mismos principios que aquéllos, entre ellos el de irrevocabilidad de las aportaciones del promotor, en este caso, tomador, y el de atribución de derechos a los partícipes, en este caso, asegurados, así como, el mismo régimen de indisponibilidad y movilización de derechos; se exige por tanto y expresamente, que las primas del tomador deberán ser imputadas a los asegurados (art. 51, apdos. 3 y 4 LIRPF).

El tratamiento fiscal favorable se traslada pues a la opción por el contrato de seguro cuando éste responde a los mismos caracteres de los planes de pensiones, como ocurre con los llamados planes de previsión social empresarial, y también con las mutualidades de previsión social y los seguros de dependencia (art. 51 Ley 35/2006, de 28 de noviembre, del Impuesto sobre la Renta de las Personas Físicas, LIRPF). Se trata de fórmulas contractuales que proporcionan en el marco del sector asegurador un instrumento de previsión cuyo esquema y filosofía responde al del plan de pensiones, por lo que suelen contar con similares beneficios fiscales y régimen de disponibilidad de derechos (art. 51 LIRPF, DA única RICP y DA 8ª LPFP, entre otras).

Por último, la DA 10ª LPFP introducida por la Ley 12/2022, regula la posibilidad de que instrumentos de previsión con el mismo régimen fiscal que los planes de pensiones de empleo vigentes a su entrada en vigor (2 de julio de 2022), puedan adaptar sus especificaciones, pólizas o reglamentos, para integrarse en la categoría de planes de pensiones de empleo simplificados en los términos que señala la DA 13ª RPFP, redacción por RD 668/2023.

Bibliografía

Lección 1

ALONSO OLEA, M., "Cien años de Seguridad Social", PEE 12/13(1982), pp. 107 ss. DESDENTADO BONETE, A., "El sistema español de Seguridad Social. Estructura y ordenación jurídica", en DESDENTADO, A., Seguridad Social. Manual de formación, Madrid (CGPJ), 2002.

APARICIO, J. y COLLADO, L., "Sobre las últimas reformas en Seguridad Social y posibles líneas de otras futuras", *Revista de derecho social,* 105 (2024), pp. 75-94

DEL VALLE VILLAR, J.M., "La seguridad social en el ámbito internacional", *Estudios Latinoamericanos de Relaciones Laborales y Protección Social,* 11 (2021), pp. 89-111

DURAND, P., La política contemporánea de Seguridad Social (1953), Madrid (MTSS), 1991.

GARCÍA MURCIA, J. y CASTRO, M. A. (dirs.), Legislación histórica de previsión social, Pamplona (Aranzadi), 2009.

GARCÍA MURCIA, J., *La seguridad social en España y la idea de solidaridad, Oviedo (KRK),* 2017. GOERLICH PESET, J.M., "Digitalización, robotización y protección social", *Teoría y derecho* 23(2018), pp. 108 ss.

GONZALO GONZÁLEZ, B., *Introducción al derecho internacional español de Seguridad Social,* Madrid (CES), 1995.

MARTÍNEZ-GIJÓN MACHUCA, M. A., *Protección social, seguridad social y asistencia social,* Madrid (CES), 2005.

MONEREO, J.L., y RODRÍGUEZ INIESTA, G. (dirs.), *Tratado de Derecho de la Seguridad Social,* Murcia (Laborum), 2017, tomo I, caps. 1 al 7.

RUESGA, S., SUÁREZ, B. y GÓMEZ, V. (coords.), ¿Cobraremos la pensión? Cómo sostener el sistema público de pensiones, Madrid (Pirámide), 2017.

SÁNCHEZ-URÁN AZAÑA, Y., Seguridad social y Constitución, Madrid (Civitas), 1995. SUÁREZ CORUJO, B., Introducción al derecho de la protección social, Valencia (Tirant), 2006. VENTURI, A., Los fundamentos científicos de la Seguridad Social (1954), Madrid (MTSS), 1995.

Lección 2

AA.VV. (Coord. GARCÍA MURCIA, J.) "*Condiciones de empleo y relaciones de trabajo en el Derecho de la Unión Europea. Un estudio de jurisprudencia del Tribunal de Justicia*". Edit. Aranzadi, Pamplona, 2017.

AA.VV. (Dir. SÁNCHEZ-RODAS NAVARRO, C., Coor. ORTÍZ CASTILLO, F.,) "*Los Reglamentos de coordinación de sistemas de seguridad social en la Unión Europea*". Edit. Laborum. Murcia, 2021.

CARRASCOSA BERMEJO, D., "Seguridad Social de los trabajadores migrantes" en el colectivo "*Contingencias y prestaciones de Seguridad Social en la Jurisprudencia del Tribunal Supremo*" (Dirs: Garcia Murcia, J., y Castro Argüelles, M.,). Ed. Reus. Madrid. 2021.pp. 571-614.

- "Coordinación de los sistemas nacionales de Seguridad Social" (Reglamentos CE 883/2004 y CE 987/2009)" en el colectivo "*Derecho Social de la UE. Aplicación por el Tribunal de Justicia*" (Dirs: Casas Baamonde, M.E., Garcia-Perrote Escartín I., Gil Alburquerque, R., Gómez García-Bernal, A., y Sempere Navarro, A.V.). Agencia Estatal Boletín Oficial del Estado-Fundación para la Investigación sobre el Derecho y la Empresa. Madrid. 1ª edición, 2023. pp. 737 a 801.
- "Seguridad social en el trabajo internacional postpandémico y en el caso específico del nomadismo digital" en *Labos. Revista de Derecho del Trabajo y Protección Social,* nº 1, 2023.
- "Key Ideas on Mobility and Social Security after Brexit" en *ERA Forum,* Vol. 22, 2021. pp. 387 a 406. Accesible en https://doi.org/10.1007/s12027-021-00685-3

COMISIÓN EUROPEA, "*Guía práctica sobre la legislación aplicable en la Unión Europea (UE), el Espacio Económico Europeo (EEE) y Suiza*". Edit. Comisión Europea, s/l. 2013.

GARCÍA DE CORTÁZAR y NEBREDA, C., "Seguridad social internacional: tratados bilaterales y multilaterales. Reglamentos comunitarios" en el colectivo "*Seguridad social. Manual de formación*" Col. Manuales de formación continua. Edit. CGPJ. Madrid. 2002. pp. 1137 a 1191.

- "Extensión de las normas de coordinación de Seguridad Social a los nacionales de terceros Estados. El Reglamento UE 1231/2010" en *Revista del Ministerio de Trabajo e Inmigración,* nº 97, 2012, pp. 15 a 32.
- "El Brexit en el ámbito de la coordinación de regímenes de seguridad social" en *Revista General de Derecho del Trabajo y de la Seguridad Social,* nº 49, 2018. pp. 1 a 31.
- "La larga marcha al Seguro de Desempleo Europeo" en *Revista del Ministerio de Empleo y Seguridad Social,* nº 142, 2019. pp. 131 a 164.
- "Accidentes de trabajo y enfermedades profesionales en el Reglamento 883/2004. Un ejemplo de coordinación mínima" en *e-Revista Internacional de la Protección social,* nº 1, 2021. pp. 13 a 51.
- "La reforma de las pensiones en Europa" en *Revista de Derecho de la Seguridad Social Laborum,* nº 31, 2022. pp. 33 a 61.

GARCÍA MURCIA, J. "Los Reglamentos 883/2004 y 987/2009 y el Tratado de Lisboa" en el colectivo "*El futuro europeo de la protección social*". Edit. Laborum. Murcia, 2010. pp. 25 a 41.

HIERRO HIERRO, F.J., "La protección social en la Unión Europea" en el colectivo "*Derecho del Trabajo y de la protección social en la Unión Europea: Situación actual y perspectivas de futuro*". (Dirs: Cardenal Carro, M., y Pérez Campos, A.I., Coord. Areta Martínez, M.). Edit. Dykinson, Madrid. 2020.

MARTÍN-POZUELO LÓPEZ, A., "*La seguridad social de los trabajadores migrantes en la Unión Europea: Ley aplicable a afiliación y cotización*". Edit. Tirant lo Blanch. Valencia, 2022.

MIRANDA BOTO, J.M, "Seguridad social de los trabajadores migrantes (II): prestaciones" en el colectivo "*Lecciones de Derecho Social de la Unión Europea*". Edit. Tirant lo Blanch. Valencia, 2012. pp. 218 a 235.

RODIÈRE, P., "*Droit social de l'Union européenne*". Edit. L.G.D.J Lextenso Éditions. Paris, 3e édition 2022.

SERVAIS, J.M., "*Droit social de l'Union Européenne*". Edit. Bruylant. Bruxelles, 4éme édition, 2021.

VIROLÉS PIÑOL, R.M., "Competencia de Seguridad Social en la Unión Europea" en el colectivo "*Derecho Social de la UE. Aplicación por el Tribunal de Justicia*". (Dirs: Casas Baamonde, M.E., Garcia-Perrote Escartín I., Gil Alburquerque, R., Gómez García-Bernal, A., y Sempere Navarro, A.V.). Agencia Estatal Boletín Oficial del Estado-Fundación para la Investigación sobre el Derecho y la Empresa. Madrid. 1ª edición, 2023. pp. 1769 a 1785.

Asimismo, pueden resultar de utilidad, en lo relativo a algunos aspectos de seguridad social en el ámbito de la Unión, los siguientes sitios web:

http://ec.europa.eu/social/main.jsp?catId=26&langId=es

http://ec.europa.eu/social/main.jsp?langId=en&catId01098

Lección 3

AA.VV. (coord. GONZÁLEZ ORTEGA, S.), La Protección Social de los extranjeros en España, Ed. Tirant lo Blanch, 2010.

BLASCO LAHOZ, J. F., Una descripción del campo de aplicación del Régimen General de la Seguridad Social, con una especial atención a los "asimilados a trabajadores por cuenta ajena", RIL, nº 10/2011.

BORRAJO DACRUZ, E., Accidente de trabajo y extranjería, AL, nº 1/2009.

FERNÁNDEZ DOCAMPO, B., Pluriactividad sucesiva y Seguridad Social. El principio de conservación de los derechos de protección social, RL, nº 19/2010.

FERNÁNDEZ PROL, F., *Pluriempleo y pluriactividad simultánea en el Sistema de Seguridad Social,* Ed. BOMARZO, 2008.

MIJARES GARCÍA-PELAYO, M. F., Las modificaciones sustanciales en el campo de aplicación del sistema de la Seguridad Social, RMTI, nº 79/2009.

MARTÍNEZ LLANOS, N., Efectos perversos en la aplicación del cómputo recíproco de cotizaciones, RIL, nº 6/2003.

MONEREO PÉREZ, J. L., Proceso de convergencia e integración de los regímenes de Seguridad Social. Significación y aspectos críticos, TL, nº 112/2011.

SIRVENT HERNÁNDEZ, N., Derechos de Seguridad Social y trabajadores extranjeros, RTSS, nº 319/2009.

VALDÉS ALONSO, A., Pluriactividad y doble situación de alta: sobre el concepto de actividad a efectos de encuadramiento, RL, 2001-I, pp. 1021 y ss.

Lección 4

AA.VV. (Dir. SEMPERE, A. V.) (2005): Perfiles de las Mutuas de Accidentes de Trabajo. Centenario fundacional de MAZ, ed. Aranzadi, Cizur Menor, Navarra.

CAVAS MARTÍNEZ, F.(2009): "La Integración de la gestión de la Seguridad Social prevista en los Pactos de Toledo" Revista Foro de Seguridad Social, nº 21.

FERNÁNDEZ ORRICO, F. J. (2011): "Distribución de competencias en materia de Seguridad Social entre el Estado y Comunidades Autónomas. En particular, del Estatuto de Autonomía de Cataluña", en AA. VV.: Los Nuevos Marcos de Relaciones laborales en el Renovado Estado de las Autonomías, Tirant lo Blanch-AEDTSS Valencia, pp. 753-773.

GIL PLANA, J. y GONZÁLEZ DEL RÍO, J. M. (2008): "Aspectos polémicos en la colaboración de las mutuas en la gestión de la Seguridad Social", REDT, nº 139.

LÓPEZ GANDÍA, J. y TOSCANI JIMÉNEZ, D. (2015): La reforma de las Mutuas. Bomarzo, Albacete. MARTÍNEZ MATEO, C. J. (2017): Las mutuas colaboradoras con la Seguridad Social. Laborum. Murcia.

MOLINA NAVARRETE, C. (2011): "La reforma en materia de accidentes de trabajo y enfermedades profesionales: modificaciones incesantes, racionalización aplazada", en TL, nº 112.

PANIZO ROBLES, J.A. (2015): "La reforma del régimen jurídico de las mutuas. Otra ocasión perdida", RDSS, nº 2, pp. 19-44.

SÁNCHEZ PÉREZ, J. (2015): "La nueva regulación normativa de las mutuas colaboradoras de la Seguridad Social", RTSS, nº 386, pp. 95-114.

SARAGOSSÀ SARAGOSSÀ, J. V. (2012): "La reorganización institucional de la seguridad social", RGDTSS, núms. 29 y 30, pp. 477-507.

Lección 5

ALONSO OLEA, M. y TORTUERO PLAZA, J. L., Instituciones de Seguridad Social, Civitas 2012. DE LA VILLA GIL, L. E. y DESDENTADO BONETE, A., Manual de Seguridad Social, Aranzadi 1979.

FERNÁNDEZ PROL, F., Pluriempleo y pluriactividad simultánea en el Sistema de Seguridad Social, Bomarzo 2008.

LÓPEZ GANDÍA, J., La nueva regulación del convenio especial de Seguridad Social, Tirant lo Blanch, Valencia 2004.

MERCADER UGUINA, J. y PIÑEYROA DE LA FUENTE, A., "El Reglamento general sobre inscripción de empresas y afiliación, altas y bajas", Relaciones Laborales nº 9/1996.

VENTURA PRAT, J. M., Jurisprudencia de la Seguridad Social, Bosch 2009.

Lección 6

AA. VV. (Coord. J. Frades Pernas). El Sistema Público de Pensiones de Jubilación. Desafíos y respuestas. Fundación Francisco Largo Caballero, 2011, en: http://www.ugt.es/fflc/estudios.

AA. VV. (Dir. Ruesga Benito, S. M.). Hacia un nuevo modelo de financiación de la Seguridad Social en España. Premio Programa FIPROS 2011. SGSS. MESS, en http://www.seg-social.es.

ALONSO OLEA, M. "En torno a las cotizaciones de Seguridad Social". R.I.S.S., 1960 (I). ÁLVAREZ CORTÉS, J.C., "Una historia inacabada: la naturaleza jurídica de la cotización y el principio de legalidad". T.L., nº 37, 1995.

ARCO TORRES, MA. Cotizaciones y retenciones a la Seguridad Social. Ed. Comares, Granada, 1991.

BANDERA GALLEGO, J.C. "El procedimiento de gestión recaudatoria de la Seguridad Social tras la Ley 42/1994". R.L., Tomo I, 1995,

BLAT GIMENO,F. y GOERLICH PESET,JMª. "Régimen constitucional de la cotización". XV Jornadas en estudio de la Dirección General del Servicio Jurídico del Estado, Madrid, 1992.

BORRAJO DACRUZ, E. Estudios jurídicos de Previsión Social. Ed. Aguilar, Madrid, 1963. ESCUDERO RODRÍGUEZ, R. y MERCADER UGUINA, J. R. "El Reglamento General de Recaudación de la Seguridad Social de 1995". R.L. Tomo 1, 1996.

GRAU PINEDA, C. Bonificaciones en la cotización y fomento del empleo. Ed. Tirant lo Blanch, Valencia, 2009.

LLOMPART BENNÀSSAR, M. La cotización a la Seguridad Social, Ed. Tirant lo Blanch, Valencia, 2019.

MONTOYA MEDINA, D., "La responsabilidad solidaria de los administradores de sociedades de capital por cotizaciones a la Seguridad Social pendientes de pago", Revista de Seguridad Social, Nun. 24/2020.

TATAY PUCHADES, C. "La obligación de cotización". TS, nº 20/21, 1992.

Lección 7

AA.VV. Jornadas sobre enfermedades del trabajo: Calificación y prevención. Muprespa (Valladolid), 1995.

BARCELÓN COBEDO, S., y GONZÁLEZ ORTEGA, S. Las enfermedades profesionales. Ed. Tirant lo Blanch, Valencia, 2017.

DESDENTADO BONETE, A., NOGUEIRA GUASTAVINO, M. "La acción protectora de la Seguridad Social. Panorama general. Conceptos fundamentales y contingencias protegidas", Manuales de formación continua (CGPJ), núm. 20/2002, pp. 466-510.

DE LA VILLA GIL, L. E., DESDENTADO BONETE, A. Manual de Seguridad Social. Aranzadi (Pamplona), 2ª ed. 1979.

GARCÍA ORTEGA, J. "El accidente de trabajo (Actualidad de un concepto centenario)". TS núm. 109/2000.

GONZÁLEZ ORTEGA, S., "La naturaleza, común o profesional, de las contingencias provocadas por la covid-19", en Trabajo y Derecho, 79-80/2021, pp. 1-28.

LÓPEZ GANDÍA, J. y AGUADO DÍAZ, L. Nueva regulación de las enfermedades profesionales. Bomarzo, Madrid, 2007.

MARTÍN VALVERDE, A., RODRÍGUEZ SAÑUDO, F. "Evolución del derecho de la Seguridad Social", en Papeles de Economía Española núms. 12-13/1982. MONEREO PÉREZ, J. L., FERNÁNDEZ AVILÉS, J. A. "La conformación de la acción protectora del sistema de Seguridad Social" R.L. núm. 2/2010.

MORENO CÁLIZ, S. La enfermedad profesional. Estudio de su prevención. MTAS-INSHT, Madrid, 2002.

MONEREO PÉREZ, J. L., Las contingencias comunes protegidas por la Seguridad Social: estudio de su regimen jurídico. Ed. Comares (Granada), 2008.

PÉREZ CAPITÁN, L. La imprudencia del trabajador accidentado y su incidencia en la responsabilidad empresarial. Aranzadi, Cizur Menor (Navarra), 2018.

RODRÍGUEZ PIÑERO, M. "Culpa de la víctima y accidente de trabajo", Anuario de Derecho Civil, Tomo XXIII.III, 1970.

VIDA SORIA, L. "Las peculiaridades de la protección contra accidentes de trabajo en el sistema de Seguridad Social", en AA. VV. Cien años de Seguridad Social. A propósito del centenario de la Ley de Accidentes de Trabajo de 30 de enero de 1900. Fraternidad-MUPRESPA y UNED. Madrid, 2000.

Lección 8

AA.VV. (Simó, Fernández y Romero, Editores), *Brechas de género y pensiones,* Tirant lo Blanch (València), 2023.

BALLESTER PASTOR, M. A. "El comprometido complemento de pensiones por maternidad en España y su improbable acomodo a la normativa y jurisprudencia antidiscriminatoria de la Unión Europea", *Lex Social* Vol. 6, núm. 1/2016.

BARCELÓ FERNÁNDEZ, J. "Alcance liberatorio de los certificados negativos emitidos por la Tesorería General de la Seguridad Social. Comentario a la Sentencia del Tribunal Supremo 124/2021, de 3 de febrero", RGDTSS núm. 59/2021.

BLASCO PELLICER, A. La responsabilidad empresarial en el pago de prestaciones de Seguridad Social. Cizur Menor (Navarra), Thomson-Aranzadi, 2005.

BORRAJO DACRUZ, E. Estudios jurídicos de previsión legal. Madrid, Aguilar, 1963.

CRUZ VILLALÓN, J. "El complemento para la reducción de la brecha de género: una superación del embrollo", Revista Derecho de la Seguridad Social, núm. 28/2921, pp. 37-46.

DESDENTADO BONETE, A. y NOGUERIA GUASTAVINO, M. "La acción protectora de la Seguridad Social. Panorama general. Conceptos fundamentales y contingencias protegidas", en AA.VV., Seguridad Social. Manual de formación. CGPJ, Madrid, 2002.

ERRANDONEA ULAIZA, E. Sistema español de pensiones: revision crítica de los elementos de cálculo de las pensiones. Comares (Granada), 2016.

GALA DURÁN, C. "La responsabilidad empresarial derivada del incumplimiento de las obligaciones de afiliación/alta y cotización: un problema sin soluciones". En AA.VV. La responsabilidad del empresario. Murcia, Laborum, 2012.

GARCÍA ORTEGA, J. y TATAY PUCHADES, C. "La responsabilidad empresarial por incumplimiento de afiliación/alta y cotización al régimen general: una institución pendiente de regulación", en AA. VV. Crisis, reforma y futuro del Derecho del Trabajo. Estudios ofrecidos en memoria del Profesor Ignacio Albiol Montesinos. Valencia, Tirant lo Blanch, 2010.

GETE CASTILLO, P. El nuevo derecho común de las Pensiones Públicas. Valladolid, Lex Nova, 1997.

GONZÁLEZ MARTÍNEZ, J. A. El trato privilegiado de las prestaciones de origen profesional: Un intento de que las contingencias profesionales pierdan su especialidad, Navarra, Aranzadi, 2017.

LÓPEZ GANDÍA, J. "Del factor de sostenibilidad al mecanismo de equidad intergeneracional", RDS núm. 96/2021.

MOLINER TAMBORERO, G. "La responsabilidad empresarial en el pago de prestaciones de la Seguridad Social. Déficit regulador de la misma. Criterios jurisprudenciales", *en AA. VV., Aspectos complejos en materia de Seguridad Social. Estudios de Derecho Judicial*, 38-2001. CGPJ. Madrid, 2001.

MONERRI GUILLÉN, C. La responsabilidad civil derivada de accidente de trabajo. Valoración del daño. Ed. Laborum, Murcia, 2017.

PURCALLA BONILLA, M. A: El recargo de prestaciones por incumplimiento de normas de seguridad y salud laboral. Análisis crítico de su configuración jurídico-positiva. Granada, Comares, 2000.

RODRÍGUEZ PASTOR, G. "El recargo de prestaciones: Puntos críticos sobre el procedimiento de reconocimiento", RGDTSS núm. 40/2015.

VICENTE PALACIO, A., "Por una reformulación de la responsabilidad derivada de los supuestos de contratas y subcontratas", Revista Derecho de la Seguridad Social núm. 15/2018, pp. 89-106.

VIVERO SERRANO, J.B.: Del complemento por maternidad al complemento para la reducción de la brecha de género, Granada, Comares, 2021.

Lección 9

BARBA MORA, A. Incapacidad temporal. Ed. Tirant lo Blanch. Valencia 2000.

BARBA MORA, A. Incapacidades laborales y Seguridad social. Aranzadi-Thomson Reuters (Zizur Menor, Navarra), 2012.

BLASCO LAHOZ, J.F. Prestaciones por incapacidad. Ed. Tirant lo Blanch. Valencia. 2010.

DÍAZ RODRÍGUEZ, J. M. La incapacidad temporal por recaída. Tirant lo Blanch (València), 2021.

ESTEBAN LEGARRETA, R. Controles y límites de la incapacidad temporal. Bomarzo, Albacete, 2019.

FERNÁNDEZ PRATS, C. La protección de la incapacidad temporal en el Régimen General de la Seguridad Social. Ed. Tirant lo Blanch. Valencia. 2011.

FERNÁNDEZ PRATS, C. La nueva regulación de la incapacidad temporal y su duración. Comunicación al VI Congreso de Derecho del Trabajo y Seguridad Social. Ed. Tecnos. Sevilla. 1995.

LÓPEZ INSÚA, B. La incapacidad temporal en el Sistema de Seguridad Social. Ed. Comares. Granada. 2014.

LÓPEZ-TAMÉS IGLESIAS, R. Gestión y control de la incapacidad temporal en los primeros trescientos sesenta y cinco días. Bomarzo (Albacete), 2016.

SALA FRANCO, T. y SALAS BAENA, A. La incapacidad laboral: aspectos laborales, sanitarios y de la Seguridad Social. Ed. Tirant lo Blanch. Valencia. 2007.

Lección 10

FERNÁNDEZ PRATS, Celia; GARCÍA TESTAL, Elena; LÓPEZ BALAGUER, Mercedes (2019). Los derechos de conciliación en la empresa, Valencia: Tirant lo Blanch

RODRÍGUEZ PASTOR, Guillermo (2007), «Tiempo de trabajo tras la reforma operada por la LOI», en AAVV, Los aspectos laborales de la Ley de Igualdad, Tirant lo Blanch: Valencia.

RODRÍGUEZ PASTOR, Guillermo Emilio (2020), Adaptación de la jornada de trabajo o en la forma de prestar el trabajo por razones de conciliación, Tirant lo Blanch: Valencia

ROMERO RÓDENAS, M.ª José (2020). Permisos y suspensiones por motivos de conciliación y corresponsabilidad. Albacete: Bomarzo.

ROQUETA BUJ, Remedios (2024). Igualdad entre mujeres y hombres en las empresas y administraciones públicas. Valencia: Tirant lo Blanc

RODRÍGUEZ PASTOR, Guillermo (2007), «Tiempo de trabajo tras la reforma operada por la LOI», en AAVV, Los aspectos laborales de la Ley de Igualdad, Tirant lo Blanch, Valencia.

ROMERO RÓDENAS, M.ª José (2020). Permisos y suspensiones por motivos de conciliación y corresponsabilidad. Albacete: Bomarzo.

ROQUETA BUJ, Remedios (2024). Igualdad entre mujeres y hombres en las empresas y administraciones públicas. Valencia: Tirant lo Blanch.

Lección 11

BARCELON COBEDO, S., "La contingencia protegida por la prestación de riesgo durante la lactancia", en Aranzadi Social, nº 5/2012.

CARDONA RUBERT, M. B., Protección de la trabajadora embarazada: Tutela preventiva y tutela antidiscriminatoria, Aranzadi, Navarra, 2002.

CRUZ VILLALÓN, J., El fomento de la integración plena y estable de la mujer en el trabajo asalariado (Comentario a la Ley para promover la conciliación de la vida familiar y laboral de las personas trabajadoras) RMTAS, nº extraordinario, 1999.

GARCÍA TESTAL, E., La protección de la lactancia en el ordenamiento laboral español, Tirant lo Blanch, Valencia, 2008.

RODRÍGUEZ PASTOR, G. E., "Reconocimiento de la prestación económica por riesgo durante la lactancia natural cuando no se ha efectuado una adecuada evaluación de riesgos. Carga de la prueba. SJS núm. 33 de Barcelona, de 14 de noviembre de 2017 (AS 2017, 1995)", Nueva Revista española de derecho del trabajo, núm. 211, 2018, pp. 263-278.

Lección 12

AA. VV. (Dir. R. Roqueta Buj y Coord. EG. Rodríguez Pastor). Crisis económica y medidas ante el desempleo. Ed Tirant lo Blanch, Valencia, 2015.

AA. VV. (Dir. R. Roqueta Buj y Coord. C. Tatay Puchades). Puntos críticos en la protección por desempleo y el cese de la actividad autónoma. Ed. Aranzadi (Thomson Reuters-Lex Nova), Navarra, 2015.

AA. VV. (Dir. R. Roqueta Buj y Coord. C. Tatay Puchades). Medidas de Protección y Políticas de Formación y Contratación Para los Desempleados. Ed Tirant lo Blanch, Valencia, 2018.

AA. VV. La protección por desempleo en España (AESSS). Ed. Laborum, Murcia, 2015.

CASA QUESADA, S. La protección por desempleo en España: configuración y régimen jurídico, Ed. Comares, 2008.

COURT DE FONTMICHEL, A. Protección por desempleo y Derechos Fundamentales. Ed. Tirant lo Blanch, Valencia, 2016.

DESDENTADO BONETE, A. y MERCADER UGUINA, J. R. El desempleo como situación protegida (Un estudio sobre los problemas de acceso a la protección en el nivel contributivo y en el asistencial). Ed. Civitas, 1996.

MONEREO PÉREZ, J. L. "El modelo español de protección contra el desempleo". AA. VV. (Coord. J. López). Seguridad Social y Protección Social: temas de actualidad. Ed. Marcial Pons, 1996.

ROQUETA BUJ, R., Los expedientes de regulación temporal de empleo. Ed. Tirant lo Blanch, Valencia, 2020.

TORTUERO PLAZA, J. L. "Supuestos legales de desempleo protegido en el ordenamiento español: una valoración crítica". R.L. nº 13, 1994.

VIQUEIRA PÉREZ, C. La prestación por desempleo (El régimen jurídico de la protección en el nivel contributivo). Ed. Tirant lo Blanch, 1990.

Lección 13

ÁLVAREZ DE LA ROSA, Invalidez Permanente y Seguridad Social, Madrid, 1982.

ÁLVAREZ PATALLO, El procedimiento administrativo para la evaluación de la incapacidad permanente, Comares, Granada, 2005.

DESDENTADO BONETE y otros, Tratado médico-legal sobre incapacidades laborales: la incapacidad permanente desde el punto de vista médico y jurídico, Aranzadi, Cizur Menor (Navarra), 2006.

FERNÁNDEZ PRATS, La protección de la incapacidad temporal en el Régimen General de la Seguridad Social, Tirant lo Blanch, Valencia, 2011.

JIMÉNEZ FERNÁNDEZ y otros, La protección de la Seguridad Social por incapacidad permanente, Madrid, 1999.

LÓPEZ GANDÍA y ROMERO RÓDENAS, La incapacidad permanente: acción protectora, calificación y revisión, Bomarzo, Albacete, 2011.

LOSADA MORENO, La incapacidad permanente ante la nueva realidad socio-laboral, Laborum, Murcia, 2022.

MARTÍN PUEBLA, La protección social de la incapacidad permanente para el trabajo, Comares, Granada, 2000;

MEDINA, La incapacidad permanente en el sistema legal de valoración de los daños corporales, Dykinson, Madrid, 2008.

ROQUETA BUJ, "La incapacidad permanente", en AA.VV., *El sistema de pensiones*, Tirant lo Blanch, Valencia, 2022.

ROQUETA BUJ, La incapacidad permanente, CES, Madrid, 2000, y "La incapacidad permanente", en AA. VV., La Ley de medidas en materia de Seguridad social de 2007, Tirant lo Blanch, Valencia, 2007.

ROQUETA BUJ y FERNÁNDEZ PRATS, La Incapacidad para trabajar, La Ley, Madrid, 2014.

Lección 14

AA. VV. (Coord. LÓPEZ CUMBRE, L.), Tratado de jubilación. homenaje al Profesor Luis Enrique de la Villa con motivo de su jubilación, Iustel, Madrid, 2007.

BLASCO LAHOZ, J. y PIÑEYROA DE LA FUENTE, A., La última reforma de la Seguridad Social. *La Ley* 40/2007, de 4 de diciembre, Tirant lo Blanch, Valencia, 2008.

BLASCO PELLICER, A.; LÓPEZ BALAGUER, M. y ALEGRE NUENO, M., "Modificaciones en materia de jubilación", Reforma laboral y de Seguridad Social 2013, Tirant lo Blanch, Valencia, 2013.

GARCÍA ORTEGA, J., "Las nuevas edades de cotización y sus efectos en la cotización y en la cobertura", RGDTSS 29-30, 2012.

LÓPEZ BALAGUER, M., Jubilación parcial en el contrato de trabajo, Tirant lo Blanch, Valencia, 2008.

LÓPEZ BALAGUER, M., "Las modificaciones en materia de protección social del trabajo a tiempo parcial", Reforma laboral y de Seguridad Social 2013, Tirant lo Blanch, Valencia, 2013.

LÓPEZ CUMBRE, L., "La reforma de la Seguridad Social 2011: exigida por los mercados, necesaria para el Estado", RGDTSS 29-30, 2012.

MONEREO PÉREZ, J. L. y MALDONADO MOLINA, J. A., La edad de jubilación, Comares, Granada, 2011.

TORTUERO PLAZA, J. L., La reforma de la jubilación, Aranzadi, Navarra, 2012.

Lección 15

ALONSO OLEA, M., "Sobre la tendencia hacia el carácter asistencial de la protección de la viudedad", Revista del Ministerio de Trabajo y Asuntos Sociales, nº 39, 2002.

BLASCO LAHOZ, J. F., La protección por muerte y supervivencia en el sistema español de Seguridad Social, Aranzadi, 2017.

DE LA FLOR FERNÁNDEZ, M.L., Régimen jurídico de la pensión de viudedad, Sevilla, Consejo Andaluz de Relaciones Laborales, 2002.

DÍAZ AZNARTE, MARÍA TERESA, "Las parejas de hecho ante la pensión de viudedad", Una revisión crítica a la luz de la última reforma legislative, Revista de Estudios Jurídico Laborales y de Seguridad Social (REJLSS), nº 4, 2022.

GONZÁLEZ ORTEGA, S. et. al., Seguridad Social y familia, 1ª ed., La Ley-Actualidad, Madrid, 1999.

LÓPEZ GANDÍA, J. y TOSCANI GIMÉNEZ, D., Reformas de la Seguridad Social 2007. Ley de Medidas en materia de Seguridad Social (L 40/2007, de 4 de diciembre), Madrid, Francis Lefebvre, 2007.

LÓPEZ TERRADA, E., "Uniones de hecho y prestaciones por muerte y supervivencia: nuevos criterios jurisprudenciales", Información Laboral, nº 6, 2014.

LÓPEZ TERRADA, E; MARTÍN-POZUELO LÓPEZ, A., "Los efectos del matrimonio poligámico en España: la pensión de viudedad", Protección a la Familia y Seguridad Social. Hacia un nuevo modelo de Protección Sociolaboral: II Congreso Internacional y XV Congreso Nacional de la Asociación Española de Salud y Seguridad Social, Vol. 2, 2018, pp. 297-311.

MENÉNDEZ SEBASTIÁN, P., Beneficiaros de la pensión de viudedad, Aranzadi, 2020.

RODRÍGUEZ CARDO, I.A., "Derecho de acrecimiento y pensionistas de orfandad: ¿una regulación discriminatoria", Revista Aranzadi Social, nº 2, 2009.

RODRÍGUEZ PASTOR, G. E., "Pensión de viudedad de las parejas de hecho: la equiparación pendiente diez años después», Revista General de Derecho del Trabajo y de la Seguridad Social, nº 47, 2017.

SALA FRANCO, T. et. al., La Ley de medidas en materia de Seguridad Social de 2007, Valencia, Tirant lo Blanch.

TALÉNS VISCONTI, E., "La pensión de viudedad de las parejas de hecho tras la reforma de la Ley 21/2021, de 28 de diciembre", Estudios financieros. Revista de trabajo y seguridad social: Comentarios, casos prácticos: recursos humanos, nº 468, 2022.

VIVERO SERRANO, J.B., "La pensión de viudedad tras la Ley 27/2011 y el Real Decreto-ley 20/2011: un balance decepcionante", Revista General de Derecho del Trabajo y de la Seguridad Social, nº 29-30, 2012.

Lección 16

AGUILERA IZQUIERDO, R., Pensiones privadas: obligaciones de las empresas y garantías de los trabajadores, Ed. Civitas, 2001.

ARADILLA MARQUÉS, M. J., Los instrumentos para la previsión complementaria en la empresa, situación normativa actual, Pensiones Sociales: problemas y alternativas, Ed. MTAS, 1999; La previsión social complementaria en el sector público, A.L. nº 1/2004.

ARADILLA MARQUÉS, M. J. y BATALLER GRAU, J., El contrato de seguro como modalidad de instrumentación de los compromisos por pensiones: los derechos de disposición anticipada, A. L., 19/2003.

ESCRIBANO GUTIÉRREZ, J., Flexibilidad y compromisos por pensiones, el contrato de seguro como instrumento de exteriorización, Ed. Tirant lo Blanch, 2002.

FERNÁNDEZ ORRICO, F.J., "La Jubilación en la previsión social complementaria de corte profesional a partir de los planes de pensiones de empleo" en *Trabajo, Edad y Pensiones de Jubilación,* ed. Ministerio de Trabajo y Economía Social, 2024

LÓPEZ BALAGUER, M., Mejoras voluntarias de prestaciones de la Seguridad Social: los fondos internos y su especial régimen jurídico. A propósito de la STS de 31 de enero de 2001, A.L., nº 32/2001.

LÓPEZ GANDÍA, J., Los niveles de Seguridad Social en la Constitución Española entre interpretación y desarrollo legislativo, TS, nº 35/1993.

MONEREO PÉREZ, J. L., Instituciones de control y gestión de los Planes y Fondos de Pensiones (las formas de participación de los interesados en la gestión de estos sistemas de previsión voluntaria), R.E.D.T., nº 48/1991.

MONTOYA MEDINA, D., "Algunas cuestiones interpretativas asociadas a las cláusulas convencionales reguladoras de las indemnizaciones reconocidas a los trabajadores por incapacidad permanente", Revista de Seguridad Social, Núm. 28/2021.

ROQUETA BUJ, R., Las mejoras voluntarias de la Seguridad Social. Los Planes/Fondos de pensiones y los contratos de seguro, Ed. Tirant lo Blanch, 2010.